최고의 적중률로 합격을 보장하는

ISMS-P
인증심사원
실무가이드

Personal Information & Information Security Managemant System

| 권성호 지음 |

BM 성안당
www.cyber.co.kr

■ 도서 A/S 안내

성안당에서 발행하는 모든 도서는 저자와 출판사, 그리고 독자가 함께 만들어 나갑니다.

좋은 책을 펴내기 위해 많은 노력을 기울이고 있습니다. 혹시라도 내용상의 오류나 오탈자 등이 발견되면 "좋은 책은 나라의 보배"로서 우리 모두가 함께 만들어 간다는 마음으로 연락주시기 바랍니다. 수정 보완하여 더 나은 책이 되도록 최선을 다하겠습니다.

성안당은 늘 독자 여러분들의 소중한 의견을 기다리고 있습니다. 좋은 의견을 보내주시는 분께는 성안당 쇼핑몰의 포인트(3,000포인트)를 적립해 드립니다.

잘못 만들어진 책이나 부록 등이 파손된 경우에는 교환해 드립니다.

저자 문의 e-mail : sekdsk@gmail.com(권성호)

본서 기획자 e-mail : coh@cyber.co.kr(최옥현)

홈페이지 : http://www.cyber.co.kr   전화 : 031) 950-6300

미리보기

누구를 위한 책인가

본 도서는 정보보호 및 개인정보보호 관리체계(ISMS-P: Personal Information & Information Security Management System) 인증 심사원 1차 필기시험 및 2차 실기시험을 준비하는 분들을 위해 구성되어 있다. ISMS-P 인증 심사원 시험에서 가장 많은 부분이 포함되고, 실무적으로도 가장 중요한 부분은 결함사항을 찾아내는 부분이다. 해당 결함사항을 실무적인 환경에서 어떻게 쉽게 파악해 낼 수 있는지를 제시하는 것이 본 책의 가장 핵심적인 부분이다.

또한, 정보보호 및 개인정보보호 관리체계 인증을 취득하여 운영 중인 업체의 관련자(정보보호 담당자, 정보보호 관리자, 정보보호 책임자, 서버 관리자, 네트워크 관리자, DBA, 개인정보취급자 등), 정보보호 및 개인정보보호 관리체계 인증의 사후심사 또는 갱신심사를 외부 전문가 도움 없이 업체 스스로 컨설팅을 준비하려는 자, 또는 정보보호 및 개인정보보호 관리체계 인증 심사원(보) 자격을 취득은 하였으나 실무적인 인증심사를 체계적으로 하고 싶은 분들에게 도움을 줄 수 있는 책이다.

이 책을 시작하려면

정보보호 또는 개인정보보호에 대한 전문적인 지식이 존재할 경우 많은 도움을 받을 수 있겠지만, 그렇다고 필수적으로 정보보호 또는 개인정보보호에 대한 지식이 필요한 것은 아니다. 정보보호 또는 개인정보보호에 대한 전문적인 지식 없이도 일반적인 IT지식을 가진 분들이라면 쉽게 정보보호 및 개인정보보호 관리체계를 구성하고 있는 요구사항들을 이해할 수 있도록 구성을 해 놓았다. 즉 각 단계별로 차근히 따라가다 보면 어느 순간에 정보보호 및 개인정보보호 관리체계를 구성 및 운영할 수 있는 기반지식을 습득한 본인을 확인할 수 있을 것이다. 포기하지 말고 차분하게 따라와 주기 바란다.

▦ 이 책의 주요 내용

PART 1 │ ISMS-P개요 (1~4장)

정보보호 관리체계(ISMS: Information Security Management System)와 개인정보보호 관리체계(PIMS: Personal Information Management System)가 통합된 정보보호 및 개인정보보호 관리체계(ISMS-P: Personal Information and Information Security Management System)가 무엇이며, 정보보호 및 개인정보보호 관리체계 인증을 취득하고 유지하기 위한 조건과

인증심사 종류(최초, 사후, 갱신)에는 어떤 차이점이 있는지를 알아본다. 또한, 정보보호 및 개인정보보호 관리체계 인증을 위한 102개 인증기준의 구성을 알아본다.

PART 2 | ISMS-P 통합인증 컨설팅 방법론 (1~3장)

정보보호 및 개인정보보호 관리체계를 구축하기 위한 컨설팅 방법론에 대해 알아본다. 즉 정보보호 및 개인정보보호 관리체계를 구축하기 위한 첫 단계인 자산정리부터 자산평가, GAP 분석, 우려사항 평가, 위험분석, 대응방안 마련, DoA 선택, 이행방안 마련, 정보보호 운영명세서 작성, 결과보고서 작성의 단계에 대해 알아볼 것이다.

특히, GAP 분석을 위한 GAP 분석 방법론에 대해서도 추가적으로 알아볼 것이다. GAP 분석 방법론에 있어 가장 핵심이 되는 인터뷰 질문 생성 방법에 대해서는 정보보호 및 개인정보보호 관리체계 인증기준 102개를 248개의 업무관련 항목으로 세분화를 진행한 후, 실무에 적합한 업무 프로세스로 변경하기 위해 순서를 재배치하여 업무 관련자들이 쉽게 이해할 수 있도록 질문을 생성하는 방법에 대해 알아볼 것이다.

PART 3 | 업무관련 항목별 세부 설명 (1~21장)

정보보호 및 개인정보보호 관리체계 인증을 취득 및 유지하기 위해서는 102개 인증기준 이외에도 법률 요구사항을 만족해야 한다. 이를 위해서는 "정보통신망 이용촉진 및 이용활성화에 관한 법률"과 "개인정보보호법" 등에서 요구하는 법률 요구사항을 만족해야 하기에, 관련 법률 요구사항을 248개의 정보보호 및 개인정보보호 관리체계 업무관련 항목과의 관계성을 구축할 것이다.

또한, 정보보호 및 개인정보보호 관리체계의 102개 인증기준을 세분화한 248개의 업무관련 항목에 대해 실무적으로 어떤 질문을 통해 현황을 확인할 수 있는지에 대해 21개의 업무관련 분야별로 나누어서 구체적으로 알아볼 것이다.

248개의 업무관련 항목에 대한 인터뷰 질문은 정보보호 및 개인정보보호 관리체계 인증심사 시험(1차 필기, 2차 실기)에서 가장 많은 점수를 차지하는 결함사항과 관련된 부분이다. 즉 인터뷰 질문에 대한 진행상황이 미흡하거나, 진행되지 않고 있는 상황은 모두 결함사항이 될 수 있는 부분으로 이해될 수 있기에, 결함사항을 확인하는 방식에 대해 알아보는 것과 동일한 내용을 확인하는 것이 될 것이다.

"오랫동안 정보보호 분야에서 쌓은 노하우를 책 한 권에!"

정보보호분야 중에서도 정보보호 관리체계 인증은 2001년 이래 많은 업체들이 도입하여 인터넷 비즈니스의 안정성을 제고하는 데 기여했습니다. 이제 변화하는 인터넷 비즈니스 환경에 대응하고 효율적인 인증적용 등을 위하여 최근 정보보호 관리체계와 개인정보보호 관리체계가 융·통합된 ISMS-P 인증 기준이 마련되었습니다.

이 책은 변화된 인증기준을 기존 인증기준과 비교하고, 변경된 인증기준의 핵심을 짚어주는 책입니다. 저자는 많은 업체의 ISMS 인증컨설팅 책임자로 일했으며, 다수의 ISMS 및 PIMS 인증 심사에 참여했습니다. 이러한 실무경험과 대학강의 경험을 바탕으로 정보보호 및 개인정보보호 관리체계를 이렇게 쉽게 구축할 수 있을까 하는 생각이 들 정도로 명쾌하고 쉽게 설명하고 있습니다.

아무쪼록 이 책이 정보보호 전문가들이 늘 옆에 두고 보면서 최적화된 관리체계 구축에 도움이 되길 바랍니다.

조휘갑 원장(한국정보보호진흥원(KISA) 3대 원장)

요즘 세계는 매우 복잡하면서도 분주하게 움직이고 있습니다. 4차 산업혁명 시대를 맞이하면서 그동안 사이버 세상과 무관하다고 생각했던 다양한 기기들이 네트워크와 연결되면서 스마트 공장, 스마트 시티 등이 현실화되었고, 5G 서비스가 시작되면서 자율주행 자동차, 원격 진료 등 고품질, 고 신뢰도를 요하는 초민감 서비스들이 한 걸음 더 우리에게 다가오고 있습니다.

이러한 초연결사회로의 진화에 대한 반대급부로, 최근 SNS 서비스 해킹으로 개인정보 유출이 심각해지고 있고, 가상화폐 거래소 해킹으로 심각한 재산상 피해를 유발하는 등 우리사회에 치명적인 영향을 미치는 해킹 공격이 수시로 발생하고 있어, 새로운 서비스에 대한 이용자들의 우려가 점점 커져가는 것도 사실입니다

이와 같이 변화하는 사이버 환경에서 기업과 이용자의 자산을 보호하기 위해서는 무엇보다도 자체 시스템을 운영·관리하든, 이용자를 대상으로 서비스를 제공하든 간에 기업 스스로가 정보보호의 중요성을 인식하고 자산 및 서비스에 대한 체계적인 보안관리 방안을 수립하고 지속적으로 유지하려는 노력이 무엇보다 중요합니다.

이러한 기업의 정보보호 및 개인정보보호를 체계적으로 안전하게 관리할 수 있도록 도와주는 가장 보편적이고 우수한 방법 중의 하나가 정보보호 및 개인정보보호 관리체계(ISMS-P)라 할 수 있습니다. 다만, ISMS-P는 상당히 복잡한 절차와 기준을 가지고 있기 때문에 전문가가 아니라면 쉽게 접근하기 곤란한 면이 있습니다. 이러한 관점에서 이 책은 ISMS-P에 대한 전문가가 되고자 하는 자 또는 ISMS-P를 기반으로 기업의 자산을 관리·보호하고자 하는 자에게 단비와 같은 역할을 할 수 있는 시기적절한 지침서라고 생각합니다.

아무쪼록 이 책을 통해 기업 정보보호 담당자 또는 정보보호 컨설팅 담당자들이 ISMS-P에 대한 기본적인 지식뿐만 아니라 전문적인 지식을 갖출 수 있는 절호의 기회가 되기를 바랍니다.

이석래 단장(한국인터넷진흥원(KISA) 보안인증단)

국내 "ISMS", "ISMS-P"라는 단어는 정보보호 분야에 종사하는 사람들에게 어떤 의미로 다가올까? 이제는 정보보호에서 없어서는 안 될 존재로 내 인생에서 한 획을 그었다고도 볼 수 있지만 이 단어는 아직도 멀게만 느껴질 뿐이다. 더욱이 추천사 부탁을 받고 쓰려니 더욱 난감하다. 국내 현실에 맞는 정보보호 체계를 만들어 국가나 기업의 정보보호 수준 제고와 정보보호 산업을 활성화시키고자 하였으나 항상 현실 때문에 많은 날을 가슴앓이해야 했다. 해외 인증과의 정합 문제, 인증 취득 기업들이 보안관리 소홀로 침해사고가 발생하면 인증 체계를 의심하게 되고 오해로 인해 매번 반복되는 바보스러운 논리와 방법을 패키징하는 데 필사적으로 밤을 새워야 했다.

저자는 나와 함께 ISMS 분야에서 오랜 실무 경험과 학문적인 배경을 바탕으로 현실과 이론을 정확하게 이해하고 문제점을 파악하고 해결하고자 하였다. 내가 아는 저자는 진정한 정보보호 전문가라고 할 수 있는 사람이다. 어설프게 이론이나 상품을 팔기 위해 합리화시키는 사람들과는 본질적으로 차이가 난다.

이 책은 저자의 경험과 이론을 바탕으로 인증 취득을 위해 업체 스스로 셀프 컨설팅을 할 수 있도록 컨설팅 방법론을 아주 상세하게 소개하고 있다. 또한 정보보호 및 개인정보보호 관리체계 인증 심사원들이 실무적으로 결함사항을 어떻게 쉽게 파악하여 찾아낼 수 있는지를 제시하고 있다. 인증 기준 항목을 업무관련 항목으로 세분화하여 업무 흐름에 맞게 재분류하였다는 것이 특징이다.

이 책의 출력본을 받아보고 내용을 훑어 내려가는 순간 소름이 돋았다. 필자가 정보보호 프로젝트 현장에서 느꼈던 그 치열한 문제들을 모두 망라하고 있다는 것이다. 인증심사원 뿐만 아니라 정보보호 입문자, 인증 취득 또는 준비 기관/기업 담당자, 정보보호나 개인정보보호에 전문적인 지식이 없어도 일반적인 IT 지식만 있다면 누구나 쉽게 접근하고 이해할 수 있어 우리나라 ISMS 발전에 많은 기여를 할 것으로 기대한다.

장상수 센터장(한국인터넷진흥원(KISA) 지역정보보호총괄센터)

저자는 정보보호 관리체계 인증기관의 심사원, 신청기관의 구축 담당자, 정보보호 관리체계 구축 지원 컨설턴트, 정보보호 인력을 양성하는 교수로서, 정보보호 관리체계의 개념, 철학, 경험, 노하우 등을 저자의 다양한 관점에서 심사숙고하여 책을 집필한 결과물이라고 할 수 있습니다.

독자들에게는 지난 10여년 간의 국내 정보보호의 표준으로 확고하게 자리매김한 정보보호 및 개인정보보호 관리체계에 대한 단순 지식이 아닌 다양한 입장에서의 본 제도를 이해할 수 있는 좋은 기회가 될 수 있도록 집필해주신 노력에 감사드리며, 독자들의 정보보호 및 개인정보보호 관리체계에 대하여 재정립할 수 있는 기회가 될 수 있으며, 독자들도 다양한 입장에서의 본 저서와 같은 다양한 시각의 정보보호 및 개인정보보호 관리체계 인증에 대한 많은 저서들이 출간되는 초석이 되길 기대합니다.

조태희 산학협력중점교수(충북대학교 경영정보학과)

**"머리에 담긴 당신의 모든 기억이 누군가에게 고스란히 노출된다면 어떨까요?
그런 일이 생겨도 당신은 삶을 그대로 살아갈 수 있을까요?"**

이런 질문 자체를 비현실적이라고 생각할 수 있으나, 우리가 살아가는 세상은 어쩌면 이러한 위험에 점점 더 다가가고 있습니다. 1995년 세계 인터넷 사용자는 1천 6백만 명으로 전체 인구의 0.4%에 불과했으나, 2019년 3월 기준으로 세계 인터넷 사용자는 43억 4천 6백만 명으로 증가하여, 세계 인구의 56.1%에 육박합니다. 세계 웹사이트 수는 2019년 기준으로 15억 개 정도로 추산되고 있는데, 이 수치는 매년 기하급수적으로 증가하고 있습니다.

아직은 인터넷에 연결된 최말단 부가 우리의 손에 쥐어진 스마트폰까지로 보입니다. 그러나 BCI(Brain Computer Interface)[1] 기술의 지속적 발전을 볼 때 우리 뇌가 인터넷과 연결되는 상황도 언젠가 현실화되리라 생각합니다.

"모든 게 연결되었다고, 모든 게 위험할까?"라는 낭만적 낙관론을 가진 분도 있을 수 있으나, 이미 역사 속 사건, 수치는 그러한 판단이 잘못되었음을 여실히 보여줬습니다. 최악의 해킹 사건 중 하나였던 2016년 야후 사고에서는 총 30억 건의 계정정보가 유출되었으며, 액센추어의 발표에 따르면 금융기관의 보안사건당 평균 20억 원 정도의 손실이 발생하고 있습니다.

우리가 현재까지 구축한 정보보호 체계는 그리 견고하지 않습니다. 더 많은 것이 연결되기 전에 우리는 더 많은 준비를 해야 합니다. 이런 준비를 하는 데 뜻을 함께한 분께 저는 이 책을 권해드립니다. 그간 정보보호 및 개인정보보호 관리체계와 관련된 서적이 시중에 여럿 있었으나, 이론 지식, 실무 경험 및 세부사항까지 총 망라한 책은 드물었습니다. 모든 것이 연결되는 시대에 무엇을 어떻게 보호할까에 관한 답을 이 책에서 찾으시기 바랍니다.

김상균 교수(강원대 산업공학과)

---

1) MIT 대학, 세계경제포럼 등에서 10대 유망 기술로 선정된 것으로, 인간의 뇌와 컴퓨터를 연결하는 모든 기술을 총칭한다.

학습 로드맵

이 책에서 다루는 주제를 제대로 이해하는 데 필요한 선수 내용이 무엇이고, 각 주제가 어떤 연관성을 가졌는지를 보여준다. 화살표는 전체 내용을 이해하는 데 가장 적합한 학습 순서를 제시하고 있다.

Part 1(1장부터 4장)에서는 정보보호 및 개인정보보호 관리체계(ISMS-P: Personal Information & Information Security Management System) 인증에 대한 전반적인 사항을 언급하고, Part 2(1장부터 3장)에서는 정보보호 및 개인정보보호 관리체계를 구성 및 운영하기 위한 ISMS-P 통합인증 컨설팅 방법론에 대해 알아볼 것이다. Part 3(1장부터 21장)에서는 Part 2의 3장에서 제시한 ISMS-P 통합인증 컨설팅 방법론 중 가장 핵심이 되는 인터뷰 질문 생성 방법에 따라 102개의 인증기준을 248개의 업무관련 항목과 21개 업무관련 분야로 구성된 각 분야별 학습을 할 것이다.

Part 3(1장부터 21장)의 각 장에서 진행되는 21개의 업무관련 분야의 순서는 학습 순서에 기반하여 기획된 것이다. 왜냐하면 각 업무관련 분야에 속해 있는 업무관련 항목들 간의 연관관계가 매우 밀접하기에 이런 상황을 고려하여 순서를 정한 것이기 때문이다. Part 3의 각 장에서 언급되는 업무관련 분야들은 정보보호 및 개인정보보호 관리체계를 기업에서 구축 및 운영하고자 하는 업무 담당자 입장에서는 102개의 인증기준을 업무관련 프로세스와 매칭하여 어떻게 적용하는 것이 좋을지에 대한 가이드를 제시하고 있는 것이라 볼 수 있다.

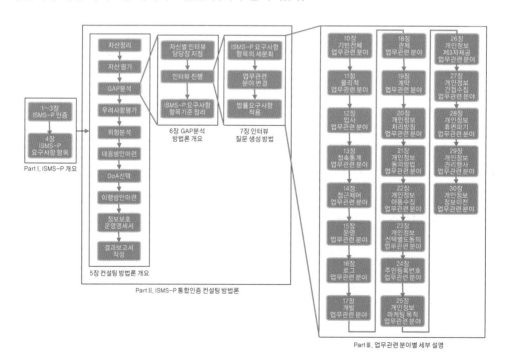

[그림 1] **학습로드맵**

Part 3에서 언급하고 있는 21개의 업무관련 분야에 해당하는 248개의 업무관련 항목은 정보보호 및 개인정보보호 관리체계 인증기준 항목 102개를 기반으로 재구성한 것이다. 인증기준 항목을 실무적인 업무 프로세스와 어떤 연관관계를 가졌는지를 표현하기 위해 248개의 업무관련 항목으로 인증기준 항목 102개를 세분화하고, 248개의 업무관련 항목을 21개의 업무관련 분야로 재정립한 것이다. 이렇게 재정립된 업무관련 분야별 업무관련 항목에 대한 인터뷰 질문사항은, ISMS-P 인증심사 시험(1차 필기, 2차 실기)에서 가장 많은 부분을 차지하는 결함사항과 직접적인 관계를 가지고 있는 부분이다. 그렇기에, 업무관련 항목에 대한 인터뷰 질문사항에 대해 학습하는 것은 결국 결함사항을 업무 프로세스상에서 어떻게 찾아낼 수 있는지에 대해 학습하는 효과가 될 것이다.

정보보호 및 개인정보보호 관리체계 인증기준 항목 102개(인증기준 분야 21개)와 업무관련 항목 248개(업무관련 분야 21개) 간의 관계성은 아래 그림2를 참고하기 바란다.

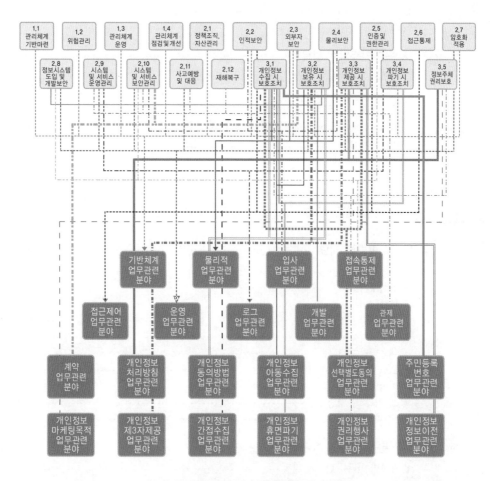

[그림 2] 인증기준 분야와 업무관련 분야 간의 관계

이 책의 차례

PART 03 정보보호 이론 및 기술

PART 1

ISMS-P 개요

인증심사원

ISMS-P

정보보호 및 개인정보보호 관리체계(ISMS-P: Personal Information and Information Security Management System)가 무엇이며, ISMS 또는 ISMS-P 인증을 취득하고 유지하기 위한 조건과 인증심사 종류(최초, 사후, 갱신)에는 어떤 차이점이 있는지에 대해 학습한다. 또한, ISMS 인증을 위한 80개 인증기준과 ISMS-P 인증을 위한 102개 인증기준의 구성에 대해 이해한다.

상 중 하

CHAPTER 1 법적 근거

- 정보보호 관리체계(ISMS) 인증에 대한 법적 근거에 대해 알아보자.
- 개인정보보호 관리체계(PIMS) 인증에 대한 법적 근거에 대해 알아보자.
- 정보보호 및 개인정보보호 관리체계(ISMS-P) 인증에 대한 법적 근거에 대해 알아보자.
- 정보보호 관리체계(ISMS) 인증을 받아야 하는 범위에 대해 알아보자.

1 정보보호 관리체계 인증

정보보호 관리체계(ISMS: Information Security Management System) 인증제도가 도입 (2001년 7월에 제도 도입)된 초반에는 정보보호 관리체계 인증이 강제 사항이 아닌 자율 신청 방식이었다. 그러나 2012년 2월에 "정보통신망 이용 촉진 및 정보보호 등에 관한 법률"(이하 "정통망법"이라 한다.)이 개정되면서 정보보호 관리체계 인증 취득은 조건별 의무 방식으로 변경되었다. 즉 정보통신 서비스 부문 전년도 매출액이 100억 원 이상인 업체이거나 전년도 말 기준 직전 3개월(10~12월) 간의 일일 평균 이용자 수가 100만 명(PV: Page View 기준) 이상인 업체는 정보보호 관리체계 인증을 취득하고 매년 유지하여야 하고, 그러하지 않을 경우에는 1,000만 원 이하의 과태료를 부과하도록 법률이 개정된 것이다. 001) 좀 더 쉽게 설명하면 인터넷을 통한 서비스 매출액이 100억 원 이상이거나, 인터넷을 통한 서비스의 일일 평균 페이지 접속 수가 100만 명 이상인 업체는 정보보호 관리체계 인증을 강제적으로 받아야 하는 대상이 되는 것이다. 만약, 하나의 법인에서 오프라인과 온라인 서비스를 동시에 하고 있을 경우, 오프라인 서비스 매출이 150억 원이고 온라인 서비스 매출이 50억 원일 경우에는 강제대상이 아니다. 또한, 하나의 법인에서 온라인 서비스를 3개 진행하고 있는데 각각의 매출이 각각 30억 원, 30억 원, 40억 원이라면 합이 100억 원 이상이 되어서 정보보호 관리체계 인증 강제대상이 된다.

2015년 12월에 정보통신방법이 개정되면서 정보보호 관리체계 인증을 의무적으로 취득 및 매년 유지해야 하는 업체 조건이 추가되었고, 과태료 또한 1,000만 원에서 3,000만 원으로 강화되었다. 추가된 업체 조건은 전기통신사업자와 전기통신사업자의 전기통신역무를 이용하여 정보를 제공하거나 정보의 제공을 매개하는 자 중 연간 매출액(또는 세입 등)이 1,500억 원 이상인 상급종합병원 또는 직전 년도 12월 31일 기준 재학생 수가 1만 명 이상인 학교이다. 002)

2019년 5월 7일까지 2013년도 기준 정보보호 관리체계(ISMS:2013) 인증을 취득하기 위해서는 2013년도에 미래창조과학부에서 고시한 정보보호 관리체계 인증 등에 관한 고시 제18조(인증기준)에 의해 정의되어 있는 정보보호 관리체계 인증기준을 만족해야 한다. 003)

미래창조과학부 고시에서 정의하고 있는 정보보호 관리체계 인증기준은 통제내용 부분이나, KISA에서 제공하는 ISMS 인증기준 세부점검항목[004]에는 통제내용을 통제목적이란 명칭으로 사용하고 있으며, 통제목적 이외에 추가로 점검항목과 그에 대한 설명을 정의하고 있다. 점검항목과 그에 대한 설명부분은 통제내용(통제목적)을 이해하는 데 도움을 주기 위한 부분이지 법령에서 요구하는 필수사항은 아니다. 또한, KISA에서 제공하는 ISMS 인증신청 가이드라인[005]에서는 정보보호 관리체계 운영명세서라는 양식으로 정보보호 관리체계 인증기준에 대한 운영현황을 정리하도록 되어 있으며, 이때 인증기준이 통제내용(통제목적)이 아닌 각 점검항목 수준으로 운영현황을 정리하도록 하고 있으나 이 또한 법령에서 요구하는 필수사항은 아니다. 점검항목이 필수사항은 아니지만 기업의 정보보호 수준을 고려하여 통제내용(통제목적)을 우선 적용하고 차후 정보보호 관리체계가 안정화되었다고 판단할 경우 점검항목 부분까지 확대하는 것이 옳은 방향이지 않을까 한다.

2 개인정보보호 관리체계 인증

개인정보보호 관리체계(PIMS: Personal Information Management System) 인증제도는 2012년 2월 17일에 도입되었다. 도입 이후 현재까지 PIMS는 강제사항이 아닌 자율신청 방식을 유지하고 있다. [006]

개인정보보호 관리체계 인증을 위한 최초 인증기준은 2013년 9월 11일에 방송통신위원회고시를 통하여 제정되었다. 최초 제정이 되었을 때는 관리과정 요구사항 13개의 관리과정 상세 내용, 보호대책 요구사항 79개의 통제내용, 생명주기 요구사항 32개의 통제내용을 합한 총 124개의 인증기준이 존재하였다. [007]

과학기술정보통신부에서 운영하는 개인정보보호 관리체계 인증과는 별개로 행정안전부에서도 개인정보 보호 인증을 위한 법률을 2015년 7월 24일에 개정하면서 개인정보 보호수준(PIPL: Personal Information Protection Level) 인증이라는 새로운 개인정보 관련 인증제도를 만들었다. [008]

과학기술정보통신부의 정보통신망 이용촉진 및 정보보호 등에 관한 법률(정통망법)에 따라 2013년도에 제정된 개인정보보호 관리체계 인증기준과 행정안전부의 개인정보보호법에 따른 개인정보 보호수준 인증기준을 합친 새로운 개인정보보호 관리체계 인증기준이 2015년 12월 31일에 전부 개정되었다. 즉 개인정보보호 관리체계 인증과 개인정보 보호수준 인증이 통합되어 개인정보보호 관리체계 인증이란 표현만 남게 되었다. 2013년도에 제정된 개인정보보호 관리체계 인증기준에는 신청유형별로 구분이 되어있지 않았으나, PIPL 인증기준에는 공공기관/대기업/중소기업/소상공인을 구분하여 인증기준을 선택할 수 있도록 유형이 구분돼 있었다. 그러다 보니 개인정보보호 관리체계가 PIPL을 흡수하면서 개인정보보호 관리체계 인증기준에도 신청유형별(공공기관/대기업/중소기업/소상공인)로 구분이 가능하도록 추가되었다. 또한, 최초 개인정보보호 관리체계의 124개의 인증기준은 개인정보 보호수준 인증기준을 흡수하면서 관리과정 16개의 상세 내용, 생명주기 및 권리보장 20개의 상세 내용, 보호대책 50개의 상세 내용을 합한 총 86개의 인증기준으로 변경되었다. [009]

2019년 5월 7일까지 2015년도 기준 개인정보보호 관리체계(PIMS:2016) 인증을 취득하기 위해서는 2015년 12월 31일에 행정자치부에서 고시한 개인정보보호 관리체계 인증 등에 관한 고시 제 16조(인증기준)에 의해 정의되어 있는 개인정보보호 관리체계 인증기준을 만족해야 한다. [009]

3 정보보호 및 개인정보보호 관리체계 인증

앞서 정리한 정보보호 관리체계 인증과 개인정보보호 관리체계 인증이 2018년 11월 7일에 흡수·통합되면서 명칭이 정보보호 및 개인정보보호 관리체계 인증(ISMS-P: Personal Information & Information Security Management System)으로 변경되었다. [010]

정보보호 관리체계 인증과 개인정보보호 관리체계 인증이 통합되면서 각각의 인증기준도 하나의 인증기준으로 통합되었다. 다만, 정보보호 및 개인정보보호 관리체계 인증기준 중 관리체계 수립 및 운영 16개와 보호대책 요구사항 64개의 상세 내용에 해당하는 80개의 인증기준은 정보보호 관리체계 인증 기준이고, 정보보호 및 개인정보보호 관리체계 인증기준 중 개인정보 처리 단계별 요구사항 22개의 상세 내용을 추가로 하여 총 102개에 해당하는 인증기준은 개인정보보호 관리체계 인증 기준이다. [010]

2019년 5월 7일 이후에 정보보호 관리체계 인증을 취득하고자 할 경우에는 2018년도에 개정된 정보보호 및 개인정보보호 관리체계 인증기준 중 관리체계 수립 및 운영의 16개와 보호대책의 64개에 해당하는 80개의 인증기준을 만족해야 한다. 만약, 2019년 5월 7일 이후에 개인정보보호 관리체계 인증을 취득하고자 할 경우에는 2018년도에 개정된 정보보호 및 개인정보보호 관리체계 인증기준의 모든 기준인 102개를 만족해야 한다. 또한, 법에 의해 강제적으로 정보보호 관리체계 인증을 취득하여 유지해야 하는 기업에 대해서도 2019년 5월 7일을 기점으로 개정된 정보보호 및 개인정보보호 관리체계 인증기준을 준용해야 한다. [010]

4 정보보호 관리체계 의무 인증 범위 [011]

법률에 의해 정보보호 관리체계 인증을 의무적으로 받아야 하는 의무 인증대상자인 경우, 인증범위는 신청기관의 인증 의무대상 요건에 해당하는 정보통신서비스를 포함하여 설정해야 한다.

1) 정보통신서비스란 인터넷 등 전기통신사업자의 전기통신역무를 이용하여 정보를 제공하거나 정보의 제공을 매개하는 서비스를 말함

2) 인증범위는 신청기관이 제공하는 정보통신서비스를 기준으로, 해당 서비스에 포함되거나 관련 있는 자산(시스템, 설비, 시설 등), 조직 등을 포함

3) 해당 서비스의 직접적인 운영 및 관리를 위한 백오피스 시스템은 인증범위에 포함되며, 해당 서비스와 관련이 없더라도 그 서비스의 핵심 정보자산에 접근가능하다면 포함

4) 정보보호 관리체계 의무인증범위 내에 있는 서비스, 자산, 조직(인력)을 보호하기 위한 보안시스템은 포함

5) 정보통신서비스와 직접적인 관련성이 낮은 전사적자원관리시스템(ERP), 분석용 데이터베이스(DW), 그룹웨어 등 기업 내부 시스템, 영업/마케팅 조직은 일반적으로 인증범위에서 제외

인증범위를 설정하기 위해서는 신청기관이 제공하는 정보통신서비스를 분류하고, 해당 서비스를 위한 자산 및 조직을 모두 식별해야 한다.

1) 정보통신망서비스(ISP: Internet Service Provider) 제공자

가) 서비스: 전국망(서울특별시 및 모든 광역시)을 통한 정보통신망 서비스

나) 설비: IP기반의 인터넷 연결을 위한 정보통신설비 및 관련 서비스를 제공하기 위한 정보통신설비

다) 예시: 인터넷 접속서비스, 인터넷 전화(VoIP), 인터넷 프로토콜 TV(IPTV), 전용회선, 2G, 3G, 4G(LTE) 등

2) 집적정보통신시설(IDC) 사업자

가) 서비스: 정보통신서비스를 제공하는 고객의 위탁을 받아 컴퓨터 장치 및 정보시스템을 구성하는 일정한 공간에 집중하여 시설을 운영 및 관리하는 서비스 (공간임대서비스, 서버호스팅, 네트워크 서비스 등)

나) 설비: 집적정보통신시설의 관리운영 용도로 설치된 컴퓨터 장치 및 네트워크 장비 등의 정보통신설비

다) 예시: 코로케이션(Co-Location), 네트워크 제공 서비스(회선 임대 포함), 호스팅 서비스, 클라우드 서비스, 보안관제 서비스, CDN 서비스, 재해복구 서비스 등

3) 연만 매출액, 이용자 수 등이 정보통신망법 및 시행령 기준에 해당하는 자

가) 서비스: 의무대상 요건에 해당하는 정보통신서비스

① 정보통신서비스가 공개된 인터넷을 통해 접근 가능한 경우 (IP주소 제한을 통해 특정 위치 및 단말에서만 접속이 가능하도록 접근제어가 되어 있다 하더라도, 인터넷을 통해 직접 연결이 되어 있다면 인터넷에 공개된 것으로 판단함)

② 영리를 목적으로 하지 않더라도 정보통신망을 통해 정보를 제공하거나 정보의 제공을 매개하는 서비스는 모두 인증범위에 포함된다. (대표 홈페이지, 채용사이트, 비영리사이트, 복지 인터넷 시스템, 대외 서비스 및 업무처리를 위한 인터넷 시스템 등)

나) 설비: 해당 정보통신서비스의 제공 또는 운영을 위해 필요한 정보통신설비

다) 예시: 통신판매(인터넷 상품판매), 통신판매 중계(오픈마켓), MRO쇼핑몰, 임직원 몰, 게임포털(퍼블리싱), 게임 개발사, 의료정보시스템, 원격의료시스템, 병원 홈페이지, 학사정보시스템 등

시스템의 유형 및 사용되는 상황에 따라 정보보호 관리체계 인증 의무범위에서 제외될 수 있는 부분이 존재한다.

1) 정보통신서비스의 데이터베이스를 직접 이용하지 않고, 복제 등의 방법으로 별도 데이터베이스를 구성한 후 이를 분석, 마케팅 등의 용도로 사용하는 응용시스템(DW, CRM 등)은 심사범위에서 제외 가능

2) 정보통신서비스 관련 이용자 상담, 문의 대응 등을 위해 콜센터를 운영하는 경우, 콜센터 관련 시스템(교환기, CTI, IVR 등)은 의무 심사범위에서 제외 가능

3) 정보통신서비스와 직접적인 관련 없이 내부업무 처리가 주목적인 그룹웨어, ERP 등은 심사 범위에서 제외 가능

4) 별다른 보안설정 없는 더미(Dummy) 역할을 하는 네트워크 스위치는 심사범위에서 제외 가능

CHAPTER 2

용어 정의

● 본 도서에서 사용되는 용어에 대해 알아보자.

용어	설명
개인정보	살아 있는 개인에 관한 정보로서 성명, 주민등록번호 및 영상 등을 통하여 개인을 알아볼 수 있는 정보(해당 정보만으로는 특정 개인을 알아볼 수 없더라도 다른 정보와 쉽게 결합하여 알아볼 수 있는 것을 포함한다)를 말한다.
개인정보파일	개인정보를 쉽게 검색할 수 있도록 일정한 규칙에 따라 체계적으로 배열하거나 구성한 개인정보의 집합물(集合物)을 말한다.
처리	개인정보의 수집, 생성, 연계, 연동, 기록, 저장, 보유, 가공, 편집, 검색, 출력, 정정(訂正), 복구, 이용, 제공, 공개, 파기(破棄), 그 밖에 이와 유사한 행위를 말한다.
개인정보처리자	업무를 목적으로 개인정보파일을 운용하기 위하여 스스로 또는 다른 사람을 통하여 개인정보를 처리하는 공공기관, 법인, 단체 및 개인 등을 말한다.
사용자	내부직원(또는 임시직/외부위탁사 포함)이 사용하는 계정으로, 관리자를 포함하는 포괄적인 자를 말한다.
개인정보취급자	사용자 중 개인정보를 다루는 사용자를 말한다.
관리자	내부직원(또는 임시직/외부위탁사 포함)이 사용하는 계정으로, 사용자 중에서 슈퍼 어드민 권한을 가진 자를 말한다.
이용자(정보주체)	고객 등 서비스 대상자 또는 처리되는 정보에 의하여 알아볼 수 있는 사람으로서 그 정보의 주체가 되는 사람을 말한다.
자산구분	정보시스템을 linux서버, win서버, DBMS, WEB 등 특정한 기준에 준하여 정보시스템을 구분해 놓은 것을 말한다.
정보시스템	물리적 서버(win서버, linux서버 등), OS 위에 설치되는 소프트웨어시스템(DBMS, WEB, APP, 소프트웨어 등), 하드웨어장비(네트워크, 정보보호시스템 등) 등을 통틀어 지칭한다.
개인정보처리시스템	정보시스템 중 개인정보를 처리하기 위한 정보시스템을 말한다.
단말기	PC, 노트북을 지칭한다.
업무용 단말기	업무 처리를 목적으로 사용하는 단말기(PC, 노트북) 및 모바일 기기(PDA, 핸드폰 등) 등의 기기를 지칭한다.

용어	설명
보조저장매체	USB메모리, 외장하드 등 물리적 서버 또는 단말기 외부에 연결하여 사용할 수 있는 매체를 지칭한다.
통제내용(통제목적)	ISMS:2013 인증을 받기위한 기준이 되는 104개의 항목을 말한다.
인증기준 항목	ISMS, PIMS 통합인증인 ISMS-P 인증을 받기 위한 기준이 되는 "관리체계 수립 및 운영", "보호대책 요구사항" 및 "개인정보 처리단계별 요구사항"에 해당되는 102개의 항목을 말한다.
업무관련 항목	102개의 인증기준 항목을 컨설팅 방법론에 적합하게 248개의 항목으로 세분화한 것을 말한다.
인증기준 분야	인증기준 항목의 특성이 비슷한 것끼리 묶어서 21개로 그룹핑해 놓은 것을 말한다.
업무관련 분야	업무관련 항목을 실운영자들이 쉽게 이해할 수 있도록 업무 흐름에 맞게 순서를 맞추고 그룹핑해 놓은 것을 말한다.
위험 평가	위험도를 산정하는 등 위험의 규모를 결정하는 일련의 과정을 말한다.
위험분석	자산평가 방법에 따른 결과와 우려사항 평가 방법에 따른 결과를 통해 위험을 식별하는 일련의 과정을 말한다.
위험처리	위험분석에 따라 도출한 위험을 처리하기 위한 방법(감소, 회피, 전가, 수용)을 말한다.
위험관리	위험분석을 통해 위험처리하는 일련의 과정을 말한다.

CHAPTER 3

ISMS-P 인증심사 종류

상 중 하

- 정보보호 및 개인정보보호 관리체계 최초인증을 취득하는 순서에 대해 알아보자.
- 정보보호 및 개인정보보호 관리체계 인증을 유지하기 위한 사후심사를 진행하는 순서에 대해 알아보자.
- 정보보호 및 개인정보보호 관리체계 갱신심사를 진행하는 순서에 대해 알아보자.

정보보호 및 개인정보보호 관리체계(ISMS-P: Personal Information & Information Security Management System) 인증심사에는 최초심사, 사후심사, 갱신심사가 존재한다. 정보보호 및 개인정보보호 관리체계 인증의 유효기간은 3년으로, 1년 차에 최초심사를 통해 정보보호 및 개인정보보호 관리체계 인증을 취득한 경우 만 3년이 되는 4년 차 시점에는 갱신심사를 통해 또다시 최초심사와 같이 유효기간 3년을 연장해야 한다. 1년 차의 최초심사와 4년 차의 갱신심사 사이에 존재하는 2년 차와 3년 차에는 사후심사를 통해 유효기간을 유지해야 한다. 즉 1년 차의 최초심사에서 유효기간이 3년인 인증을 취득하였다고 하더라도, 2년 차와 3년 차 각각의 해에서 사후심사를 통해 인증유지를 승인받지 못하면 해당 인증서가 취소된다. 참고로, 2년 차에 진행되는 사후심사를 1차 사후심사라고 부르며, 3년 차에 진행되는 사후심사를 2차 사후심사라고 불린다.

1 최초심사

최초심사는 정보보호 및 개인정보보호 관리체계 인증을 처음으로 취득하고자 할 때 진행되는 심사를 말한다. 또한, 2년 차 또는 3년 차 같은 사후심사 기간임에도 인증을 받은 범위 내에 중요하거나 규모가 큰 변경이 발생된 경우에는 최초심사를 다시 받아야 한다.

기업에서 정보보호 및 개인정보보호 관리체계 인증 최초심사를 받기 위해서는 일반적으로 다음과 같은 단계를 따른다.

1) 범위 선정에 따른 컨설팅 진행 (범위에 따라 진행 기간은 달라지나 일반적으로 2~3달 정도 걸림)

2) 컨설팅 결과물인 대응방안을 실무 환경에 적용 (신청기관의 현황에 따라 달라지나 일반적으로 1~2달 정도 걸림)

3) 구축된 관리체계에 따라 최소 2달간 운영

4) 인증신청서 제출 및 최초심사 일정 조율

5) 인증수수료 납부 (인증수수료는 인증심사 진행 전까지 납부하면 됨)

6) 최초심사 진행 (일반적으로 5~10일 걸림. ISMS만 진행 시 4~5일, ISMS-P 진행 시 7~10일 정도 예상됨)

7) 최초심사에서 도출된 결함사항에 대한 보완조치 완료 (최대 100일까지 보완조치 할 수 있으며, 완료보고서에 서명하는 일자를 보완조치 종료시점으로 봄)

8) 인증위원회를 통해 최초심사 결과보고서 심의 진행 (일반적으로 1달 정도 걸림)

9) 만약, 인증위원회에서 보완조치가 요구될 경우, 인증위원회에서 결정한 보완조치 기한 내에 신청기간은 해당 사항을 보완 완료 후 심사팀장에게 수정된 보완조치 내역서를 제출하고, 심사팀장은 해당 보완조치 이행여부를 확인한 다음 해당 사항에 대한 결과보고서를 다음 회기 인증위원회에 상정하여 최종 인증부여 여부를 의결 받음 (일반적으로 1~2달 정도 걸림)

10) 인증위원회 심의 적합 통과 시 인증서 취득 (일반적으로 1~2일 정도 걸림)

11) 만약, 인증위원회 심의결과 부적합 통보를 받은 경우 신청기관은 이의신청을 할 수 있음.

최초 컨설팅부터 인증서를 취득하는 데까지는 신청기관의 규모와 기존 정보보호 현황의 상황에 따라 달라질 수밖에 없으나 일반적으로는 8~10개월 정도가 걸리기에 법률에 따라 강제적으로 정보보호 관리체계 인증을 취득해야 하는 업체에 대해서는 미리 일정을 조정해야 한다. 예를 들어 2020년도에 정보보호 관리체계 인증을 취득하라는 공문을 2월경에 받은 업체인 경우 늦어도 4월달에는 컨설팅이 진행돼야 해당 년도에 인증서를 취득할 수 있다. 참고로, 정보보호 관리체계 인증을 2019년도부터 강제적으로 취득해야 하는 신규 의무대상자에 국한하여 최초인증을 정보보호 및 개인정보보호 관리체계 인증기준에 따라 받을 경우에만 차년도 8월 31일까지 인증을 취득할 수 있도록 기간을 연장해 주고 있다. 이미 인증을 취득한 기업의 경우에는 해당 사항이 없다.

추가로, 인증위원회에서 심의를 진행하는 목적은 정보보호 및 개인정보보호 관리체계 인증기준에 적합하게 신청기관에 정보보호 및 개인정보보호 관리체계를 구축했는지를 확인하는 것이다.

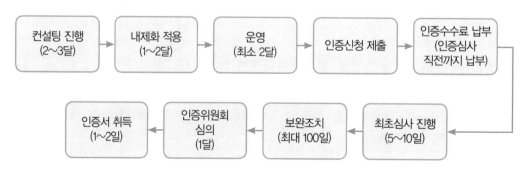

[그림 3] **정보보호 및 개인정보보호 관리체계 인증 최초 취득 단계**

2 사후심사

사후심사는 정보보호 및 개인정보보호 관리체계 인증을 취득한 이후 만 1년 이전에 인증받은 정보보호 및 개인정보보호 관리체계가 지속적으로 유지 및 이에 따라 운영을 정상적으로 잘 하고 있는지를 확인하기 위해 진행되는 심사를 말한다. 예를 들어 최초심사를 통해 정보보호 및 개인정보보호 관리체계 인증서를 2019년 11월 15일 날 받았다면, 만 1년 이전인 2020년 11월 15일 이전까지 사후심사를 통해 인증서 유지 결정을 받아야 한다. 이렇게 만 1년 이전에 진행되는 사후심사를 1차 사후심사라고 부른다. 1차 사후심사를 유지한 이후에도 또 다른 만 1년 이전인 2021년 11월 15일 이전까지 사후심사를 추가로 받아야 한다. 이것을 2차 사후심사라 부른다.

사후심사 기간인 2차년도(앞서 예를 든 경우에서는 2020년 11월)와 3차년도(앞서 예를 든 경우에서는 2021년 11월) 기간 중에 최초심사를 통해 받은 인증 범위 내에 중요하거나 규모가 큰 변경이 발생된 경우에는 새롭게 최초심사를 다시 받아야 한다.

신청기관에서 정보보호 및 개인정보보호 관리체계 인증 사후심사를 받기 위해서는 일반적으로 다음과 같은 단계를 따른다.

1) 구축된 정보보호 및 개인정보보호 관리체계 인증범위 내 내부감사 또는 외부감사를 통해 현황파악 진행 (범위에 따라 진행 기간은 달라지나 일반적으로 1~3주 정도 걸림)

2) 위험분석을 통해 인증 유지를 위한 대응방안 마련 등 위험관리 진행 (범위에 따라 진행 기간은 달라지나 일반적으로 2~3달 정도 걸림)

3) 위험관리를 통해 도출된 대응방안을 실무 환경에 적용 (신청기관의 현황에 따라 달라지나 일반적으로 1~2달 정도 걸림)

4) 인증신청서 제출 및 사후심사 일정 조율

5) 인증수수료 납부 (인증수수료는 인증심사 진행 전까지 납부하면 됨)

6) 사후심사 진행 (일반적으로 3~8일 걸림. ISMS만 진행 시 3~4일, ISMS-P 진행 시 5~8일 정도 예상됨)

7) 사후심사에서 도출된 결함사항에 대한 보완조치 완료 (최대 100일까지 보완조치 할 수 있으며, 완료보고서에 서명하는 일자를 보완조치 종료시점으로 봄)

8) 심사팀장의 현장확인 등을 통한 보완조치 검토 확인 (일반적으로 1일 정도 걸림)

9) 심사팀장의 보완조치 확인 통과 시 인증 유지 확정 (일반적으로 1~2일 정도 걸림)

10) 만약, 사후심사 결과 인증취소 사유(거짓이나 그 밖의 부정한 방법으로 관리체계 인증을 받은 경우, 인증기준에 미달하게 된 경우, 사후관리를 거부 또는 방해한 경우)가 발견된 경우에는 인증위원회에 상정하여 그 결과의 적합성 여부를 확인함.

사후심사도 매년 만 1년 이전에 진행하여야 하기에 최소 4달 전에는 준비를 하여야 대응을 할 수가 있을 것이다. 예를 들어 2020년 11월 15일에 인증서를 받은 기업에 대해서는 1차 사후심사를 2021년 11월 15일 전에 진행을 하여야 하기에 적어도 4개월 전인 2021년 11월 15일에는 사후심사를 준비해야 인증 유지를 할 수 있다. 신청기관의 규모와 상황에 따라 준비기간은 달라질 수밖에 없기에 신청기관마다 넉넉한 기간을 갖고 준비를 해야 한다.

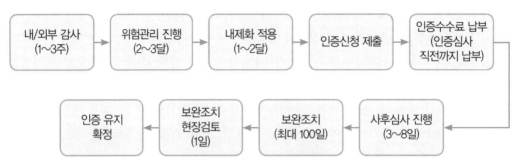

[그림 4] 정보보호 및 개인정보보호 관리체계 인증 사후 유지 단계

3 갱신심사

갱신심사는 정보보호 및 개인정보보호 관리체계 인증을 취득한 이후 만 3년 이전에 정보보호 및 개인정보보호 관리체계에 대한 인증을 연장하기 위해 진행되는 심사를 말한다. 정보보호 및 개인정보보호 관리체계 인증서상에 표시된 유효기간 만료일 전에 갱신심사를 받아야 하며, 인증 유효기간 안에 갱신심사를 받지 않을 경우에는 해당 인증은 효력을 상실하게 된다. 갱신심사는 최초심사와 동일하게 인증위원회에서 인증 유효기간의 연장에 대한 심의를 열어 결정하도록 하고 있다.

신청기관에서 정보보호 및 개인정보보호 관리체계 인증 갱신심사를 받기 위해서는 일반적으로 다음과 같은 단계를 따른다.

1) 구축된 정보보호 및 개인정보보호 관리체계 인증범위 내 내부감사 또는 외부감사를 통해 현황파악 진행 (범위에 따라 진행 기간은 달라지나 일반적으로 1~3주 정도 걸림)

2) 위험분석을 통해 인증 갱신을 위한 대응방안 마련 등 위험관리 진행 (범위에 따라 진행 기간은 달라지나 일반적으로 2~3달 정도 걸림)

3) 위험관리를 통해 도출된 대응방안을 실무 환경에 적용 (신청기관의 현황에 따라 달라지나 일반적으로 1~2달 정도 걸림)

4) 인증신청서 제출 및 갱신심사 일정 조율

5) 인증수수료 납부 (인증수수료는 인증심사 진행 전까지 납부하면 됨)

6) 갱신심사 진행 (일반적으로 5~10일 걸림. ISMS만 진행 시 4~5일, ISMS-P 진행 시 7~10일 정도 예상됨)

7) 갱신심사에서 도출된 결함사항에 대한 보완조치 완료 (최대 100일까지 보완조치 할 수 있으며, 완료보고서에 서명하는 일자를 보완조치 종료시점으로 봄)

8) 인증위원회를 통해 갱신심사 결과보고서 심의 진행 (일반적으로 1달 정도 걸림)

9) 만약, 인증위원회에서 보완조치가 요구될 경우, 인증위원회에서 결정한 보완조치 기한 내에 신청기간은 해당 사항을 보완 완료 후 심사팀장에게 수정된 보완조치 내역서를 제출하고, 심사팀장은 해당 보완조치 이행여부를 확인한 다음 해당 사항에 대한 결과보고서를 다음 회기 인증위원회에 상정하여 최종 인증부여 여부를 의결 받음 (일반적으로 1~2달 정도 걸림)

10) 인증위원회 심의 적합 통과 시 인증서 갱신 (일반적으로 1~2일 정도 걸림)

11) 만약, 인증위원회 심의결과 부적합 통보를 받은 경우 신청기관은 이의신청을 할 수 있음.

갱신심사는 최초심사와 동일하게 진행되지만 최소 2달 운영기간이 빠지기에 준비를 위한 최소 기간은 최초심사보다는 적을 수 있다. 갱신심사를 준비하기 위해서는 최소 4~5달 정도의 기간이 필요하고, 최종 갱신심사를 통해 인증서를 갱신하는 데는 추가로 4~5달 정도가 소요된다. 예를 들어 2020년 11월 15일에 인증서를 받은 기업에 대해서는 갱신심사를 인증서 유효기간 마지막 날인 2023년 11월 14일 이전에 진행해야 한다. 만약, 이 기간을 놓칠 경우에는 해당 인증서는 취소되고 법률에 의해 정보보호 관리체계 인증을 강제적으로 취득 및 유지해야 하는 업체인 경우에는 과태료 부과 대상이 된다. 그렇기에 적어도 2023년 6월에는 갱신심사를 준비해야 인증 유지를 할 수 있다. 신청기관의 규모와 상황에 따라 준비기간은 달라질 수밖에 없기에 신청기관마다 넉넉한 기간을 갖고 준비를 해야 한다.

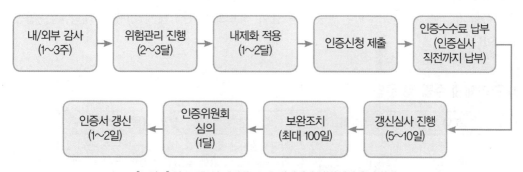

[그림 5] **정보보호 및 개인정보보호 관리체계 인증 갱신 유지 단계**

CHAPTER 4

ISMS-P 인증기준 항목

- 정보보호 관리체계 인증기준에 대해 알아보자.
- 정보보호 및 개인정보보호 관리체계 인증기준에 대해 알아보자.

정보보호 및 개인정보보호 관리체계(ISMS-P: Personal Information & Information Security Management System) 인증기준은 정보보호 관리체계 인증과 개인정보보호 관리체계 인증이 통합되면서 각각의 인증기준이 하나의 인증기준으로 통합된 내용이다. 다만, 정보보호 및 개인정보보호 관리체계 인증기준 중 관리체계 수립 및 운영 16개와 보호대책 요구사항 64개의 상세 내용에 해당하는 80개의 인증기준은 정보보호 관리체계 인증 기준이고, 정보보호 및 개인정보보호 관리체계 인증기준 중 개인정보 처리 단계별 요구사항 22개의 상세 내용을 추가로 하여 총 102개에 해당하는 인증기준이 개인정보보호 관리체계 인증 기준이다. [010]

1 정보보호 관리체계(ISMS: Information Security Management System) 인증기준

정보보호 및 개인정보보호 관리체계 인증기준 중 관리체계 수립 및 운영 16개와 보호대책 요구사항 64개를 합친 80개의 인증기준 만이 정보보호 관리체계 인증에 해당하는 인증기준이다.

1) 관리체계 수립 및 운영

분야		항목		상세 내용
1.1.	관리체계 기반 마련	1.1.1	경영진의 참여	최고경영자는 정보보호 및 개인정보보호 관리체계의 수립과 운영활동 전반에 경영진의 참여가 이루어질 수 있도록 보고 및 의사결정 체계를 수립하여 운영해야 한다.
		1.1.2	최고책임자의 지정	최고경영자는 정보보호 업무를 총괄하는 정보보호 최고책임자와 개인정보보호 업무를 총괄하는 개인정보보호 책임자를 예산·인력 등 자원을 할당할 수 있는 임원급으로 지정해야 한다.

		1.1.3	조직 구성	최고경영자는 정보보호와 개인정보보호의 효과적 구현을 위한 실무조직, 조직 전반의 정보보호와 개인정보보호 관련 주요 사항을 검토 및 의결할 수 있는 위원회, 전사적 보호활동을 위한 부서별 정보보호와 개인정보보호 담당자로 구성된 협의체를 구성하여 운영해야 한다.
		1.1.4	범위 설정	조직의 핵심 서비스와 개인정보 처리 현황 등을 고려하여 관리체계 범위를 설정하고, 관련된 서비스를 비롯하여 개인정보 처리 업무와 조직, 자산, 물리적 위치 등을 문서화해야 한다.
		1.1.5	정책 수립	정보보호와 개인정보보호 정책 및 시행문서를 수립·작성하며, 이때 조직의 정보보호와 개인정보보호 방침 및 방향을 명확하게 제시해야 한다. 또한 정책과 시행문서는 경영진 승인을 받고, 임직원 및 관련자에게 이해하기 쉬운 형태로 전달해야 한다.
		1.1.6	자원 할당	최고경영자는 정보보호와 개인정보보호 분야별 전문성을 갖춘 인력을 확보하고, 관리체계의 효과적 구현과 지속적 운영을 위한 예산 및 자원을 할당해야 한다.
1.2.	위험 관리	1.2.1	정보자산 식별	조직의 업무특성에 따라 정보자산 분류기준을 수립하여 관리체계 범위 내 모든 정보자산을 식별·분류하고, 중요도를 산정한 후 그 목록을 최신으로 관리해야 한다.
		1.2.2	현황 및 흐름분석	관리체계 전 영역에 대한 정보서비스 및 개인정보 처리 현황을 분석하고 업무 절차와 흐름을 파악하여 문서화하며, 이를 주기적으로 검토하여 최신성을 유지해야 한다.
		1.2.3	위험 평가	조직의 대내외 환경분석을 통해 유형별 위협정보를 수집하고 조직에 적합한 위험 평가 방법을 선정하여 관리체계 전 영역에 대하여 연 1회 이상 위험을 평가하며, 수용할 수 있는 위험은 경영진의 승인을 받아 관리해야 한다.
		1.2.4	보호대책 선정	위험 평가 결과에 따라 식별된 위험을 처리하기 위하여 조직에 적합한 보호대책을 선정하고, 보호대책의 우선순위와 일정·담당자·예산 등을 포함한 이행계획을 수립하여 경영진의 승인을 받아야 한다.
1.3.	관리체계 운영	1.3.1	보호대책 구현	선정한 보호대책은 이행계획에 따라 효과적으로 구현하고, 경영진은 이행결과의 정확성과 효과성 여부를 확인해야 한다.
		1.3.2	보호대책 공유	보호대책의 실제 운영 또는 시행할 부서 및 담당자를 파악하여 관련 내용을 공유하고 교육하여 지속적으로 운영되도록 해야 한다.
		1.3.3	운영현황 관리	조직이 수립한 관리체계에 따라 상시적 또는 주기적으로 수행하여야 하는 운영활동 및 수행 내역은 식별 및 추적이 가능하도록 기록하여 관리하고, 경영진은 주기적으로 운영활동의 효과성을 확인하여 관리해야 한다.

	분야		항목	상세 내용
1.4.	관리체계 점검 및 개선	1.4.1	법적 요구 사항 준수 검토	조직이 준수하여야 할 정보보호 및 개인정보보호 관련 법적 요구사항을 주기적으로 파악하여 규정에 반영하고, 준수 여부를 지속적으로 검토해야 한다.
		1.4.2	관리체계 점검	관리체계가 내부 정책 및 법적 요구사항에 따라 효과적으로 운영되고 있는지 독립성과 전문성이 확보된 인력을 구성하여 연 1회 이상 점검하고, 발견된 문제점을 경영진에게 보고해야 한다.
		1.4.3	관리체계 개선	법적 요구사항 준수 검토 및 관리체계 점검을 통해 식별된 관리체계상의 문제점에 대한 원인을 분석하고 재발방지 대책을 수립·이행하여야 하며, 경영진은 개선 결과의 정확성과 효과성 여부를 확인해야 한다.

2) 보호대책 요구사항

	분야		항목	상세 내용
2.1.	정책, 조직, 자산 관리	2.1.1	정책의 유지관리	정보보호 및 개인정보보호 관련 정책과 시행문서는 법령 및 규제, 상위 조직 및 관련 기관 정책과의 연계성, 조직의 대내외 환경변화 등에 따라 주기적으로 검토하여 필요한 경우 제·개정하고 그 내역을 이력관리해야 한다.
		2.1.2	조직의 유지관리	조직의 각 구성원에게 정보보호와 개인정보보호 관련 역할 및 책임을 할당하고, 그 활동을 평가할 수 있는 체계와 조직 및 조직의 구성원 간 상호 의사소통할 수 있는 체계를 수립하여 운영해야 한다.
		2.1.3	정보자산 관리	정보자산의 용도와 중요도에 따른 취급 절차 및 보호대책을 수립·이행하고, 자산별 책임소재를 명확히 정의하여 관리해야 한다.
2.2.	인적 보안	2.2.1	주요 직무자 지정 및 관리	개인정보 및 중요정보의 취급이나 주요 시스템 접근 등 주요 직무의 기준과 관리방안을 수립하고, 주요 직무자를 최소한으로 지정하여 그 목록을 최신으로 관리해야 한다.
		2.2.2	직무 분리	권한 오남용 등으로 인한 잠재적인 피해 예방을 위하여 직무 분리 기준을 수립하고 적용해야 한다. 다만 불가피하게 직무 분리가 어려운 경우 별도의 보완대책을 마련하여 이행해야 한다.
		2.2.3	보안 서약	정보자산을 취급하거나 접근권한이 부여된 임직원·임시직원·외부자 등이 내부 정책 및 관련 법규, 비밀유지 의무 등 준수사항을 명확히 인지할 수 있도록 업무 특성에 따른 정보보호 서약을 받아야 한다.

		2.2.4	인식제고 및 교육훈련	임직원 및 관련 외부자가 조직의 관리체계와 정책을 이해하고 직무별 전문성을 확보할 수 있도록 연간 인식제고 활동 및 교육훈련 계획을 수립·운영하고, 그 결과에 따른 효과성을 평가하여 다음 계획에 반영해야 한다.
		2.2.5	퇴직 및 직무변경 관리	퇴직 및 직무변경 시 인사·정보보호·개인정보보호·IT 등 관련 부서별 이행하여야 할 자산반납, 계정 및 접근권한 회수·조정, 결과확인 등의 절차를 수립·관리해야 한다.
		2.2.6	보안 위반 시 조치	임직원 및 관련 외부자가 법령, 규제 및 내부정책을 위반한 경우 이에 따른 조치 절차를 수립·이행해야 한다.
2.3.	외부자 보안	2.3.1	외부자 현황관리	업무의 일부(개인정보취급, 정보보호, 정보시스템 운영 또는 개발 등)를 외부에 위탁하거나 외부의 시설 또는 서비스(집적정보통신시설, 클라우드 서비스, 애플리케이션 서비스 등)를 이용하는 경우 그 현황을 식별하고 법적 요구사항 및 외부 조직·서비스로부터 발생되는 위험을 파악하여 적절한 보호대책을 마련해야 한다.
		2.3.2	외부자 계약 시 보안	외부 서비스를 이용하거나 외부자에게 업무를 위탁하는 경우 이에 따른 정보보호 및 개인정보보호 요구사항을 식별하고, 관련 내용을 계약서 또는 협정서 등에 명시해야 한다.
		2.3.3	외부자 보안 이행 관리	계약서, 협정서, 내부정책에 명시된 정보보호 및 개인정보보호 요구사항에 따라 외부자의 보호대책 이행 여부를 주기적인 점검 또는 감사 등을 관리·감독해야 한다.
		2.3.4	외부자 계약 변경 및 만료 시 보안	외부자 계약 만료, 업무 종료, 담당자 변경 시에는 제공한 정보자산 반납, 정보시스템 접근계정 삭제, 중요정보 파기, 업무 수행 중 취득정보의 비밀유지 확약서 징구 등의 보호대책을 이행해야 한다.
2.4.	물리 보안	2.4.1	보호구역 지정	물리적·환경적 위협으로부터 개인정보 및 중요정보, 문서, 저장매체, 주요 설비 및 시스템 등을 보호하기 위하여 통제구역·제한구역·접견구역 등 물리적 보호구역을 지정하고 각 구역별 보호대책을 수립·이행해야 한다.
		2.4.2	출입통제	보호구역은 인가된 사람만이 출입하도록 통제하고 책임추적성을 확보할 수 있도록 출입 및 접근 이력을 주기적으로 검토해야 한다.
		2.4.3	정보시스템 보호	정보시스템은 환경적 위협과 유해요소, 비인가 접근 가능성을 감소시킬 수 있도록 중요도와 특성을 고려하여 배치하고, 통신 및 전력 케이블이 손상을 입지 않도록 보호해야 한다.

2.4.	물리 보안	2.4.4	보호설비 운영	보호구역에 위치한 정보시스템의 중요도 및 특성에 따라 온도·습도 조절, 화재감지, 소화설비, 누수감지, UPS, 비상발전기, 이중전원선 등의 보호설비를 갖추고 운영절차를 수립·운영해야 한다.
		2.4.5	보호구역 내 작업	보호구역 내에서의 비인가행위 및 권한 오남용 등을 방지하기 위한 작업 절차를 수립·이행하고, 작업 기록을 주기적으로 검토해야 한다.
		2.4.6	반출입 기기 통제	보호구역 내 정보시스템, 모바일 기기, 저장매체 등에 대한 반출입 통제절차를 수립·이행하고 주기적으로 검토해야 한다.
		2.4.7	업무환경 보안	공용으로 사용하는 사무용 기기(문서고, 공용 PC, 복합기, 파일서버 등) 및 개인 업무환경(업무용 PC, 책상 등)을 통해 개인정보 및 중요정보가 비인가자에게 노출 또는 유출되지 않도록 클린데스크, 정기점검 등 업무환경 보호대책을 수립·이행해야 한다.
2.5.	인증 및 권한관리	2.5.1	사용자 계정 관리	정보시스템과 개인정보 및 중요정보에 대한 비인가 접근을 통제하고 업무 목적에 따른 접근권한을 최소한으로 부여할 수 있도록 사용자 등록·해지 및 접근권한 부여·변경·말소 절차를 수립·이행하고, 사용자 등록 및 권한부여 시 사용자에게 보안책임이 있음을 규정화하고 인식시켜야 한다.
		2.5.2	사용자 식별	사용자 계정은 사용자별로 유일하게 구분할 수 있도록 식별자를 할당하고 추측 가능한 식별자 사용을 제한하여야 하며, 동일한 식별자를 공유하여 사용하는 경우 그 사유와 타당성을 검토하여 책임자의 승인 및 책임추적성 확보 등 보완대책을 수립·이행해야 한다.
		2.5.3	사용자 인증	정보시스템과 개인정보 및 중요정보에 대한 사용자의 접근은 안전한 인증절차와 필요에 따라 강화된 인증방식을 적용해야 한다. 또한 로그인 횟수 제한, 불법 로그인 시도 경고 등 비인가자 접근 통제방안을 수립·이행해야 한다.
		2.5.4	비밀번호 관리	법적 요구사항, 외부 위협요인 등을 고려하여 정보시스템 사용자 및 고객, 회원 등 정보주체(이용자)가 사용하는 비밀번호 관리절차를 수립·이행해야 한다.
		2.5.5	특수 계정 및 권한 관리	정보시스템 관리, 개인정보 및 중요정보 관리 등 특수 목적을 위하여 사용하는 계정 및 권한은 최소한으로 부여하고 별도로 식별하여 통제해야 한다.
		2.5.6	접근권한 검토	정보시스템과 개인정보 및 중요정보에 접근하는 사용자 계정의 등록·이용·삭제 및 접근권한의 부여·변경·삭제 이력을 남기고 주기적으로 검토하여 적정성 여부를 점검해야 한다.

2.6.	접근통제	2.6.1	네트워크 접근	네트워크에 대한 비인가 접근을 통제하기 위하여 IP관리, 단말인증 등 관리절차를 수립·이행하고, 업무목적 및 중요도에 따라 네트워크 분리(DMZ, 서버팜, DB존, 개발존 등)와 접근통제를 적용해야 한다.
		2.6.2	정보시스템 접근	서버, 네트워크시스템 등 정보시스템에 접근을 허용하는 사용자, 접근제한 방식, 안전한 접근수단 등을 정의하여 통제해야 한다.
		2.6.3	응용프로그램 접근	사용자별 업무 및 접근 정보의 중요도 등에 따라 응용프로그램 접근권한을 제한하고, 불필요한 정보 또는 중요정보 노출을 최소화할 수 있도록 기준을 수립하여 적용해야 한다.
		2.6.4	데이터베이스 접근	테이블 목록 등 데이터베이스 내에서 저장·관리되고 있는 정보를 식별하고, 정보의 중요도와 응용프로그램 및 사용자 유형 등에 따른 접근통제 정책을 수립·이행해야 한다.
		2.6.5	무선 네트워크 접근	무선 네트워크를 사용하는 경우 사용자 인증, 송수신 데이터 암호화, AP 통제 등 무선 네트워크 보호대책을 적용해야 한다. 또한 AD Hoc 접속, 비인가 AP 사용 등 비인가 무선 네트워크 접속으로부터 보호대책을 수립·이행해야 한다.
		2.6.6	원격접근 통제	보호구역 이외 장소에서의 정보시스템 관리 및 개인정보 처리는 원칙적으로 금지하고, 재택근무·장애대응·원격협업 등 불가피한 사유로 원격접근을 허용하는 경우 책임자 승인, 접근 단말 지정, 접근 허용범위 및 기간 설정, 강화된 인증, 구간 암호화, 접속단말 보안(백신, 패치 등) 등 보호대책을 수립·이행해야 한다.
		2.6.7	인터넷 접속통제	인터넷을 통한 정보 유출, 악성코드 감염, 내부망 침투 등을 예방하기 위하여 주요 정보시스템, 주요 직무 수행 및 개인정보 취급 단말기 등에 대한 인터넷 접속 또는 서비스(P2P, 웹하드, 메신저 등)를 제한하는 등 인터넷 접속통제 정책을 수립·이행해야 한다.
2.7.	암호화 적용	2.7.1	암호정책 적용	개인정보 및 주요정보 보호를 위하여 법적 요구사항을 반영한 암호화 대상, 암호 강도, 암호 사용 정책을 수립하고 개인정보 및 주요정보의 저장·전송·전달 시 암호화를 적용해야 한다.
		2.7.2	암호키 관리	암호키의 안전한 생성·이용·보관·배포·파기를 위한 관리 절차를 수립·이행하고, 필요시 복구방안을 마련해야 한다.
2.8.	정보시스템 도입 및 개발 보안	2.8.1	보안 요구사항 정의	정보시스템의 도입·개발·변경 시 정보보호 및 개인정보보호 관련 법적 요구사항, 최신 보안취약점, 안전한 코딩방법 등 보안 요구사항을 정의하고 적용해야 한다.

2.8.	정보시스템 도입 및 개발 보안	2.8.2	보안 요구사항 검토 및 시험	사전 정의된 보안 요구사항에 따라 정보시스템이 도입 또는는 구현되었는지를 검토하기 위하여 법적 요구사항 준수, 최신 보안취약점 점검, 안전한 코딩 구현, 개인정보 영향평가 등의 검토 기준과 절차를 수립·이행하고, 발견된 문제점에 대한 개선조치를 수행해야 한다.
		2.8.3	시험과 운영 환경 분리	개발 및 시험 시스템은 운영시스템에 대한 비인가 접근 및 변경의 위험을 감소시키기 위하여 원칙적으로 분리해야 한다.
		2.8.4	시험데이터 보안	시스템 시험 과정에서 운영데이터의 유출을 예방하기 위하여 시험데이터의 생성과 이용 및 관리, 파기, 기술적 보호조치에 관한 절차를 수립·이행해야 한다.
		2.8.5	소스프로그램 관리	소스프로그램은 인가된 사용자만이 접근할 수 있도록 관리하고, 운영환경에 보관하지 않는 것을 원칙으로 해야 한다.
		2.8.6	운영환경 이관	신규 도입·개발 또는 변경된 시스템을 운영환경으로 이관할 때는 통제된 절차를 따라야 하고, 실행코드는 시험 및 사용자 인수 절차에 따라 실행되어야 한다.
2.9.	시스템 및 서비스 운영관리	2.9.1	변경관리	정보시스템 관련 자산의 모든 변경내역을 관리할 수 있도록 절차를 수립·이행하고, 변경 전 시스템의 성능 및 보안에 미치는 영향을 분석해야 한다.
		2.9.2	성능 및 장애관리	정보시스템의 가용성 보장을 위하여 성능 및 용량 요구사항을 정의하고 현황을 지속적으로 모니터링하여야 하며, 장애 발생 시 효과적으로 대응하기 위한 탐지·기록·분석·복구·보고 등의 절차를 수립·관리해야 한다.
		2.9.3	백업 및 복구관리	정보시스템의 가용성과 데이터 무결성을 유지하기 위하여 백업 대상, 주기, 방법, 보관장소, 보관기간, 소산 등의 절차를 수립·이행해야 한다. 아울러 사고 발생 시 적시에 복구할 수 있도록 관리해야 한다.
		2.9.4	로그 및 접속기록 관리	서버, 응용프로그램, 보안시스템, 네트워크시스템 등 정보시스템에 대한 사용자 접속기록, 시스템로그, 권한부여 내역 등의 로그유형, 보존기간, 보존방법 등을 정하고 위·변조, 도난, 분실되지 않도록 안전하게 보존·관리해야 한다.
		2.9.5	로그 및 접속기록 점검	정보시스템의 정상적인 사용을 보장하고 사용자 오남용(비인가접속, 과다조회 등)을 방지하기 위하여 접근 및 사용에 대한 로그 검토기준을 수립하여 주기적으로 점검하며, 문제 발생 시 사후조치를 적시에 수행해야 한다.
		2.9.6	시간 동기화	로그 및 접속기록의 정확성을 보장하고 신뢰성 있는 로그 분석을 위하여 관련 정보시스템의 시각을 표준시각으로 동기화하고 주기적으로 관리해야 한다.
		2.9.7	정보자산의 재사용 및 폐기	정보자산의 재사용과 폐기 과정에서 개인정보 및 중요정보가 복구·재생되지 않도록 안전한 재사용 및 폐기 절차를 수립·이행해야 한다.

		2.10.1	보안시스템 운영	보안시스템 유형별로 관리자 지정, 최신 정책 업데이트, 룰셋 변경, 이벤트 모니터링 등의 운영절차를 수립 · 이행하고 보안시스템별 정책적용 현황을 관리해야 한다.
		2.10.2	클라우드 보안	클라우드 서비스 이용 시 서비스 유형(SaaS, PaaS, IaaS 등)에 따른 비인가 접근, 설정 오류 등에 따라 중요정보와 개인정보가 유 · 노출되지 않도록 관리자 접근 및 보안 설정 등에 대한 보호대책을 수립 · 이행해야 한다.
		2.10.3	공개서버 보안	외부 네트워크에 공개되는 서버의 경우 내부 네트워크와 분리하고 취약점 점검, 접근통제, 인증, 정보 수집 · 저장 · 공개 절차 등 강화된 보호대책을 수립 · 이행해야 한다.
		2.10.4	전자거래 및 핀테크 보안	전자거래 및 핀테크 서비스 제공 시 정보유출이나 데이터 조작 · 사기 등의 침해사고 예방을 위해 인증 · 암호화 등의 보호대책을 수립하고, 결제시스템 등 외부 시스템과 연계할 경우 안전성을 점검해야 한다.
2.10.	시스템 및 서비스 보안관리	2.10.5	정보전송 보안	타 조직에 개인정보 및 중요정보를 전송할 경우 안전한 전송 정책을 수립하고 조직 간 합의를 통해 관리 책임, 전송방법, 개인정보 및 중요정보 보호를 위한 기술적 보호조치 등을 협약하고 이행해야 한다.
		2.10.6	업무용 단말기기 보안	PC, 모바일 기기 등 단말기기를 업무 목적으로 네트워크에 연결할 경우 기기 인증 및 승인, 접근 범위, 기기 보안 설정 등의 접근통제 대책을 수립하고 주기적으로 점검해야 한다.
		2.10.7	보조저장 매체 관리	보조저장매체를 통하여 개인정보 또는 중요정보의 유출이 발생하거나 악성코드가 감염되지 않도록 관리 절차를 수립 · 이행하고, 개인정보 또는 중요정보가 포함된 보조저장매체는 안전한 장소에 보관해야 한다.
		2.10.8	패치관리	소프트웨어, 운영체제, 보안시스템 등의 취약점으로 인한 침해사고를 예방하기 위하여 최신 패치를 적용해야 한다. 다만 서비스 영향을 검토하여 최신 패치 적용이 어려울 경우 별도의 보완대책을 마련하여 이행해야 한다.
		2.10.9	악성코드 통제	바이러스 · 웜 · 트로이목마 · 랜섬웨어 등의 악성코드로부터 개인정보 및 중요정보, 정보시스템 및 업무용 단말기 등을 보호하기 위하여 악성코드 예방 · 탐지 · 대응 등의 보호대책을 수립 · 이행해야 한다.
2.11.	사고 예방 및 대응	2.11.1	사고 예방 및 대응체계 구축	침해사고 및 개인정보 유출 등을 예방하고 사고 발생 시 신속하고 효과적으로 대응할 수 있도록 내 · 외부 침해시도의 탐지 · 대응 · 분석 및 공유를 위한 체계와 절차를 수립하고, 관련 외부기관 및 전문가들과 협조체계를 구축해야 한다.

2.11.	사고 예방 및 대응	2.11.2	취약점 점검 및 조치	정보시스템의 취약점이 노출되어 있는지를 확인하기 위하여 정기적으로 취약점 점검을 수행하고 발견된 취약점에 대해서는 신속하게 조치해야 한다. 또한 최신 보안취약점의 발생 여부를 지속적으로 파악하고 정보시스템에 미치는 영향을 분석하여 조치해야 한다.
		2.11.3	이상행위 분석 및 모니터링	내·외부에 의한 침해시도, 개인정보유출 시도, 부정행위 등을 신속하게 탐지·대응할 수 있도록 네트워크 및 데이터 흐름 등을 수집하여 분석하며, 모니터링 및 점검 결과에 따른 사후조치는 적시에 이루어져야 한다.
		2.11.4	사고 대응 훈련 및 개선	침해사고 및 개인정보 유출사고 대응 절차를 임직원과 이해관계자가 숙지하도록 시나리오에 따른 모의훈련을 연 1회 이상 실시하고 훈련결과를 반영하여 대응체계를 개선해야 한다.
		2.11.5	사고 대응 및 복구	침해사고 및 개인정보 유출 징후나 발생을 인지한 때에는 법적 통지 및 신고 의무를 준수하여야 하며, 절차에 따라 신속하게 대응 및 복구하고 사고분석 후 재발방지 대책을 수립하여 대응체계에 반영해야 한다.
2.12.	재해복구	2.12.1	재해, 재난 대비 안전 조치	자연재해, 통신·전력 장애, 해킹 등 조직의 핵심 서비스 및 시스템의 운영 연속성을 위협할 수 있는 재해 유형을 식별하고 유형별 예상 피해규모 및 영향을 분석해야 한다. 또한 복구 목표시간, 복구 목표시점을 정의하고 복구 전략 및 대책, 비상시 복구 조직, 비상연락체계, 복구 절차 등 재해 복구체계를 구축해야 한다.
		2.12.2	재해 복구 시험 및 개선	재해 복구 전략 및 대책의 적정성을 정기적으로 시험하여 시험결과, 정보시스템 환경변화, 법규 등에 따른 변화를 반영하여 복구전략 및 대책을 보완해야 한다.

2 정보보호 및 개인정보보호 관리체계(ISMS-P: Personal Information & Information Security Management System) 인증기준

정보보호 및 개인정보보호 관리체계 인증기준 102개 모두가 구 개인정보보호 관리체계(PIMS: Personal Information Management System)에 해당하는 인증기준이다. 즉 정보보호 관리체계 인증기준을 만족하면서 추가로 개인정보 처리 단계별 요구사항 22개를 만족하면 개인정보보호 관리체계 인증을 취득 및 유지할 수 있는 것이다. 이제는 개인정보보호 관리체계 인증이란 용어를 사용하지 않고, 정보보호 및 개인정보보호 관리체계란 용어를 사용하면 된다.

1) 개인정보 처리 단계별 요구사항

분야		항목	상세 내용
3.1.	개인정보 수집 시 보호조치	3.1.1 개인정보 수집 제한	개인정보는 서비스 제공을 위하여 필요한 최소한의 정보를 적법하고 정당하게 수집하여야 하며, 필수정보 이외의 개인정보를 수집하는 경우에는 선택항목으로 구분하여 해당 정보를 제공하지 않는다는 이유로 서비스 제공을 거부하지 않아야 한다.
		3.1.2 개인정보의 수집 동의	개인정보는 정보주체(이용자)의 동의를 받거나 관계 법령에 따라 적법하게 수집하여야 하며, 만 14세 미만 아동의 개인정보를 수집하려는 경우에는 법정대리인의 동의를 받아야 한다.
		3.1.3 주민등록번호 처리 제한	주민등록번호는 법적 근거가 있는 경우를 제외하고는 수집·이용 등 처리할 수 없으며, 주민등록번호의 처리가 허용된 경우라 하더라도 인터넷 홈페이지 등에서 대체수단을 제공해야 한다.
		3.1.4 민감정보 및 고유식별정보의 처리 제한	민감정보와 고유식별정보(주민등록번호 제외)를 처리하기 위해서는 법령에서 구체적으로 처리를 요구하거나 허용하는 경우를 제외하고는 정보주체(이용자)의 별도 동의를 받아야 한다.
		3.1.5 간접수집 보호조치	정보주체(이용자) 이외로부터 개인정보를 수집하거나 제공받는 경우에는 업무에 필요한 최소한의 개인정보만 수집·이용하여야 하고 법령에 근거하거나 정보주체(이용자)의 요구가 있으면 개인정보의 수집 출처, 처리목적, 처리정지의 요구권리를 알려야 한다.
		3.1.6 영상정보처리기기 설치·운영	영상정보처리기기를 공개된 장소에 설치·운영하는 경우 설치 목적 및 위치에 따라 법적 요구사항(안내판 설치 등)을 준수하고, 적절한 보호대책을 수립·이행해야 한다.
		3.1.7 홍보 및 마케팅 목적 활용 시 조치	재화나 서비스의 홍보, 판매 권유, 광고성 정보 전송 등 마케팅 목적으로 개인정보를 수집·이용하는 경우에는 그 목적을 정보주체(이용자)가 명확하게 인지할 수 있도록 고지하고 동의를 받아야 한다.
3.2.	개인정보 보유 및 이용 시 보호조치	3.2.1 개인정보 현황관리	수집·보유하는 개인정보의 항목, 보유량, 처리 목적 및 방법, 보유기간 등 현황을 정기적으로 관리하여야 하며, 공공기관의 경우 이를 법률에서 정한 관계기관의 장에게 등록해야 한다.
		3.2.2 개인정보 품질보장	수집된 개인정보는 처리 목적에 필요한 범위에서 개인정보의 정확성·완전성·최신성이 보장되도록 정보주체(이용자)에게 관리절차를 제공해야 한다.

3.2.	개인정보 보유 및 이용 시 보호조치	3.2.3	개인정보 표시제한 및 이용 시 보호조치	개인정보의 조회 및 출력(인쇄, 화면표시, 파일생성 등) 시 용도를 특정하고 용도에 따라 출력항목 최소화, 개인정보 표시제한, 출력물 보호조치 등을 수행해야 한다. 또한 빅데이터 분석, 테스트 등 데이터 처리 과정에서 개인정보가 과도하게 이용되지 않도록 업무상 반드시 필요하지 않은 개인정보는 삭제하거나 또는 식별할 수 없도록 조치해야 한다.
		3.2.4	이용자 단말기 접근 보호	정보주체(이용자)의 이동통신단말장치 내에 저장되어 있는 정보 및 이동통신단말장치에 설치된 기능에 접근이 필요한 경우 이를 명확하게 인지할 수 있도록 알리고 정보주체(이용자)의 동의를 받아야 한다.
		3.2.5	개인정보 목적 외 이용 및 제공	개인정보는 수집 시의 정보주체(이용자)에게 고지·동의를 받은 목적 또는 법령에 근거한 범위 내에서만 이용 또는 제공하여야 하며, 이를 초과하여 이용·제공하려는 때에는 정보주체(이용자)의 추가 동의를 받거나 관계 법령에 따른 적법한 경우인지 확인하고 적절한 보호대책을 수립·이행해야 한다.
3.3.	개인정보 제공 시 보호조치	3.3.1	개인정보 제3자 제공	개인정보를 제3자에게 제공하는 경우 법적 근거에 의하거나 정보주체(이용자)의 동의를 받아야 하며, 제3자에게 개인정보의 접근을 허용하는 등 제공 과정에서 개인정보를 안전하게 보호하기 위한 보호대책을 수립·이행해야 한다.
		3.3.2	업무 위탁에 따른 정보주체 고지	개인정보 처리업무를 제3자에게 위탁하는 경우 위탁하는 업무의 내용과 수탁자 등 관련사항을 정보주체(이용자)에게 알려야 하며, 필요한 경우 동의를 받아야 한다.
		3.3.3	영업의 양수 등에 따른 개인정보의 이전	영업의 양도·합병 등으로 개인정보를 이전하거나 이전받는 경우 정보주체(이용자) 통지 등 적절한 보호조치를 수립·이행해야 한다.
		3.3.4	개인정보의 국외 이전	개인정보를 국외로 이전하는 경우 국외 이전에 대한 동의, 관련 사항에 대한 공개 등 적절한 보호조치를 수립·이행해야 한다.
3.4.	개인정보 파기 시 보호조치	3.4.1	개인정보의 파기	개인정보의 보유기간 및 파기 관련 내부 정책을 수립하고 개인정보의 보유기간 경과, 처리목적 달성 등 파기 시점이 도달한 때에는 파기의 안전성 및 완전성이 보장될 수 있는 방법으로 지체 없이 파기해야 한다.
		3.4.2	처리목적 달성 후 보유 시 조치	개인정보의 보유기간 경과 또는 처리목적 달성 후에도 관련 법령 등에 따라 파기하지 아니하고 보존하는 경우에는 해당 목적에 필요한 최소한의 항목으로 제한하고 다른 개인정보와 분리하여 저장·관리해야 한다.

3.4.	개인정보 파기 시 보호조치	3.4.3	휴면 이용자 관리	서비스를 일정기간 동안 이용하지 않는 휴면 이용자의 개인정보를 보호하기 위하여 관련 사항의 통지, 개인정보의 파기 또는 분리보관 등 적절한 보호조치를 이행해야 한다.
3.5.	정보주체 권리보호	3.5.1	개인정보처리방침 공개	개인정보의 처리 목적 등 필요한 사항을 모두 포함하여 개인정보처리방침을 수립하고, 이를 정보주체(이용자)가 언제든지 쉽게 확인할 수 있도록 적절한 방법에 따라 공개하고 지속적으로 현행화해야 한다.
		3.5.2	정보주체 권리보장	정보주체(이용자)가 개인정보의 열람, 정정·삭제, 처리정지, 이의제기, 동의철회 요구를 수집 방법·절차보다 쉽게 할 수 있도록 권리행사 방법 및 절차를 수립·이행하고, 정보주체(이용자)의 요구를 받은 경우 지체 없이 처리하고 관련 기록을 남겨야 한다. 또한 정보주체(이용자)의 사생활 침해, 명예훼손 등 타인의 권리를 침해하는 정보가 유통되지 않도록 삭제 요청, 임시조치 등의 기준을 수립·이행해야 한다.
		3.5.3	이용내역 통지	개인정보의 이용내역 등 정보주체(이용자)에게 통지하여야 할 사항을 파악하여 그 내용을 주기적으로 통지해야 한다.

실력 점검 문제

01 정보보호 및 개인정보보호 관리체계 정의에 대한 설명으로 가장 적합하지 않은 것을 고르시오.

① ISMS-P라고 하며, 영문으로는 Personal Infoamation & Information Security Management System이라 한다.

② ISMS와 PIMS가 합쳐진 것으로 PIMS 인증이란 용어는 더 이상 사용되지 않는다.

③ ISMS&ISMS-P란 과거 ISMS 인증과 통합된 ISMS-P 인증을 통칭하는 것이다.

④ ISMS 인증기준은 2019년 5월을 기준으로 내용이 달라진다.

해설

ISMS&ISMS-P란 범위가 다른 통합된 ISMS 인증과 ISMS-P 인증을 뜻하는 것이다.

02 정보보호 관리체계 인증을 법령에 의해 의무적으로 받아야 하는 업체기준에 대해 가장 적합한 것을 모두 고르시오.

① 오프라인 서비스 연매출 100억 이상, 온라인 서비스 연매출 10억 이상인 업체

② 온라인 서비스 연매출 50억 이상, 오프라인 서비스 연매출 2,000억 이상인 상급종합병원

③ 오프라인 서비스 연매출 1,500억 이상, 직전연도 12월 31일 기준 재학생 수가 1천만 명 이상인 고등교육법에 따른 학교

④ 온라인 서비스 개수가 4개이면서, 각각 연매출 30억 이상인 업체

해설

학교는 연매출 1,500억 이상이면서 재학생 수가 1만 명 이상인 학교가 대상이다.

03 정보보호 및 개인정보보호 관리체계 신청절차와 관련된 부분 중 가장 적합하지 않은 설명을 고르시오.

① 최초/사후/갱신 인증심사결과 심의/의결은 인증위원회를 통해 진행된다.

② 보완조치 결과제출 기간은 인증심사 마지막 날 기준으로 최대 100일이다.

③ ISMS-P 인증기관은 KISA 뿐이다. (2019년 3월 기준)

④ 인증심사 수수료는 신청기관의 인증범위에 따라 달라지며, 인증심사 전까지 납부하면 된다.

사후 인증심사 결과는 인증위원회를 통해 진행하지 않는다.

04 정보보호 및 개인정보보호 관리체계 인증기준과 관련된 내용으로 가장 적합하지 않은 것을 고르시오.

① 통합된 ISMS 인증을 취득하기 위해서는 인증기준 80개를 만족해야 한다.

② 통합된 ISMS 인증을 취득한 업체에서 범위가 다른 ISMS-P 인증을 취득하기 위해서는 추가로 22개의 인증기준을 만족하면 된다.

③ ISMS-P 인증을 취득하기 위해서는 102개의 인증기준을 만족해야 한다.

④ 개인정보 처리단계별 요구사항을 만족하지 않아도 ISMS 인증은 취득할 수 있다.

ISMS 인증과 ISMS-P 인증의 범위가 다를 경우에는 각각 인증에 대해 인증기준을 만족해야 한다. 즉 ISMS는 80개 인증기준을 만족하고, ISMS-P는 102개의 인증기준을 모두 만족해야 한다. (ISMS 인증기준에 추가로 20개만 만족한다고 인정되지 않는다. - 범위가 다를 경우에는 각각에 대해 진행해야 한다)

05 정보보호 및 개인정보보호 관리체계와 관련된 내용으로 가장 적합한 것을 고르시오.

① 기존 ISMS 인증을 유지하고 있는 업체가 ISMS-P 인증을 취득하고자 할 경우에는 개인정보 처리단계별 요구사항만을 만족하면 된다.

② 최초 인증 취득 후 하부서비스가 추가될 경우에는 다음번 갱신 시 범위에 추가하면 된다.

③ 범위 및 자산리스트가 변경되지 않은 상태에서 사후 인증 심사 시에는 최초 인증심사 시 진행해 놓은 위험분석 결과를 사용해도 된다.

④ 최초 인증 심사를 위해 인증신청을 하고자 할 경우에는 컨설팅 완료 후 관리체계가 완전히 구성된 이후에 최소 2달간 운영을 해야만 인증신청이 가능하다.

ISMS-P는 새롭게 ISMS와 PIMS 인증기준이 통합된 것으로, 기존 ISMS 인증기준과는 구성내용이 다르기에 기존 ISMS 인증을 유지하고 있다 하더라도 ISMS-P 인증을 취득하고자 한다면 새로운 인증기준에 맞춰서 102개의 인증기준 모두를 적용해야 한다. 최초 인증 취득 후 범위가 변경될 경우에는 새롭게 최초 인증을 받아야 한다. 위험분석은 최초/사후/갱신 언제나 매번 진행해야 한다.

정답 1.③ 2.②④ 3.① 4.② 5.④

PART 2

ISMS-P 통합인증 컨설팅 방법론

정보보호 및 개인정보보호 관리체계(ISMS-P: Personal Information and Information Security Management System)를 구축하기 위한 컨설팅 방법론에 대해 학습한다. 이를 위해 자산정리부터 자산평가, GAP 분석, 우려사항 평가, 위험분석, 대응방안 마련, DoA 선택, 이행방안 마련, 정보보호 운영명세서 작성, 결과보고서 작성의 단계에 대해 이해한다. 특히, ISMS-P 인증기준 102개를 248개의 업무관련 항목으로 세분화하고 업무 관련자들이 쉽게 이해할 수 있도록 순서를 재배치하는 방법에 대해 학습한다.

CHAPTER 1

컨설팅 방법론 개요

- 정보보호 컨설팅 진행순서에 대해 알아보자.
- 자산평가 방법에 대해 알아보자.
- 우려사항 평가 방법에 대해 알아보자.
- 위험분석 방법에 대해 알아보자.

방법론이란 일정한 목표에 이르기 위한 순서라 할 수 있다. 방법론은 정해져 있는 답을 찾아주는 것이 아닌, 최선의 결과를 도출하기 위하여 특별한 상황에 합리적으로 적용될 수 있도록 방법을 제시하는 것이라 할 수 있다. 방법론 중 정보보호에 특화된, 그 중에서도 정보보호 및 개인정보보호 관리체계 인증에 특화된 정보보호 방법론에 대해 알아보도록 하겠다.

많은 정보보호 컨설팅 업체는 독자적인 정보보호 컨설팅 방법론을 보유하고 있다. 어떤 정보보호 컨설팅 방법론이 더 좋고, 나쁨을 논하기는 쉽지 않다. 그러나, 여기서는 정보보호 관리체계 초창기 시절에 한국정보보호진흥원(KISA)에서 배포한 위험관리 가이드(정보보호 관리체계 인증심사에 적합한 관리체계 수립 방법론 연구)에서 제시하고 있는 위험관리 방법론 012)의 내용을 기반으로 하여 가디안시큐리티(www.gadian.co.kr) 업체가 자체 개발한 정보보호 인증 컨설팅 방법론인 "GADIAN"에 대해 알아보도록 하겠다.

정보보호 인증 컨설팅 방법론인 "GADIAN"의 진행순서는 자산정리, 자산평가, GAP 분석, 우려사항 평가, 위험분석, 대응방안 마련, DoA 선택, 이행방안 마련, 정보보호 운영명세서, 결과보고서 작성으로 진행되어 있다. 각각의 단계별 설명은 아래에서 구체적으로 알아보도록 하겠다.

[그림 6] 정보보호 인증 컨설팅 방법론 진행 순서

1 자산정리

정보보호 및 개인정보보호 관리체계 인증에 최적화된 컨설팅 방법론인 "GADIAN"에서의 자산정리란 단순히 범위 내 자산을 정리한다는 개념이 아니다. 정보보호 및 개인정보보호 관리체계 인증기준에서 요구하는 다양한 내용들을 최초 자산정리 시 함께 정리함으로써 컨설팅 업무의 효율성을 높이고 기간을 단축시킬 수 있도록 구성이 되어 있다.

자산정리를 위해서는 총 16개의 항목(1)분류, 2)서비스, 3)업무리스트, 4)자산구분, 5)그룹자산명, 6)대표자산명, 7)자산명목록, 8)자산IP, 9)수량, 10)용도 및 주요기능, 11)자산위치, 12)관리자명, 13)관리부서, 14)OS/유형/종류, 15)책임자명, 16)계약관계)을 각 그룹자산별로 정리해야 한다. 여기서 그룹자산별로 정리한다는 의미는 동일한 자산에 동일한 OS 및 용도로 사용되는 자산들에 대해서는 하나의 그룹으로 자산들을 묶어서 등록한다는 의미이다.

1) 분류

가) 인증 신청기관이 구매한 자산에 대해서는 "자산"으로 등록한다.

나) 외부업체로부터 서비스를 제공받는 자산에 대해서는 "임대"로 구분하여 등록한다. (오픈마켓 같은 입점 서비스는 범위에서 제외시킴)

다) "임대"자산이라 하더라도 애플리케이션 운영주체가 신청기관일 경우에는 "자산"으로 구분하여 등록해야 한다.

라) "임대"자산 중 클라우드 서비스에 대해서는 구분하여 "자산"으로 등록한다.

　① IaaS: 해당 클라우드 서비스에 적용되는 정보시스템(Linux서버, Win서버, DBMS, WEB)을 신청기관의 정보시스템 "자산"으로 등록

　② PaaS: 해당 클라우드 서비스에 적용되는 정보시스템(APP, WEB)을 신청기관의 정보시스템 "자산"으로 등록

　③ SaaS: 해당 클라우드 서비스에 적용되는 정보시스템(WEB, 소프트웨어)을 신청기관의 정보시스템 "자산"으로 등록

마) 신청기관의 "자산" 중 작년도에 비해 변경된 사항에 대해서는 구분하여 등록한다.

　① 새롭게 추가된 "5)그룹자산명"이 존재 시에는 "자산(신규)"으로 등록

　② "7)자산명목록" 내 존재하는 자산 중에 용도 변경된 자산이 존재 시에는 "자산(변경)"으로 구분하여 등록

　③ "7)자산명목록"에 추가된 자산이 존재 시에는 "자산(추가)"로 구분하여 등록

④ "7)자산명목록" 내 존재하는 자산 중에 폐기된 자산이 존재 시에는 "자산(폐기)"로 구분하여 해당하는 자산을 등록

바) 외부업체로부터 서비스 받고 있는 자산("임대") 중 작년도에 비해 변경된 사항에 대해서는 구분하여 등록한다.

① 새롭게 추가된 "5)그룹자산명"이 존재 시에는 "임대(신규)"로 구분하여 등록

② "7)자산명목록"에 추가된 자산이 존재 시에는 "임대(추가)"로 구분하여 등록

③ "7)자산명목록" 내 존재하는 자산 중에 폐기된 자산이 존재 시에는 "임대(폐기)"로 구분하여 해당하는 자산을 등록

2) 서비스

해당 자산이 사용되는 메인 서비스명을 기술한다. 신청기관의 업무 기준으로 볼 때 대분류 구분으로 보면 된다.

3) 업무리스트

"2)서비스" 내 단일업무를 모두 입력하면 된다. 신청기관의 업무 기준으로 볼 때 중분류 구분으로 보면 된다.

4) 자산구분

신청기관의 다양한 정보자산을 특성에 맞춰서 구분하여 정리한 것으로 해당 자산구분에 맞춰서 신청기관의 정보자산을 정리하면 된다.

가) Linux서버: 서비스 제공 및 운영/관리를 위해 운영체제가 설치된 Linux/Unix기반 컴퓨터 시스템(H/W)

나) Win서버: 서비스 제공 및 운영/관리를 위해 운영체제가 설치된 Windows기반 컴퓨터 시스템(H/W)

다) 스토리지: 업무 시스템 및 서비스용 스토리지(iSCSI, NAS, SAN 등)(H/W)

라) 네트워크장비: 서비스 운영을 위한 라우터, 스위치, 무선AP 등의 네트워크 장비(H/W)

마) 정보보호시스템: 서비스 운영을 위한 침입차단/침입탐지/침입방지, VPN 등의 보안장비(H/W)

바) 부대설비: 출입통제시스템, CCTV, 항온 항습기, 발전기 및 UPS 등의 장비(H/W)

사) WEB: 웹 애플리케이션 및 해당 애플리케이션을 운영하기 위한 미들웨어(IIS, Apache 등) 솔루션(S/W)

① Linux서버에 WEB이 설치된 경우에는 Linux서버와 WEB을 분리하여 각각 등록

② Win서버에 WEB이 설치된 경우에는 Win서버와 WEB을 분리하여 각각 등록

아) DBMS: 서비스 운영을 위한 데이터, 사용자 정보 및 이용량 등이 저장된 데이터베이스 솔루션(S/W)

① Linux서버에 DBMS가 설치된 경우에는 Linux서버와 DBMS를 분리하여 각각 등록

② Win서버에 DBMS가 설치된 경우에는 Win서버와 DBMS를 분리하여 각각 등록

자) APP: 서비스 제공 및 관리를 위해 개발된 다양한 프로그램(S/W)

차) 소프트웨어: 안티바이러스프로그램 등 서비스 운영/관리를 위한 소프트웨어 패키지(S/W)

카) DATA: 정보보호 및 서비스의 제공, 운영 및 관리를 위해 사용되는 독립된 정보(방화벽 룰셋/네트워크 셋팅값 정보 등). 단, 정보자산에 포함된 DATA는 별도로 구분하지 않는다.

타) PC: 업무 및 업무 외의 목적으로 정보를 처리하는 단말기(노트북 포함)(H/W). PC 자산구분에 대해서는 그룹자산을 등록 시 4가지 종류로 구분하여 등록해야 한다.

① 관리자용 PC: 네트워크장비/정보보호시스템/서버 등에 대한 어드민 사용자의 PC (망분리대상자용 PC는 별도로 구분하기에 개인정보처리시스템의 관리자용 PC는 제외)

② 망분리대상자용 PC: 개인정보취급자 중 망분리대상자(개인정보처리시스템의 관리자, 개인정보 다운로드 가능 자, 개인정보 파기 가능 자)가 사용하는 PC

③ 단순 개인정보 취급자용 PC: 개인정보취급자 중 단순 개인정보를 검색/조회/입력/수정할 수 있는 자의 사용 PC

④ 일반 업무용 PC: 일반 사무용으로 사용하는 자의 PC

파) 문서: 정보보호 및 서비스를 위한 각종 규정 및 운영상에서 발생하는 문서. 문서 자산은 필수적으로 등록해야 하는 것이며, 다음 4종류 문서는 필수적으로 구분하여 등록해야 한다.

① 정보보호 관련 문서

② 교육관련 문서

③ 인사관련 문서

④ 계약관련 문서

하) 기타: 이동매체(USB, TAPE 등), 모바일 기기(PDA 등) 등

5) 그룹자산명

동일한 서비스에 동일한 하드웨어 및 용도인 자산에 대하여 그룹으로 묶을 수가 있다.

단, 그룹자산명은 유일하게 구분 가능하도록 생성해야 한다. 그룹자산명을 생성하는 것은 신청기관마다 다를 수 있으나, 아래 내용을 참고하여 생성할 것을 권고한다. 1단계-2단계-3단계 형식으로 각 단계별 구분자를 묶어서 하나의 그룹자산명을 생성한다. 예를 들어 Win서버에 윈도우2018서버가 깔려 있는 홈페이지용 그룹자산에 대해서는 SV-WIN-HP-01 같은 그룹자산명이 생성될 수 있다.

가) 1단계: 자산별 구분

① Linux/Win서버 → SV   ② 스토리지 → STR

③ 네트워크장비 → NW   ④ 정보보호시스템 → ISS

⑤ 부대설비 → FAC   ⑥ WEB → WEB

⑦ DBMS → DB   ⑧ APP → APP

⑨ 소프트웨어 → SW   ⑩ DATA → DATA

⑪ PC → PC   ⑫ 문서 → DOC

⑬ 기타 → ETC

나) 2단계: 자산에 설치된 OS 또는 용도

① 유닉스 → UNIX   ② 리눅스 → LINUX

③ 윈도우 → WIN   ④ 홈페이지용 → HP

⑤ 사무용 → OF

다) 3단계: Sequence 구분자

6) 대표자산명

"5)그룹자산명"을 쉽게 설명할 수 있는 내용으로 표시한다. 예를 들어 "A쇼핑몰용 웹서버" 같이 그룹자산명의 사용 용도를 알 수 있도록 표시한다.

7) 자산명목록

"5)그룹자산명"에서 명명한 그룹자산명과 동일한 방식으로 자산명 각각에 대해 유일하게 구분가능한 자산명으로 생성한다. "5)그룹자산명"과 동일한 자산명으로 등록할 수 있다. "7)자산명목록" 내에서만 유일하게 구분 가능하면 되는 것이기에 "5)그룹자산명"에서 사용한 명칭을 동일하게 사용해도 무방하다. 단, "5)그룹자산명" 하나에 여러 개의 "7)자산명목록"이 등록될 수 있기에, 복수 개의 자산명을 등록 시에는 쉼표(,)를 구분자로 하여 등록해야 한다. 예를 들어 "SV-WIN-HP-01"이라는 그룹자산명에 "SV-WIN-HP-01"과 "SV-WIN-HP-

02"라는 자산명을 등록하고자 할 경우에는 "7)자산명목록"에 "SV-WIN-HP-01, SV-WIN-HP-02"로 등록하면 된다.

8) 자산IP

"7)자산명목록"에서 등록한 자산에 매칭되는 IP를 입력하면 된다. 만약, "7)자산명목록"에 복수 개의 자산명이 등록된 경우에는 등록된 복수 개의 자산명의 순서에 맞게 IP도 복수 개로 등록하면 된다. 복수 개의 IP 등록 시에도 "7)자산명목록"에서 복수 개의 자산을 등록할 때와 동일하게 쉼표(,)를 구분자로 하여 등록하면 된다.

가) 만약에 하나의 자산명에 IP가 2개 매칭되어 있을 경우에는 자산명을 동일하게 하여 쉼표(,)로 구분하거나, 메인 IP 옆에 소괄호(( ))를 사용하여 하부 IP를 등록할 수도 있다. 예를 들어 SV-WIN-HP-01 자산명에 대해 IP가 1.1.1.1과 2.2.2.2 두 개가 존재할 경우에는 자산명목록(SV-WIN-HP-01, SV-WIN-HP-01), 자산IP(1.1.1.1, 2.2.2.2)로 등록하거나, 자산명목록(SV-WIN-HP-01), 자산IP(1.1.1.1(2.2.2.2))라는 식으로 등록할 수도 있다.

나) 하나의 자산IP에 여러 개의 자산명이 매칭되어 있을 때도 IP를 동일하게 하여 쉼표(,)를 통해 구분하면 된다. 예를 들어 SV-WIN-HP-01 자산명에 대한 IP가 1.1.1.1이고, SV-WIN-HP-02 자산명에 대한 IP도 1.1.1.1일 경우에는, 자산명목록(SV-WIN-HP-01), 자산IP(1.1.1.1) 및 자산명목록(SV-WIN-HP-02), 자산IP(2.2.2.2)라는 식으로 등록하면 된다.

9) 수량

"7)자산명목록"에 등록된 총 자산 개수를 입력하면 된다.

10) 용도 및 주요기능

"5)그룹자산명" 및 "6)대표자산명"에 표시된 용도 또는 주요기능 등을 세분화하여 입력하면 된다.

가) 개인정보를 다루는 자산구분: 취급하는 모든 종류의 개인정보(이름, 연락처, 성별 등)를 등록한다.

11) 자산위치

"7)자산명목록"에 등록된 해당 자산의 물리적인 위치 또는 논리적인 위치를 입력하면 된다.

가) Linux서버/Win서버: ○○ IDC센터 ○층 몇 번 랙의 몇 번 칸

나) WEB/DB/APP: 해당 자산이 설치된 서버에 해당하는 "7)자산명목록"

다) 애플리케이션/문서(출력물): ○○사무실 ○층 캐비닛

라) 문서(전자문서): 파일서버 등

12) 관리자명

가) "1)분류"가 자산: "7)자산명목록"에 등록된 해당 자산의 운영 관리 권한자를 뜻한다. 특히, WEB 자산구분에 해당하는 자산에 대해서는 해당 홈페이지의 운영 관리자를 뜻하는 것이다. "12)관리자명"에 등록된 사용자가 추후 GAP 분석을 위한 인터뷰 대상자로 자동 선정되는 것이기에 정확한 관리자명을 매칭해야 한다.

나) "1)분류"가 임대: 해당 외부서비스에 대한 회사 내 컨텍포인트 담당자를 매칭하면 된다.

13) 관리부서

가) "1)분류"가 자산: "12)관리자명"에 등록된 관리자가 속한 부서를 입력하면 된다.

나) "1)분류"가 임대: 해당 외부서비스에 대한 회사 내 컨텍포인트 담당자의 해당 부서를 입력하면 된다.

14) OS/유형/종류

"4)자산구분"별 해당하는 하드웨어의 OS, 소프트웨어의 버전, 그 외 종류 등을 입력한다.

가) WEB 자산구분: 관리자 웹사이트를 포함한 모든 웹사이트 주소를 등록한다.

나) DBMS 자산구분: 모든 테이블별 필드항목을 등록한다. (내용이 많을 경우 별도 리스트로 목록화 가능)

15) 책임자명

가) "1)분류"가 자산: "12)관리자명"에 등록된 관리자가 속한 부서의 장 또는 상위권자

나) "1)분류"가 임대" 해당 외부서비스를 제공하는 업체의 업체명 및 업체담당자

16) 계약관계

"1)분류"가 임대인 자산에 대하여 "15)책임자명"에 등록된 외부 업체명/업체담당자에 대하여, 업무의 일부를 외부에 위탁하거나 외부의 서비스를 이용하는 내용과 업체명을 정리한다.

가) 업무의 일부를 외부에 위탁하는 경우: 개인정보취급 위탁, 정보시스템 위탁운영, 응용프로그램 위탁개발 등에 대한 위탁 내용과 업체명을 정리한다.

나) 외부의 서비스를 사용하는 경우: 클라우드 서비스, 애플리케이션 임대 서비스 등에 대한 서비스 받는 내용과 업체명을 정리한다.

가) 분류	1) 서비스	2) 업무리스트 (서비스 내 단위업무)	3) 자산 구분	4) 그룹자산명 (CODE)	5) 대표자산명 (용도 등 설명)	6) 자산명 목록 (쉼표구분)(CODE)	7) 자산IP (쉼표구분)	8) 수량	9) 용도 및 주요기능	10) 자산위치	11) 관리자명	12) 관리부서	13) OS/유형/종류	14) 책임자명	15) 계약관계 (내용-업체명)
자산	홈쇼핑 서비스	상품A 등록, 정산, 고객응대	win서버	SV-win-01	홈쇼핑용 WEB서버	win-01	174.100.***.108	1	홈쇼핑 web용 서버	ooDC센터 4 G-3	홍길동1	SE팀	win10 server	이무개2	"운영위탁-xx업체"
자산			WEB	SV-WEB-01	홈쇼핑용 WEB	WEB-01	174.100.***.108	1	"홈쇼핑용 WEB (ID, PW)"	win-01	홍길동2	웹 운영팀	http://www.ooo.com	이무개2	"외주개발-oo업체, 개인정보취급위탁-aa 콜센터"
자산			linux서버	SV-linux-01	홈쇼핑 DB서버	linux-01	174.100.***.107	1	홈쇼핑 DB용 서버	ooDC센터 4층 G-2	홍길동1	SE팀	linux 0,00,00	이무개1	운영위탁-xx업체
자산			DBMS	SV-linux-DB-01	홈쇼핑용 DBMS	DB-01	174.100.***.107	1	"홈쇼핑용 DBMS (ID, PW, 이름, 생년월일, 주소, email)"	linux-01	홍길동3	DR 운영팀	mySQL 0.00	이무개3	
임대	쇼핑몰 2 서비스	상품B 등록, 정산, 고객응대	DBMS	DB-01	쇼핑용2 DBMS	DB-01	174.100.***.107	1	"쇼핑몰용 DBMS (ID, PW, 이름, 생년월일, 주소, email)"	Cafe24	홍길동4	DB 운영팀	mySQL 0.00	"cafe24 /이무개7"	DBMS 임대서비스 이용-cafe24
자산			DATA	DB-DATA	쇼핑몰2 DBMS DATA	DB-Data-01	–	1	"cafe24 임대 쇼핑몰 2의 DBMS DATA (ID, PW, 이름, 생년월일, 주소, email)"	DB-01	홍길동5	웹 운영팀		이무개14	
임대			WEB	WEB-01	쇼핑용2 WEB	WEB-01	174.100.***.107	1	"홈쇼핑용 WEB (ID, PW, 이름, 생년월일, 주소, email)"	Cafe24	홍길동5	웹 운영팀	http://www.ooo.com	"AWS/이무개7"	"SaaS 클라우드 서비스 이용-AWS, 개인정보취급위탁-bb 콜센터"
자산			DATA	WEB-DATA	쇼핑용2 WEB DATA	WEB-Data-02	–	1	"cafe24 임대 쇼핑몰 2의 WEB DATA (ID, PW, 이름, 생년월일, 주소, email)"	WEB-01	홍길동5	웹 운영팀		이무개14	
자산	대량 메일 발송 서비스	마케팅용 이메일 발송, 주문현황 이메일 발송	linux서버	SV-linux-02	이메일 발송용 서버	linux-02	174.100.***.108	1	이메일 발송용 서버	ooDC센터 4층 G-2	홍길동1	SE팀	linux 0,00,00	이무개1	운영위탁-xx업체
자산			APP	APP-01	이메일발송용 개발 프로그램	APP-01	174.100.***.108	1	이메일발송용 개발 프로그램	linux-02	홍길동6	이메일 운영팀	linux용	이무개5	
자산	주요 직무자		PC	PC-W7-AD	관리용 업무 PC	"PC-홍길동(실사용자)01, PC-홍길동(실사용자)02, PC-홍길동03"	"172.30.30.01, 172.30.30.02, 172.30.30.03"	3	관리자용 업무 PC	서울 사무실	실사용자	실사용자 소속부서	Windows 8	실사용자 소속부서장	
자산			PC	PC-XP-SEP	망분리 취급자 PC	"PC-홍길동04, PC-홍길동05, PC-홍길동06"	"172.30.30.04, 172.30.30.05, 172.30.30.06"	3	망분리 대상 PC	서울 사무실	실사용자	실사용자 소속부서	window 10	실사용자 소속부서장	
자산			PC	PC-XP-PER	단순개인정보 취급자용 PC	"PC-홍길동07, PC-홍길동08, PC-홍길동09"	"172.30.30.07, 172.30.30.08, 172.30.30.09"	3	개인정보 업무 관리용 PC	서울 사무실	실사용자	실사용자 소속부서	window 10	실사용자 소속부서장	
자산			PC	PC-XP-OF-01	일반 사무용 PC	"PC-홍길동10, PC-홍길동11"	"172.30.30.10, 172.30.30.11"	2	일반 사무 관리 업무용 PC	서울 사무실	실사용자	실사용자 소속부서	window 8	실사용자 소속부서장	
자산			PC	PC-XP-OF-02	일반 사무용 PC	PC-홍길동12	172.30.30.12	1	일반 사무 관리 업무용 PC	서울 사무실	실사용자	실사용자 소속부서	window 10	실사용자 소속부서장	
임대	사무실 업무지원		네트워크 장비	NW-X-CO-RE-5	사무실용 L4스위치	"ALLAT_ALT_SLB1, ALLAT_ALT_SLB2"	"210,118,xxx,10, 210,118,xxx,11"	2	사무실용 L4스위치	서울 사무실	홍길동7	네트워크팀	–	(주)업체명/업체담당자	운영위탁-xx업체
자산			Data	NW-X-CO-RE-Data	사무실용 L4스위치 셋팅값	"ALLAT_ALT_SLB1_data, ALLAT_ALT_SLB2_SLB2_data"	–	2	사무실용 L4스위치	"ALLAT_ALT_SLB1, ALLAT_ALT_SLB2"	홍길동7	네트워크팀		이무개6	
자산			문서	DOC-01	정보보호 관련 문서	DOC-01	–	1set	정보보호 관련 문서	서울 사무실	홍길동8	정보보호팀	–	이무개7	
자산			문서	DOC-02	교육관련 문서	DOC-02	–	1set	교육관련 문서	서울 사무실	홍길동9	교육팀	–	이무개8	
자산			문서	DOC-03	인사관련 문서	DOC-03	–	1set	인사관련 문서	서울 사무실	홍길동10	인사팀	–	이무개9	
자산			문서	DOC-04	계약관련 문서	DOC-04	–	1set	계약관련 문서	서울 사무실	홍길동11	총무팀	–	이무개10	

[그림 7] 자산정리 샘플

2 자산평가

외부업체의 서비스를 받는 "임대" 자산의 경우 자산관리대장에 포함은 시키나 자산평가에는 반영하지 않는다. 단, 지배권소유(소유자가 해당 기업이 아니더라도 데이터 등 실질적인 운영 또는 서비스 이용)인 경우에는 외부업체 서비스를 받는 경우라도 "임대"가 아닌 "자산"으로 등록하고 자산평가 대상에 포함을 시킨다.

정보보호 및 개인정보보호 관리체계 인증을 받고자 하는 범위에 대해 파악된 자산정리에 대해 자산평가를 진행해야 한다. 자산을 평가하는 방법에는 크게 정량적 방법과 정성적 방법이 존재한다. 정량적 방법이란 말 그대로 자산을 양적으로 평가하는 방법이다. 양으로 평가하기 위해서는 기준이 되는 단위가 존재해야 한다. 일반적으로 정량적 방법의 기준으로는 자산에 대한 가치인 금전적인 기준을 가지고 평가한다. 자산을 얼마에 구매하였고 매년 시간이 지날수록 구매한 원가대비 감가상각(시간이 흐름에 따라 자산의 가치 감소를 회계에 반영하는 것)을 적용하여 자산의 가치를 평가할 수 있다. 그렇지만, 자산에는 서버와 네트워크 장비처럼 금액으로 비교하기 쉬운 자산만이 존재하는 것이 아니다. 문서처럼 금액으로 평가하기 쉽지 않은 자산들에 대해 정량적으로 평가하기란 많은 시간과 노력이 들어야 할 것이다. 왜냐하면 문서 안에 어떤 정보가 포함되어져 있는지에 따라 평가가 달라질 것이기 때문이다. 그래서 많은 컨설팅 업체에서 사용하는 자산평가 방법에는 정량적 방법보다는 정성적 방법을 많이 사용하고 있다. 정성적 방법이란 자산의 성질을 측정하는 방법으로 정량적 방법보다 빠르게 평가가 진행될 수 있는 장점이 존재한다. 정성적 방법의 단점으로는 평가를 진행하는 자의 주관적인 입장에 의해 진행되는 것이기에 평가상에 일부 정확도가 떨어질 수 있다는 점이 존재하나, 이는 전문 컨설턴트가 진행을 하는 등으로 보완이 가능하며, 전반적인 평가 효율을 봤을 때는 정량적 평가보다는 정성적 평가가 현실적으로 많은 장점이 존재한다고 판단할 수 있다. 많은 업체에서 정성적 평가를 통해 자산 평가를 진행하는 것이 그 반증이 될 것이다.

정성적 방법을 통해 자산평가를 진행하기 위한 3대 요소에 대해 알아보겠다. 기밀성 (Confidentiality), 무결성(Integrity), 가용성(Availability)이라는 정보보호 3대 기본요소가 존재하며, 이를 통해 정보보호에 대한 자산가치를 평가한다. 이 3대 기본요소를 일반적으로 CIA라고 부른다. 자산가치를 평가할 때는 기밀성, 무결성, 가용성 3대 요소별로 H(High), M(Medium), L(Low) 방식으로 평가를 진행하며, 평가 시 기준이 되는 각 등급에 대한 기준 요소는 아래 표를 참고하기 바란다.

■ **자산평가 기준** [012] [013]

구분	평가	내용
기밀성 (Confidentiality)	H(3)	- 조직 내부에서도 특별히 허가를 받은 사람들만이 볼 수 있어야 하며, 조직 외부에 공개되는 경우 개인 프라이버시나 조직의 사업 진행에 치명적인 피해를 줄 수 있는 수준 - 자산이 유출되는 경우 회사에 중대한 금전적 손실이 발생할 수 있는 경우 - 자산 소유자인 담당부서 또는 담당자만이 접근 및 관리가 가능한 자산 [예시] - 일반적으로 전자정보를 포함하고 있는 시스템 자산의 경우 전자정보에 의존적으로 평가된다. - 자산의 유출 시 회사의 서비스 전체에 중대한 영향을 미칠 수 있다.
	M(2)	- 조직 내부에서는 공개될 수 있으나 조직 외부에 공개되는 경우 개인 프라이버시나 조직의 사업진행에 상당한 문제를 발생시킬 수 있는 수준 - 자산이 유출되는 경우 회사에 약간의 금전적 손실이 발생할 수 있는 경우 - 자산 소유 담당부서/담당자 이외 관련 담당부서 등 회사 조직 내부에 국한하여 접근 및 열람이 가능한 정보를 가지고 있는 자산

기밀성 (Confidentiality)	M(2)	[예시] - 일반적으로 전자정보를 포함하고 있는 시스템 자산의 경우 전자정보에 의존적으로 평가된다. - 자산의 유출 시 회사의 서비스 일부에 영향을 미칠 수 있다.
	L(1)	- 조직 외부에 공개되는 경우 개인 프라이버시나 조직의 사업 진행에 미치는 영향이 미미한 수준 - 자산이 유출되어 공개되어도 관계 없거나 손실을 발생시키지 않는 경우 - 조직 외부인이 접근 및 열람이 가능한 정보를 담고 있는 자산 - 해당 자산에 별도 정보가 기록되어 있지 않거나, 공개되어도 무방한 경우 [예시] - 일반적으로 전자정보를 포함하고 있는 시스템 자산의 경우 전자정보에 의존적으로 평가된다. - 자산의 유출 시 회사의 서비스에 영향이 없다.
무결성 (Integrity)	H(3)	- 고의적으로나 우연히 변경되는 경우 개인 프라이버시나 조직의 사업 진행에 치명적인 피해를 줄 수 있는 수준 - 자산 변조 시 업무수행 또는 서비스에 중대한 장애를 유발하거나, 회사에 중대한 금전적 손실이 발생하는 경우 - 자산 변조 가능성이 높고, 변조 시 데이터의 무결성을 검증하기 힘든 경우 - 해당 자산 정보에 대한 실시간 백업이 이루어지고 있지 않아 원래의 정보를 복구하기 힘든 경우 [예시] - 일반적으로 전자정보를 포함하고 있는 시스템 자산의 경우 전자정보에 의존적으로 평가된다. - 자산의 변조 시 회사의 서비스 중단
	M(2)	- 고의적으로나 우연히 변경되는 경우 개인 프라이버시나 조직의 사업 진행에 상당한 문제를 발생시킬 수 있는 수준 - 자산 변조 시 업무수행 또는 서비스에 장애를 일부 유발하거나, 회사에 금전적 손실이 일부 발생하는 경우 - 자산 변조 가능성이 존재하고, 변조 시 데이터의 무결성을 검증하기 어려운 경우 - 해당 자산 정보에 대한 실시간 백업이 이루어지고 있지 않아 원래의 정보를 일부만 복구할 수 있는 경우 [예시] - 일반적으로 전자정보를 포함하고 있는 시스템 자산의 경우 전자정보에 의존적으로 평가된다. - 자산의 변조 시 회사의 서비스 일부 중단
	L(1)	- 고의적으로나 우연히 변경되는 경우 개인 프라이버시나 조직의 사업 진행에 미치는 영향이 미미한 수준 - 자산이 변조되어도 업무수행에 미치는 영향이 미흡한 경우 - 자산에 포함된 정보의 변조 가능성이 희박하고, 정보 변조 시 무결성 검증이 용이한 경우 [예시] - 일반적으로 전자정보를 포함하고 있는 시스템 자산의 경우 전자정보에 의존적으로 평가된다. - 자산의 변조 시 회사의 서비스에 영향이 없다.

가용성 (Availability)	H(3)	- 서비스가 중단되는 경우 조직의 운영과 사업 진행에 치명적인 피해를 줄 수 있는 수준 - 자산의 가용성 훼손 시, 업무수행 또는 서비스에 중대한 장애를 유발하거나, 회사에 중대한 금전적 손실이 발생하는 경우 - 해당 자산이 사용 불가능할 때, 대체(백업) 자산이 없어 장기적인 업무 중단이 발생하는 경우 - 연중 24시간 무중단 운영되는 자산(장비)으로서, 장애발생 시 즉시 복구되어야 하는 경우 - 해당 자산에 대한 장애 또는 침해사고 발생 시 직접적인 서비스 중단을 야기하는 경우 [예시] - 일반적으로 전자정보를 포함하고 있는 시스템 자산의 경우 전자정보에 의존적으로 평가된다. - 고가의 장비이거나 구입이 용이하지 않은 장비(기간, 시간 등)
	M(2)	- 서비스가 중단되는 경우 조직의 운영과 사업 진행에 상당한 문제를 발생시킬 수 있는 수준 - 해당 자산이 사용 불가능할 때, 대체 자산을 투입하기까지 단기적인 업무장애를 발생하는 경우 - 연중 24시간 무중단 운영되는 자산(장비)으로서, 장애발생 시 1시간 이내에 복구되어야 하는 경우 - 장비 장애로 인하여 서비스 중단은 발생하지 않으나 성능에 영향을 미치는 경우 [예시] - 일반적으로 전자정보를 포함하고 있는 시스템 자산의 경우 전자정보에 의존적으로 평가된다. - 중가의 장비이며 구입이 용이한 장비
	L(1)	- 서비스가 중단되는 경우 조직의 운영과 사업 진행에 미치는 영향이 미미한 수준 - 해당 자산이 사용 불가능할 때, 대체 자산을 즉시 투입하여 업무장애 발생 가능성이 낮은 경우 - 연중 24시간 무중단 운영되는 자산(장비)으로서, 장애발생 시 수시간 이내에 복구되어야 하는 경우 - 장비 장애 시 서비스 중단 또는 성능저하에 직접적인 영향을 미치지 않는 경우 - 백업 장비의 경우 [예시] - 일반적으로 전자정보를 포함하고 있는 시스템 자산의 경우 전자정보에 의존적으로 평가된다. - 저가의 장비이며 상시 구입 가능한 장비

자산별 정보보호 3대 기본요소인 C.I.A.에 대해 평가를 완료한 이후에는 자산평가에 따른 자산별 중요도를 부여해야 한다. 컨설팅 업체마다 자산별 중요도를 부여하는 방식이 상이하지만 일반적으로 많이 사용하는 방식에 대해 설명하도록 하겠다. 본 방식은 절대적인 방식이 아님을

인지하기 바란다. High를 3점으로, Medium을 2점으로, Low를 1점으로 생각하고 C.I.A.별 점수를 합산한 후 3으로 평균을 낸 값에 따라 자산별 중요도를 부여한다. 즉 아래 자산 중요도 기준 표와 같이 평균값이 2.0 이후이면 자산 중요도가 H(High)가 되고, 1.0 이후부터 2.0까지일 경우에는 자산 중요도가 M(Medium)이 되며, 0.0 이후부터 1.0까지일 경우에는 자산 중요도가 L(Low)이 되는 형식이다. 자산 중요도란 자산을 평가한 결과값이라고 보면 된다. 즉 자산평가 결과 해당 자산의 중요도가 어떻게 되는지를 정리한 것이라 보면 된다.

■ 자산평가 기준 [012] [013]

CIA별 자산평가 등급의 평균값	자산 중요도
2.0 이후	H
1.0 이후 ~ 2.0까지	M
0.0 이후 ~ 1.0까지	L

참고적으로, 홈페이지용 서버에 대한 자산 중요도 평가를 진행해 보도록 하겠다. 그룹자산명이 SV-WIN-HP-01인 홈페이지 서비스를 위한 윈도우 서버에 대한 기밀성(Confidentiality) 평가는 "H"인 "3" 정도를 생각해 볼 수 있을 것이다. 왜냐하면, 홈페이지 서비스를 위한 윈도우 서버의 접근권한은 내부사용자 중에서도 일부 특정한 권한을 가진 사용자만이 접근할 수 있어야 하기 때문이다. 무결성(Integrity)에 대한 평가에 있어서는 회사 내 해당 자산에 대한 보호대책이 어떻게 적용되어져 있는가에 따라 평가결과가 달라질 수 있다. 여기서는 서버OS 및 해당 OS의 셋팅 값 등을 변경 시마다 백업하고 있다는 가정을 기반으로 "L"인 "1" 정도로 판단하도록 하겠다. 가용성(Availability)에 대한 평가에 있어서는 해당 자산이 어떤 서비스 용인지에 따라 그리고 해당 자산에 대한 보호대책이 어떻게 적용되어져 있는지에 따라 달라질 수 있다. 예를 들어, 해당 서버의 서비스 중에서 단순 회사정보를 전달하기 위한 홈페이지 서비스용인지? 아니면 실시간 결제가 이루어져야 하는 쇼핑몰용 홈페이지 서비스 인지에 따라 평가가 달라질 것이다. 또한, 쇼핑몰용 홈페이지 서비스라 하더라도 서비스 가용성 확보를 위해 Active-Standby 형태의 듀얼시스템(하나의 쇼핑몰 홈페이지 서버에 장애가 발생하면 즉시 미리 준비된 또 다른 쇼핑몰 홈페이지 서버로 전환되는 상태)으로 구성되어져 있는지? 상황에 따라 평가가 달라질 수 있을 것이다. 여기서는 일반적인 쇼핑몰용 홈페이지 서비스를 위한 서버이면서 별도의 실시간 백업 또는 전환시스템이 없다는 전제로 할 경우에는 "M"인 "2" 정도를 생각해 볼 수 있을 것이다.

이렇게 SV-WIN-HP-01 자산에 대한 기밀성 평가는 3이고, 무결성 평가는 1이며, 가용성 평가가 2일 경우에는, 해당 자산에 대한 중요도는 "M"이 될 것이다. 왜냐하면 (3+1+2)/3=2가 되어 자산의 중요도 평가 기준에 따라 2.0까지는 "M"이 되기 때문이다.

앞서 샘플로 진행한 자산평가에서는 C.I.A. 평가를 할 때 "1", "2", "3" 형식으로 진행하였지만, "0.8", "1.2", "2.4", "3.0"처럼 소수점으로 좀 더 디테일 하게 평가를 할 수도 있다. 대신 "3.0"을 넘어선 값으로는 평가하면 안 된다.

3 GAP 분석

정보보호 및 개인정보보호 관리체계(ISMS-P: Personal Information & Information Security Management System) 인증을 취득하기 위한 가장 효율적인 방법으로 정보보호 및 개인정보보호 관리체계 컨설팅 방법론을 구성하였다. 즉 위험분석을 위한 방법으로 복합적 접근법(Combined Approach)을 채택하였다. 범위 내 자산들에 대해서는 인증기준 및 법에서 요구하는 사항에 근거한 기본통제 접근법(Baseline Approach)을 적용하고, 기본통제 접근법으로 도출된 자료를 근거로 정보보호 및 개인정보보호 관리체계 인증기준 영역에 대해서는 상세위험 분석법(Detailed Risk Analysis)을 적용하도록 하였다.

정보보호 및 개인정보보호 관리체계 인증기준 및 법에서 요구하는 사항이 범위 내 자산들에 대해 어느 정도 만족을 하고 있는지를 확인하는 방법이 기본통제 접근법이다. 이는 결국 GAP 분석(Gap Analysis)과 동일한 접근 방식이다. GAP 분석을 진행하기 위해서는 우선적으로 정보보호 및 개인정보보호 관리체계 인증기준을 명확하게 이해하고 실무에 어떻게 적용되어야 하는지를 알고 있어야 정확한 GAP 분석이 이루어 질 수 있을 것이다. 또한, 정보보호 및 개인정보보호 관리체계 인증기준별로 어떤 자산과 관련성이 존재하는지를 알고 있어야 해당 자산에 관한 GAP 분석을 진행할 수 있을 것이다.

결국 정보보호 및 개인정보보호 관리체계 인증기준에 대한 GAP 분석을 진행한다는 것은 정보보호 및 개인정보보호 관리체계 인증기준을 실무에 어떻게 적용시키고 있고 적용 중인 현황을 파악할 수 있도록 해주는 인터뷰 질문을 개발해야 한다는 것이다. 인터뷰 질문을 개발 시 해당 인터뷰 질문이 어떤 자산의 질문대상이 되는지를 동시에 개발해야 한다.

이렇게 자산별로 개발이 된 인터뷰 질문을 통해 정보보호 및 개인정보보호 관리체계 인증기준 대비 현황이 어떤 상황인지를 파악하는 부분이 GAP 분석을 진행하는 부분이 되는 것이다. 정보보호 및 개인정보보호 관리체계 인증을 위한 컨설팅 방법론의 가장 핵심이 되는 부분이 GAP 분석을 위해 개발되는 인터뷰 질문이다. 왜냐하면 인터뷰 질문이 곧 정보보호 및 개인정보보호 관리체계 인증기준을 실무적으로 풀어서 새롭게 만들어지는 업무관련 항목이 되는 것이고, 해당 업무관련 항목을 기반으로 상세위험 분석법에 적용될 우려사항도 개발될 것이다. 또한, GAP 분석 결과 정보보호 및 개인정보보호 관리체계 인증기준 대비 부족한 현황을 보완하기 위한 대응방안과 이행방안도 모두 업무관련 항목에 기반하여 개발되기 때문이다.

결론적으로 GAP 분석을 위한 인터뷰 질문이 정보보호 및 개인정보보호 관리체계 인증을 취득하기 위한 방법론의 가장 기반이 되는 부분이라고 보면 된다. GAP 분석 방법에 대해서는

2장. GAP 분석 방법론 개요 부분에서 좀 더 구체적으로 알아보도록 하겠다.

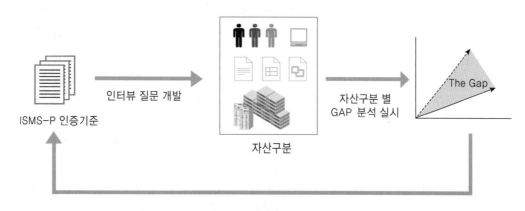

[그림 8] GAP 분석 진행 개요

4 우려사항 평가

자산(Asset)이 가지고 있는 위협(Threats)에 대해 평가하는 것이 위협평가이고, 자산이 가지고 있는 취약한 상황(Vulnerability)을 평가하는 것이 취약점평가이다. 우려사항(Concern) 평가란 자산이 가지고 있는 위협상황에서 취약한 상황이 발생될 수 있는 가능성을 평가하는 것이다. 즉 우려사항 평가란 위협평가와 취약점평가를 통합한 시나리오 베이스 방식으로 평가를 하는 것이다.

우려사항 평가를 진행하기 위해서는 정보보호 및 개인정보보호 관리체계 인증기준에 대한 GAP 분석이 파악되어 있어야 한다. 왜냐하면 우려사항 평가 시에는 GAP 분석을 통해 확인된 현황을 고려하여 현재 시점에서 이러한 우려사항(위협과 취약점)이 발생할 수 있는 가능성을 평가해야 하기 때문이다.

앞서 언급된 중요한 단어인 위협과 취약점 그리고 우려사항에 대해 간략히 알아보도록 하겠다. 위협(Threat)은 상시 존재하는 상황을 뜻한다. 예를 들어 감기 바이러스는 상시 존재하지만 존재하는 이유만으로 우리가 감기에 걸리진 않는다. 이렇듯 상시 존재는 하나 즉각적인 위험(Risk)이 될 수는 없지만 위험(Risk)해질 수 있도록 기반이 되는 원인이나 행위로 보면 된다. 취약점(Vulnerability)은 앞서 평가한 자산(Asset)이 가지고 있는 약점이라고 생각하면 된다. 예를 들어 내 몸을 자산이라고 생각했을 때 운동을 하지 않고 술과 담배를 지속적으로 할 경우 건강상에 위험(Risk)이 올 수 있는 체력 저하(면역력 저하)의 약점이 생기는 것이다. 이렇게 위협(Threat)과 취약점(Vulnerability)을 합치면 하나의 시나리오인 우려사항(Concern)이 생성된다. 즉 술, 담배로 인한 면역력 저하(Vulnerability)가 발생하여 감기 바이러스(Threat)에 걸릴 우려사항(Concern)이 생기는 것이다.

1) 위협(Threats) [012]: 자산에 손실을 초래할 수 있는 원치 않는 사건의 잠재적 원인(source)이나 행위자(agent)로 정의된다. 그러나 방법론에 따라서 "비인가 된 노출"과 같이 위협이 현실화했을 때 나타나는 결과로 표현되기도 하고 "패킷의 인터넷 주소변경(IP spoofing) 위협"처럼 위협사건이 일어나는 방식으로 표현되기도 한다. 위협은 일반적으로 위협원천에 따라 크게 자연재해나 장비 고장 등의 환경적 요인에 의한 것과 인간에 의한 것으로 나눌 수 있고, 인간에 의한 위협은 다시 의도적인(Deliberate) 위협과 우연한(Accidental) 위협으로 나눌 수 있다. 위협의 유형은 자산에 영향을 미치는 방식을 규정하며, 따라서 그 위협에 대응하기 위한 대책 선정에도 영향을 미치므로 가능한 한 구체적으로 표현하는 것이 좋다. 위협과 관련하여 파악하여야 할 속성은 발생 가능성(likelyhood, frequency)이다. 이것은 연간 발생 횟수 또는 발생 정도로 표현된다. 그러나 위협이 발생했다고 해서 반드시 피해가 발생하는 것은 아니다. 자산이 그 위협에 취약한지, 그리고 그 취약성을 보호할 대책이 있는지에 따라 결과는 달라지고, 위협의 발생 가능성(외부에서의 해킹 시도)과 위협의 성공 가능성(홈페이지 변조)은 다를 수 있음을 유의해야 한다.

2) 취약점(Vulnerability) [012]: 자산의 잠재적 속성으로서 위협의 이용 대상이 되는 것으로 정의되나, 때로 정보보호대책의 미비로 정의되기도 한다. 자산에 취약성이 없다면 위협이 발생해도 손실이 나타나지 않는다는 점에서 취약성은 자산과 위협 사이의 관계를 맺어 주는 특성으로 파악할 수 있다. 자산과 위협 간에 어느 정도의 관계가 있는지, 즉 특정 위협이 발생할 때 특정 자산에 자산의 가치와 관련하여 어느 정도의 피해가 발생할 지를 취약성, 노출 정도(Exposure) 또는 효과(Effectiveness Factor)라는 값으로 나타낸다. 이러한 관계를 나타내는 값이 없다면 특정 위협의 발생은 이에 취약한 특정 자산의 전면적 피해, 즉 자산 가치 전액의 완전한 손실로 파악될 것이다. 그러나 이러한 가정은 현실적이지 않으므로 위협이 자산에 영향을 미칠 가능성을 이 취약성 값 또는 정도(grade)로 표현하게 된다.

3) 우려사항(Concern) [012]: 각 자산의 유형별로 위협과 취약점을 각각 평가하는 대신 자산의 유형별로 발생할 수 있는 위협과 취약점을 하나의 통합된 고려요소로 평가하는 방법이다. 위협과 취약점을 구분하기 어려운 경우가 있고 또한 실제 적용 시 사람들이 "취약성의 정도"를 평가하도록 요구할 때 자산 가치를 고려하여 답을 하는 경향이 있어서, 즉 자산의 보호 요구사항이 낮으면 대책이 없음에도 "취약성이 낮다"고 평가를 하거나 자산의 가치가 높으면 대책이 존재함에도 "취약성이 높다"라고 평가하는 경향이 있어서 이러한 경향을 고려하여 위협과 취약성을 통합적으로 평가하여 한 번만 답하도록 함으로써 평가와 조정이 용이하도록 하는 방법이다. 우려사항 평가 시에는 GAP 분석을 통해 확인된 현황을 고려하여 현재 시점에서 이러한 우려사항(위협과 취약점)이 발생하여 영향을 미칠 가능성을 평가하는 방식이다.

이렇게 우려사항 항목이 결정되면 우려사항에 대한 평가를 진행하면 된다. 즉 우려사항이 발생될 가능성이 어떻게 되는지에 대해 평가를 하는 것으로 우려사항에 대한 평가기준은 다음 표를 참고하기 바란다. [012]

가능성	설명
H	이러한 문제점이 나타날 가능성이 높다.
M	이러한 문제점이 어느 정도 나타날 가능성이 있다.
L	이러한 문제점이 나타날 가능성이 거의 없다.

실현 가능성의 평가 시에는 GAP 분석을 통해 파악된 현황을 참조하여 현재 구현되어 있는 대책의 영향을 감안하여 응답해야 한다. 즉 문제되는 요소의 발생 가능성 자체가 낮아도 가능성은 "낮음(L)"이고, 문제 요소의 발생 가능성 자체는 높지만 현재 대책이 있어서 결과가 문제되지 않는다면 이때도 "낮음(L)"으로 평가될 수 있다. 아래 표에서 평가 사례를 참고하기 바란다. [012]

■ 우려사항 평가 사례

자산	우려사항	가능성	근거
사무용 데이터	적절한 보안 규정이 부족하여 자산이 제대로 보호되지 않을 수 있다.	L	별도의 보안 필요가 없어 규정이 없다.
설계 데이터		M	별도의 규정이 없어 무지로 인한 실수가 발생한다.
문서		L	분류 및 관리 규정이 존재한다.

5 위험분석

위험분석을 위해서는 자산평가와 우려사항 평가가 필요하다. 즉 자산평가와 우려사항 평가 결과를 가지고 해당 자산의 위험도를 도출하는데, 이를 위험분석이라고 한다. 또한, 위험분석에는 우려사항이 아닌 위협과 취약점을 통해서도 진행할 수 있다. 위협평가, 취약점평가, 우려사항 평가 모두 위험 평가를 위한 구성요소 중 하나이다.

[그림 9] 위험분석 구성

위험분석을 진행한다는 것은 자산평가와 우려사항 평가를 통해 위험도를 도출하는 것이라 할 수 있다. 자산평가를 통해 자산의 중요도가 도출되었고, 우려사항 평가를 통해 우려사항 가능성이 도출되었다. 이 두 가지를 묶었을 때는 아래 표와 같은 위험도가 결정된다.

앞서 언급된 우려사항 평가에서 소개된 예를 위험분석으로 설명할 경우에는 이렇다. 즉 내 몸(Asset)에 대해 술/담배로 인한 면역력 저하(Vulnerability)가 발생하여 감기 바이러스(Threat)에 걸려 감기(Risk)에 걸릴 수 있는 가능성(우려사항)을 평가하여 내 몸에 대한 위험도를 결정하는 것이 위험분석인 것이다.

■ 위험도 결정방법

자산 중요도	우려사항 발생 가능성		
	H	M	L
H	매우 높음(5)	높음(4)	중간(3.6)
M	높음(4)	중간(3.9)	낮음(2)
L	중간(3.3)	낮음(2)	매우 낮음(1)

정보보호 및 개인정보보호 관리체계 인증을 위한 위험분석 방법은 매우 다양하기에, 여기에서 언급한 방법이 맞고 다른 것은 틀리다고 판단하면 안 된다. 자산 중요도를 3단계가 아닌 4단계 또는 5단계로 진행할 수도 있을 것이고, 우려사항 발생 가능성도 3단계가 아닌 5단계로 진행할 수도 있을 것이다. 위험분석 방법은 다양하다는 것을 알고 본인에게 가장 적합한 위험분석을 만들어 보는 것도 좋은 학습방향이 아닐까 생각한다.

정보보호 및 개인정보보호 관리체계 인증을 위한 방법론 중 위험분석 방법에 대해서는 복합적 접근법(Combined Approach)을 채택하였다고 GAP 분석에서 소개하였다. 즉 GAP 분석 시 적용된 부분은 범위 내 자산들에 대해 인증기준에서 요구하는 사항 및 법에서 요구하는 사항에 근거한 기본통제 접근법(Baseline Approach)을 적용하였고, 기본통제 접근법으로 도출된 자료를 근거로 정보보호 및 개인정보보호 관리체계 인증기준 영역에 대해서는 상세위험 분석법(Detailed Risk Analysis)을 적용한다고 하였다.

정보보호 및 개인정보보호 관리체계 인증기준 영역에 대한 상세위험 분석법을 적용하기 위해서는 자산평가, 우려사항 평가, 인증기준, 이 3가지 항목의 연관관계를 통해 진행됨을 기억해야 한다.

1) 자산평가: 자산(자산 종류)에 대한 성질을 평가

2) 우려사항 평가: 인증기준 대비 자산 종류별 발생 가능한 시나리오의 가능성에 대한 평가

3) 인증기준: 정보보호 및 개인정보보호 관리체계 인증을 취득하기 위한 기준

위 3가지 항목들 간에는 연관관계가 형성된다. 우려사항 평가 단계에서 인증기준 대비 자산 종류별 우려사항 평가가 진행되는데, 자산평가 단계에서 자산(자산 종류별)에 대한 자산 평가가 이루어지기에, 자산(자산 종류)을 중심으로 인증기준 대비 우려사항 평가와 자산평가를 진행할 수 있다. 즉 인증기준 대비 위험분석이 이루어질 수 있어서 인증기준 대비 위험도가 결정 날 수 있는 것이다. 하나의 인증기준에 해당하는 자산 종류가 여러 가지일 수도 있고, 하나의 자산 종류일 수도 있지만 하나의 자산 종류라 하더라도 하나의 자산 종류에 여러 개의 자산이 포함될 수 있기에, 하나의 인증기준에 해당하는 여러 개의 자산(자산 종류)에 대한 위험도가 존재할 것이다. 이럴 때는 하나의 인증기준에 해당하는 모든 자산의 위험도에 대한 평균을 통해 인증기준별 위험도가 도출될 것이다.

예를 들어 인증기준 2.4.2(출입통제)에 대한 우려사항이 "보호구역에 출입통제가 적용되지 않을 경우 인가되지 않은 사람이 출입하여 문제를 발생시킬 수 있다"이면서, 해당 우려사항에 적용되는 자산 종류가 "부대설비"일 경우, "출입통제시스템" 자산에 대한 인증기준 위험도는 다음처럼 계산될 것이다. (현 상황은 출입통제 장치가 존재하지 않는 것을 가정으로 한다.)

1) 출입통제시스템 자산에 대한 자산평가: M

2) 출입통제시스템 자산에 대한 2.4.2 인증기준의 우려사항 평가: H

3) 2.4.2 인증기준에 대한 위험 평가 결과(위험도): 높음

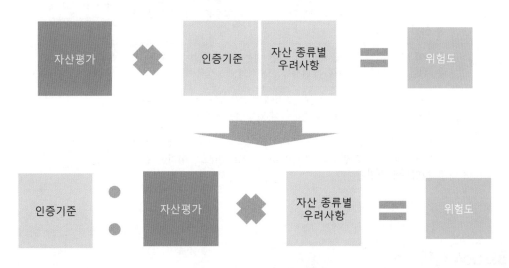

[그림 10] 인증기준 위험도 도출 방법

6 대응방안 마련

정보보호 및 개인정보보호 관리체계 인증을 취득하기 위한 인증기준을 만족할 수 있는 대응방안을 마련하기 위해서는 현재의 정보보호 현황을 우선적으로 파악해야 한다. 즉 GAP 분석을 통해 인증기준 및 법 요구사항 대비 어떤 자산에 대해 어떤 부분이 부족한지가 파악돼야

그에 대한 대응방안을 마련할 수 있을 것이다. GAP 분석을 진행하기 위해서는 자산별로 실무에 적용될 수 있는 인터뷰 항목 개발이 가장 중요하다고 했다. 또한, 인터뷰 항목을 개발하기 위해서는 정보보호 및 개인정보보호 관리체계 인증기준을 실무에 적용할 수 있도록 업무관련 항목으로 세분화하여야 한다고 했다.

새롭게 개발된 업무관련 항목을 기준으로 GAP 분석이 이루어질 경우, 불만족 또는 부분 만족되고 있는 자산에 대해서만 대응방안이 마련되면 될 것이다. 이는 결국 모든 248개의 업무관련 항목 중에 만족하지 않는 업무관련 항목만이 대응방안의 대상이 될 것이다. 또한, 만족하지 않는 업무관련 항목에 대한 대응방안은 업무관련 항목에 대한 인터뷰 항목 자체를 모두 만족시키는 상황이 대응방안의 가이드가 될 것이다.

대응방안에는 일반적으로 4가지 정도의 종류가 존재한다. 이에 대해서는 아래 대응방안 분류 표를 참고하기 바란다. 대체적으로 4가지 대응방안 분류 중 "감소"를 선택하여 위험요소를 감소시키는 방식으로 대응을 많이 취하고 있다. 즉 위험요소를 감소시킬 수 있는 대응방안인 정보보호대책을 선정하여 위험요소를 줄이도록 하고 있는 것이다.

▥ 대응방안 분류

구분	내용	예
감소	보호해야 할 자산에 대해서 정보보호 대책을 적용하여 취약점을 제거 또는 감소시킴으로써 받아들일 수 있는 위험수준으로 위험을 감소 시킨다.	서버 장비의 보안설정 강화
회피	위험이 너무 크고 그것을 줄이기 위한 비용이 너무 많이 소용될 경우, 위험을 피함으로써 위험이 발생할 근본적인 가능성을 제거한다.	물리적인 보안이 강화된 건물로 회사를 이전
전가	위험을 더 잘 다룰 수 있는 다른 조직에 위험을 넘기는 것으로, 위험에 대해 직접적인 대응 대신 간접적인 대응 방법을 적용하는 것이다.	보험 가입
수용	경영층이 대응책에 대한 비용이 너무 많이 든다고 판단할 경우 해당 위험을 받아 들이고 별도의 활동을 하지 않는 경우로, 이러한 결정은 경영층에 결정된다.	자연재해로 인한 서비스 장애 위험 수용

7 DoA 선택

위험분석이 완료된 이후에는 일반적으로 해당 위험을 감소시킬 수 있도록 정보보호대책을 수립하여 적용해야 한다. 이렇게 위험분석 결과에 따른 대응방안을 마련하는 것을 위험관리라고 한다.

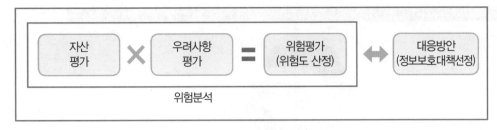

[그림 11] **위험관리 구성**

위험관리를 위해 모든 위험에 대해 정보보호대책을 수립하고 적용하는 것은 비효율적이기에 위험수준(DoA: Degree of Assurance)을 선택하여 일정 수준 이상의 위험도를 갖는 위험에 대해서만 정보보호대책을 수립하도록 하고 있다. 즉 위험수준은 모든 위험이 아닌 관리가 필요한 위험에 해당하는 부분만을 선정하여 위험관리의 대상을 선택하는 일종의 기준이라 생각할 수 있다.

정보보호 및 개인정보보호 관리체계 인증에서 요구하는 102개 인증기준을 대상으로 하는 위험분석 방법에서는 위험수준의 의미가 다소 다르게 적용될 수 있다. 왜냐하면, 인증을 위해 요구하는 인증기준 자체를 위험수준이라는 명목으로 수용해버린다면 인증의 의미가 퇴색될 것이기 때문이다. 그래서, 인증기준을 대상으로 진행되는 위험분석 방법에서의 위험수준 선택은 일종의 회사의 정보보호 수준을 확인할 수 있는 기준으로 적용된다. 즉 위험수준 이하로 선정된 인증기준의 위험도는 낮을 것이고 해당 위험도가 낮아질 수밖에 없는 사항은 우려사항 발생 가능성이 낮아진다는 것이고, 우려사항 발생 가능성이 낮아진다는 것은 GAP 분석 결과 해당하는 인증기준 및 법요구사항을 모두 만족하고 있는 상황이기 때문이다. 다시 정리하면 위험수준 이하로 선정된 인증기준에 대해서는 GAP 분석 결과 해당 인증기준을 모두 만족하고 있는 상황이 될 수 있도록 위험수준을 선정해야 된다는 것이다. 이렇다 보니 위험수준이 높아진다는 것은 그만큼 많은 부분의 인증기준을 만족하고 있는 상황이 많아진다는 것이 되는 것이다.

참고적으로 정보보호 및 개인정보보호 관리체계 인증에 가장 적합하게 개발된 방법론으로는 가디안시큐리티(www.gadian.co.kr) 업체의 가디안(GADIAN, www.gadian.or.kr)이 대표적이라 할 수 있다. 또한, 본 가디안 방법론을 시스템적으로 개발해 놓아서 비전문가도 어렵지 않게 위험분석 및 위험관리를 스스로 할 수 있도록 제공하고 있다. 현재 가디안시큐리티 업체에서는 가디안 솔루션을 무료로 체험해 볼 수 있도록 제공하고 있다.

[그림 12] 위험관리 지원시스템 가디안(GADIAN)

8 이행방안 마련

"6. 대응방안 마련" 단계와 "7. DoA 선택" 단계를 통해 정보보호 대책이 수립된 정보보호 및 개인정보보호 관리체계 인증기준에 대해 이행방안을 마련해야 한다. 앞서 대응방안을 마련했는데 왜 또 이행방안을 마련해야 하는지 의문점이 들 것이다. 예를 들어 정보보호 및 개인정보보호 관리체계 인증기준 102개 모두를 만족하지 않는 가상의 회사를 생각해 보자. 이 회사는 아무런 정보보호 및 개인정보보호 관리체계가 존재하지 않고 있는 상황이다. 이런 회사에 대해 102개의 인증기준을 만족시켜야 하는데, 본 방법론에서는 102개의 인증기준을 248개의 업무항목으로 세분화하고 있는 상황이다. 그렇기에 가상의 회사는 248개의 업무항목을 모두 만족하지 않고 있는 상황이라 생각해 볼 수 있다. 즉 248개에 해당하는 업무항목에 대한 정보보호 대책을 각각 마련해야 하는 상황이기에 248개의 정보보호 대책이 도출될 것이다. 이렇게 도출된 248개의 정보보호 대책을 최대한 절차화 하기 위해 관련성 있는 정보보호 대책을 그룹으로 묶어서 회사에서 실무에 사용될 수 있도록 만드는 것이 이행방안이라 생각하면 된다.

앞서 "3. GAP 분석"에서도 정보보호 및 개인정보보호 관리체계 인증기준 102개를 248개의 업무항목으로 세분화하고, 해당 248개의 업무항목을 자산별 실무자가 쉽게 인지하고 현황을 파악할 수 있도록 만들어 놓은 업무 분야가 존재한다고 했다. 또한, "6. 대응방안 마련" 단계에서도 248개의 업무항목을 기준으로 대응방안을 각각 마련해야 한다고 했다. 이번 "8. 이행방안 마련" 단계에서는 앞선 "3. GAP 분석" 단계에서 기준이 되었던 248개의 업무항목에 대한 업무 분야별로 해당하는 업무항목을 묶어서 이행방안을 마련하는 것이라 보면 된다. 즉 업무 분야별로 이행방안이 마련될 가능성이 높아질 것이다. 정보보호 및 개인정보보호 관리체계 인증기준에 대한 248개의 업무항목의 업무 분야에 대해서는 "3장. 인터뷰 질문 생성 방법"에서 자세히 다루도록 하겠다.

이행방안을 마련한다는 것은 정보보호 및 개인정보보호 관리체계 인증기준 대비 부족한 부분을 어떻게 효율적으로 보완할지에 대한 계획을 세우는 것이라 생각하면 된다. 계획을 세우는 데 있어서 중요한 요소 중에 하나는 우선순위를 정하는 것일 것이다. 어떤 이행방안을 먼저 적용할 것인지를 결정을 해야 하는 것이다. 많은 방법이 존재하겠지만 본 방법론에서는 3가지 항목(시급성, 난이도, 환경적 지원사항)을 기준으로 우선순위를 정하였다.

1) 시급성: 급박한 경우 1, 보통인 경우 2, 여유가 있는 경우 3

2) 난이도: 쉬운 경우 1, 보통인 경우 2, 어려운 경우 3

3) 환경적 지원사항: 지원이 가능한 경우 1, 지원이 보통인 경우 2, 지원이 어려운 경우 3

이행방안의 우선순위를 위한 각 항목별 해당하는 값들을 더한 다음 평균으로 나눈 값을 기준으로 2.6 이상이면 장기 대응 건, 2.0 이상 2.6 미만이면 중기 대응 건, 2.0 미만이면 단기 대응 건으로 정하도록 하였다. 이렇게 정해진 우순선위는 하나의 가이드일 뿐이고 최종 우선순위는 업무담당자와 정보보호 담당자가 합의하여 결정하는 것이 일반적이다.

⑨ 정보보호 운영명세서

정보보호 운영명세서는 인증기준(ISMS-P 102개, ISMS 80개)에 대한 운영현황을 정리하여 작성하는 부분이다. 즉 "8.이행방안 마련"에서 도출된 계획에 따라 대응을 완료한 상황을 정리하고, 해당 완료된 상황과 운영현황의 근거가 되는 내부 규정을 매칭시키고, 운영을 통해 도출된 각종 증적 자료를 정리하는 부분이다. 정보보호 및 개인정보보호 관리체계 인증을 취득하는 데 있어서 정보보호 운영명세서는 매우 중요한 문서이기에 꼼꼼하게 정리를 잘 해야 한다.

정보보호 운영명세서 양식은 아래 표와 같으며, 해당 항목별 설명은 다음과 같다.

■ 정보보호 운영명세서 양식

항목	상세 내용	운영 여부	인증구분	운영현황 (또는 미선택 사유)	관련문서 (정책, 지침 등 세부조항번호까지)	기록 (증적 자료)
인증 기준 번호	인증 기준 내용	Y/N	ISMS			
			ISMS-P			
			ISMS&ISMS-P			

1) 항목: 인증기준 번호로 102개의 인증기준별 해당하는 인증기준 번호이다. 예 1.1.1

2) 상세 내용: 인증기준의 내용으로 "1)항목"에 해당하는 인증기준 번호에 해당하는 내용이다.
예 최고경영자는 정보보호 및 개인정보보호 관리체계의 수립과 운영활동 전반에 경영진의 참여가 이루어질 수 있도록 보고 및 의사결정 체계를 수립하여 운영해야 한다.

3) 운영여부: 필수 부분과 선택 부분으로 구분된다.

　　가) 관리체계 수립 및 운영: 모든 항목은 필수로 선택된다.

　　나) 보호대책 요구사항: 운영여부에 따라 Y/N/NA를 선택한다.

　　다) 개인정보 처리단계별 요구사항: PIMS인 ISMS-P 인증심사일 경우에만 모든 항목이 필수로 선택된다.

4) 인증구분

　　가) ISMS: ISMS-P 통합인증에서 ISMS부분만 선택한 경우. 즉 ISMS:2018만 선택한 경우이다.

　　나) ISMS-P: ISMS-P 통합인증에서 PIMS부분을 선택한 경우. 즉 PIMS:2018을 선택한 경우로 PIMS 인증의 동일한 범위에 대해서는 ISMS:2018도 자동 포함된다.

　　다) ISMS&ISMS-P: ISMS-P통합인증에서 인증범위가 다른 ISMS 부분과 PIMS 부분을 동시에 선택한 경우. 즉 ISMS:2018의 인증범위와 PIMS:2018의 인증범위가 다를 경우이다. 만약, ISMS:2018과 PIMS:2018의 인증범위가 동일한 경우에는 ISMS-P로 인증구분이 선택될 것이다.

5) 운영현황(또는 미선택 사유): 인증기준에 대한 구축 및 실제 운영내용을 요약하여 작성하는 것으로, 구축의 특성 및 정당성을 파악할 수 있도록 인증기준보다 상세히 작성되어야 한다. 운영하지 않는 상황일 경우에는 위험관리(위험 평가 및 처리)의 결과 및 분석에 따른 미선택의 사유를 반드시 작성해야 한다.

6) 관련문서(정책, 지침 등 세부조항번호까지): 인증기준을 만족하는 내용이 포함되어 있는 회사의 문서(정책, 지침, 절차, 매뉴얼, 가이드 등)의 제목을 작성하되 문서 내 부분에 해당할 경우 장, 절, 조 등을 상세하게 표시해야 한다.

7) 기록(증적자료): 인증기준에 따른 운영기록(증적자료)의 제목(파일명) 및 번호를 작성해야 한다. 인증기준에 관련된 위험분석결과, 계획, 취약점분석관련 자료도 기록하여 운영명세서를 통해 관련내용을 확인할 수 있도록 해야 한다. 관련증적이 시스템으로 관리되는 경우 해당 시스템의 위치, 시스템명 및 관련 메뉴를 작성해야 한다.

🔟 결과보고서

컨설팅 방법론에 있어 마지막 단계는 컨설팅이 완료된 이후 결과보고서를 작성하는 부분이다. 컨설팅 결과보고서에는 많은 부분이 존재하지만, 여기서는 정보보호 및 개인정보보호 관리체계 인증을 취득하기 위한 핵심적인 결과물에 대해서만 다루도록 하겠다.

앞서 "9.정보보호 운영명세서" 단계에서 언급이 되었던 관련문서(정책, 지침, 절차)도 컨설팅 결과물 중 하나이다. 정보보호 관련문서 중 정책이 가장 상위 문서이고, 정책 아래에는 다양한 지침이 존재하며, 지침 아래에는 구체적인 절차가 존재한다. 국가와 기업을 비교하여 설명하면, 국가에 헌법이 존재하듯이 기업에는 정보보호 정책이 존재한다. 헌법을 기반으로 다양한 법령이 존재하듯이, 정보보호 정책을 기반으로 기업에 적용되어야 할 다양한 분야의 정보보호 지침이 존재한다. 하나의 법령(법, 시행령, 시행규칙)에는 다양한 규정이나 고시가 존재하여 법령에서 요구하는 내용을 좀 더 구체적으로 정리하고 있는데, 기업에서는 이 부분이 절차이다. 이렇게 정보보호 관련문서(정책, 지침, 절차)는 모두 정보보호 및 개인정보보호 관리체계 인증기준에 준하여 작성된다. 또한, 기업이 사업을 영위하는 데 관련된 각종 다양한 법령의 요구사항도 정보보호 관련문서에 포함되어야 한다. 그렇기에 "3.GAP 분석"단계에서 현황파악을 위한 인터뷰 항목을 개발할 때 일괄적으로 법령에서 요구하는 내용을 포함하여 진행을 하여야 좀 더 효율적으로 정보보호 및 개인정보보호 관리체계를 구축하고 운영하기가 쉬워진다.

정보보호 관련문서 이외 중요한 컨설팅 결과보고서 중 하나는 "정보보호 및 개인정보보호 관리체계 명세서"이다. 본 관리체계 명세서는 컨설팅이 끝난 이후 정보보호 운영명세서까지 모두 마무리된 이후에 작성이 완료될 수 있는 가장 핵심이 되는 서류이다. 관리체계 명세서는 크게 8가지로 구성되어 있다. 이 중에 마지막 단계인 8번째가 운영명세서로 "9. 정보보호 운영 명세서"에서 정리한 내용이 관리체계 명세서에 포함되도록 구성되어 있다. 관리체계 명세서의 각 구성에 대해 알아보도록 하겠다. **014)**

1) 개요

가) 인증구분

① ISMS: ISMS-P 통합 인증기준 중 "1.관리체계 수립 및 운영"과 "2.보호대책 요구사항"에 해당하는 80개의 인증기준을 만족하는 ISMS:2018 인증을 받고자 할 경우 선택

② ISMS-P: ISMS-P 통합 인증기준 102개를 모두 만족하는 PIMS:2018 인증을 받고자 할 경우 선택. 특히, PIMS:2018 인증에는 동일한 인증범위에 한하여 ISMS:2018 인증이 포함되어져 있는 것임.

③ ISMS&ISMS-P: ISMS-P 통합 인증기준을 기반으로 인증범위가 다른 ISMS:2018과 PIMS:2018을 인증받고자 할 경우 선택. 예를 들어 A, B, C 서비스가 존재하는 하나의 법인에 대해 ISMS 인증의 범위는 A, B이고, PIMS 인증의 범위는 A, B, C 모두 일 경우에는 ISMS-P 통합 인증에 따라 ISMS&ISMS-P 인증구분을 선택해야 함.

나) 심사유형

① 최초심사: 인증구분에 해당하는 인증을 받고자 하는 범위에 대해 최초로 심사를 받을 경우 선택. 만약에 최초심사 완료 후 인증 범위를 변경하여 사후/갱신심사를 받고자 할 경우에는 다시 최초심사를 받아야 함.

② 사후심사(1차): 인증서에 표시된 인증유효기간을 명시해야 함. 최초심사를 통해 인증을 취득한 이후 인증서에 표시된 인증유효 시작일 기준 1년 이내에 1차 사후심사를 받을 경우 선택함.

③ 사후심사(2차): 인증서에 표시된 인증유효기간을 명시해야 함. 최초심사를 통해 인증을 취득한 이후 인증서에 표시된 인증유효 시작일 기준 2년 이내에 2차 사후심사를 받을 경우 선택함.

④ 갱신심사: 최초심사를 통해 인증을 취득한 이후 인증서에 표시된 인증유효 마지막일 기준으로 그 이전에 갱신심사를 받을 경우 선택함.

다) 인증심사 희망일: 기업에서 원하는 인증심사 날짜를 지정하여 작성. 일반적으로 ISMS 최초/갱신심사는 5일간 진행되며, 사후심사는 3~4일간 진행된다. ISMS-P 최초/갱신/사후는 범위에 따라 기간이 상이하지만 일반적으로 5~10일 정도가 소요되며, 아주 큰 범위에 대해서는 15일 이상 소요되기도 한다.

라) 의무대상 여부: 온라인 매출 100억 이상 등 정통망법에 의해 강제적으로 ISMS 인증을 받아야 하는지에 대한 여부를 정리한다. 의무 대상자일 경우에는 Y, 아닐 경우에는 N으로 구분한다. 만약에 ISMS-P 인증을 받고자 하는 경우에서 ISMS 의무대상일 경우에는 Y로 구분하면 된다.

마) 담당자 연락처: 회사 내 정보보호 담당자의 부서, 성명, 전화번호, 이메일을 입력한다.

바) 관리체계 운영기간

① 최초심사일 경우에는 컨설팅 및 이행방안 마련 완료 후 최소 2달간의 운영기간을 명시함.

② 사후/갱신심사일 경우에는 최초심사 시 작성한 운영시작일부터 현재까지의 운영기간을 명시함.

사) 범위 내 서비스 수: 인증을 받고자 하는 범위에 국한된 서비스 현황 및 개수를 명시한다.

아) 범위 내 개인정보: 인증범위 내 서비스에서 사용되는 고객의 개인정보와 내부직원의 개인정보 현황을 명시한다.

자) 범위 내 인력 수: 내부인력과 외부인력을 구분하여 명시한다.

차) 범위 내 정보시스템 수: 인증범위 내 회사가 보유한 정보시스템 및 서비스를 받고 있는 임대장비를 포함하여 대수로 명시. 특히, 서버/라우터/L4 이상 스위치/보안장비(방화벽, IDS, IPS, DDoS 대응시스템, 웹 방화벽 등) 등을 모두 포함시켜야 한다.

카) 물리적 위치: 인증범위 내 모든 사업장 주소를 정리하고, 심사를 받고자 하는 심사장 주소를 명시해야 한다.

타) 범위 내 개인정보 위탁 업체 수: 인증범위 내 서비스 운영을 위해 개인정보를 외부업체에 위탁한 업체 개수를 명시한다.

파) 관리체계 수립/운영: 가까운 수행일자를 기준으로 컨설팅 진행현황 및 이행방안 적용현황 등을 정리한다. 예를 들어, 19년01월 현황 및 흐름분석 완료 / 19년02월 위험 평가 완료 / 19년03월 보호대책 구현 완료 / 19년04월 관리체계 점검 완료

하) 내부 정책: 컨설팅 결과물로 도출된 정책서, 지침서, 절차서의 현황과 최종 업데이트일을 명시한다.

인증구분	[ ] ISMS-P [ ] ISMS [√] ISMS&ISMS-P		
심사유형	[√] 최초심사 [ ] 사후심사(차) [ ] 갱신심사 ※ 인증유효기간(사후·갱신만 작성) : *2018.6.1~2021.5.31*		
인증심사 희망일		의무대상 여부	
담당자 연락처	부서	성명	
	전화번호	이메일	
관리체계 운영기간	___년 ___개월 (○○○○년 ○월 ~ ○○○○년 ○월)		
1. 범위 내 서비스 수	ISMS	*㈜고조선 대표 홈페이지 등 ○○개 서비스*	
	ISMS-P	*㈜조선시대 홍길동 쇼핑몰 등 ○○개 서비스*	
2. 범위 내 개인정보	*홍길동 쇼핑몰 회원정보(○○건), 내부직원 정보(○○건)*		
3. 범위 내 인력 수	내부 인력		*0* 명
	외부 인력		*0* 명
	합계		**0 명**
4. 범위 내 정보시스템 수	정보시스템에는 서버(웹서버, DB서버 등), 네트워크 장비(라우터, L4 이상 스위치 등), 보안장비(방화벽, IDS, IPS, DDos 대응시스템, 웹 방화벽 등) 등을 포함하여 범위 내의 임대장비도 포함		대
5. 물리적 위치	심사장 위치		
	범위 내 사업장 수		
6. 범위 내 개인정보 위탁 업체 수			
7. 관리체계 수립·운영	구분		수행일자
	현황 및 흐름분석 완료일		
	위험평가 완료일		
	보호대책 구현 완료일		
	관리체계 점검 완료일		
8. 내부 정책	구분	문서명	최종 업데이트일
	정책	*외 00종*	
	시행문서	*외 00종*	

[그림 15] **개요 샘플**

2) 인증의 범위

가) 전체 서비스(사업) 현황

① 인증희망 이유

㉠ 인증희망 이유: 법적 요구사항에 의해 진행되는 경우 "법적요구"로 명시. 그렇지 않을 경우에는 정보보호 관리의 체계적 도입 등 적절히 기술

㉡ 의무대상 여부: 온라인 매출 100억 이상 등 정통망법에 따른 강제 의무대상일 경우에는 Y로 표시, 그렇지 않을 경우에는 N으로 표시

㉢ 사유: 강제 의무대상자에 한하여 "법에 따른 강제 의무대상"이라고 명시

② 인증심사 담당자: 정보보호 조직도 및 개인정보보호 조직도 상에 명시된 정보보호 담당자/관리자/책임자 및 개인정보보호 책임자의 정보를 등록

㉠ 직급(업무): 정보보호 담당자/관리자/책임자 또는 개인정보보호 책임자

㉡ 부서: 해당 부서 명시

㉢ 성명/직호: 해당하는 성함 및 직급 등 명시

㉣ 연락처: 핸드폰 또는 회사전화번호 명시

㉤ 이메일: 개인 이메일 명시

㉥ 구분(ISMS/ISMS-P): 해당하는 인증구분에 마크

③ 현재 제공 중인 전체 서비스(사업): 인증범위 포함여부와 상관없이 인증을 받고자 하는 법인이 서비스 중인 전체 서비스(On/Off Line)를 모두 기술

㉠ 서비스명: 각각의 서비스명을 명시

㉡ 서비스 설명 및 URL: 서비스명별 설명 및 URL 존재 시 URL 명시

㉢ 인증범위 포함여부: 인증범위에 포함될 경우에는 ISMS 또는 ISMS-P로 구분하여 명시하고, 인증범위에 포함되지 않을 경우에는 N으로 처리

㉣ 제외사유: 인증범위 포함여부에서 N으로 처리한 서비스에 국한하여 제외사유를 입력

나) ISMS 인증을 받고자 하는 서비스(사업) 현황

① 서비스명: 인증 의무대상자에 대해서는 온라인을 통해 매출이 발생되는 서비스와 관련된 모든 부분을 명시해야 함. 또한, 출입통제/출입자관리/인사노무/재무회계 서비스 등 임직원 또는 사내 서비스 부분도 명시해야 함.

② 서비스 상세 설명: 서비스명별 어떤 서비스 용도인지와 주요 이용자 또는 고객이 누구이며, 회원수는 어떻게 되는지 등에 대한 상세 설명을 등록

③ 개인정보 포함여부: 서비스명별 고객의 개인정보를 포함하고 있는지에 대한 현황(어떤 개인정보 항목)을 정리

④ 기타: 인증범위에 대한 서비스 중 특이사항이 존재 시 기술함.

다) ISMS-P 인증을 받고자 하는 서비스(사업) 현황

① 서비스명: 인증 범위 내 서비스와 관련된 모든 부분을 명시해야 함. 또한, 출입통제/출입자관리/인사노무/재무회계서비스 등 임직원 또는 사내 서비스 부분도 명시해야 함.

② 서비스 상세 설명: 서비스명별 어떤 서비스 용도인지와 주요 이용자 또는 고객이 누구이며, 회원수는 어떻게 되는지 등에 대한 상세 설명을 등록

③ 서비스별 수집하는 개인정보 항목: 서비스명별 고객의 어떤 개인정보 항목을 수집하는지 기술함.

④ 개인정보 분류기준: 살아있는 개인을 즉각적으로 알 수 있는 개인정보, 쉽게 확인할 수 있는 개인정보 또는 여러 개의 정보를 조합하여 확인할 수 있는 정보 등으로 분류할 수 있음.

⑤ 개인정보취급자 선정기준: 개인정보를 수집, 입력, 수정, 검색, 삭제, 다운로드 등을 할 수 있는 자를 개인정보취급자로 선정할 수 있음.

⑥ 기타: 인증범위에 대한 서비스 중 특이사항 존재 시 기술함.

라) ISMS-P 인증을 받고자 하는 개인정보 현황

① 수집경로(온라인/오프라인): 개인정보를 어떤 방식으로 수집하였는지에 대해 명시. 예를 들어, 회원가입(온라인) / 멤버십카드신청(온라인/오프라인) / 입사(오프라인) 등

② 개인정보 수집항목(필수항목): 수집경로별로 어떤 개인정보 항목을 필수항목으로 수집하는지 개인정보 항목을 명시

③ 개인정보 수집항목(선택항목): 수집경로별로 어떤 개인정보 항목을 선택항목으로 수집하는지 개인정보 항목을 명시

④ 수량: 수집경로별로 수집된 개인정보 주최자의 인원수를 명시

마) 조직 및 인력 현황

① 인력현황

㉠ 전체인력: 인증범위 뿐만 아니라, 인증을 받고자 하는 법인의 전체 인력현황을 정리

㉡ 인증범위 내 내부인력: 전체 인력현황과 ISMS-P에 국한하여 개인정보취급자를 구분하여 정리

㉢ 인증범위 내 외부인력: 전체 인력현황과 ISMS-P에 국한하여 개인정보취급자를 구분하여 정리

② 전체 조직현황: 인증을 받고자 하는 법인의 전체 조직도를 정리하고, 이 중에서 인증을 받고자 하는 범위에 해당하는 부서만을 별도로 표시해야 함. 만약에, 부서별로 사업장 위치 등이 상이할 경우에는 관련 내용을 기술해야 함.

③ 인증범위에서 제외한 조직 목록 및 사유

  ㉠ 부서명: 인증을 받고자 하는 법인에 속해 있는 모든 조직 중에서 인증범위 이외 조직에 대한 부서명을 명시

  ㉡ 대상 제외 사유: 인증범위에서 제외된 조직(부서)이 왜 제외되었는지에 대한 사유를 명시. 일반적으로 법령에 따른 ISMS 인증 의무대상자에 대한 의무범위와 상관없는 부서가 선정됨. 예를 들어, 오프라인 서비스 부분이나 영업만 전담으로 진행하는 부서 또는 마케팅만 진행하는 부서 등 온라인 서비스와 상관없는 부서가 대상에서 제외될 수 있음.

  ㉢ 규모: 인증범위에서 제외되는 조직(부서)의 인원수를 명시

④ 정보보호 조직현황: 인증을 받고자 하는 법인의 정보보호 활동의 주요 사항 등을 논의/결정하는 의사결정체계를 확인할 수 있는 정보보호 조직도를 구성하고, 부서명/직책(직위)/책임자명/실무자명/위원회 등을 표시해야 함.

⑤ (ISMS-P)개인정보보호 조직 현황: 정보보호 조직 현황과 동일하게 개인정보보호 활동과 관련된 조직도를 구성해야 함. 만약, 개인정보보호 조직이 정보보호 조직과 동일하거나 하나로 합쳐서 조직도를 도식화 할 수 있을 경우에는 정보보호 조직 현황에만 통합하여 작성할 수 있음.

⑥ 내부 조직의 범위 및 업무

  ㉠ 부서명: 인증범위에 포함되는 부서명을 명시

  ㉡ 부서역할: 부서명별 해당 부서의 업무 역할을 명시

  ㉢ 범위 내 인력: 부서에 속한 인원 중에 인증범위에 포함된 인원수를 정리. 단, ISMS-P 경우에 한해서는 개인정보취급자 인원수와 개인정보처리업무 현황을 구분하여 정리해야 함. 예를 들어, 인사팀에 대해 개인정보취급자 00명이 존재하고, 해당 개인정보취급자의 개인정보처리업무로는 입사/퇴사자 관리 및 임직원 임금 지급 등이며, 인사팀 내 인증범위에 속하는 전체 인력은 000명으로 명시할 수 있음.

⑦ (ISMS-P)개인정보 취급 위탁업무 현황

  ㉠ 수탁사명: 인증을 받고자 하는 서비스 중 개인정보 관리를 외부 업체에 위탁하여 처리하는 부분이 존재할 경우에만 해당 업체명을 명시

  ㉡ 개인정보처리업무(목적 포함): 개인정보 취급 위탁을 하는 업무와 목적을 명시하면 됨. 예를 들어, 고객 문의 및 응대(고객센터) 또는 물품배송(물류센터) 등으로 명시할 수 있음.

  ㉢ 개인정보 제공 형태 및 방법: 인증을 받고자 하는 업체가 개인정보 처리 업무의 일부를 외부 업체에 위탁하고자 할 경우, 어떤 방식으로 외부 업체에 개인정보를 제공하는지에 대한 방법을 명시. 예를 들어, 파일형태 이메일로 전달 또는 실시간

파일전송시스템 등으로 명시할 수 있음.

    ⓔ 개인정보취급자수: 수탁사 인원 중 해당 개인정보처리업무를 취급하는 개인정보취급자수를 명시. 예를 들어, 신청인과 연계된 개인정보 전송시스템 등의 접근권한을 갖거나 관련 개인정보취급업무를 수행하는 자를 명시할 수 있음.

    ⓜ 상주여부: 수탁사 직원 중에 해당 개인정보처리업무를 위해 진행하는 개인정보 취급자가 위탁사 회사에 상주하는지에 대한 여부를 명시

  ⑧ 외부위탁 업무 현황(정보시스템 운영, 개발 등)

    ㉠ 수탁사명: 개인정보 취급에 대한 수탁사 현황이 아닌 정보시스템 운영, 정보시스템 유지보수 등에 대한 수탁사 업체명을 명시

    ㉡ 수탁업무: 정보시스템 개발, 정보시스템 유지보수, 서버운영, 네트워크 운영 등에 대해 외부업체에 업무를 위탁한 현황을 명시

    ㉢ 상세 업무내용: 수탁업무에 대한 상세 업무내용을 명시

    ⓔ 정보처리자수: 해당 수탁업무를 처리하기 위한 수탁사 소속 업무담당자명을 명시

    ⓜ 상주여부: 해당 수탁업무를 처리하기 위한 수탁사 직원이 위탁사에 상주하는지에 대한 여부를 명시

바) 물리적 위치

  ① 범위 내 사업장 위치

    ㉠ 사업장명: 인증범위에 속하는 사업장의 타이틀을 명시. 만약에, 물리적으로 사업장이 2개 이상일 경우에는 해당하는 사업장에 타이틀을 명시하여 모두 명시해야 함.

    ㉡ 위치: 사업장명별 물리적 주소를 명시

    ㉢ 관련부서: 정보보호 담당자가 속한 부서 또는 물리적 보안담당자가 존재할 경우에는 해당 물리적 보안담당자가 속한 부서명을 명시

    ⓔ 수행업무: 사업장별 메인 업무가 무엇인지를 대표성 있게 명시

    ⓜ 인원수: 사업장별 인증범위에 속하는 전체 인원수를 명시

  ② 수탁사 물리적 위치

    ㉠ 수탁사명: 인증범위에 속하는 업무의 일부를 외부 업체에 위탁하는 경우, 위탁받은 수탁사의 업체명을 명시

    ㉡ 위치: 수탁사의 업체 주소를 명시

    ㉢ 관련부서: 수탁사가 처리하는 업무에 대한 위탁사의 컨텍포인트가 되는 부서를 명시

    ⓔ 수행업무: 수탁사가 처리하는 업무를 명시

    ⓜ 인원수: 수탁사에 속해 있는 직원 중 해당 수탁 업무를 처리하는 인원수를 명시

■ 전체 서비스(사업) 현황

① 인증희망 이유

인증희망 이유	☞ 법적요구, 고객요구, 내부 정책 등 고려사항을 기술		
의무대상 여부	Y/N	사유	의무대상자만 작성

② 인증심사 담당자

직급(업무)	부서	성명/직호	연락처	이메일	ISMS	ISMS-P
CISO, 개인정보보호 책임자	정보보호관리본부	홍길동 이사	01-1234-1234	abc@_____.kr	○	○
정보보호 책임자	정보보호 관리실	성춘향	01-1234-1234	abc@_____.kr		
정보보호 담당자	정보보호 관리팀	이몽룡	01-1234-1234	abc@_____.kr		
정보보호 담당자	정보보호 관리팀					

③ 현재 제공 중인 전체 서비스(사업)

☞ 인증범위 포함여부와 상관없이 신청인이 제공하는 전체 서비스를 모두 기술

NO	서비스명	서비스 설명 및 URL	인증범위 포함여부	제외사유
1	㈜조선시대 홍길동 쇼핑몰		ISMS-P	-
2	㈜고조선 대표 홈페이지		ISMS	-
3	㈜고조선 그룹웨어		N	내부망 전용 서비스
4			N	

[그림 16] 인증의 범위 샘플 1/7

■ ISMS 인증을 받고자 하는 서비스(사업) 현황

서비스명	☞ (대국민 또는 이용자 대상 서비스)포털 서비스, 인터넷 쇼핑몰 서비스, 대국민홈페이지서비스 등 ☞ (임직원 또는 사내 서비스)출입통제, 출입자관리, 인사노무, 재무회계 서비스 등
서비스 상세 설명	☞ 서비스 상세 설명 ☞ 주요 이용자 또는 고객, 회원수 등
개인정보 포함 여부	☞ 개인정보 포함여부 표시 ※ 개인정보가 포함될 시 수집 또는 보유하는 개인정보 항목(이름, 이메일, 주소, 핸드폰 등)
기타	☞ 특이사항 기술

[그림 16] 인증의 범위 샘플 2/7

■ ISMS-P 인증을 받고자 하는 서비스(사업) 현황

서비스명	☞ (대국민 또는 이용자 대상 서비스)포털 서비스, 인터넷 쇼핑몰 서비스, 대국민홈페이지서비스 등 ☞ (임직원 또는 사내 서비스)출입통제, 출입자관리, 인사노무, 재무회계 서비스 등
서비스 상세 설명	☞ 서비스 상세 설명, 주요고객, 회원수 등
서비스별 수집하는 개인정보항목	수집/보유하고 있는 모든 개인정보(이용자)를 기술
개인정보 분류기준	
개인정보취급자 선정기준	
기타	☞ 특이사항 기술

■ ISMS-P 인증을 받고자 하는 개인정보 현황

수집경로 (온라인/오프라인)	개인정보 수집항목		수량
	필수항목	선택항목	
회원가입(온라인)	성명, 성별, 생년월일	전화번호, 주소	xxx만
멤버십카드신청 (온라인, 오프라인)	ID, 성명, 주소		xxx만
…	…	…	
입사(오프라인)	성명, 주소, 성별, 주민번호	…	

[그림 16] 인증의 범위 샘플 3/7

■ 조직 및 인력 현황

① 인력현황

전체 인력		*xxx*명	
인증범위 내 인력	구분	범위 내 인력	
		개인정보취급자(ISMS-P)	전체 인력
	내부인력	*xxx*명	*xxx*명
	외부인력	*xxx*명	*xxx*명
	합계	*xxx*명	*xxx*명

② 전체 조직현황

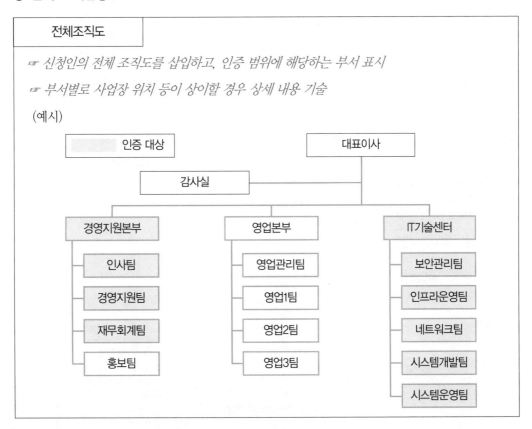

③ 인증범위에서 제외한 조직 목록 및 사유

부서명	대상 제외 사유	규모
	고객정보 미취급	

[그림 16] 인증의 범위 샘플 4/7

④ 정보보호 조직 현황

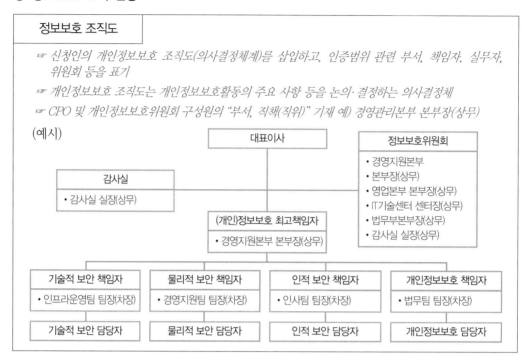

⑤ (ISMS-P)개인정보보호 조직 현황

개인정보보호와 정보보호 조직이 동일하거나 한 장으로 도식화 가능하면 ④정보보호 조직 현황과 통합하여 작성 가능

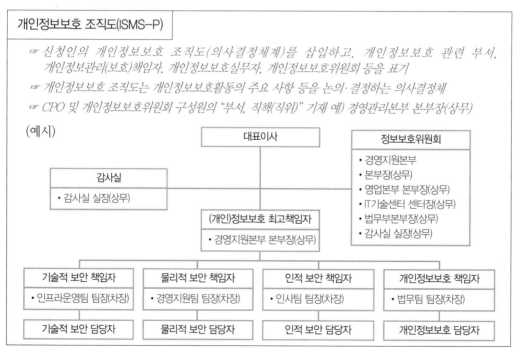

[그림 16] 인증의 범위 샘플 5/7

⑥ 내부 조직의 범위 및 업무
- ISMS 인증만 신청한 경우 개인정보 ISMS-P 관련 항목 작성 불필요
- ISMS-P를 포함하여 인증을 받는 경우 범위 내 인력은 개인정보 취급자 수를 포함하여
작성

NO	부서명	부서역할	범위 내 인력		범위 내 전체인력
			개인정보 취급자 (ISMS-P)	개인정보처리업무 (ISMS-P)	
1	인사팀	조직 인사 관리	xxx명	입사, 퇴사자 관리 및 임직원 임금 지급 등	xxx명
2	감사실		0명		xxx명
3	개인정보보호팀				
4	네트워크관리팀				
합계			xxx명		xxx명

⑦ (ISMS-P)개인정보 취급 위탁업무 현황

NO	수탁사명	개인정보처리업무 (목적 포함)	개인정보 제공 형태 및 방법	개인정보 취급자수	상주여부
1	㈜한국	고객 문의 및 응대 (고객센터)	※ DB, 파일형태 ※ 실시간, 파일전송시스템 또는 이메일 등	xxx명	Y/N
2		물품배송(물류센터)			
3					
4					
합계				xxx명	

[그림 16] 인증의 범위 샘플 6/7

⑧ 외부위탁 업무 현황(정보시스템 운영, 개발)

	수탁사명	수탁업무	상세 업무내용	정보처리자수	상주여부
1		정보시스템 개발			Y/N
2		정보시스템 유지보수			
3		서버운영			
4		NW운영			
합계				XXX명	

■ 물리적 위치

· 범위 내 사업장 위치

사업자명	위치	관련부서	수행업무	인원수

· 수탁사 물리적 위치

수탁사명	위치	관련부서	수행업무	인원수

[그림 16] 인증의 범위 샘플 7/7

3) 시스템 구성 및 개인정보 흐름

가) 시스템 구성 및 네트워크 구성도

① 인증범위 내 모든 시스템 및 네트워크 구성도를 명시

㉠ DB서버, 웹서버, 로그 모니터링 시스템 등

㉡ IDC 및 물리적으로 구분된 경우, 해당 사항을 명시

㉢ 시스템 간의 네트워크 연결을 명시

㉣ 네트워크 장비 (라우터, 스위치 등)

㉤ 정보보호 관련 장비 (방화벽, 침입탐지시스템, 침입방지시스템 등)

㉥ DMZ구역, VPN구간 등

② 시스템 및 구성도의 위치가 물리적으로 상이할 경우 확인할 수 있도록 명시

나) 정보시스템 운영 현황(분류하되 요약 작성)

① 적용서비스: "Part 2 – Chapter 1 – 1.자산정리"의 "2)서비스"에 해당하는 내용을 명시

② 구분: "Part 2 – Chapter 1 – 1.자산정리"의 "4)자산구분"에 해당하는 내용을 명시

③ 자산명: "Part 2 – Chapter 1 – 1.자산정리"의 "6)대표자산명"에 해당하는 내용을 명시

④ 수량: "Part 2 – Chapter 1 – 1.자산정리"의 "9)수량"에 해당하는 내용을 명시

⑤ 용도 및 주요기능(개인정보처리여부 표시): "Part 2 – Chapter 1 – 1.자산정리"의 "10)용도 및 주요기능"에 해당하는 내용을 명시

⑥ 자산위치: "Part 2 – Chapter 1 – 1.자산정리"의 "11)자산위치"에 해당하는 내용을 명시

⑦ 관리부서: "Part 2 – Chapter 1 – 1.자산정리"의 "13)관리부서"에 해당하는 내용을 명시

다) 인증범위에 제외한 시스템 목록 및 사유

① 시스템 구분: 인증범위에서 제외되는 시스템 목록을 명시

② 대상 제외 사유: 인증범위에서 제외되는 사유를 명시

③ 규모: 인증범위에서 제외되는 시스템 대수를 명시

라) 정보서비스 및 개인정보 처리 흐름

① 정보서비스 흐름: 인증범위 내 전 영역에 대한 업무 절차와 흐름을 파악할 수 있도록 명시

㉠ 각 정보서비스별 업무 절차 및 흐름 표시

㉡ 출발지(단말기)부터 목적지(서버, DBMS, WEB 등) 사이에 적용되는 업무 흐름/보안통제사항 등을 표시

• 정보서비스흐름도(서버 운영자 예시)

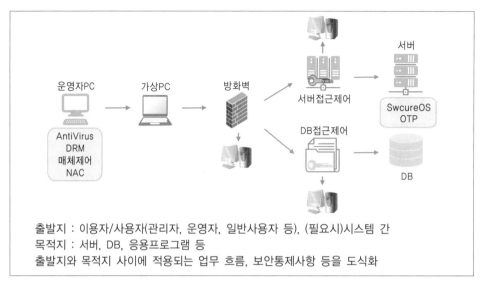

출발지 : 이용자/사용자(관리자, 운영자, 일반사용자 등), (필요시)시스템 간
목적지 : 서버, DB, 응용프로그램 등
출발지와 목적지 사이에 적용되는 업무 흐름, 보안통제사항 등을 도식화

[그림 17] 정보서비스 흐름 예시 015)

② (ISMS-P)개인정보 흐름도(전체 서비스 흐름도): 개인정보 취급 업무별 상세 흐름도는 인증심사 시 제출함.

ㄱ 인증범위 내 개인정보의 흐름을 전반적으로 파악할 수 있도록 개인정보 총괄 흐름도를 명시

ㄴ 개인정보 흐름표를 기반으로 수집, 보유, 이용, 제공, 파기되는 개인정보 처리 단계별로 흐름을 한눈에 파악할 수 있도록 총괄 개인정보 흐름도를 명시

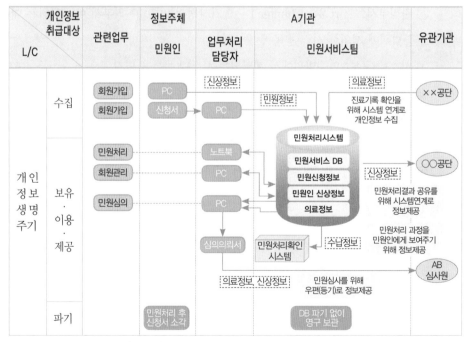

[그림 18] 개인정보 총괄 흐름도 예시 015)

■ 시스템 구성 및 네트워크 구성도

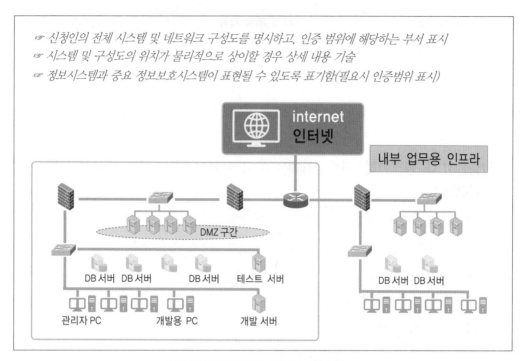

☞ 신청인의 전체 시스템 및 네트워크 구성도를 명시하고, 인증 범위에 해당하는 부서 표시
☞ 시스템 및 구성도의 위치가 물리적으로 상이할 경우 상세 내용 기술
☞ 정보시스템과 중요 정보보호시스템이 표현될 수 있도록 표기함(필요시 인증범위 표시)

[그림 19] 시스템 구성 및 개인정보 흐름 샘플 1

■ 정보시스템 운영 현황(분류하되 요약 작성)

※ 구분은 신청인의 자산 분류기준에 따른 자산 유형과 일치해야 함

적용 서비스	구분	자산명	수량	용도 및 주요기능 (개인정보처리여부 표시)	자산 위치	관리 부서
원격교육 서비스	서버	원격교육 웹서버				
	네트워크					
	애플리케이션	관리자 페이지				
	보안장비					
공통 인프라						

[그림 19] 시스템 구성 및 개인정보 흐름 샘플 2-1

■ 인증범위에 제외한 시스템 목록 및 사유

시스템 구분	대상 제외 사유	규모
○○○서버		xxx대
...		

[그림 19] 시스템 구성 및 개인정보 흐름 샘플 2-2

4) 인증범위 내 환경변화: 최초심사에는 해당 사항이 없음. 사후/갱신심사에는 필수 사항이다.

가) 조직(구성원) 환경 변화

① 전년대비 구성원 수 변경 현황 기술

② 정보보호 최고책임자, 개인정보보호 책임자, 담당자 등의 변경사항 기술

③ 조직 구성 변경사항 기술

나) 정책/지침 개정 현황

① 주요 개정내용 및 개정배경 등 기술

② 전년도 대비 변경 현황 기술

다) 주요 자산 변경 현황(신규 도입, 용도 변경, 폐기)

① 신규 도입 자산내역 및 장비대수

② 용도 변경 자산내역 및 장비대수

③ 폐기 자산내역 및 장비대수

라) 시스템/개발 환경변화(신규개발 등에 관한 변경사항)

① 시스템 환경변화(OS변경 등)

② 개발 환경에 대한 변화(신규 시스템 개발, 전년도 개발 종료 등)

③ 정보보호 솔루션, 시스템 도입 또는 폐기 등 정보보호시스템/솔루션에 대한 변화

마) 네트워크 환경변화: 네트워크 구성 변경사항에 대한 기술

바) 물리적 환경변화: 사무실, 전산실 등의 물리적인 위치 변경사항 기술

사) 외주용역 환경변화: 신규용역, 용역해지 등의 변경사항 기술

5) 관리체계 수립/운영 방법 및 절차

가) 정보보호/개인정보보호 인력 및 예산 규모(인증범위 외 조직 및 비용 포함)

① 회사 내 전체 인력: 인증을 받고자 하는 법인에 속한 전체 인력

② IT인력: 회사 내 전체 인력 중 개발/서버관리 등 IT관련된 인력

③ 정보보호 전담 인력: 겸임이 아닌 정보보호 업무만을 처리하는 전담 인력

④ 개인정보보호 전담 인력: 겸임이 아닌 개인정보보호 업무만을 처리하는 전담 인력. 만약, 정보보호 전담 인력과 개인정보보호 전담 인력을 구분할 수 없을 경우에는 정보보호 전담 인력으로 통합하여 정리할 수 있음.

⑤ 전체 예산 대비 IT예산: 인증을 받고자 하는 법인에 대한 해당 년의 전체 예산 대비 IT부분에 대한 예산의 비중(%)을 입력

⑥ IT예산 대비 정보보호 예산: 인증을 받고자 하는 법인에 대한 해당 년의 IT부분 예산 대비 정보보호에 대한 예산의 비중(%)을 입력

⑦ IT예산 대비 개인정보보호 예산: 인증을 받고자 하는 법인에 대한 해당 년의 IT부분 예산 대비 개인정보보호에 대한 예산의 비중(%)을 입력. 만약, 정보보호 예산과 개인정보보호 예산을 구분하기 어려울 경우에는 정보보호 예산으로 통합하여 입력

나) 홈페이지 등을 통한 정보보호 활동 내역 공개 여부: "정보보호산업의 진흥에 관한 법률" 제13조 및 동법 시행령 제8조에 의거한 자율 공시 제도인 "정보보호 공시"를 진행한지에 대한 유무를 명시

다) 주요 정보보호/개인정보보호 활동 목록(구축 운영 순서대로 작성)

① 주요 활동: 정보보호 및 개인정보보호 관리체계를 지속적으로 운영하기 위해서 주기적 또는 상시적으로 수행하는 정보보호 및 개인정보보호 활동을 기재

② 주기: 1년 기준 1회 또는 분기 기준 1회 등으로 주기 명시

③ 담당자(부서/성함): 해당 주요 활동에 대한 담당자의 부서와 성함을 명시

④ 실시 유무: 해당 주요 활동에 대한 실시 유무를 O/X로 표시

⑤ 최근실시: 해당 주요 활동을 최근에 실시한 년/월을 명시

라) 위험관리-자산분류 기준: "Part 2 - Chapter 1 - 1.자산정리"의 "4)자산구분"에 따른 자산분류 내용을 명시

마) 위험관리-자산 중요도 산정방법: "Part 2 - Chapter 1 - 2.자산평가"에서 정리한 자산 중요도 산정방법을 명시

바) 위험관리-위험 평가 방법론

① 위험분석을 위한 방법으로 복합적 접근법을 적용하였음. 범위 내 자산들에 대해서는 인증기준에서 요구하는 사항 및 법적 요구사항에 근거한 기본통제 접근법을 적용하고, 기본통제 접근법으로 도출된 자료를 근거로 인증기준 영역에 대해서는 상세위험 분석을 적용하였음.

② 상세위험 분석에서 위험도 산정은 자산 중요도(H, M, L)와 우려사항 발생 가능성(H, M, L)에 따른 상황을 기반으로 결정하며, 위험도는 매우 높음(5), 높음(4), 중간(3.9), 중간(3.6), 중간(3.3), 낮음(2), 매우 낮음(1) 7가지로 결정하고 있음.

③ 수용 가능한 위험수준을 선정하고 해당 수준 이상의 위험도를 갖는 위험에 대해서만 정보보호대책을 수립하도록 함. 수용 가능한 위험수준을 선정할 때는 위험수준 이하로 선정된 인증기준에 대한 GAP 분석 결과가 해당 인증기준을 모두 만족하고 있는 상황이 될 수 있도록 위험수준을 선정하도록 하고 있음. 또한, 수용 가능한 위험수준에 대한 최종 결정자는 대표이사가 진행하도록 하고 있음.

사) 위험관리–위험관리 계획: "Part 2 – Chapter 1 – 8.이행방안 마련"을 참고하여 이행방안을 적용하기 위한 인력구성, 기간, 대상, 방법, 예산 등을 구체화하여 기재해야 한다.

아) 기술적 취약점 점검–취약점 점검 대상 선정방법 및 그 사유를 입력한다.

① 위험분석 방법론에 따라 범위 내 모든 자산들에 대해서는 인증기준 요구사항 및 법적 요구사항을 근거로 하여 적용 유무를 확인하고,

② 추가적으로 서버OS, DBMS, WEB Proxy, 네트워크장비를 대상으로 기술적 취약점 점검을 진행하며,

③ 웹사이트를 대상으로 웹 취약점 진단을 진행하고 있음.

자) 기술적 취약점 점검–취약점 점검 현황: 최근 3년간 외부 정보보호 컨설팅업체를 통하여 취약점 점검을 받은 내용을 기재한다.

① 기간(년.월~월): 취약점 점검을 진행한 년/월로 구분하여 명시

② 대상 서비스: "Part 2 – Chapter 1 – 1.자산정리"의 "1)서비스"에 해당하는 내용 명시

③ 대상자산 및 규모: "Part 2 – Chapter 1 – 1.자산정리"의 "3)자산구분"에 해당하는 내용 및 대수 명시

④ 점검 툴: 스크립트 툴 또는 수동점검 등 점검을 진행한 방법을 명시

⑤ 취약점 건수(점검 시): 취약점 점검 결과 도출된 취약점 건수를 명시

⑥ 잔여 취약점(현재): 도출된 취약점 건수에 대해 대응을 완료하고 잔존하고 있는 취약점 건수를 명시

차) 기업이 준수해야 할 법적 요구사항 현황을 입력한다.

① 구분: 인증을 받고자 하는 범위에 따른 서비스명을 명시

② 관련 법적 요구사항: 인증범위에 따른 서비스를 제공함에 있어 의무로 시행해야 할 각종 법령 등을 구체적으로 명시

③ 비고: 특이사항 존재 시 명시

카) 관리체계 점검 이력: 내/외부 감사 및 위탁사를 점검한 내역을 정리하여 명시한다.

① 기간(년.월.일~월.일): 점검을 진행한 구체적인 날짜 명시

② 수행부서(또는 외주업체명): 점검을 수행한 부서 또는 외부업체명 명시

③ 수행자: 점검을 수행한 수행자 이름을 명시

④ 수행업무: 어떤 점검을 진행했는지 구체화 하여 명시

⑤ 감사결과 및 조치사항 증빙자료: 점검결과보고서 등 관련된 문서명을 명시

6) 관리체계 주요 문서 목록

가) 구분: 정책, 지침, 절차, 기록 및 로그 등을 구분하여 명시한다.

나) 문서명: 해당하는 문서명을 명시한다.

다) 인증구분: ISMS, ISMS-P, ISMS&ISMS-P 중 해당하는 구분으로 명시한다.

라) 주요내용: 해당 문서에서 언급하고 있는 주요 내용을 정리하여 입력한다.

마) 제개정 주체(부서/성명): 해당 문서의 제/개정을 진행하는 부서와 성명을 명시한다.

7) 국내외 인증 취득 명세

ISO27001 등 국/내외적으로 정보보호 또는 개인정보보호와 관련된 인증 취득한 상황을 정리한다.

가) 정보보호 또는 개인정보보호 관련 인증, 평가: 해당하는 인증 취득 타이틀 명시

나) 수행기관: 해당 인증/평가를 진행하는 기관명 명시

다) 날짜: 해당 인증/평가를 취득한 날짜와 유효기간 명시

라) 비고(등급, 결과 등): 해당 인증/평가에 대한 등급/결과 등 기타사항 명시

8) 운영명세서: "Part 2 – Chapter 1 – 9. 정보보호 운영명세서"에서 자세히 설명하고 있다.

GAP 분석 방법론 개요

- GAP 분석을 진행하기 위한 인터뷰 담당자 지정 방법에 대해 알아보자.
- 인터뷰를 진행한 결과를 ISMS-P 인증기준 항목으로 정리하는 방법에 대해 알아보자.

1 자산별 인터뷰 담당자 지정

GAP 분석을 통해 정보보호 및 개인정보보호 관리체계(ISMS-P: Personal Information & Information Security Management System) 인증을 취득하기 위한 현황을 파악하기 위해서는, 인증을 받고자 하는 범위에 속해 있는 모든 자산을 식별하고, 식별된 자산에 대한 현황을 인증기준에 맞춰서 확인해야 한다.

인증기준에 맞춰서 자산별 현황을 확인하기 위해서는 인증기준 항목을 세분화하고 세분화 한 인증기준 항목(여기서는 업무관련 항목으로 칭함)에 해당 될 수 있는 자산을 매칭시켜야 한다.

자산을 업무관련 항목(인증기준 항목을 세분화하여 새롭게 구성한 항목)과 매칭시키기 위해서는 자산을 "Part 2 - Chapter 1 - 1.자산정리" 부분에서 정리한 자산구분으로 1차 매칭시킨 후에 자산구분을 최종적으로 업무관련 항목과 매칭시키면 된다. 자산을 자산구분으로 매칭시키는 것에 대해서는 아래 표를 참고하여 정리하면 된다.

■ 자산구분

자산구분	설명
Linux서버	서비스 제공 및 운영/관리를 위해 운영체제가 설치된 Linux/Unix기반 컴퓨터 시스템 (H/W)
Win서버	서비스 제공 및 운영/관리를 위해 운영체제가 설치된 Windows기반 컴퓨터 시스템(H/W)
스토리지	업무 시스템 및 서비스용 스토리지(iSCSI, NAS, SAN 등)(H/W)
네트워크장비	서비스 운영을 위한 라우터, 스위치, 무선AP 등의 네트워크 장비(H/W)
정보보호시스템	서비스 운영을 위한 침입차단/침입탐지/침입방지, VPN 등의 보안장비(H/W)
부대설비	출입통제시스템, CCTV, 항온 항습기, 발전기 및 UPS 등의 장비(H/W)
WEB	웹 애플리케이션 및 해당 애플리케이션을 운영하기 위한 미들웨어(IIS, Apache 등) 솔루션(S/W)

DBMS	서비스 운영을 위한 데이터, 사용자 정보 및 이용량 등이 저장된 데이터베이스 솔루션 (S/W)
APP	서비스 제공 및 관리를 위해 개발된 다양한 프로그램(S/W)
소프트웨어	안티바이러스 프로그램 등 서비스 운영/관리를 위한 소프트웨어 패키지(S/W)
DATA	정보보호 및 서비스의 제공, 운영 및 관리를 위해 사용되는 독립된 정보(방화벽 룰셋/네트워크 셋팅값 정보 등). 단, 정보자산에 포함된 DATA는 별도로 구분하지 않는다.
PC	업무 및 업무 외의 목적으로 정보를 처리하는 단말기(노트북 포함)(H/W)
문서	정보보호 및 서비스를 위한 각종 규정 및 운영상에서 발생하는 문서
기타	이동매체(USB, TAPE 등), 모바일 기기(PDA 등) 등

자산을 업무관련 항목과 매칭시킨 이후에는, 해당 자산을 운영하는 관리자를 선별하면 된다. 이렇게 자산의 운영 관리자는 해당 자산에 매칭되는 업무관련 항목에 관한 인터뷰 담당자로 지정되는 것이다. 예를 들어, 홈페이지를 관리하는 아무개가 존재할 경우, 아무개는 홈페이지(자산)에 대한 운영 관리자가 될 것이고, 홈페이지라는 자산은 WEB이라는 자산구분으로 정리될 것이다. 업무관련 항목별로 관련성 있는 자산구분이 다르지만 여기서는 3.2.3.1이라는 업무관련 항목이 WEB과 관련성이 있다고 가정할 경우, 최종적으로 아무개는 3.2.3.1 업무관련 항목에 대한 인터뷰 대상자가 되는 것이다. 업무관련 항목 중에 WEB과 관련성이 존재하는 업무관련 항목은 다수 존재할 것이기에 아무개는 WEB과 관련성이 있는 모든 업무관련 항목에 대한 인터뷰 대상자가 될 것이다.

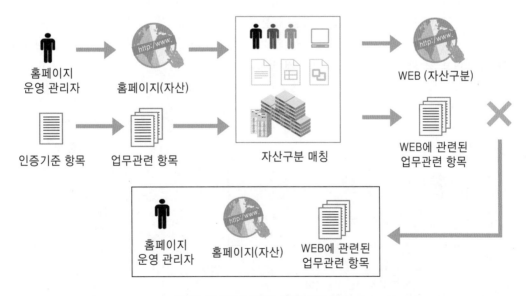

[그림 13] **자산별 인터뷰 대상자 선정 방법**

2 인터뷰 진행

자산별 인터뷰 담당자를 대상으로 인터뷰를 진행하고자 할 경우, 정보보호 및 개인정보보호 관리체계 인증기준 및 법요구사항에 준하여 인터뷰가 진행되어야 한다. 왜냐하면 정보보호 및 개인정보보호 관리체계 인증을 위한 컨설팅 방법론으로 범위 내 자산들에 대해서는 인증기준에서 요구하는 사항에 근거한 기본통제 접근법(Baseline Approach)을 적용하였기 때문이다. 기본통제 접근법이란 정보보호 및 개인정보보호 관리체계 인증기준 및 관련법에서 요구하는 사항이 범위 내 자산들에 대해 어느 정도 만족을 하고 있는지를 확인하는 방법이다.

정보보호 및 개인정보보호 관리체계 인증기준에 준하여 인터뷰를 진행하기 위해서는 정보보호 및 개인정보보호 관리체계 인증기준 항목 102개를 업무관련 항목인 248개로 세분화 하고, 인터뷰의 효율적인 진행을 위해 인터뷰 질문 항목을 업무 흐름의 방식으로 순서를 변경해야 한다. 업무관련 항목 개발 및 인터뷰 진행 순서를 위한 업무 분야 구분에 대해서는 "Part 2 - Chapter 3. 인터뷰 질문 생성 방법"에서 자세히 다루도록 하겠다.

3 ISMS-P 인증기준 항목으로 정리

자산별 인터뷰 대상자를 대상으로 인터뷰가 완료되었다면, 정보보호 및 개인정보보호 관리체계 인증기준 대비 현황을 재정리해야 한다. 왜냐하면 정보보호 및 개인정보보호 관리체계 인증을 준비하기 위해서는 인증기준 대비 현황을 최종적으로 "Part 2 - Chapter 1 - 9.정보보호 운영명세서" 단계에서 정리가 되어야 하기 때문이다. 인터뷰 대상자가 운영하는 자산에 관련된 업무관련 항목을 기준으로 인터뷰가 진행되며, 인터뷰 결과는 업무관련 항목을 기준으로 도출될 것이다. 업무관련 항목은 인증기준 항목을 세분화한 것이기 때문에 업무관련 항목을 기준으로 도출된 인터뷰 결과는 다시 인증기준 항목을 기준으로 재배열할 수가 있다. 이렇게 함으로써 자산별 인터뷰 결과를 인증기준 항목으로 정리되는 것이다.

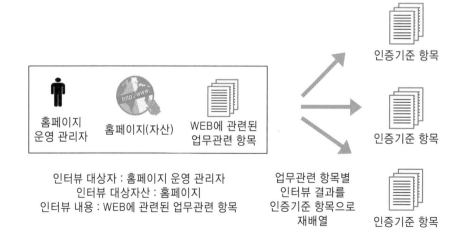

[그림 14] 인증기준 항목으로 인터뷰결과 정리하는 방법

인터뷰 질문 생성 방법

- ● ISMS-P 인증기준 항목을 세분화 하는 것에 대해 알아보자.
- ● 세분화한 인증기준 항목인 업무관련 항목의 분야를 재정립하는 것에 대해 알아보자.
- ● 법률요구사항을 업무관련 항목과 매칭하는 것에 대해 알아보자.

1 ISMS-P 인증기준 항목의 세분화

정보보호 및 개인정보보호 관리체계 인증기준에 준하여 범위 내 모든 자산에 대한 현황을 파악하기 위해서는 인증기준 항목을 최대한 세분화하여 분리해야 한다. 인증기준을 무조건적으로 세분화를 진행하는 것은 아니고, 정보보호 및 개인정보보호 관리체계 통합인증 컨설팅 방법론에 따라 효율적으로 세분화를 진행한다.

인증기준 항목은 총 102개이나, 해당 인증기준 항목을 세분화하여 총 248개의 항목으로 구성하였다. 이렇게 248개로 세분화한 항목을 업무관련 항목이라 명명하였다. 248개에 해당하는 업무관련 항목은 아래 표를 참고하기 바란다. 또한, 업무관련 항목에 대한 구체적인 설명은 Part 3에서 확인하기 바란다.

■ 인증기준 항목 대비 업무관련 항목

인증기준 항목		업무관련 항목	
1.1.1	경영진의 참여	1.1.1.1	경영진 의사결정 체계수립
1.1.2	최고책임자의 지정	1.1.2.1	최고책임자 임원급 지정
1.1.3		1.1.3.2	위원회 운영
1.1.3	조직 구성	1.1.3.1	실무조직 구성
1.1.3		1.1.3.3	정보보호 협의체 구성
1.1.4	범위 설정	1.1.4.1	범위 설정
1.1.4		1.1.4.2	서비스/업무/조직/자산/위치 문서화
1.1.5		1.1.5.1	정책 수립
1.1.5	정책 수립	1.1.5.2	정책 시행문서 수립
1.1.5		1.1.5.3	규정 경영진 승인
1.1.6	자원 할당	1.1.6.2	자원 할당
1.1.6		1.1.6.1	전문가 확보

1.2.1	정보자산 식별	1.2.1.1	정보자산 분류기준 수립
1.2.1		1.2.1.2	정보자산 분류
1.2.1		1.2.1.4	정보자산 목록 최신화
1.2.1		1.2.1.3	정보자산 중요도 산정
1.2.2	현황 및 흐름분석	1.2.2.1	업무 절차와 흐름 문서화
1.2.2		1.2.2.2	업무 절차와 흐름 최신유지
1.2.3	위험 평가	1.2.3.2	위험 평가 방법 선정
1.2.3		1.2.3.1	위협정보 수집
1.2.3		1.2.3.3	위험 평가 실시
1.2.3		1.2.3.4	DoA 경영진 승인
1.2.4	보호대책 선정	1.2.4.1	보호대책 선정
1.2.4		1.2.4.2	이행계획 수립
1.2.4		1.2.4.3	이행계획 경영진 승인
1.3.1	보호대책 구현	1.3.1.1	보호대책 효과적 구현
1.3.1		1.3.1.2	이행계획 결과의 정확/효과성 확인
1.3.2	보호대책 공유	1.3.2.1	보호대책의 담당자 파악
1.3.2		1.3.2.2	보호대책 교육
1.3.3	운영현황 관리	1.3.3.1	운영활동 및 수행내역 관리
1.3.3		1.3.3.2	운영활동의 효과성 관리
1.4.1	법적 요구사항 준수 검토	1.4.1.1	법적 요구사항 규정에 반영
1.4.1		1.4.1.2	법적 요구사항 준수여부 검토
1.4.2	관리체계 점검	1.4.2.1	관리체계 점검인력 구성
1.4.2		1.4.2.2	관리체계 점검 진행
1.4.2		1.4.2.3	점검결과 경영진 보고
1.4.3	관리체계 개선	1.4.3.1	점검결과에 따른 재발방지 이행
1.4.3		1.4.3.2	점검결과에 따른 개선결과 효과성 확인
2.1.1	정책의 유지관리	2.1.1.2	상위 정책과의 연계성
2.1.1		2.1.1.1	규정 제/개정 및 이력관리
2.1.2		2.1.2.1	정보보호 역할 및 책임 할당
2.1.2		2.1.2.2	업무 평가체계 운영
2.1.2		2.1.2.3	의사소통 체계 운영
2.1.3	정보자산 관리	2.1.3.2	자산별 책임소재
2.1.3		2.1.3.1	중요도에 따른 정보자산 보호대책
2.2.1	주요 직무자 지정 및 관리	2.2.1.1	주요 직무자 기준
2.2.1		2.2.1.2	주요 직무자 최소화 지정

2.2.2	직무 분리	2.2.2.1	직무분리 기준 수립
2.2.2		2.2.2.2	직무 분리의 보완대책
2.2.3	보안 서약	2.2.3.1	임직원 보안 서약서
2.2.3		2.2.3.2	임시직원 보안 서약서
2.2.3		2.2.3.3	외부자 보안 서약서
2.2.4	인식제고 및 교육훈련	2.2.4.1	연간 인식제고 활동
2.2.4		2.2.4.2	연간 교육훈련 계획 운영
2.2.4		2.2.4.3	인식제고 및 교육훈련의 효과성
2.2.5	퇴직 및 직무변경 관리	2.2.5.2	직무변경 시 절차 관리
2.2.5		2.2.5.1	퇴직 시 절차 관리
2.2.6	보안 위반 시 조치	2.2.6.1	임직원 보안 위반 시 조치
2.2.6		2.2.6.2	외부자 보안 위반 시 조치
2.3.1	외부자 현황관리	2.3.1.1	외부 위탁/서비스 현황 식별
2.3.1		2.3.1.3	IDC이용 시 보호대책
2.3.1		2.3.1.2	외부 위탁/서비스 이용 시 보호대책
2.3.2	외부자 계약 시 보안	2.3.2.2	외부자 업무위탁 시 협정서 내용
2.3.2		2.3.2.1	외부서비스 이용 시 협정서 내용
2.3.3	외부자 보안 이행관리	2.3.3.1	외부자 보호대책 점검
2.3.4	외부자 계약 변경 및 만료 시 보안	2.3.4.1	외부자 계약 만료/업무 종료 시 보호대책
2.3.4		2.3.4.2	업무담당 외부자 변경 시 보호대책
2.4.1	보호구역 지정	2.4.1.1	보호구역 지정
2.4.1		2.4.1.2	보호구역 대책 수립/이행
2.4.2	출입통제	2.4.2.1	출입통제
2.4.2		2.4.2.2	출입이력 검토
2.4.3	정보시스템 보호	2.4.3.2	케이블 보호
2.4.3		2.4.3.1	정보시스템 배치
2.4.4	보호설비 운영	2.4.4.1	보호설비 운영
2.4.5	보호구역 내 작업	2.4.5.1	보호구역 내 작업
2.4.5		2.4.5.2	보호구역 내 작업기록 검토
2.4.6	반출입 기기 통제	2.4.6.2	모바일/저장매체 반출입 통제
2.4.6		2.4.6.4	모바일/저장매체 반출입현황 검토
2.4.6		2.4.6.1	정보시스템 반출입 통제
2.4.6		2.4.6.3	정보시스템 반출입현황 검토

2.7.2	암호키 관리	2.7.2.1	암호키 관리
2.7.2		2.7.2.2	암호키 복구방안
2.8.1		2.8.1.1	정보시스템 도입 시 보안 요구사항
2.8.1	보안 요구사항 정의	2.8.1.2	개발 시 보안 요구사항
2.8.1		2.8.1.3	개발 변경 시 보안 요구사항
2.8.2	보안 요구사항 검토 및 시험	2.8.2.1	개발 보안 요구사항 적용검토
2.8.2		2.8.2.2	개발 보안 요구사항 검토결과 개선조치
2.8.3	시험과 운영 환경 분리	2.8.3.1	개발/시험 시스템과 운영시스템의 분리
2.8.4		2.8.4.1	시험데이터 생성/이용
2.8.4	시험데이터 보안	2.8.4.3	시험데이터 기술적 보호조치
2.8.4		2.8.4.2	시험데이터 파기
2.8.5	소스프로그램 관리	2.8.5.1	소스프로그램 접근관리
2.8.5		2.8.5.2	소스프로그램 보관
2.8.6		2.8.6.4	정보시스템 신규 도입
2.8.6	운영환경 이관	2.8.6.1	응용프로그램 이관
2.8.6		2.8.6.2	응용프로그램 실행코드 실행절차
2.9.1	변경관리	2.9.1.1	변경절차
2.9.1		2.9.1.2	변경 전 영향분석
2.9.2		2.9.2.1	서버의 성능/용량 정의
2.9.2	성능 및 장애관리	2.9.2.2	서버의 성능/용량 모니터링
2.9.2		2.9.2.3	장애 절차
2.9.3	백업 및 복구관리	2.9.3.1	로그/데이터 백업절차
2.9.3		2.9.3.2	백업 복구관리
2.9.4	로그 및 접속기록 관리	2.9.4.1	정보시스템 로그기준 정의
2.9.4		2.9.4.2	로그의 안전한 보관
2.9.5		2.9.5.1	로그검토기준
2.9.5	로그 및 접속기록 점검	2.9.5.2	로그점검
2.9.5		2.9.5.3	로그검토 결과 사후조치
2.9.6	시간 동기화	2.9.6.1	시간 동기화
2.9.7	정보자산의 재사용 및 폐기	2.9.7.1	정보자산의 재사용
2.9.7		2.9.7.2	정보자산의 폐기
2.10.1		2.10.1.1	보안시스템 관리자 지정
2.10.1	보안시스템 운영	2.10.1.2	보안시스템 운영절차
2.10.1		2.10.1.3	보안시스템 모니터링
2.10.1		2.10.1.4	보안시스템 운영 검토

2.10.2	클라우드 보안	2.10.2.1	IaaS 클라우드 보호대책
2.10.2		2.10.2.2	PaaS 클라우드 보호대책
2.10.2		2.10.2.3	SaaS 클라우드 보호대책
2.10.3	공개서버 보안	2.10.3.1	내/외부 네트워크 분리
2.10.3		2.10.3.3	공개서버의 접근통제
2.10.3		2.10.3.4	공개서버에 정보공개 절차
2.10.3		2.10.3.2	공개서버 취약점 점검
2.10.4	전자거래 및 핀테크 보안	2.10.4.1	전자거래/핀테크 제공 시 보호대책
2.10.4		2.10.4.2	전자거래/핀테크 제공 시 외부연계
2.10.5	정보전송 보안	2.10.5.1	타 조직에 정보전송 시 정책 수립
2.10.5		2.10.5.2	타 조직에 정보전송 시 협약 이행
2.10.6	업무용 단말기기 보안	2.10.6.4	업무용 모바일 기기의 보안설정
2.10.6		2.10.6.1	업무용 단말기 인증/승인
2.10.6		2.10.6.2	업무용 PC/노트북 접근범위 수립
2.10.6		2.10.6.3	업무용 모바일 기기의 접근범위 수립
2.10.6		2.10.6.5	업무용 단말기의 접근통제 대책 점검
2.10.7	보조저장매체 관리	2.10.7.1	보조저장매체 사용 관리
2.10.7		2.10.7.2	보조저장매체 악성코드 관리
2.10.7		2.10.7.3	보조저장매체 보관
2.10.8	패치관리	2.10.8.1	최신 패치 적용
2.10.8		2.10.8.2	미적용 패치의 보완대책
2.10.9	악성코드 통제	2.10.9.1	정보시스템 악성코드 보호대책
2.10.9		2.10.9.2	단말기 악성코드 보호대책
2.11.1	사고 예방 및 대응체계 구축	2.11.1.1	침해사고 체계/절차 수립
2.11.1		2.11.1.3	침해사고 비상연락체계
2.11.2	취약점 점검 및 조치	2.11.2.3	최신 패치 발생 파악
2.11.2		2.11.2.1	취약점 정기점검
2.11.2		2.11.2.2	취약점 조치
2.11.3	이상행위 분석 및 모니터링	2.11.3.1	네트워크 및 데이터 흐름 수집
2.11.3		2.11.3.2	네트워크 및 데이터 흐름 모니터링
2.11.3		2.11.3.3	네트워크 및 데이터 흐름 모니터링 사후조치
2.11.4	사고 대응 훈련 및 개선	2.11.4.1	침해사고 모의훈련
2.11.4		2.11.4.2	침해사고 대응체계 개선

2.11.5	사고 대응 및 복구	2.11.5.2	침해사고 대응 및 복구
2.11.5		2.11.5.3	침해사고 대응 후 재발방지 대책
2.11.5		2.11.5.1	침해사고 법적 통지/신고 의무
2.12.1	재해·재난 대비 안전조치	2.12.1.4	재해복구 체계구축
2.12.1		2.12.1.1	재해유형 식별
2.12.1		2.12.1.2	재해 피해규모 및 영향분석
2.12.1		2.12.1.3	재해복구 목표 시간/시점
2.12.2	재해 복구 시험 및 개선	2.12.2.1	재해복구 시험
2.12.2		2.12.2.2	재해복구 절차 보완
3.1.1	개인정보 수집 제한	3.1.1.1	개인정보 최소 수집
3.1.1		3.1.1.2	선택항목 미선택 가능
3.1.2	개인정보의 수집 동의	3.1.2.1	개인정보 수집방법(동의/법령)
3.1.2		3.1.2.4	법정대리인 동의
3.1.3	주민등록번호 처리 제한	3.1.3.1	주민등록번호 처리 제한
3.1.3		3.1.3.2	주민등록번호 대체수단 제공
3.1.4	민감정보 및 고유식별정보의 처리 제한	3.1.4.1	고유식별정보(민증번호 제외) 별도 동의
3.1.4		3.1.4.2	민감정보 별도 동의
3.1.4		3.1.4.3	고유식별정보(민증번호 제외) 제3자 제공 시 별도 동의
3.1.4		3.1.4.4	민감정보 제3자 제공 시 별도 동의
3.1.5	간접수집 보호조치	3.1.5.1	간접수집 시 최소 수집 및 목적 내 이용
3.1.5		3.1.5.2	간접수집 통지의무
3.1.5		3.1.5.3	간접수집 시 통지사실 파기
3.1.5		3.1.5.4	간접수집 시 요구에 따른 고지
3.1.6	영상정보처리기기 설치·운영	3.1.6.1	공개된 장소에 설치된 CCTV 안내판 설치
3.1.6		3.1.6.2	공개된 장소에 설치된 CCTV 보호대책
3.1.7	홍보 및 마케팅 목적 활용 시 조치	3.1.7.4	마케팅목적 야간전송 시 별도 동의
3.1.7		3.1.7.5	마케팅목적 업무 위탁 시 별도 동의
3.1.7		3.1.7.1	마케팅목적 개인정보 수집 시 동의
3.1.7		3.1.7.2	마케팅목적 수신동의 재확인
3.1.7		3.1.7.3	마케팅목적 수신동의 철회
3.2.1	개인정보 현황관리	3.2.1.1	개인정보 현황관리
3.2.1		3.2.1.2	공공기관 개인정보파일 등록
3.2.2	개인정보 품질보장	3.2.2.1	개인정보 수집방법 요구사항

2 업무관련 분야 변경

정보보호 및 개인정보보호 관리체계 인증기준을 세분화하여 업무관련 항목으로 분리하였다면, 이후에는 업무 흐름에 따라 인터뷰를 진행하기 쉬운 형태로 순서를 변경하여 업무관련 분야로 재정립해야 한다. 기존 인증기준 분야는 ISMS 16개와 PIMS 5개로 구성되어져 있으며, 이것을 업무관련 분야로 변경하여 ISMS 10개와 PIMS 11개로 재정립하여 구성하였다.

■ 인증기준 분야

구분	인증기준 분야	
ISMS	1.1 관리체계 기반 마련	1.2 위험관리
	1.3 관리체계 운영	1.4 관리체계 점검 및 개선
	2.1 정책, 조직, 자산 관리	2.2 인적 보안
	2.3 외부자 보안	2.4 물리 보안
	2.5 인증 및 권한 관리	2.6 접근통제
	2.7 암호화 적용	2.8 정보시스템 도입 및 개발 보안
	2.9 시스템 및 서비스 운영 관리	2.10 시스템 및 서비스 보안관리
	2.11 사고 예방 및 대응	2.12 재해복구
PIMS	3.1 개인정보 수집 시 보호조치	3.2 개인정보 보유 및 이용 시 보호조치
	3.3 개인정보 제공 시 보호조치	3.4 개인정보 파기 시 보호조치
	3.5 정보주체 권리보호	

■ 업무관련 분야

구분	업무관련 분야	
ISMS	기반체계 업무	물리적 업무
	입사 업무	접속통제 업무
	접근제어 업무	운영 관련 업무
	로그 업무	개발 관련 업무
	관제 업무	계약 관련 업무
PIMS	개인정보 처리방침 업무	개인정보 동의방법 업무
	개인정보 아동수집 업무	개인정보 선택별도 동의 업무
	주민등록번호 업무	개인정보 마케팅목적 업무
	개인정보 제3자 제공 업무	개인정보 간접수집 업무
	개인정보 휴면파기 업무	개인정보 권리행사 업무
	개인정보 정보이전 업무	

업무관련 분야별 해당하는 업무관련 항목과 순서는 현황파악을 위한 인터뷰에 최적화되도록 재정립시킨 것이다. 각 업무관련 분야에 해당하는 업무관련 항목에 대한 세부내용은 "Part 3. 업무관련 분야별 세부 설명"에서 확인할 수 있다.

■ 업무관련 분야별 업무관련 항목

업무관련 분야	업무관련 항목 및 순서		
기반체계 업무	기반-01	1.2.3.2	위험 평가 방법 선정
	기반-02	1.1.4.1	범위 설정
	기반-03	1.1.4.2	서비스/업무/조직/자산/위치 문서화
	기반-04	1.2.1.1	정보자산 분류기준 수립
	기반-05	2.3.1.1	외부 위탁/서비스 현황 식별
	기반-06	1.2.1.2	정보자산 분류
	기반-07	2.1.3.2	자산별 책임소재
	기반-08	2.10.1.1	보안시스템 관리자 지정
	기반-09	1.2.1.4	정보자산 목록 최신화
	기반-10	2.6.4.1	DBMS 내 정보 식별
	기반-11	3.2.1.1	개인정보 현황관리
	기반-12	3.2.1.2	공공기관 개인정보파일 등록
	기반-13	1.2.2.1	업무 절차와 흐름 문서화
	기반-14	1.2.2.2	업무 절차와 흐름 최신 유지
	기반-15	1.1.1.1	경영진 의사결정 체계수립
	기반-16	2.1.2.1	정보보호 역할 및 책임 할당
	기반-17	1.1.2.1	최고책임자 임원급 지정
	기반-18	1.1.3.2	위원회 운영
	기반-19	1.1.6.2	자원 할당
	기반-20	1.1.6.1	전문가 확보
	기반-21	1.1.3.1	실무조직 구성
	기반-22	1.1.3.3	정보보호 협의체 구성
	기반-23	2.1.2.2	업무 평가체계 운영
	기반-24	2.1.2.3	의사소통 체계 운영
	기반-25	1.2.1.3	정보자산 중요도 산정

	기반-26	1.2.3.1	위협정보 수집
	기반-27	1.2.3.3	위험 평가 실시
	기반-28	1.2.3.4	DoA 경영진 승인
	기반-29	1.2.4.1	보호대책 선정
	기반-30	2.1.3.1	중요도에 따른 정보자산 보호대책
	기반-31	1.3.2.1	보호대책의 담당자 파악
	기반-32	1.2.4.2	이행계획 수립
	기반-33	1.2.4.3	이행계획 경영진 승인
	기반-34	1.3.2.2	보호대책 교육
	기반-35	1.3.1.1	보호대책 효과적 구현
	기반-36	1.3.1.2	이행계획 결과의 정확/효과성 확인
	기반-37	1.1.5.1	정책 수립
	기반-38	2.7.1.1	암호정책 수립
	기반-39	2.10.5.1	타 조직에 정보전송 시 정책 수립
	기반-40	3.4.1.1	개인정보 보유기간 및 파기 관련 정책 수립
기반체계 업무	기반-41	2.1.1.2	상위 정책과의 연계성
	기반-42	1.1.5.2	정책 시행문서 수립
	기반-43	1.4.1.1	법적 요구사항 규정에 반영
	기반-44	2.1.1.1	규정 제/개정 및 이력관리
	기반-45	1.1.5.3	규정 경영진 승인
	기반-46	1.3.3.1	운영활동 및 수행내역 관리
	기반-47	1.3.3.2	운영활동의 효과성 관리
	기반-48	2.2.4.1	연간 인식제고 활동
	기반-49	2.2.4.2	연간 교육훈련 계획 운영
	기반-50	2.2.4.3	인식제고 및 교육훈련의 효과성
	기반-51	1.4.2.1	관리체계 점검인력 구성
	기반-52	1.4.2.2	관리체계 점검 진행
	기반-53	1.4.1.2	법적 요구사항 준수여부 검토
	기반-54	1.4.2.3	점검결과 경영진 보고
	기반-55	1.4.3.1	점검결과에 따른 재발방지 이행
	기반-56	1.4.3.2	점검결과에 따른 개선결과 효과성 확인

물리적 업무	물리-01	2.4.1.1	보호구역 지정
	물리-02	2.4.1.2	보호구역 대책 수립/이행
	물리-03	3.1.6.1	공개된 장소에 설치된 CCTV 안내판 설치
	물리-04	3.1.6.2	공개된 장소에 설치된 CCTV 보호대책
	물리-05	2.4.4.1	보호설비 운영
	물리-06	2.3.1.3	IDC 이용 시 보호대책
	물리-07	2.4.3.2	케이블 보호
	물리-08	2.4.3.1	정보시스템 배치
	물리-09	2.4.2.1	출입통제
	물리-10	2.4.5.1	보호구역 내 작업
	물리-11	2.4.6.2	모바일/저장매체 반출입 통제
	물리-12	2.4.2.2	출입이력 검토
	물리-13	2.4.5.2	보호구역 내 작업기록 검토
	물리-14	2.4.6.4	모바일/저장매체 반출입현황 검토
입사 업무	입사-01	2.2.3.1	임직원 보안 서약서
	입사-02	2.2.3.2	임시직원 보안 서약서
	입사-03	2.2.3.3	외부자 보안 서약서
	입사-04	2.4.7.1	업무용 개인PC 보호대책
	입사-05	2.10.6.4	업무용 모바일 기기의 보안설정
	입사-06	2.4.7.2	개인 업무환경 보호대책
	입사-07	3.2.3.3	개인정보 출력물 보호조치
	입사-08	2.4.7.3	사무용 공용기기 보호대책
	입사-09	2.2.6.1	임직원 보안 위반 시 조치
	입사-10	2.2.6.2	외부자 보안 위반 시 조치
	입사-11	2.2.5.2	직무변경 시 절차 관리
	입사-12	2.2.5.1	퇴직 시 절차 관리
접속통제 업무	접속-01	2.6.6.1	보호구역 이외 정보처리 금지
	접속-02	2.5.3.2	강화된 인증방식
	접속-03	2.6.6.2	원격접근시 보호대책
	접속-04	2.6.1.2	네트워크 분리 및 접근통제

	접속-05	2.10.3.1	내/외부 네트워크 분리
	접속-06	2.10.3.3	공개서버의 접근통제
	접속-07	2.8.3.1	개발/시험 시스템과 운영시스템의 분리
	접속-08	2.6.1.1	네트워크 비인가 접근 관리
	접속-09	2.6.5.1	무선 네트워크 보호대책
	접속-10	2.6.5.2	비인가 무선 네트워크 보호대책
접속통제 업무	접속-11	2.10.6.1	업무용 단말기 인증/승인
	접속-12	2.10.6.2	업무용 PC/노트북 접근범위 수립
	접속-13	2.10.6.3	업무용 모바일 기기의 접근범위 수립
	접속-14	2.10.6.5	업무용 단말기의 접근통제 대책 점검
	접속-15	2.6.7.1	주요 정보시스템의 인터넷 접속통제
	접속-16	2.6.7.2	주요 직무 수행자의 인터넷 접속통제
	접속-17	2.6.7.3	개인정보취급자의 인터넷 접속통제
	접근-01	2.2.2.1	직무분리 기준 수립
	접근-02	2.2.2.2	직무 분리의 보완대책
	접근-03	2.5.3.1	안전한 인증절차
	접근-04	2.5.1.2	사용자 계정 보안책임
	접근-05	2.5.1.1	사용자 계정/권한 관리
	접근-06	2.6.2.1	정보시스템 승인자 접근
	접근-07	2.5.2.1	1인 1계정
	접근-08	2.5.2.3	공유 계정 보완대책
접근제어 업무	접근-09	2.5.2.2	추측 가능한 식별자 제한
	접근-10	2.5.4.1	사용자 비밀번호
	접근-11	2.5.4.2	이용자 비밀번호
	접근-12	2.2.1.1	주요 직무자 기준
	접근-13	2.2.1.2	주요 직무자 최소화 지정
	접근-14	2.5.5.2	특수목적 계정/권한 식별
	접근-15	2.5.5.1	특수목적 계정/권한 최소화
	접근-16	2.6.2.3	정보시스템 지정 단말 접근
	접근-17	2.6.4.2	DBMS 접근통제

접근제어 업무	접근-18	2.5.3.3	비인가자 접근 통제방안
	접근-19	2.6.2.2	정보시스템 접근제한 방식
	접근-20	2.6.3.1	응용프로그램 접근권한 제한
	접근-21	2.6.3.2	응용프로그램상 정보노출 최소화
운영 업무	운영-01	2.8.6.4	정보시스템 신규 도입
	운영-02	2.8.1.1	정보시스템 도입 시 보안 요구사항
	운영-03	2.4.6.1	정보시스템 반출입 통제
	운영-04	2.4.6.3	정보시스템 반출입현황 검토
	운영-05	2.11.2.3	최신 패치 발생 파악
	운영-06	2.10.8.1	최신 패치 적용
	운영-07	2.10.8.2	미적용 패치의 보완대책
	운영-08	2.9.1.1	변경절차
	운영-09	2.9.1.2	변경 전 영향분석
	운영-10	2.7.1.2	암호화 적용
	운영-11	2.7.2.1	암호키 관리
	운영-12	2.7.2.2	암호키 복구방안
	운영-13	2.10.3.4	공개서버에 정보공개 절차
	운영-14	2.10.4.1	전자거래/핀테크 제공 시 보호대책
	운영-15	2.10.4.2	전자거래/핀테크 제공 시 외부연계
	운영-16	3.2.3.4	빅데이터 분석 시 개인정보 최소화
	운영-17	2.10.1.2	보안시스템 운영절차
	운영-18	2.10.1.3	보안시스템 모니터링
	운영-19	2.10.1.4	보안시스템 운영 검토
	운영-20	2.10.7.1	보조저장매체 사용 관리
	운영-21	2.10.7.2	보조저장매체 악성코드 관리
	운영-22	2.10.7.3	보조저장매체 보관
	운영-23	2.9.7.1	정보자산의 재사용
	운영-24	2.9.7.2	정보자산의 폐기
	운영-25	2.11.2.1	취약점 정기점검
	운영-26	2.10.3.2	공개서버 취약점 점검
	운영-27	2.11.2.2	취약점 조치

로그 업무	로그-01	2.9.6.1	시간 동기화
	로그-02	2.9.4.1	정보시스템 로그기준 정의
	로그-03	2.9.3.1	로그/데이터 백업절차
	로그-04	2.9.5.1	로그검토기준
	로그-05	2.9.5.2	로그점검
	로그-06	2.5.6.2	사용자 계정/접근권한 검토
	로그-07	2.9.4.2	로그의 안전한 보관
	로그-08	2.5.6.1	사용자 계정/접근권한 이력보관
	로그-09	2.9.5.3	로그검토 결과 사후조치
	로그-10	2.9.3.2	백업 복구관리
개발 업무	개발-01	2.8.1.2	개발 시 보안 요구사항
	개발-02	3.2.2.1	개인정보 수집방법 요구사항
	개발-03	3.2.3.2	개인정보 다량 조회/출력 시 표시제한
	개발-04	3.2.3.1	개인정보 조회/출력 시 항목 최소화
	개발-05	2.8.5.1	소스프로그램 접근관리
	개발-06	2.8.4.1	시험데이터 생성/이용
	개발-07	3.2.3.5	시험데이터 개인정보 최소화
	개발-08	2.8.4.3	시험데이터 기술적 보호조치
	개발-09	2.8.4.2	시험데이터 파기
	개발-10	2.8.2.1	개발 보안 요구사항 적용검토
	개발-11	2.8.2.2	개발 보안 요구사항 검토결과 개선조치
	개발-12	2.8.6.1	응용프로그램 이관
	개발-13	2.8.6.2	응용프로그램 실행코드 실행절차
	개발-14	2.8.5.2	소스프로그램 보관
	개발-15	2.8.1.3	개발 변경 시 보안 요구사항
관제 업무	관제-01	2.10.9.1	정보시스템 악성코드 보호대책
	관제-02	2.10.9.2	단말기 악성코드 보호대책
	관제-03	2.9.2.1	서버의 성능/용량 정의
	관제-04	2.9.2.2	서버의 성능/용량 모니터링
	관제-05	2.11.3.1	네트워크 및 데이터 흐름 수집
	관제-06	2.11.3.2	네트워크 및 데이터 흐름 모니터링

관제 업무	관제-07	2.11.3.3	네트워크 및 데이터 흐름 모니터링 사후조치
	관제-08	2.9.2.3	장애 절차
	관제-09	2.11.1.1	침해사고 체계/절차 수립
	관제-10	2.11.5.2	침해사고 대응 및 복구
	관제-11	2.11.5.3	침해사고 대응 후 재발방지 대책
	관제-12	2.11.1.3	침해사고 비상연락체계
	관제-13	2.11.5.1	침해사고 법적 통지/신고 의무
	관제-14	2.11.4.1	침해사고 모의훈련
	관제-15	2.11.4.2	침해사고 대응체계 개선
	관제-16	2.12.1.4	재해복구 체계구축
	관제-17	2.12.1.1	재해유형 식별
	관제-18	2.12.1.2	재해 피해규모 및 영향분석
	관제-19	2.12.1.3	재해복구 목표 시간/시점
	관제-20	2.12.2.1	재해복구 시험
	관제-21	2.12.2.2	재해복구 절차 보완
계약 업무	계약-01	2.3.1.2	외부 위탁/서비스 이용 시 보호대책
	계약-02	2.3.2.2	외부자 업무위탁 시 협정서 내용
	계약-03	2.3.4.1	외부자 계약 만료/업무 종료 시 보호대책
	계약-04	2.3.4.2	업무담당 외부자 변경 시 보호대책
	계약-05	2.3.3.1	외부자 보호대책 점검
	계약-06	2.3.2.1	외부서비스 이용 시 협정서 내용
	계약-07	2.10.2.1	IaaS 클라우드 보호대책
	계약-08	2.10.2.2	PaaS 클라우드 보호대책
	계약-09	2.10.2.3	SaaS 클라우드 보호대책
	계약-10	2.10.5.2	타 조직에 정보전송 시 협약 이행
개인정보 처리방침 업무	처리방침-01	3.5.1.1	처리방침 공개방법
	처리방침-02	3.5.1.3	처리방침 구성내용
	처리방침-03	3.3.2.1	개인정보 처리업무 위탁현황 고지
	처리방침-04	3.5.1.2	처리방침 현행화

	동의방법-01	3.1.2.1	개인정보 수집방법(동의/법령)
개인정보 동의방법 업무	동의방법-02	3.1.1.1	개인정보 최소 수집
	동의방법-03	3.2.5.1	개인정보 목적/범위 내 이용
	동의방법-04	3.2.5.3	개인정보 초과 이용 시 추가 별도 동의
	동의방법-05	3.2.4.1	이용자 단말기 접근권한 고지/동의
개인정보 아동수집 업무	아동수집-01	3.1.2.4	법정대리인 동의
	아동수집-02	3.2.5.5	법정대리인 동의 목적 내 이용
개인정보 선택별도 동의 업무	선택별도-01	3.1.1.2	선택항목 미선택 가능
	선택별도-02	3.1.4.1	고유식별정보(민증번호 제외) 별도 동의
	선택별도-03	3.1.4.2	민감정보 별도 동의
	선택별도-04	3.3.1.1	개인정보 제3자 제공 시 별도 동의
	선택별도-05	3.1.4.3	고유식별정보(민증번호 제외) 제3자 제공 시 별도 동의
	선택별도-06	3.1.4.4	민감정보 제3자 제공 시 별도 동의
	선택별도-07	3.3.2.2	개인정보 처리업무 위탁 시 별도 동의
	선택별도-08	3.1.7.4	마케팅목적 야간전송 시 별도 동의
	선택별도-09	3.1.7.5	마케팅목적 업무 위탁 시 별도 동의
주민등록번호 업무	주민번호-01	3.1.3.1	주민등록번호 처리 제한
	주민번호-02	3.1.3.2	주민등록번호 대체수단 제공
개인정보 마케팅목적 업무	마케팅목적-01	3.1.7.1	마케팅목적 개인정보 수집 시 동의
	마케팅목적-02	3.1.7.2	마케팅목적 수신동의 재확인
	마케팅목적-03	3.1.7.3	마케팅목적 수신동의 철회
개인정보 제3자 제공 업무	3자 제공-01	3.2.5.2	동의받은 범위 내 제3자 제공
	3자 제공-02	3.2.5.4	제3자 범위 초과 제공 시 추가 별도 동의
	3자 제공-03	3.3.1.2	제3자 제공 시 보호대책
개인정보 간접수집 업무	간접수집-01	3.1.5.1	간접수집 시 최소 수집 및 목적 내 이용
	간접수집-02	3.1.5.2	간접수집 통지의무
개인정보 휴면파기 업무	휴면파기-01	3.4.3.1	휴면 이용자 통지
	휴면파기-02	3.4.3.2	휴면 이용자 파기 또는 분리보관
	휴면파기-03	3.4.2.2	파기 예외상황 시 분리보관

	휴면파기-04	3.4.2.1	파기 예외사항 시 최소항목 보관
개인정보 휴면파기 업무	휴면파기-05	3.4.1.2	파기시점 시 파기
	휴면파기-06	3.1.5.3	간접수집 시 통지사실 파기
	권리행사-01	3.5.2.1	권리행사 방법 및 절차
	권리행사-02	3.5.2.2	권리행사 요구받을 시 처리
개인정보 권리행사 업무	권리행사-03	3.5.2.3	타인권리 침해하는 정보 삭제
	권리행사-04	3.1.5.4	간접수집 시 요구에 따른 고지
	권리행사-05	3.5.3.1	개인정보 이용내역 통지
	정보이전-01	3.3.3.1	국내 이전하는 경우 보호조치
	정보이전-02	3.3.3.2	국내 이전받는 경우 보호조치
개인정보 정보이전 업무	정보이전-03	3.3.4.1	해외 이전하는 경우 동의/공개
	정보이전-05	3.3.4.2	해외 이전하는 경우 보호조치

3 법 요구사항 적용

정보보호 및 개인정보보호 관리체계(ISMS-P: Personal Information & Information Security Management System) 통합인증 컨설팅 방법에서 위험분석 방법으로 복합적 접근법(Combined Approach)을 채택하였다고 설명하였다. 그 중에서 범위 내 자산들에 대해서는 인증기준에서 요구하는 사항에 근거한 기본통제 접근법(Baseline Approach)을 적용하였다고 설명하였다. 즉 GAP 분석(Gap Analysis) 시 ISMS-P 인증기준에서 요구하는 사항이 범위 내 자산들에 대해 어느 정도 만족하고 있는지를 확인하는 방법이었다. 이때, GAP 분석을 위한 기준으로 ISMS-P 인증기준에 국한하지 않고 법에서 요구하는 사항을 동시에 적용하는 것이 효율적이기에 본 ISMS-P 통합인증 컨설팅 방법에서는 법 요구사항을 기본통제 접근법에 포함시켜서 진행하고 있다.

ISMS-P 인증과 관련된 법에는 "정보통신망 이용촉진 및 정보보호 등에 관한 법률"(일반적으로 "정통망법" 또는 "망법"이라고 표현함)과 "개인정보보호법"이 가장 중요하다고 할 수 있다. 추가로 아래 표와 같은 다양한 관련 법이 존재한다.

■ 정보보호 및 개인정보보호 관련 법률 예시

정보통신망 이용촉진 및 정보보호 등에 관한 법률
개인정보보호법

신용정보의 이용 및 보호에 관한 법률
위치정보의 보호 및 이용 등에 관한 법률
전자금융거래법
전자상거래 등에서의 소비자보호에 대한 법률
저작권법
정보통신 기반보호법
전자서명법
산업기술의 유출방지 및 영업비밀보호에 관한 법률
부정경쟁방지 및 영업비밀보호에 관한 법률 등

법은 개정이 이루어지면 새롭게 변경된 부분을 적용하여야 하기에, 주기적으로 어떤 부분이 변경되었는지를 확인하는 것이 중요하다. 이를 위해서는 www.law.go.kr이라는 국가법령정보 센터에 접속하여 관련 법률명을 입력하면 최신의 법률을 찾을 수 있다. 또한 "제정.개정이유"나 "신구법비교"같은 기능을 통해 어떤 부분이 변경되었는지 변경된 부분만을 확인할 수도 있다.

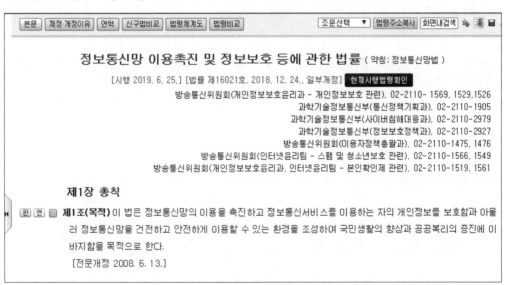

[그림 20] **국가법령정보센터 법률 검색 샘플**

248개의 업무관련 항목과 관련된 법의 내용에는 어떤 것들이 존재하고, 이를 GAP 분석 시 어떻게 체크리스트화 하는지에 대해서는 "Part 3. 업무관련 분야별 세부 설명" 부분에서 자세히 알아보도록 하겠다.

PART 2 실력 점검 문제

01 정보보호 3대 기본요소 3가지는 무엇인가?

( )

02 Confidentiality 평가 중 3(H)에 가장 적합한 것은?

① 제한적인 권한설정에 따라 업무관련 책임자만 접근 가능

② 해당 자산의 외부 유출 시 부분적인 손실을 미치는 경우

③ 민감한 정보는 아니나 내부인만 접근 가능

해설

기밀성 3단계 평가 중 가장 평가값이 높은 H에 대해서는, 매우 민감한 정보로 제한적인 권한설정에 따라 업무관련 책임자만 접근가능하도록 한 경우가 해당된다.

03 위험처리 방법 중 아래 내용에 해당되는 것을 고르시오.

> 대응책에 대한 비용이 너무 많이 든다고 판단할 경우, 해당 위험을 받아들이고 별도의 활동을 하지 않는 경우

① 대응   ② 감소   ③ 회피

④ 전가   ⑤ 수용

해설

위험을 수용함으로써 존재하는 위험을 그대로 받아들일 수 있다.

04 위험분석 시 정량적 분석의 특징으로 가장 올바른 것은 무엇인가?

① 계산이 단순하고 정량적으로 측정할 수 있다.

② 민감도 분석과 같은 독립변수와 종속변수 간의 관계를 수치화시켜서 분석을 수행한다.

③ 분석자의 경험 및 지식에 기초하여 분석된다.

④ 정량화하기 어려운 정보의 평가에 용이하다.

> **해설**
>
> 정량적 분석은 계산이 일반적으로 복잡한 편이며, 분석자의 경험/지식에 기초하여 분석하지 않으며, 정량화 하기 어려운 정보의 평가는 정량적보다는 정성적 평가가 용이하다.

05 다음 설명은 위험처리 방법 중 하나에 대한 설명이다. 빈칸에 알맞은 것은 무엇인가?

> 보호해야 할 (A)에 대하여 정보보호 대응책을 적용하여 (B)을/를 제거 또는 감소시킴으로써, 받아들일 수 있는 수준으로 (C)을/를 감소시킨다.

06 다음 설명은 우려사항에 대한 설명이다. 빈칸에 알맞은 것은 무엇인가?

> 자산별 (A)과/와 (B)을/를 구분하지 않고 하나로 묶어 시나리오 방식으로 표현한 것을 (C)이라/라 한다.

07 용어 정의가 가장 올바르지 않은 것은 무엇인가?

① 위험분석: 위험도를 산정하기 위한 일련의 과정

② 위험 평가: 자산평가와 우려사항 평가 간의 연관관계를 도출하는 과정

③ 위험처리: 위험분석 결과 도출된 위험을 해결하기 위한 방법

④ 위험관리: 위험 평가 결과에 따른 위험처리를 진행하는 일련의 과정

> **해설**
>
> 위험관리란 위험분석을 통해 위험처리를 하는 일련의 과정을 말한다.

정답 1. 기밀성, 무결성, 가용성 2. ① 3. ⑤ 4. ② 5. A-자산, B-취약점, C-위험 6. A-위협, B-취약점, C-우려사항 7. ④

08 다음 중 아래 내용에 해당되는 것을 고르시오.

> 위험이 너무 크고 그것을 줄이기 위한 비용이 너무 많이 소용될 경우, 위험이
> 발생할 근본적인 가능성을 제거한다.

① 대응　　　　　　　② 감소　　　　　　　③ 회피
④ 전가　　　　　　　⑤ 수용

회피란 위험이 존재하는 사업 또는 프로세스를 진행하지 않음으로써 발생 가능한 위험을 근본적으로
제거하는 위험처리 방식을 말한다.

09 자산구분 중 PC에 대한 그룹자산 등록 시 다음 설명에 해당하는 것은 무엇인가?

> 네트워크 장비/정보보호시스템/서버 등에 대한 어드민 사용자의 PC

① 망분리 대상자용 PC　　　　② 일반 업무용 PC
③ 개인정보 취급자용 PC　　　　④ 관리자용 PC

본 도서에서 소개하고 있는 방법론에 따라 정보시스템의 어드민 권한 사용자가 사용하는 단말기는
관리자용 PC로 구분된다.

10 다음은 자산구분에 관한 설명이다. 틀린 것을 고르시오.
① 부대설비 - CCTV, 출입통제시스템 등의 장비
② 정보보호시스템 - 서비스 운영을 위한 VPN, 방화벽 등
③ 네트워크장비 - 서비스 운영을 위한 스위치, 라우터 등
④ 소프트웨어 - 서비스 제공 및 관리를 위해 개발된 다양한 프로그램

개발된 프로그램은 본 도서에서 소개하고 있는 방법론에 따라 소프트웨어가 아닌 APP으로 구분된다.

11 다음은 위험분석 과정이다. 순서에 맞게 배열하라.

① 우려사항 평가

② 우려사항에 해당하는 현 정보보호 현황 관계 매칭

③ 위험 평가

④ 도출된 자산에 대한 자산평가

⑤ 통제항목 기준 평균위험도 도출

12 해당 설명들이 정보보호 3대 요소 중 무엇에 해당하는 것이며, 평가기준(H, M, L) 중 어떤 것에 해당하는 것인가?

① 백업 정보를 통해 즉시 원래의 정보로 복구 가능한 경우

② 민감한 정보이므로 내부담당자, 책임자 등 일부 허가된 직원만 접근 가능

③ 해당 자산이 사용 불가능할 때, 대외 비즈니스/업무 수행에 치명적인 차질을 발생시키는 경우

④ 해당 자산의 외부 유출 시 전사적으로 중대한 손실을 미치는 경우

PART 3

업무관련 분야별 세부 설명

인증심사원

ISMS-P

정보보호 및 개인정보보호 관리체계(ISMS-P: Personal Information and Information Security Management System) 인증을 취득 및 유지하기 위해서는 102개 인증기준 이외에도 법률 요구사항을 만족해야 하기에, 관련 법률 요구사항을 Part 2에서 정리한 248개의 업무관련 항목과의 관계성에 대해 학습한다. 또한, ISMS-P의 102개 인증기준을 세분화한 248개의 업무관련 항목에 대해 실무적으로 어떤 질문을 통해 현황을 확인할 수 있는지에 대해서도 구체적으로 학습한다.

CHAPTER
1

기반체계 업무관련 분야

상 중 하

- 기반체계 업무관련 분야에 해당하는 인증기준에는 어떤 것들이 존재하는지 알아보자.
- 기반체계 업무관련 분야에 해당하는 인증기준을 어떻게 업무관련 항목으로 구체화하는지 알아보자.
- 기반체계 업무관련 분야에 해당하는 업무관련 항목을 어떤 순서로 변경하는지 알아보자.

1 기반체계 업무에 해당하는 정보보호 및 개인정보보호 관리체계 인증기준

1.1.1 (경영진의 참여), 1.1.2 (최고책임자의 지정), 1.1.3 (조직 구성), 1.1.4 (범위 설정), 1.1.5 (정책 수립), 1.1.6 (자원 할당), 1.2.1 (정보자산 식별), 1.2.2 (현황 및 흐름분석), 1.2.3 (위험 평가), 1.2.4 (보호대책 선정), 1.3.1 (보호대책 구현), 1.3.2 (보호대책 공유), 1.3.3 (운영현황 관리), 1.4.1 (법적 요구사항 준수 검토), 1.4.2 (관리체계 점검), 1.4.3(관리체계 개선), 2.1.1 (정책의 유지관리), 2.1.2 (조직의 유지관리), 2.1.3 (정보자산 관리), 2.2.4 (인식제고 및 교육훈련), 2.3.1 (외부자 현황관리), 2.6.4 (데이터베이스 접근), 2.7.1 (암호정책 적용), 2.10.1 (보안시스템 운영), 2.10.5 (정보전송 보안), 3.2.1 (개인정보 현황관리), 3.4.1 (개인정보의 파기)

2 기반체계 업무에 맞게 해당하는 인증기준 순서 변경

1.2.3 (위험 평가) → 1.1.4 (범위 설정) → 1.2.1 (정보자산 식별) → 2.3.1 (외부자 현황관리) → 1.2.1 (정보자산 식별) → 2.1.3 (정보자산 관리) → 2.10.1 (보안시스템 운영) → 1.2.1 (정보자산 식별) → 2.6.4 (데이터베이스 접근) → 3.2.1 (개인정보 현황관리) → 1.2.2 (현황 및 흐름분석) → 1.1.1 (경영진의 참여) → 2.1.2 (조직의 유지관리) → 1.1.2 (최고책임자의 지정) → 1.1.3 (조직 구성) → 1.1.6 (자원 할당) → 1.1.3 (조직 구성) → 2.1.2 (조직의 유지관리) → 1.2.1 (정보자산 식별) → 1.2.3 (위험 평가) → 1.2.4 (보호대책 선정) → 2.1.3 (정보자산 관리) → 1.3.2 (보호대책 공유) → 1.2.4 (보호대책 선정) → 1.3.2 (보호대책 공유) → 1.3.1 (보호대책 구현) → 1.1.5 (정책 수립) → 2.7.1 (암호정책 적용) → 2.10.5 (정보전송 보안) → 3.4.1 (개인정보의 파기) → 2.1.1 (정책의 유지관리) → 1.1.5 (정책 수립) → 1.4.1 (법적 요구사항 준수 검토) → 2.1.1 (정책의 유지관리) → 1.1.5 (정책 수립) → 1.3.3 (운영현황 관리) → 2.2.4 (인식제고 및 교육훈련) → 1.4.2 (관리체계 점검) → 1.4.1 (법적 요구사항 준수 검토) → 1.4.2 (관리체계 점검) → 1.4.3 (관리체계 개선)

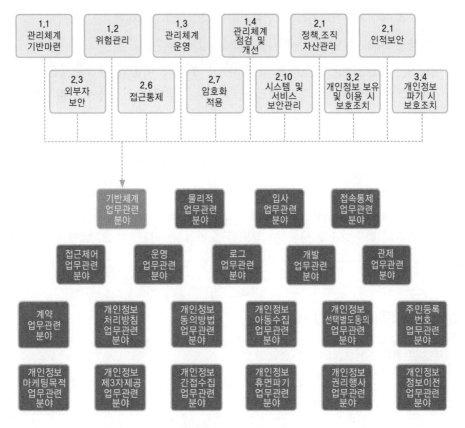

[그림 21] 기반체계 업무관련 분야와 인증기준 분야 간의 관계

3 기반체계 업무에 해당하는 업무관련 항목 설명

1) 업무관련 항목 순서: 기반-01

업무관련 항목	1.2.3.2 (위험 평가 방법 선정)
업무관련 상세 내용	조직에 적합한 위험 평가 방법을 선정해야 한다.

가) 관련 법률 요구사항: 해당 사항 없음

나) GAP 분석용 질문

① 자산평가를 위한 방법이 존재하는가?

② 우려사항(위협, 취약점) 평가를 위한 방법이 존재하는가?

③ 위험도 산정을 위한 위험 평가 방법이 존재하는가?

다) ISMS:2013과의 차이: [완화] 위험관리계획 사전수립하는 내용 문구 삭제

라) 해당하는 ISMS-P 인증기준 항목: 1.2.3 (위험 평가)

마) 해당하는 ISMS-P 인증기준 상세 내용: 조직의 대내외 환경분석을 통해 유형별 위협정보를 수집하고 조직에 적합한 위험 평가 방법을 선정하여 관리체계 전 영역에 대하여 연 1회 이상 위험을 평가하며, 수용할 수 있는 위험은 경영진의 승인을 받아 관리해야 한다.

바) 해당하는 ISMS:2013 인증기준 통제항목: 관리과정 3.1 (위험관리 방법 및 계획수립)

사) 해당하는 ISMS:2013 인증기준 통제내용: 관리적, 기술적, 물리적, 법적 분야 등 조직의 정보보호 전 영역에 대한 위험식별 및 평가가 가능하도록 위험관리 방법을 선정하고 위험관리의 전문성을 보장할 수 있도록 수행인원, 기간, 대상, 방법 등을 구체적으로 포함한 위험관리계획을 사전에 수립해야 한다.

2) 업무관련 항목 순서: 기반-02

업무관련 항목	1.1.4.1 (범위 설정)
업무관련 상세 내용	조직의 핵심 서비스와 개인정보 처리 현황 등을 고려하여 관리체계 범위를 설정해야 한다.

가) 관련 법률 요구사항

① 정통망법 제47조 제3항(시행규칙 제3조): ISMS:2013 인증을 받아야 하는 자가 다음의 어느 하나에 해당하는 국제표준 정보보호 인증을 받거나 정보보호 조치를 취한 경우에는 해당하는 ISMS:2013 통제항목을 생략할 수 있다. 다만, 해당 국제표준 정보보호 인증 또는 정보보호 조치의 범위가 ISMS인증의 범위와 일치해야 하며, ISMS인증 신청 및 심사 시 해당 국제표준 정보보호 인증이나 정보보호 조치가 유효하게 유지되고 있어야 하고, 인증심사 일부의 생략을 신청하는 서류에 국제표준 정보보호 인증서, 정보보호 조치 결과보고서 등 인증심사의 일부 생략 대상인 사실을 증명할 수 있는 서류를 첨부하여 제출해야 한다. - ISO27001/ 주요정보통신기반시설의 취약점 분석평가 (2.1.1, 2.1.2, 2.1.3, 2.2.1, 2.2.2, 2.2.3, 2.2.4, 2.2.5, 2.2.6, 2.3.1, 2.3.2, 2.3.3, 2.3.4, 2.4.1, 2.4.2, 2.4.3, 2.4.4, 2.4.5, 2.4.6, 2.4.7, 2.12.1, 2.12.2)

나) GAP 분석용 질문

① ISMS-P 인증을 위한 범위가 정해져 있는가?

② 범위에 포함되는 서비스는 어떤 것들이 존재하는가?

③ 법률 강제신청기업인 경우 온라인서비스 등 법률에 따른 모든 부분이 범위에 포함되어져 있는가?

④ ISO27001 인증 취득, 주요정보통신기반시설의 취약점 분석/평가 중 하나라도 해당하는 것이 존재하는가? 존재한다면 ISMS 인증을 받기 위한 범위와 동일한가?

다) ISMS:2013과의 차이: 특이사항 없음

라) 해당하는 ISMS-P 인증기준 항목: 1.1.4 (범위 설정)

마) 해당하는 ISMS-P 인증기준 상세 내용: 조직의 핵심 서비스와 개인정보 처리 현황 등을 고려하여 관리체계 범위를 설정하고, 관련된 서비스를 비롯하여 개인정보 처리 업무와 조직, 자산, 물리적 위치 등을 문서화해야 한다.

바) 해당하는 ISMS:2013 인증기준 통제항목: 관리과정 1.2 (범위 설정)

사) 해당하는 ISMS:2013 인증기준 통제내용: 조직에 미치는 영향을 고려하여 중요한 업무, 서비스, 조직, 자산 등을 포함할 수 있도록 정보보호 관리체계 범위를 설정하고 범위 내 모든 자산을 식별하여 문서화해야 한다.

3) 업무관련 항목 순서: 기반-03

업무관련 항목	1.1.4.2 (서비스/업무/조직/자산/위치 문서화)
업무관련 상세 내용	관리체계 범위와 관련된 서비스를 비롯하여 개인정보 처리 업무와 조직, 자산, 물리적 위치 등을 문서화해야 한다.

가) 관련 법률 요구사항: 해당 사항 없음

나) GAP 분석용 질문

① 범위 내 자산의 용도(서비스)에 대해 확인하고 있는가?

② 범위 내 자산의 자산관리자 및 자산관리자의 조직에 대해 확인하고 있는가?

③ 범위 내 자산의 물리적 위치에 대해 확인하는가?

다) ISMS:2013과의 차이: 특이사항 없음

라) 해당하는 ISMS-P 인증기준 항목: 1.1.4 (범위 설정)

마) 해당하는 ISMS-P 인증기준 상세 내용: 조직의 핵심 서비스와 개인정보 처리 현황 등을 고려하여 관리체계 범위를 설정하고, 관련된 서비스를 비롯하여 개인정보 처리 업무와 조직, 자산, 물리적 위치 등을 문서화해야 한다.

바) 해당하는 ISMS:2013 인증기준 통제항목: 관리과정 1.2 (범위 설정)

사) 해당하는 ISMS:2013 인증기준 통제내용: 조직에 미치는 영향을 고려하여 중요한 업무, 서비스, 조직, 자산 등을 포함할 수 있도록 정보보호 관리체계 범위를 설정하고 범위 내 모든 자산을 식별하여 문서화해야 한다.

4) 업무관련 항목 순서: 기반-04

업무관련 항목	1.2.1.1 (정보자산 분류기준 수립)
업무관련 상세 내용	조직의 업무특성에 따라 정보자산 분류기준을 수립해야 한다.

가) 관련 법률 요구사항: 해당 사항 없음

나) GAP 분석용 질문

  ① 범위 내 정보자산을 분류하기 위한 기준이 존재하는가?

다) ISMS:2013과의 차이: 특이사항 없음

라) 해당하는 ISMS-P 인증기준 항목: 1.2.1 (정보자산 식별)

마) 해당하는 ISMS-P 인증기준 상세 내용: 조직의 업무특성에 따라 정보자산 분류기준을 수립하여 관리체계 범위 내 모든 정보자산을 식별·분류하고, 중요도를 산정한 후 그 목록을 최신으로 관리해야 한다.

바) 해당하는 ISMS:2013 인증기준 통제항목: 4.1.1 (정보자산 식별)

사) 해당하는 ISMS:2013 인증기준 통제내용: 조직의 업무특성에 따라 정보자산 분류기준을 수립하고 정보보호 관리체계 범위 내 모든 정보자산을 식별해야 한다. 또한 식별된 정보자산을 목록으로 관리해야 한다.

5) 업무관련 항목 순서: 기반-05

업무관련 항목	2.3.1.1 (외부 위탁/서비스 현황 식별)
업무관련 상세 내용	업무의 일부(개인정보취급, 정보보호, 정보시스템 운영 또는 개발 등)를 외부에 위탁하거나 외부의 시설 또는 서비스(집적정보통신시설, 클라우드 서비스, 애플리케이션 서비스 등)를 이용하는 경우 그 현황을 식별해야 한다.

가) 관련 법률 요구사항: 해당 사항 없음

나) GAP 분석용 질문

  ① IDC센터를 사용할 경우, Co-Location 서비스(회사자산을 IDC 위치에 놓고 사용)

또는 서버호스팅(IDC자산을 임대하여 사용) 등 어떤 서비스를 어떤 업체로부터 사용하는가?

② 외부 클라우드 서비스를 사용할 경우, IaaS, PaaS 또는 SaaS 등 어떤 서비스를 어떤 업체로부터 사용하는가?

③ 외부 애플리케이션 서비스(cafe24의 쇼핑몰 서비스 등)를 사용할 경우, 어떤 업체로부터 어떤 서비스를 사용하는가?

④ 외주개발을 위탁하고 있는 경우에는 어떤 업체에 어떤 개발을 위탁하고 있는가?

⑤ 개인정보를 취급하는 업무(고객응대 등)를 외부에 위탁 주고 있을 경우, 어떤 업체에 어떤 업무를 위탁 주고 있는가?

⑥ 정보시스템(서버, 방화벽, 네트워크 등)의 운영을 외부업체에 위탁을 주고 있을 경우, 어떤 업체에 어떤 정보시스템에 대한 어떤 부분까지의 운영을 위탁 주고 있는가?

⑦ 외부 시설/서비스 활용(IDC, cafe24 쇼핑몰 서비스 등) 또는 업무위탁(개발, 운영, 개인정보 취급 등)을 주고 있는 현황을 자산관리대장 등에 별도로 정리하고 있는가?

다) ISMS:2013과의 차이: [추가] 외부위탁 및 외부시설/서비스 현황 식별

라) 해당하는 ISMS-P 인증기준 항목: 2.3.1 (외부자 현황관리)

마) 해당하는 ISMS-P 인증기준 상세 내용: 업무의 일부(개인정보취급, 정보보호, 정보시스템 운영 또는 개발 등)를 외부에 위탁하거나 외부의 시설 또는 서비스(집적정보통신시설, 클라우드 서비스, 애플리케이션 서비스 등)를 이용하는 경우 그 현황을 식별하고 법적 요구사항 및 외부 조직·서비스로부터 발생되는 위험을 파악하여 적절한 보호대책을 마련해야 한다.

바) 해당하는 ISMS:2013 인증기준 통제항목: 없음

사) 해당하는 ISMS:2013 인증기준 통제내용: 없음

6) 업무관련 항목 순서: 기반-06

업무관련 항목	1.2.1.2 (정보자산 분류)
업무관련 상세 내용	수립된 정보자산 분류기준에 따라 관리체계 범위 내 모든 정보자산을 식별·분류해야 한다.

가) 관련 법률 요구사항: 해당 사항 없음

나) GAP 분석용 질문

① 정보자산 분류기준에 따라, 범위 내 정보자산을 식별 후 분류하여 리스트로 관리하는가?

다) ISMS:2013과의 차이: 특이사항 없음

라) 해당하는 ISMS-P 인증기준 항목: 1.2.1 (정보자산 식별)

마) 해당하는 ISMS-P 인증기준 상세 내용: 조직의 업무특성에 따라 정보자산 분류기준을 수립하여 관리체계 범위 내 모든 정보자산을 식별·분류하고, 중요도를 산정한 후 그 목록을 최신으로 관리해야 한다.

바) 해당하는 ISMS:2013 인증기준 통제항목: 4.1.1 (정보자산 식별)

사) 해당하는 ISMS:2013 인증기준 통제내용: 조직의 업무특성에 따라 정보자산 분류기준을 수립하고 정보보호 관리체계 범위 내 모든 정보자산을 식별해야 한다. 또한 식별된 정보자산을 목록으로 관리해야 한다.

7) 업무관련 항목 순서: 기반-07

업무관련 항목	2.1.3.2 (자산별 책임소재)
업무관련 상세 내용	정보자산의 자산별 책임소재를 명확히 정의하여 관리해야 한다.

가) 관련 법률 요구사항: 해당 사항 없음

나) GAP 분석용 질문

　① 정보자산 리스트에 자산별 관리자/책임자가 지정되어져 있는가?

다) ISMS:2013과의 차이: 특이사항 없음

라) 해당하는 ISMS-P 인증기준 항목: 2.1.3 (정보자산 관리)

마) 해당하는 ISMS-P 인증기준 상세 내용: 정보자산의 용도와 중요도에 따른 취급 절차 및 보호대책을 수립·이행하고, 자산별 책임소재를 명확히 정의하여 관리해야 한다.

바) 해당하는 ISMS:2013 인증기준 통제항목: 4.1.2 (정보자산별 책임할당)

사) 해당하는 ISMS:2013 인증기준 통제내용: 식별된 정보자산에 대한 책임자 및 관리자를 지정하여 책임소재를 명확히 해야 한다.

8) 업무관련 항목 순서: 기반-08

업무관련 항목	2.10.1.1 (보안시스템 관리자 지정)
업무관련 상세 내용	보안시스템 유형별로 관리자를 지정해야 한다.

가) 관련 법률 요구사항: 해당 사항 없음

나) GAP 분석용 질문

　① 보안시스템별 자산관리자를 지정하고 있는가?

다) ISMS:2013과의 차이: 특이사항 없음

라) 해당하는 ISMS-P 인증기준 항목: 2.10.1 (보안시스템 운영)

마) 해당하는 ISMS-P 인증기준 상세 내용: 보안시스템 유형별로 관리자 지정, 최신 정책 업데이트, 룰셋 변경, 이벤트 모니터링 등의 운영절차를 수립·이행하고 보안시스템별 정책적용 현황을 관리해야 한다.

바) 해당하는 ISMS:2013 인증기준 통제항목: 11.2.2 (보안시스템 운영)

사) 해당하는 ISMS:2013 인증기준 통제내용: 보안시스템 유형별로 관리자 지정, 최신 정책 업데이트, 룰셋 변경, 이벤트 모니터링 등의 운영절차를 수립하고 보안시스템별 정책적용 현황을 관리하여야 한다.

9) 업무관련 항목 순서: 기반-09

업무관련 항목	1.2.1.4 (정보자산 목록 최신화)
업무관련 상세 내용	관리체계 범위 내 식별·분류 및 중요도를 산정한 정보자산 목록을 최신으로 관리해야 한다.

가) 관련 법률 요구사항: 해당 사항 없음

나) GAP 분석용 질문

　① 최근 1년 이내 자산이 추가되거나 파기된 것이 최신 리스트에 적용되어져 있는가?

다) ISMS:2013과의 차이: 특이사항 없음

라) 해당하는 ISMS-P 인증기준 항목: 1.2.1 (정보자산 식별)

마) 해당하는 ISMS-P 인증기준 상세 내용: 조직의 업무특성에 따라 정보자산 분류기준을 수립하여 관리체계 범위 내 모든 정보자산을 식별·분류하고, 중요도를 산정한 후 그 목록을 최신으로 관리해야 한다.

바) 해당하는 ISMS:2013 인증기준 통제항목: 4.1.1 (정보자산 식별)

사) 해당하는 ISMS:2013 인증기준 통제내용: 조직의 업무특성에 따라 정보자산 분류기준을 수립하고 정보보호 관리체계 범위 내 모든 정보자산을 식별해야 한다. 또한 식별된 정보자산을 목록으로 관리해야 한다.

10) 업무관련 항목 순서: 기반-10

업무관련 항목	2.6.4.1 (DBMS 내 정보 식별)
업무관련 상세 내용	테이블 목록 등 데이터베이스 내에서 저장·관리되고 있는 정보를 식별해야 한다.

가) 관련 법률 요구사항: 해당 사항 없음

나) GAP 분석용 질문

　① 범위 내 존재하는 DBMS에 대해 테이블별 필드현황을 정리해서 관리하고 있는가?

다) ISMS:2013과의 차이: [추가] DB 내 테이블 목록 등의 DB 내 정보식별 추가

라) 해당하는 ISMS-P 인증기준 항목: 2.6.4 (데이터베이스 접근)

마) 해당하는 ISMS-P 인증기준 상세 내용: 테이블 목록 등 데이터베이스 내에서 저장·관리되고 있는 정보를 식별하고, 정보의 중요도와 응용프로그램 및 사용자 유형 등에 따른 접근통제 정책을 수립·이행해야 한다.

바) 해당하는 ISMS:2013 인증기준 통제항목: 10.4.4 (데이터베이스 접근)

사) 해당하는 ISMS:2013 인증기준 통제내용: 데이터베이스 접근을 허용하는 응용프로그램 및 사용자 직무를 명확하게 정의하고 응용프로그램 및 직무별 접근통제 정책을 수립해야 한다. 또한 중요정보를 저장하고 있는 데이터베이스의 경우 사용자 접근내역을 기록하고 접근의 타당성을 정기적으로 검토해야 한다.

11) 업무관련 항목 순서: 기반-11

업무관련 항목	3.2.1.1 (개인정보 현황관리)
업무관련 상세 내용	수집·보유하는 개인정보의 항목, 보유량, 처리 목적 및 방법, 보유기간 등 현황을 정기적으로 관리해야 한다.

가) 관련 법률 요구사항: 해당 사항 없음

나) GAP 분석용 질문

　① 개인정보를 수집·보유하고 있는 항목, 보유량, 처리 목적/방법, 보유기간 등 현황을 정리하고 있는가?

　② 개인정보 현황을 어떤 주기로 정리하고 있는가?

다) ISMS:2013과의 차이: [추가] 개인정보 현황을 일반기업에서도 관리하도록 추가

라) 해당하는 ISMS-P 인증기준 항목: 3.2.1 (개인정보 현황관리)

마) 해당하는 ISMS-P 인증기준 상세 내용: 수집·보유하는 개인정보의 항목, 보유량, 처리 목적 및 방법, 보유기간 등 현황을 정기적으로 관리하여야 하며, 공공기관의 경우 이를 법률에서 정한 관계기관의 장에게 등록해야 한다.

바) 해당하는 PIMS:2016 인증기준 통제항목: 5.3.2 (개인정보 파일 관리)

사) 해당하는 PIMS:2016 인증기준 통제내용: 개인정보파일을 운용하는 공공기관은 그 현황을 행정자치부에 등록하여야 하고, 변경사항 발생 시 이를 고지해야 한다.

12) 업무관련 항목 순서: 기반-12

업무관련 항목	3.2.1.2 (공공기관 개인정보파일 등록)
업무관련 상세 내용	공공기관의 경우 개인정보의 현황을 법률에서 정한 관계기관의 장에게 등록해야 한다.

가) 관련 법률 요구사항

① 개인정보보호법 제32조 제1항, 제2항(시행령 제33조, 제34조 제1항): 공공기관의 장이 개인정보파일을 운용하는 경우에는 다음의 사항(이하 "등록사항"이라 한다)을 그 운용을 시작한 날부터 60일 이내에 행정안전부장관에게 등록사항의 등록을 신청(시행규칙 별지 제2호서식)해야 한다. 등록한 사항이 변경된 경우에도 또한 같다. 다만, 국가 안전, 외교상 비밀, 그 밖에 국가의 중대한 이익에 관한 사항을 기록한 개인정보파일/범죄의 수사, 공소의 제기 및 유지, 형 및 감호의 집행, 교정처분, 보호처분, 보안관찰처분과 출입국관리에 관한 사항을 기록한 개인정보파일/「조세범처벌법」에 따른 범칙행위 조사 및 「관세법」에 따른 범칙행위 조사에 관한 사항을 기록한 개인정보파일/공공기관의 내부적 업무처리만을 위하여 사용되는 개인정보파일/다른 법령에 따라 비밀로 분류된 개인정보파일은 등록사항으로 보지 않는다.

- 개인정보파일의 명칭

- 개인정보파일의 운영 근거 및 목적

- 개인정보파일에 기록되는 개인정보의 항목

- 개인정보의 처리방법

- 개인정보의 보유기간

- 개인정보를 통상적 또는 반복적으로 제공하는 경우에는 그 제공받는 자

- 개인정보파일을 운용하는 공공기관의 명칭

- 개인정보파일로 보유하고 있는 개인정보의 정보주체 수

- 해당 공공기관에서 개인정보 처리 관련 업무를 담당하는 부서

- 개인정보의 열람 요구를 접수·처리하는 부서

- 개인정보파일의 개인정보 중 법 제35조 제4항에 따라 열람을 제한하거나 거절할 수 있는 개인정보의 범위 및 제한 또는 거절 사유

② 개인정보보호법 제32조 제6항: 국회, 법원, 헌법재판소, 중앙선거관리위원회(그 소속 기관을 포함한다)의 개인정보파일 등록 및 공개에 관하여는 국회규칙, 대법원규칙, 헌법재판소규칙 및 중앙선거관리위원회규칙으로 정한다.

나) GAP 분석용 질문

① 공공기관에 한하여, 법률에서 요구하는 개인정보현황을 정리 후 개인정보파일 운영을 시작한 날로부터 60일 이내 행정안전부장관에게 등록하고 있는가?

다) ISMS:2013과의 차이: 특이사항 없음

라) 해당하는 ISMS-P 인증기준 항목: 3.2.1 (개인정보 현황관리)

마) 해당하는 ISMS-P 인증기준 상세 내용: 수집·보유하는 개인정보의 항목, 보유량, 처리 목적 및 방법, 보유기간 등 현황을 정기적으로 관리하여야 하며, 공공기관의 경우 이를 법률에서 정한 관계기관의 장에게 등록해야 한다.

바) 해당하는 PIMS:2016 인증기준 통제항목: 5.3.2 (개인정보 파일 관리)

사) 해당하는 PIMS:2016 인증기준 통제내용: 개인정보파일을 운용하는 공공기관은 그 현황을 행정자치부에 등록하여야 하고, 변경사항 발생 시 이를 고지해야 한다.

13) 업무관련 항목 순서: 기반-13

업무관련 항목	1.2.2.1 (업무 절차와 흐름 문서화)
업무관련 상세 내용	관리체계 전 영역에 대한 정보서비스 및 개인정보 처리 현황을 분석하고 업무 절차와 흐름을 파악하여 문서화해야 한다.

가) 관련 법률 요구사항: 해당 사항 없음

나) GAP 분석용 질문

① 네트워크 구성도에 모든 정보자산이 표시되어져 있는가?

② 개인정보보호 관리체계 인증 대상일 경우에는, 범위 내 모든 개인정보에 대해 흐름도를 문서화 하고 있는가?

③ 개인정보보호 관리체계 인증 대상일 경우에는, 범위 내 모든 개인정보에 대해 흐름표를 문서화 하고 있는가?

다) ISMS:2013과의 차이: [추가] 정보서비스 업무절차와 흐름 파악 신규

라) 해당하는 ISMS-P 인증기준 항목: 1.2.2 (현황 및 흐름분석)

마) 해당하는 ISMS-P 인증기준 상세 내용: 관리체계 전 영역에 대한 정보서비스 및 개인정보 처리 현황을 분석하고 업무 절차와 흐름을 파악하여 문서화하며, 이를 주기적으로 검토하여 최신성을 유지해야 한다.

바) 해당하는 ISMS:2013 인증기준 통제항목: 없음

사) 해당하는 ISMS:2013 인증기준 통제내용: 없음

14) 업무관련 항목 순서: 기반-14

업무관련 항목	1.2.2.2 (업무 절차와 흐름 최신유지)
업무관련 상세 내용	관리체계 전 영역에 대한 정보서비스 및 개인정보 처리 현황에 대한 업무 절차와 흐름을 주기적으로 검토하여 최신성을 유지해야 한다.

가) 관련 법률 요구사항: 해당 사항 없음

나) GAP 분석용 질문

① 네트워크 구성도는 최신으로 유지하는가?

② 최근 1년 이내 추가/파기된 모든 자산이 네트워크 구성도에 적용되어져 있는가?

③ 개인정보보호 관리체계 인증 대상일 경우에는, 개인정보 흐름도를 최신으로 유지하는가?

④ 개인정보보호 관리체계 인증 대상일 경우에는, 개인정보 흐름표를 최신으로 유지하는가?

다) ISMS:2013과의 차이: [추가] 정보서비스 업무절차와 흐름 파악 최신성 유지 신규

라) 해당하는 ISMS-P 인증기준 항목: 1.2.2 (현황 및 흐름분석)

마) 해당하는 ISMS-P 인증기준 상세 내용: 관리체계 전 영역에 대한 정보서비스 및 개인정보 처리 현황을 분석하고 업무 절차와 흐름을 파악하여 문서화하며, 이를 주기적으로 검토하여 최신성을 유지해야 한다.

바) 해당하는 ISMS:2013 인증기준 통제항목: 없음

사) 해당하는 ISMS:2013 인증기준 통제내용: 없음

15) 업무관련 항목 순서: 기반-15

업무관련 항목	1.1.1.1 (경영진 의사결정 체계수립)
업무관련 상세 내용	최고경영자는 (개인)정보보호 관리체계의 수립과 운영활동 전반에 경영진의 참여가 이루어질 수 있도록 보고 및 의사결정 체계를 수립하여 운영해야 한다.

가) 관련 법률 요구사항: 해당 사항 없음

나) GAP 분석용 질문

　① (개인)정보보호 업무 관련하여 내부결제 라인에 정보보호 책임자 또는 최고경영자가 포함되어져 있는가?

다) ISMS:2013과의 차이: 특이사항 없음

라) 해당하는 ISMS-P 인증기준 항목: 1.1.1 (경영진의 참여)

마) 해당하는 ISMS-P 인증기준 상세 내용: 최고경영자는 정보보호 및 개인정보보호 관리체계의 수립과 운영활동 전반에 경영진의 참여가 이루어질 수 있도록 보고 및 의사결정 체계를 수립하여 운영해야 한다.

바) 해당하는 ISMS:2013 인증기준 통제항목: 관리과정 2.1 (경영진 참여)

사) 해당하는 ISMS:2013 인증기준 통제내용: 정보보호 관리체계 수립 및 운영 등 조직이 수행하는 정보보호 활동 전반에 경영진의 참여가 이루어질 수 있도록 보고 및 의사결정 체계를 수립해야 한다.

16) 업무관련 항목 순서: 기반-16

업무관련 항목	2.1.2.1 (정보보호 역할 및 책임 할당)
업무관련 상세 내용	조직의 각 구성원에게 (개인)정보보호 관련 역할 및 책임을 할당해야 한다.

가) 관련 법률 요구사항

　① 개인정보보호법 제31조 제2항, 제3항(시행령 제32조 제1항): 개인정보 보호책임자는 다음의 업무를 수행하며, 다음의 업무를 수행함에 있어서 필요한 경우 개인정보의 처리 현황, 처리 체계 등에 대하여 수시로 조사하거나 관계 당사자로부터 보고를 받을 수 있다.

　　– 개인정보 보호 계획의 수립 및 시행

　　– 개인정보 처리 실태 및 관행의 정기적인 조사 및 개선

- 개인정보 처리와 관련한 불만 처리 및 피해 구제
- 개인정보 유출 및 오용·남용 방지를 위한 내부통제시스템의 구축
- 개인정보 보호 교육 계획의 수립 및 시행
- 개인정보파일의 보호 및 관리·감독
- 법 제30조에 따른 개인정보 처리방침의 수립·변경 및 시행
- 개인정보 보호 관련 자료의 관리
- 처리 목적이 달성되거나 보유기간이 지난 개인정보의 파기

② 개인정보보호법 제31조 제4항: 개인정보 보호책임자는 개인정보 보호와 관련하여 이 법 및 다른 관계 법령의 위반 사실을 알게 된 경우에는 즉시 개선조치를 하여야 하며, 필요하면 소속 기관 또는 단체의 장에게 개선조치를 보고해야 한다.

③ 개인정보보호법 제31조 제5항: 개인정보처리자는 개인정보 보호책임자가 법 31조 제1항의 업무를 수행함에 있어서 정당한 이유 없이 불이익을 주거나 받게 하여서는 아니 된다.

④ 정통망법 제28조(보호조치 기준 제3조 제1항): 정보통신서비스 제공자등은 개인정보보호책임자와 개인정보취급자의 역할 및 책임에 관한 사항을 정해야 한다.

⑤ 정통망법 제45조의3: 정보보호 최고책임자는 다음의 업무를 총괄한다.
- 정보보호관리체계의 수립 및 관리/운영
- 정보보호 취약점 분석/평가 및 개선
- 침해사고의 예방 및 대응
- 사전 정보보호대책 마련 및 보안조치 설계/구현 등
- 정보보호 사전 보안성 검토
- 중요 정보의 암호화 및 보안서버 적합성 검토
- 그 밖에 정보보호를 위하여 필요한 조치의 이행

⑥ 정통망법 제42조의3(시행령 제26조): 청소년 보호 책임자는 정보통신망의 청소년유해정보로부터 청소년을 보호하기 위하여, 청소년유해정보로부터의 청소년 보호계획을 수립하는 등 다음의 청소년 보호업무를 해야 한다.
- 유해정보로부터의 청소년보호계획의 수립
- 유해정보에 대한 청소년접근제한 및 관리조치
- 정보통신업무 종사자에 대한 유해정보로부터의 청소년보호를 위한 교육
- 유해정보로 인한 피해상담 및 고충처리
- 그 밖에 유해정보로부터 청소년을 보호하기 위하여 필요한 사항

⑦ 정통망법 제46조(IDC보호지침 제5조 제4항): 관리책임자를 두어 다음의 업무를 수행하도록 한다.

- 집적정보통신시설 보호계획의 수립 및 시행
- 집적정보통신시설에 대한 물리적·기술적, 인적·제도적 안전성 점검·지도
- 전문 인력과 소속 인력에 대한 교육·훈련의 실시
- 재난대비 업무연속성계획의 수립 및 시행
- 기타 집적정보통신시설의 보호를 위하여 사업자가 지시하는 관리·감독 업무

나) GAP 분석용 질문

① (개인)정보보호 책임자/관리자/담당자에 대한 역할 및 책임을 정의한 문서가 존재하는가?

② 개인정보취급자의 역할 및 책임을 정의한 문서가 존재하는가?

③ 법률에서 요구하는 (개인)정보보호 책임자의 업무 내용이 역할 및 책임을 정의한 문서 내에 모두 포함되어져 있는가?

다) ISMS:2013과의 차이: 특이사항 없음

라) 해당하는 ISMS-P 인증기준 항목: 2.1.2 (조직의 유지관리)

마) 해당하는 ISMS-P 인증기준 상세 내용: 조직의 각 구성원에게 정보보호와 개인정보보호 관련 역할 및 책임을 할당하고, 그 활동을 평가할 수 있는 체계와 조직 및 조직의 구성원 간 상호 의사소통할 수 있는 체계를 수립하여 운영해야 한다.

바) 해당하는 ISMS:2013 인증기준 통제항목: 2.2.1 (역할 및 책임)

사) 해당하는 ISMS:2013 인증기준 통제내용: 정보보호 최고책임자와 정보보호 관련 담당자에 대한 역할 및 책임을 정의하고 그 활동을 평가할 수 있는 체계를 마련해야 한다.

17) 업무관련 항목 순서: 기반-17

업무관련 항목	1.1.2.1 (최고책임자 임원급 지정)
업무관련 상세 내용	최고경영자는 정보보호 업무를 총괄하는 (개인)정보보호 최고책임자를 예산·인력 등 자원을 할당할 수 있는 임원급으로 지정해야 한다.

가) 관련 법률 요구사항

① 정통망법 제27조 제1항, 제2항, 제3항(시행령 제13조): 상시 종업원 수가 5명 이상의 조건(인터넷으로 정보통신서비스를 제공하는 것을 주된 업으로 하는 정보통신서비스 제공자등의 경우에는 상시 종업원 수가 5명 이상이며, 전년도 말 기준으로 직전 3개월 간의 일일평균 이용자가 1천 명 이상인 조건)에 해당하는 정보통신서비스 제공자와

그로부터 이용자의 개인정보를 제공받은 자(이하 "정보통신서비스 제공자등"이라 한다)는 다음의 어느 하나에 해당하는 지위에 있는 자로 개인정보 보호책임자를 지정해야 한다.

- 임원

- 개인정보와 관련하여 이용자의 고충처리를 담당하는 부서의 장

- 개인정보 보호책임자를 지정하지 아니하는 경우에는 그 사업주 또는 대표자가 개인정보 보호책임자가 된다.

② 정통망법 제28조(보호조치 기준 제3조 제1항): 정보통신서비스 제공자등은 개인정보 보호책임자의 자격요건 및 지정에 관한 사항을 정해야 한다.

③ 정통망법 제42조의3 제1항, 제2항(시행령 제25조, 제27조)

정보통신서비스 제공자 중 다음에 모두 해당하는 자는 정보통신망의 청소년유해 정보로부터 청소년을 보호하기 위하여 해당 사업자의 임원 또는 청소년 보호와 관련된 업무를 담당하는 부서의 장에 해당하는 지위에 있는 자 중에서 청소년 보호 책임자를 매년 4월 말까지 지정해야 한다.

- 청소년유해매체물을 제공하거나 매개하는 자

- 전년도 말 기준 직전 3개월 간의 일일평균이용자가 10만 명 이상인 자이거나 정보통신서비스부문 전년도(법인의 경우에는 전 사업연도) 매출액이 10억 원 이상인 자

④ 정통망법 제45조의3(시행령 제36조의6, 제36조의7): 정보보호관리체계 인증을 받아야 하는 정보통신서비스 제공자는 다음의 업무를 총괄하는 정보보호 최고책임자를 지정하고 지정된 날부터 90일 이내에 미래창조과학부령으로 정하는 정보보호 최고책임자 지정신고서(시행규칙 별지 제2호서식)를 과학기술정보통신부장관에게 제출해야 한다.

- 정보보호관리체계의 수립 및 관리 · 운영

- 정보보호 취약점 분석 · 평가 및 개선

- 침해사고의 예방 및 대응

- 사전 정보보호대책 마련 및 보안조치 설계 · 구현 등

- 정보보호 사전 보안성 검토

- 중요 정보의 암호화 및 보안서버 적합성 검토

- 그 밖에 이 법 또는 관계 법령에 따라 정보보호를 위하여 필요한 조치의 이행

⑤ 개인정보보호법 제31조 제1항: 개인정보처리자는 개인정보의 처리에 관한 업무를 총괄해서 책임질 개인정보 보호책임자를 지정하여야 하며, 지정 시 다음의 어느 하나에 해당하는 사람으로 지정해야 한다.

－ 사업주 또는 대표자

－ 개인정보 처리관련 업무를 담당하는 부서의 장 또는 개인정보보호에 관한 소양이 있는 사람

⑥ 개인정보보호법 제31조 제1항: 공공기관의 개인정보처리자는 개인정보의 처리에 관한 업무를 총괄해서 책임질 개인정보 보호책임자를 지정하여야 하며, 지정 시 다음의 어느 하나에 해당하는 사람으로 지정해야 한다.

－ 국회, 법원, 헌법재판소, 중앙선거관리위원회의 행정사무를 처리하는 기관 및 중앙행정기관: 고위공무원단에 속하는 공무원(이하 "고위공무원"이라 한다) 또는 그에 상당하는 공무원

－ 정무직공무원을 장(長)으로 하는 국가기관: 3급 이상 공무원(고위공무원을 포함한다) 또는 그에 상당하는 공무원

－ 고위공무원, 3급 공무원 또는 그에 상당하는 공무원 이상의 공무원을 장으로 하는 국가기관: 4급 이상 공무원 또는 그에 상당하는 공무원

－ 고위공무원 등 국가기관 외의 국가기관(소속 기관을 포함한다): 해당 기관의 개인정보 처리 관련 업무를 담당하는 부서의 장

－ 시·도 및 시·도 교육청: 3급 이상 공무원 또는 그에 상당하는 공무원

－ 시·군 및 자치구: 4급 공무원 또는 그에 상당하는 공무원

－ 각급 학교: 해당 학교의 행정사무를 총괄하는 사람

－ 상단 기관 외의 공공기관: 개인정보 처리 관련 업무를 담당하는 부서의 장. 다만, 개인정보 처리 관련 업무를 담당하는 부서의 장이 2명 이상인 경우에는 해당 공공기관의 장이 지명하는 부서의 장이 된다.

나) GAP 분석용 질문

① (개인)정보보호 책임자가 존재하는가?

② 존재한다면, (개인)정보보호 책임자로 지정된 분은 임원급 또는 개인정보 고충처리 부서의 장인가?

③ ISMS인증 법률의무사항인 업체에 국한하여, 정보보호 책임자로 지정된 분을 90일 이내에 지정신고서[1]를 통해 과학기술정보통신부장관에 신고하였는가?

④ 법률 요구사항[2]에 적용되는 사업자는 매년 4월 말까지 청소년 보호 책임자를 지정하고 있는가?

---

1) 정통망법 시행규칙 별지 제2호서식
2) 청소년유해매체물을 제공하거나 매개하는 자이면서 전년도 말 기준 직전 3개월 간의 일일평균이용자가 10만 명 이상인 자 (또는 정보통신서비스부문 전년도 매출액이 10억 원 이상인 자)

⑤ 청소년 보호 책임자로 지정된 분은 해당 사업자의 암원급 또는 청소년보호업무 부서의
장인가?

다) ISMS:2013과의 차이: 특이사항 없음

라) 해당하는 ISMS-P 인증기준 항목: 1.1.2 (최고책임자의 지정)

마) 해당하는 ISMS-P 인증기준 상세 내용: 최고경영자는 정보보호 업무를 총괄하는
정보보호 최고책임자와 개인정보보호 업무를 총괄하는 개인정보보호 책임자를
예산·인력 등 자원을 할당할 수 있는 임원급으로 지정해야 한다.

바) 해당하는 ISMS:2013 인증기준 통제항목: 2.1.1 (정보보호 최고책임자 지정)

사) 해당하는 ISMS:2013 인증기준 통제내용: 최고경영자는 임원급의 정보보호 최고책임자를
지정하고 정보보호 최고책임자는 정보보호정책 수립, 정보보호 조직 구성, 위험관리,
정보보호위원회 운영 등의 정보보호에 관한 업무를 총괄 관리해야 한다.

18) 업무관련 항목 순서: 기반-18

업무관련 항목	1.1.3.2 (위원회 운영)
업무관련 상세 내용	최고경영자는 전반의 (개인)정보보호 관련 주요 사항을 검토 및 의결할 수 있는 위원회를 구성하여 운영해야 한다.

가) 관련 법률 요구사항: 해당 사항 없음

나) GAP 분석용 질문

① (개인)정보보호 관련 위원회가 구성되어져 있는가?

② 최근 (개인)정보보호위원회가 언제 운영되었는가?

③ 어떤 안건으로 (개인)정보보호위원회가 운영되었는가?

④ (개인)정보보호위원회 운영 결과가 공식적으로 보고되었는가?

다) ISMS:2013과의 차이: 특이사항 없음

라) 해당하는 ISMS-P 인증기준 항목: 1.1.3 (조직 구성)

마) 해당하는 ISMS-P 인증기준 상세 내용: 최고경영자는 정보보호와 개인정보보호의 효과적
구현을 위한 실무조직, 조직 전반의 정보보호와 개인정보보호 관련 주요 사항을 검토
및 의결할 수 있는 위원회, 전사적 보호활동을 위한 부서별 정보보호와 개인정보보호
담당자로 구성된 협의체를 구성하여 운영해야 한다.

바) 해당하는 ISMS:2013 인증기준 통제항목: 관리과정 2.2 (정보보호 조직 구성 및 자원
할당)

사) 해당하는 ISMS:2013 인증기준 통제내용: 최고경영자는 조직의 규모, 업무 중요도 분석을 통해 정보보호 관리체계의 지속적인 운영이 가능하도록 정보보호 최고책임자, 실무조직 등 정보보호 조직을 구성하고 정보보호 관리체계 운영 활동을 수행하는 데 필요한 자원(예산 및 인력)을 확보해야 한다.

19) 업무관련 항목 순서: 기반-19

업무관련 항목	1.1.6.2 (자원 할당)
업무관련 상세 내용	최고경영자는 관리체계의 효과적 구현과 지속적 운영을 위한 예산 및 자원을 할당해야 한다.

가) 관련 법률 요구사항: 해당 사항 없음

나) GAP 분석용 질문

① 기술적 취약점 진단 및 기술분야 위험분석을 진행하기 위한 예산이 확보되어져 있는가?

② 외부감사를 진행하기 위한 예산이 확보되어져 있는가?

③ 외부 컨설팅을 받기 위한 예산이 확보되어져 있는가?

④ 그 외 관리체계의 구현/운영을 위한 별도의 예산/자원을 할당받은 것이 있는가?

다) ISMS:2013과의 차이: [추가] (개인)정보보호 전문가 확보 부분 신규

라) 해당하는 ISMS-P 인증기준 항목: 1.1.6 (자원 할당)

마) 해당하는 ISMS-P 인증기준 상세 내용: 최고경영자는 정보보호와 개인정보보호 분야별 전문성을 갖춘 인력을 확보하고, 관리체계의 효과적 구현과 지속적 운영을 위한 예산 및 자원을 할당해야 한다.

바) 해당하는 ISMS:2013 인증기준 통제항목: 2.1.3 (정보보호위원회)

사) 해당하는 ISMS:2013 인증기준 통제내용: 정보보호 자원 할당 등 조직 전반에 걸친 중요한 정보보호 관련사항에 대한 검토 및 의사결정을 할 수 있도록 정보보호위원회를 구성하여 운영해야 한다.

20) 업무관련 항목 순서: 기반-20

업무관련 항목	1.1.6.1 (전문가 확보)
업무관련 상세 내용	최고경영자는 (개인)정보보호 분야별 전문성을 갖춘 인력을 확보해야 한다.

가) 관련 법률 요구사항: 해당 사항 없음

나) GAP 분석용 질문

① 정보보호 담당자 또는 관리자는 (개인)정보보호의 전문성을 갖추고 있는가?

② 만약, 그렇지 않다면 외부로부터 (개인)정보보호 전문가의 도움을 받을 수 있도록 계약이 이루어져 있는가?

다) ISMS:2013과의 차이: [추가] (개인)정보보호 전문가 확보 부분 신규

라) 해당하는 ISMS-P 인증기준 항목: 1.1.6 (자원 할당)

마) 해당하는 ISMS-P 인증기준 상세 내용: 최고경영자는 정보보호와 개인정보보호 분야별 전문성을 갖춘 인력을 확보하고, 관리체계의 효과적 구현과 지속적 운영을 위한 예산 및 자원을 할당해야 한다.

바) 해당하는 ISMS:2013 인증기준 통제항목: 2.1.3 (정보보호위원회)

사) 해당하는 ISMS:2013 인증기준 통제내용: 정보보호 자원 할당 등 조직 전반에 걸친 중요한 정보보호 관련사항에 대한 검토 및 의사결정을 할 수 있도록 정보보호위원회를 구성하여 운영해야 한다.

21) 업무관련 항목 순서: 기반-21

업무관련 항목	1.1.3.1 (실무조직 구성)
업무관련 상세 내용	최고경영자는 (개인)정보보호의 효과적 구현을 위한 실무조직을 구성하여 운영해야 한다.

가) 관련 법률 요구사항

① 정통망법 제28조(보호조치 기준 제3조 제1항 3/7): 개인정보보호책임자는 개인정보보호 조직을 구성/운영해야 한다.

나) GAP 분석용 질문

① (개인)정보보호 전담 조직이 존재하는가? 아니면 (개인)정보보호를 겸임하는 별도의 조직이 있는가?

② 그것도 아니라면 (개인)정보보호 담당자는 존재하는가? (개인)정보보호 업무 담당자가 누구인가?

③ (개인)정보보호 관리자, (개인)정보보호 담당자가 (개인)정보보호 조직도 내에 포함되어져 있는가?

다) ISMS:2013과의 차이: 특이사항 없음

라) 해당하는 ISMS-P 인증기준 항목: 1.1.3 (조직 구성)

마) 해당하는 ISMS-P 인증기준 상세 내용: 최고경영자는 정보보호와 개인정보보호의 효과적 구현을 위한 실무조직, 조직 전반의 정보보호와 개인정보보호 관련 주요 사항을 검토 및 의결할 수 있는 위원회, 전사적 보호활동을 위한 부서별 정보보호와 개인정보보호 담당자로 구성된 협의체를 구성하여 운영해야 한다.

바) 해당하는 ISMS:2013 인증기준 통제항목: 관리과정 2.2 (정보보호 조직 구성 및 자원 할당)

사) 해당하는 ISMS:2013 인증기준 통제내용: 최고경영자는 조직의 규모, 업무 중요도 분석을 통해 정보보호 관리체계의 지속적인 운영이 가능하도록 정보보호 최고책임자, 실무조직 등 정보보호 조직을 구성하고 정보보호 관리체계 운영 활동을 수행하는 데 필요한 자원(예산 및 인력)을 확보해야 한다.

22) 업무관련 항목 순서: 기반-22

업무관련 항목	1.1.3.3 (정보보호 협의체 구성)
업무관련 상세 내용	최고경영자는 전사적 보호활동을 위한 부서별 (개인)정보보호 담당자로 구성된 협의체를 구성하여 운영해야 한다.

가) 관련 법률 요구사항: 해당 사항 없음

나) GAP 분석용 질문

① 범위 내 모든 부서별 부서장을 대상으로 하는 (개인)정보보호 지킴이가 지정되어져 있는가?

② (개인)정보보호 조직도 내 (개인)정보보호 지킴이가 포함되어져 있는가?

다) ISMS:2013과의 차이: 특이사항 없음

라) 해당하는 ISMS-P 인증기준 항목: 1.1.3 (조직 구성)

마) 해당하는 ISMS-P 인증기준 상세 내용: 최고경영자는 정보보호와 개인정보보호의 효과적 구현을 위한 실무조직, 조직 전반의 정보보호와 개인정보보호 관련 주요 사항을 검토 및 의결할 수 있는 위원회, 전사적 보호활동을 위한 부서별 정보보호와 개인정보보호 담당자로 구성된 협의체를 구성하여 운영해야 한다.

바) 해당하는 ISMS:2013 인증기준 통제항목: 2.1.2 (실무조직 구성)

사) 해당하는 ISMS:2013 인증기준 통제내용: 최고경영자는 정보보호 최고책임자의 역할을 지원하고 조직의 정보보호활동을 체계적으로 이행하기 위해 실무조직을 구성하고 조직 구성원의 정보보호 전문성을 고려하여 구성한다.

23) 업무관련 항목 순서: 기반-23

업무관련 항목	2.1.2.2 (업무 평가체계 운영)
업무관련 상세 내용	조직의 각 구성원의 (개인)정보보호 관련 활동을 평가할 수 있는 체계를 수립하여 운영해야 한다.

가) 관련 법률 요구사항: 해당 사항 없음

나) GAP 분석용 질문

    ① KPI 등 업무평가 항목에 정보보호 관련 활동이 포함되어져 있는가?

다) ISMS:2013과의 차이: 특이사항 없음

라) 해당하는 ISMS-P 인증기준 항목: 2.1.2 (조직의 유지관리)

마) 해당하는 ISMS-P 인증기준 상세 내용: 조직의 각 구성원에게 정보보호와 개인정보보호 관련 역할 및 책임을 할당하고, 그 활동을 평가할 수 있는 체계와 조직 및 조직의 구성원 간 상호 의사소통할 수 있는 체계를 수립하여 운영해야 한다.

바) 해당하는 ISMS:2013 인증기준 통제항목: 2.2.1 (역할 및 책임)

사) 해당하는 ISMS:2013 인증기준 통제내용: 정보보호 최고책임자와 정보보호 관련 담당자에 대한 역할 및 책임을 정의하고, 그 활동을 평가할 수 있는 체계를 마련해야 한다.

24) 업무관련 항목 순서: 기반-24

업무관련 항목	2.1.2.3 (의사소통 체계 운영)
업무관련 상세 내용	(개인)정보보호 관련 조직 및 조직의 구성원 간 상호 의사소통할 수 있는 체계를 수립하여 운영해야 한다.

가) 관련 법률 요구사항: 해당 사항 없음

나) GAP 분석용 질문

    ① 정보보호 조직도 상의 관련자들과의 의사소통을 할 수 있는 채널이 존재하는가?

    ② 어떤 방식의 채널을 통해 의사소통을 하는가?

다) ISMS:2013과의 차이: [추가] 조직 구성원 간 의사소통 체계수립 추가

라) 해당하는 ISMS-P 인증기준 항목: 2.1.2 (조직의 유지관리)

마) 해당하는 ISMS-P 인증기준 상세 내용: 조직의 각 구성원에게 정보보호와 개인정보보호 관련 역할 및 책임을 할당하고, 그 활동을 평가할 수 있는 체계와 조직 및 조직의 구성원 간 상호 의사소통할 수 있는 체계를 수립하여 운영해야 한다.

바) 해당하는 ISMS:2013 인증기준 통제항목: 2.2.1 (역할 및 책임)

사) 해당하는 ISMS:2013 인증기준 통제내용: 정보보호 최고책임자와 정보보호 관련 담당자에 대한 역할 및 책임을 정의하고 그 활동을 평가할 수 있는 체계를 마련해야 한다.

25) 업무관련 항목 순서: 기반-25

업무관련 항목	1.2.1.3 (정보자산 중요도 산정)
업무관련 상세 내용	식별·분류된 관리체계 범위 내 모든 정보자산에 대해 중요도를 산정해야 한다.

가) 관련 법률 요구사항: 해당 사항 없음

나) GAP 분석용 질문

　① 정보자산 중요도 평가 기준에 따라 중요도를 산정하였는가?

다) ISMS:2013과의 차이: 특이사항 없음

라) 해당하는 ISMS-P 인증기준 항목: 1.2.1 (정보자산 식별)

마) 해당하는 ISMS-P 인증기준 상세 내용: 조직의 업무특성에 따라 정보자산 분류기준을 수립하여 관리체계 범위 내 모든 정보자산을 식별·분류하고, 중요도를 산정한 후 그 목록을 최신으로 관리해야 한다.

바) 해당하는 ISMS:2013 인증기준 통제항목: 4.2.1 (보안등급과 취급)

사) 해당하는 ISMS:2013 인증기준 통제내용: 기밀성, 무결성, 가용성, 법적 요구사항 등을 고려하여 정보자산이 조직에 미치는 중요도를 평가하고 그 중요도에 따라 보안등급을 부여해야 한다. 또한 보안등급을 표시하고 등급 부여에 따른 취급절차를 정의하여 이행해야 한다.

26) 업무관련 항목 순서: 기반-26

업무관련 항목	1.2.3.1 (위협정보 수집)
업무관련 상세 내용	조직의 대내외 환경분석을 통해 유형별 위협정보를 수집해야 한다.

가) 관련 법률 요구사항: 해당 사항 없음

나) GAP 분석용 질문

　① 자산별 우려사항을 보유하고 있는가?

　② 우려사항에 법적 요구사항 내용을 포함하고 있는가?

다) ISMS:2013과의 차이: 특이사항 없음

라) 해당하는 ISMS-P 인증기준 항목: 1.2.3 (위험 평가)

마) 해당하는 ISMS-P 인증기준 상세 내용: 조직의 대내외 환경분석을 통해 유형별 위협정보를 수집하고 조직에 적합한 위험 평가 방법을 선정하여 관리체계 전 영역에 대하여 연 1회 이상 위험을 평가하며, 수용할 수 있는 위험은 경영진의 승인을 받아 관리해야 한다.

바) 해당하는 ISMS:2013 인증기준 통제항목: 관리과정 3.2 (위험식별 및 평가)

사) 해당하는 ISMS:2013 인증기준 통제내용: 위험관리 방법 및 계획에 따라 정보보호 전 영역에 대한 위험 식별 및 평가를 연 1회 이상 수행하고 그 결과에 따라 조직에서 수용 가능한 위험수준을 설정하여 관리해야 한다.

27) 업무관련 항목 순서: 기반-27

업무관련 항목	1.2.3.3 (위험 평가 실시)
업무관련 상세 내용	조직에 적합하게 선정된 위험 평가 방법에 따라 관리체계 전 영역에 대하여 연 1회 이상 위험을 평가해야 한다.

가) 관련 법률 요구사항: 해당 사항 없음

나) GAP 분석용 질문

① 연 1회 이상 진행한 자산평가 결과가 존재하는가?

② 연 1회 이상 진행한 우려사항 평가 결과가 존재하는가?

③ 연 1회 이상 위험도를 산정한 결과가 존재하는가?

다) ISMS:2013과의 차이: 특이사항 없음

라) 해당하는 ISMS-P 인증기준 항목: 1.2.3 (위험 평가)

마) 해당하는 ISMS-P 인증기준 상세 내용: 조직의 대내외 환경분석을 통해 유형별 위협정보를 수집하고 조직에 적합한 위험 평가 방법을 선정하여 관리체계 전 영역에 대하여 연 1회 이상 위험을 평가하며, 수용할 수 있는 위험은 경영진의 승인을 받아 관리해야 한다.

바) 해당하는 ISMS:2013 인증기준 통제항목: 관리과정 3.2 (위험식별 및 평가)

사) 해당하는 ISMS:2013 인증기준 통제내용: 위험관리 방법 및 계획에 따라 정보보호 전 영역에 대한 위험 식별 및 평가를 연 1회 이상 수행하고, 그 결과에 따라 조직에서 수용 가능한 위험수준을 설정하여 관리해야 한다.

28) 업무관련 항목 순서: 기반-28

업무관련 항목	1.2.3.4 (DoA 경영진 승인)
업무관련 상세 내용	위험 평가에 따라 수용할 수 있는 위험은 경영진의 승인을 받아 관리해야 한다.

가) 관련 법률 요구사항: 해당 사항 없음

나) GAP 분석용 질문

① DoA를 회사 상황에 적합하게 선택했는가?

② 선택된 DoA를 경영진으로부터 승인받았는가?

다) ISMS:2013과의 차이: 특이사항 없음

라) 해당하는 ISMS-P 인증기준 항목: 1.2.3 (위험 평가)

마) 해당하는 ISMS-P 인증기준 상세 내용: 조직의 대내외 환경분석을 통해 유형별 위협정보를 수집하고 조직에 적합한 위험 평가 방법을 선정하여 관리체계 전 영역에 대하여 연 1회 이상 위험을 평가하며, 수용할 수 있는 위험은 경영진의 승인을 받아 관리해야 한다.

바) 해당하는 ISMS:2013 인증기준 통제항목: 관리과정 3.2 (위험식별 및 평가)

사) 해당하는 ISMS:2013 인증기준 통제내용: 위험관리 방법 및 계획에 따라 정보보호 전 영역에 대한 위험 식별 및 평가를 연 1회 이상 수행하고, 그 결과에 따라 조직에서 수용 가능한 위험수준을 설정하여 관리해야 한다.

29) 업무관련 항목 순서: 기반-29

업무관련 항목	1.2.4.1 (보호대책 선정)
업무관련 상세 내용	위험 평가 결과에 따라 식별된 위험을 처리하기 위하여 조직에 적합한 보호대책을 선정한다.

가) 관련 법률 요구사항

① 개인정보보호법 제29조(안전성 확보조치 제3조): 개인정보처리자가 개인정보의 안전성 확보에 필요한 조치를 하는 경우에는 다음의 유형 및 개인정보 보유량에 따른 안전조치 기준을 적용해야 한다. 이 경우 개인정보처리자가 어느 유형에 해당하는지에 대한 입증책임은 당해 개인정보처리자가 부담한다.

  - 유형1(완화, 제5조 2~5항, 제6조 1/3/6/7항, 제7조 1~5/7항, 제8조~제13조): 1만 명 미만의 정보주체에 관한 개인정보를 보유한 소상공인/단체/개인

－ 유형2(표준, 제4조 1항1호~11호/1항15호 3~4항, 제5조, 제6조 1~7항, 제7조 1~5항/7항, 제8조~제13조): 100만 명 미만의 정보주체에 관한 개인정보를 보유한 중소기업, 10만 명 미만의 정보주체에 관한 개인정보를 보유한 대기업/중견기업/공공기관, 1만 명 이상의 정보주체에 관한 개인정보를 보유한 소상공인/단체/개인

－ 유형3(강화, 제4조~제13조): 10만 명 이상의 정보주체에 관한 개인정보를 보유한 대기업/중견기업/공공기관, 100만 명 이상의 정보주체에 관한 개인정보를 보유한 중소기업/단체

② 개인정보보호법 제23조 제2항, 제29조: 개인정보처리자가 사상·신념, 노동조합·정당의 가입·탈퇴, 정치적 견해, 건강, 성생활 등에 관한 정보, 그 밖에 정보주체의 사생활을 현저히 침해할 우려가 있는 개인정보로서 민감정보(유전자검사 등의 결과로 얻어진 유전정보, 「형의 실효 등에 관한 법률」 제2조 제5호에 따른 범죄경력자료에 해당하는 정보를 처리하는 경우에는 그 민감정보가 분실·도난·유출·위조·변조 또는 훼손되지 아니하도록 제29조에 따른 안전성 확보에 필요한 조치를 해야 한다.

③ 개인정보보호법 제24조 제3항(시행령 제21조, 제30조): 개인정보처리자가 고유식별정보를 처리하는 경우에는 그 고유식별정보가 분실·도난·유출·위조·변조 또는 훼손되지 아니하도록 "개인정보의 안전성 확보조치 기준"에 따라 암호화 등 안전성 확보에 필요한 조치를 해야 한다. 단, 개인정보의 안전성 확보조치 기준에서의 개인정보를 고유식별정보로 본다.

나) GAP 분석용 질문

① 개인정보의 안전성 확보조치 기준을 확인하기 위해 회사가 어느 유형[1]에 존재하는지 알고 있는가?

② 회사가 속한 유형에 따라 보호대책을 선정하고 있는가?

③ 민감정보를 처리하는가? 처리할 경우, 개인정보의 안전성 확보조치 방안에 민감정보를 포함시키고 있는가?

④ 고유식별정보를 처리하는가? 처리할 경우, 개인정보의 안전성 확보조치 방안에 고유식별정보를 포함시키고 있는가?

---

1) 유형1(1만 명 미만의 정보주체에 관한 개인정보를 보유한 소상공인/단체/개인), 유형2(100만 명 미만의 정보주체에 관한 개인정보를 보유한 중소기업, 10만 명 미만의 정보주체에 관한 개인정보를 보유한 대기업/중견기업/공공기관, 1만 명 이상의 정보주체에 관한 개인정보를 보유한 소상공인/단체/개인), 유형3(10만 명 이상의 정보주체에 관한 개인정보를 보유한 대기업/중견기업/공공기관, 100만 명 이상의 정보주체에 관한 개인정보를 보유한 중소기업/단체)

다) ISMS:2013과의 차이: 특이사항 없음

라) 해당하는 ISMS-P 인증기준 항목: 1.2.4 (보호대책 선정)

마) 해당하는 ISMS-P 인증기준 상세 내용: 위험 평가 결과에 따라 식별된 위험을 처리하기 위하여 조직에 적합한 보호대책을 선정하고, 보호대책의 우선순위와 일정, 담당자, 예산 등을 포함한 이행계획을 수립하여 경영진의 승인을 받아야 한다.

바) 해당하는 ISMS:2013 인증기준 통제항목: 관리과정 3.3 (정보보호 대책 선정 및 이행계획 수립)

사) 해당하는 ISMS:2013 인증기준 통제내용: 위험을 수용 가능한 수준으로 감소시키기 위해 정보보호대책을 선정하고 그 보호대책의 구현 우선순위, 일정, 담당부서 및 담당자 지정, 예산 등을 포함한 이행계획을 수립하여 경영진의 승인을 받아야 한다.

30) 업무관련 항목 순서: 기반-30

업무관련 항목	2.1.3.1 (중요도에 따른 정보자산 보호대책)
업무관련 상세 내용	정보자산의 용도와 중요도에 따른 취급 절차 및 보호대책을 수립·이행해야 한다.

가) 관련 법률 요구사항: 해당 사항 없음

나) GAP 분석용 질문

　① 정보자산별 보안등급 표시 기준이 존재하는가?

　② 자산별 보안등급 표시 기준에 따라 자산을 표시하는가?

　③ 보안등급별 취급절차가 존재하는가?

다) ISMS:2013과의 차이: [완화] 보안등급 표시 등 상황에 맞춰서 보호대책 수립

라) 해당하는 ISMS-P 인증기준 항목: 2.1.3 (정보자산 관리)

마) 해당하는 ISMS-P 인증기준 상세 내용: 정보자산의 용도와 중요도에 따른 취급 절차 및 보호대책을 수립·이행하고, 자산별 책임소재를 명확히 정의하여 관리해야 한다.

바) 해당하는 ISMS:2013 인증기준 통제항목: 4.2.1 (보안등급과 취급)

사) 해당하는 ISMS:2013 인증기준 통제내용: 기밀성, 무결성, 가용성, 법적 요구사항 등을 고려하여 정보자산이 조직에 미치는 중요도를 평가하고 그 중요도에 따라 보안등급을 부여해야 한다. 또한 보안등급을 표시하고 등급 부여에 따른 취급절차를 정의하여 이행해야 한다.

31) 업무관련 항목 순서: 기반-31

업무관련 항목	1.3.2.1 (보호대책의 담당자 파악)
업무관련 상세 내용	보호대책의 실제 운영 또는 시행할 부서 및 담당자를 파악해야 한다.

가) 관련 법률 요구사항: 해당 사항 없음

나) GAP 분석용 질문

　① 이행계획서에는 보호대책의 실제 운영 또는 시행할 부서 및 담당자가 포함되어져 있는가?

다) ISMS:2013과의 차이: 특이사항 없음

라) 해당하는 ISMS-P 인증기준 항목: 1.3.2 (보호대책 공유)

마) 해당하는 ISMS-P 인증기준 상세 내용: 보호대책의 실제 운영 또는 시행할 부서 및 담당자를 파악하여 관련 내용을 공유하고 교육하여 지속적으로 운영되도록 해야 한다.

바) 해당하는 ISMS:2013 인증기준 통제항목: 관리과정 4.2 (내부 공유 및 교육)

사) 해당하는 ISMS:2013 인증기준 통제내용: 구현된 정보보호대책을 실제 운영 또는 시행할 부서 및 담당자를 파악하여 관련 내용을 공유하고 교육해야 한다.

32) 업무관련 항목 순서: 기반-32

업무관련 항목	1.2.4.2 (이행계획 수립)
업무관련 상세 내용	위험 평가 결과에 따라 식별된 위험을 처리하기 위해 보호대책의 우선순위와 일정·담당자·예산 등을 포함한 이행계획을 수립해야 한다.

가) 관련 법률 요구사항

　① 개인정보보호법 제29조(안전성 확보조치 제4조 제1항, 제2항, 제3항): (유형2)(유형3) 개인정보처리자는 개인정보의 분실·도난·유출·위조·변조 또는 훼손되지 아니하도록 내부 의사결정 절차를 통하여 다음의 사항을 포함하는 내부 관리계획을 수립·시행하여야 하며, 각 사항에 중요한 변경이 있는 경우에는 이를 즉시 반영하여 내부 관리계획을 수정하여 시행하고 그 수정 이력을 관리해야 한다. 다만, (유형1)에 해당하는 개인정보처리자는 수립하지 아니할 수 있다. (유형2)(유형3)

　　- 개인정보 보호책임자의 지정에 관한 사항

　　- 개인정보 보호책임자 및 개인정보취급자의 역할 및 책임에 관한 사항

　　- 개인정보취급자에 대한 교육에 관한 사항

- 접근 권한의 관리에 관한 사항

- 접근 통제에 관한 사항

- 개인정보의 암호화 조치에 관한 사항

- 접속기록 보관 및 점검에 관한 사항

- 악성프로그램 등 방지에 관한 사항

- 물리적 안전조치에 관한 사항

- 개인정보 보호조직에 관한 구성 및 운영에 관한 사항

- 개인정보 유출사고 대응 계획 수립·시행에 관한 사항

- 그 밖에 개인정보 보호를 위하여 필요한 사항 (유형3)

- 위험도 분석 및 대응방안 마련에 관한 사항

- 재해 및 재난 대비 개인정보처리시스템의 물리적 안전조치에 관한 사항

- 개인정보 처리업무를 위탁하는 경우 수탁자에 대한 관리 및 감독에 관한 사항

② 정통망법 제28조(보호조치 기준 제3조 제1항): 정보통신서비스 제공자등은 개인정보
내부관리계획의 수립 및 승인에 관한 사항을 정하여 운영해야 한다.

③ 정통망법 제28조 제1항 제1호(시행령 제15조 제1항 / 보호조치 기준 제3조 제3항):
정보통신서비스 제공자등은 개인정보의 안전한 처리를 위하여 다음 각 호의 내용을
포함하는 내부관리계획을 수립·시행해야 한다.

- 개인정보 보호책임자의 지정 등 개인정보보호 조직의 구성·운영에 관한 사항

- 정보통신서비스 제공자의 지휘·감독을 받아 이용자의 개인정보를 처리하는 자(이하
이 조에서 "개인정보취급자"라 한다)의 교육진행에 대한 세부 계획

- 접근통제   - 접속기록의 위·변조방지

- 개인정보의 암호화   - 악성프로그램 방지

- 물리적 접근방지

④ 정통망법 제46조(IDC보호지침 제6조 제1항): 해킹·컴퓨터바이러스 유포 등의 전자적
침해행위와 정전·화재 기타 각종 재난으로부터 집적정보통신시설을 보호하기 위하여
다음 사항을 포함하는 계획(이하 "시설보호계획"이라고 한다)을 수립·시행해야 한다.

- 시설 보호의 목적 및 범위

- 시설보호 조직·인력의 구성 및 운영에 관한 사항

- 시설보호를 위한 교육·훈련에 관한 사항

- 침해사고 예방·대응 및 복구 대책

- 기타 시설의 안전한 운영·관리를 위한 지침

⑤ 개인정보보호법 제9조 제1항, 제2항: 보호위원회(개인정보 보호에 관한 사항을 심의·의결하기 위하여 대통령 소속으로 개인정보보호위원회를 둠)는 개인정보의 보호와 정보주체의 권익 보장을 위하여 3년마다 다음의 사항이 포함된 개인정보 보호 기본계획(이하 "기본계획"이라 한다)을 관계 중앙행정기관의 장과 협의하여 수립한다.

  − 개인정보 보호의 기본목표와 추진방향

  − 개인정보 보호와 관련된 제도 및 법령의 개선

  − 개인정보 침해 방지를 위한 대책

  − 개인정보 보호 자율규제의 활성화

  − 개인정보 보호 교육·홍보의 활성화

  − 개인정보 보호를 위한 전문 인력의 양성

  − 그 밖에 개인정보 보호를 위하여 필요한 사항

⑥ 개인정보보호법 제9조 제3항: 국회, 법원, 헌법재판소, 중앙선거관리위원회는 해당 기관(그 소속 기관을 포함한다)의 개인정보 보호를 위한 기본계획을 수립·시행할 수 있다.

⑦ 개인정보보호법 제10조 제1항: 중앙행정기관의 장은 기본계획에 따라 매년 개인정보 보호를 위한 시행계획을 작성하여 보호위원회에 제출하고, 보호위원회의 심의·의결을 거쳐 시행해야 한다.

⑧ 개인정보보호법 제11조 제3항: 중앙행정기관의 장은 시행계획을 효율적으로 수립·추진하기 위하여 소관 분야의 개인정보처리자에게 기본계획을 효율적으로 수립하기 위한 개인정보처리자의 법규 준수 현황과 개인정보 관리 실태 등에 관한 자료의 제출이나 의견의 진술 등을 요구할 수 있다.

나) GAP 분석용 질문

  ① 정보보호 대책 이행계획서가 존재하는가?

  ② 이행계획서에는 보호대책의 우선순위와 일정/담당자/예산 등을 모두 포함하고 있는가?

  ③ 정통망법의 개인정보 내부관리계획 및 개인정보보호법의 내부관리계획을 수립하고 있는가?

다) ISMS:2013과의 차이: 특이사항 없음

라) 해당하는 ISMS-P 인증기준 항목: 1.2.4 (보호대책 선정)

마) 해당하는 ISMS-P 인증기준 상세 내용: 위험 평가 결과에 따라 식별된 위험을 처리하기 위하여 조직에 적합한 보호대책을 선정하고, 보호대책의 우선순위와 일정·담당자·예산 등을 포함한 이행계획을 수립하여 경영진의 승인을 받아야 한다.

바) 해당하는 ISMS:2013 인증기준 통제항목: 관리과정 3.3 (정보보호 대책 선정 및 이행계획 수립)

사) 해당하는 ISMS:2013 인증기준 통제내용: 위험을 수용 가능한 수준으로 감소시키기 위해 정보보호대책을 선정하고 그 보호대책의 구현 우선순위, 일정, 담당부서 및 담당자 지정, 예산 등을 포함한 이행계획을 수립하여 경영진의 승인을 받아야 한다.

33) 업무관련 항목 순서: 기반-33

업무관련 항목	1.2.4.3 (이행계획 경영진 승인)
업무관련 상세 내용	보호대책 이행계획은 경영진의 승인을 받아야 한다.

가) 관련 법률 요구사항

    ① 정통망법 제28조(보호조치 기준 제3조 제1항): 정보통신서비스 제공자등은 개인정보 내부관리계획의 수립 및 승인에 관한 사항을 정하여 운영해야 한다.

나) GAP 분석용 질문

    ① 정보보호 대책 이행계획서를 경영진으로부터 승인을 받았는가?

    ② 정통망법의 개인정보 내부관리계획을 경영진으로부터 승인을 받았는가?

다) ISMS:2013과의 차이: 특이사항 없음

라) 해당하는 ISMS-P 인증기준 항목: 1.2.4 (보호대책 선정)

마) 해당하는 ISMS-P 인증기준 상세 내용: 위험 평가 결과에 따라 식별된 위험을 처리하기 위하여 조직에 적합한 보호대책을 선정하고, 보호대책의 우선순위와 일정·담당자·예산 등을 포함한 이행계획을 수립하여 경영진의 승인을 받아야 한다.

바) 해당하는 ISMS:2013 인증기준 통제항목: 관리과정 3.3 (정보보호 대책 선정 및 이행계획 수립)

사) 해당하는 ISMS:2013 인증기준 통제내용: 위험을 수용 가능한 수준으로 감소시키기 위해 정보보호대책을 선정하고 그 보호대책의 구현 우선순위, 일정, 담당부서 및 담당자 지정, 예산 등을 포함한 이행계획을 수립하여 경영진의 승인을 받아야 한다.

34) 업무관련 항목 순서: 기반-34

업무관련 항목	1.3.2.2 (보호대책 교육)
업무관련 상세 내용	보호대책의 실운영 담당자에게 관련 내용을 공유하고 교육하여 지속적으로 운영되도록 해야 한다.

가) 관련 법률 요구사항: 해당 사항 없음

나) GAP 분석용 질문

① 위험분석 결과 도출된 정보보호대책을 적용할 부서 및 담당자를 대상으로 관련내용에 대해 교육을 진행하였는가?

다) ISMS:2013과의 차이: 특이사항 없음

라) 해당하는 ISMS-P 인증기준 항목: 1.3.2 (보호대책 공유)

마) 해당하는 ISMS-P 인증기준 상세 내용: 보호대책의 실제 운영 또는 시행할 부서 및 담당자를 파악하여 관련 내용을 공유하고 교육하여 지속적으로 운영되도록 해야 한다.

바) 해당하는 ISMS:2013 인증기준 통제항목: 관리과정 4.2 (내부 공유 및 교육)

사) 해당하는 ISMS:2013 인증기준 통제내용: 구현된 정보보호대책을 실제 운영 또는 시행할 부서 및 담당자를 파악하여 관련 내용을 공유하고 교육해야 한다.

35) 업무관련 항목 순서: 기반-35

업무관련 항목	1.3.1.1 (보호대책 효과적 구현)
업무관련 상세 내용	선정한 보호대책은 이행계획에 따라 효과적으로 구현해야 한다.

가) 관련 법률 요구사항: 해당 사항 없음

나) GAP 분석용 질문

① 정보보호 정책/지침의 내용을 구현할 수 있는 절차에 대한 구체적인 양식 등이 존재하는가?

② 이행계획에 따라 효과적으로 구현된 결과를 정리한 정보보호 관리체계 운영명세서가 존재하는가?

다) ISMS:2013과의 차이: 특이사항 없음

라) 해당하는 ISMS-P 인증기준 항목: 1.3.1 (보호대책 구현)

마) 해당하는 ISMS-P 인증기준 상세 내용: 선정한 보호대책은 이행계획에 따라 효과적으로 구현하고, 경영진은 이행결과의 정확성과 효과성 여부를 확인해야 한다.

바) 해당하는 ISMS:2013 인증기준 통제항목: 관리과정 4.1 (정보보호 대책의 효과적 구현)

사) 해당하는 ISMS:2013 인증기준 통제내용: 정보보호대책 이행계획에 따라 보호대책을 구현하고 경영진은 이행결과의 정확성 및 효과성 여부를 확인해야 한다.

36) 업무관련 항목 순서: 기반-36

업무관련 항목	1.3.1.2 (이행계획 결과의 정확/효과성 확인)
업무관련 상세 내용	경영진은 이행계획에 따라 구현된 보호대책에 대한 이행결과의 정확성과 효과성 여부를 확인해야 한다.

가) 관련 법률 요구사항: 해당 사항 없음

나) GAP 분석용 질문

　① 정보보호 운영명세서상에 요구사항별 운영현황을 정확하게 명시하고 있는가?

　② 이행계획에 따라 효과적으로 이행되었는지, 정보보호 운영명세서를 경영진으로부터 승인을 받았는가?

다) ISMS:2013과의 차이: 특이사항 없음

라) 해당하는 ISMS-P 인증기준 항목: 1.3.1 (보호대책 구현)

마) 해당하는 ISMS-P 인증기준 상세 내용: 선정한 보호대책은 이행계획에 따라 효과적으로 구현하고, 경영진은 이행결과의 정확성과 효과성 여부를 확인해야 한다.

바) 해당하는 ISMS:2013 인증기준 통제항목: 관리과정 4.1 (정보보호 대책의 효과적 구현)

사) 해당하는 ISMS:2013 인증기준 통제내용: 정보보호대책 이행계획에 따라 보호대책을 구현하고 경영진은 이행결과의 정확성 및 효과성 여부를 확인해야 한다.

37) 업무관련 항목 순서: 기반-37

업무관련 항목	1.1.5.1 (정책 수립)
업무관련 상세 내용	(개인)정보보호 정책을 수립 · 작성하며, 이때 조직의 (개인)정보보호 방침을 명확하게 제시해야 한다.

가) 관련 법률 요구사항

　① 개인정보보호법 제12조 제1항: 행정안전부장관은 개인정보의 처리에 관한 기준, 개인정보 침해의 유형 및 예방조치 등에 관한 표준개인정보보호지침(이하 "표준지침"이라 한다)을 정하여 개인정보처리자에게 그 준수를 권장할 수 있다.

　② 개인정보보호법 제12조 제2항: 중앙행정기관의 장은 표준개인정보보호지침(이하 "표준지침"이라 한다)에 따라 소관 분야의 개인정보 처리와 관련한 개인정보보호지침을 정하여 개인정보처리자에게 그 준수를 권장할 수 있다.

③ 개인정보보호법 제12조 제3항: 국회, 법원, 헌법재판소 및 중앙선거관리위원회는 해당 기관(그 소속 기관을 포함한다)의 개인정보 보호지침을 정하여 시행할 수 있다.

나) GAP 분석용 질문

① 정보보호 최상위 정책이 존재하는가?

② 정책 제/개정에 대해 최고경영자의 승인을 받았는가?

③ 정책 제/개정 시마다 모든 임직원에게 공표하였는가?

다) ISMS:2013과의 차이: 특이사항 없음

라) 해당하는 ISMS-P 인증기준 항목: 1.1.5 (정책 수립)

마) 해당하는 ISMS-P 인증기준 상세 내용: 정보보호와 개인정보보호 정책 및 시행문서를 수립·작성하며, 이때 조직의 정보보호와 개인정보보호 방침 및 방향을 명확하게 제시해야 한다. 또한 정책과 시행문서는 경영진 승인을 받고, 임직원 및 관련자에게 이해하기 쉬운 형태로 전달해야 한다.

바) 해당하는 ISMS:2013 인증기준 통제항목: 관리과정 1.1 (정보보호 정책의 수립)

사) 해당하는 ISMS:2013 인증기준 통제내용: 조직이 수행하는 모든 정보보호 활동의 근거를 포함할 수 있도록 정보보호정책을 수립하고 동정책은 국가나 관련 산업에서 정하는 정보보호 관련 법, 규제를 만족해야 한다.

38) 업무관련 항목 순서: 기반-38

업무관련 항목	2.7.1.1 (암호정책 수립)
업무관련 상세 내용	개인정보 및 주요정보 보호를 위하여 법적 요구사항을 반영한 암호화 대상, 암호 강도, 암호 사용 정책을 수립해야 한다.

가) 관련 법률 요구사항: 해당 사항 없음

나) GAP 분석용 질문

① 저장 시 암호화 대상(주민등록번호, 여권번호, 운전면허번호, 외국인등록번호, 신용카드번호, 계좌번호, 바이오정보)을 지정하고 있는가?

② 저장 시 암호화 대상에 대한 암호화 알고리즘(SEED, ARIA-128/192/256, RSA 등)은 안전한 암호 알고리즘으로 암호화 하도록 지정하고 있는가?

③ 패스워드 저장 시 안전한 일방향 암호화 알고리즘(SHA-224/256/384/512 등)으로 암호화 하도록 지정하고 있는가?

④ 개인정보를 망을 통해 전송 시 암호화(HTTPS, 보안모듈 등)하여 전달하도록 지정하고 있는가?

⑤ 개인정보 등 중요정보가 포함된 전자파일을 단말기 및 이동식 저장매체에 보관 시에는 암호화(패스워드 설정 등) 하도록 지정하고 있는가?

⑥ 암호화에 사용되는 암호키의 생성·이용·보관·배포·파기에 대한 내용이 정책에 포함되어져 있는가?

다) ISMS:2013과의 차이: 특이사항 없음

라) 해당하는 ISMS-P 인증기준 항목: 2.7.1 (암호정책 적용)

마) 해당하는 ISMS-P 인증기준 상세 내용: 개인정보 및 주요정보 보호를 위하여 법적 요구사항을 반영한 암호화 대상, 암호 강도, 암호 사용 정책을 수립하고 개인정보 및 주요정보의 저장·전송·전달 시 암호화를 적용해야 한다.

바) 해당하는 ISMS:2013 인증기준 통제항목: 9.1.1 (암호정책 수립)

사) 해당하는 ISMS:2013 인증기준 통제내용: 조직의 중요정보 보호를 위하여 암호화 대상, 암호 강도(복잡도), 키관리, 암호사용에 대한 정책을 수립하고 이행해야 한다. 또한 정책에는 개인정보 저장 및 전송 시 암호화 적용 등 암호화 관련 법적 요구사항을 반드시 반영해야 한다.

39) 업무관련 항목 순서: 기반-39

업무관련 항목	2.10.5.1 (타 조직에 정보전송 시 정책 수립)
업무관련 상세 내용	타 조직에 개인정보 및 중요정보를 전송할 경우 안전한 전송 정책을 수립해야 한다.

가) 관련 법률 요구사항: 해당 사항 없음

나) GAP 분석용 질문

① 외부 조직에 개인정보 등 중요정보를 전송하고자 할 경우, 역할 및 책임에 대한 내용을 명확히 하도록 규정화 하고 있는가?

② 외부 조직에 개인정보 등 중요정보를 전송하고자 할 경우, 전송구간 암호화 또는 전달 시 암호화가 적용될 수 있도록 규정화 하고 있는가?

③ 외부 조직에 고유식별정보 등 암호화 대상 개인정보를 전송하고자 할 경우, 저장 시 암호화가 적용될 수 있도록 규정화 하고 있는가?

④ 해외법인에 개인정보를 전송하고자 할 경우에는 정통망법의 내용을 따르도록 규정화 하고 있는가? (즉 정통망법을 위반하는 사항을 내용으로 하는 국제계약을 체결하면 안 된다.)

다) ISMS:2013과의 차이: 특이사항 없음

라) 해당하는 ISMS-P 인증기준 항목: 2.10.5 (정보전송 보안)

마) 해당하는 ISMS-P 인증기준 상세 내용: 타 조직에 개인정보 및 중요정보를 전송할 경우 안전한 전송 정책을 수립하고 조직 간 합의를 통해 관리 책임, 전송방법, 개인정보 및 중요정보 보호를 위한 기술적 보호조치 등을 협약하고 이행해야 한다.

바) 해당하는 ISMS:2013 인증기준 통제항목: 11.3.2 (정보전송 정책 수립 및 협약 체결)

사) 해당하는 ISMS:2013 인증기준 통제내용: 타 조직에 중요정보를 전송할 경우 안전한 전송을 위한 정책을 수립하고 조직 간 정보전송 합의를 통해 관리 책임, 전송 기술 표준, 중요정보의 보호를 위한 기술적 보호조치 등을 포함한 협약서를 작성해야 한다.

40) 업무관련 항목 순서: 기반-40

업무관련 항목	3.4.1.1 (개인정보 보유기간 및 파기 관련 정책 수립)
업무관련 상세 내용	개인정보의 보유기간 및 파기 관련 내부 정책을 수립해야 한다.

가) 관련 법률 요구사항

① 정통망법 제29조 제3항(시행령 제16조 제4항, 제5항): 정보통신서비스 제공자와 그로부터 이용자의 개인정보를 제공받은 자(이하 "정보통신서비스 제공자등"이라 한다)는 정보통신서비스를 1년간 이용되지 아니할 이용자에게 기간만료 30일 전까지 개인정보를 파기하는 경우(개인정보가 파기되는 사실, 기간 만료일(실질 파기되는 시점) 및 파기되는 개인정보의 항목)와 다른 이용자의 개인정보와 분리하여 개인정보를 저장/관리하는 경우(개인정보가 분리되어 저장/관리되는 사실, 기간 만료일(실질 파기되는 시점) 및 분리/저장되어 관리되는 개인정보의 항목)에 해당 관련내용을 전자우편·서면·모사전송·전화 또는 이와 유사한 방법 중 어느 하나의 방법으로 이용자에게 알려야 한다.

② 정통망법 제30조 제3항: 정보통신서비스 제공자와 그로부터 이용자의 개인정보를 제공받은 자(이하 "정보통신서비스 제공자등"이라 한다)는 이용자가 개인정보 수집·이용·제공 등의 동의를 철회하면 지체 없이 수집된 개인정보를 복구·재생할 수 없도록 파기해야 한다.

③ 정통망법 제32조의3 제2항: 정보통신서비스 제공자등은 방송통신위원회 또는 한국인터넷진흥원의 요청이 있는 경우 주민등록번호, 계좌정보, 신용카드정보 등 노출된 개인정보에 대한 삭제·차단 등 필요한 조치를 취해야 한다.

④ 개인정보보호법 제36조 제3항: 개인정보처리자가 개인정보를 삭제할 때에는 복구 또는 재생되지 아니하도록 조치해야 한다.

⑤ 개인정보보호법 제37조 제4항: 개인정보처리자는 정보주체의 요구에 따라 처리가 정지된 개인정보에 대하여 지체 없이 해당 개인정보의 파기 등 필요한 조치를 해야 한다.

⑥ 정통망법 제29조 제1항: 정보통신서비스 제공자와 그로부터 이용자의 개인정보를 제공받은 자(이하 "정보통신서비스 제공자등"이라 한다)는 다음의 어느 하나에 해당하는 경우에는 지체 없이 해당 개인정보를 복구·재생할 수 없도록 파기해야 한다. 다만, 다른 법률에 따라 개인정보를 보존하여야 하는 경우에는 그러하지 아니하다.

  – 동의를 받은 개인정보의 수집·이용 목적을 달성한 경우

  – 동의 없이 이용자의 개인정보를 수집할 수 있는 경우(정보통신서비스의 제공에 관한 계약을 이행하기 위하여 필요한 개인정보로서 경제적·기술적인 사유로 통상적인 동의를 받는 것이 뚜렷하게 곤란한 경우/정보통신서비스의 제공에 따른 요금정산을 위하여 필요한 경우)에서 정한 해당 목적을 달성한 경우

  – 동의를 받은 개인정보의 보유 및 이용 기간이 끝난 경우

  – 이용자의 동의를 받지 아니하고 수집·이용한 경우에는 개인정보의 보유 및 이용 기간이 끝난 경우

  – 사업을 폐업하는 경우

⑦ 정통망법 제29조 제2항(시행령 제16조 제2항, 제3항): 정보통신서비스 제공자와 그로부터 이용자의 개인정보를 제공받은 자(이하 "정보통신서비스 제공자등"이라 한다)는 이용자가 정보통신서비스를 1년간 이용하지 아니하는 경우에는 이용자의 개인정보를 해당 기간 경과 후 즉시 파기하거나 다른 이용자의 개인정보와 분리하여 별도로 저장·관리해야 한다. 다만, 정보통신서비스를 이용하지 아니한 1년 기간(법 제29조 제2항 단서에 따라 이용자의 요청에 따라 달리 정한 경우에는 그 기간을 말한다)이 경과한 경우로서 다른 법령에 따라 이용자의 개인정보를 보존하여야 하는 경우에는 다른 법령에서 정한 기간이 경과할 때까지 다른 이용자의 개인정보와 분리하여 별도로 저장·관리해야 한다.

⑧ 개인정보보호법 제20조 제3항(시행령 제15조의2 제3항): 5만 명 이상의 정보주체에 관하여 법 제23조에 따른 민감정보(이하 "민감정보"라 한다) 또는 법 제24조 제1항에 따른 고유식별정보(이하 "고유식별정보"라 한다)를 처리하는 개인정보처리자이거나 100만 명 이상의 정보주체에 관하여 개인정보를 처리하는 개인정보처리자가 정보주체의 동의를 통한 정보주체 이외로부터 개인정보를 수집하여 처리하는 때에는 해당 사항을 정보주체에게 알려야 한다. 이때 정보주체에게 알린 사실에 대한 다음의 사항을 법 제21조 또는 제37조 제4항에 따라 해당 개인정보를 파기할 때까지 보관·관리해야 한다.

  – 정보주체에게 알린 사실   – 알린 시기

  – 알린 방법

⑨ 개인정보보호법 제21조(시행령 제16조): 개인정보처리자는 보유기간의 경과, 개인정보의 처리 목적 달성 등 그 개인정보가 불필요하게 되었을 때에는 지체 없이 그 개인정보를 복구 또는 재생되지 아니하도록 다음의 구분에 따른 방법으로 파기해야 한다. 다만, 다른 법령에 따라 보존하여야 하는 경우에는 해당 개인정보 또는 개인정보파일을 다른 개인정보와 분리해서 저장 · 관리해야 한다.

　　－ 전자적 파일 형태인 경우: 복원이 불가능한 방법으로 영구삭제

　　－ 전자적 파일 외의 기록물/인쇄물/서면/그 밖의 기록매체인 경우: 파쇄 또는 소각

나) GAP 분석용 질문

① 개인정보에 대한 보유기간 및 파기 관련한 내부 규정이 존재하는가?

② 개인정보의 보유기간 및 파기 관련한 내부 규정상에, 개인정보를 수집 시 동의받은 내용에 대해 동의 철회할 경우 지체 없이 삭제하도록 하는 내용이 포함되어져 있는가?

③ 개인정보의 보유기간 및 파기 관련한 내부 규정상에, 개인정보를 처리하기 위해 동의받은 내용에 대해 처리정지를 요구할 경우 지체 없이 삭제하도록 하는 내용이 포함되어져 있는가?

④ 개인정보의 보유기간 및 파기 관련한 내부 규정상에, 개인정보 수립 시 동의받은 개인정보의 수집/이용 목적을 달성한 경우에는 해당 개인정보를 삭제하도록 하는 내용이 포함되어져 있는가?

⑤ 개인정보의 보유기간 및 파기 관련한 내부 규정상에, 동의 없이 이용자의 개인정보를 수집할 수 있는 경우에서 정한 해당 목적을 달성한 경우에는 해당 개인정보를 삭제하도록 하는 내용이 포함되어져 있는가?

⑥ 개인정보의 보유기간 및 파기 관련한 내부 규정상에, 동의를 받은 개인정보의 보유 및 이용 기간이 끝난 경우에는 해당 개인정보를 삭제하도록 하는 내용이 포함되어져 있는가?

⑦ 개인정보의 보유기간 및 파기 관련한 내부 규정상에, 이용자의 동의를 받지 아니하고 수집/이용한 경우에는 개인정보의 보유 및 이용기간이 끝난 경우에는 해당 개인정보를 삭제하도록 하는 내용이 포함되어져 있는가?

⑧ 개인정보의 보유기간 및 파기 관련한 내부 규정상에, 사업을 폐업하는 경우에는 해당 개인정보를 삭제하도록 하는 내용이 포함되어져 있는가?

⑨ 개인정보의 보유기간 및 파기 관련한 내부 규정상에, 방송통신위원회 또는 한국인터넷진흥원의 요청이 있는 경우 노출된 개인정보에 대한 삭제/차단 등 필요한 조치를 취하도록 하는 내용이 포함되어져 있는가?

⑩ 수집된 개인정보의 정보주체인 이용자가 정보통신서비스를 1년간 이용하지 않은 이용자의 개인정보에 대해 파기하거나 분리보관할 것인지 결정되어져 있는가?

⑪ 1년간 휴면 이용자의 개인정보를 파기하기로 결정된 경우, 파기시점 기준 30일 전까지 이용자에게 해당 내용[1]을 알리도록 개인정보에 대한 보유기간 및 파기 관련한 내부 규정에 포함되어져 있는가?

⑫ 1년간 휴면 이용자의 개인정보를 분리보관하기로 결정된 경우, 분리보관 시점 기준 30일 전까지 이용자에게 해당 내용[2]을 알리도록 개인정보에 대한 보유기간 및 파기 관련한 내부 규정에 포함되어져 있는가?

⑬ 정보주체(이용사) 이외로부터 개인정보를 제공받은 사실에 대해 법적요건[3]에 근거하여 통지 의무가 부과된 경우에 한해 정보주체에게 간접수집한 사실(수집출처, 처리목적, 처리정지의 요구권리)을 고지한 정보를 정보주체의 개인정보가 파기될 때 삭제되도록 하는 내용이 개인정보에 대한 보유기간 및 파기 관련한 내부 규정에 포함되어져 있는가?

⑭ 개인정보의 보유기간 및 파기 관련한 내부 규정상에, 개인정보를 파기해야 하는 경우에는 복구/재생할 수 없도록 파기하는 부분이 포함되어져 있는가?

⑮ 개인정보를 파기해야 하는 경우임에도 불구하고, 다른 법령에 따라 이용자의 개인정보를 보존하여야 하는 경우에는 다른 법령에서 정한 기간이 경과할 때까지 다른 이용자의 개인정보와 별도로 분리보관하도록 하는 부분이 개인정보의 보유기간 및 파기 관련한 내부 규정상에 포함되어져 있는가?

⑯ 1년간 휴면 이용자의 개인정보를 분리보관하기로 결정된 경우, 분리보관 시점에 다른 이용자의 개인정보와 별도로 분리보관하도록 하는 부분이 개인정보의 보유기간 및 파기 관련한 내부 규정상에 포함되어져 있는가?

다) ISMS:2013과의 차이: [확대] 개인정보 수집동의 등에 대한 기록을 탈퇴 전까지 보관하도록 하는 부분을 없애고, 내부정책을 수립하도록 확대

라) 해당하는 ISMS-P 인증기준 항목: 3.4.1 (개인정보의 파기)

마) 해당하는 ISMS-P 인증기준 상세 내용: 개인정보의 보유기간 및 파기 관련 내부 정책을 수립하고 개인정보의 보유기간 경과, 처리목적 달성 등 파기 시점이 도달한 때에는 파기의 안전성 및 완전성이 보장될 수 있는 방법으로 지체 없이 파기해야 한다.

바) 해당하는 PIMS:2016 인증기준 통제항목: 5.4.1 (개인정보 파기 규정 및 절차)

---

1) 개인정보가 파기되는 사실, 실질 파기되는 시점, 파기되는 개인정보의 항목

2) 개인정보가 분리되어 저장/관리되는 사실, 기간 만료일, 분리/저장되어 관리되는 개인정보의 항목

3) 5만 명 이상의 정보주체에 관하여 민감정보 또는 고유식별정보를 처리하는 개인정보처리자이거나 100만 명 이상의 정보주체에 관하여 개인정보를 처리하는 개인정보처리자. 다만, 개인정보처리자가 수집한 정보에 연락처 등 정보주체에게 알릴 수 있는 개인정보가 포함되지 아니한 경우에는 예외로 한다.

사) 해당하는 PIMS:2016 인증기준 통제내용: 개인정보의 보유기간 및 파기와 관련한 내부
규정을 수립하고, 파기 관련 보호조치를 마련해야 한다. 또한, 개인정보 수집 동의 등에
대한 기록은 탈퇴 전까지 안전하게 보관해야 한다.

41) 업무관련 항목 순서: 기반-41

업무관련 항목	2.1.1.2 (상위 정책과의 연계성)
업무관련 상세 내용	(개인)정보보호 관련 정책과 시행문서는 상위 조직 및 관련 기관 정책과의 연계성에 관해 주기적으로 검토하여 필요한 경우 제·개정하고 그 내역을 이력관리해야 한다.

가) 관련 법률 요구사항: 해당 사항 없음

나) GAP 분석용 질문

① 상위 조직/기관이 존재할 시 정책이 상위 정책과 연계성을 유지하는가?

다) ISMS:2013과의 차이: 특이사항 없음

라) 해당하는 ISMS-P 인증기준 항목: 2.1.1 (정책의 유지관리)

마) 해당하는 ISMS-P 인증기준 상세 내용: 정보보호 및 개인정보보호 관련 정책과
시행문서는 법령 및 규제, 상위 조직 및 관련 기관 정책과의 연계성, 조직의 대내외
환경변화 등에 따라 주기적으로 검토하여 필요한 경우 제·개정하고 그 내역을
이력관리해야 한다.

바) 해당하는 ISMS:2013 인증기준 통제항목: 1.2.1 (상위 정책과의 연계성)

사) 해당하는 ISMS:2013 인증기준 통제내용: 정보보호정책은 상위조직 및 관련 기관의
정책과 연계성을 유지해야 한다.

42) 업무관련 항목 순서: 기반-42

업무관련 항목	1.1.5.2 (정책 시행문서 수립)
업무관련 상세 내용	(개인)정보보호 시행문서를 수립·작성하며, 이때 조직의 (개인)정보보호 방향을 명확하게 제시해야 한다.

가) 관련 법률 요구사항

① 개인정보보호법 제12조 제1항: 행정안전부장관은 개인정보의 처리에 관한 기준,
개인정보 침해의 유형 및 예방조치 등에 관한 표준개인정보보호지침(이하 "표준
지침"이라 한다)을 정하여 개인정보처리자에게 그 준수를 권장할 수 있다.

② 개인정보보호법 제12조 제2항: 중앙행정기관의 장은 표준개인정보보호지침(이하 "표준지침"이라 한다)에 따라 소관 분야의 개인정보 처리와 관련한 개인정보 보호지침을 정하여 개인정보처리자에게 그 준수를 권장할 수 있다.

③ 개인정보보호법 제12조 제3항: 국회, 법원, 헌법재판소 및 중앙선거관리위원회는 해당 기관(그 소속 기관을 포함한다)의 개인정보 보호지침을 정하여 시행할 수 있다.

나) GAP 분석용 질문

① 정책내용에 대한 정보보호 지침서 및 절차서가 존재하는가?

② 개인정보의 처리에 관한 기준, 개인정보 침해의 유형 및 예방조치 등에 관한 표준개인정보보호지침을 정하고 있는가?

다) ISMS:2013과의 차이

① [완화] 정책과 시행문서 간의 일관성 유지부분 문구 삭제

② [흡수] ISMS:2013의 10.1.1 (접근통제 정책 수립) 및 11.1.1 (운영절차 수립) 항목을 삭제처리하고 ISMS-P 11.5.2 (정책 시행문서 수립)로 흡수

라) 해당하는 ISMS-P 인증기준 항목: 1.1.5 (정책 수립)

마) 해당하는 ISMS-P 인증기준 상세 내용: 정보보호와 개인정보보호 정책 및 시행문서를 수립·작성하며, 이때 조직의 정보보호와 개인정보보호 방침 및 방향을 명확하게 제시해야 한다. 또한 정책과 시행문서는 경영진 승인을 받고, 임직원 및 관련자에게 이해하기 쉬운 형태로 전달해야 한다.

바) 해당하는 ISMS:2013 인증기준 통제항목: 1.2.2 (정책시행 문서수립)

사) 해당하는 ISMS:2013 인증기준 통제내용: 정보보호정책의 구체적인 시행을 위한 정보보호지침, 절차를 수립하고 관련 문서 간의 일관성을 유지해야 한다.

43) 업무관련 항목 순서: 기반-43

업무관련 항목	1.4.1.1 (법적 요구사항 규정에 반영)
업무관련 상세 내용	조직이 준수하여야 할 (개인)정보보호 관련 법적 요구사항을 주기적으로 파악하여 규정에 반영해야 한다.

가) 관련 법률 요구사항: 해당 사항 없음

나) GAP 분석용 질문

① 정통망법/개인정보보호법 등 조직의 서비스와 관련된 법령의 최신 개정 현황을 확인하였는가?

② 개정된 현황의 내용을 정책/지침에 반영하여 개정하였는가?

다) ISMS:2013과의 차이: 특이사항 없음

라) 해당하는 ISMS-P 인증기준 항목: 1.4.1 (법적 요구사항 준수 검토)

마) 해당하는 ISMS-P 인증기준 상세 내용: 조직이 준수하여야 할 정보보호 및 개인정보보호 관련 법적 요구사항을 주기적으로 파악하여 규정에 반영하고, 준수 여부를 지속적으로 검토해야 한다.

바) 해당하는 ISMS:2013 인증기준 통제항목: 관리과정 5.1 (법적 요구사항 준수 검토)

사) 해당하는 ISMS:2013 인증기준 통제내용: 조직이 준수해야 할 정보보호 관련 법적 요구사항을 지속적으로 파악하여 최신성을 유지하고 준수여부를 지속적으로 검토해야 한다.

44) 업무관련 항목 순서: 기반-44

업무관련 항목	2.1.1.1 (규정 제/개정 및 이력관리)
업무관련 상세 내용	(개인)정보보호 관련 정책과 시행문서는 법령 및 규제에 관해 주기적으로 검토하여 필요한 경우 제·개정하고 그 내역을 이력관리해야 한다.

가) 관련 법률 요구사항

① 정통망법 제46조(IDC보호지침 제4조 제5항): 지진, 수해, 화재 등 각종 재난으로부터 주요시설 설비의 안전운영을 위하여 주요시설 설비 안전운영매뉴얼을 수립 후 주기적으로 관리감독해야 한다.

② 정통망법 제46조(IDC보호조치 제6조 제3항): 업무환경의 변화 등으로 인하여 시설보호계획 및 업무연속성계획의 수정·보완이 필요한 경우에는 지체 없이 검토·보완해야 한다.

③ 개인정보보호법 제8조의2 제1항: 중앙행정기관(검찰청, 경찰청, 고용노동부, 공정거래위원회, 관세청, 교육부, 국가보훈처, 국무조정실, 국민안전처, 국세청, 국토교통부, 기상청, 기획재정부, 농림축산식품부, 농촌진흥청, 문화재청, 문화체육관광부, 미래창조과학부, 방송통신위원회, 법무부, 병무청, 보건복지부, 산림청, 산업통상자원부, 식품의약품안전처, 여성가족부, 인사혁신처, 조달청, 중소기업청, 통계청, 통일부, 특허청, 해양수산부, 행정차지부, 환경부)의 장은 소관 법령의 제정 또는 개정을 통하여 개인정보 처리를 수반하는 정책이나 제도를 도입·변경하는 경우에는 보호위원회(개인정보 보호에 관한 사항을 심의·의결하기 위하여 대통령 소속으로 개인정보보호위원회를 둠)에 개인정보 침해요인 평가를 요청해야 한다.

나) GAP 분석용 질문

　① 정책/지침에 최근 변경된 환경변화에 대한 내용이 포함되어져 있는가?

　② 정책/지침 등에 대한 이력관리(개정 내용 및 일시 등)를 하고 있는가?

다) ISMS:2013과의 차이: 특이사항 없음

라) 해당하는 ISMS-P 인증기준 항목: 2.1.1 (정책의 유지관리)

마) 해당하는 ISMS-P 인증기준 상세 내용: 정보보호 및 개인정보보호 관련 정책과 시행문서는 법령 및 규제, 상위 조직 및 관련 기관 정책과의 연계성, 조직의 대내외 환경변화 등에 따라 주기적으로 검토하여 필요한 경우 제·개정하고 그 내역을 이력관리해야 한다.

바) 해당하는 ISMS:2013 인증기준 통제항목: 1.3.2 (정책문서 관리)

사) 해당하는 ISMS:2013 인증기준 통제내용: 정보보호정책 및 정책 시행문서의 이력관리를 위해 제정, 개정, 배포, 폐기 등의 관리절차를 수립하고 문서는 최신본으로 유지해야 한다. 또한 정책문서 시행에 따른 운영기록을 생성하여 유지해야 한다.

45) 업무관련 항목 순서: 기반-45

업무관련 항목	1.1.5.3 (규정 경영진 승인)
업무관련 상세 내용	(개인)정보보호 정책과 시행문서는 경영진의 승인을 받아야 한다.

가) 관련 법률 요구사항: 해당 사항 없음

나) GAP 분석용 질문

　① 정보보호 시행문서 제/개정에 대해 경영진의 승인을 받았는가?

다) ISMS:2013과의 차이: 특이사항 없음

라) 해당하는 ISMS-P 인증기준 항목: 1.1.5 (정책 수립)

마) 해당하는 ISMS-P 인증기준 상세 내용: 정보보호와 개인정보보호 정책 및 시행문서를 수립·작성하며, 이때 조직의 정보보호와 개인정보보호 방침 및 방향을 명확하게 제시해야 한다. 또한 정책과 시행문서는 경영진 승인을 받고, 임직원 및 관련자에게 이해하기 쉬운 형태로 전달해야 한다.

바) 해당하는 ISMS:2013 인증기준 통제항목: 1.1.1 (정책의 승인)

사) 해당하는 ISMS:2013 인증기준 통제내용: 정보보호정책은 이해관련자의 검토와 최고경영자의 승인을 받아야 한다.

46) 업무관련 항목 순서: 기반-46

업무관련 항목	1.3.3.1 (운영활동 및 수행내역 관리)
업무관련 상세 내용	조직이 수립한 관리체계에 따라 상시적 또는 주기적으로 수행하여야 하는 운영활동 및 수행 내역은 식별이 가능하도록 기록하여 관리해야 한다.

가) 관련 법률 요구사항: 해당 사항 없음

나) GAP 분석용 질문

　① 통제항목별 관련된 정보보호 절차서 및 증적자료가 존재하는가?

다) ISMS:2013과의 차이: 특이사항 없음

라) 해당하는 ISMS-P 인증기준 항목: 1.3.3 (운영현황 관리)

마) 해당하는 ISMS-P 인증기준 상세 내용: 조직이 수립한 관리체계에 따라 상시적 또는 주기적으로 수행하여야 하는 운영활동 및 수행 내역은 식별 및 추적이 가능하도록 기록하여 관리하고, 경영진은 주기적으로 운영활동의 효과성을 확인하여 관리해야 한다.

바) 해당하는 ISMS:2013 인증기준 통제항목: 관리과정 5.2 (정보보호 관리체계 운영현황 관리)

사) 해당하는 ISMS:2013 인증기준 통제내용: 정보보호 관리체계 범위 내에서 주기적 또는 상시적으로 수행해야 하는 활동을 문서화하고 그 운영현황을 지속적으로 관리해야 한다.

47) 업무관련 항목 순서: 기반-47

업무관련 항목	1.3.3.2 (운영활동의 효과성 관리)
업무관련 상세 내용	경영진은 주기적으로 조직이 수립한 관리체계에 따라 상시적 또는 주기적으로 수행하여야 하는 운영활동의 효과성을 확인하여 관리해야 한다.

가) 관련 법률 요구사항: 해당 사항 없음

나) GAP 분석용 질문

　① 정보보호 운영명세서상에 통제항목별 관련 규정, 증적자료 현황을 정확하게 명시하고 있는가?

　② 이행계획에 따라 효과적으로 이행되었는지, 정보보호 운영명세서를 경영진으로부터 승인을 받았는가?

다) ISMS:2013과의 차이: [추가] 운영활동의 효과성 관리부분 추가

라) 해당하는 ISMS-P 인증기준 항목: 1.3.3 (운영현황 관리)

마) 해당하는 ISMS-P 인증기준 상세 내용: 조직이 수립한 관리체계에 따라 상시적 또는 주기적으로 수행하여야 하는 운영활동 및 수행 내역은 식별 및 추적이 가능하도록 기록하여 관리하고, 경영진은 주기적으로 운영활동의 효과성을 확인하여 관리해야 한다.

바) 해당하는 ISMS:2013 인증기준 통제항목: 관리과정 5.2 (정보보호 관리체계 운영현황 관리)

사) 해당하는 ISMS:2013 인증기준 통제내용: 정보보호 관리체계 범위 내에서 주기적 또는 상시적으로 수행해야 하는 활동을 문서화하고 그 운영현황을 지속적으로 관리해야 한다.

48) 업무관련 항목 순서: 기반-48

업무관련 항목	2.2.4.1 (연간 인식제고 활동)
업무관련 상세 내용	임직원 및 관련 외부자가 조직의 관리체계와 정책을 이해하고 직무별 전문성을 확보할 수 있도록 연간 인식제고 활동을 수립·운영해야 한다.

가) 관련 법률 요구사항: 해당 사항 없음

나) GAP 분석용 질문

① 정보보호의 날, 정보보호 캠페인, 화면보호기 내 정보보호 안내문 설정 등 연간 인식제고 활동에 대한 계획을 수립하고 있는가?

② 관리체계 범위 내 임직원 및 업무 관련 외부자가 인식제고 대상에 포함되어져 있는가?

③ 특히, 위탁업무 하는 외부자에 대해서도 인식제고 대상에 포함되어져 있는가?

④ 범위 내 임원 전체를 대상으로 인식제고 활동을 진행하는가?

다) ISMS:2013과의 차이: [추가] 인식제고 활동이 신규로 추가

라) 해당하는 ISMS-P 인증기준 항목: 2.2.4 (인식제고 및 교육훈련)

마) 해당하는 ISMS-P 인증기준 상세 내용: 임직원 및 관련 외부자가 조직의 관리체계와 정책을 이해하고 직무별 전문성을 확보할 수 있도록 연간 인식제고 활동 및 교육훈련 계획을 수립·운영하고, 그 결과에 따른 효과성을 평가하여 다음 계획에 반영해야 한다.

바) 해당하는 ISMS:2013 인증기준 통제항목: 없음

사) 해당하는 ISMS:2013 인증기준 통제내용: 없음

49) 업무관련 항목 순서: 기반-49

업무관련 항목	2.2.4.2 (연간 교육훈련 계획 운영)
업무관련 상세 내용	임직원 및 관련 외부자가 조직의 관리체계와 정책을 이해하고 직무별 전문성을 확보할 수 있도록 연간 교육훈련 계획을 수립·운영해야 한다.

가) 관련 법률 요구사항

① 개인정보보호법 제26조 제4항(시행령 제28조 제6항): 위탁자는 업무 위탁으로 인하여 정보주체의 개인정보가 분실·도난·유출·위조·변조 또는 훼손되지 아니하도록 수탁자를 교육하고, 위탁자는 수탁자가 개인정보 처리 업무를 수행하는 경우에 개인정보처리자가 준수하여야 할 사항과 다음의 내용 준수여부 및 처리 현황 점검 등 대통령령으로 정하는 바에 따라 수탁자가 개인정보를 안전하게 처리하는지를 감독해야 한다.

  – 위탁업무 수행 목적 외 개인정보의 처리 금지에 관한 사항

  – 개인정보의 기술적·관리적 보호조치에 관한 사항

  – 위탁업무의 목적 및 범위

  – 재위탁 제한에 관한 사항

  – 개인정보에 대한 접근 제한 등 안전성 확보 조치에 관한 사항

  – 위탁업무와 관련하여 보유하고 있는 개인정보의 관리 현황 점검 등 감독에 관한 사항

  – 개인정보 처리업무를 위탁받아 처리하는 자(이하 "수탁자"라 한다)가 준수하여야 할 의무를 위반한 경우의 손해배상 등 책임에 관한 사항

② 개인정보보호법 제26조 제6항: 수탁자가 위탁받은 업무와 관련하여 개인정보를 처리하는 과정에서 개인정보보호법을 위반하여 발생한 손해배상책임에 대하여는 수탁자를 개인정보처리자의 소속 직원으로 본다.

③ 개인정보보호법 제28조 제2항: 개인정보처리자는 개인정보의 적정한 취급을 보장하기 위하여 개인정보취급자에게 정기적으로 필요한 교육을 실시해야 한다.

④ 정통망법 제28조(보호조치 기준 제3조 제2항 1/2): 정보통신서비스 제공자등은 개인정보취급자를 대상으로 교육목적/대상, 교육 내용 및 교육 일정/방법의 사항을 정하여 사업규모, 개인정보 보유 수 등을 고려하여 필요한 교육을 정기적으로 실시해야 한다.

  ※ 개인정보 연간 2회 진행하는 것을 사업규모 등을 고려하여 정기적으로 실시하는 것으로 변경되었다.

⑤ 정통망법 제28조(보호조치 기준 제3조 제2항 2/2): 개인정보보호교육 대상으로는 개인정보보호책임자 및 개인정보취급자를 모두 포함해야 한다.

⑥ 정통망법 제46조(IDC 보호지침 제4조 제5항): 수립된 안전운영매뉴얼과 관련된 직원을 대상으로 교육을 실시해야 한다.

⑦ 정통망법 제46조(IDC 보호조치 제5조 제3항): 주요시설의 유지/관리를 수행하는 전문 인력과 소속 인력에 대해 교육/훈련을 실시해야 한다.

나) GAP 분석용 질문

① 연간 정보보호 교육을 수립하고 있는가?

② 관리체계 범위 내 임직원 및 업무 관련 외부자가 교육대상에 포함되어져 있는가?

③ 특히, 위탁업무 하는 외부자에 대해서도 교육대상에 포함되어져 있는가?

④ 범위 내 임원 전체를 대상으로 정보보호 교육을 진행하는가?

⑤ 개인정보보호 교육도 함께 진행하는가?

⑥ 개인정보호 및 정보보호 교육은 1년에 몇 회 어떤 방식(온라인 또는 오프라인)으로 진행하는가?

다) ISMS:2013과의 차이

① [완화] 연간계획에 포함되어야 할 구체적인 내용 문구 삭제

② [완화] 교육내용에 포함되어야 할 구체적인 내용 문구 삭제

③ [완화] 직무별 차별 교육 진행부분 문구 삭제

라) 해당하는 ISMS-P 인증기준 항목: 2.2.4 (인식제고 및 교육훈련)

마) 해당하는 ISMS-P 인증기준 상세 내용: 임직원 및 관련 외부자가 조직의 관리체계와 정책을 이해하고 직무별 전문성을 확보할 수 있도록 연간 인식제고 활동 및 교육훈련 계획을 수립·운영하고, 그 결과에 따른 효과성을 평가하여 다음 계획에 반영해야 한다.

바) 해당하는 ISMS:2013 인증기준 통제항목

① 5.1.1 (교육 계획)　　② 5.1.2 (교육 대상)　　③ 5.1.3 (교육 내용 및 방법)

사) 해당하는 ISMS:2013 인증기준 통제내용

① 교육의 시기, 기간, 대상, 내용, 방법 등의 내용이 포함된 연간 정보보호교육 계획을 수립해야 한다.

② 교육 대상에는 정보보호 관리체계 범위 내 임직원 및 외부자를 모두 포함해야 한다.

③ 교육에는 정보보호 및 정보보호 관리체계 개요, 보안사고 사례, 내부 규정 및 절차, 법적 책임 등의 내용을 포함하고 일반 임직원, 책임자, IT 및 정보보호 담당자 등 각 직무별 전문성 제고에 적합한 교육내용 및 방법을 정해야 한다.

50) 업무관련 항목 순서: 기반-50

업무관련 항목	2.2.4.3 (인식제고 및 교육훈련의 효과성)
업무관련 상세 내용	임직원 및 관련 외부자에 대한 연간 인식제고 활동 및 교육훈련 결과의 효과성을 평가하여 다음 계획에 반영해야 한다.

가) 관련 법률 요구사항: 해당 사항 없음

나) GAP 분석용 질문

① 인식제고 및 교육훈련 결과에 대한 기록을 남기는가?

② 인식제고 및 교육훈련 시행 이후 평가를 하는지?

③ 평가결과를 다음 계획에 반영하는가?

다) ISMS:2013과의 차이: [완화] 추가 교육 수행 내용 문구 삭제

라) 해당하는 ISMS-P 인증기준 항목: 2.2.4 (인식제고 및 교육훈련)

마) 해당하는 ISMS-P 인증기준 상세 내용: 임직원 및 관련 외부자가 조직의 관리체계와 정책을 이해하고 직무별 전문성을 확보할 수 있도록 연간 인식제고 활동 및 교육훈련 계획을 수립·운영하고, 그 결과에 따른 효과성을 평가하여 다음 계획에 반영해야 한다.

바) 해당하는 ISMS:2013 인증기준 통제항목: 5.2.1 (교육 시행 및 평가)

사) 해당하는 ISMS:2013 인증기준 통제내용: 정보보호 관리체계 범위 내 임직원 및 외부자를 대상으로 연 1회 이상 교육을 시행하고 정보보호 정책 및 절차의 중대한 변경, 조직 내·외부 보안사고 발생, 관련 법규 변경 등의 사유가 발생할 경우 추가 교육을 수행해야 한다. 또한 교육 시행에 대한 기록을 남기고 평가해야 한다.

51) 업무관련 항목 순서: 기반-51

업무관련 항목	1.4.2.1 (관리체계 점검인력 구성)
업무관련 상세 내용	관리체계가 내부 정책 및 법적 요구사항에 따라 효과적으로 운영되고 있는지를 확인할 수 있는 독립성과 전문성이 확보된 인력을 구성한다.

가) 관련 법률 요구사항: 해당 사항 없음

나) GAP 분석용 질문

① 범위 내 업무와 상관없는 내부 감사인이 존재하는가?

② 내부 감사인이 존재하지 않는다면, 외부 전문 감사인과의 계약이 체결되어져 있는가? 또는 외부 전문 감사인을 활용할 예산 또는 내부계획이 잡혀 있는가?

다) ISMS:2013과의 차이: 특이사항 없음

라) 해당하는 ISMS-P 인증기준 항목: 1.4.2 (관리체계 점검)

마) 해당하는 ISMS-P 인증기준 상세 내용: 관리체계가 내부 정책 및 법적 요구사항에 따라 효과적으로 운영되고 있는지 독립성과 전문성이 확보된 인력을 구성하여 연 1회 이상 점검하고, 발견된 문제점을 경영진에게 보고해야 한다.

바) 해당하는 ISMS:2013 인증기준 통제항목: 관리과정 5.3 (내부감사)

사) 해당하는 ISMS:2013 인증기준 통제내용: 조직은 정보보호 관리체계가 정해진 정책 및 법적 요구사항에 따라 효과적으로 운영되고 있는지를 점검하기 위하여 연

1회 이상 내부감사를 수행해야 한다. 이를 위해 감사 기준, 범위, 주기, 방법 등을 구체적으로 정하고 내부감사를 통해 발견된 문제점은 보완조치를 완료하여 경영진 및 관련 책임자에게 보고해야 한다. 또한 감사의 독립성 및 전문성을 확보할 수 있도록 감사인력에 대한 자격요건을 정의해야 한다.

52) 업무관련 항목 순서: 기반-52

업무관련 항목	1.4.2.2 (관리체계 점검 진행)
업무관련 상세 내용	독립성과 전문성이 확보된 인력으로 하여금 연 1회 이상 관리체계가 내부 정책 및 법적 요구사항에 따라 효과적으로 운영되고 있는지 점검한다.

가) 관련 법률 요구사항

① 개인정보보호법 제29조(안전성 확보조치 제4조 제4항): (유형2)(유형3) 개인정보 보호책임자는 연 1회 이상으로 내부 관리계획의 이행 실태를 점검·관리해야 한다.

② 정통망법 제28조(보호조치 기준 제3조 제1항 5/7): 정보통신서비스 제공자등은 개인정보의 기술적·관리적 보호조치 이행 여부의 내부점검에 관한 사항을 정하여 운영해야 한다.

나) GAP 분석용 질문

① 최근 1년 내 내부감사를 진행하였는가?

② 내부감사 범위에 개인정보 관련 내용이 포함되는가?

③ 내부감사에 법적 요구사항 준수내용이 포함되는가?

다) ISMS:2013과의 차이: [완화] 감사기준, 범위, 주기, 방법 등을 구체적으로 정하는 부분 문구 삭제

라) 해당하는 ISMS-P 인증기준 항목: 1.4.2 (관리체계 점검)

마) 해당하는 ISMS-P 인증기준 상세 내용: 관리체계가 내부 정책 및 법적 요구사항에 따라 효과적으로 운영되고 있는지 독립성과 전문성이 확보된 인력을 구성하여 연 1회 이상 점검하고, 발견된 문제점을 경영진에게 보고해야 한다.

바) 해당하는 ISMS:2013 인증기준 통제항목: 관리과정 5.3 (내부감사)

사) 해당하는 ISMS:2013 인증기준 통제내용: 조직은 정보보호 관리체계가 정해진 정책 및 법적 요구사항에 따라 효과적으로 운영되고 있는지를 점검하기 위하여 연 1회 이상 내부감사를 수행해야 한다. 이를 위해 감사 기준, 범위, 주기, 방법 등을 구체적으로 정하고 내부감사를 통해 발견된 문제점은 보완조치를 완료하여 경영진 및 관련 책임자에게 보고해야 한다. 또한 감사의 독립성 및 전문성을 확보할 수 있도록 감사인력에 대한 자격요건을 정의해야 한다.

53) 업무관련 항목 순서: 기반-53

업무관련 항목	1.4.1.2 (법적 요구사항 준수여부 검토)
업무관련 상세 내용	조직이 준수하여야 할 (개인)정보보호 관련 법적 요구사항의 준수 여부를 지속적으로 검토해야 한다.

가) 관련 법률 요구사항

① 정통망법 제27조 제4항: 개인정보 보호책임자는 개인정보 보호와 관련하여 정통망법 및 다른 관계 법령의 위반 사실을 알게 된 경우에는 즉시 개선조치를 하여야 하며, 필요하면 소속 정보통신서비스 제공자등의 사업주 또는 대표자에게 개선조치를 보고해야 한다. 다만, 사업주 또는 대표자가 개인정보 보호책임자가 되는 경우에는 개선조치 보고에 대한 사항을 적용하지 아니한다.

② 정통망법 제46조(시행령 제38조): 집적정보통신시설사업자는 사업 개시와 동시에 책임보험에 가입해야 한다.

③ 정통망법 제46조(IDC 보호지침 제5조 제1항, 제2항): 집적정보통신시설의 관리를 위해 24시간 경비가 가능하도록 상근 경비원을 두어야 하며, 주요시설의 유지/관리를 수행하는 관련분야 2년 이상의 경험이 있는 전문 인력을 두어야 한다.

나) GAP 분석용 질문

① 개인정보 보호책임자는 법령의 위반 사실을 알게 된 경우 즉시 개선조치를 하고 있는가? 개선조치 완료 후 대표자에게 보고하고 있는가?

② IDC 서비스 업체인 경우, 사업 개시와 동시에 책임보험에 가입을 하고 있는가?

③ IDC 서비스 업체인 경우, 24시간 경비가 가능한 상근 경비원을 두고 있는가?

④ IDC 서비스 업체인 경우, 주요시설의 유지/관리를 수행하는 관련분야 2년 이상의 경험이 있는 전문 인력을 두고 있는가?

⑤ 2019년 6월 12일부터, 특정기준[1]에 해당하는 업체의 정보보호 최고책임자는 다른 업무를 겸직할 수 없기에 준비를 하고 있는가?

⑥ 2019년 6월 12일부터, 특정기준[2]에 해당하는 업체는 손해배상 책임의 이행을 위하여 보험 또는 공제에 가입하거나 준비금을 적립하는 등 필요한 조치를 취해야 하기에 준비를 하고 있는가?

---

1) ISMS 인증 의무대상기업 중 자산총액 5,000억 이상인 업체 및 자산총액 5조 원 이상인 정보통신서비스 제공자에 대해 정보보호 최고책임자(CISO) 자격요건은 상근하는 자로 타 회사의 임직원이 아닌 자이면서 4년 이상의 정보보호 분야 또는 5년 이상 정보기술 분야의 경력을 구비한 자로 정하고 있다.

2) 일일평균 이용자 수 기준 1천 명 이상~10만 명 미만(매출액 50억 미만: 5천만 원, 50억 이상~800억 미만: 1억, 800억 이상: 2억) / 10만 명 이상~100만 명 미만(매출액 50억 미만: 1억, 50억 이상~800억 미만: 2억, 800억 이상: 5억) / 100만 명 이상(50억 미만: 2억, 50억 이상~800억 미만: 5억, 800억 이상: 10억)

⑦ 법률용어를 통일하여 사용하고 있는가? (행정자치부 → 행정안전부 / 취급 → 처리 / 관리책임자 → 보호책임자 / 누출 → 유출)

⑧ 정보주체(법정대리인 포함)의 동의를 서면(전자문서 포함)으로 받을 때에는 "글씨의 크기는 최소한 9포인트 이상으로써 다른 내용보다 20퍼센트 이상 크게 하여 알아보기 쉽게", "글씨의 색깔, 굵기 또는 밑줄 등을 통하여 그 내용이 명확히 표시되도록", "동의 사항이 많아 중요한 내용이 명확히 구분되기 어려운 경우에는 중요한 내용이 쉽게 확인될 수 있도록 그 밖의 내용과 별도로 구분하여 명확히 표시"하여 알아보기 쉽게 하고 있는가?

⑨ 정보주체 이외로부터 수집한 개인정보를 처리하는 경우, 정보주체의 요구가 있을 때에는 즉시 관련정보를 정보주체에게 알리도록 하고 있는가?

⑩ 정보주체 이외로부터 수집한 개인정보를 처리하면서, 5만 명 이상의 정보주체에 관하여 민감정보 또는 고유식별정보를 처리하거나 100만 명 이상의 정보주체에 관하여 개인정보를 처리하는 경우, 정보주체 이외로부터 개인정보를 수집하여 처리하고 있음을 정보주체에게 알리고 있는가?

다) ISMS:2013과의 차이: 특이사항 없음

라) 해당하는 ISMS-P 인증기준 항목: 1.4.1 (법적 요구사항 준수 검토)

마) 해당하는 ISMS-P 인증기준 상세 내용: 조직이 준수하여야 할 정보보호 및 개인정보보호 관련 법적 요구사항을 주기적으로 파악하여 규정에 반영하고, 준수 여부를 지속적으로 검토해야 한다.

바) 해당하는 ISMS:2013 인증기준 통제항목: 관리과정 5.1 (법적 요구사항 준수 검토)

사) 해당하는 ISMS:2013 인증기준 통제내용: 조직이 준수해야 할 정보보호 관련 법적 요구사항을 지속적으로 파악하여 최신성을 유지하고 준수여부를 지속적으로 검토해야 한다.

54) 업무관련 항목 순서: 기반-54

업무관련 항목	1.4.2.3 (점검결과 경영진 보고)
업무관련 상세 내용	관리체계가 내부 정책 및 법적 요구사항에 따라 효과적으로 운영되고 있는지 점검 후 발견된 문제점을 경영진에게 보고해야 한다.

가) 관련 법률 요구사항: 해당 사항 없음

나) GAP 분석용 질문

① 감사결과를 경영진에게 보고하였는가?

다) ISMS:2013과의 차이: 특이사항 없음

라) 해당하는 ISMS-P 인증기준 항목: 1.4.2 (관리체계 점검)

마) 해당하는 ISMS-P 인증기준 상세 내용: 관리체계가 내부 정책 및 법적 요구사항에 따라 효과적으로 운영되고 있는지 독립성과 전문성이 확보된 인력을 구성하여 연 1회 이상 점검하고, 발견된 문제점을 경영진에게 보고해야 한다.

바) 해당하는 ISMS:2013 인증기준 통제항목: 관리과정 5.3 (내부감사)

사) 해당하는 ISMS:2013 인증기준 통제내용: 조직은 정보보호 관리체계가 정해진 정책 및 법적 요구사항에 따라 효과적으로 운영되고 있는지를 점검하기 위하여 연 1회 이상 내부감사를 수행해야 한다. 이를 위해 감사 기준, 범위, 주기, 방법 등을 구체적으로 정하고 내부감사를 통해 발견된 문제점은 보완조치를 완료하여 경영진 및 관련 책임자에게 보고해야 한다. 또한 감사의 독립성 및 전문성을 확보할 수 있도록 감사인력에 대한 자격요건을 정의해야 한다.

55) 업무관련 항목 순서: 기반-55

업무관련 항목	1.4.3.1 (점검결과에 따른 재발방지 이행)
업무관련 상세 내용	법적 요구사항 준수 검토 및 관리체계 점검을 통해 식별된 관리체계상의 문제점에 대한 원인을 분석하고 재발방지 대책을 수립·이행해야 한다.

가) 관련 법률 요구사항: 해당 사항 없음

나) GAP 분석용 질문

① 점검결과 미흡한 상황에 대한 원인을 파악하였는가?

② 파악된 원인에 대한 재발방지 대책이 수립되었는가?

③ 재발방지 대책에 따라 이행이 완료되었는가?

다) ISMS:2013과의 차이: 특이사항 없음

라) 해당하는 ISMS-P 인증기준 항목: 1.4.3 (관리체계 개선)

마) 해당하는 ISMS-P 인증기준 상세 내용: 법적 요구사항 준수 검토 및 관리체계 점검을 통해 식별된 관리체계상의 문제점에 대한 원인을 분석하고 재발방지 대책을 수립·이행하여야 하며, 경영진은 개선 결과의 정확성과 효과성 여부를 확인해야 한다.

바) 해당하는 ISMS:2013 인증기준 통제항목: 관리과정 5.3 (내부감사)

사) 해당하는 ISMS:2013 인증기준 통제내용: 조직은 정보보호 관리체계가 정해진 정책 및 법적 요구사항에 따라 효과적으로 운영되고 있는지를 점검하기 위하여 연

1회 이상 내부감사를 수행해야 한다. 이를 위해 감사 기준, 범위, 주기, 방법 등을 구체적으로 정하고 내부감사를 통해 발견된 문제점은 보완조치를 완료하여 경영진 및 관련 책임자에게 보고해야 한다. 또한 감사의 독립성 및 전문성을 확보할 수 있도록 감사인력에 대한 자격요건을 정의해야 한다.

56) 업무관련 항목 순서: 기반-56

업무관련 항목	1.4.3.2 (점검결과에 따른 개선결과 효과성 확인)
업무관련 상세 내용	경영진은 법적 요구사항 준수 검토 및 관리체계 점검을 통해 식별된 관리체계상의 문제점에 대한 개선 결과의 정확성과 효과성 여부를 확인해야 한다.

가) 관련 법률 요구사항: 해당 사항 없음

나) GAP 분석용 질문

① 재발방지 대책에 따른 이행 목표를 모두 달성하였는가?

② 이행 목표 달성에 따라 점검을 통해 발견된 문제점이 충분히 해결되었는가?

다) ISMS:2013과의 차이: [추가] 감사에 따른 대응결과의 정확/효과성 확인

라) 해당하는 ISMS-P 인증기준 항목: 1.4.3 (관리체계 개선)

마) 해당하는 ISMS-P 인증기준 상세 내용: 법적 요구사항 준수 검토 및 관리체계 점검을 통해 식별된 관리체계상의 문제점에 대한 원인을 분석하고 재발방지 대책을 수립·이행하여야 하며, 경영진은 개선 결과의 정확성과 효과성 여부를 확인해야 한다.

바) 해당하는 ISMS:2013 인증기준 통제항목: 관리과정 5.3 (내부감사)

사) 해당하는 ISMS:2013 인증기준 통제내용: 조직은 정보보호 관리체계가 정해진 정책 및 법적 요구사항에 따라 효과적으로 운영되고 있는지를 점검하기 위하여 연 1회 이상 내부감사를 수행해야 한다. 이를 위해 감사 기준, 범위, 주기, 방법 등을 구체적으로 정하고 내부감사를 통해 발견된 문제점은 보완조치를 완료하여 경영진 및 관련 책임자에게 보고해야 한다. 또한 감사의 독립성 및 전문성을 확보할 수 있도록 감사인력에 대한 자격요건을 정의해야 한다.

CHAPTER
2

물리적 업무관련 분야

상 중 하

- 물리적 업무관련 분야에 해당하는 인증기준에는 어떤 것들이 존재하는지 알아보자.
- 물리적 업무관련 분야에 해당하는 인증기준을 어떻게 업무관련 항목으로 구체화하는지 알아보자.
- 물리적 업무관련 분야에 해당하는 업무관련 항목을 어떤 순서로 변경하는지 알아보자.

1 물리적 업무에 해당하는 정보보호 및 개인정보보호 관리체계 인증기준

2.3.1 (외부자 현황관리), 2.4.1 (보호구역 지정), 2.4.2 (출입통제), 2.4.3 (정보시스템 보호), 2.4.4 (보호설비 운영), 2.4.5 (보호구역 내 작업), 2.4.6 (반출입 기기 통제), 3.1.6 (영상정보 처리기기 설치/운영)

2 물리적 업무에 맞게 해당하는 인증기준 순서 변경

2.4.1 (보호구역 지정) → 3.1.6 (영상정보처리기기 설치/운영) → 2.4.4 (보호설비 운영) → 2.3.1 (외부자 현황관리) → 2.4.3 (정보시스템 보호) → 2.4.2 (출입통제) → 2.4.5 (보호구역 내 작업) → 2.4.6 (반출입 기기 통제) → 2.4.2 (출입통제) → 2.4.5 (보호구역 내 작업) → 2.4.6 (반출입 기기 통제)

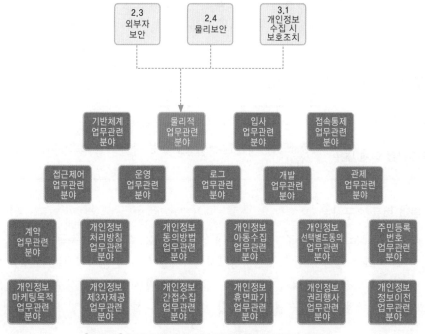

[그림 22] 물리적 업무관련 분야와 인증기준 분야 간의 관계

3 물리적 업무에 해당하는 업무관련 항목 설명

1) 업무관련 항목 순서: 물리-01

업무관련 항목	2.4.1.1 (보호구역 지정)
업무관련 상세 내용	물리적·환경적 위협으로부터 개인정보 및 중요정보, 문서, 저장매체, 주요 설비 및 시스템 등을 보호하기 위하여 통제구역·제한구역·접견구역 등 물리적 보호구역을 지정해야 한다.

가) 관련 법률 요구사항: 해당 사항 없음

나) GAP 분석용 질문

   ① 사무실구역(제한구역)과 서버룸/IDC(통제구역)를 물리적으로 구분하고 있는가?

다) ISMS:2013과의 차이: 특이사항 없음

라) 해당하는 ISMS-P 인증기준 항목: 2.4.1 (보호구역 지정)

마) 해당하는 ISMS-P 인증기준 상세 내용: 물리적·환경적 위협으로부터 개인정보 및 중요정보, 문서, 저장매체, 주요 설비 및 시스템 등을 보호하기 위하여 통제구역·제한구역·접견구역 등 물리적 보호구역을 지정하고 각 구역별 보호대책을 수립·이행해야 한다.

바) 해당하는 ISMS:2013 인증기준 통제항목: 7.1.1 (보호구역 지정)

사) 해당하는 ISMS:2013 인증기준 통제내용: 비인가자의 물리적 접근 및 각종 물리적, 환경적 재난으로부터 주요 설비 및 시스템을 보호하기 위하여 통제구역·제한구역·접견구역 등 물리적 보호구역을 지정하고 각 구역별 보호대책을 수립·이행해야 한다.

2) 업무관련 항목 순서: 물리-02

업무관련 항목	2.4.1.2 (보호구역 대책 수립/이행)
업무관련 상세 내용	통제구역·제한구역·접견구역 등 각 구역별 보호대책을 수립·이행해야 한다.

가) 관련 법률 요구사항

   ① 개인정보보호법 제25조 제1항, 제4항(시행령 제24조 제1항): 누구든지 다음의 경우를 제외하고는 공개된 장소에 영상정보처리기기를 설치·운영하여서는 아니 되며, 다음의 경우에 영상정보처리기기를 설치·운영하는 자(이하 "영상정보처리기기운영자"라 한다)는 정보주체가 쉽게 인식할 수 있도록 설치 목적 및 장소/촬영 범위 및

시간/관리 책임자의 성명 및 연락처/사무위탁 시 위탁받는 자의 명칭 및 연락처가 포함된 안내판을 설치하여야 하며, 건물 안에 여러 개의 영상정보처리기기를 설치하는 경우에는 출입구 등이 잘 보이는 곳에 해당 시설 또는 장소 전체가 영상정보처리기기 설치지역임을 표시하는 안내판을 설치할 수 있다. 다만, 「군사기지 및 군사시설 보호법」 제2조 제2호에 따른 군사시설, 「통합방위법」 제2조 제13호에 따른 국가중요시설, 그 밖에 대통령령으로 정하는 시설에 대하여는 그러하지 아니하다.

- 법령에서 구체적으로 허용하고 있는 경우
- 범죄의 예방 및 수사를 위하여 필요한 경우
- 시설안전 및 화재 예방을 위하여 필요한 경우
- 교통단속을 위하여 필요한 경우
- 교통정보의 수집 · 분석 및 제공을 위하여 필요한 경우

나) GAP 분석용 질문

① 제한구역과 통제구역에 출입통제장비가 설치되어져 있는가?

② 제한구역과 통제구역에 CCTV가 설치되어져 있는가?

③ 설치된 CCTV는 어디를 바라보고 있는가?

다) ISMS:2013과의 차이: 특이사항 없음

라) 해당하는 ISMS-P 인증기준 항목: 2.4.1 (보호구역 지정)

마) 해당하는 ISMS-P 인증기준 상세 내용: 물리적 · 환경적 위협으로부터 개인정보 및 중요정보, 문서, 저장매체, 주요 설비 및 시스템 등을 보호하기 위하여 통제구역 · 제한 구역 · 접견구역 등 물리적 보호구역을 지정하고 각 구역별 보호대책을 수립 · 이행해야 한다.

바) 해당하는 ISMS:2013 인증기준 통제항목: 7.1.1 (보호구역 지정)

사) 해당하는 ISMS:2013 인증기준 통제내용: 비인가자의 물리적 접근 및 각종 물리적, 환경적 재난으로부터 주요 설비 및 시스템을 보호하기 위하여 통제구역 · 제한구역 · 접견구역 등 물리적 보호구역을 지정하고 각 구역별 보호대책을 수립 · 이행해야 한다.

3) 업무관련 항목 순서: 물리-03

업무관련 항목	3.1.6.1 (공개된 장소에 설치된 CCTV 안내판 설치)
업무관련 상세 내용	영상정보처리기기를 공개된 장소에 설치 · 운영하는 경우 설치 목적 및 위치에 따라 법적 요구사항(안내판 설치 등)을 준수해야 한다.

가) 관련 법률 요구사항

① 개인정보보호법 제25조 제2항, 제3항(시행령 제22조, 제23조 제2항): 누구든지 불특정 다수가 이용하는 목욕실, 화장실, 발한실(發汗室), 탈의실 등 개인의 사생활을 현저히 침해할 우려가 있는 장소의 내부를 볼 수 있도록 영상정보처리기기를 설치·운영하여서는 아니 된다. 다만, 교도소, 정신보건 시설 등 법령에 근거하여 사람을 구금하거나 보호하는 시설(「형의 집행 및 수용자의 처우에 관한 법률」제2조 제4호에 따른 교정시설 및 「정신보건법」제3조 제3호부터 제5호까지의 규정에 따른 정신의료기관(수용시설을 갖추고 있는 것만 해당), 정신질환자사회복귀시설 및 정신요양시설)에 영상정보처리기기를 설치·운영할 수 있으며, 이때 정보주체의 사생활 침해를 최소화하기 위하여 필요한 세부 사항을 개인정보 보호지침으로 정하여 그 준수를 권장할 수 있다. 그리고, 이때 영상정보처리기기를 설치·운영하려는 자는 공청회·설명회의 개최 등 대통령령으로 정하는 절차를 거쳐 관계 전문가 및 이해관계인(해당 시설에 종사하는 사람, 해당 시설에 구금되어 있거나 보호받고 있는 사람 또는 그 사람의 보호자 등 이해관계인)의 의견을 수렴해야 한다.

② 개인정보보호법 제25조 제8항: 영상정보처리기기운영자는 영상정보처리기기의 설치·운영에 관한 사무를 위탁할 수 있다.

③ 개인정보보호법 제25조 제8항(시행령 제26조): 공공기관의 영상정보처리기기운영자가 영상정보처리기기의 설치·운영에 관한 사무를 위탁하는 경우에는 다음의 내용이 포함된 문서로 해야 한다.

- 위탁하는 사무의 목적 및 범위

- 재위탁 제한에 관한 사항

- 영상정보에 대한 접근 제한 등 안전성 확보 조치에 관한 사항

- 영상정보의 관리 현황 점검에 관한 사항

- 위탁받는 자가 준수하여야 할 의무를 위반한 경우의 손해배상 등 책임에 관한 사항

④ 개인정보보호법 제25조 제1항, 제4항(시행령 제24조 제1항): 누구든지 다음의 경우를 제외하고는 공개된 장소에 영상정보처리기기를 설치·운영하여서는 아니 되며, 다음의 경우에 영상정보처리기기를 설치·운영하는 자(이하 "영상정보처리기기운영자"라 한다)는 정보주체가 쉽게 인식할 수 있도록 설치목적 및 장소/촬영범위 및 시간/관리책임자의 성명 및 연락처/사무위탁 시 위탁받는 자의 명칭 및 연락처가 포함된 안내판을 설치하여야 하며, 건물 안에 여러 개의 영상정보처리기기를 설치하는 경우에는 출입구 등이 잘 보이는 곳에 해당 시설 또는 장소 전체가 영상정보처리기기 설치지역임을 표시하는 안내판을 설치할 수 있다. 다만, 「군사기지 및 군사시설 보호법」제2조 제2호에 따른 군사시설, 「통합방위법」제2조 제13호에 따른 국가중요시설, 그 밖에 대통령령으로 정하는 시설에 대하여는 그러하지 아니하다.

- 법령에서 구체적으로 허용하고 있는 경우

- 범죄의 예방 및 수사를 위하여 필요한 경우

- 시설안전 및 화재 예방을 위하여 필요한 경우

- 교통단속을 위하여 필요한 경우

- 교통정보의 수집·분석 및 제공을 위하여 필요한 경우

⑤ 개인정보보호법 제25조 제1항, 제3항(시행령 제23조 제1항): 공공기관에서 누구든지 다음의 경우를 제외하고는 공개된 장소에 영상정보처리기기를 설치·운영하여서는 아니 된다. 또한, 다음의 경우에 영상정보처리기기를 설치·운영하려는 공공기관의 장은 공청회·설명회의 개최 등 대통령령으로 정하는 어느 하나의 절차(「행정절차법」에 따른 행정예고의 실시 또는 의견 청취, 해당 영상정보처리기기의 설치로 직접 영향을 받는 지역 주민 등을 대상으로 하는 설명회·설문조사 또는 여론조사)를 거쳐 관계 전문가 및 이해관계인의 의견을 수렴해야 한다.

- 법령에서 구체적으로 허용하고 있는 경우

- 범죄의 예방 및 수사를 위하여 필요한 경우

- 시설안전 및 화재 예방을 위하여 필요한 경우

- 교통단속을 위하여 필요한 경우

- 교통정보의 수집·분석 및 제공을 위하여 필요한 경우

⑥ 개인정보보호법 제25조 제1항, 제4항(시행령 제24조 제2항, 제3항, 제4항): 공공기관에서, 영상정보처리기기를 설치·운영하는 자(이하 "영상정보처리 기기운영자"라 한다)는 정보주체가 쉽게 인식할 수 있도록 설치 목적 및 장소/촬영범위 및 시간/관리책임자의 성명 및 연락처/사무위탁 시 위탁받는 자의 명칭 및 연락처/그 밖에 대통령령으로 정하는 사항이 포함된 안내판을 설치하여야 하며, 다음의 어느 하나에 해당하는 경우에는 안내판 설치를 갈음하여 영상정보처리기기운영자의 인터넷홈페이지에 설치목적 및 장소/촬영범위 및 시간/관리책임자의 성명 및 연락처/사무위탁 시 위탁받는 자의 명칭 및 연락처를 게재할 수 있다. 다만, 인터넷 홈페이지에 게재할 수 없으면 영상정보처리기기운영자는 게재할 내용을 다른 방법(영상정보처리기기운영자의 사업장·영업소·사무소·점포 등(이하 "사업장등"이라 한다)의 보기 쉬운 장소에 게시하는 방법 또는 관보(영상정보처리기기운영자가 공공기관인 경우만 해당한다)나 영상정보처리기기운영자의 사업장등이 있는 특별시·광역시·도 또는 특별자치도(이하 "시·도"라 한다) 이상의 지역을 주된 보급지역으로 하는 「신문 등의 진흥에 관한 법률」 제2조 제1호 가목·다목 및 같은 조 제2호에 따른 일반일간신문, 일반주간신문 또는 인터넷신문에 싣는 방법으로 공개해야 한다. 예외적으로 군사시설/국가중요시설/국가보안시설에 대해서는 안내판을 설치하지 아니할 수 있다.

－ 공공기관이 원거리 촬영, 과속·신호위반 단속 또는 교통흐름조사 등의 목적으로 영상정보처리기기를 설치하는 경우로서 개인정보 침해의 우려가 적은 경우

　　　－ 산불감시용 영상정보처리기기를 설치하는 경우 등 장소적 특성으로 인하여 안내판을 설치하는 것이 불가능하거나 안내판을 설치하더라도 정보주체가 쉽게 알아볼 수 없는 경우

　나) GAP 분석용 질문

　　① 공개된 장소에 CCTV를 설치·운영하고 있는가?

　　② 공개된 장소에 CCTV를 설치/운영할 경우, 목욕실/화장실/발한실/탈의실 등 개인의 사생활을 현저히 침해할 수 있는 곳에 설치하지 않고 있는가?

　　③ 공개된 장소에 CCTV를 설치/운영할 경우, 법률 요구사항[1]이 포함된 안내판을 출입구 등이 잘 보이는 곳에 설치하고 있는가?

　　④ 공개된 장소에 CCTV를 설치/운영할 경우, 설치목적이 법률 요구사항(범죄의 예방 및 수사, 시설안전 및 화재 예방 등)에 부합하는가?

　　⑤ 공공기관에서 CCTV 설치/운영에 관한 사무를 위탁할 경우, 법률 요구사항[2]이 포함된 계약서(또는 협약서 등)를 통해 위탁을 진행하고 있는가?

　　⑥ 공공기관에서 공개된 장소에 CCTV를 설치/운영하는 경우, 대통령령으로 정하는 절차[3]에 따라 의견을 수렴하고 진행하는가?

　　⑦ 공공기관에서 공개된 장소에 CCTV를 설치/운영하는 경우, 법률 요구사항[4]이 포함된 안내판을 설치하고 있는가?

　다) ISMS:2013과의 차이: [추가] CCTV 공개된 장소 운영 시 안내판 설치 추가

　라) 해당하는 ISMS-P 인증기준 항목: 3.1.6 (영상정보처리기기 설치/운영)

　마) 해당하는 ISMS-P 인증기준 상세 내용: 영상정보처리기기를 공개된 장소에 설치·운영하는 경우 설치 목적 및 위치에 따라 법적 요구사항(안내판 설치 등)을 준수하고, 적절한 보호대책을 수립·이행해야 한다.

　바) 해당하는 PIMS:2016 인증기준 통제항목: 없음

　사) 해당하는 PIMS:2016 인증기준 통제내용: 없음

---

1) 설치 목적 및 장소, 촬영 범위 및 시간, 관리책임자의 성명 및 연락처, 사무위탁 시 위탁받는 자의 명칭 및 연락처

2) 위탁하는 사무의 목적 및 범위, 재위탁 제한에 관한 사항, 영상정보에 대한 접근제한 등 안전성 확보조치에 관한 사항, 영상정보의 관리현황 점검에 관한 사항, 위탁받는 자가 준수하여야 할 의무를 위반한 경우의 손해배상 등 책임에 관한 사항

3) 「행정절차법」에 따른 행정예고의 실시 또는 의견 청취, 해당 영상정보처리기기의 설치로 직접 영향을 받는 지역 주민 등을 대상으로 하는 설명회·설문조사 또는 여론조사

4) 설치 목적 및 장소, 촬영 범위 및 시간, 관리책임자의 성명 및 연락처, 사무위탁 시 위탁받는 자의 명칭 및 연락처, 그 밖에 대통령령으로 정하는 사항

4) 업무관련 항목 순서: 물리-04

업무관련 항목	3.1.6.2 (공개된 장소에 설치된 CCTV 보호대책)
업무관련 상세 내용	영상정보처리기기를 공개된 장소에 설치·운영하는 경우 적절한 보호대책을 수립·이행해야 한다.

가) 관련 법률 요구사항

① 개인정보보호법 제25조 제6항 : 영상정보처리기기운영자는 개인정보가 분실·도난·유출·위조·변조 또는 훼손되지 아니하도록 제29조에 따라 안전성 확보에 필요한 조치를 해야 한다.

② 개인정보보호법 제25조 제7항(시행령 제25조, 제31조 제2항, 제3항): 영상정보처리기기운영자는 다음의 사항이 포함된 영상정보처리기기 운영·관리 방침을 마련해야 한다. 이 경우 제30조에 따른 개인정보 처리방침을 정하지 아니할 수 있다. 영상정보처리기기 운영·관리 방침의 공개방법은 시행령 제31조 제2항 및 제3항의 개인정보처리방법에 대한 공개방법을 따른다.

  – 영상정보처리기기의 설치 근거 및 설치 목적

  – 영상정보처리기기의 설치 대수, 설치 위치 및 촬영 범위

  – 관리책임자, 담당 부서 및 영상정보에 대한 접근 권한이 있는 사람

  – 영상정보의 촬영시간, 보관기간, 보관장소 및 처리방법

  – 영상정보처리기기운영자의 영상정보 확인 방법 및 장소

  – 정보주체의 영상정보 열람등요구에 대한 조치

  – 영상정보 보호를 위한 기술적·관리적 및 물리적 조치

  – 그 밖에 영상정보처리기기의 설치·운영 및 관리에 필요한 사항

③ 개인정보보호법 제25조 제5항: 영상정보처리기기운영자는 영상정보처리기기의 설치 목적과 다른 목적으로 영상정보처리기기를 임의로 조작하거나 다른 곳을 비춰서는 아니 되며, 녹음기능은 사용할 수 없다.

나) GAP 분석용 질문

① 공개된 장소에 CCTV를 설치/운영할 경우, 법률 요구사항[1]이 포함된 영상정보처리기기 운영/관리 방침을 마련하고 있는가?

---

1) 영상정보처리기기의 설치 근거 및 설치 목적, 영상정보처리기기의 설치 대수, 설치 위치 및 촬영 범위, 관리책임자/담당 부서 및 영상정보에 대한 접근 권한이 있는 사람, 영상정보의 촬영시간/보관기간/보관장소 및 처리방법, 영상정보처리기기운영자의 영상정보 확인 방법 및 장소, 정보주체의 영상정보 열람등요구에 대한 조치, 영상정보 보호를 위한 기술적·관리적 및 물리적 조치, 그 밖에 영상정보처리기기의 설치·운영 및 관리에 필요한 사항

② 공개된 장소에 CCTV를 설치/운영하기 위해 영상정보처리기기 운영/관리 방침을 마련한 경우, 해당 영상정보처리기기 운영/관리 방침을 개인정보처리방침의 공개방법과 동일하게 공개하고 있는가?

③ 공개된 장소에 CCTV를 설치/운영할 경우, 개인정보보호법 제29조 안전성 확보에 필요한 조치(1인 1계정, 백신설치, 패치, 접근권한 최소, 접속기록 점검/백업 등)를 이행하고 있는가?

④ 공개된 장소에 CCTV를 설치/운영할 경우, 설치목적과 다른 목적으로 CCTV를 임의 조작(다른 곳을 비추는 행위)하지 못하도록 고정시키고 있는가?

⑤ 공개된 장소에 CCTV를 설치/운영할 경우, 녹음기능을 사용할 수 없도록 차단하고 있는가?

다) ISMS:2013과의 차이: [추가] CCTV 공개된 장소에 운영 시 보호대책 수립 추가

라) 해당하는 ISMS-P 인증기준 항목: 3.1.6 (영상정보처리기기 설치/운영)

마) 해당하는 ISMS-P 인증기준 상세 내용: 영상정보처리기기를 공개된 장소에 설치·운영하는 경우 설치 목적 및 위치에 따라 법적 요구사항(안내판 설치 등)을 준수하고, 적절한 보호대책을 수립·이행해야 한다.

바) 해당하는 PIMS:2016 인증기준 통제항목: 없음

사) 해당하는 PIMS:2016 인증기준 통제내용: 없음

5) 업무관련 항목 순서: 물리-05

업무관련 항목	2.4.4.1 (보호설비 운영)
업무관련 상세 내용	보호구역에 위치한 정보시스템의 중요도 및 특성에 따라 온도·습도 조절, 화재감지, 소화설비, 누수감지, UPS, 비상발전기, 이중전원선 등의 보호설비를 갖추고 운영절차를 수립·운영해야 한다.

가) 관련 법률 요구사항

① 정통망법 제46조(IDC 보호지침 제4조 제1항, 제2항, 제3항, 제4항): 집적정보통신시설에 안정적으로 전원을 공급, 전원장비 보호, 도난/테러 예방, 지진/수해/화재 등으로 인한 집적정보통신시설을 보호하기 위하여 전력감시실 및 방재센터를 운영하여 다음에 해당하는 조치를 해야 한다. 단, 전력감시실 및 방재센터는 중앙감시실과 통합하여 운영할 수 있다.

　－ 전력관련시설(축전지설비, 자가발전설비, 수변전설비)의 상황파악 및 통제를 위한 전력감시실 또는 중앙감시실을 설치할 것

– 전력공급의 중단을 방지하기 위하여 고객장비의 3개월 평균 순간사용전력의 130%의 전력을 최소 20분 이상 공급할 수 있는 UPS(무정전전원장치)와 폐쇄형 판넬에 위치한 축전지설비를 보유하고, 장시간 외부에서의 전원공급이 중단될 경우에 대비하여 자체 전력공급을 위한 고객장비/항온항습기/유도등의 3개월 평균 순간사용전력의 130%에 해당하는 전력을 추가적인 연료 보충 없이 2시간 이상 발전할 수 있는 연료공급저장시설이 포함된 자가발전설비를 구비할 것

– 수전, 변전 및 배전기능을 갖춘 수변전실을 두어야 하며 배전반에 단락, 지락, 과전류 및 누전을 방지하기 위하여 필요한 장비(계전기, 누전차단기 또는 누전경보기)를 중앙감시실 또는 전력감시실과 연동되도록 설치할 것

– 주요시설에는 기존 조명설비의 작동이 멈추는 경우에 대비하여 비상조명을 설치할 것

– 주요시설의 각종 전원장비에 대한 접지시설을 할 것

– 전산실에 온·습도 측정이 가능하도록 항온항습기를 설치할 것

– 전산실은 천장을 통하여 외부와의 왕래가 불가능하도록 차단하는 조치를 할 것

– 주요시설이 설치된 건물 내부의 창문을 강화유리로 설치하고 개폐가 되지 않도록 할 것

– 건물은 UPS 등 무거운 장비의 하중에 견딜 수 있도록 필요한 내력구조를 갖추어야 하며 필요시 하중분산시설을 설치할 것

– 건물은 물리적 충격 및 화재에 견딜 수 있도록 철골조, 철근 콘크리트 및 내화 건축자재를 사용하고 방화문을 설치할 것

– 누수에 의한 피해를 예방하기 위하여 주요시설의 천장 및 바닥은 방수시공을 할 것

– 화재감지센서의 작동상황이 실시간으로 파악되어야 한다.

– 화재발생 시에 경보신호를 통해 상황을 알 수 있도록 화재감지센서와 연동된 경보 장치를 설치할 것

– 주요시설에는 기존 조명설비의 작동이 멈추는 경우에 바닥 또는 작업면의 조도가 최소 10룩스 이상이 유지되도록 비상조명을 설치할 것

– 집적정보통신시설 전 지역에 유도등 및 유도표지를 설치할 것

나) GAP 분석용 질문

① 통제구역(서버룸, IDC 등)에 최소한의 설비(소화설비 등)를 갖추고 있는가?

② 소화설비 이외 어떤 설비(온·습도 조절, 화재감지, 누수감지, UPS, 비상발전기, 이중전원선 등)를 갖추고 있는가?

다) ISMS:2013과의 차이: 특이사항 없음

라) 해당하는 ISMS-P 인증기준 항목: 2.4.4 (보호설비 운영)

마) 해당하는 ISMS-P 인증기준 상세 내용: 보호구역에 위치한 정보시스템의 중요도 및 특성에 따라 온도·습도 조절, 화재감지, 소화설비, 누수감지, UPS, 비상발전기, 이중전원선 등의 보호설비를 갖추고 운영절차를 수립·운영해야 한다.

바) 해당하는 ISMS:2013 인증기준 통제항목: 7.1.2 (보호설비)

사) 해당하는 ISMS:2013 인증기준 통제내용: 각 보호구역의 중요도 및 특성에 따라 화재, 전력이상 등 인·재해에 대비하여 온·습도 조절, 화재감지, 소화설비, 누수감지, UPS, 비상발전기, 이중전원선 등의 설비를 충분히 갖추고 운영절차를 수립하여 운영해야 한다. 또한 주요 시스템을 외부 집적정보통신시설에 위탁운영하는 경우 관련 요구사항을 계약서에 반영하고 주기적으로 검토를 수행해야 한다.

6) 업무관련 항목 순서: 물리-06

업무관련 항목	2.3.1.3 (IDC 이용 시 보호대책)
업무관련 상세 내용	외부의 시설 또는 서비스(집적정보통신시설, 클라우드 서비스, 애플리케이션 서비스 등)를 이용하는 경우 법적 요구사항 및 외부 조직·서비스로부터 발생되는 위험을 파악하여 적절한 보호대책을 마련해야 한다.

가) 관련 법률 요구사항: 해당 사항 없음

나) GAP 분석용 질문

① IDC에 주요 시스템 위탁 시 계약서 또는 협정서의 내용에 대해 최근 언제 점검하였는가?

② 누가 어떤 항목으로 어떻게 점검하는가?

③ 점검주기는 어떻게 되는가?

④ 서버들을 IDC에 위탁운영 시 위탁계약서에 보호설비 관련한 내용이 명시되어져 있는가?

다) ISMS:2013과의 차이: 특이사항 없음

라) 해당하는 ISMS-P 인증기준 항목: 2.3.1 (외부자 현황관리)

마) 해당하는 ISMS-P 인증기준 상세 내용: 업무의 일부(개인정보취급, 정보보호, 정보시스템 운영 또는 개발 등)를 외부에 위탁하거나 외부의 시설 또는 서비스(집적정보통신시설, 클라우드 서비스, 애플리케이션 서비스 등)를 이용하는 경우 그 현황을 식별하고 법적 요구사항 및 외부 조직·서비스로부터 발생되는 위험을 파악하여 적절한 보호대책을 마련해야 한다.

바) 해당하는 ISMS:2013 인증기준 통제항목: 7.1.2 (보호설비)

사) 해당하는 ISMS:2013 인증기준 통제내용: 각 보호구역의 중요도 및 특성에 따라 화재, 전력이상 등 인·재해에 대비하여 온·습도 조절, 화재감지, 소화설비, 누수감지, UPS,

비상발전기, 이중전원선 등의 설비를 충분히 갖추고 운영절차를 수립하여 운영해야 한다. 또한 주요 시스템을 외부 집적정보통신시설에 위탁운영하는 경우 관련 요구사항을 계약서에 반영하고 주기적으로 검토를 수행해야 한다.

7) 업무관련 항목 순서: 물리-07

업무관련 항목	2.4.3.2 (케이블 보호)
업무관련 상세 내용	정보시스템의 통신 및 전력 케이블이 손상을 입지 않도록 보호해야 한다.

가) 관련 법률 요구사항: 해당 사항 없음

나) GAP 분석용 질문

　　① 통신케이블 또는 전력케이블의 정리정돈이 잘 되어져 있는가?

다) ISMS:2013과의 차이: 특이사항 없음

라) 해당하는 ISMS-P 인증기준 항목: 2.4.3 (정보시스템 보호)

마) 해당하는 ISMS-P 인증기준 상세 내용: 정보시스템은 환경적 위협과 유해요소, 비인가 접근 가능성을 감소시킬 수 있도록 중요도와 특성을 고려하여 배치하고, 통신 및 전력 케이블이 손상을 입지 않도록 보호해야 한다.

바) 해당하는 ISMS:2013 인증기준 통제항목: 7.2.1 (케이블 보안)

사) 해당하는 ISMS:2013 인증기준 통제내용: 데이터를 송수신하는 통신케이블이나 전력을 공급하는 전력 케이블은 손상을 입지 않도록 보호해야 한다.

8) 업무관련 항목 순서: 물리-08

업무관련 항목	2.4.3.1 (정보시스템 배치)
업무관련 상세 내용	정보시스템은 환경적 위협과 유해요소, 비인가 접근 가능성을 감소시킬 수 있도록 중요도와 특성을 고려하여 배치해야 한다.

가) 관련 법률 요구사항: 해당 사항 없음

나) GAP 분석용 질문

　　① 주요 시스템의 위치를 알 수 있는 배치도가 있는가?

　　② 최신으로 유지되고 있는가?

다) ISMS:2013과의 차이: 특이사항 없음

라) 해당하는 ISMS-P 인증기준 항목: 2.4.3 (정보시스템 보호)

마) 해당하는 ISMS-P 인증기준 상세 내용: 정보시스템은 환경적 위협과 유해요소, 비인가 접근 가능성을 감소시킬 수 있도록 중요도와 특성을 고려하여 배치하고, 통신 및 전력 케이블이 손상을 입지 않도록 보호해야 한다.

바) 해당하는 ISMS:2013 인증기준 통제항목: 7.2.2 (시스템 배치 및 관리)

사) 해당하는 ISMS:2013 인증기준 통제내용: 시스템은 그 특성에 따라 분리하여 배치하고 장애 또는 보안사고 발생 시 주요 시스템의 위치를 즉시 확인할 수 있는 체계를 수립해야 한다.

9) 업무관련 항목 순서: 물리-09

업무관련 항목	2.4.2.1 (출입통제)
업무관련 상세 내용	보호구역은 인가된 사람만이 출입하도록 통제해야 한다.

가) 관련 법률 요구사항

① 개인정보보호법 제29조(안전성 확보조치 제11조 제1항): (모든 유형) 개인정보처리자는 전산실, 자료보관실 등 개인정보를 보관하고 있는 물리적 보관 장소를 별도로 두고 있는 경우에는 이에 대한 출입통제 절차를 수립·운영해야 한다.

② 정통망법 제28조(보호죄 기준 제8조 제1항): 정보통신서비스 제공자등은 전산실, 자료보관실 등 개인정보를 보관하고 있는 물리적 보관 장소에 대한 출입통제 절차를 수립·운영해야 한다.

③ 정통망법 제46조(IDC 보호지침 제3조): 집적정보통신시설을 출입하는 자를 감시·통제하고 권한 없는 자의 출입을 방지하기 위하여 다음에 해당하는 조치를 취하고, 이를 효율적으로 수행하기 위한 24시간 CCTV 모니터, 전산실/통신장비실에 대한 기능별 작동현황 및 사고발생여부 등이 가능한 중앙감시실을 설치·운영해야 한다.

　－ 주요시설의 출입구에 신원확인이 가능한 출입통제장치(개폐되는 잠금장치)를 설치할 것

　－ 주요시설에 출입하는 자의 신원 등 출입기록(모든 출입자의 신원과 방문목적 및 방문일시에 대한 기록, CCTV녹화, 출입통제장치의 로그기록)을 2개월 이상 유지·보관할 것. 단, 주요시설 이외에 대해서는 출입기록(외부 방문자의 신원과 방문목적 및 방문일시에 대한 기록)을 1개월 보관할 것

　－ 주요시설 출입구와 전산실 및 통신장비실 내부에 CCTV를 설치할 것

　－ 고객의 정보시스템 장비를 잠금장치가 있는 구조물(Rack)에 설치할 것

나) GAP 분석용 질문

　① 보호구역(제한구역, 통제구역)에 출입통제장치가 설치되어져 있는가?

　② 보호구역별 인가된 사람만이 출입할 수 있도록 접근권한을 설정하고 있는가?

　③ 만약, 출입통제장치가 설치되어 있지 않다면 어떤 방식으로 인가된 사람만이 출입할 수 있도록 통제하는가?

　④ 개인정보를 보관하는 물리적 보관 장소가 존재할 경우에는 출입통제를 어떻게 적용하고 있는가?

다) ISMS:2013과의 차이: 특이사항 없음

라) 해당하는 ISMS-P 인증기준 항목: 2.4.2 (출입통제)

마) 해당하는 ISMS-P 인증기준 상세 내용: 보호구역은 인가된 사람만이 출입하도록 통제하고 책임추적성을 확보할 수 있도록 출입 및 접근 이력을 주기적으로 검토해야 한다.

바) 해당하는 ISMS:2013 인증기준 통제항목: 7.1.4 (출입통제)

사) 해당하는 ISMS:2013 인증기준 통제내용: 보호구역 및 보호구역 내 주요 설비 및 시스템은 인가된 사람만이 접근할 수 있도록 출입을 통제하고 책임추적성을 확보할 수 있도록 출입 및 접근 이력을 주기적으로 검토해야 한다.

10) 업무관련 항목 순서: 물리-10

업무관련 항목	2.4.5.1 (보호구역 내 작업)
업무관련 상세 내용	보호구역 내에서의 비인가행위 및 권한 오남용 등을 방지하기 위한 작업 절차를 수립·이행해야 한다.

가) 관련 법률 요구사항: 해당 사항 없음

나) GAP 분석용 질문

　① 보호구역 내 외부인 출입 시 출입관리대장을 작성하는가?

다) ISMS:2013과의 차이: 특이사항 없음

라) 해당하는 ISMS-P 인증기준 항목: 2.4.5 (보호구역 내 작업)

마) 해당하는 ISMS-P 인증기준 상세 내용: 보호구역 내에서의 비인가행위 및 권한 오남용 등을 방지하기 위한 작업 절차를 수립·이행하고, 작업 기록을 주기적으로 검토해야 한다.

바) 해당하는 ISMS:2013 인증기준 통제항목: 7.1.3 (보호구역 내 작업)

사) 해당하는 ISMS:2013 인증기준 통제내용: 유지보수 등 주요 설비 및 시스템이 위치한 보호구역 내에서의 작업 절차를 수립하고 작업에 대한 기록을 주기적으로 검토해야 한다.

11) 업무관련 항목 순서: 물리-11

업무관련 항목	2.4.6.1 (모바일/저장매체 반출입 통제)
업무관련 상세 내용	보호구역 내 모바일 기기, 저장매체 등에 대한 반출입 통제절차를 수립·이행해야 한다.

가) 관련 법률 요구사항: 해당 사항 없음

나) GAP 분석용 질문

　① 사무실구역(제한구역)에 회사자산으로 등록되지 않은 노트북/저장매체 등에 대한 반출입을 제한하고 있는가?

　② 어떤 형식으로 제한하고 있는가?

　③ 서버룸/IDC(통제구역)에 모든 사용자(회사자산 및 외부인자산)의 노트북/저장매체 등에 대한 모바일 기기 반출입을 제한하는가?

　④ 어떤 형식으로 제한하고 있는가?

　⑤ 통제구역에 모든 사용자(내부자 및 외부자)의 노트북/저장매체 등에 대한 모바일 기기 반출입 현황을 기록하고 있는가?

다) ISMS:2013과의 차이: 특이사항 없음

라) 해당하는 ISMS-P 인증기준 항목: 2.4.6 (반출입 기기 통제)

마) 해당하는 ISMS-P 인증기준 상세 내용: 보호구역 내 정보시스템, 모바일 기기, 저장매체 등에 대한 반출입 통제절차를 수립·이행하고 주기적으로 검토해야 한다.

바) 해당하는 ISMS:2013 인증기준 통제항목: 7.1.5 (모바일 기기 반출입)

사) 해당하는 ISMS:2013 인증기준 통제내용: 노트북 등 모바일 기기 미승인 반출입을 통한 중요정보 유출, 내부망 악성코드 감염 등의 보안사고 예방을 위하여 보호구역 내 임직원 및 외부자 모바일 기기 반출입 통제절차를 수립하고 기록·관리해야 한다.

12) 업무관련 항목 순서: 물리-12

업무관련 항목	2.4.2.2 (출입이력 검토)
업무관련 상세 내용	보호구역 출입에 대한 책임추적성을 확보할 수 있도록 출입 및 접근 이력을 주기적으로 검토해야 한다.

가) 관련 법률 요구사항: 해당 사항 없음

나) GAP 분석용 질문

① 출입통제장치 또는 출입통제방법에 따른 출입/접근 관련 이력 로그를 검토하는가?

② 관련 로그를 최소 6개월 단위로 검토하는가?

다) ISMS:2013과의 차이: 특이사항 없음

라) 해당하는 ISMS-P 인증기준 항목: 2.4.2 (출입통제)

마) 해당하는 ISMS-P 인증기준 상세 내용: 보호구역은 인가된 사람만이 출입하도록 통제하고 책임추적성을 확보할 수 있도록 출입 및 접근 이력을 주기적으로 검토해야 한다.

바) 해당하는 ISMS:2013 인증기준 통제항목: 7.1.4 (출입통제)

사) 해당하는 ISMS:2013 인증기준 통제내용: 보호구역 및 보호구역 내 주요 설비 및 시스템은 인가된 사람만이 접근할 수 있도록 출입을 통제하고 책임추적성을 확보할 수 있도록 출입 및 접근 이력을 주기적으로 검토해야 한다.

13) 업무관련 항목 순서: 물리-13

업무관련 항목	2.4.5.2 (보호구역 내 작업기록 검토)
업무관련 상세 내용	보호구역 내 작업 기록을 주기적으로 검토해야 한다.

가) 관련 법률 요구사항: 해당 사항 없음

나) GAP 분석용 질문

① 보호구역 내 외부인 출입에 대한 출입관리대장을 매월 검토하는가?

다) ISMS:2013과의 차이: 특이사항 없음

라) 해당하는 ISMS-P 인증기준 항목: 2.4.5 (보호구역 내 작업)

마) 해당하는 ISMS-P 인증기준 상세 내용: 보호구역 내에서의 비인가행위 및 권한 오남용 등을 방지하기 위한 작업 절차를 수립·이행하고, 작업 기록을 주기적으로 검토해야 한다.

바) 해당하는 ISMS:2013 인증기준 통제항목: 7.1.3 (보호구역 내 작업)

사) 해당하는 ISMS:2013 인증기준 통제내용: 유지보수 등 주요 설비 및 시스템이 위치한 보호구역 내에서의 작업 절차를 수립하고 작업에 대한 기록을 주기적으로 검토해야 한다.

14) 업무관련 항목 순서: 물리-14

업무관련 항목	2.4.6.4 (모바일/저장매체 반출입현황 검토)
업무관련 상세 내용	보호구역 내 모바일 기기, 저장매체 등에 대한 반출입 현황을 주기적으로 검토해야 한다.

가) 관련 법률 요구사항: 해당 사항 없음

나) GAP 분석용 질문

　① 통제구역(서버룸/IDC) 내 모바일 기기에 대한 반출입 현황을 매월 검토하는가?

다) ISMS:2013과의 차이: 특이사항 없음

라) 해당하는 ISMS-P 인증기준 항목: 2.4.6 (반출입 기기 통제)

마) 해당하는 ISMS-P 인증기준 상세 내용: 보호구역 내 정보시스템, 모바일 기기, 저장매체 등에 대한 반출입 통제절차를 수립·이행하고 주기적으로 검토해야 한다.

바) 해당하는 ISMS:2013 인증기준 통제항목: 7.1.5 (모바일 기기 반출입)

사) 해당하는 ISMS:2013 인증기준 통제내용: 노트북 등 모바일 기기 미승인 반출입을 통한 중요정보 유출, 내부망 악성코드 감염 등의 보안사고 예방을 위하여 보호구역 내 임직원 및 외부자 모바일 기기 반출입 통제절차를 수립하고 기록·관리해야 한다.

입사 업무관련 분야

- 입사 업무관련 분야에 해당하는 인증기준에는 어떤 것들이 존재하는지 알아보자.
- 입사 업무관련 분야에 해당하는 인증기준을 어떻게 업무관련 항목으로 구체화하는지 알아보자.
- 입사 업무관련 분야에 해당하는 업무관련 항목을 어떤 순서로 변경하는지 알아보자.

1 입사 업무에 해당하는 정보보호 및 개인정보보호 관리체계 인증기준

2.2.3 (보안 서약), 2.2.5 (퇴직 및 직무변경 관리), 2.2.6 (보안 위반 시 조치), 2.4.7 (업무환경 보안), 2.10.6 (업무용 단말기 보안), 3.2.3 (개인정보 표시제한 및 이용 시 보호조치)

2 입사 업무에 맞게 해당하는 인증기준 순서 변경

2.2.3 (보안 서약) ➡ 2.4.7 (업무환경 보안) ➡ 2.10.6 (업무용 단말기 보안) ➡ 3.2.3 (개인정보 표시제한 및 이용 시 보호조치) ➡ 2.4.7 (업무환경 보안) ➡ 2.2.6 (보안 위반 시 조치) ➡ 2.2.5 (퇴직 및 직무변경 관리)

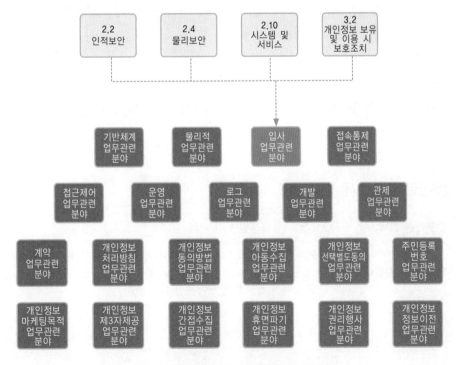

[그림 23] 입사 업무관련 분야와 인증기준 분야 간의 관계

3 입사 업무에 해당하는 업무관련 항목 설명

1) 업무관련 항목 순서: 입사-01

업무관련 항목	2.2.3.1 (임직원 보안 서약서)
업무관련 상세 내용	정보자산을 취급하거나 접근권한이 부여된 임직원이 내부 정책 및 관련 법규, 비밀유지 의무 등 준수사항을 명확히 인지할 수 있도록 업무 특성에 따른 정보보호 서약을 받아야 한다.

가) 관련 법률 요구사항

   ① 정통망법 제28조의2: 이용자의 개인정보를 처리하고 있거나 처리하였던 자는 직무상 알게 된 개인정보를 훼손·침해 또는 누설하여서는 아니 되며, 누구든지 그 개인정보가 누설된 사정을 알면서도 영리 또는 부정한 목적으로 개인정보를 제공받아서는 아니 된다.

나) GAP 분석용 질문

   ① 임직원으로부터 입사 시 비밀유지 서약서를 받았는지?

다) ISMS:2013과의 차이: 특이사항 없음

라) 해당하는 ISMS-P 인증기준 항목: 2.2.3 (보안 서약)

마) 해당하는 ISMS-P 인증기준 상세 내용: 정보자산을 취급하거나 접근권한이 부여된 임직원·임시직원·외부자 등이 내부 정책 및 관련 법규, 비밀유지 의무 등 준수사항을 명확히 인지할 수 있도록 업무 특성에 따른 정보보호 서약을 받아야 한다.

바) 해당하는 ISMS:2013 인증기준 통제항목: 6.1.3 (비밀유지 서약서)

사) 해당하는 ISMS:2013 인증기준 통제내용: 임직원으로부터 비밀유지 서약서를 받아야 하고 임시직원이나 외부자에게 정보시스템에 대한 접근권한을 부여할 경우에도 비밀유지 서약서를 받아야 한다.

2) 업무관련 항목 순서: 입사-02

업무관련 항목	2.2.3.2 (임시직원 보안 서약서)
업무관련 상세 내용	정보자산을 취급하거나 접근권한이 부여된 임시직원이 내부 정책 및 관련 법규, 비밀유지 의무 등 준수사항을 명확히 인지할 수 있도록 업무 특성에 따른 정보보호 서약을 받아야 한다.

가) 관련 법률 요구사항

① 정통망법 제28조의2: 이용자의 개인정보를 처리하고 있거나 처리하였던 자는 직무상 알게 된 개인정보를 훼손·침해 또는 누설하여서는 아니 되며, 누구든지 그 개인정보가 누설된 사정을 알면서도 영리 또는 부정한 목적으로 개인정보를 제공받아서는 아니 된다.

나) GAP 분석용 질문

① 임시직원에게 정보시스템에 대한 접근권한을 부여할 경우 비밀유지 서약서를 받는가?

다) ISMS:2013과의 차이: 특이사항 없음

라) 해당하는 ISMS-P 인증기준 항목: 2.2.3 (보안 서약)

마) 해당하는 ISMS-P 인증기준 상세 내용: 정보자산을 취급하거나 접근권한이 부여된 임직원·임시직원·외부자 등이 내부 정책 및 관련 법규, 비밀유지 의무 등 준수사항을 명확히 인지할 수 있도록 업무 특성에 따른 정보보호 서약을 받아야 한다.

바) 해당하는 ISMS:2013 인증기준 통제항목: 6.1.3 (비밀유지 서약서)

사) 해당하는 ISMS:2013 인증기준 통제내용: 임직원으로부터 비밀유지 서약서를 받아야 하고 임시직원이나 외부자에게 정보시스템에 대한 접근권한을 부여할 경우에도 비밀유지 서약서를 받아야 한다.

3) 업무관련 항목 순서: 입사-03

업무관련 항목	2.2.3.3 (외부자 보안 서약서)
업무관련 상세 내용	정보자산을 취급하거나 접근권한이 부여된 외부자 등이 내부 정책 및 관련 법규, 비밀유지 의무 등 준수사항을 명확히 인지할 수 있도록 업무 특성에 따른 정보보호 서약을 받아야 한다.

가) 관련 법률 요구사항

① 정통망법 제28조의2: 이용자의 개인정보를 처리하고 있거나 처리하였던 자는 직무상 알게 된 개인정보를 훼손·침해 또는 누설하여서는 아니 되며, 누구든지 그 개인정보가 누설된 사정을 알면서도 영리 또는 부정한 목적으로 개인정보를 제공받아서는 아니 된다.

나) GAP 분석용 질문

① 외부자에게 정보시스템에 대한 접근권한을 부여할 경우 비밀유지 서약서를 받는가?

다) ISMS:2013과의 차이: 특이사항 없음

라) 해당하는 ISMS-P 인증기준 항목: 2.2.3 (보안 서약)

마) 해당하는 ISMS-P 인증기준 상세 내용: 정보자산을 취급하거나 접근권한이 부여된 임직원·임시직원·외부자 등이 내부 정책 및 관련 법규, 비밀유지 의무 등 준수사항을 명확히 인지할 수 있도록 업무 특성에 따른 정보보호 서약을 받아야 한다.

바) 해당하는 ISMS:2013 인증기준 통제항목: 6.1.3 (비밀유지 서약서)

사) 해당하는 ISMS:2013 인증기준 통제내용: 임직원으로부터 비밀유지 서약서를 받아야 하고 임시직원이나 외부자에게 정보시스템에 대한 접근권한을 부여할 경우에도 비밀유지 서약서를 받아야 한다.

4) 업무관련 항목 순서: 입사-04

업무관련 항목	2.4.7.1 (업무용 개인PC 보호대책)
업무관련 상세 내용	개인 업무용 PC를 통해 개인정보 및 중요정보가 비인가자에게 노출 또는 유출되지 않도록 정기점검 등 업무용 PC에 대한 보호대책을 수립·이행해야 한다.

가) 관련 법률 요구사항

① 개인정보보호법 제29조(안전성 확보조치 제10조): (모든 유형) 개인정보처리자는 개인정보 유출 등 개인정보 침해사고 방지를 위하여 관리용 단말기에 대해 다음 각 호의 안전조치를 해야 한다.

– 인가받지 않은 사람이 관리용 단말기에 접근하여 임의로 조작하지 못하도록 조치

– 본래 목적 외로 사용되지 않도록 조치

– 악성프로그램 감염 방지 등을 위한 보안조치 적용

나) GAP 분석용 질문

① PC화면보호기는 패스워드가 설정된 상태에서 자동으로 전환되도록 설정되어져 있는가?

② 자동으로 몇 분 후 전환되는가?

③ PC 내 개인정보 등 중요정보 보관 시 암호설정을 걸어 두고 있는가?

④ PC 내 설치된 백신의 최신성을 유지하고 있는가?

⑤ PC 내 OS 등 업데이트/패치는 최신화하고 있는가?

⑥ 매월 업무용 PC에 대한 보호대책 이행여부를 점검하고 있는가?

다) ISMS:2013과의 차이: 특이사항 없음

라) 해당하는 ISMS-P 인증기준 항목: 2.4.7 (업무환경 보안)

마) 해당하는 ISMS-P 인증기준 상세 내용: 공용으로 사용하는 사무용 기기(문서고, 공용 PC, 복합기, 파일서버 등) 및 개인 업무환경(업무용 PC, 책상 등)을 통해 개인정보 및 중요정보가 비인가자에게 노출 또는 유출되지 않도록 클린데스크, 정기점검 등 업무환경 보호대책을 수립·이행해야 한다.

바) 해당하는 ISMS:2013 인증기준 통제항목: 7.3.1 (개인업무 환경 보안)

사) 해당하는 ISMS:2013 인증기준 통제내용: 일정시간 동안 자리를 비울 경우에는 책상 위에 중요한 문서나 저장매체를 남겨놓지 않고 컴퓨터 화면에 중요정보가 노출되지 않도록 화면보호기 설정, 패스워드 노출 금지 등 보호대책을 수립해야 한다.

5) 업무관련 항목 순서: 입사-05

업무관련 항목	2.10.6.4 (업무용 모바일 기기의 보안설정)
업무관련 상세 내용	모바일 기기 등을 업무 목적으로 네트워크에 연결할 경우 기기 보안설정 등의 대책을 수립해야 한다.

가) 관련 법률 요구사항

① 개인정보보호법 제29조(안전성 확보조치 제6조 제7항): (모든 유형) 개인정보처리자는 업무용 모바일 기기의 분실·도난 등으로 개인정보가 유출되지 않도록 해당 모바일 기기에 비밀번호 설정 등의 보호조치를 해야 한다.

나) GAP 분석용 질문

① 업무용으로 등록된 모든 모바일 기기에 안티바이러스 프로그램이 설치되어져 있는가?

② 중요정보(고객 개인정보, 입사정보, 연봉 등)를 모바일 기기에 저장 시 암호화 하는가?

③ 업무용으로 등록된 모바일 기기에 비밀번호를 설정해 두고 있는가?

다) ISMS:2013과의 차이: 특이사항 없음

라) 해당하는 ISMS-P 인증기준 항목: 2.10.6 (업무용 단말기기 보안)

마) 해당하는 ISMS-P 인증기준 상세 내용: PC, 모바일 기기 등 단말기기를 업무 목적으로 네트워크에 연결할 경우 기기 인증 및 승인, 접근 범위, 기기 보안설정 등의 접근통제 대책을 수립하고 주기적으로 점검해야 한다.

바) 해당하는 ISMS:2013 인증기준 통제항목: 10.4.5 (모바일 기기 접근)

사) 해당하는 ISMS:2013 인증기준 통제내용: 모바일 기기를 업무 목적으로 내·외부 네트워크에 연결하여 활용하는 경우 중요정보 유출 및 침해사고 예방을 위해 기기 인증 및 승인, 접근 범위, 기기 보안설정, 오남용 모니터링 등의 접근통제 대책을 수립해야 한다.

6) 업무관련 항목 순서: 입사-06

업무관련 항목	2.4.7.2 (개인 업무환경 보호대책)
업무관련 상세 내용	개인 업무환경(책상 등)을 통해 개인정보 및 중요정보가 비인가자에게 노출 또는 유출되지 않도록 클린데스크 등 업무환경 보호대책을 수립·이행해야 한다.

가) 관련 법률 요구사항

① 개인정보보호법 제29조(안전성 확보조치 제11조 제2항): (모든 유형) 개인정보처리자는 개인정보가 포함된 서류 등을 잠금장치가 있는 안전한 장소에 보관해야 한다.

② 정통망법 제28조(보호조치 기준 제8조 제2항): 정보통신서비스 제공자등은 개인정보가 포함된 서류 등을 잠금장치가 있는 안전한 장소에 보관해야 한다.

나) GAP 분석용 질문

① 자리 비울 때 고객정보/기밀정보가 포함된 문서/저장매체를 시건장치가 있는 곳에 관리하는가?

② 패스워드를 포스트잇 등에 작성하여 모니터에 붙이지 않고 있는가?

③ 패스워드를 정리한 전자파일이 존재할 경우에는 암호화 하여 보관하고 있는가?

다) ISMS:2013과의 차이: 특이사항 없음

라) 해당하는 ISMS-P 인증기준 항목: 2.4.7 (업무환경 보안)

마) 해당하는 ISMS-P 인증기준 상세 내용: 공용으로 사용하는 사무용 기기(문서고, 공용 PC, 복합기, 파일서버 등) 및 개인 업무환경(업무용 PC, 책상 등)을 통해 개인정보 및 중요정보가 비인가자에게 노출 또는 유출되지 않도록 클린데스크, 정기점검 등 업무환경 보호대책을 수립·이행해야 한다.

바) 해당하는 ISMS:2013 인증기준 통제항목: 7.3.1 (개인업무 환경 보안)

사) 해당하는 ISMS:2013 인증기준 통제내용: 일정시간 동안 자리를 비울 경우에는 책상 위에 중요한 문서나 저장매체를 남겨놓지 않고 컴퓨터 화면에 중요정보가 노출되지 않도록 화면보호기 설정, 패스워드 노출 금지 등 보호대책을 수립해야 한다.

7) 업무관련 항목 순서: 입사-07

업무관련 항목	3.2.3.3 (개인정보 출력물 보호조치)
업무관련 상세 내용	개인정보의 출력(인쇄, 화면표시, 파일생성 등) 시 용도를 특정하고 용도에 따라 출력물 보호조치 등을 수행해야 한다.

가) 관련 법률 요구사항

① 정통망법 제28조(보호조치 기준 제9조 제2항): 개인정보가 포함된 종이 인쇄물 등 개인정보의 출력물을 안전하게 관리하기 위해 필요한 보호조치(불법 유출하면 법적 책임을 지게 됨을 개인정보취급자에게 주지시키기, 인쇄/복사 등 개인정보취급자의 출력 행위에 대해 중요사항(일련번호, 형태, 목적, 일시, 관련자 등)을 기록하고 개인정보보호책임자의 사전승인을 받는 절차마련 등)를 해야 한다.

– 개인정보취급자에게 출력 복사물 불법 유출 방지 교육 실시 여부 확인

– 불법 유출방지를 위한 관리대책 준수여부를 주기적으로 점검하고 있는지 확인

– 개인정보보호책임자의 사전승인 절차 및 승인내역 확인

– 개인정보보호책임자가 승인할 때 망법 위배여부를 확인하는지 검토대장 확인

– 개인정보보호책임자가 부재중일 경우 대처방안 확인

– 인쇄(종이 출력) 출력행위에 대해 상세하게 기록하는지 확인

– 종이에 다음의 각호 사항 기록 유무 확인 : 1. 출력 일련번호, 2. 출력의 형태, 3. 출력 일시, 4. 출력의 목적, 5. 출력을 한 자의 소속 및 성명, 6. 출력을 전달받을 자, 7. 출력의 파기일자, 8. 출력의 파기 책임자

– 개인정보처리시스템에서 개인정보 출력 시 정보통신서비스제공자의 명칭 및 일련번호 확인

※ 개인단위 우편발송, 고지서 발급에는 표시하지 않아도 된다.

나) GAP 분석용 질문

① 개인정보 관련 교육자료에 개인정보가 포함된 출력물을 불법적으로 유출하면 법적 책임을 지게됨을 포함시키고 있는가?

② 개인정보취급자가 개인정보가 포함된 자료를 출력 시 출력행위에 대한 중요사항(일련번호, 형태, 목적, 일시, 출력자, 출력 전달받을 자, 파기일자, 파기 책임자 등)을 기록하고 있는가?

③ 개인정보가 포함된 자료를 출력 시 개인정보보호 책임자의 사전승인을 통해 진행하도록 하고 있는가?

다) ISMS:2013과의 차이: [추가] 개인정보 출력물 보호조치 부분 추가

라) 해당하는 ISMS-P 인증기준 항목: 3.2.3 (개인정보 표시제한 및 이용 시 보호조치)

마) 해당하는 ISMS-P 인증기준 상세 내용: 개인정보의 조회 및 출력(인쇄, 화면표시, 파일생성 등) 시 용도를 특정하고 용도에 따라 출력 항목 최소화, 개인정보 표시제한, 출력물 보호조치 등을 수행해야 한다. 또한 빅데이터 분석, 테스트 등 데이터 처리 과정에서 개인정보가 과도하게 이용되지 않도록 업무상 반드시 필요하지 않은 개인정보는 삭제하거나 또는 식별할 수 없도록 조치해야 한다.

바) 해당하는 ISMS:2013 인증기준 통제항목: 7.3.2 (공용업무 환경보안)

사) 해당하는 ISMS:2013 인증기준 통제내용: 사무실에서 공용으로 사용하는 사무처리 기기, 문서고, 공용 PC, 파일서버 등을 통해 중요정보 유출이 발생하지 않도록 보호대책을 마련해야 한다.

8) 업무관련 항목 순서: 입사-08

업무관련 항목	2.4.7.3 (사무용 공용기기 보호대책)
업무관련 상세 내용	공용으로 사용하는 사무용 기기(문서고, 공용 PC, 복합기, 파일서버 등)를 통해 개인정보 및 중요정보가 비인가자에게 노출 또는 유출되지 않도록 클린데스크, 정기점검 등 업무환경 보호대책을 수립·이행해야 한다.

가) 관련 법률 요구사항

① 개인정보보호법 제29조(안전성 확보조치 제11조 제2항): (모든 유형) 개인정보처리자는 개인정보가 포함된 서류 등을 잠금장치가 있는 안전한 장소에 보관해야 한다.

② 정통망법 제28조(보호조치 기준 제8조 제2항): 정보통신서비스 제공자등은 개인정보가 포함된 서류 등을 잠금장치가 있는 안전한 장소에 보관해야 한다.

나) GAP 분석용 질문

① 공용 PC는 사용하지 못하도록 하고 있는가?

② 만약, 존재한다면 사용자별 1인 1계정으로 접근하는가?

③ 어떤 용도로 공용 PC를 사용하는가?

④ 공용 캐비닛 등 문서를 보관하는 장소에 대해서는 시건장치가 존재하는가?

⑤ 퇴근 시에는 공용 캐비닛 등 문서를 보관하는 장소에 대해 시건을 하는가?

⑥ 프린터 출력물은 즉시 회수하는가?

⑦ 프린터 출력물 회수는 어떻게(네임태그/수동회수 등) 진행하는가?

⑧ 파일서버를 사용하지 못하도록 하고 있는가?

⑨ 만약, 파일서버를 사용한다면 1인 1계정으로 접근하도록 되어져 있는가?

⑩ 만약, 파일서버를 사용한다면 계정별 패스워드를 사용하도록 설정되어져 있는가?

⑪ 만약, 파일서버를 사용한다면 사용자별로 접근권한이 최소한으로 부여되어져 있는가?

다) ISMS:2013과의 차이: 특이사항 없음

라) 해당하는 ISMS-P 인증기준 항목: 2.4.7 (업무환경 보안)

마) 해당하는 ISMS-P 인증기준 상세 내용: 공용으로 사용하는 사무용 기기(문서고, 공용 PC, 복합기, 파일서버 등) 및 개인 업무환경(업무용 PC, 책상 등)을 통해 개인정보 및 중요정보가 비인가자에게 노출 또는 유출되지 않도록 클린데스크, 정기점검 등 업무환경 보호대책을 수립·이행해야 한다.

바) 해당하는 ISMS:2013 인증기준 통제항목: 7.3.1 (개인업무 환경 보안)

사) 해당하는 ISMS:2013 인증기준 통제내용: 일정시간 동안 자리를 비울 경우에는 책상 위에 중요한 문서나 저장매체를 남겨놓지 않고 컴퓨터 화면에 중요정보가 노출되지 않도록 화면보호기 설정, 패스워드 노출 금지 등 보호대책을 수립해야 한다.

9) 업무관련 항목 순서: 입사-09

업무관련 항목	2.2.6.1 (임직원 보안 위반 시 조치)
업무관련 상세 내용	임직원이 법령, 규제 및 내부정책을 위반한 경우 이에 따른 조치 절차를 수립·이행해야 한다.

가) 관련 법률 요구사항: 해당 사항 없음

나) GAP 분석용 질문

  ① (개인)정보보호 활동 수행(인사규정에 직원이 정보보호 책임, 의무를 충실히 이행했는지 여부) 위반 시 감봉 등의 조치 관련된 규정이 존재하는가?

다) ISMS:2013과의 차이: [완화] 정보보호 활동에 대한 상 규정 문구 삭제

라) 해당하는 ISMS-P 인증기준 항목: 2.2.6 (보안 위반 시 조치)

마) 해당하는 ISMS-P 인증기준 상세 내용: 임직원 및 관련 외부자가 법령, 규제 및 내부정책을 위반한 경우 이에 따른 조치 절차를 수립·이행해야 한다.

바) 해당하는 ISMS:2013 인증기준 통제항목: 6.2.2 (상벌규정)

사) 해당하는 ISMS:2013 인증기준 통제내용: 인사규정에 직원이 정보보호 책임과 의무를 충실히 이행했는지 여부 등 정보보호 활동 수행에 따른 상벌규정을 포함해야 한다.

10) 업무관련 항목 순서: 입사-10

업무관련 항목	2.2.6.2 (외부자 보안 위반 시 조치)
업무관련 상세 내용	관련 외부자가 법령, 규제 및 내부정책을 위반한 경우 이에 따른 조치 절차를 수립·이행해야 한다.

가) 관련 법률 요구사항: 해당 사항 없음

나) GAP 분석용 질문

　① 계약에 의해 업무를 수행하는 외부자에 대해 회사 내 정보보호 활동 수행을 위반 시 조치 관련된 내용이 SLA, 계약서 등에 명시되어져 있는가?

다) ISMS:2013과의 차이: 특이사항 없음

라) 해당하는 ISMS-P 인증기준 항목: 2.2.6 (보안 위반 시 조치)

마) 해당하는 ISMS-P 인증기준 상세 내용: 임직원 및 관련 외부자가 법령, 규제 및 내부정책을 위반한 경우 이에 따른 조치 절차를 수립·이행해야 한다.

바) 해당하는 ISMS:2013 인증기준 통제항목: 6.2.2 (상벌규정)

사) 해당하는 ISMS:2013 인증기준 통제내용: 인사규정에 직원이 정보보호 책임과 의무를 충실히 이행했는지 여부 등 정보보호 활동 수행에 따른 상벌규정을 포함해야 한다.

11) 업무관련 항목 순서: 입사-11

업무관련 항목	2.2.5.2 (직무변경 시 절차 관리)
업무관련 상세 내용	직무변경 시 인사·정보보호·개인정보보호·IT 등 관련 부서별 이행하여야 할 자산반납, 계정 및 접근권한 조정, 결과확인 등의 절차를 수립·관리해야 한다.

가) 관련 법률 요구사항: 해당 사항 없음

나) GAP 분석용 질문

　① 직원의 직무변경(부서이동 또는 업무변동) 시 접근권한을 회수하거나 조정하는가?

　② 어떻게(즉시/주기적/수시 등) 회수하거나 조정하는가?

　③ 직무변경 시 자산반납 및 계정삭제한 결과를 확인할 수 있는 절차가 존재하는가?

다) ISMS:2013과의 차이: 특이사항 없음

라) 해당하는 ISMS-P 인증기준 항목: 2.2.5 (퇴직 및 직무변경 관리)

마) 해당하는 ISMS-P 인증기준 상세 내용: 퇴직 및 직무변경 시 인사·정보보호·개인정보보호·IT 등 관련 부서별 이행하여야 할 자산반납, 계정 및 접근권한 회수·조정, 결과확인 등의 절차를 수립·관리해야 한다.

바) 해당하는 ISMS:2013 인증기준 통제항목: 6.2.1 (퇴직 및 직무변경 관리)

사) 해당하는 ISMS:2013 인증기준 통제내용: 퇴직 및 직무변경 시 인사부서와 정보보호 및 시스템 운영 부서 등 관련 부서에서 이행해야 할 자산반납, 접근권한 회수·조정, 결과확인 등의 절차를 수립해야 한다.

12) 업무관련 항목 순서: 입사-12

업무관련 항목	2.2.5.1 (퇴직 시 절차 관리)
업무관련 상세 내용	퇴직 시 인사·정보보호·개인정보보호·IT 등 관련 부서별 이행하여야 할 자산반납, 계정 및 접근권한 회수, 결과확인 등의 절차를 수립·관리해야 한다.

가) 관련 법률 요구사항: 해당 사항 없음

나) GAP 분석용 질문

① 직원의 퇴직 시 접근권한을 회수하는가?

② 어떻게(즉시/주기적/수시 등) 회수하는가?

③ 퇴직 시 자산반납 및 계정삭제한 결과를 확인할 수 있는 절차가 존재하는가?

다) ISMS:2013과의 차이: 특이사항 없음

라) 해당하는 ISMS-P 인증기준 항목: 2.2.5 (퇴직 및 직무변경 관리)

마) 해당하는 ISMS-P 인증기준 상세 내용: 퇴직 및 직무변경 시 인사·정보보호·개인정보보호·IT 등 관련 부서별 이행하여야 할 자산반납, 계정 및 접근권한 회수·조정, 결과확인 등의 절차를 수립·관리해야 한다.

바) 해당하는 ISMS:2013 인증기준 통제항목: 6.2.1 (퇴직 및 직무변경 관리)

사) 해당하는 ISMS:2013 인증기준 통제내용: 퇴직 및 직무변경 시 인사부서와 정보보호 및 시스템 운영 부서 등 관련 부서에서 이행해야 할 자산반납, 접근권한 회수·조정, 결과확인 등의 절차를 수립해야 한다.

CHAPTER 4

상 중 하

접속통제 업무관련 분야

- 접속통제 업무관련 분야에 해당하는 인증기준에는 어떤 것들이 존재하는지 알아보자.
- 접속통제 업무관련 분야에 해당하는 인증기준을 어떻게 업무관련 항목으로 구체화하는지 알아보자.
- 접속통제 업무관련 분야에 해당하는 업무관련 항목을 어떤 순서로 변경하는지 알아보자.

1 접속통제 업무에 해당하는 정보보호 및 개인정보보호 관리체계 인증기준

2.5.3 (사용자 인증), 2.6.1 (네트워크 접근), 2.6.5 (무선 네트워크 접근), 2.6.6 (원격접근 통제), 2.6.7 (인터넷 접속통제), 2.8.3(시험과 운영환경 분리), 2.10.3 (공개서버 보안), 2.10.6 (업무용 단말기기 보안)

2 접속통제 업무에 맞게 해당하는 인증기준 순서 변경

2.6.6 (원격접근 통제) → 2.5.3 (사용자 인증) → 2.6.6 (원격접근 통제) → 2.6.1 (네트워크 접근) → 2.10.3 (공개서버 보안) → 2.8.3 (시험과 운영환경 분리) → 2.6.1 (네트워크 접근) → 2.6.5 (무선 네트워크 접근) → 2.10.6 (업무용 단말기기 보안) → 2.6.7 (인터넷 접속통제)

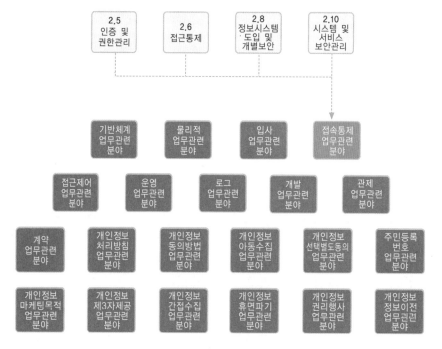

[그림 24] 접속통제 업무관련 분야와 인증기준 분야 간의 관계

3 접속통제 업무에 해당하는 업무관련 항목 설명

1) 업무관련 항목 순서: 접속-01

업무관련 항목	2.6.6.1 (보호구역 이외 정보처리 금지)
업무관련 상세 내용	보호구역 이외 장소에서의 정보시스템 관리 및 개인정보 처리는 원칙적으로 금지한다.

가) 관련 법률 요구사항: 해당 사항 없음

나) GAP 분석용 질문

　① 회사 내 보호구역(사무실/전산실/IDC 등) 이외에서는 회사의 정보시스템에 접속할 수 없도록 막혀 있는가?

다) ISMS:2013과의 차이: [확대] 범위를 내부 네트워크에서 보호구역으로 확대

라) 해당하는 ISMS-P 인증기준 항목: 2.6.6 (원격접근 통제)

마) 해당하는 ISMS-P 인증기준 상세 내용: 보호구역 이외 장소에서의 정보시스템 관리 및 개인정보 처리는 원칙적으로 금지하고, 재택근무·장애대응·원격협업 등 불가피한 사유로 원격접근을 허용하는 경우 책임자 승인, 접근 단말 지정, 접근 허용범위 및 기간 설정, 강화된 인증, 구간 암호화, 접속단말 보안(백신, 패치 등) 등 보호대책을 수립·이행해야 한다.

바) 해당하는 ISMS:2013 인증기준 통제항목: 11.2.5 (원격운영 관리)

사) 해당하는 ISMS:2013 인증기준 통제내용: 내부 네트워크를 통하여 정보시스템을 관리하는 경우 특정 단말에서만 접근을 할 수 있도록 제한하고, 원격지에서 인터넷 등 외부 네트워크를 통하여 정보시스템을 관리하는 것은 원칙적으로 금지하고 부득이한 사유로 인해 허용하는 경우에는 책임자 승인, 접속 단말 및 사용자 인증, 구간 암호화, 접속단말 보안(백신, 패치 등) 등의 보호대책을 수립해야 한다.

2) 업무관련 항목 순서: 접속-02

업무관련 항목	2.5.3.2 (강화된 인증방식)
업무관련 상세 내용	정보시스템과 개인정보 및 중요정보에 대한 사용자의 접근은 필요에 따라 강화된 인증방식을 적용해야 한다.

가) 관련 법률 요구사항

　① 개인정보보호법 제29조(안전성 확보조치 제6조 제2항): (유형2)(유형3) 개인정보처리자는 개인정보취급자가 정보통신망을 통해 외부에서 개인정보처리시스템에 접속하려는

경우에는 가상사설망(VPN : Virtual Private Network) 또는 전용선 등 안전한 접속수단을 적용하거나 안전한 인증수단을 적용해야 한다.

② 정통망법 제28조(보호조치 기준 제4조 제4항): 정보통신서비스 제공자등은 개인정보취급자가 정보통신망을 통해 외부에서 개인정보처리시스템에 접속이 필요한 경우에는 안전한 인증수단을 적용해야 한다.

나) GAP 분석용 질문

① 관리자 및 일반 사용자가 자택 등 외부망에서 회사의 정보시스템에 접속할 수 있을 경우, 외부망에서 접근 시 강화된 인증방식(2펙터 인증)을 사용하는가?

다) ISMS:2013과의 차이: 특이사항 없음

라) 해당하는 ISMS-P 인증기준 항목: 2.5.3 (사용자 인증)

마) 해당하는 ISMS-P 인증기준 상세 내용: 정보시스템과 개인정보 및 중요정보에 대한 사용자의 접근은 안전한 인증절차와 필요에 따라 강화된 인증방식을 적용해야 한다. 또한 로그인 횟수 제한, 불법 로그인 시도 경고 등 비인가자 접근 통제방안을 수립·이행해야 한다.

바) 해당하는 ISMS:2013 인증기준 통제항목: 10.3.1 (사용자 인증)

사) 해당하는 ISMS:2013 인증기준 통제내용: 정보시스템에 대한 접근은 사용자 인증, 로그인 횟수 제한, 불법 로그인 시도 경고 등 안전한 사용자 인증 절차에 의해 통제되어야 하고 필요한 경우 법적 요구사항 등을 고려하여 중요 정보시스템 접근 시 강화된 인증방식을 적용해야 한다.

3) 업무관련 항목 순서: 접속-03

업무관련 항목	2.6.6.2 (원격접근 시 보호대책)
업무관련 상세 내용	재택근무·장애대응·원격협업 등 불가피한 사유로 원격접근을 허용하는 경우 책임자 승인, 접근 단말 지정, 접근 허용범위 및 기간 설정, 강화된 인증, 구간 암호화, 접속단말 보안(백신, 패치 등) 등 보호대책을 수립·이행해야 한다.

가) 관련 법률 요구사항

① 개인정보보호법 제29조(안전성 확보조치 제6조 제2항): (유형2)(유형3) 개인정보처리자는 개인정보취급자가 정보통신망을 통해 외부에서 개인정보처리시스템에 접속하려는 경우에는 가상사설망(VPN : Virtual Private Network) 또는 전용선 등 안전한 접속수단을 적용하거나 안전한 인증수단을 적용해야 한다.

② 정통망법 제28조(보호조치 기준 제4조 제4항): 정보통신서비스 제공자등은 개인정보취급자가 정보통신망을 통해 외부에서 개인정보처리시스템에 접속이 필요한 경우에는 안전한 인증수단을 적용해야 한다.

나) GAP 분석용 질문

① 관리자 및 일반 사용자가 자택 등 외부망에서 회사의 정보시스템에 접속할 수 있을 경우, 외부망에서 접속 시 접근하는 사용자별 아래 내용을 모두 만족하는가?

　– 개인정보 다운로드/삭제권한을 가진 개인정보취급자(개인정보를 업무상 사용하는 자): 구간 암호화, 2팩터 인증, 망분리 적용

　– 개인정보의 일반(조회, 수정 등) 권한을 가진 개인정보취급자(개인정보를 업무상 사용하는 자) 및 일반사용자: 구간 암호화, 2팩터 인증

② 관리자 및 일반 사용자가 자택 등 외부망에서 회사의 정보시스템에 접속할 수 있다면, 어떻게 외부망에서 접근할 수 있도록 구축되어져 있는가?

③ 외부망에서 내부시스템에 접근할 수 있을 경우, 외부망에서 접근하는 사용자의 단말기를 미리 지정해 두었는가?

④ 외부망에서 내부시스템에 접근할 수 있을 경우, 외부망에서 접근하는 사용자의 단말기에 대한 백신설치 및 최신 패치가 진행되고 있는가?

⑤ 외부망에서 내부시스템에 접근할 수 있을 경우, 사용자별 접근할 수 있는 허용범위와 사용기간을 설정해 두었는가?

⑥ 외부망에서 내부시스템에 접근할 수 있을 경우, 책임자의 승인을 통해 진행하고 있는가?

다) ISMS:2013과의 차이: 특이사항 없음

라) 해당하는 ISMS-P 인증기준 항목: 2.6.6 (원격접근 통제)

마) 해당하는 ISMS-P 인증기준 상세 내용: 보호구역 이외 장소에서의 정보시스템 관리 및 개인정보 처리는 원칙적으로 금지하고, 재택근무·장애대응·원격협업 등 불가피한 사유로 원격접근을 허용하는 경우 책임자 승인, 접근 단말 지정, 접근 허용범위 및 기간 설정, 강화된 인증, 구간 암호화, 접속단말 보안(백신, 패치 등) 등 보호대책을 수립·이행해야 한다.

바) 해당하는 ISMS:2013 인증기준 통제항목

① 11.2.6 (스마트워크 보안)

② 11.2.5 (원격운영 관리)

사) 해당하는 ISMS:2013 인증기준 통제내용

① 재택근무, 원격협업 등과 같은 원격 업무 수행 시 이에 대한 관리적·기술적 보호대책을 수립하고 이행해야 한다.

② 내부 네트워크를 통하여 정보시스템을 관리하는 경우 특정 단말에서만 접근을 할 수 있도록 제한하고, 원격지에서 인터넷 등 외부 네트워크를 통하여 정보시스템을 관리하는 것은 원칙적으로 금지하고 부득이한 사유로 인해 허용하는 경우에는 책임자 승인, 접속 단말 및 사용자 인증, 구간 암호화, 접속단말 보안(백신, 패치 등) 등의 보호대책을 수립해야 한다.

4) 업무관련 항목 순서: 접속-04

업무관련 항목	2.6.1.2 (네트워크 분리 및 접근통제)
업무관련 상세 내용	업무목적 및 중요도에 따라 네트워크 분리(DMZ, 서버팜, DB존, 개발존 등)와 접근통제를 적용해야 한다.

가) 관련 법률 요구사항

① 정통망법 제28조(보호조치 기준 제4조 제6항): ISMS인증 대상인 정보통신서비스 제공자등은 개인정보처리시스템에서 개인정보를 다운로드 또는 파기할 수 있거나 개인정보처리시스템에 대한 접근권한을 설정할 수 있는 개인정보취급자의 컴퓨터 등을 물리적 또는 논리적으로 망분리 하여 외부 인터넷접속이 불가능하도록 해야 한다.

나) GAP 분석용 질문

① 네트워크를 목적별로(DMZ, 서버팜, DB존, 개발존 등) 분리하고 있는가?

② 네트워크 존별로 꼭 필요한 서비스(port)를 제외한 나머지 서비스(port)를 제한하고 있는가?

③ 개인정보를 다루는 개인정보처리시스템의 관리자(망분리 대상자)에 대해 모든 인터넷서비스를 차단하고 있는가?

④ 개인정보를 삭제 또는 다운로드 가능한 개인정보취급자(망분리 대상자)의 단말기에 대해 모든 인터넷서비스를 차단하고 있는가?

⑤ 망분리 대상자에 대해 어떤 방식으로 망분리를 하고 있는가?

⑥ 필요시 망분리 단말기에서 데이터를 어떻게 옮기는가?

다) ISMS:2013과의 차이: 특이사항 없음

라) 해당하는 ISMS-P 인증기준 항목: 2.6.1 (네트워크 접근)

마) 해당하는 ISMS-P 인증기준 상세 내용: 네트워크에 대한 비인가 접근을 통제하기 위하여 IP관리, 단말인증 등 관리절차를 수립·이행하고, 업무목적 및 중요도에 따라 네트워크 분리(DMZ, 서버팜, DB존, 개발존 등)와 접근통제를 적용해야 한다.

바) 해당하는 ISMS:2013 인증기준 통제항목: 10.4.1 (네트워크 접근)

사) 해당하는 ISMS:2013 인증기준 통제내용: 네트워크에 대한 비인가 접근을 통제하기 위해 필요한 네트워크 접근통제리스트, 네트워크 식별자 등에 대한 관리절차를 수립하고 서비스, 사용자 그룹, 정보자산의 중요도에 따라 내·외부 네트워크를 분리해야 한다.

5) 업무관련 항목 순서: 접속-05

업무관련 항목	2.10.3.1 (내/외부 네트워크 분리)
업무관련 상세 내용	외부 네트워크에 공개되는 서버의 경우 내부 네트워크와 분리해야 한다.

가) 관련 법률 요구사항: 해당 사항 없음

나) GAP 분석용 질문

① 웹서버 등 외부 서비스를 위한 공개서버는 DMZ에 존재하는가?

② 외부 서비스에 필요한 DBMS를 내부 네트워크에 위치하는가?

다) ISMS:2013과의 차이: 특이사항 없음

라) 해당하는 ISMS-P 인증기준 항목: 2.10.3 (공개서버 보안)

마) 해당하는 ISMS-P 인증기준 상세 내용: 외부 네트워크에 공개되는 서버의 경우 내부 네트워크와 분리하고 취약점 점검, 접근통제, 인증, 정보 수집·저장·공개 절차 등 강화된 보호대책을 수립·이행해야 한다.

바) 해당하는 ISMS:2013 인증기준 통제항목: 11.2.8 (공개서버 보안)

사) 해당하는 ISMS:2013 인증기준 통제내용: 웹사이트 등에 정보를 공개하는 경우 정보 수집, 저장, 공개에 따른 허가 및 게시절차를 수립하고 공개서버에 대한 물리적, 기술적 보호대책을 수립해야 한다.

6) 업무관련 항목 순서: 접속-06

업무관련 항목	2.10.3.3 (공개서버의 접근통제)
업무관련 상세 내용	외부 네트워크에 공개되는 서버의 경우 접근통제, 인증 등 보호대책을 수립·이행해야 한다.

가) 관련 법률 요구사항: 해당 사항 없음

나) GAP 분석용 질문

① 공개서버의 고유 서비스를 위한 서비스(Port)를 제외한 모든 트래픽이 내부 네트워크에 연결될 수 없도록 제한하는가?

다) ISMS:2013과의 차이: 특이사항 없음

라) 해당하는 ISMS-P 인증기준 항목: 2.10.3 (공개서버 보안)

마) 해당하는 ISMS-P 인증기준 상세 내용: 외부 네트워크에 공개되는 서버의 경우 내부 네트워크와 분리하고 취약점 점검, 접근통제, 인증, 정보 수집·저장·공개 절차 등 강화된 보호대책을 수립·이행해야 한다.

바) 해당하는 ISMS:2013 인증기준 통제항목: 11.2.8 (공개서버 보안)

사) 해당하는 ISMS:2013 인증기준 통제내용: 웹사이트 등에 정보를 공개하는 경우 정보 수집, 저장, 공개에 따른 허가 및 게시절차를 수립하고 공개서버에 대한 물리적, 기술적 보호대책을 수립해야 한다.

7) 업무관련 항목 순서: 접속-07

업무관련 항목	2.8.3.1 (개발/시험 시스템과 운영시스템의 분리)
업무관련 상세 내용	개발 및 시험 시스템은 운영시스템에 대한 비인가 접근 및 변경의 위험을 감소시키기 위하여 원칙적으로 분리해야 한다.

가) 관련 법률 요구사항: 해당 사항 없음

나) GAP 분석용 질문

　① 개발 시스템 (서버, DB 등)과 운영시스템 (서버, DB 등)은 분리되어져 있는가?

　② 테스트 시스템과 운영시스템은 분리되어져 있는가?

다) ISMS:2013과의 차이: 특이사항 없음

라) 해당하는 ISMS-P 인증기준 항목: 2.8.3 (시험과 운영환경 분리)

마) 해당하는 ISMS-P 인증기준 상세 내용: 개발 및 시험 시스템은 운영시스템에 대한 비인가 접근 및 변경의 위험을 감소시키기 위하여 원칙적으로 분리해야 한다.

바) 해당하는 ISMS:2013 인증기준 통제항목: 8.2.2 (개발과 운영환경 분리)

사) 해당하는 ISMS:2013 인증기준 통제내용: 개발 및 시험 시스템은 운영시스템에 대한 비인가 접근 및 변경의 위험을 감소하기 위해 원칙적으로 분리해야 한다.

8) 업무관련 항목 순서: 접속-08

업무관련 항목	2.6.1.1 (네트워크 비인가 접근 관리)
업무관련 상세 내용	네트워크에 대한 비인가 접근을 통제하기 위하여 IP관리, 단말인증 등 관리절차를 수립·이행해야 한다.

가) 관련 법률 요구사항

① 개인정보보호법 제29조(안전성 확보조치 제6조 제1항 제1호 제6항): (모든 유형) 개인정보처리자는 정보통신망을 통한 불법적인 접근 및 침해사고 방지를 위해 개인정보처리시스템에 대한 접속 권한을 IP(Internet Protocol)주소 등으로 제한하여 인가받지 않은 접근을 제한해야 한다. 단, 개인정보처리자가 별도의 개인정보처리시스템을 이용하지 아니하고 업무용 컴퓨터 또는 모바일 기기를 이용하여 개인정보를 처리하는 경우에는 예외로 적용하지 아니할 수 있으며, 이 경우 업무용 컴퓨터 또는 모바일 기기의 운영체제(OS : Operating System)나 보안프로그램 등에서 제공하는 접근통제 기능을 이용할 수 있다.

② 정통망법 제28조(보호조치 기준 제4조 제5항): 정보통신서비스 제공자등은 개인정보처리시스템으로의 접근을 IP주소 등으로 제한하여 인가받지 않은 자를 차단하는 기능(침입차단기능)을 갖는 시스템을 설치·운영해야 한다.

나) GAP 분석용 질문

① 정보시스템(서버/네트워크 등)이 내부 네트워크에 접근 시 각각의 정보시스템에 대한 인증 및 승인을 진행하는가?

② 내부 네트워크에 접근 시 정보시스템에 대한 인증/승인을 어떻게 진행하는가?

다) ISMS:2013과의 차이: 특이사항 없음

라) 해당하는 ISMS-P 인증기준 항목: 2.6.1 (네트워크 접근)

마) 해당하는 ISMS-P 인증기준 상세 내용: 네트워크에 대한 비인가 접근을 통제하기 위하여 IP관리, 단말인증 등 관리절차를 수립·이행하고, 업무목적 및 중요도에 따라 네트워크 분리(DMZ, 서버팜, DB존, 개발존 등)와 접근통제를 적용해야 한다.

바) 해당하는 ISMS:2013 인증기준 통제항목: 10.4.1 (네트워크 접근)

사) 해당하는 ISMS:2013 인증기준 통제내용: 네트워크에 대한 비인가 접근을 통제하기 위해 필요한 네트워크 접근통제리스트, 네트워크 식별자 등에 대한 관리절차를 수립하고 서비스, 사용자 그룹, 정보자산의 중요도에 따라 내·외부 네트워크를 분리해야 한다.

9) 업무관련 항목 순서: 접속-09

업무관련 항목	2.6.5.1 (무선 네트워크 보호대책)
업무관련 상세 내용	무선 네트워크를 사용하는 경우 사용자 인증, 송수신 데이터 암호화, AP 통제 등 무선 네트워크 보호대책을 적용해야 한다.

가) 관련 법률 요구사항

① 정통망법 제28조(보호조치 기준 제4조 제9항): 정보통신서비스 제공자등은 취급 중인 개인정보가 인터넷 홈페이지, P2P, 공유설정 등을 통하여 열람권한이 없는 자에게 공개되거나 외부에 유출되지 않도록 모바일 기기에 조치를 해야 한다.

나) GAP 분석용 질문

① 무선인터넷을 업무 용도로 사용하지 못하도록 막고 있는가?

② 만약, 업무용으로 무선인터넷 사용 시 접속단말기의 MAC 통제를 하여 사용자 인증을 하는가?

③ 만약, 업무용으로 무선인터넷 사용 시 송수신 데이터 암호화는 적용되어져 있는가?

④ 만약, 업무용으로 무선인터넷 사용 시 해당 SSID를 히든으로 숨기고 있는가?

⑤ 만약, 개인정보 관련된 업무용으로 무선인터넷 사용 시 해당 무선인터넷의 네트워크도 내부 업무용 네트워크와 동일하게 인터넷서비스를 통제/차단 등 관리하고 있는가?

다) ISMS:2013과의 차이: 특이사항 없음

라) 해당하는 ISMS-P 인증기준 항목: 2.6.5 (무선 네트워크 접근)

마) 해당하는 ISMS-P 인증기준 상세 내용: 무선 네트워크를 사용하는 경우 사용자 인증, 송수신 데이터 암호화, AP 통제 등 무선 네트워크 보호대책을 적용해야 한다. 또한 AD Hoc 접속, 비인가 AP 사용 등 비인가 무선 네트워크 접속으로부터 보호대책을 수립·이행해야 한다.

바) 해당하는 ISMS:2013 인증기준 통제항목: 11.2.7 (무선 네트워크 보안)

사) 해당하는 ISMS:2013 인증기준 통제내용: 무선랜 등을 통해 무선인터넷을 사용하는 경우 무선 네트워크 구간에 대한 보안을 강화하기 위해 사용자 인증, 송수신 데이터 암호화 등의 보호대책을 수립해야 한다.

10) 업무관련 항목 순서: 접속-10

업무관련 항목	2.6.5.2 (비인가 무선 네트워크 보호대책)
업무관련 상세 내용	AD Hoc 접속(통신기기 간 무선통신), 비인가 AP 사용 등 비인가 무선 네트워크 접속으로부터 보호대책을 수립·이행해야 한다.

가) 관련 법률 요구사항

① 정통망법 제28조(보호조치 기준 제4조 제9항): 정보통신서비스 제공자등은 취급 중인 개인정보가 인터넷 홈페이지, P2P, 공유설정 등을 통하여 열람권한이 없는 자에게 공개되거나 외부에 유출되지 않도록 모바일 기기에 조치를 해야 한다.

나) GAP 분석용 질문

① 비인가 무선 AP(통신기기 간 무선통신 등 포함) 사용을 막을 수 있는 방법이 존재하는가?

② WIPS 같은 장비를 구축하고 있는가?

③ 정기적으로 비인가 무선 AP를 업무용으로 사용하는 단말기가 존재하는지 확인하는가?

④ 교육을 통해 비인가 무선 AP를 통해 문제가 발생 시에는 모든 책임이 본인에게 존재함을 알리고 있는가?

다) ISMS:2013과의 차이: [추가] 비인가 무선 네트워크 접속에 대한 보호대책 수립

라) 해당하는 ISMS-P 인증기준 항목: 2.6.5 (무선 네트워크 접근)

마) 해당하는 ISMS-P 인증기준 상세 내용: 무선 네트워크를 사용하는 경우 사용자 인증, 송수신 데이터 암호화, AP 통제 등 무선 네트워크 보호대책을 적용해야 한다. 또한 AD Hoc 접속, 비인가 AP 사용 등 비인가 무선 네트워크 접속으로부터 보호대책을 수립·이행해야 한다.

바) 해당하는 ISMS:2013 인증기준 통제항목: 11.2.7 (무선 네트워크 보안)

사) 해당하는 ISMS:2013 인증기준 통제내용: 무선랜 등을 통해 무선인터넷을 사용하는 경우 무선 네트워크 구간에 대한 보안을 강화하기 위해 사용자 인증, 송수신 데이터 암호화 등의 보호대책을 수립해야 한다.

11) 업무관련 항목 순서: 접속-11

업무관련 항목	2.10.6.1 (업무용 단말기 인증/승인)
업무관련 상세 내용	PC, 모바일 기기 등 단말기기를 업무 목적으로 네트워크에 연결할 경우 기기 인증 및 승인을 해야 한다.

가) 관련 법률 요구사항: 해당 사항 없음

나) GAP 분석용 질문

① 단말기(PC 및 모바일 기기(스마트폰, 패드 등))가 내부 네트워크에 접근 시 해당 단말기 장비에 대한 인증 및 승인을 처리하는가?

② 어떻게(IP 또는 MAC 등) 인증 및 승인을 처리하는가?

다) ISMS:2013과의 차이: 특이사항 없음

라) 해당하는 ISMS-P 인증기준 항목: 2.10.6 (업무용 단말기기 보안)

마) 해당하는 ISMS-P 인증기준 상세 내용: PC, 모바일 기기 등 단말기기를 업무 목적으로 네트워크에 연결할 경우 기기 인증 및 승인, 접근 범위, 기기 보안설정 등의 접근통제 대책을 수립하고 주기적으로 점검해야 한다.

바) 해당하는 ISMS:2013 인증기준 통제항목: 10.4.5 (모바일 기기 접근)

사) 해당하는 ISMS:2013 인증기준 통제내용: 모바일 기기를 업무 목적으로 내·외부 네트워크에 연결하여 활용하는 경우 중요정보 유출 및 침해사고 예방을 위해 기기 인증 및 승인, 접근 범위, 기기 보안설정, 오남용 모니터링 등의 접근통제 대책을 수립해야 한다.

12) 업무관련 항목 순서: 접속-12

업무관련 항목	2.10.6.2 (업무용 PC/노트북 접근범위 수립)
업무관련 상세 내용	PC/노트북을 업무 목적으로 네트워크에 연결할 경우 접근 범위를 수립해야 한다.

가) 관련 법률 요구사항: 해당 사항 없음

나) GAP 분석용 질문

① PC에 공유폴더를 사용하지 못하도록 하고 있는가?

② 만약, 공유폴더를 사용한다면 1인 1계정으로 접근하도록 되어 있는가?

③ 만약, 공유폴더를 사용한다면 계정별로 패스워드가 설정되어 있는가?

④ 만약, 공유폴더를 사용한다면 계정별로 접근권한이 최소한으로 설정되어 있는가?

다) ISMS:2013과의 차이: 특이사항 없음

라) 해당하는 ISMS-P 인증기준 항목: 2.10.6 (업무용 단말기기 보안)

마) 해당하는 ISMS-P 인증기준 상세 내용: PC, 모바일 기기 등 단말기기를 업무 목적으로 네트워크에 연결할 경우 기기 인증 및 승인, 접근 범위, 기기 보안설정 등의 접근통제 대책을 수립하고 주기적으로 점검해야 한다.

바) 해당하는 ISMS:2013 인증기준 통제항목: 7.3.1 (개인업무 환경 보안)

사) 해당하는 ISMS:2013 인증기준 통제내용: 일정시간 동안 자리를 비울 경우에는 책상 위에 중요한 문서나 저장매체를 남겨놓지 않고 컴퓨터 화면에 중요정보가 노출되지 않도록 화면보호기 설정, 패스워드 노출 금지 등 보호대책을 수립해야 한다.

13) 업무관련 항목 순서: 접속-13

업무관련 항목	2.10.6.3 (업무용 모바일 기기의 접근범위 수립)
업무관련 상세 내용	모바일 기기 등을 업무 목적으로 네트워크에 연결할 경우 접근 범위를 수립해야 한다.

가) 관련 법률 요구사항: 해당 사항 없음

나) GAP 분석용 질문

　① 관리자 계정으로 모바일 기기(스마트폰, 패드 등)를 통해 해당 정보시스템에 접근할 수 없도록 구성되어져 있는가?

　② 사용자 계정으로 모바일 기기(스마트폰, 패드 등)를 통해 해당 정보시스템에 접근이 필요할 경우, 미리 인증/승인을 거친 업무용 모바일 기기에서만 해당 정보시스템에 국한하여 접근할 수 있도록 범위를 제한하고 있는가?

다) ISMS:2013과의 차이: 특이사항 없음

라) 해당하는 ISMS-P 인증기준 항목: 2.10.6 (업무용 단말기기 보안)

마) 해당하는 ISMS-P 인증기준 상세 내용: PC, 모바일 기기 등 단말기기를 업무 목적으로 네트워크에 연결할 경우 기기 인증 및 승인, 접근 범위, 기기 보안설정 등의 접근통제 대책을 수립하고 주기적으로 점검해야 한다.

바) 해당하는 ISMS:2013 인증기준 통제항목: 10.4.5 (모바일 기기 접근)

사) 해당하는 ISMS:2013 인증기준 통제내용: 모바일 기기를 업무 목적으로 내·외부 네트워크에 연결하여 활용하는 경우 중요정보 유출 및 침해사고 예방을 위해 기기 인증 및 승인, 접근 범위, 기기 보안설정, 오남용 모니터링 등의 접근통제 대책을 수립해야 한다.

14) 업무관련 항목 순서: 접속-14

업무관련 항목	2.10.6.5 (업무용 단말기의 접근통제 대책 점검)
업무관련 상세 내용	PC, 모바일 기기 등 단말기기를 업무 목적으로 네트워크에 연결할 경우 기기 인증 및 승인, 접근 범위, 기기 보안설정 등의 접근통제 대책에 대한 주기적인 점검을 해야 한다.

가) 관련 법률 요구사항: 해당 사항 없음

나) GAP 분석용 질문

　① 인증 및 승인받은 단말기(PC 및 모바일 기기(스마트폰, 패드 등))만이 내부 네트워크에 접근되도록 운영하고 있는지를 점검하는가?

② 미리 지정된 관리자 계정의 단말기만이 해당 정보시스템에 접근할 수 있도록 운영하고 있는지를 점검하는가?

③ 모바일 기기를 통해 정보시스템의 관리자 계정 권한으로는 접근할 수 없도록 운영하고 있는지 점검하는가?

④ 모바일 기기를 통해 정보시스템의 일반 사용자 계정 권한으로 접근할 경우, 미리 지정되어져 있는 정보시스템에 국한하여 접근할 수 있도록 운영하는지 점검하는가?

⑤ 중요정보(고객 개인정보, 입사정보, 연봉 등)를 모바일 기기에 저장 시 암호화 하고 있는지 점검하는가?

⑥ 업무용으로 등록된 모바일 기기에 비밀번호를 설정하여 운영하는지 점검하는가?

⑦ 업무용으로 등록된 모든 모바일 기기에 안티바이러스 프로그램이 설치되어져 있는지 점검하는가?

다) ISMS:2013과의 차이

① [완화] 모바일 기기에 대한 오남용 모니터링 적용부분 문구 삭제

② [추가] 업무용 단말기의 접근통제 대책에 대한 점검 부분 추가

라) 해당하는 ISMS-P 인증기준 항목: 2.10.6 (업무용 단말기기 보안)

마) 해당하는 ISMS-P 인증기준 상세 내용: PC, 모바일 기기 등 단말기기를 업무 목적으로 네트워크에 연결할 경우 기기 인증 및 승인, 접근 범위, 기기 보안설정 등의 접근통제 대책을 수립하고 주기적으로 점검해야 한다.

바) 해당하는 ISMS:2013 인증기준 통제항목: 10.4.5 (모바일 기기 접근)

사) 해당하는 ISMS:2013 인증기준 통제내용: 모바일 기기를 업무 목적으로 내·외부 네트워크에 연결하여 활용하는 경우 중요정보 유출 및 침해사고 예방을 위해 기기 인증 및 승인, 접근 범위, 기기 보안설정, 오남용 모니터링 등의 접근통제 대책을 수립해야 한다.

15) 업무관련 항목 순서: 접속-15

업무관련 항목	2.6.7.1 (주요 정보시스템의 인터넷 접속통제)
업무관련 상세 내용	인터넷을 통한 정보 유출, 악성코드 감염, 내부망 침투 등을 예방하기 위하여 주요 정보시스템에 대한 인터넷 접속 또는 서비스(P2P, 웹하드, 메신저 등)를 제한하는 등 인터넷 접속통제 정책을 수립·이행해야 한다.

가) 관련 법률 요구사항: 해당 사항 없음

나) GAP 분석용 질문

① 주요 정보시스템 고유의 서비스를 제외한 모든 나머지 인터넷 서비스를 차단하는가?

② 어떤 방식으로 고유 서비스 이외 모든 외부인터넷 서비스를 차단하는가?

다) ISMS:2013과의 차이: [추가] 주요 정보시스템에서 인터넷 접속 및 서비스를 통제하는 부분까지 확대

라) 해당하는 ISMS-P 인증기준 항목: 2.6.7 (인터넷 접속통제)

마) 해당하는 ISMS-P 인증기준 상세 내용: 인터넷을 통한 정보 유출, 악성코드 감염, 내부망 침투 등을 예방하기 위하여 주요 정보시스템, 주요 직무 수행 및 개인정보 취급 단말기 등에 대한 인터넷 접속 또는 서비스(P2P, 웹하드, 메신저 등)를 제한하는 등 인터넷 접속통제 정책을 수립·이행해야 한다.

바) 해당하는 ISMS:2013 인증기준 통제항목: 10.4.6 (인터넷 접속)

사) 해당하는 ISMS:2013 인증기준 통제내용: 인사정보, 영업비밀, 산업기밀, 개인정보 등 중요정보를 대량으로 취급·운영하는 주요 직무자의 경우 인터넷 접속 또는 서비스(P2P, 웹메일, 웹하드, 메신저 등)를 제한하고 인터넷 접속은 침입차단시스템을 통해 통제해야 한다. 필요시 침입탐지시스템 등을 통해 인터넷 접속내역을 모니터링해야 한다.

16) 업무관련 항목 순서: 접속-16

업무관련 항목	2.6.7.2 (주요 직무 수행자의 인터넷 접속통제)
업무관련 상세 내용	인터넷을 통한 정보 유출, 악성코드 감염, 내부망 침투 등을 예방하기 위하여 주요 직무 수행자에 대한 인터넷 접속 또는 서비스(P2P, 웹하드, 메신저 등)를 제한하는 등 인터넷 접속통제 정책을 수립·이행해야 한다.

가) 관련 법률 요구사항: 해당 사항 없음

나) GAP 분석용 질문

① 망분리 대상자가 아닌 주요 직무자(일반 정보시스템의 어드민관리자 등)의 단말기에서는 외부로 데이터를 전송할 수 있는 인터넷 서비스(P2P, 웹메일, 웹하드, 메신저 등)를 제한하고 있는가?

② 어떤 방식(솔루션, 방화벽 설정 등)으로 인터넷 서비스를 제한하는가?

다) ISMS:2013과의 차이: [완화] 필요시 침입탐지시스템 등을 통해 인터넷 접속내역을 모니터링하는 부분 문구 삭제

라) 해당하는 ISMS-P 인증기준 항목: 2.6.7 (인터넷 접속통제)

마) 해당하는 ISMS-P 인증기준 상세 내용: 인터넷을 통한 정보 유출, 악성코드 감염, 내부망 침투 등을 예방하기 위하여 주요 정보시스템, 주요 직무 수행 및 개인정보 취급 단말기 등에 대한 인터넷 접속 또는 서비스(P2P, 웹하드, 메신저 등)를 제한하는 등 인터넷 접속통제 정책을 수립·이행해야 한다.

바) 해당하는 ISMS:2013 인증기준 통제항목: 10.4.6 (인터넷 접속)

사) 해당하는 ISMS:2013 인증기준 통제내용: 인사정보, 영업비밀, 산업기밀, 개인정보 등 중요정보를 대량으로 취급·운영하는 주요 직무자의 경우 인터넷 접속 또는 서비스(P2P, 웹메일, 웹하드, 메신저 등)를 제한하고 인터넷 접속은 침입차단시스템을 통해 통제해야 한다. 필요시 침입탐지시스템 등을 통해 인터넷 접속내역을 모니터링해야 한다.

17) 업무관련 항목 순서: 접속-17

업무관련 항목	2.6.7.3 (개인정보취급자의 인터넷 접속통제)
업무관련 상세 내용	인터넷을 통한 정보 유출, 악성코드 감염, 내부망 침투 등을 예방하기 위하여 개인정보 취급 단말기에 대한 인터넷 접속 또는 서비스(P2P, 웹하드, 메신저 등)를 제한하는 등 인터넷 접속통제 정책을 수립·이행해야 한다.

가) 관련 법률 요구사항

① 개인정보보호법 제29조(안전성 확보조치 제6조 제3항): (모든 유형) 개인정보처리자는 취급 중인 개인정보가 인터넷 홈페이지, P2P, 공유설정, 공개된 무선망 이용 등을 통하여 열람권한이 없는 자에게 공개되거나 유출되지 않도록 개인정보처리시스템, 업무용 컴퓨터, 모바일 기기 및 관리용 단말기 등에 접근 통제 등에 관한 조치를 해야 한다.

② 정통망법 제28조(보호조치 기준 제4조 제9항): 정보통신서비스 제공자등은 취급 중인 개인정보가 P2P, 공유설정 등을 통하여 열람권한이 없는 자에게 공개되거나 외부에 유출되지 않도록 개인정보처리시스템 및 개인정보취급자의 컴퓨터에 조치를 해야 한다.

나) GAP 분석용 질문

① 망분리 대상자가 아닌 개인정보취급자(개인정보를 업무상 사용하는 자)의 단말기에 대해 외부로 데이터를 전송할 수 있는 인터넷 서비스(P2P, 웹메일, 웹하드, 메신저 등)를 제한하고 있는가?

② 어떤 방식(솔루션, 방화벽 설정 등)으로 인터넷 서비스를 제한하고 있는가?

다) ISMS:2013과의 차이: 특이사항 없음

라) 해당하는 ISMS-P 인증기준 항목: 2.6.7 (인터넷 접속통제)

마) 해당하는 ISMS-P 인증기준 상세 내용: 인터넷을 통한 정보 유출, 악성코드 감염, 내부망 침투 등을 예방하기 위하여 주요 정보시스템, 주요 직무 수행 및 개인정보 취급 단말기 등에 대한 인터넷 접속 또는 서비스(P2P, 웹하드, 메신저 등)를 제한하는 등 인터넷 접속통제 정책을 수립·이행해야 한다.

바) 해당하는 ISMS:2013 인증기준 통제항목: 10.4.6 (인터넷 접속)

사) 해당하는 ISMS:2013 인증기준 통제내용: 인사정보, 영업비밀, 산업기밀, 개인정보 등 중요정보를 대량으로 취급·운영하는 주요 직무자의 경우 인터넷 접속 또는 서비스(P2P, 웹메일, 웹하드, 메신저 등)를 제한하고 인터넷 접속은 침입차단시스템을 통해 통제해야 한다. 필요시 침입탐지시스템 등을 통해 인터넷 접속내역을 모니터링해야 한다.

접근제어 업무관련 분야

CHAPTER 5

- 접근제어 업무관련 분야에 해당하는 인증기준에는 어떤 것들이 존재하는지 알아보자.
- 접근제어 업무관련 분야에 해당하는 인증기준을 어떻게 업무관련 항목으로 구체화하는지 알아보자.
- 접근제어 업무관련 분야에 해당하는 업무관련 항목을 어떤 순서로 변경하는지 알아보자.

1 접근제어 업무에 해당하는 정보보호 및 개인정보보호 관리체계 인증기준

2.2.1 (주요 직무자 지정 및 관리), 2.2.2 (직무분리), 2.5.1 (사용자 계정 관리), 2.5.2 (사용자 식별), 2.5.3 (사용자 인증), 2.5.4 (비밀번호 관리), 2.5.5 (특수계정 및 권한 관리), 2.6.2 (정보시스템 접근), 2.6.3 (응용프로그램 접근), 2.6.4 (데이터베이스 접근)

2 접근제어 업무에 맞게 해당하는 인증기준 순서 변경

2.2.2 (직무분리) → 2.5.3 (사용자 인증) → 2.5.1 (사용자 계정 관리) → 2.6.2 (정보시스템 접근) → 2.5.2 (사용자 식별) → 2.5.4 (비밀번호 관리) → 2.2.1 (주요 직무자 지정 및 관리) → 2.5.5 (특수계정 및 권한 관리) → 2.6.2 (정보시스템 접근) → 2.6.4 (데이터베이스 접근) → 2.5.3 (사용자 인증) → 2.6.2 (정보시스템 접근) → 2.6.3 (응용프로그램 접근)

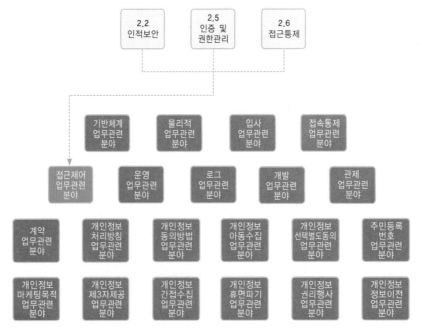

[그림 25] 접근제어 업무관련 분야와 인증기준 분야 간의 관계

3 접근제어 업무에 해당하는 업무관련 항목 설명

1) 업무관련 항목 순서: 접근-01

업무관련 항목	2.2.2.1 (직무분리 기준 수립)
업무관련 상세 내용	권한 오남용 등으로 인한 잠재적인 피해 예방을 위하여 직무 분리 기준을 수립하고 적용해야 한다.

가) 관련 법률 요구사항: 해당 사항 없음

나) GAP 분석용 질문

　　① 개발자와 운영자가 분리되어 있는가?

　　② 테스터와 운영자가 분리되어 있는가?

　　③ 개발자와 이관자가 분리되어 있는가?

　　④ 내부감사인과 운영자가 분리되어 있는가?

다) ISMS:2013과의 차이: 특이사항 없음

라) 해당하는 ISMS-P 인증기준 항목: 2.2.2 (직무분리)

마) 해당하는 ISMS-P 인증기준 상세 내용: 권한 오남용 등으로 인한 잠재적인 피해 예방을 위하여 직무 분리 기준을 수립하고 적용해야 한다. 다만 불가피하게 직무 분리가 어려운 경우 별도의 보완대책을 마련하여 이행해야 한다.

바) 해당하는 ISMS:2013 인증기준 통제항목: 6.1.2 (직무분리)

사) 해당하는 ISMS:2013 인증기준 통제내용: 권한 오남용 등 고의적인 행위로 인해 발생할 수 있는 잠재적인 피해를 줄이기 위하여 직무 분리 기준을 수립하고 적용해야 한다. 다만 인적자원 부족 등 불가피하게 직무분리가 어려운 경우 별도의 보완통제를 마련해야 한다.

2) 업무관련 항목 순서: 접근-02

업무관련 항목	2.2.2.2 (직무 분리의 보완대책)
업무관련 상세 내용	불가피하게 직무 분리가 어려운 경우 별도의 보완대책을 마련하여 이행해야 한다.

가) 관련 법률 요구사항: 해당 사항 없음

나) GAP 분석용 질문

　　① 개발자가 운영에 관여한다면 어느 정도 관여하는가?

② 테스터가 운영에 관여한다면 어느 정도 관여하는가?

③ 만약, 개발자/테스터가 운영에 직접적으로 관여할 경우 내부적으로 책임자의 승인 결제를 통해서 진행하는가?

④ 만약, 개발자/테스터가 이관을 직접 진행할 경우 내부적으로 책임자의 승인결제를 통해서 진행하는가?

⑤ 만약, 개발자/테스터가 운영에 직접적으로 관여할 경우 개발자/테스터에 대한 모니터링 강화 등 보완통제를 진행하고 있는 것이 존재하는가?

⑥ 업무와 무관한 내부감사 조직이 별도로 존재하는가?

⑦ 만약, 내부감사 조직이 없다면 정기감사를 어떻게 진행하는가?

다) ISMS:2013과의 차이: 특이사항 없음

라) 해당하는 ISMS-P 인증기준 항목: 2.2.2 (직무분리)

마) 해당하는 ISMS-P 인증기준 상세 내용: 권한 오남용 등으로 인한 잠재적인 피해 예방을 위하여 직무 분리 기준을 수립하고 적용해야 한다. 다만 불가피하게 직무 분리가 어려운 경우 별도의 보완대책을 마련하여 이행해야 한다.

바) 해당하는 ISMS:2013 인증기준 통제항목: 6.1.2 (직무분리)

사) 해당하는 ISMS:2013 인증기준 통제내용: 권한 오남용 등 고의적인 행위로 인해 발생할 수 있는 잠재적인 피해를 줄이기 위하여 직무 분리 기준을 수립하고 적용해야 한다. 다만 인적자원 부족 등 불가피하게 직무분리가 어려운 경우 별도의 보완통제를 마련해야 한다.

3) 업무관련 항목 순서: 접근-03

업무관련 항목	2.5.3.1 (안전한 인증절차)
업무관련 상세 내용	정보시스템과 개인정보 및 중요정보에 대한 사용자의 접근은 안전한 인증절차를 적용해야 한다.

가) 관련 법률 요구사항: 해당 사항 없음

나) GAP 분석용 질문

① 사용자 접근 시 어떤 인증방법(ID/PW, OTP 등)을 사용하는가?

다) ISMS:2013과의 차이: 특이사항 없음

라) 해당하는 ISMS-P 인증기준 항목: 2.5.3 (사용자 인증)

마) 해당하는 ISMS-P 인증기준 상세 내용: 정보시스템과 개인정보 및 중요정보에 대한

사용자의 접근은 안전한 인증절차와 필요에 따라 강화된 인증방식을 적용해야 한다. 또한 로그인 횟수 제한, 불법 로그인 시도 경고 등 비인가자 접근 통제방안을 수립·이행해야 한다.

바) 해당하는 ISMS:2013 인증기준 통제항목: 10.3.1 (사용자 인증)

사) 해당하는 ISMS:2013 인증기준 통제내용: 정보시스템에 대한 접근은 사용자 인증, 로그인 횟수 제한, 불법 로그인 시도 경고 등 안전한 사용자 인증 절차에 의해 통제되어야 하고, 필요한 경우 법적 요구사항 등을 고려하여 중요 정보시스템 접근 시 강화된 인증방식을 적용해야 한다.

4) 업무관련 항목 순서: 접근-04

업무관련 항목	2.5.1.2 (사용자 계정 보안책임)
업무관련 상세 내용	사용자 등록 및 권한부여 시 사용자에게 보안책임이 있음을 규정화하고 인식시켜야 한다.

가) 관련 법률 요구사항: 해당 사항 없음

나) GAP 분석용 질문

① 사용자 계정/권한 신청서 양식에 해당 계정에 대한 보안책임은 본인에게 있음을 알리고 있는가?

② 패스워드 관리 책임은 사용자에게 있음을 알려주는 내용이 교육자료에 포함되어 있는가?

다) ISMS:2013과의 차이: [추가] 계정/권한에 대한 보안책임은 사용자에게 있음을 규정/인식

라) 해당하는 ISMS-P 인증기준 항목: 2.5.1 (사용자 계정관리)

마) 해당하는 ISMS-P 인증기준 상세 내용: 정보시스템과 개인정보 및 중요정보에 대한 비인가 접근을 통제하고 업무 목적에 따른 접근권한을 최소한으로 부여할 수 있도록 사용자 등록·해지 및 접근권한 부여·변경·말소 절차를 수립·이행하고, 사용자 등록 및 권한부여 시 사용자에게 보안책임이 있음을 규정화하고 인식시켜야 한다.

바) 해당하는 ISMS:2013 인증기준 통제항목: 10.2.1 (사용자 등록 및 권한부여)

사) 해당하는 ISMS:2013 인증기준 통제내용: 정보시스템 및 중요정보에 대한 접근을 통제하기 위하여 공식적인 사용자 등록 및 해지 절차를 수립하고 업무 필요성에 따라 사용자 접근권한을 최소한으로 부여해야 한다.

5) 업무관련 항목 순서: 접근-05

업무관련 항목	2.5.1.1 (사용자 계정/권한 관리)
업무관련 상세 내용	정보시스템과 개인정보 및 중요정보에 대한 비인가 접근을 통제하고 업무 목적에 따른 접근권한을 최소한으로 부여할 수 있도록 사용자 등록·해지 및 접근권한 부여·변경·말소 절차를 수립·이행해야 한다.

가) 관련 법률 요구사항

① 개인정보보호법 제28조 제1항: 개인정보처리자는 개인정보를 처리함에 있어서 개인정보가 안전하게 관리될 수 있도록 임직원, 파견근로자, 시간제근로자 등 개인정보처리자의 지휘·감독을 받아 개인정보를 처리하는 자(이하 "개인정보취급자"라 한다)에 대하여 적절한 관리·감독을 행해야 한다.

② 개인정보보호법 제29조(안전성 확보조치 제5조 제1항): (유형2)(유형3) 개인정보처리자는 개인정보처리시스템에 대한 접근권한을 업무 수행에 필요한 최소한의 범위로 업무 담당자에 따라 차등 부여해야 한다.

③ 정통망법 제28조(보호조치 기준 제4조 제1항): 정보통신서비스 제공자등은 개인정보처리시스템에 대한 접근권한은 서비스 제공을 위하여 필요한 승인된 개인정보보호책임자 또는 개인정보취급자에게만 부여해야 한다.

나) GAP 분석용 질문

① 직원들의 내부 사용자 계정은 내부승인을 통해 부여하고 있는가? 아니면, 승인 없이 요청생성 또는 임의생성하고 있는가?

② 직원들의 내부 사용자별 접근권한은 최소한으로 부여하여 운영하고 있는가?

③ 임시 사용자 또는 위탁업체 등 외부자에게 정보자산에 대한 접근을 허용할 경우 보안서약서를 추가로 받는가?

④ 외부인에게 접근권한을 부여해 줄 경우 어떤 용도(최소한의 권한)로 부여해 주었는가?

⑤ 임시 사용자 또는 위탁업체 등 외부인에게 접근권한을 부여해 줄 경우 사용기간을 명시하는가?

⑥ 외부인에게 접근권한을 부여해 줄 경우 최대 몇 달까지 사용가능하도록 부여해 주는가?

다) ISMS:2013과의 차이: 특이사항 없음

라) 해당하는 ISMS-P 인증기준 항목: 2.5.1 (사용자 계정관리)

마) 해당하는 ISMS-P 인증기준 상세 내용: 정보시스템과 개인정보 및 중요정보에 대한 비인가 접근을 통제하고 업무 목적에 따른 접근권한을 최소한으로 부여할 수 있도록

사용자 등록·해지 및 접근권한 부여·변경·말소 절차를 수립·이행하고, 사용자 등록 및 권한부여 시 사용자에게 보안책임이 있음을 규정화하고 인식시켜야 한다.

바) 해당하는 ISMS:2013 인증기준 통제항목: 10.2.1 (사용자 등록 및 권한부여)

사) 해당하는 ISMS:2013 인증기준 통제내용: 정보시스템 및 중요정보에 대한 접근을 통제하기 위하여 공식적인 사용자 등록 및 해지 절차를 수립하고 업무 필요성에 따라 사용자 접근권한을 최소한으로 부여해야 한다.

6) 업무관련 항목 순서: 접근-06

업무관련 항목	2.6.2.1 (정보시스템 승인자 접근)
업무관련 상세 내용	서버, 네트워크시스템 등 정보시스템에 접근을 허용하는 사용자를 정의하여 통제해야 한다.

가) 관련 법률 요구사항: 해당 사항 없음

나) GAP 분석용 질문

① 승인받은 사용자만이 해당 정보시스템에 접근할 수 있도록 계정관리를 하고 있는가?

다) ISMS:2013과의 차이: [확대] 접근통제(사용자, 접근제한방식, 안전한 접근수단) 적용대상이 서버에서 정보시스템별로 확대

라) 해당하는 ISMS-P 인증기준 항목: 2.6.2 (정보시스템 접근)

마) 해당하는 ISMS-P 인증기준 상세 내용: 서버, 네트워크시스템 등 정보시스템에 접근을 허용하는 사용자, 접근제한 방식, 안전한 접근수단 등을 정의하여 통제해야 한다.

바) 해당하는 ISMS:2013 인증기준 통제항목: 10.4.2 (서버접근)

사) 해당하는 ISMS:2013 인증기준 통제내용: 서버별로 접근이 허용되는 사용자, 접근제한 방식, 안전한 접근수단 등을 정의하여 적용해야 한다.

7) 업무관련 항목 순서: 접근-07

업무관련 항목	2.5.2.1 (1인 1계정)
업무관련 상세 내용	사용자 계정은 사용자별로 유일하게 구분할 수 있도록 식별자를 할당해야 한다.

가) 관련 법률 요구사항

① 개인정보보호법 제29조(안전성 확보조치 제5조 제4항): (모든 유형) 개인정보처리자는
개인정보처리시스템에 접속할 수 있는 사용자 계정을 발급하는 경우, 개인정보취급자별
로 사용자 계정을 발급하여야 하며, 다른 개인정보취급자와 공유되지 않도록 해야 한다.

나) GAP 분석용 질문

① 1인 1계정으로 관리자 계정이 부여되어 있는가?

② 1인 1계정으로 사용자 계정이 부여되어 있는가?

다) ISMS:2013과의 차이: 특이사항 없음

라) 해당하는 ISMS-P 인증기준 항목: 2.5.2 (사용자 식별)

마) 해당하는 ISMS-P 인증기준 상세 내용: 사용자 계정은 사용자별로 유일하게 구분할 수
있도록 식별자를 할당하고 추측 가능한 식별자 사용을 제한하여야 하며, 동일한 식별자를
공유하여 사용하는 경우 그 사유와 타당성을 검토하여 책임자의 승인 및 책임추적성 확보
등 보완대책을 수립·이행해야 한다.

바) 해당하는 ISMS:2013 인증기준 통제항목: 10.3.2 (사용자 식별)

사) 해당하는 ISMS:2013 인증기준 통제내용: 정보시스템에서 사용자를 유일하게 구분할
수 있는 식별자를 할당하고 추측 가능한 식별자 사용을 제한해야 한다. 동일한 식별자를
공유하여 사용하는 경우 그 사유와 타당성을 검토하고 책임자의 승인을 받아야 한다.

8) 업무관련 항목 순서: 접근-08

업무관련 항목	2.5.2.3 (공유 계정 보완대책)
업무관련 상세 내용	동일한 식별자를 공유하여 사용하는 경우 그 사유와 타당성을 검토하여 책임자의 승인 및 책임추적성 확보 등 보완대책을 수립·이행해야 한다.

가) 관련 법률 요구사항: 해당 사항 없음

나) GAP 분석용 질문

① 관리자 계정을 공유한다면, 어떤 ID를 누구랑 공유하고 있는가?

② 사용자 계정을 공유한다면, 어떤 ID를 누구랑 어떤 목적으로 공유하고 있는가?

③ 공유 계정 사용에 대해 책임자 승인을 받는가?

④ 공유 계정을 사용 시 책임추적성 확보를 위한 방안(공유 계정 사용대장 등)이 존재
하는가?

다) ISMS:2013과의 차이: 특이사항 없음

라) 해당하는 ISMS-P 인증기준 항목: 2.5.2 (사용자 식별)

마) 해당하는 ISMS-P 인증기준 상세 내용: 사용자 계정은 사용자별로 유일하게 구분할 수 있도록 식별자를 할당하고 추측 가능한 식별자 사용을 제한하여야 하며, 동일한 식별자를 공유하여 사용하는 경우 그 사유와 타당성을 검토하여 책임자의 승인 및 책임추적성 확보 등 보완대책을 수립·이행해야 한다.

바) 해당하는 ISMS:2013 인증기준 통제항목: 10.3.2 (사용자 식별)

사) 해당하는 ISMS:2013 인증기준 통제내용: 정보시스템에서 사용자를 유일하게 구분할 수 있는 식별자를 할당하고 추측 가능한 식별자 사용을 제한해야 한다. 동일한 식별자를 공유하여 사용하는 경우 그 사유와 타당성을 검토하고 책임자의 승인을 받아야 한다.

9) 업무관련 항목 순서: 접근-09

업무관련 항목	2.5.2.2 (추측 가능한 식별자 제한)
업무관련 상세 내용	사용자 계정은 추측 가능한 식별자 사용을 제한해야 한다.

가) 관련 법률 요구사항: 해당 사항 없음

나) GAP 분석용 질문

　① Admin 등 기본 계정 또는 업체명 등 쉽게 유추할 수 있는 계정을 제한하고 있는가?

다) ISMS:2013과의 차이: 특이사항 없음

라) 해당하는 ISMS-P 인증기준 항목: 2.5.2 (사용자 식별)

마) 해당하는 ISMS-P 인증기준 상세 내용: 사용자 계정은 사용자별로 유일하게 구분할 수 있도록 식별자를 할당하고 추측 가능한 식별자 사용을 제한하여야 하며, 동일한 식별자를 공유하여 사용하는 경우 그 사유와 타당성을 검토하여 책임자의 승인 및 책임추적성 확보 등 보완대책을 수립·이행해야 한다.

바) 해당하는 ISMS:2013 인증기준 통제항목: 10.3.2 (사용자 식별)

사) 해당하는 ISMS:2013 인증기준 통제내용: 정보시스템에서 사용자를 유일하게 구분할 수 있는 식별자를 할당하고 추측 가능한 식별자 사용을 제한해야 한다. 동일한 식별자를 공유하여 사용하는 경우 그 사유와 타당성을 검토하고 책임자의 승인을 받아야 한다.

10) 업무관련 항목 순서: 접근-10

업무관련 항목	2.5.4.1 (사용자 비밀번호)
업무관련 상세 내용	법적 요구사항, 외부 위협요인 등을 고려하여 정보시스템 사용자가 사용하는 비밀번호 관리절차를 수립·이행해야 한다.

가) 관련 법률 요구사항

① 개인정보보호법 제29조(안전성 확보조치 제5조 제5항): (모든 유형) 개인정보처리자는 개인정보취급자 또는 정보주체가 안전한 비밀번호를 설정하여 이행할 수 있도록 비밀번호 작성규칙을 수립하여 적용해야 한다.

② 정통망법 제28조(보호조치 기준 제4조 제8항): 정보통신서비스 제공자등은 개인정보취급자를 대상으로 다음의 사항을 포함하는 비밀번호 작성규칙을 수립하고, 이를 적용/운용해야 한다.

– 영문, 숫자, 특수문자 중 2종류 이상을 조합하여 최소 10자리 이상 또는 3종류 이상을 조합하여 최소 8자리 이상의 길이로 구성한다.

– 연속적인 숫자나 생일, 전화번호 등 추측하기 쉬운 개인정보 및 아이디와 비슷한 비밀번호는 사용하지 않는 것을 권고한다.

– 비밀번호에 유효기간을 설정하여 반기별(6개월) 1회 이상 변경을 실시한다.

나) GAP 분석용 질문

① 내부직원인 사용자의 ID와 패스워드 규칙이 존재하는가?

② 사용자의 ID와 패스워드 규칙은 어떻게 되는가?

③ 사용자의 ID/PW 규칙은 시스템적으로 강제화되어있는가?

④ 사용자의 패스워드를 6개월 이하 주기로 변경하는가?

⑤ 사용자 패스워드 변경주기는 어떻게 되는가?

⑥ 사용자 패스워드 변경주기는 시스템적으로 강제화되어있는가?

다) ISMS:2013과의 차이: 특이사항 없음

라) 해당하는 ISMS-P 인증기준 항목: 2.5.4 (비밀번호 관리)

마) 해당하는 ISMS-P 인증기준 상세 내용: 법적 요구사항, 외부 위협요인 등을 고려하여 정보시스템 사용자 및 고객, 회원 등 정보주체(이용자)가 사용하는 비밀번호 관리절차를 수립·이행해야 한다.

바) 해당하는 ISMS:2013 인증기준 통제항목: 10.3.3 (사용자 패스워드 관리)

사) 해당하는 ISMS:2013 인증기준 통제내용: 법적 요구사항, 외부 위협요인 등을 고려하여 패스워드 복잡도 기준, 초기 패스워드 변경, 변경주기 등 사용자 패스워드 관리절차를 수립·이행하고 패스워드 관리 책임이 사용자에게 있음을 주지시켜야 한다. 특히 관리자 패스워드는 별도 보호대책을 수립하여 관리해야 한다.

11) 업무관련 항목 순서: 접근-11

업무관련 항목	2.5.4.2 (이용자 비밀번호)
업무관련 상세 내용	법적 요구사항, 외부 위협요인 등을 고려하여 고객, 회원 등 정보주체(이용자)가 사용하는 비밀번호 관리절차를 수립·이행해야 한다.

가) 관련 법률 요구사항

① 정통망법 제28조(보호조치 기준 제4조 제7항): 정보통신서비스 제공자등은 이용자가 안전한 비밀번호를 이용할 수 있도록 비밀번호 작성규칙을 수립하고, 이행한다.

나) GAP 분석용 질문

① 회원가입 기능이 존재하는가?

② 외부고객인 이용자의 ID와 패스워드 규칙은 존재하는가?

③ 이용자의 ID와 PW 규칙은 어떻게 되는가?

④ 이용자의 ID/PW 규칙은 시스템적으로 강제화되어있는가?

⑤ 이용자의 계정 및 패스워드 규칙 내용을 홈페이지상에 공지하였는가?

다) ISMS:2013과의 차이: 특이사항 없음

라) 해당하는 ISMS-P 인증기준 항목: 2.5.4 (비밀번호 관리)

마) 해당하는 ISMS-P 인증기준 상세 내용: 법적 요구사항, 외부 위협요인 등을 고려하여 정보시스템 사용자 및 고객, 회원 등 정보주체(이용자)가 사용하는 비밀번호 관리절차를 수립·이행해야 한다.

바) 해당하는 ISMS:2013 인증기준 통제항목: 10.3.4 (이용자 패스워드 관리)

사) 해당하는 ISMS:2013 인증기준 통제내용: 고객, 회원 등 외부 이용자가 접근하는 정보시스템 또는 웹서비스의 안전한 이용을 위하여 계정 및 패스워드 등의 관리절차를 마련하고 관련 내용을 공지해야 한다.

12) 업무관련 항목 순서: 접근-12

업무관련 항목	2.2.1.1 (주요 직무의 기준)
업무관련 상세 내용	개인정보 및 중요정보의 취급이나 주요 시스템 접근 등 주요 직무의 기준과 관리방안을 수립해야 한다.

가) 관련 법률 요구사항: 해당 사항 없음

나) GAP 분석용 질문

① 일반 정보시스템의 관리자, 개인정보처리시스템의 관리자 및 개인정보취급자를 주요 직무로 지정하고 있는가?

다) ISMS:2013과의 차이: [완화] 주요 직무 기준과 관리방안을 상황에 맞춰서 수립하도록 한다.

라) 해당하는 ISMS-P 인증기준 항목: 2.2.1 (주요 직무자 지정 및 관리)

마) 해당하는 ISMS-P 인증기준 상세 내용: 개인정보 및 중요정보의 취급이나 주요 시스템 접근 등 주요 직무의 기준과 관리방안을 수립하고, 주요 직무자를 최소한으로 지정하여 그 목록을 최신으로 관리해야 한다.

바) 해당하는 ISMS:2013 인증기준 통제항목: 6.1.1 (주요 직무자 지정 및 감독)

사) 해당하는 ISMS:2013 인증기준 통제내용: 인사정보, 영업비밀, 산업기밀, 개인정보 등 중요정보를 대량으로 취급하는 임직원의 경우 주요 직무자로 지정하고 주요 직무자 지정을 최소화 하는 등 관리할 수 있는 보호대책을 수립해야 한다.

13) 업무관련 항목 순서: 접근-13

업무관련 항목	2.2.1.2 (주요 직무자 최소화 지정)
업무관련 상세 내용	주요 직무자를 최소한으로 지정하여 그 목록을 최신으로 관리해야 한다.

가) 관련 법률 요구사항: 해당 사항 없음

나) GAP 분석용 질문

① 주요 직무자를 최소한으로 지정하여 운영하고 있는가?

② 해당하는 주요 직무자를 최신 리스트로 관리하는가?

다) ISMS:2013과의 차이: 특이사항 없음

라) 해당하는 ISMS-P 인증기준 항목: 2.2.1 (주요 직무자 지정 및 관리)

마) 해당하는 ISMS-P 인증기준 상세 내용: 개인정보 및 중요정보의 취급이나 주요 시스템 접근 등 주요 직무의 기준과 관리방안을 수립하고, 주요 직무자를 최소한으로 지정하여 그 목록을 최신으로 관리해야 한다.

바) 해당하는 ISMS:2013 인증기준 통제항목: 6.1.1 (주요 직무자 지정 및 감독)

사) 해당하는 ISMS:2013 인증기준 통제내용: 인사정보, 영업비밀, 산업기밀, 개인정보 등 중요정보를 대량으로 취급하는 임직원의 경우 주요 직무자로 지정하고 주요 직무자 지정을 최소화 하는 등 관리할 수 있는 보호대책을 수립해야 한다.

14) 업무관련 항목 순서: 접근-14

업무관련 항목	2.5.5.2 (특수목적 계정/권한 식별)
업무관련 상세 내용	정보시스템 관리, 개인정보 및 중요정보 관리 등 특수 목적을 위하여 부여한 계정 및 권한은 별도로 식별하여 통제해야 한다.

가) 관련 법률 요구사항

① 개인정보보호법 제28조 제1항: 개인정보처리자는 개인정보를 처리함에 있어서 개인정보가 안전하게 관리될 수 있도록 임직원, 파견근로자, 시간제근로자 등 개인정보처리자의 지휘·감독을 받아 개인정보를 처리하는 자(이하 "개인정보취급자"라 한다)에 대하여 적절한 관리·감독을 행해야 한다.

나) GAP 분석용 질문

① 일반 정보시스템의 관리자권한에 대한 계정 및 권한 현황을 별도로 식별하여 관리하는가?

② 개인정보처리시스템의 관리자권한에 대한 계정 및 권한 현황을 별도로 식별하여 관리하는가?

③ 개인정보처리시스템의 망분리대상자에 대한 계정 및 권한 현황을 별도로 식별하여 관리하는가?

④ 개인정보취급자에 대한 계정 및 권한 현황을 별도로 식별하여 관리하는가?

다) ISMS:2013과의 차이: [추가] 특수목적 계정에 대해 별도 식별하도록 수정

라) 해당하는 ISMS-P 인증기준 항목: 2.5.5 (특수계정 및 권한 관리)

마) 해당하는 ISMS-P 인증기준 상세 내용: 정보시스템 관리, 개인정보 및 중요정보 관리 등 특수 목적을 위하여 사용하는 계정 및 권한은 최소한으로 부여하고 별도로 식별하여 통제해야 한다.

바) 해당하는 ISMS:2013 인증기준 통제항목: 10.2.2 (관리자 및 특수 권한 관리)

사) 해당하는 ISMS:2013 인증기준 통제내용: 정보시스템 및 중요정보 관리 및 특수 목적을 위해 부여한 계정 및 권한을 식별하고 별도 통제해야 한다.

15) 업무관련 항목 순서: 접근-15

업무관련 항목	2.5.5.1 (특수목적 계정/권한 최소화)
업무관련 상세 내용	정보시스템 관리, 개인정보 및 중요정보 관리 등 특수 목적을 위하여 부여한 계정 및 권한은 최소한으로 부여해야 한다.

가) 관련 법률 요구사항: 해당 사항 없음

나) GAP 분석용 질문

① 관리자 계정(계정/권한 생성/부여할 수 있는 자)은 내부 기안을 통해 부여하고 있는가?
아니면, 최초 시스템 도입 시 기안 없이 생성 또는 임의 생성했는가?

② 관리자 계정은 누구한테 부여되어 있는가?

③ 관리자 계정은 최소한의 인원에게만 부여되어 있는가?

다) ISMS:2013과의 차이: 특이사항 없음

라) 해당하는 ISMS-P 인증기준 항목: 2.5.5 (특수계정 및 권한 관리)

마) 해당하는 ISMS-P 인증기준 상세 내용: 정보시스템 관리, 개인정보 및 중요정보 관리 등 특수 목적을 위하여 사용하는 계정 및 권한은 최소한으로 부여하고 별도로 식별하여 통제해야 한다.

바) 해당하는 ISMS:2013 인증기준 통제항목: 10.2.2 (관리자 및 특수 권한 관리)

사) 해당하는 ISMS:2013 인증기준 통제내용: 정보시스템 및 중요정보 관리 및 특수 목적을 위해 부여한 계정 및 권한을 식별하고 별도 통제해야 한다.

16) 업무관련 항목 순서: 접근-16

업무관련 항목	2.6.2.3 (정보시스템 지정 단말 접근)
업무관련 상세 내용	서버, 네트워크시스템 등 정보시스템의 안전한 접근수단 등을 정의하여 통제해야 한다.

가) 관련 법률 요구사항: 해당 사항 없음

나) GAP 분석용 질문

① 내부 네트워크를 통해서 원격으로 정보시스템을 관리하는 경우, 관리자 계정은 미리 지정(IP 또는 MAC 등)한 특정 단말기에서만 접근 가능한가?

② 미리 접근 가능하도록 지정된 단말기들의 IP 현황(단말기와 IP를 1:1매칭 또는 IP대역으로 열어놓았나?)은 어떻게 되는가?

③ 해당 정보시스템에 접속 시 안전한 방식(SSH, HTTPS 등)으로 접속하는가?

④ 어떤 방식(로컬에 직접/터미털 접근 등)으로 접속하는가?

다) ISMS:2013과의 차이: 특이사항 없음

라) 해당하는 ISMS-P 인증기준 항목: 2.6.2 (정보시스템 접근)

마) 해당하는 ISMS-P 인증기준 상세 내용: 서버, 네트워크시스템 등 정보시스템에 접근을 허용하는 사용자, 접근제한 방식, 안전한 접근수단 등을 정의하여 통제해야 한다.

바) 해당하는 ISMS:2013 인증기준 통제항목

① 10.4.2 (서버접근)

② 11.2.5 (원격운영관리)

사) 해당하는 ISMS:2013 인증기준 통제내용

① 서버별로 접근이 허용되는 사용자, 접근제한 방식, 안전한 접근수단 등을 정의하여 적용해야 한다.

② 내부 네트워크를 통하여 정보시스템을 관리하는 경우 특정 단말에서만 접근을 할 수 있도록 제한하고, 원격지에서 인터넷 등 외부 네트워크를 통하여 정보시스템을 관리하는 것은 원칙적으로 금지하고 부득이한 사유로 인해 허용하는 경우에는 책임자 승인, 접속 단말 및 사용자 인증, 구간 암호화, 접속단말 보안(백신, 패치 등) 등의 보호대책을 수립해야 한다.

17) 업무관련 항목 순서: 접근-17

업무관련 항목	2.6.4.2 (DBMS 접근통제)
업무관련 상세 내용	데이터베이스와 관련된 정보의 중요도와 응용프로그램 및 사용자 유형 등에 따른 접근통제 정책을 수립·이행해야 한다.

가) 관련 법률 요구사항: 해당 사항 없음

나) GAP 분석용 질문

① 해당 DB가 메인DB인가? 아니면 별도의 개별DB로 존재하는가?

② 해당 DB를 바라보는 응용프로그램은 어떤 것들이 존재하는가?

③ DB에 접근하는 응용프로그램별로 DB 접근을 위한 사용자 계정이 유일하게 구분할 수 있도록 식별자를 할당하고 있는가?

④ 서비스를 위해 접근하는 응용프로그램만 해당 DB에 접근할 수 있도록 제한하고 있는가?

⑤ 해당 DB가 메인DB 또는 또 다른 개별DB와 링크/연계된 경우에는 각각 어떤 항목들과 연계되어 있는가?

⑥ 다른 DB와 링크/연계된 경우에는 링크/연계된 부분만이 접근될 수 있도록 제한하고 있는가?

다) ISMS:2013과의 차이: 특이사항 없음

라) 해당하는 ISMS-P 인증기준 항목: 2.6.4 (데이터베이스 접근)

마) 해당하는 ISMS-P 인증기준 상세 내용: 테이블 목록 등 데이터베이스 내에서 저장·관리되고 있는 정보를 식별하고, 정보의 중요도와 응용프로그램 및 사용자 유형 등에 따른 접근통제 정책을 수립·이행해야 한다.

바) 해당하는 ISMS:2013 인증기준 통제항목: 10.4.4 (데이터베이스 접근)

사) 해당하는 ISMS:2013 인증기준 통제내용: 데이터베이스 접근을 허용하는 응용프로그램 및 사용자 직무를 명확하게 정의하고 응용프로그램 및 직무별 접근통제 정책을 수립해야 한다. 또한 중요정보를 저장하고 있는 데이터베이스의 경우 사용자 접근내역을 기록하고 접근의 타당성을 정기적으로 검토해야 한다.

18) 업무관련 항목 순서: 접근-18

업무관련 항목	2.5.3.3 (비인가자 접근 통제방안)
업무관련 상세 내용	정보시스템과 개인정보 및 중요정보에 대한 사용자의 접근 시 로그인 횟수 제한, 불법 로그인 시도 경고 등 비인가자 접근 통제방안을 수립·이행해야 한다.

가) 관련 법률 요구사항

① 개인정보보호법 제29조(안전성 확보조치 제5조 제6항): (유형2)(유형3) 개인정보처리자는 권한 있는 개인정보취급자만이 개인정보처리시스템에 접근할 수 있도록 계정정보 또는 비밀번호를 일정 횟수 이상 잘못 입력한 경우 개인정보처리시스템에 대한 접근을 제한하는 등 필요한 기술적 조치를 해야 한다.

나) GAP 분석용 질문

① 로그인 연속 실패 시 시스템적으로 로그인을 제한하는 기능이 존재하는가?

② 로그인 제한기능이 존재한다면 몇 회로 제한되어 있고 어떻게 제한하는가?

③ 로그인 제한기능이 활성화되었을 경우 복구는 어떻게 하는가?

④ 로그인 제한기능이 활성화되었을 때 미리 지정된 이메일/SMS 등으로 경고문구를 보내는 기능이 존재하는가?

⑤ 불법 로그인 시도 경고 기능을 사용하는가?

다) ISMS:2013과의 차이: 특이사항 없음

라) 해당하는 ISMS-P 인증기준 항목: 2.5.3 (사용자 인증)

마) 해당하는 ISMS-P 인증기준 상세 내용: 정보시스템과 개인정보 및 중요정보에 대한 사용자의 접근은 안전한 인증절차와 필요에 따라 강화된 인증방식을 적용해야 한다. 또한 로그인 횟수 제한, 불법 로그인 시도 경고 등 비인가자 접근 통제방안을 수립·이행해야 한다.

바) 해당하는 ISMS:2013 인증기준 통제항목: 10.3.1 (사용자 인증)

사) 해당하는 ISMS:2013 인증기준 통제내용: 정보시스템에 대한 접근은 사용자 인증, 로그인 횟수 제한, 불법 로그인 시도 경고 등 안전한 사용자 인증 절차에 의해 통제되어야 하고, 필요한 경우 법적 요구사항 등을 고려하여 중요 정보시스템 접근 시 강화된 인증방식을 적용해야 한다.

19) 업무관련 항목 순서: 접근-19

업무관련 항목	2.6.2.2 (정보시스템 접근제한 방식)
업무관련 상세 내용	서버, 네트워크시스템 등 정보시스템의 접근제한 방식을 정의하여 통제해야 한다.

가) 관련 법률 요구사항

① 개인정보보호법 제29조(안전성 확보조치 제6조 제5항): (유형2)(유형3) 개인정보처리자는 개인정보처리시스템에 대한 불법적인 접근 및 침해사고 방지를 위하여 개인정보취급자가 일정시간 이상 업무처리를 하지 않는 경우에는 자동으로 시스템 접속이 차단되도록 해야 한다.

② 정통망법 제28조(보호조치 기준 제4조 제10항): 정보통신서비스 제공자등은 개인정보처리시스템에 대한 개인정보취급자의 접속이 필요한 시간 동안만 최대 접속시간 제한 등의 조치를 취해야 한다.

나) GAP 분석용 질문

① 로그인 후 활동이 없을 때 자동 로그아웃되는 세션 타임아웃기능이 적용되어 있는가?

② 세션 타임아웃기능이 적용되어 있다면 몇 분으로 설정되어 있는가?

다) ISMS:2013과의 차이: [확대] 접근통제(사용자, 접근제한방식, 안전한 접근수단) 적용대상이 서버에서 정보시스템별로 확대

라) 해당하는 ISMS-P 인증기준 항목: 2.6.2 (정보시스템 접근)

마) 해당하는 ISMS-P 인증기준 상세 내용: 서버, 네트워크시스템 등 정보시스템에 접근을 허용하는 사용자, 접근제한 방식, 안전한 접근수단 등을 정의하여 통제해야 한다.

바) 해당하는 ISMS:2013 인증기준 통제항목: 10.4.2 (서버접근)

사) 해당하는 ISMS:2013 인증기준 통제내용: 서버별로 접근이 허용되는 사용자, 접근제한 방식, 안전한 접근수단 등을 정의하여 적용해야 한다.

20) 업무관련 항목 순서: 접근-20

업무관련 항목	2.6.3.1 (응용프로그램 접근권한 제한)
업무관련 상세 내용	사용자별 업무 및 접근 정보의 중요도 등에 따라 응용프로그램 접근권한을 제한해야 한다.

가) 관련 법률 요구사항: 해당 사항 없음

나) GAP 분석용 질문

　① 응용프로그램의 동일 사용자의 동시 세션수(계정 하나로 여러 군데에서 접속하는 행위)를 차단하고 있는가?

다) ISMS:2013과의 차이: 특이사항 없음

라) 해당하는 ISMS-P 인증기준 항목: 2.6.3 (응용프로그램 접근)

마) 해당하는 ISMS-P 인증기준 상세 내용: 사용자별 업무 및 접근 정보의 중요도 등에 따라 응용프로그램 접근권한을 제한하고, 불필요한 정보 또는 중요정보 노출을 최소화할 수 있도록 기준을 수립하여 적용해야 한다.

바) 해당하는 ISMS:2013 인증기준 통제항목: 10.4.3 (응용프로그램 접근)

사) 해당하는 ISMS:2013 인증기준 통제내용: 사용자의 업무 또는 직무에 따라 응용프로그램 접근권한을 제한하고 불필요한 중요정보 노출을 최소화해야 한다.

21) 업무관련 항목 순서: 접근-21

업무관련 항목	2.6.3.2 (응용프로그램상 정보노출 최소화)
업무관련 상세 내용	사용자별 업무 및 접근 정보의 중요도 등에 따라 응용프로그램상에 불필요한 정보 또는 중요정보 노출을 최소화할 수 있도록 기준을 수립하여 적용해야 한다.

가) 관련 법률 요구사항

　① 정통망법 제28조(보호조치 기준 제10조): 정보통신서비스 제공자 등은 개인정보 업무처리를 목적으로 개인정보의 조회, 출력 등의 업무를 수행하는 과정에서 개인정보보호를 위하여 다음의 원칙을 적용하여 개인정보를 마스킹하여 표시제한 조치를 취할 수 있다.

– 성명 중 이름의 첫 번째 글자 이상(홍*동)

– 생년월일(****년 **월 **일)

– 전화번호 또는 휴대폰 전화번호의 국번(02-****-1234, 010-****-1234)

– 주소의 읍·면·동(서울시 강남구 **동 60번지)

– 인터넷주소는 버전 4의 경우 17~24비트 영역, 버전 6의 경우 113~128비트 영역(123.123.***.123)

나) GAP 분석용 질문

① 정보 출력 시(화면표시, 파일생성, 인쇄 등) 출력항목을 최소화할 수 있도록 사용자 계정에 대한 접근권한을 세부적으로 부여하여 운영하는가?

② 개인정보의 다량출력 시(화면표시, 파일생성, 인쇄 등) 개인정보를 마스킹하는 등 표시제한 조치를 취하고 있는가?

다) ISMS:2013과의 차이: 특이사항 없음

라) 해당하는 ISMS-P 인증기준 항목: 2.6.3 (응용프로그램 접근)

마) 해당하는 ISMS-P 인증기준 상세 내용: 사용자별 업무 및 접근 정보의 중요도 등에 따라 응용프로그램 접근권한을 제한하고, 불필요한 정보 또는 중요정보 노출을 최소화할 수 있도록 기준을 수립하여 적용해야 한다.

바) 해당하는 ISMS:2013 인증기준 통제항목: 10.4.3 (응용프로그램 접근)

사) 해당하는 ISMS:2013 인증기준 통제내용: 사용자의 업무 또는 직무에 따라 응용프로그램 접근권한을 제한하고 불필요한 중요정보 노출을 최소화해야 한다.

CHAPTER 6

운영 업무관련 분야

- 운영 업무관련 분야에 해당하는 인증기준에는 어떤 것들이 존재하는지 알아보자.
- 운영 업무관련 분야에 해당하는 인증기준을 어떻게 업무관련 항목으로 구체화하는지 알아보자.
- 운영 업무관련 분야에 해당하는 업무관련 항목을 어떤 순서로 변경하는지 알아보자.

1 운영 업무에 해당하는 정보보호 및 개인정보보호 관리체계 인증기준

2.4.6 (반출입 기기 통제), 2.7.2 (암호키 관리), 2.8.1 (보안 요구사항 정의), 2.8.6 (운영환경 이관), 2.9.1 (변경관리), 2.9.7 (정보자산의 재사용 및 폐기), 2.10.1 (보안시스템 운영), 2.10.3 (공개서버 보안), 2.10.4 (전자거래 및 핀테크 보안), 2.10.7 (보조저장매체 관리), 2.10.8 (패치관리), 2.11.2 (취약점 점검 및 조치), 3.2.3 (개인정보 표시제한 및 이용 시 보호조치)

2 운영 업무에 맞게 해당하는 인증기준 순서 변경

2.8.6 (운영환경 이관) → 2.8.1 (보안 요구사항 정의) → 2.4.6 (반출입 기기 통제) → 2.11.2 (취약점 점검 및 조치) → 2.10.8 (패치관리) → 2.9.1 (변경관리) → 2.7.2 (암호키 관리) → 2.10.3 (공개서버 보안) → 2.10.4 (전자거래 및 핀테크 보안) → 3.2.3 (개인정보 표시제한 및 이용 시 보호조치) → 2.10.1 (보안시스템 운영) → 2.10.7 (보조저장매체 관리) → 2.9.7 (정보자산의 재사용 및 폐기) → 2.11.2 (취약점 점검 및 조치) → 2.10.3 (공개서버 보안) → 2.11.2 (취약점 점검 및 조치)

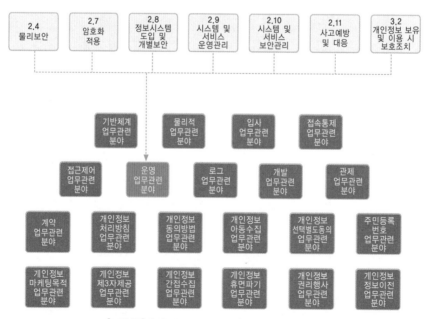

[그림 26] 운영 업무관련 분야와 인증기준 분야 간의 관계

③ 운영 업무에 해당하는 업무관련 항목 설명

1) 업무관련 항목 순서: 운영-01

업무관련 항목	2.8.6.4 (시스템 신규 도입)
업무관련 상세 내용	시스템을 신규 도입할 때는 통제된 절차를 따라야 한다.

가) 관련 법률 요구사항: 해당 사항 없음

나) GAP 분석용 질문

　① 최근 1년 내 새로운 정보시스템을 도입한 적이 있는가?

　② 어떤 정보시스템을 어떤 용도로 도입했는가?

　③ 정보시스템 도입 시 인수기준(접근통제 설정기능, 패스워드 설정기능, 사용자 로깅 기능, 암호화 기능 등) 적합성 검토를 확인하였는가?

　④ 누가 적합성 검토를 진행하는가?

다) ISMS:2013과의 차이: 특이사항 없음

라) 해당하는 ISMS-P 인증기준 항목: 2.8.6 (운영환경 이관)

마) 해당하는 ISMS-P 인증기준 상세 내용: 신규 도입·개발 또는 변경된 시스템을 운영환경으로 이관할 때는 통제된 절차를 따라야 하고, 실행코드는 시험 및 사용자 인수 절차에 따라 실행되어야 한다.

바) 해당하는 ISMS:2013 인증기준 통제항목: 11.2.1 (정보시스템 인수)

사) 해당하는 ISMS:2013 인증기준 통제내용: 새로운 정보시스템 도입 또는 개선 시 필수 보안 요구사항을 포함한 인수 기준을 수립하고 인수 전 기준 적합성을 검토해야 한다.

2) 업무관련 항목 순서: 운영-02

업무관련 항목	2.8.1.1 (정보시스템 도입 시 보안 요구사항)
업무관련 상세 내용	정보시스템의 도입 시 최신 보안취약점 등 보안 요구사항을 정의하고 적용해야 한다.

가) 관련 법률 요구사항: 해당 사항 없음

나) GAP 분석용 질문

　① 최근 1년 내 새로운 정보시스템을 도입한 적이 있는가?

② 새로운 정보시스템 도입 시 기술적 취약점 진단을 실시하였는가?

③ 기술적 취약점 진단결과 위험도가 높은 모든 취약한 상황에 대해 대응을 완료한 이후 인수를 하고 있는가?

④ 새로운 정보시스템 도입 시 최신 패치를 적용하였는가?

⑤ 최신 패치가 적용 완료된 이후에 해당 정보시스템을 인수하는가?

다) ISMS:2013과의 차이: 특이사항 없음

라) 해당하는 ISMS-P 인증기준 항목: 2.8.1 (보안 요구사항 정의)

마) 해당하는 ISMS-P 인증기준 상세 내용: 정보시스템의 도입·개발·변경 시 정보보호 및 개인정보보호 관련 법적 요구사항, 최신 보안취약점, 안전한 코딩방법 등 보안 요구사항을 정의하고 적용해야 한다.

바) 해당하는 ISMS:2013 인증기준 통제항목: 11.2.1 (정보시스템 인수)

사) 해당하는 ISMS:2013 인증기준 통제내용: 새로운 정보시스템 도입 또는 개선 시 필수 보안 요구사항을 포함한 인수 기준을 수립하고 인수 전 기준 적합성을 검토해야 한다.

3) 업무관련 항목 순서: 운영-03

업무관련 항목	2.4.6.1 (정보시스템 반출입 통제)
업무관련 상세 내용	보호구역 내 정보시스템 반출입 통제절차를 수립·이행해야 한다.

가) 관련 법률 요구사항: 해당 사항 없음

나) GAP 분석용 질문

① 보호구역(사무실 등 제한구역, 서버룸 등 통제구역)에는 회사자산으로 등록된 정보시스템(서버, 네트워크 장비 등)만이 반입될 수 있도록 통제하는가?

② 정보시스템이 반출될 경우에는 유지보수/폐기 등 사유를 확인하고 자산책임자의 승인을 통해 반출하고 있는가?

다) ISMS:2013과의 차이: 특이사항 없음

라) 해당하는 ISMS-P 인증기준 항목: 2.4.6 (반출입 기기 통제)

마) 해당하는 ISMS-P 인증기준 상세 내용: 보호구역 내 정보시스템, 모바일 기기, 저장매체 등에 대한 반출입 통제절차를 수립·이행하고 주기적으로 검토해야 한다.

바) 해당하는 ISMS:2013 인증기준 통제항목: 11.2.1 (정보시스템 인수)

사) 해당하는 ISMS:2013 인증기준 통제내용: 새로운 정보시스템 도입 또는 개선 시 필수 보안 요구사항을 포함한 인수 기준을 수립하고 인수 전 기준 적합성을 검토해야 한다.

4) 업무관련 항목 순서: 운영-04

업무관련 항목	2.4.6.3 (정보시스템 반출입현황 검토)
업무관련 상세 내용	보호구역 내 정보시스템 반출입 현황을 주기적으로 검토해야 한다.

가) 관련 법률 요구사항: 해당 사항 없음

나) GAP 분석용 질문

　① 통제구역(서버룸/IDC) 내 정보시스템에 대한 반출입 현황을 매월 검토하는가?

다) ISMS:2013과의 차이: 특이사항 없음

라) 해당하는 ISMS-P 인증기준 항목: 2.4.6 (반출입 기기 통제)

마) 해당하는 ISMS-P 인증기준 상세 내용: 보호구역 내 정보시스템, 모바일 기기, 저장매체 등에 대한 반출입 통제절차를 수립·이행하고 주기적으로 검토해야 한다.

바) 해당하는 ISMS:2013 인증기준 통제항목: 11.2.1 (정보시스템 인수)

사) 해당하는 ISMS:2013 인증기준 통제내용: 새로운 정보시스템 도입 또는 개선 시 필수 보안 요구사항을 포함한 인수 기준을 수립하고 인수 전 기준 적합성을 검토해야 한다.

5) 업무관련 항목 순서: 운영-05

업무관련 항목	2.11.2.3 (최신 패치 발생 파악)
업무관련 상세 내용	최신 보안취약점의 발생 여부를 지속적으로 파악하고 정보시스템에 미치는 영향을 분석하여 조치해야 한다.

가) 관련 법률 요구사항: 해당 사항 없음

나) GAP 분석용 질문

　① 해당 정보시스템에 대한 최신 패치 발생 유무를 어떻게 확인하는가?

　② 어떤 주기로 최신 패치 발생 유무를 확인하는가?

　③ 중요패치를 적용하기 전에 시스템에 미치는 영향을 사전분석 후 판단하여 적용 유무를 결정하는가?

다) ISMS:2013과의 차이: 특이사항 없음

라) 해당하는 ISMS-P 인증기준 항목: 2.11.2 (취약점 점검 및 조치)

마) 해당하는 ISMS-P 인증기준 상세 내용: 정보시스템의 취약점이 노출되어 있는지를 확인하기 위하여 정기적으로 취약점 점검을 수행하고 발견된 취약점에 대해서는

신속하게 조치해야 한다. 또한 최신 보안취약점의 발생 여부를 지속적으로 파악하고 정보시스템에 미치는 영향을 분석하여 조치해야 한다.

바) 해당하는 ISMS:2013 인증기준 통제항목: 11.5.2 (패치관리)

사) 해당하는 ISMS:2013 인증기준 통제내용: 소프트웨어, 운영체제, 보안시스템 등의 취약점으로 인해 발생할 수 있는 침해사고를 예방하기 위해 최신 패치를 정기적으로 적용하고 필요한 경우 시스템에 미치는 영향을 분석해야 한다.

6) 업무관련 항목 순서: 운영-06

업무관련 항목	2.10.8.1 (최신 패치 적용)
업무관련 상세 내용	소프트웨어, 운영체제, 보안시스템 등의 취약점으로 인한 침해사고를 예방하기 위하여 최신 패치를 적용해야 한다.

가) 관련 법률 요구사항

① 개인정보보호법 제29조(안전성 확보조치 제9조): (모든 유형) 개인정보처리자는 악성프로그램 등을 방지/치료할 수 있는 백신 소프트웨어 등의 보안 프로그램을 통해 악성프로그램 관련 경보가 발령된 경우 또는 사용 중인 응용 프로그램이나 운영체제 소프트웨어의 제작업체에서 보안 업데이트 공지가 있는 경우, 즉시 이에 따른 업데이트를 실시한다.

나) GAP 분석용 질문

① 정보시스템에 대한 패치작업(OS 업데이트, 소프트웨어 패치)을 주기적으로 하고 있는가?

② 적용된 패치현황은 자산관리대장 등을 통해 관리하고 있는가?

③ 단말기(PC, 노트북)에 대한 패치작업(OS업데이트, MS오피스 등 소프트웨어 패치)을 주기적으로 하고 있는가?

④ 공개 인터넷 접속을 통한 패치를 제한하고 있는가?

다) ISMS:2013과의 차이: 특이사항 없음

라) 해당하는 ISMS-P 인증기준 항목: 2.10.8 (패치관리)

마) 해당하는 ISMS-P 인증기준 상세 내용: 소프트웨어, 운영체제, 보안시스템 등의 취약점으로 인한 침해사고를 예방하기 위하여 최신 패치를 적용해야 한다. 다만 서비스 영향을 검토하여 최신 패치 적용이 어려울 경우 별도의 보완대책을 마련하여 이행해야 한다.

바) 해당하는 ISMS:2013 인증기준 통제항목: 11.5.2 (패치관리)

사) 해당하는 ISMS:2013 인증기준 통제내용: 소프트웨어, 운영체제, 보안시스템 등의 취약점으로 인해 발생할 수 있는 침해사고를 예방하기 위해 최신 패치를 정기적으로 적용하고 필요한 경우 시스템에 미치는 영향을 분석해야 한다.

7) 업무관련 항목 순서: 운영-07

업무관련 항목	2.10.8.2 (미적용 패치의 보완대책)
업무관련 상세 내용	최신 패치 적용 시 서비스 영향을 검토하여 적용이 어려울 경우 별도의 보완대책을 마련하여 이행해야 한다.

가) 관련 법률 요구사항: 해당 사항 없음

나) GAP 분석용 질문

① 영향분석 등을 통하여 최신 패치를 운영환경에 적용하기 어려울 경우, 보완대책(해당 패치의 중요 내용을 보완할 수 있는 방안 등)을 마련하여 책임자로부터 승인을 득하고 있는가?

다) ISMS:2013과의 차이: [추가] 최신 패치가 어려울 경우 보완대책 마련 추가

라) 해당하는 ISMS-P 인증기준 항목: 2.10.8 (패치관리)

마) 해당하는 ISMS-P 인증기준 상세 내용: 소프트웨어, 운영체제, 보안시스템 등의 취약점으로 인한 침해사고를 예방하기 위하여 최신 패치를 적용해야 한다. 다만 서비스 영향을 검토하여 최신 패치 적용이 어려울 경우 별도의 보완대책을 마련하여 이행해야 한다.

바) 해당하는 ISMS:2013 인증기준 통제항목: 11.5.2 (패치관리)

사) 해당하는 ISMS:2013 인증기준 통제내용: 소프트웨어, 운영체제, 보안시스템 등의 취약점으로 인해 발생할 수 있는 침해사고를 예방하기 위해 최신 패치를 정기적으로 적용하고 필요한 경우 시스템에 미치는 영향을 분석해야 한다.

8) 업무관련 항목 순서: 운영-08

업무관련 항목	2.9.1.1 (변경절차)
업무관련 상세 내용	정보시스템 관련 자산의 모든 변경내역을 관리할 수 있도록 절차를 수립·이행해야 한다.

가) 관련 법률 요구사항: 해당 사항 없음

나) GAP 분석용 질문

① H/W 변경, 애플리케이션 수정 등 변경상황 발생 시 모든 변경내역을 확인할 수 있도록 대장관리/내부승인/시스템관리 등 변경절차를 적용하고 있는가?

② 최근 1년 내 정보시스템(응용프로그램 포함)을 개선한 적이 있는가?

③ 어떤 정보시스템을 어떻게 개선했는가?

④ 정보시스템 개선 시 보안기준(접근통제 설정기능, 패스워드 설정기능, 사용자 로깅 기능, 암호화 기능 등)에 적합하게 진행하였는가?

다) ISMS:2013과의 차이: 특이사항 없음

라) 해당하는 ISMS-P 인증기준 항목: 2.9.1 (변경관리)

마) 해당하는 ISMS-P 인증기준 상세 내용: 정보시스템 관련 자산의 모든 변경내역을 관리할 수 있도록 절차를 수립·이행하고, 변경 전 시스템의 성능 및 보안에 미치는 영향을 분석해야 한다.

바) 해당하는 ISMS:2013 인증기준 통제항목: 11.1.2 (변경관리)

사) 해당하는 ISMS:2013 인증기준 통제내용: 정보시스템 관련 자산의 모든 변경내역을 관리할 수 있도록 절차를 수립하고 변경 전 시스템의 전반적인 성능 및 보안에 미치는 영향을 분석해야 한다.

9) 업무관련 항목 순서: 운영-09

업무관련 항목	2.9.1.2 (변경 전 영향분석)
업무관련 상세 내용	정보시스템 관련 자산의 변경 전 시스템의 성능 및 보안에 미치는 영향을 분석해야 한다.

가) 관련 법률 요구사항: 해당 사항 없음

나) GAP 분석용 질문

① 미들급 이상(업그레이드/신규 기능 추가/서비스 추가 등)의 정보시스템 변경 시, 영향분석(변경 전 성능/보안에 대한 영향분석을 테스트환경에서 적용 등)을 진행하고 있는가?

다) ISMS:2013과의 차이: 특이사항 없음

라) 해당하는 ISMS-P 인증기준 항목: 2.9.1 (변경관리)

마) 해당하는 ISMS-P 인증기준 상세 내용: 정보시스템 관련 자산의 모든 변경내역을 관리할 수 있도록 절차를 수립·이행하고, 변경 전 시스템의 성능 및 보안에 미치는 영향을 분석해야 한다.

바) 해당하는 ISMS:2013 인증기준 통제항목: 11.1.2 (변경관리)

사) 해당하는 ISMS:2013 인증기준 통제내용: 정보시스템 관련 자산의 모든 변경내역을 관리할 수 있도록 절차를 수립하고 변경 전 시스템의 전반적인 성능 및 보안에 미치는 영향을 분석해야 한다.

10) 업무관련 항목 순서: 운영-10

업무관련 항목	2.7.1.2 (암호화 적용)
업무관련 상세 내용	개인정보 및 주요정보의 저장·전송·전달 시 암호화를 적용해야 한다.

가) 관련 법률 요구사항

① 개인정보보호법 제24조의2 제2항(시행령 제21조의2): 개인정보처리자는 주민등록번호가 분실·도난·유출·위조·변조 또는 훼손되지 아니하도록 암호화 조치를 통하여 안전하게 보관해야 한다. 이 경우 주민등록번호를 전자적인 방법으로 보관하는 개인정보처리자를 암호화 적용 대상으로 본다.

② 개인정보보호법 제29조(안전성 확보조치 제7조 제4항, 제5항): (모든 유형) 개인정보처리자가 내부망에 고유식별정보(주민등록번호, 운전면허번호, 외국인등록번호, 여권번호)를 저장하는 경우에는 위험도 분석에 따른 결과에 따라 암호화의 적용여부 및 적용범위를 정하여 시행할 수 있다. 암호화 시에는 안전한 암호알고리즘으로 암호화해야 한다.

③ 개인정보보호법 제29조(안전성 확보조치 제7조 제4항, 제5항): 개인정보 영향평가의 대상이 되는 공공기관이 내부망에 고유식별정보(주민등록번호, 운전면허번호, 외국인등록번호, 여권번호)를 저장하는 경우에는 개인정보 영향평가 결과에 따라 암호화의 적용여부 및 적용범위를 정하여 시행할 수 있다. 암호화 시에는 안전한 암호알고리즘으로 암호화해야 한다.

④ 정통망법 제28조(보호조치 기준 제6조 제1항, 제2항): 정보통신서비스 제공자등은 비밀번호는 복호화되지 아니하도록 일방향 암호화하여 저장하며, 고유식별정보(주민등록번호, 여권번호, 운전면허번호, 외국인등록번호)/신용카드번호/계좌번호/바이오정보는 안전한 암호 알고리즘으로 암호화하여 저장한다.

⑤ 개인정보보호법 제29조(안전성 확보조치 제7조 제2항, 제5항): (모든 유형) 개인정보처리자는 비밀번호 및 바이오정보는 안전한 암호알고리즘으로 암호화하여 저장해야 한다. 다만, 비밀번호를 저장하는 경우에는 복호화되지 아니하도록 안전한 암호알고리즘으로 일방향 암호화하여 저장해야 한다.

⑥ 개인정보보호법 제29조(안전성 확보조치 제7조 제3항, 제5항): (모든 유형) 개인정보처리자는 인터넷 구간 및 인터넷 구간과 내부망의 중간 지점(DMZ : Demilitarized Zone)에 고유식별정보(주민등록번호, 운전면허번호, 외국인등록번호, 여권번호)를 저장하는 경우에는 이를 안전한 암호알고리즘으로 암호화해야 한다.

⑦ 개인정보보호법 제29조(안전성 확보조치 제7조 제1항, 제5항): (모든 유형) 개인정보처리자는 고유식별정보(주민등록번호, 운전면허번호, 외국인등록번호, 여권번호), 비밀번호 및 바이오정보를 정보통신망을 통하여 송·수신하거나 보조저장매체 등을 통하여 전달하는 경우에는 이를 안전한 암호알고리즘으로 암호화해야 한다.

⑧ 정통망법 제32조의3 제1항: 정보통신서비스 제공자등은 주민등록번호, 계좌정보, 신용카드정보 등 이용자의 개인정보가 정보통신망을 통하여 공중에 노출되지 아니하도록 해야 한다.

⑨ 정통망법 제28조(보호조치 기준 제6조 제3항): 정보통신서비스 제공자등은 정보통신망을 통해 이용자의 개인정보 및 인증정보(아이디, 패스워드 등)를 송수신 할 때에는 안전한 보안서버(SSL 또는 암호화 응용프로그램 등) 구축 등의 조치를 통해 이를 암호화해야 한다.

⑩ 개인정보보호법 제29조(안전성 확보조치 제7조 제7항): (모든 유형) 개인정보처리자는 업무용 컴퓨터 또는 모바일 기기에 고유식별정보를 저장하여 관리하는 경우 상용 암호화 소프트웨어 또는 안전한 암호화 알고리즘을 사용하여 암호화한 후 저장해야 한다.

⑪ 정통망법 제28조(보호조치 기준 제6조 제4항): 정보통신서비스 제공자등은 이용자의 개인정보를 컴퓨터, 모바일 기기 및 보조저장매체 등에 저장할 때에는 이를 암호화해야 한다.

나) GAP 분석용 질문

① 주민등록번호, 여권번호, 운전면허번호, 외국인등록번호, 신용카드번호, 계좌번호, 바이오정보 등 저장 시 암호화 대상이 존재하는가? 존재한다면 어떤 항목들인가?

② 저장 시 암호화 대상항목에 대해 암호화 중인가?

③ 저장 시 암호화 대상항목에 대해 SEED, ARIA 등 안전한 양방향 암호 알고리즘을 사용하고 있는가?

④ 저장 시 암호화 대상별 어떤 암호 알고리즘을 사용하고 있는가?

⑤ 패스워드를 SHA256 등 안전한 일방향 암호 알고리즘으로 암호화하여 저장하는가?

⑥ 개인정보를 인터넷을 통하여 전송 시 암호화 하여 전송하는가?

⑦ 어떤 방식(HTTPS, 암호화모듈 등)으로 암호화 하여 인터넷을 통하여 전송하는가?

⑧ 특히, 고유식별정보(주민등록번호, 운전면허번호, 외국인등록번호, 여권번호), 비밀번호 및 바이오정보에 국한하여 해당 정보를 인터넷을 통하여 전송 시 안전한 암호알고리즘으로 암호화하여 전송하는가?

⑨ 고유식별정보, 비밀번호 및 바이오정보를 인터넷을 통하여 전송 시 어떤 암호화 알고리즘을 사용하여 암호화하는가?

⑩ 개인정보 등 중요정보가 포함된 전자파일을 단말기(PC, 노트북)에 저장 시 상용 암호화 소프트웨어 또는 안전한 암호화 알고리즘으로 저장하고있는가?

⑪ 개인정보를 단말기에 보관 시 어떤 방법으로 암호화 저장을 하고 있는가?

⑫ 개인정보를 단말기에 보관 시 어떤 암호화 알고리즘을 사용하여 저장하고 있는가?

⑬ 개인정보 등 중요정보가 포함된 전자파일을 모바일 기기 또는 이동형 저장매체에 저장 시 상용 암호화 소프트웨어 또는 안전한 암호화 알고리즘으로 저장하고 있는가?

⑭ 개인정보를 모바일 기기 또는 이동형 저장매체에 저장 시 어떤 방법으로 암호화 저장을 하고 있는가?

⑮ 개인정보를 모바일 기기 또는 이동형 저장매체에 저장 시 어떤 암호화 알고리즘을 사용하여 보관하고 있는가?

⑯ 고유식별정보(주민등록번호, 운전면허번호, 외국인등록번호, 여권번호), 비밀번호 및 바이오정보에 국한하여 해당 정보를 이동형 저장매체에 저장하여 전달하는 경우 안전한 암호알고리즘으로 암호화하여 전송하는가?

⑰ 고유식별정보, 비밀번호 및 바이오정보를 이동형 저장매체에 저장 시 어떤 안전한 암호화 알고리즘을 사용하여 전달하고 있는가?

다) ISMS:2013과의 차이: 특이사항 없음

라) 해당하는 ISMS-P 인증기준 항목: 2.7.1 (암호정책 적용)

마) 해당하는 ISMS-P 인증기준 상세 내용: 개인정보 및 주요정보 보호를 위하여 법적 요구사항을 반영한 암호화 대상, 암호 강도, 암호 사용 정책을 수립하고 개인정보 및 주요정보의 저장·전송·전달 시 암호화를 적용해야 한다.

바) 해당하는 ISMS:2013 인증기준 통제항목: 9.1.1 (암호정책 수립)

사) 해당하는 ISMS:2013 인증기준 통제내용: 조직의 중요정보 보호를 위하여 암호화 대상, 암호 강도(복잡도), 키관리, 암호사용에 대한 정책을 수립하고 이행해야 한다. 또한 정책에는 개인정보 저장 및 전송 시 암호화 적용 등 암호화 관련 법적 요구사항을 반드시 반영해야 한다.

11) 업무관련 항목 순서: 운영-11

업무관련 항목	2.7.2.1 (암호키 관리)
업무관련 상세 내용	암호키의 안전한 생성·이용·보관·배포·파기를 위한 관리 절차를 수립·이행해야 한다.

가) 관련 법률 요구사항

   ① 개인정보보호법 제29조(안전성 확보조치 제7조 제6항): (유형3) 개인정보처리자는 암호화된 개인정보를 안전하게 보관하기 위하여 안전한 암호키 생성, 이용, 보관, 배포 및 파기 등에 관한 절차를 수립·시행해야 한다.

나) GAP 분석용 질문

   ① 암호키 생성에 대한 관리절차가 존재하는가?

   ② 암호키 이용에 대한 관리절차가 존재하는가?

   ③ 암호키 보관에 대한 관리절차가 존재하는가?

   ④ 암호키 배포에 대한 관리절차가 존재하는가?

   ⑤ 암호키 파기에 대한 관리절차가 존재하는가?

   ⑥ 암호키 사용 유효기간(변경주기)은 얼마로 정의되어져 있는가?

다) ISMS:2013과의 차이: 특이사항 없음

라) 해당하는 ISMS-P 인증기준 항목: 2.7.2 (암호키 관리)

마) 해당하는 ISMS-P 인증기준 상세 내용: 암호키의 안전한 생성·이용·보관·배포·파기를 위한 관리 절차를 수립·이행하고, 필요시 복구방안을 마련해야 한다.

바) 해당하는 ISMS:2013 인증기준 통제항목: 9.2.1 (암호키 생성 및 이용)

사) 해당하는 ISMS:2013 인증기준 통제내용: 암호키 생성, 이용, 보관, 배포, 파기에 관한 안전한 절차를 수립하고 필요시 복구방안을 마련해야 한다.

12) 업무관련 항목 순서: 운영-12

업무관련 항목	2.7.2.2 (암호키 복구방안)
업무관련 상세 내용	필요시 암호키의 복구방안을 마련해야 한다.

가) 관련 법률 요구사항: 해당 사항 없음

나) GAP 분석용 질문

   ① 백업 등을 통한 암호키 복구방안이 마련되어 있는가?

다) ISMS:2013과의 차이: 특이사항 없음

라) 해당하는 ISMS-P 인증기준 항목: 2.7.2 (암호키 관리)

마) 해당하는 ISMS-P 인증기준 상세 내용: 암호키의 안전한 생성·이용·보관·배포·파기를 위한 관리 절차를 수립·이행하고, 필요시 복구방안을 마련해야 한다.

바) 해당하는 ISMS:2013 인증기준 통제항목: 9.2.1 (암호키 생성 및 이용)

사) 해당하는 ISMS:2013 인증기준 통제내용: 암호키 생성, 이용, 보관, 배포, 파기에 관한 안전한 절차를 수립하고 필요시 복구방안을 마련해야 한다.

13) 업무관련 항목 순서: 운영-13

업무관련 항목	2.10.3.4 (공개서버에 정보공개 절차)
업무관련 상세 내용	외부 네트워크에 공개되는 서버의 경우 정보 수집·저장·공개 절차 등을 수립·이행해야 한다.

가) 관련 법률 요구사항: 해당 사항 없음

나) GAP 분석용 질문

　① 웹사이트 등 공개서버에 정보공개 시 허가 및 게시절차가 존재하는가?

　② 공개서버에 정보공개 게시하는 절차는 어떻게 되는가?

다) ISMS:2013과의 차이: 특이사항 없음

라) 해당하는 ISMS-P 인증기준 항목: 2.10.3 (공개서버 보안)

마) 해당하는 ISMS-P 인증기준 상세 내용: 외부 네트워크에 공개되는 서버의 경우 내부 네트워크와 분리하고 취약점 점검, 접근통제, 인증, 정보 수집·저장·공개 절차 등 강화된 보호대책을 수립·이행해야 한다.

바) 해당하는 ISMS:2013 인증기준 통제항목: 11.2.8 (공개서버 보안)

사) 해당하는 ISMS:2013 인증기준 통제내용: 웹사이트 등에 정보를 공개하는 경우 정보 수집, 저장, 공개에 따른 허가 및 게시절차를 수립하고 공개서버에 대한 물리적, 기술적 보호대책을 수립해야 한다.

14) 업무관련 항목 순서: 운영-14

업무관련 항목	2.10.4.1 (전자거래/핀테크 제공 시 보호대책)
업무관련 상세 내용	전자거래 및 핀테크 서비스 제공 시 정보유출이나 데이터 조작·사기 등의 침해사고 예방을 위해 인증·암호화 등의 보호대책을 수립해야 한다.

가) 관련 법률 요구사항: 해당 사항 없음

나) GAP 분석용 질문

　① 홈페이지/모바일APP 내에 전자거래 또는 핀테크 서비스가 제공되고 있는가?

　② 홈페이지/모바일APP에서 전자거래 또는 핀테크 서비스 제공 시 중요정보를 암호화
하여 전송하는가?

　③ 어떤 항목에 대해 암호화 하는가?

　④ 어떤 암호화 방식을 적용하는가?

다) ISMS:2013과의 차이: [확대] 핀테크 서비스에 대한 보호대책으로 확대

라) 해당하는 ISMS-P 인증기준 항목: 2.10.4 (전자거래 및 핀테크 보안)

마) 해당하는 ISMS-P 인증기준 상세 내용: 전자거래 및 핀테크 서비스 제공 시
정보유출이나 데이터 조작·사기 등의 침해사고 예방을 위해 인증·암호화 등의
보호대책을 수립하고, 결제시스템 등 외부 시스템과 연계할 경우 안전성을 점검해야
한다.

바) 해당하는 ISMS:2013 인증기준 통제항목: 11.3.1 (전자거래 보안)

사) 해당하는 ISMS:2013 인증기준 통제내용: 전자거래 서비스 제공 시 정보유출, 데이터
조작, 사기 등의 침해사고를 예방하기 위해 사용자 인증, 암호화, 부인방지 등의
보호대책을 수립하고 결제시스템 등 외부 시스템과의 연계가 필요한 경우 연계 안전성을
점검해야 한다.

15) 업무관련 항목 순서: 운영-15

업무관련 항목	2.10.4.2 (전자거래/핀테크 제공 시 외부연계)
업무관련 상세 내용	전자거래 및 핀테크 서비스 제공 시 결제시스템 등 외부 시스템과 연계할 경우 안전성을 점검해야 한다.

가) 관련 법률 요구사항: 해당 사항 없음

나) GAP 분석용 질문

　① 전자거래 및 핀테크 서비스 제공 시 결제시스템 등 외부시스템과 연계가 필요한 경우
연계안전성을 점검하는가?

다) ISMS:2013과의 차이: 특이사항 없음

라) 해당하는 ISMS-P 인증기준 항목: 2.10.4 (전자거래 및 핀테크 보안)

마) 해당하는 ISMS-P 인증기준 상세 내용: 전자거래 및 핀테크 서비스 제공 시 정보유출이나 데이터 조작·사기 등의 침해사고 예방을 위해 인증·암호화 등의 보호대책을 수립하고, 결제시스템 등 외부 시스템과 연계할 경우 안전성을 점검해야 한다.

바) 해당하는 ISMS:2013 인증기준 통제항목: 11.3.1 (전자거래 보안)

사) 해당하는 ISMS:2013 인증기준 통제내용: 전자거래 서비스 제공 시 정보유출, 데이터 조작, 사기 등의 침해사고를 예방하기 위해 사용자 인증, 암호화, 부인방지 등의 보호대책을 수립하고 결제시스템 등 외부 시스템과의 연계가 필요한 경우 연계 안전성을 점검해야 한다.

16) 업무관련 항목 순서: 운영-16

업무관련 항목	3.2.3.4 (빅데이터 분석 시 개인정보 최소화)
업무관련 상세 내용	빅데이터 분석을 위한 데이터 처리 과정에서 개인정보가 과도하게 이용되지 않도록 업무상 반드시 필요하지 않은 개인정보는 삭제하거나 또는 식별할 수 없도록 조치해야 한다.

가) 관련 법률 요구사항: 해당 사항 없음

나) GAP 분석용 질문

① 실운영DB를 빅데이터 분석 등을 위해 사용하고자 할 경우, 업무상 반드시 필요한 최소한의 개인정보 항목에 국한하여 사용하고 있는가?

② 실운영DB를 빅데이터 분석 등을 위해 사용하고자 할 경우, 필요하지 않은 개인정보는 삭제처리하거나 식별할 수 없도록 조치를 취하고 있는가?

다) ISMS:2013과의 차이: [추가] 빅데이터 분석 시 개인정보 최소화 또는 비식별 조치 부분 추가

라) 해당하는 ISMS-P 인증기준 항목: 3.2.3 (개인정보 표시제한 및 이용 시 보호조치)

마) 해당하는 ISMS-P 인증기준 상세 내용: 개인정보의 조회 및 출력(인쇄, 화면표시, 파일생성 등) 시 용도를 특정하고 용도에 따라 출력 항목 최소화, 개인정보 표시제한, 출력물 보호조치 등을 수행해야 한다. 또한 빅데이터 분석, 테스트 등 데이터 처리 과정에서 개인정보가 과도하게 이용되지 않도록 업무상 반드시 필요하지 않은 개인정보는 삭제하거나 또는 식별할 수 없도록 조치해야 한다.

바) 해당하는 PIMS:2016 인증기준 통제항목: 없음

사) 해당하는 PIMS:2016 인증기준 통제내용: 없음

17) 업무관련 항목 순서: 운영-17

업무관련 항목	2.10.1.2 (보안시스템 운영절차)
업무관련 상세 내용	보안시스템 유형별로 최신 정책 업데이트, 룰셋 변경에 대한 운영절차를 수립·이행해야 한다.

가) 관련 법률 요구사항: 해당 사항 없음

나) GAP 분석용 질문

① 방화벽, VPN, IDS/IPS 등 보안시스템이 존재하는가?

② 존재한다면 어떤 보안시스템이 존재하는가?

③ 모든 보안시스템(방화벽, VPN 등)에 대한 정책 및 룰셋 등록/변경 등은 공식적인 승인절차에 의해 진행되고 있는가?

다) ISMS:2013과의 차이: 특이사항 없음

라) 해당하는 ISMS-P 인증기준 항목: 2.10.1 (보안시스템 운영)

마) 해당하는 ISMS-P 인증기준 상세 내용: 보안시스템 유형별로 관리자 지정, 최신 정책 업데이트, 룰셋 변경, 이벤트 모니터링 등의 운영절차를 수립·이행하고 보안시스템별 정책적용 현황을 관리해야 한다.

바) 해당하는 ISMS:2013 인증기준 통제항목: 11.2.2 (보안시스템 운영)

사) 해당하는 ISMS:2013 인증기준 통제내용: 보안시스템 유형별로 관리자 지정, 최신 정책 업데이트, 룰셋 변경, 이벤트 모니터링 등의 운영절차를 수립하고 보안시스템별 정책적용 현황을 관리하여야 한다.

18) 업무관련 항목 순서: 운영-18

업무관련 항목	2.10.1.3 (보안시스템 모니터링)
업무관련 상세 내용	보안시스템 유형별로 이벤트 모니터링 등의 운영절차를 수립·이행해야 한다.

가) 관련 법률 요구사항: 해당 사항 없음

나) GAP 분석용 질문

① 보안시스템의 이벤트 모니터링은 어떻게 진행하는가?

② 모니터링에 대한 보고는 누가 누구한테 하는가?

③ 보안시스템 이벤트 모니터링 결과는 어떤 주기로 보고하는가?

다) ISMS:2013과의 차이: 특이사항 없음

라) 해당하는 ISMS-P 인증기준 항목: 2.10.1 (보안시스템 운영)

마) 해당하는 ISMS-P 인증기준 상세 내용: 보안시스템 유형별로 관리자 지정, 최신 정책 업데이트, 룰셋 변경, 이벤트 모니터링 등의 운영절차를 수립·이행하고 보안시스템별 정책적용 현황을 관리해야 한다.

바) 해당하는 ISMS:2013 인증기준 통제항목: 11.2.2 (보안시스템 운영)

사) 해당하는 ISMS:2013 인증기준 통제내용: 보안시스템 유형별로 관리자 지정, 최신 정책 업데이트, 룰셋 변경, 이벤트 모니터링 등의 운영절차를 수립하고 보안시스템별 정책적용 현황을 관리하여야 한다

19) 업무관련 항목 순서: 운영-19

업무관련 항목	2.10.1.4 (보안시스템 운영 검토)
업무관련 상세 내용	보안시스템별 정책 적용 현황을 관리해야 한다.

가) 관련 법률 요구사항: 해당 사항 없음

나) GAP 분석용 질문

① 방화벽/VPN 등 보안시스템에 대한 정책적용(룰셋 업데이트, 정책 업데이트 등) 현황이 합당한지를 주기적으로 점검하고 있는가?

② 어떤 주기로 점검을 진행하고 있는가?

다) ISMS:2013과의 차이: 특이사항 없음

라) 해당하는 ISMS-P 인증기준 항목: 2.10.1 (보안시스템 운영)

마) 해당하는 ISMS-P 인증기준 상세 내용: 보안시스템 유형별로 관리자 지정, 최신 정책 업데이트, 룰셋 변경, 이벤트 모니터링 등의 운영절차를 수립·이행하고 보안시스템별 정책적용 현황을 관리해야 한다.

바) 해당하는 ISMS:2013 인증기준 통제항목: 11.2.2 (보안시스템 운영)

사) 해당하는 ISMS:2013 인증기준 통제내용: 보안시스템 유형별로 관리자 지정, 최신 정책 업데이트, 룰셋 변경, 이벤트 모니터링 등의 운영절차를 수립하고 보안시스템별 정책적용 현황을 관리하여야 한다.

20) 업무관련 항목 순서: 운영-20

업무관련 항목	2.10.7.1 (보호저장매체 사용 관리)
업무관련 상세 내용	보조저장매체를 통하여 개인정보 또는 중요정보의 유출이 발생하지 않도록 관리 절차를 수립·이행해야 한다.

가) 관련 법률 요구사항

① 개인정보보호법 제29조(안전성 확보조치 제11조 제3항): (모든 유형) 개인정보처리자는 개인정보가 포함된 보조저장매체의 반출입 통제를 위한 보안대책을 마련해야 한다. 다만, 별도의 개인정보처리시스템을 운영하지 아니하고 업무용 컴퓨터 또는 모바일 기기를 이용하여 개인정보를 처리하는 경우에는 이를 적용하지 아니할 수 있다.

② 정통망법 제28조(보호조치 기준 제9조 제2항): 개인정보가 복사된 외부 저장매체 등 개인정보의 복사물을 안전하게 관리하기 위해 복사 기록 등 필요한 보호조치를 해야 한다.

나) GAP 분석용 질문

① 보조저장매체(외장하드, USB메모리, CD 등)는 회사에 등록된 회사자산에 국한하여 사용하는가?

② 보조저장매체는 자산대장에 등록된 자산관리자가 보관하는가?

③ 보조저장매체를 타인에게 제공 시 관리대장을 통해 보조저장매체 반출입을 관리하는가?

④ 보조저장매체의 폐기/재사용 방법이 규정화 되어져 있는가?

다) ISMS:2013과의 차이: 특이사항 없음

라) 해당하는 ISMS-P 인증기준 항목: 2.10.7 (보조저장매체 관리)

마) 해당하는 ISMS-P 인증기준 상세 내용: 보조저장매체를 통하여 개인정보 또는 중요정보의 유출이 발생하거나 악성코드가 감염되지 않도록 관리 절차를 수립·이행하고, 개인정보 또는 중요정보가 포함된 보조저장매체는 안전한 장소에 보관해야 한다.

바) 해당하는 ISMS:2013 인증기준 통제항목: 11.4.2 (휴대용 저장매체 관리)

사) 해당하는 ISMS:2013 인증기준 통제내용: 조직의 중요정보 유출을 예방하기 위해 외장하드, USB, CD 등 휴대용 저장매체 취급, 보관, 폐기, 재사용에 대한 절차를 수립해야 한다. 또한 매체를 통한 악성코드 감염 방지 대책을 마련해야 한다.

21) 업무관련 항목 순서: 운영-21

업무관련 항목	2.10.7.2 (보조저장매체 악성코드 관리)
업무관련 상세 내용	보조저장매체를 통하여 개인정보 또는 중요정보가 악성코드에 감염되지 않도록 관리 절차를 수립·이행해야 한다.

가) 관련 법률 요구사항: 해당 사항 없음

나) GAP 분석용 질문

① USB/외장하드 등 개인용 보조저장매체의 사용은 금지하도록 규정화 하고 있는가?

② 회사에 등록된 보조저장매체를 사용할 경우에는 주기적으로 보조저장매체에 대한 악성코드 감염여부를 확인하는가?

③ 어떤 방식(보조저장매체 연결 시 자동 악성코드 실행, 주기적 자산관리자가 악성코드 감염여부 확인 등)으로 보조저장매체에 대한 악성코드 감염여부를 확인하는가?

다) ISMS:2013과의 차이: 특이사항 없음

라) 해당하는 ISMS-P 인증기준 항목: 2.10.7 (보조저장매체 관리)

마) 해당하는 ISMS-P 인증기준 상세 내용: 보조저장매체를 통하여 개인정보 또는 중요정보의 유출이 발생하거나 악성코드가 감염되지 않도록 관리 절차를 수립·이행하고, 개인정보 또는 중요정보가 포함된 보조저장매체는 안전한 장소에 보관해야 한다.

바) 해당하는 ISMS:2013 인증기준 통제항목: 11.4.2 (휴대용 저장매체 관리)

사) 해당하는 ISMS:2013 인증기준 통제내용: 조직의 중요정보 유출을 예방하기 위해 외장하드, USB, CD 등 휴대용 저장매체 취급, 보관, 폐기, 재사용에 대한 절차를 수립해야 한다. 또한 매체를 통한 악성코드 감염 방지 대책을 마련해야 한다.

22) 업무관련 항목 순서: 운영-22

업무관련 항목	2.10.7.3 (보조저장매체 보관)
업무관련 상세 내용	개인정보 또는 중요정보가 포함된 보조저장매체는 안전한 장소에 보관해야 한다.

가) 관련 법률 요구사항

① 개인정보보호법 제29조(안전성 확보조치 제11조 제2항): (모든 유형) 개인정보처리자는 개인정보가 포함된 보조저장매체 등을 잠금장치가 있는 안전한 장소에 보관해야 한다.

② 정통망법 제28조(보호조치 기준 제8조 제2항, 제3항): 정보통신서비스 제공자등은 개인정보가 포함된 보조저장매체 등을 잠금장치가 있는 안전한 장소에 보관하여야 하며, 반출입 통제를 위한 보안대책을 마련해야 한다.

나) GAP 분석용 질문

① 자산관리자가 보조저장매체를 보관 시 시건장치가 달려있는 안전한 위치에 보관하고 있는가?

② 보조저장매체를 자산관리자로부터 반출해서 사용하는 자도 시건장치가 달려있는 안전한 위치에 보관하고 있는가?

다) ISMS:2013과의 차이: 특이사항 없음

라) 해당하는 ISMS-P 인증기준 항목: 2.10.7 (보조저장매체 관리)

마) 해당하는 ISMS-P 인증기준 상세 내용: 보조저장매체를 통하여 개인정보 또는 중요정보의 유출이 발생하거나 악성코드가 감염되지 않도록 관리 절차를 수립·이행하고, 개인정보 또는 중요정보가 포함된 보조저장매체는 안전한 장소에 보관해야 한다.

바) 해당하는 ISMS:2013 인증기준 통제항목: 11.4.2 (휴대용 저장매체 관리)

사) 해당하는 ISMS:2013 인증기준 통제내용: 조직의 중요정보 유출을 예방하기 위해 외장하드, USB, CD 등 휴대용 저장매체 취급, 보관, 폐기, 재사용에 대한 절차를 수립해야 한다. 또한 매체를 통한 악성코드 감염 방지 대책을 마련해야 한다.

23) 업무관련 항목 순서: 운영-23

업무관련 항목	2.9.7.1 (정보자산의 재사용)
업무관련 상세 내용	정보자산(정보시스템, 휴대용 저장매체 등)의 재사용 과정에서 개인정보 및 중요정보가 복구·재생되지 않도록 안전한 재사용 절차를 수립·이행해야 한다.

가) 관련 법률 요구사항

① 개인정보보호법 제29조(안전성 확보조치 제13조 제1항): (모든 유형)
개인정보처리자는 개인정보를 파기할 경우 다음 중 어느 하나의 조치를 해야 한다.

－ 완전파괴(소각·파쇄 등)

－ 전용 소자장비를 이용하여 삭제

－ 데이터가 복원되지 않도록 초기화 또는 덮어쓰기 수행

② 개인정보보호법 제36조 제3항: 개인정보처리자가 개인정보를 삭제할 때에는 복구 또는 재생되지 아니하도록 조치해야 한다.

나) GAP 분석용 질문

① 휴대용 저장매체는 회사자산으로 등록된 것만 사용하는가?

② 정보시스템 및 단말기의 정보자산(HDD 등)은 원칙적으로 재사용을 금지하고 있는가?

③ 만약, 정보시스템 및 단말기의 정보자산을 재사용 하는 경우, 재사용하기 전에 로우포맷 등을 통해 중요정보를 삭제하고 재사용하는가?

다) ISMS:2013과의 차이: 특이사항 없음

라) 해당하는 ISMS-P 인증기준 항목: 2.9.7 (정보자산의 재사용 및 폐기)

마) 해당하는 ISMS-P 인증기준 상세 내용: 정보자산의 재사용과 폐기 과정에서 개인정보 및 중요정보가 복구·재생되지 않도록 안전한 재사용 및 폐기 절차를 수립·이행해야 한다.

바) 해당하는 ISMS:2013 인증기준 통제항목

① 11.4.1 (정보시스템 저장매체 관리)

② 11.4.2 (휴대용 저장매체 관리)

사) 해당하는 ISMS:2013 인증기준 통제내용

① 정보시스템 폐기 또는 재사용 시 중요정보를 담고 있는 하드디스크, 스토리지, 테이프 등의 저장매체 폐기 및 재사용 절차를 수립하고 매체에 기록된 중요정보는 복구 불가능하도록 완전히 삭제해야 한다.

② 조직의 중요정보 유출을 예방하기 위해 외장하드, USB, CD 등 휴대용 저장매체 취급, 보관, 폐기, 재사용에 대한 절차를 수립해야 한다. 또한 매체를 통한 악성코드 감염 방지 대책을 마련해야 한다.

24) 업무관련 항목 순서: 운영-24

업무관련 항목	2.9.7.2 (정보자산의 폐기)
업무관련 상세 내용	정보자산(정보시스템, 휴대용 저장매체 등)의 폐기 과정에서 개인정보 및 중요정보가 복구·재생되지 않도록 안전한 폐기 절차를 수립·이행해야 한다.

가) 관련 법률 요구사항

① 개인정보보호법 제29조(안전성 확보조치 제13조 제1항): (모든 유형)
개인정보처리자는 개인정보를 파기할 경우 다음 중 어느 하나의 조치를 해야 한다.

– 완전파괴(소각·파쇄 등)

– 전용 소자장비를 이용하여 삭제

– 데이터가 복원되지 않도록 초기화 또는 덮어쓰기 수행

② 개인정보보호법 제36조 제3항: 개인정보처리자가 개인정보를 삭제할 때에는 복구 또는 재생되지 아니하도록 조치해야 한다.

나) GAP 분석용 질문

① 회사자산으로 등록된 휴대용 저장매체를 폐기 시 어떻게 폐기(자체 물리적 파쇄 또는 업체위탁 파쇄 등)하고 있는가?

② 정보시스템 및 단말기 폐기 시 해당 시스템 및 단말기의 정보자산(HDD 등)도 함께 폐기하는가?

③ 정보시스템 및 단말기의 정보자산을 폐기 시 복구 불가능하도록 완전삭제를 하는가?

④ 어떤 방식으로 완전삭제를 진행하는가?

다) ISMS:2013과의 차이: 특이사항 없음

라) 해당하는 ISMS-P 인증기준 항목: 2.9.7 (정보자산의 재사용 및 폐기)

마) 해당하는 ISMS-P 인증기준 상세 내용: 정보자산의 재사용과 폐기 과정에서 개인정보 및 중요정보가 복구·재생되지 않도록 안전한 재사용 및 폐기 절차를 수립·이행해야 한다.

바) 해당하는 ISMS:2013 인증기준 통제항목

① 11.4.1 (정보시스템 저장매체 관리)

② 11.4.2 (휴대용 저장매체 관리)

사) 해당하는 ISMS:2013 인증기준 통제내용

① 정보시스템 폐기 또는 재사용 시 중요정보를 담고 있는 하드디스크, 스토리지, 테이프 등의 저장매체 폐기 및 재사용 절차를 수립하고 매체에 기록된 중요정보는 복구 불가능하도록 완전히 삭제해야 한다.

② 조직의 중요정보 유출을 예방하기 위해 외장하드, USB, CD 등 휴대용 저장매체 취급, 보관, 폐기, 재사용에 대한 절차를 수립해야 한다. 또한 매체를 통한 악성코드 감염 방지 대책을 마련해야 한다.

25) 업무관련 항목 순서: 운영-25

업무관련 항목	2.11.2.1 (취약점 정기점검)
업무관련 상세 내용	정보시스템의 취약점이 노출되어 있는지를 확인하기 위하여 정기적으로 취약점 점검을 수행해야 한다.

가) 관련 법률 요구사항: 해당 사항 없음

나) GAP 분석용 질문

① 범위 내 장비(서버/네트워크/DB/WAS 등)에 대해 기술적 취약점 진단을 실행하였는가?

② 기술적 취약점 진단을 누가 어떤 주기로 진행하였는가?

다) ISMS:2013과의 차이: 특이사항 없음

라) 해당하는 ISMS-P 인증기준 항목: 2.11.2 (취약점 점검 및 조치)

마) 해당하는 ISMS-P 인증기준 상세 내용: 정보시스템의 취약점이 노출되어 있는지를 확인하기 위하여 정기적으로 취약점 점검을 수행하고 발견된 취약점에 대해서는 신속하게 조치해야 한다. 또한 최신 보안취약점의 발생 여부를 지속적으로 파악하고 정보시스템에 미치는 영향을 분석하여 조치해야 한다.

바) 해당하는 ISMS:2013 인증기준 통제항목: 11.2.10 (취약점 점검)

사) 해당하는 ISMS:2013 인증기준 통제내용: 정보시스템이 알려진 취약점에 노출되어 있는 지 여부를 확인하기 위하여 정기적으로 기술적 취약점 점검을 수행하고 발견된 취약점들은 조치해야 한다.

26) 업무관련 항목 순서: 운영-26

업무관련 항목	2.10.3.2 (공개서버 취약점 점검)
업무관련 상세 내용	외부 네트워크에 공개되는 서버의 경우 취약점 점검을 이행해야 한다.

가) 관련 법률 요구사항

① 개인정보보호법 제29조(안전성 확보조치 제6조 제4항): (유형2)(유형3) 고유식별정보를 처리하는 개인정보처리자는 인터넷 홈페이지를 통해 고유식별정보가 유출·변조·훼손되지 않도록 연 1회 이상 취약점을 점검하고 필요한 보완 조치를 해야 한다.

② 정통망법 제28조(보호조치 기준 제4조 제9항): 정보통신서비스 제공자등은 취급 중인 개인정보가 인터넷 홈페이지를 통하여 열람권한이 없는 자에게 공개되거나 외부에 유출되지 않도록 개인정보처리시스템에 조치를 해야 한다.

나) GAP 분석용 질문

① 웹서버 등 외부 서비스를 위한 공개서버에 대한 취약점 점검을 진행하였는가?

② 점검을 누가 어떤 주기로 진행하였는가?

③ 발견된 취약점은 모두 조치 완료하였는가?

④ 조치 안된 취약점에 대해서는 조치계획을 책임자로부터 승인받았는가?

다) ISMS:2013과의 차이: 특이사항 없음

라) 해당하는 ISMS-P 인증기준 항목: 2.10.3 (공개서버 보안)

마) 해당하는 ISMS-P 인증기준 상세 내용: 외부 네트워크에 공개되는 서버의 경우 내부 네트워크와 분리하고 취약점 점검, 접근통제, 인증, 정보 수집 · 저장 · 공개 절차 등 강화된 보호대책을 수립 · 이행해야 한다.

바) 해당하는 ISMS:2013 인증기준 통제항목: 11.2.8 (공개서버 보안)

사) 해당하는 ISMS:2013 인증기준 통제내용: 웹사이트 등에 정보를 공개하는 경우 정보 수집, 저장, 공개에 따른 허가 및 게시절차를 수립하고 공개서버에 대한 물리적, 기술적 보호대책을 수립해야 한다.

27) 업무관련 항목 순서: 운영-27

업무관련 항목	2.11.2.2 (취약점 조치)
업무관련 상세 내용	정보시스템의 취약점 점검을 통해 발견된 취약점에 대해서는 신속하게 조치해야 한다.

가) 관련 법률 요구사항: 해당 사항 없음

나) GAP 분석용 질문

① 기술적 취약점 진단을 통해 발견된 취약점은 모두 조치 완료하였는가?

② 기술적 취약점 진단 결과에 따른 조치결과를 책임자에게 보고하였는가?

③ 조치 안된 취약점에 대해서는 조치계획을 승인받았는가?

다) ISMS:2013과의 차이: 특이사항 없음

라) 해당하는 ISMS-P 인증기준 항목: 2.11.2 (취약점 점검 및 조치)

마) 해당하는 ISMS-P 인증기준 상세 내용: 정보시스템의 취약점이 노출되어 있는지를 확인하기 위하여 정기적으로 취약점 점검을 수행하고 발견된 취약점에 대해서는 신속하게 조치해야 한다. 또한 최신 보안취약점의 발생 여부를 지속적으로 파악하고 정보시스템에 미치는 영향을 분석하여 조치해야 한다.

바) 해당하는 ISMS:2013 인증기준 통제항목: 11.2.10 (취약점 점검)

사) 해당하는 ISMS:2013 인증기준 통제내용: 정보시스템이 알려진 취약점에 노출되어 있는 지 여부를 확인하기 위하여 정기적으로 기술적 취약점 점검을 수행하고 발견된 취약점들은 조치해야 한다.

CHAPTER 7

로그 업무관련 분야

- 로그 업무관련 분야에 해당하는 인증기준에는 어떤 것들이 존재하는지 알아보자.
- 로그 업무관련 분야에 해당하는 인증기준을 어떻게 업무관련 항목으로 구체화하는지 알아보자.
- 로그 업무관련 분야에 해당하는 업무관련 항목을 어떤 순서로 변경하는지 알아보자.

1 로그 업무에 해당하는 정보보호 및 개인정보보호 관리체계 인증기준

2.5.6 (접근권한 검토), 2.9.3 (백업 및 복구관리), 2.9.4 (로그 및 접속기록 관리), 2.9.5 (로그 및 접속기록 점검), 2.9.6 (시간 동기화)

2 로그 업무에 맞게 해당하는 인증기준 순서 변경

2.9.6 (시간 동기화) → 2.9.4 (로그 및 접속기록 관리) → 2.9.3 (백업 및 복구관리) → 2.9.5 (로그 및 접속기록 점검) → 2.5.6 (접근권한 검토) → 2.9.4 (로그 및 접속기록 관리) → 2.5.6 (접근권한 검토) → 2.9.5 (로그 및 접속기록 점검) → 2.9.3 (백업 및 복구관리)

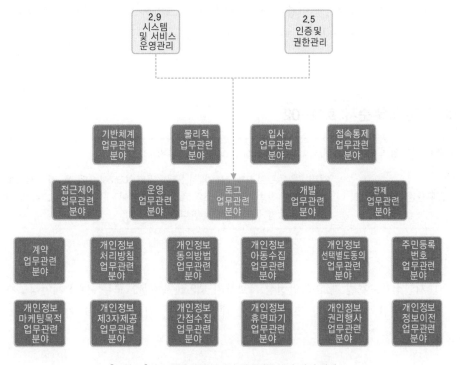

[그림 27] 로그 업무관련 분야와 인증기준 분야 간의 관계

3 로그 업무에 해당하는 업무관련 항목 설명

1) 업무관련 항목 순서: 로그-01

업무관련 항목	2.9.6.1 (시간 동기화)
업무관련 상세 내용	로그 및 접속기록의 정확성을 보장하고 신뢰성 있는 로그분석을 위하여 관련 정보시스템의 시각을 표준시각으로 동기화하고 주기적으로 관리해야 한다.

가) 관련 법률 요구사항: 해당 사항 없음

나) GAP 분석용 질문

    ① 시각 동기화를 적용하고 있는가?

    ② 어떤 방법(인터넷 또는 별도 NTP시스템 구성 등)으로 시각 동기화를 적용하고 있는가?

다) ISMS:2013과의 차이: 특이사항 없음

라) 해당하는 ISMS-P 인증기준 항목: 2.9.6 (시간 동기화)

마) 해당하는 ISMS-P 인증기준 상세 내용: 로그 및 접속기록의 정확성을 보장하고 신뢰성 있는 로그분석을 위하여 관련 정보시스템의 시각을 표준시각으로 동기화하고 주기적으로 관리해야 한다.

바) 해당하는 ISMS:2013 인증기준 통제항목: 11.6.1 (시각 동기화)

사) 해당하는 ISMS:2013 인증기준 통제내용: 로그기록의 정확성을 보장하고 법적인 자료로서 효력을 지니기 위해 정보시스템 시각을 공식 표준시각으로 정확하게 동기화해야 한다.

2) 업무관련 항목 순서: 로그-02

업무관련 항목	2.9.4.1 (정보시스템 로그기준 정의)
업무관련 상세 내용	서버, 응용프로그램, 보안 시스템, 네트워크 시스템 등 정보시스템에 대한 사용자 접속기록, 시스템로그, 권한부여 내역 등의 로그유형, 보존기간, 보존방법 등을 정해야 한다.

가) 관련 법률 요구사항

    ① 개인정보보호법 제29조(안전성 확보조치 제5조 제3항): (모든 유형) 개인정보처리자는 접근권한 부여, 변경 또는 말소에 대한 내역을 기록하고, 그 기록을 최소 3년간 보관해야 한다.

② 개인정보보호법 제29조(안전성 확보조치 제8조 제1항): (모든 유형) 개인정보처리자는 개인정보취급자가 개인정보처리시스템에 접속한 기록을 6개월 이상 보관·관리해야 한다.

③ 정통망법 제28조(보호조치 기준 제4조 제3항): 정보통신서비스 제공자등은 개인정보처리시스템에 대한 사용자 계정 및 권한에 대한 부여, 변경, 말소에 대한 내역을 기록하고 최소 5년간 보관해야 한다.

④ 정통망법 제28조(보호조치 기준 제5조 제1항, 제2항): 정보통신서비스 제공자등은 개인정보취급자가 개인정보처리시스템에 접속한 기록을 월 1회 이상 정기적으로 확인·감독하여야 하며, 이상 유무의 확인 등을 위해 최소 6개월 이상 접속기록을 보존·관리해야 한다. 단, 기간통신사업자의 경우에는 보존·관리해야 할 최소 기간을 2년으로 한다.

나) GAP 분석용 질문

① 정보시스템(응용프로그램, 보안시스템, 네트워크 장비 등)의 각 단계(계정부여, 접근권한부여, 로그인, 액션, 로그아웃)별 로그를 모두 남기고 있는가?

② 각 단계별 로그를 남길 때 모든 유형(누가, 언제, 어디서, 어디로, 무엇을)의 로그를 남기는가?

③ 정보시스템의 모든 로그는 6개월 이상 보관하는가?

④ 개인정보처리시스템의 접근권한 관련한 로그는 5년 이상 보관하는가?

⑤ 결재 관련된 이력로그는 10년 이상 보관하는가?

다) ISMS:2013과의 차이: 특이사항 없음

라) 해당하는 ISMS-P 인증기준 항목: 2.9.4 (로그 및 접속기록 관리)

마) 해당하는 ISMS-P 인증기준 상세 내용: 서버, 응용프로그램, 보안 시스템, 네트워크 시스템 등 정보시스템에 대한 사용자 접속기록, 시스템로그, 권한부여 내역 등의 로그유형, 보존기간, 보존방법 등을 정하고 위·변조, 도난, 분실되지 않도록 안전하게 보존·관리해야 한다.

바) 해당하는 ISMS:2013 인증기준 통제항목: 11.6.2 (로그기록 및 보존)

사) 해당하는 ISMS:2013 인증기준 통제내용: 정보시스템, 응용프로그램, 보안시스템, 네트워크 장비 등 기록해야 할 로그유형을 정의하여 일정기간 보존하고 주기적으로 검토해야 한다. 보존기간 및 검토주기는 법적 요구사항을 고려해야 한다.

3) 업무관련 항목 순서: 로그-03

업무관련 항목	2.9.3.1 (로그/데이터 백업절차)
업무관련 상세 내용	정보시스템의 가용성과 데이터 무결성을 유지하기 위하여 백업 대상, 주기, 방법, 보관장소, 보관기간, 소산 등의 절차를 수립·이행해야 한다.

가) 관련 법률 요구사항

① 정통망법 제43조(시행령 제28조): 청소년유해매체물을 이용자의 컴퓨터에 저장 또는 기록되지 아니하는 방식으로 제공하는 것을 영업으로 하는 정보제공자 중 전기통신회선을 통하여 정보를 유통시키는 자(다만, "방송", "텔레비전" 또는 "라디오"의 명칭을 사용하면서 일정한 편성계획에 따라 정보를 유통시키는 자 중 방송사업자·중계유선방송사업자 및 전광판방송사업자는 제외)는 해당 정보를 6개월간 보관해야 한다.

나) GAP 분석용 질문

① 모든 로그에 대해 백업을 진행하고 있는가?

② 로그에 대한 백업방법(자동백업, 수동백업 등)은 어떻게 되는가?

③ 로그에 대한 백업 주기는 어떻게 되는가?

④ 로그 백업은 어디에 보관하는가?

⑤ 백업된 로그의 보존기간은 어떻게 되는가?

⑥ 개인정보처리시스템의 로그 중 계정/권한에 대한 로그는 5년간 보존하는가?

⑦ 모든 데이터(DB, 정보시스템 설정값 등)에 대해 백업을 진행하고 있는가?

⑧ 데이터에 대한 백업방법(자동백업, 수동백업 등)은 어떻게 되는가?

⑨ 데이터에 대한 백업 주기는 어떻게 되는가?

⑩ 데이터 백업본은 어디에 보관하는가?

⑪ 데이터 백업본은 물리적으로 떨어진 장소에 보관(소산보관)하고 있는가?

⑫ 백업된 데이터의 보존기간은 어떻게 되는가?

다) ISMS:2013과의 차이: 특이사항 없음

라) 해당하는 ISMS-P 인증기준 항목: 2.9.3 (백업 및 복구관리)

마) 해당하는 ISMS-P 인증기준 상세 내용: 정보시스템의 가용성과 데이터 무결성을 유지하기 위하여 백업 대상, 주기, 방법, 보관장소, 보관기간, 소산 등의 절차를 수립·이행해야 한다. 아울러 사고 발생 시 적시에 복구할 수 있도록 관리해야 한다.

바) 해당하는 ISMS:2013 인증기준 통제항목: 11.2.9 (백업관리)

사) 해당하는 ISMS:2013 인증기준 통제내용: 데이터의 무결성 및 정보시스템의 가용성을 유지하기 위해 백업 대상, 주기, 방법 등의 절차를 수립하고 사고 발생 시 적시에 복구할 수 있도록 관리해야 한다.

4) 업무관련 항목 순서: 로그-04

업무관련 항목	2.9.5.1 (로그검토 기준)
업무관련 상세 내용	정보시스템의 정상적인 사용을 보장하고 사용자 오남용(비인가접속, 과다조회 등)을 방지하기 위하여 접근 및 사용에 대한 로그 검토기준을 수립해야 한다.

가) 관련 법률 요구사항

① 정통망법 제28조(보호조치 기준 제4조 제5항): 정보통신서비스 제공자등은 개인정보처리시스템에 접속한 IP 등을 재분석하여 불법적인 개인정보 유출 시도를 탐지해야 한다.

나) GAP 분석용 질문

① 정보시스템 접근로그 검토 시, 접근의 타당성(업무시간 외 접속 등), 불법적인 유출시도(미승인 계정의 접속시도 등), 오남용(개인정보 과다 조회 등) 등에 대해 검토를 진행하도록 규정화 되어져 있는가?

② 정보시스템 접근로그 검토는 최소 6개월에 한 번씩 진행하도록 규정화 되어져 있는가?

③ 특히, 개인정보처리시스템의 접근로그 검토는 월 1회 진행하도록 규정화 되어져 있는가?

다) ISMS:2013과의 차이: 특이사항 없음

라) 해당하는 ISMS-P 인증기준 항목: 2.9.5 (로그 및 접속기록 점검)

마) 해당하는 ISMS-P 인증기준 상세 내용: 정보시스템의 정상적인 사용을 보장하고 사용자 오남용(비인가접속, 과다조회 등)을 방지하기 위하여 접근 및 사용에 대한 로그 검토기준을 수립하여 주기적으로 점검하며, 문제 발생 시 사후조치를 적시에 수행해야 한다.

바) 해당하는 ISMS:2013 인증기준 통제항목: 11.6.3 (접근 및 사용 모니터링)

사) 해당하는 ISMS:2013 인증기준 통제내용: 중요정보, 정보시스템, 응용프로그램, 네트워크 장비에 대한 사용자 접근이 업무상 허용된 범위에 있는 지 주기적으로 확인해야 한다.

5) 업무관련 항목 순서: 로그-05

업무관련 항목	2.9.5.2 (로그점검)
업무관련 상세 내용	정보시스템의 접근 및 사용에 대한 로그 검토기준에 따라 주기적으로 점검을 수행해야 한다.

가) 관련 법률 요구사항

① 정통망법 제28조(보호조치 기준 제4조 제5항): 정보통신서비스 제공자등은 개인정보처리시스템에 접속한 IP 등을 재분석하여 불법적인 개인정보 유출 시도를 탐지해야 한다.

② 개인정보보호법 제29조(안전성 확보조치 제8조 제2항): (모든 유형) 개인정보처리자는 개인정보의 분실·도난·유출·위조·변조 또는 훼손 등에 대응하기 위하여 개인정보처리시스템의 접속기록 등을 반기별로 1회 이상 점검해야 한다.

③ 정통망법 제28조(보호조치 기준 제5조 제1항, 제2항): 정보통신서비스 제공자등은 개인정보취급자가 개인정보처리시스템에 접속한 기록을 월 1회 이상 정기적으로 확인·감독하여야 하며, 이상 유무의 확인 등을 위해 최소 6개월 이상 접속기록을 보존·관리해야 한다. 단, 기간통신사업자의 경우에는 보존·관리해야 할 최소 기간을 2년으로 한다.

나) GAP 분석용 질문

① 정보시스템의 접근로그를 최소 6개월 단위로 검토하는가?

② 접근로그 검토 주기는 어떻게 되는가?

③ 개인정보처리시스템의 접근로그는 매월 검토하는가?

④ 접근로그의 검토항목(접근 타당성, 불법적인 유출 시도, 오남용 등)은 어떻게 되는가?

⑤ 접근로그의 검토주체는 누구인가?

⑥ 접근로그를 검토한 결과를 공식적으로 보고하는가?

⑦ 접근로그 검토결과를 누구한테 보고하는가?

다) ISMS:2013과의 차이: 특이사항 없음

라) 해당하는 ISMS-P 인증기준 항목: 2.9.5 (로그 및 접속기록 점검)

마) 해당하는 ISMS-P 인증기준 상세 내용: 정보시스템의 정상적인 사용을 보장하고 사용자 오남용(비인가접속, 과다조회 등)을 방지하기 위하여 접근 및 사용에 대한 로그 검토기준을 수립하여 주기적으로 점검하며, 문제 발생 시 사후조치를 적시에 수행해야 한다.

바) 해당하는 ISMS:2013 인증기준 통제항목: 11.6.3 (접근 및 사용 모니터링)

사) 해당하는 ISMS:2013 인증기준 통제내용: 중요정보, 정보시스템, 응용프로그램, 네트워크 장비에 대한 사용자 접근이 업무상 허용된 범위에 있는 지 주기적으로 확인해야 한다.

6) 업무관련 항목 순서: 로그-06

업무관련 항목	2.5.6.2 (사용자 계정/접근권한 검토)
업무관련 상세 내용	정보시스템과 개인정보 및 중요정보에 접근하는 사용자 계정의 등록·이용·삭제 및 접근권한의 부여·변경·삭제 이력을 주기적으로 검토하여 적정성 여부를 점검해야 한다.

가) 관련 법률 요구사항

① 개인정보보호법 제29조(안전성 확보조치 제5조 제2항): 개인정보처리자는 전보 또는 퇴직 등 인사이동이 발생하여 개인정보취급자가 변경되었을 경우 지체 없이 개인정보처리시스템의 접근권한을 변경 또는 말소해야 한다.

② 정통망법 제28조(보호조치 기준 제4조 제2항): 정보통신서비스 제공자등은 개인정보처리시스템의 개인정보취급자에 대해 전보 또는 퇴직 등 인사이동이 발생하여 개인정보취급자가 변경되었을 경우 지체 없이 개인정보처리시스템의 접근권한을 변경 또는 말소해야 한다.

나) GAP 분석용 질문

① 내부승인 절차 없이 정보시스템에 존재하는 계정이 있는지 검토하는가?

② 내부승인 신청 시 접근권한과 정보시스템에 설정된 접근권한이 다르게 설정되어 운영 중인 부분이 있는지 검토하는가?

③ 장기 미사용자 계정(3개월 동안 로그인 시도 안 한 계정 등)에 대해 비활성화 처리를 하는가?

④ 장기 미사용자 계정 비활성화는 어떻게(자동 처리/수동 처리 등) 처리하는가?

⑤ 만약, 수동으로 장기 미사용자 계정을 비활성화 처리한다면 어떤 주기로 진행하는가?

⑥ 사용자의 직무변경/부서변경 발생 시, 접근권한의 적정성 여부를 진행하는가?

⑦ 사용자의 퇴직/휴직 발생 시, 계정삭제 또는 비활성화 처리를 하는가?

⑧ 퇴직/휴직자에 대해 계정삭제 또는 비활성화 처리 등을 언제(즉시/월간/정기적/비정기적/임의적 등) 처리하는가?

⑨ 개인정보취급자가 변경되었을 경우 지체 없이 접근권한을 변경 또는 말소하는가?

⑩ 위탁업체 등 외부인이 사용하는 사용자 계정에 대해 계약 만료 또는 담당자 변경 등이 발생 시 해당 계정을 삭제 또는 비활성화 처리를 하는가?

⑪ 외부인의 사용자 계정에 대해 계정삭제 또는 비활성화 처리 등을 언제(즉시/월간/ 정기적/비정기적/임의적 등) 진행하는가?

⑫ 외부인에 대한 개인정보취급자가 변경되었을 경우 지체 없이 접근권한을 변경 또는 말소하는가?

⑬ 사용자 계정에 대한 적정성 여부를 주기적으로 검토하는가?

⑭ 최소 6개월에 한 번씩은 사용자 계정에 대한 적정성여부를 검토하는가?

⑮ 검토결과를 공식적으로 누구한테 보고하는가?

다) ISMS:2013과의 차이: [축소] 장기간 미사용 검토부분 삭제

라) 해당하는 ISMS-P 인증기준 항목: 2.5.6 (접근권한 검토)

마) 해당하는 ISMS-P 인증기준 상세 내용: 정보시스템과 개인정보 및 중요정보에 접근하는 사용자 계정의 등록·이용·삭제 및 접근권한의 부여·변경·삭제 이력을 남기고 주기적으로 검토하여 적정성 여부를 점검해야 한다.

바) 해당하는 ISMS:2013 인증기준 통제항목: 10.2.3 (접근권한 검토)

사) 해당하는 ISMS:2013 인증기준 통제내용: 정보시스템 및 중요정보에 대한 접근을 관리하기 위하여 접근권한 부여, 이용(장기간 미사용), 변경(퇴직 및 휴직, 직무변경, 부서변경)의 적정성 여부를 정기적으로 점검해야 한다.

7) 업무관련 항목 순서: 로그-07

업무관련 항목	2.9.4.2 (로그의 안전한 보관)
업무관련 상세 내용	서버, 응용프로그램, 보안 시스템, 네트워크 시스템 등 정보시스템에 대한 모든 로그유형의 위·변조, 도난, 분실되지 않도록 안전하게 보존·관리해야 한다.

가) 관련 법률 요구사항

① 개인정보보호법 제29조(안전성 확보조치 제8조 제3항): (모든 유형) 개인정보처리자는 개인정보취급자의 접속기록이 위·변조 및 도난, 분실되지 않도록 해당 접속기록을 안전하게 보관해야 한다.

② 정통망법 제28조(보호조치 기준 제5조 제3항): 정보통신서비스 제공자등은 개인정보취급자의 접속기록은 위·변조 여부를 확인할 수 있는 방식(Read-Only 매체사용, 해시값 적용, 백업매체 접근제어, 위·변조 방지 솔루션 등)을 적용하여 별도의 물리적인 저장 장치에 보관하여야 하며 정기적인 백업을 수행해야 한다.

나) GAP 분석용 질문

① 정보시스템의 모든 로그는 별도의 시스템(백업시스템 등) 또는 매체(테이프 등)에 백업하여 보관기간에 맞게 보관하는가?

② 개인정보처리시스템의 로그(접속기록)를 백업보관 시 무결성을 확보할 수 있는 방안 (해시, CD-ROM 등)을 적용하여 보관하고 있는가?

다) ISMS:2013과의 차이: 특이사항 없음

라) 해당하는 ISMS-P 인증기준 항목: 2.9.4 (로그 및 접속기록 관리)

마) 해당하는 ISMS-P 인증기준 상세 내용: 서버, 응용프로그램, 보안 시스템, 네트워크 시스템 등 정보시스템에 대한 사용자 접속기록, 시스템로그, 권한부여 내역 등의 로그유형, 보존기간, 보존방법 등을 정하고 위·변조, 도난, 분실되지 않도록 안전하게 보존·관리해야 한다.

바) 해당하는 ISMS:2013 인증기준 통제항목: 11.6.2 (로그기록 및 보존)

사) 해당하는 ISMS:2013 인증기준 통제내용: 정보시스템, 응용프로그램, 보안시스템, 네트워크 장비 등 기록해야 할 로그유형을 정의하여 일정기간 보존하고 주기적으로 검토해야 한다. 보존기간 및 검토주기는 법적 요구사항을 고려해야 한다.

8) 업무관련 항목 순서: 로그-08

업무관련 항목	2.5.6.1 (사용자 계정/접근권한 이력보관)
업무관련 상세 내용	정보시스템과 개인정보 및 중요정보에 접근하는 사용자 계정의 등록·이용·삭제 및 접근권한의 부여·변경·삭제 이력을 남겨야 한다.

가) 관련 법률 요구사항: 해당 사항 없음

나) GAP 분석용 질문

① 내부 직원에게 발급하는 사용자 계정(관리자 계정 포함)의 발급 및 접근권한의 부여/변경은 내부승인 절차를 통해 진행되는가?

② 임시직원 및 위탁사직원 등 외부자에게 발급하는 사용자 계정(관리자 계정 포함)의 발급 및 접근권한의 부여/변경은 내부승인 절차를 통해 진행되는가?

다) ISMS:2013과의 차이: 특이사항 없음

라) 해당하는 ISMS-P 인증기준 항목: 2.5.6 (접근권한 검토)

마) 해당하는 ISMS-P 인증기준 상세 내용: 정보시스템과 개인정보 및 중요정보에 접근하는 사용자 계정의 등록·이용·삭제 및 접근권한의 부여·변경·삭제 이력을 남기고 주기적으로 검토하여 적정성 여부를 점검해야 한다.

바) 해당하는 ISMS:2013 인증기준 통제항목: 10.2.3 (접근권한 검토)

사) 해당하는 ISMS:2013 인증기준 통제내용: 정보시스템 및 중요정보에 대한 접근을 관리하기 위하여 접근권한 부여, 이용(장기간 미사용), 변경(퇴직 및 휴직, 직무변경, 부서변경)의 적정성 여부를 정기적으로 점검해야 한다.

9) 업무관련 항목 순서: 로그-09

업무관련 항목	2.9.5.3 (로그검토 결과 사후조치)
업무관련 상세 내용	정보시스템의 접근 및 사용에 대한 로그검토를 통해 문제 발생 시 사후조치를 적시에 수행해야 한다.

가) 관련 법률 요구사항: 해당 사항 없음

나) GAP 분석용 질문

① 정보시스템 로그검토 결과 이상징후가 포착될 경우, 해당 관련자(자산의 관리자 또는 사용자)의 해명요구를 진행하고 있는가?

② 해당 관련자의 해명요구와 이상징후 상황을 종합한 결과를 책임자에게 보고하고 있는가?

③ 필요시 추가 보완대책을 마련하여 대응하고 있는가?

다) ISMS:2013과의 차이: 특이사항 없음

라) 해당하는 ISMS-P 인증기준 항목: 2.9.5 (로그 및 접속기록 점검)

마) 해당하는 ISMS-P 인증기준 상세 내용: 정보시스템의 정상적인 사용을 보장하고 사용자 오남용(비인가접속, 과다조회 등)을 방지하기 위하여 접근 및 사용에 대한 로그 검토기준을 수립하여 주기적으로 점검하며, 문제 발생 시 사후조치를 적시에 수행해야 한다.

바) 해당하는 ISMS:2013 인증기준 통제항목: 11.6.3 (접근 및 사용 모니터링)

사) 해당하는 ISMS:2013 인증기준 통제내용: 중요정보, 정보시스템, 응용프로그램, 네트워크 장비에 대한 사용자 접근이 업무상 허용된 범위에 있는 지 주기적으로 확인해야 한다.

10) 업무관련 항목 순서: 로그-10

업무관련 항목	2.9.3.2 (백업 복구관리)
업무관련 상세 내용	사고 발생 시 적시에 복구할 수 있도록 백업 관련된 부분을 관리해야 한다.

가) 관련 법률 요구사항: 해당 사항 없음

나) GAP 분석용 질문

① 백업된 데이터가 정상적으로 복구될 수 있도록 복구 테스트를 진행하는가?

② 어떤 주기로 백업 데이터 복구 테스트를 진행하는가?

③ 어떤 방법으로 백업 데이터 복구 테스트를 진행하는가?

다) ISMS:2013과의 차이: 특이사항 없음

라) 해당하는 ISMS-P 인증기준 항목: 2.9.3 (백업 및 복구관리)

마) 해당하는 ISMS-P 인증기준 상세 내용: 정보시스템의 가용성과 데이터 무결성을 유지하기 위하여 백업 대상, 주기, 방법, 보관장소, 보관기간, 소산 등의 절차를 수립·이행해야 한다. 아울러 사고 발생 시 적시에 복구할 수 있도록 관리해야 한다.

바) 해당하는 ISMS:2013 인증기준 통제항목: 11.2.9 (백업관리)

사) 해당하는 ISMS:2013 인증기준 통제내용: 데이터의 무결성 및 정보시스템의 가용성을 유지하기 위해 백업 대상, 주기, 방법 등의 절차를 수립하고 사고 발생 시 적시에 복구할 수 있도록 관리해야 한다.

CHAPTER 8 개발 업무관련 분야

- 개발 업무관련 분야에 해당하는 인증기준에는 어떤 것들이 존재하는지 알아보자.
- 개발 업무관련 분야에 해당하는 인증기준을 어떻게 업무관련 항목으로 구체화하는지 알아보자.
- 개발 업무관련 분야에 해당하는 업무관련 항목을 어떤 순서로 변경하는지 알아보자.

1 개발 업무에 해당하는 정보보호 및 개인정보보호 관리체계 인증기준

2.8.1 (보안 요구사항 정의), 2.8.2 (보안 요구사항 검토 및 시험), 2.8.4 (시험데이터 보안), 2.8.5 (소스프로그램 관리), 2.8.6 (운영환경 이관), 3.2.3 (개인정보 표시제한 및 이용 시 보호조치), 3.2.2 (개인정보 품질보장), 3.2.3 (개인정보 표시제한 및 이용 시 보호조치)

2 개발 업무에 맞게 해당하는 인증기준 순서 변경

2.8.1 (보안 요구사항 정의) ➡ 3.2.2 (개인정보 품질보장) ➡ 3.2.3 (개인정보 표시제한 및 이용 시 보호조치) ➡ 2.8.5 (소스프로그램 관리) ➡ 2.8.4 (시험데이터 보안) ➡ 3.2.3 (개인정보 표시제한 및 이용 시 보호조치) ➡ 2.8.4 (시험데이터 보안) ➡ 2.8.2 (보안 요구사항 검토 및 시험) ➡ 2.8.6 (운영환경 이관) ➡ 2.8.5 (소스프로그램 관리) ➡ 2.8.1 (보안 요구사항 정의)

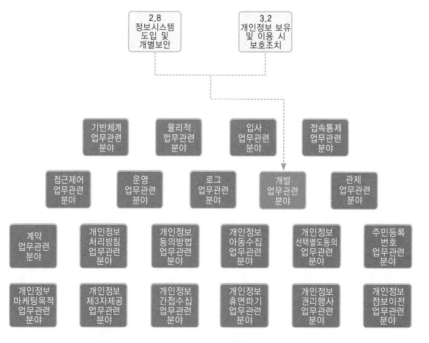

[그림 28] 개발 업무관련 분야와 인증기준 분야 간의 관계

③ 개발 업무에 해당하는 업무관련 항목 설명

1) 업무관련 항목 순서: 개발-01

업무관련 항목	2.8.1.2 (개발 시 보안 요구사항)
업무관련 상세 내용	애플리케이션 개발 시 (개인)정보보호 관련 법적 요구사항, 최신 보안취약점, 안전한 코딩방법 등 보안 요구사항을 정의하고 적용해야 한다.

가) 관련 법률 요구사항

① 개인정보보호법 제29조(안전성 확보조치 제5조 제5항): (모든 유형) 개인정보처리자는 개인정보취급자 또는 정보주체가 안전한 비밀번호를 설정하여 이행할 수 있도록 비밀번호 작성규칙을 수립하여 적용해야 한다.

② 정통망법 제28조(보호조치 기준 제4조 제8항): 정보통신서비스 제공자등은 개인정보취급자를 대상으로 다음의 사항을 포함하는 비밀번호 작성규칙을 수립하고, 이를 적용·운용해야 한다.

 – 영문, 숫자, 특수문자 중 2종류 이상을 조합하여 최소 10자리 이상 또는 3종류 이상을 조합하여 최소 8자리 이상의 길이로 구성한다.

 – 연속적인 숫자나 생일, 전화번호 등 추측하기 쉬운 개인정보 및 아이디와 비슷한 비밀번호는 사용하지 않는 것을 권고한다.

 – 비밀번호에 유효기간을 설정하여 반기별(6개월) 1회 이상 변경을 실시한다.

③ 정통망법 제28조(보호조치 기준 제4조 제7항): 정보통신서비스 제공자등은 이용자가 안전한 비밀번호를 이용할 수 있도록 비밀번호 작성규칙을 수립하고 이행한다.

④ 개인정보보호법 제29조(안전성 확보조치 제5조 제6항): (유형2)(유형3) 개인정보처리자는 권한 있는 개인정보취급자만이 개인정보처리시스템에 접근할 수 있도록 계정정보 또는 비밀번호를 일정 횟수 이상 잘못 입력한 경우 개인정보처리시스템에 대한 접근을 제한하는 등 필요한 기술적 조치를 해야 한다.

⑤ 개인정보보호법 제29조(안전성 확보조치 제6조 제5항): (유형2)(유형3) 개인정보처리자는 개인정보처리시스템에 대한 불법적인 접근 및 침해사고 방지를 위하여 개인정보취급자가 일정시간 이상 업무처리를 하지 않는 경우에는 자동으로 시스템 접속이 차단되도록 해야 한다.

⑥ 정통망법 제28조(보호조치 기준 제4조 제10항): 정보통신서비스 제공자등은 개인정보처리시스템에 대한 개인정보취급자의 접속이 필요한 시간 동안만 최대 접속시간 제한 등의 조치를 취해야 한다.

⑦ 개인정보보호법 제29조(안전성 확보조치 제5조 제1항): (유형2)(유형3) 개인정보처리자는 개인정보처리시스템에 대한 접근권한을 업무 수행에 필요한 최소한의 범위로 업무 담당자에 따라 차등 부여해야 한다.

⑧ 정통망법 제28조(보호조치 기준 제4조 제1항): 정보통신서비스 제공자등은 개인정보처리시스템에 대한 접근권한은 서비스 제공을 위하여 필요한 승인된 개인정보보호책임자 또는 개인정보취급자에게만 부여해야 한다.

⑨ 개인정보보호법 제29조(안전성 확보조치 제5조 제3항): (모든 유형) 개인정보처리자는 접근권한 부여, 변경 또는 말소에 대한 내역을 기록하고, 그 기록을 최소 3년간 보관해야 한다.

⑩ 개인정보보호법 제29조(안전성 확보조치 제8조 제1항): (모든 유형) 개인정보처리자는 개인정보취급자가 개인정보처리시스템에 접속한 기록을 6개월 이상 보관·관리해야 한다.

⑪ 정통망법 제28조(보호조치 기준 제4조 제3항): 정보통신서비스 제공자등은 개인정보처리시스템에 대한 사용자 계정 및 권한에 대한 부여, 변경, 말소에 대한 내역을 기록하고 최소 5년간 보관해야 한다.

⑫ 정통망법 제28조(보호조치 기준 제5조 제1항, 제2항): 정보통신서비스 제공자등은 개인정보취급자가 개인정보처리시스템에 접속한 기록을 월 1회 이상 정기적으로 확인·감독하여야 하며, 이상 유무의 확인 등을 위해 최소 6개월 이상 접속기록을 보존·관리해야 한다. 단, 기간통신사업자의 경우에는 보존·관리해야 할 최소 기간을 2년으로 한다.

⑬ 개인정보보호법 제24조의2 제2항(시행령 제21조의2): 개인정보처리자는 주민등록번호가 분실·도난·유출·위조·변조 또는 훼손되지 아니하도록 암호화 조치를 통하여 안전하게 보관해야 한다. 이 경우 주민등록번호를 전자적인 방법으로 보관하는 개인정보처리자를 암호화 적용 대상으로 본다.

⑭ 개인정보보호법 제29조(안전성 확보조치 제7조 제4항, 제5항): (모든 유형) 개인정보처리자가 내부망에 고유식별정보(주민등록번호, 운전면허번호, 외국인등록번호, 여권번호)를 저장하는 경우에는 위험도 분석에 따른 결과에 따라 암호화의 적용여부 및 적용범위를 정하여 시행할 수 있다. 암호화 시에는 안전한 암호알고리즘으로 암호화해야 한다.

⑮ 개인정보보호법 제29조(안전성 확보조치 제7조 제4항, 제5항): 개인정보 영향평가의 대상이 되는 공공기관이 내부망에 고유식별정보(주민등록번호, 운전면허번호, 외국인등록번호, 여권번호)를 저장하는 경우에는 개인정보 영향평가 결과에 따라 암호화의 적용여부 및 적용범위를 정하여 시행할 수 있다. 암호화 시에는 안전한 암호알고리즘으로 암호화해야 한다.

⑯ 정통망법 제28조(보호조치 기준 제6조 제1항, 제2항): 정보통신서비스 제공자등은 비밀번호는 복호화 되지 아니하도록 일방향 암호화하여 저장하며, 고유식별정보(주민등록번호, 여권번호, 운전면허번호, 외국인등록번호)/신용카드번호/계좌번호/바이오정보는 안전한 암호 알고리즘으로 암호화하여 저장한다.

⑰ 개인정보보호법 제29조(안전성 확보조치 제7조 제2항, 제5항): (모든 유형) 개인정보처리자는 비밀번호 및 바이오정보는 안전한 암호알고리즘으로 암호화하여 저장해야 한다. 다만, 비밀번호를 저장하는 경우에는 복호화되지 아니하도록 안전한 암호알고리즘으로 일방향 암호화하여 저장해야 한다.

⑱ 개인정보보호법 제29조(안전성 확보조치 제7조 제3항, 제5항): (모든 유형) 개인정보처리자는 인터넷 구간 및 인터넷 구간과 내부망의 중간 지점(DMZ : Demilitarized Zone)에 고유식별정보(주민등록번호, 운전면허번호, 외국인등록번호, 여권번호)를 저장하는 경우에는 이를 안전한 암호알고리즘으로 암호화해야 한다.

⑲ 개인정보보호법 제29조(안전성 확보조치 제7조 제1항, 제5항): (모든 유형) 개인정보처리자는 고유식별정보(주민등록번호, 운전면허번호, 외국인등록번호, 여권번호), 비밀번호 및 바이오정보를 정보통신망을 통하여 송수신하거나 보조저장매체 등을 통하여 전달하는 경우에는 이를 안전한 암호알고리즘으로 암호화해야 한다.

⑳ 정통망법 제32조의3 제1항: 정보통신서비스 제공자등은 주민등록번호, 계좌정보, 신용카드정보 등 이용자의 개인정보가 정보통신망을 통하여 공중에 노출되지 아니하도록 해야 한다.

㉑ 정통망법 제28조(보호조치 기준 제6조 제3항): 정보통신서비스 제공자등은 정보통신망을 통해 이용자의 개인정보 및 인증정보(아이디, 패스워드 등)를 송수신 할 때에는 안전한 보안서버(SSL 또는 암호화 응용프로그램 등) 구축 등의 조치를 통해 이를 암호화해야 한다.

㉒ 정통망법 제28조(보호조치 기준 제10조): 정보통신서비스 제공자 등은 개인정보 업무처리를 목적으로 개인정보의 조회, 출력 등의 업무를 수행하는 과정에서 개인정보보호를 위하여 다음의 원칙을 적용하여 개인정보를 마스킹하여 표시제한 조치를 취할 수 있다.

- 성명 중 이름의 첫 번째 글자 이상(홍*동)

- 생년월일(****년 **월 **일)

- 전화번호 또는 휴대폰 전화번호의 국번(02-****-1234, 010-****-1234)

- 주소의 읍·면·동(서울시 강남구 **동 60번지)

- 인터넷주소는 버전 4의 경우 17~24비트 영역, 버전 6의 경우 113~128비트 영역 (123.123.***.123)

㉓ 개인정보보호법 제33조 제6항(영향평가 제9조의2 제2항): 영향평가 결과는 시스템 설계·개발 시에 반영해야 한다.

나) GAP 분석용 질문

① 자체개발 시, 계정생성 관련된 보안 요구사항(ID 생성규칙 기능, 패스워드 강도 설정 기능, 패스워드 변경 주기 기능, 장기 미사용자 계정 락 기능, 세션 타임아웃 설정 기능, 로그인 연속실패 시 락 설정 기능 등)이 모두 적합하게 적용되도록 기획 및 개발하는가?

② 자체개발 시, 접근권한 최소화 설정 관련된 보안 요구사항(접근권한을 그룹/인원/메뉴별 세부적으로 부여하여 인원별 읽기/수정/삭제/다운로드를 세부적으로 구분하여 적용할 수 있도록 지원하는 기능)이 모두 적합하게 적용되도록 기획 및 개발하는가?

③ 자체개발 시, 감사증적 확보와 관련된 보안 요구사항(계정에 대한 생성/삭제에 관한 로그, 계정에 대한 권한의 등록/변경/삭제에 관한 로그, 계정의 로그인/액션/로그아웃에 관한 로그 등)이 모두 적합하게 적용되도록 기획 및 개발하는가?

④ 자체개발 시, 각 단계별 로그를 남길 때 모든 유형(누가, 언제, 어디서, 어디로, 무엇을)의 로그를 남기도록 기획 및 개발하는가?

⑤ 자체개발 시, 전자거래 및 핀테크 서비스 등을 통해 이용자가 사용한 결재 관련된 로그를 모두 남기도록 기획 및 개발하는가?

⑥ 개인정보를 외부망을 통해 전송 시 암호화(HTTPS 또는 암호모듈 등)하여 전송할 수 있도록 기획 및 개발하는가?

⑦ 주민등록번호, 여권번호, 운전면허번호, 외국인등록번호, 신용카드번호, 계좌번호, 바이오정보 등 암호화 저장 대상항목에 대해 암호화하여 저장되도록 기획 및 개발하는가?

⑧ 암호화 저장 대상항목에 대해 안전한 양방향 암호 알고리즘(SEED, ARIA 등)을 사용하고 있는가?

⑨ 암호화 저장 대상별 어떤 암호 알고리즘을 사용하고 있는가?

⑩ 패스워드 저장 시 SHA256 등 안전한 일방향 암호 알고리즘으로 암호화하도록 기획 및 개발하는가?

⑪ 회원의 개인정보를 다량으로 조회/출력 시 마스킹이 적용되도록 기획 및 개발하는가?

⑫ 어떤 항목에 대해 어떻게 마스킹을 적용하고 있는가?

⑬ DB와의 연동을 위해 DB계정/패스워드를 프로그램 코딩 상에 포함(하드코딩)시키지 않도록 기획 및 개발하는가?

⑭ 개발에 사용되는 코딩방법으로 시큐어코딩을 적용하는가?

⑮ 개발 완료 후 운영환경으로 이관 전에 취약점 진단을 진행하는가?

⑯ 취약점 진단결과 취약한 상황에 대해 대응완료 후 운영환경으로 이관하는가?

⑰ 만약, 취약점 진단결과 취약한 상황을 대응하지 않고 운영환경으로 이관하고자 할 경우 책임자의 승인을 통해 진행하는가?

⑱ 개인정보 영향평가 대상기업에 한해, 영향평가 결과가 시스템에 적용되도록 기획 및 개발하는가?

⑲ 최근 1년 외주업체에 개발을 의뢰한 적이 있는가?

⑳ 어떤 업체에 어떤 내용을 의뢰했는가?

㉑ 외주개발 의뢰 시 외주계약서상에 자체개발 시 적용되어야 하는 모든 보안 요구사항을 명시하였는가?

㉒ 어떤 보안 요구사항들이 명시되어져 있는가?

다) ISMS:2013과의 차이

① [완화] 설계 시 보안 요구사항 적용 문구 삭제

② [완화] 설계 시 감사증적 확보 문구 삭제

③ [완화] 설계 시 접근권한 부여 문구 삭제

라) 해당하는 ISMS-P 인증기준 항목: 2.8.1 (보안 요구사항 정의)

마) 해당하는 ISMS-P 인증기준 상세 내용: 정보시스템의 도입·개발·변경 시 정보보호 및 개인정보보호 관련 법적 요구사항, 최신 보안취약점, 안전한 코딩방법 등 보안 요구사항을 정의하고 적용해야 한다.

바) 해당하는 ISMS:2013 인증기준 통제항목: 8.1.1 (보안 요구사항 정의)

사) 해당하는 ISMS:2013 인증기준 통제내용: 신규 정보시스템 개발 및 기존 시스템 변경 시 정보보호 관련 법적 요구사항, 최신 보안취약점, 정보보호 기본요소(기밀성, 무결성, 가용성) 등을 고려하여 보안 요구사항을 명확히 정의하고 이를 적용해야 한다.

2) 업무관련 항목 순서: 개발-02

업무관련 항목	3.2.2.1 (개인정보 수집방법 요구사항)
업무관련 상세 내용	수집된 개인정보는 처리 목적에 필요한 범위에서 개인정보의 정확성·완전성·최신성이 보장되도록 정보주체(이용자)에게 관리절차를 제공해야 한다.

가) 관련 법률 요구사항: 해당 사항 없음

나) GAP 분석용 질문

① 개인정보 수집 시 정상적[1]인 개인정보 양식만이 입력받을 수 있도록 시스템이 구성되어져 있는가?

② 이용자가 본인의 개인정보를 최신정보로 수정할 수 있도록 시스템이 구성되어져 있는가?

다) ISMS:2013과의 차이: 특이사항 없음

라) 해당하는 ISMS-P 인증기준 항목: 3.2.2 (개인정보 품질보장)

마) 해당하는 ISMS-P 인증기준 상세 내용: 수집된 개인정보는 처리 목적에 필요한 범위에서 개인정보의 정확성·완전성·최신성이 보장되도록 정보주체(이용자)에게 관리절차를 제공해야 한다.

바) 해당하는 PIMS:2016 인증기준 통제항목: 5.3.1 (개인정보 품질 보장)

사) 해당하는 PIMS:2016 인증기준 통제내용: 수집된 개인정보는 안전하게 저장 및 관리하여야 하며 정확성, 완전성, 최신성을 유지해야 한다.

3) 업무관련 항목 순서: 개발-03

업무관련 항목	3.2.3.2 (개인정보 다량 조회/출력 시 표시제한)
업무관련 상세 내용	개인정보의 조회 및 출력(인쇄, 화면표시, 파일생성 등) 시 용도를 특정하고 용도에 따라 개인정보 표시제한이 되도록 해야 한다.

가) 관련 법률 요구사항

① 정통망법 제28조(보호조치 기준 제10조): 정보통신서비스 제공자 등은 개인정보 업무처리를 목적으로 개인정보의 조회, 출력 등의 업무를 수행하는 과정에서 개인정보보호를 위하여 다음의 원칙을 적용하여 개인정보를 마스킹하여 표시제한 조치를 취할 수 있다.

– 성명 중 이름의 첫 번째 글자 이상(홍*동)

– 생년월일(****년 **월 **일)

---

[1] 생년월일 입력에 현시점보다 더 늦은 년도가 입력되지 않도록 한다, 핸드폰 입력란에 특수문자 또는 010이 아닌 구분자가 들어가지 않도록 한다, 이메일 입력란에 특수문자 또는 123@@gmail.com 같이 이메일 양식에 맞지않는 입력값이 들어가지 않도록 한다 등

– 전화번호 또는 휴대폰 전화번호의 국번(02-****-1234, 010-****-1234)

　　– 주소의 읍·면·동(서울시 강남구 **동 60번지)

　　– 인터넷주소는 버전 4의 경우 17~24비트 영역, 버전 6의 경우 113~128비트 영역(123.123.***.123)

나) GAP 분석용 질문

　① 개인정보를 조회 또는 출력(인쇄, 화면표시, 파일생성 등)할 수 있는 개인정보처리시스템에 해당하는가?

　② 개인정보를 조회 또는 출력(인쇄, 화면표시, 파일생성 등)할 수 있는 개인정보처리시스템일 경우, 개인정보취급자(사용자)가 개인정보의 조회, 출력 등의 업무를 다량으로(이용자 세부현황 조회 시 제외) 수행할 때 다음의 원칙[1]을 적용하여 개인정보를 마스킹하여 표시제한 조치를 취할 수 있도록 구성되어져 있는가?

다) ISMS:2013과의 차이: [추가] 조회 및 출력 시 표시제한 부분 추가

라) 해당하는 ISMS-P 인증기준 항목: 3.2.3 (개인정보 표시제한 및 이용 시 보호조치)

마) 해당하는 ISMS-P 인증기준 상세 내용: 개인정보의 조회 및 출력(인쇄, 화면표시, 파일생성 등) 시 용도를 특정하고 용도에 따라 출력 항목 최소화, 개인정보 표시제한, 출력물 보호조치 등을 수행해야 한다. 또한 빅데이터 분석, 테스트 등 데이터 처리 과정에서 개인정보가 과도하게 이용되지 않도록 업무상 반드시 필요하지 않은 개인정보는 삭제하거나 또는 식별할 수 없도록 조치해야 한다.

바) 해당하는 PIMS:2016 인증기준 통제항목: 없음

사) 해당하는 PIMS:2016 인증기준 통제내용: 없음

4) 업무관련 항목 순서: 개발-04

업무관련 항목	3.2.3.1 (개인정보 조회/출력 시 항목 최소화)
업무관련 상세 내용	개인정보의 조회 및 출력(인쇄, 화면표시, 파일생성 등) 시 용도를 특정하고 용도에 따라 출력 항목 최소화하도록 해야 한다.

---

1) 성명 중 이름의 첫 번째 글자 이상(홍*동), 생년월일(****년 **월 **일), 전화번호 또는 휴대폰 전화번호의 국번(02-****-1234, 010-****-1234), 주소의 읍·면·동(서울시 강남구 **동 60번지), 인터넷주소는 버전 4의 경우 17~24비트 영역 / 버전 6의 경우 113~128비트 영역(123.123.***.123) 등

가) 관련 법률 요구사항

① 정통망법 제28조(보호조치 기준 제9조 제1항): 정보통신서비스 제공자등은 개인정보처리시스템에서 개인정보의 출력 시(인쇄, 화면표시, 파일생성 등) 용도를 특정하여야 하며, 용도에 따라 출력 항목을 최소화 한다.

나) GAP 분석용 질문

① 개인정보를 조회 또는 출력할 수 있는 개인정보처리시스템일 경우, 개인정보를 조회/출력 시 불필요한 과도한 정보주체(이용자)의 정보가 조회되지 않도록 일치검색 또는 두 가지 항목 이상의 검색조건을 통해서만 진행될 수 있도록 구성되어져 있는가?

② 개인정보를 조회 또는 출력(인쇄, 화면표시, 파일생성 등)할 수 있는 개인정보처리시스템일 경우, 이용자의 개인정보를 조회 시 해당 이용자의 모든 개인정보가 조회 또는 출력되지 않고 꼭 필요한 용도에 해당하는 개인정보 항목만이 조회 또는 출력되도록 구성되어져 있는가?

다) ISMS:2013과의 차이: [추가] 조회 및 출력 시 출력항목 최소화 부분 추가

라) 해당하는 ISMS-P 인증기준 항목: 3.2.3 (개인정보 표시제한 및 이용 시 보호조치)

마) 해당하는 ISMS-P 인증기준 상세 내용: 개인정보의 조회 및 출력(인쇄, 화면표시, 파일생성 등) 시 용도를 특정하고 용도에 따라 출력 항목 최소화, 개인정보 표시제한, 출력물 보호조치 등을 수행해야 한다. 또한 빅데이터 분석, 테스트 등 데이터 처리 과정에서 개인정보가 과도하게 이용되지 않도록 업무상 반드시 필요하지 않은 개인정보는 삭제하거나 또는 식별할 수 없도록 조치해야 한다.

바) 해당하는 PIMS:2016 인증기준 통제항목: 없음

사) 해당하는 PIMS:2016 인증기준 통제내용: 없음

5) 업무관련 항목 순서: 개발-05

업무관련 항목	2.8.5.1 (소스프로그램 접근관리)
업무관련 상세 내용	소스프로그램은 인가된 사용자만이 접근할 수 있도록 관리해야 한다.

가) 관련 법률 요구사항: 해당 사항 없음

나) GAP 분석용 질문

① 소스프로그램 관리는 어떻게(솔루션 사용/PC에서 폴더관리 등) 하는가?

② 소스프로그램에 접근 가능한 사용자에 대해 업무별 접근권한을 최소한으로 부여하고 있는가?

③ 외주개발이 완료되어 인수 시 소스프로그램도 함께 인수받는가?

④ 외주개발사로부터 인수받은 소스프로그램은 인가된 사용자만이 접근할 수 있도록 어떻게 보관하는가?

다) ISMS:2013과의 차이: [완화] 소스프로그램 변경관리 문구 삭제

라) 해당하는 ISMS-P 인증기준 항목: 2.8.5 (소스프로그램 관리)

마) 해당하는 ISMS-P 인증기준 상세 내용: 소스프로그램은 인가된 사용자만이 접근할 수 있도록 관리하고, 운영환경에 보관하지 않는 것을 원칙으로 해야 한다.

바) 해당하는 ISMS:2013 인증기준 통제항목: 8.2.5 (소스프로그램 보안)

사) 해당하는 ISMS:2013 인증기준 통제내용: 소스프로그램에 대한 변경관리를 수행하고 인가된 사용자만이 소스프로그램에 접근할 수 있도록 통제절차를 수립하여 이행해야 한다. 또한 소스프로그램은 운영환경에 보관하지 않는 것을 원칙으로 한다.

6) 업무관련 항목 순서: 개발-06

업무관련 항목	2.8.4.1 (시험데이터 생성/이용)
업무관련 상세 내용	시스템 시험 과정에서 운영데이터의 유출을 예방하기 위하여 시험데이터의 생성과 이용 및 관리에 관한 절차를 수립·이행해야 한다.

가) 관련 법률 요구사항: 해당 사항 없음

나) GAP 분석용 질문

① 테스트DB는 어떻게(운영DB 복사/솔루션 사용/임의생성 등) 생성하는가?

② 테스트DB에 고객 개인정보가 비식별화 되어져 있는가?

③ 실운영DB를 테스트DB로 사용하고자 할 경우 책임자의 승인을 통해 진행하는가?

④ 실운영DB를 테스트DB로 사용하고자 할 경우 실운영DB의 보호대책을 테스트DB에도 동일하게 적용하고 있는가?

다) ISMS:2013과의 차이: 특이사항 없음

라) 해당하는 ISMS-P 인증기준 항목: 2.8.4 (시험데이터 보안)

마) 해당하는 ISMS-P 인증기준 상세 내용: 시스템 시험 과정에서 운영데이터의 유출을 예방하기 위하여 시험데이터의 생성과 이용 및 관리, 파기, 기술적 보호조치에 관한 절차를 수립·이행해야 한다.

바) 해당하는 ISMS:2013 인증기준 통제항목: 8.2.4 (시험데이터 보안)

사) 해당하는 ISMS:2013 인증기준 통제내용: 시스템 시험 과정에서 운영데이터 유출을 예방하기 위해 시험데이터 생성, 이용 및 관리, 파기, 기술적 보호조치에 관한 절차를 수립하여 이행해야 한다.

7) 업무관련 항목 순서: 개발-07

업무관련 항목	3.2.3.5 (시험데이터 개인정보 최소화)
업무관련 상세 내용	테스트 등 데이터 처리 과정에서 개인정보가 과도하게 이용되지 않도록 업무상 반드시 필요하지 않은 개인정보는 삭제하거나 또는 식별할 수 없도록 조치해야 한다.

가) 관련 법률 요구사항: 해당 사항 없음

나) GAP 분석용 질문

① 실운영DB를 테스트DB로 사용하고자 할 경우, 업무에 필요한 최소한의 개인정보 항목에 국한하여 사용하고 있는가?

② 테스트DB상에 테스트와 상관없는 개인정보 항목에 대해서는 비식별화 처리가 되어져 있는가?

다) ISMS:2013과의 차이: 특이사항 없음

라) 해당하는 ISMS-P 인증기준 항목: 3.2.3 (개인정보 표시제한 및 이용 시 보호조치)

마) 해당하는 ISMS-P 인증기준 상세 내용: 개인정보의 조회 및 출력(인쇄, 화면표시, 파일생성 등) 시 용도를 특정하고 용도에 따라 출력 항목 최소화, 개인정보 표시제한, 출력물 보호조치 등을 수행해야 한다. 또한 빅데이터 분석, 테스트 등 데이터 처리 과정에서 개인정보가 과도하게 이용되지 않도록 업무상 반드시 필요하지 않은 개인정보는 삭제하거나 또는 식별할 수 없도록 조치해야 한다.

바) 해당하는 ISMS:2013 인증기준 통제항목: 8.2.4 (시험데이터 보안)

사) 해당하는 ISMS:2013 인증기준 통제내용: 시스템 시험 과정에서 운영데이터 유출을 예방하기 위해 시험데이터 생성, 이용 및 관리, 파기, 기술적 보호조치에 관한 절차를 수립하여 이행해야 한다.

8) 업무관련 항목 순서: 개발-08

업무관련 항목	2.8.4.3 (시험데이터 기술적 보호조치)
업무관련 상세 내용	시스템 시험 과정에서 운영데이터의 유출을 예방하기 위하여 시험데이터의 기술적 보호조치에 관한 절차를 수립·이행해야 한다.

가) 관련 법률 요구사항: 해당 사항 없음

나) GAP 분석용 질문

　① 실운영DB를 테스트DB로 사용하고자 할 경우 실운영DB의 보호대책(접근통제 최소화, 암호화, 로깅 등)을 테스트DB에도 동일하게 적용하고 있는가?

다) ISMS:2013과의 차이: 특이사항 없음

라) 해당하는 ISMS-P 인증기준 항목: 2.8.4 (시험데이터 보안)

마) 해당하는 ISMS-P 인증기준 상세 내용: 시스템 시험 과정에서 운영데이터의 유출을 예방하기 위하여 시험데이터의 생성과 이용 및 관리, 파기, 기술적 보호조치에 관한 절차를 수립·이행해야 한다.

바) 해당하는 ISMS:2013 인증기준 통제항목: 8.2.4 (시험데이터 보안)

사) 해당하는 ISMS:2013 인증기준 통제내용: 시스템 시험 과정에서 운영데이터 유출을 예방하기 위해 시험데이터 생성, 이용 및 관리, 파기, 기술적 보호조치에 관한 절차를 수립하여 이행해야 한다.

9) 업무관련 항목 순서: 개발-09

업무관련 항목	2.8.4.2 (시험데이터 파기)
업무관련 상세 내용	시스템 시험 과정에서 운영데이터의 유출을 예방하기 위하여 시험데이터의 파기에 관한 절차를 수립·이행해야 한다.

가) 관련 법률 요구사항: 해당 사항 없음

나) GAP 분석용 질문

　① 실운영DB를 테스트DB로 사용하는 경우, 해당 테스트가 완료된 즉시 해당 DB를 삭제처리 하는가?

다) ISMS:2013과의 차이: 특이사항 없음

라) 해당하는 ISMS-P 인증기준 항목: 2.8.4 (시험데이터 보안)

마) 해당하는 ISMS-P 인증기준 상세 내용: 시스템 시험 과정에서 운영데이터의 유출을
예방하기 위하여 시험데이터의 생성과 이용 및 관리, 파기, 기술적 보호조치에 관한
절차를 수립·이행해야 한다.

바) 해당하는 ISMS:2013 인증기준 통제항목: 8.2.4 (시험데이터 보안)

사) 해당하는 ISMS:2013 인증기준 통제내용: 시스템 시험 과정에서 운영데이터 유출을
예방하기 위해 시험데이터 생성, 이용 및 관리, 파기, 기술적 보호조치에 관한 절차를
수립하여 이행해야 한다.

10) 업무관련 항목 순서: 개발-10

업무관련 항목	2.8.2.1 (개발 보안 요구사항 적용검토)
업무관련 상세 내용	사전 정의된 보안 요구사항에 따라 정보시스템이 도입 또는 구현되었는지를 검토하기 위하여 법적 요구사항 준수, 최신 보안취약점 점검, 안전한 코딩 구현, 개인정보 영향평가 등의 검토 기준과 절차를 수립·이행해야 한다.

가) 관련 법률 요구사항

① 개인정보보호법 제33조 제6항(영향평가 제9조의3): 공공기관의 장은 개인정보
영향평가 수행 후, 영향평가 개선계획의 반영여부를 정보시스템 감리 시 확인해야
한다. 단, 감리를 수행하지 않은 경우에는 정보시스템 테스트 단계에서 영향평가
개선계획의 반영여부를 확인해야 한다.

나) GAP 분석용 질문

① 애플리케이션 신규개발 시 기준이 되는 모든 보안 요구사항들이 모두 적합하게 적용되
었는지 확인하기 위한 테스트를 진행하는가?

② 애플리케이션의 테스트 단계 등에서 시큐어코딩 기준에 적합하게 개발이 되었는지를
확인하는가?

③ 개인정보 영향평가 대상기업에 한해, 애플리케이션의 테스트 단계(또는 정보시스템
감시 시) 등에서 개인정보 영향평가 개선계획의 반영여부를 확인하는가?

④ 신규개발 완료 후 운영환경으로 이관 전에 취약점 진단을 진행하는가?

⑤ 애플리케이션 외주개발 시 요구사항명세서 등에 명시된 보안 요구사항의 모든 내용이
적합하게 적용되었는지 확인하기 위한 테스트를 진행하는가?

⑥ 애플리케이션 인수 단계 등에서 시큐어코딩을 적용하여 개발되었는지 확인하는가?

⑦ 개인정보 영향평가 대상기업에 한해, 애플리케이션의 테스트 단계(또는 정보시스템 감시 시) 등에서 개인정보 영향평가 개선계획의 반영여부를 확인하는가?

⑧ 외주개발 결과물 인수 전에 취약점 진단을 실행하였는지 확인하는가?

⑨ 보안 요구사항명세서, 시큐어코딩, 취약점 진단 결과 개선사항 등 모든 사항이 완료되기 전에는 외주개발 결과물을 인수하지 않도록 진행하고 있는가?

⑩ 애플리케이션 변경 시 기준이 되는 모든 보안 요구사항들이 모두 적합하게 적용되었는지 확인하기 위한 테스트를 진행하는가?

⑪ 애플리케이션의 테스트 단계 등에서 시큐어코딩 기준에 적합하게 개발변경이 되었는지를 확인하는가?

⑫ 미들급 이상의 애플리케이션 변경 시 취약점 진단을 진행하는가?

다) ISMS:2013과의 차이: 특이사항 없음

라) 해당하는 ISMS-P 인증기준 항목: 2.8.2 (보안 요구사항 검토 및 시험)

마) 해당하는 ISMS-P 인증기준 상세 내용: 사전 정의된 보안 요구사항에 따라 정보시스템이 도입 또는 구현되었는지를 검토하기 위하여 법적 요구사항 준수, 최신 보안취약점 점검, 안전한 코딩 구현, 개인정보 영향평가 등의 검토 기준과 절차를 수립·이행하고, 발견된 문제점에 대한 개선조치를 수행해야 한다.

바) 해당하는 ISMS:2013 인증기준 통제항목: 8.2.1 (구현 및 시험)

사) 해당하는 ISMS:2013 인증기준 통제내용: 안전한 코딩방법에 따라 정보시스템을 구현하고, 분석 및 설계 과정에서 도출한 보안 요구사항이 정보시스템에 적용되었는지 확인하기 위하여 시험을 수행해야 한다. 또한 알려진 기술적 보안 취약성에 대한 노출여부를 점검하고 이에 대한 보안대책을 수립해야 한다.

11) 업무관련 항목 순서: 개발-11

업무관련 항목	2.8.2.2 (개발 보안 요구사항 검토결과 개선조치)
업무관련 상세 내용	사전 정의된 보안 요구사항에 따라 정보시스템이 도입 또는 구현되었는지를 검토 시 발견된 문제점에 대한 개선조치를 수행해야 한다.

가) 관련 법률 요구사항: 해당 사항 없음

나) GAP 분석용 질문

① 신규개발 시 진행된 취약점 진단결과, 취약한 상황에 대해 대응완료 후 운영환경으로 이관하는가?

② 만약, 취약점 진단결과 취약한 상황을 대응하지 않고 운영환경으로 이관하고자 할 경우 책임자의 승인을 통해 진행하는가?

③ 신규개발 시 기준이 되는 보안 요구사항의 적용여부 테스트 결과, 문제점이 발견된 경우 개선조치가 이루어지기 전에는 운영환경으로 이관시키지 않고 있는가?

④ 미들급 이상의 애플리케이션 변경개발 시 진행된 취약점 진단결과, 취약한 상황에 대해 대응완료 후 운영환경으로 이관하는가?

⑤ 만약, 취약점 진단결과 취약한 상황을 대응하지 않고 운영환경으로 이관하고자 할 경우 책임자의 승인을 통해 진행하는가?

⑥ 신규개발 시 기준이 되는 보안 요구사항의 적용여부 테스트 결과, 문제점이 발견된 경우 개선조치가 이루어지기 전에는 운영환경으로 이관시키지 않고 있는가?

다) ISMS:2013과의 차이: 특이사항 없음

라) 해당하는 ISMS-P 인증기준 항목: 2.8.2 (보안 요구사항 검토 및 시험)

마) 해당하는 ISMS-P 인증기준 상세 내용: 사전 정의된 보안 요구사항에 따라 정보시스템이 도입 또는 구현되었는지를 검토하기 위하여 법적 요구사항 준수, 최신 보안취약점 점검, 안전한 코딩 구현, 개인정보 영향평가 등의 검토 기준과 절차를 수립·이행하고, 발견된 문제점에 대한 개선조치를 수행해야 한다.

바) 해당하는 ISMS:2013 인증기준 통제항목: 8.2.1 (구현 및 시험)

사) 해당하는 ISMS:2013 인증기준 통제내용: 안전한 코딩방법에 따라 정보시스템을 구현하고, 분석 및 설계 과정에서 도출한 보안 요구사항이 정보시스템에 적용되었는지 확인하기 위하여 시험을 수행해야 한다. 또한 알려진 기술적 보안 취약성에 대한 노출여부를 점검하고 이에 대한 보안대책을 수립해야 한다.

12) 업무관련 항목 순서: 개발-12

업무관련 항목	2.8.6.1 (응용프로그램 이관)
업무관련 상세 내용	신규 개발 또는 변경된 응용프로그램을 운영환경으로 이관할 때는 통제된 절차를 따라야 한다.

가) 관련 법률 요구사항: 해당 사항 없음

나) GAP 분석용 질문

① 개발/테스트 환경에서 운영환경으로 이관은 개발자/테스터가 아닌 별개의 이관담당자가 존재하는가?

② 이관은 누가(개발자/테스터/운영자/별도이관자 등) 하는가?

③ 이관은 어떻게(자동/수동 등) 진행하는가?

④ 이관 진행 전에 문제 발생 시 즉시 롤백을 할 수 있도록 백업을 하는가?

⑤ 외주개발이 완료된 결과물을 운영환경으로 이관 시, 누가(내부 개발자/내부 테스터/내부 운영자 등) 이관을 진행하는가?

⑥ 외주개발이 완료된 결과물에 대해 운영환경으로 이관은 어떻게(자동/수동 등) 진행되는가?

⑦ 외주개발이 완료된 결과물을 운영환경으로 이관 전, 문제 발생 시 즉시 롤백을 할 수 있도록 백업을 하는가?

다) ISMS:2013과의 차이: 특이사항 없음

라) 해당하는 ISMS-P 인증기준 항목: 2.8.6 (운영환경 이관)

마) 해당하는 ISMS-P 인증기준 상세 내용: 신규 도입·개발 또는 변경된 시스템을 운영환경으로 이관할 때는 통제된 절차를 따라야 하고, 실행코드는 시험 및 사용자 인수 절차에 따라 실행되어야 한다.

바) 해당하는 ISMS:2013 인증기준 통제항목: 8.2.3 (운영환경 이관)

사) 해당하는 ISMS:2013 인증기준 통제내용: 운영환경으로의 이관은 통제된 절차에 따라 이루어져야 하고 실행코드는 시험과 사용자 인수 후 실행해야 한다.

13) 업무관련 항목 순서: 개발-13

업무관련 항목	2.8.6.2 (응용프로그램 실행코드 실행절차)
업무관련 상세 내용	신규 개발 또는 변경 시 실행코드는 시험 및 사용자 인수 절차에 따라 실행되어야 한다.

가) 관련 법률 요구사항: 해당 사항 없음

나) GAP 분석용 질문

① 운영환경에 소스코드가 존재하지 않고 서비스 실행에 필요한 파일만이 존재하는가?

② 실행코드는 시험과 사용자 인수가 모두 완료된 이후에 실행하는가?

다) ISMS:2013과의 차이: 특이사항 없음

라) 해당하는 ISMS-P 인증기준 항목: 2.8.6 (운영환경 이관)

마) 해당하는 ISMS-P 인증기준 상세 내용: 신규 도입·개발 또는 변경된 시스템을 운영환경으로 이관할 때는 통제된 절차를 따라야 하고, 실행코드는 시험 및 사용자 인수 절차에 따라 실행되어야 한다.

바) 해당하는 ISMS:2013 인증기준 통제항목: 8.2.3 (운영환경 이관)

사) 해당하는 ISMS:2013 인증기준 통제내용: 운영환경으로의 이관은 통제된 절차에 따라 이루어져야 하고, 실행코드는 시험과 사용자 인수 후 실행해야 한다.

14) 업무관련 항목 순서: 개발-14

업무관련 항목	2.8.5.2 (소스프로그램 보관)
업무관련 상세 내용	소스프로그램은 운영환경에 보관하지 않는 것을 원칙으로 하여야 한다.

가) 관련 법률 요구사항: 해당 사항 없음

나) GAP 분석용 질문

　① 운영환경에 소스프로그램(컴파일되지 않은 원 소스)이 보관되지 않도록 하고 있는가?

다) ISMS:2013과의 차이: 특이사항 없음

라) 해당하는 ISMS-P 인증기준 항목: 2.8.5 (소스프로그램 관리)

마) 해당하는 ISMS-P 인증기준 상세 내용: 소스프로그램은 인가된 사용자만이 접근할 수 있도록 관리하고, 운영환경에 보관하지 않는 것을 원칙으로 해야 한다.

바) 해당하는 ISMS:2013 인증기준 통제항목: 8.2.5 (소스프로그램 보안)

사) 해당하는 ISMS:2013 인증기준 통제내용: 소스프로그램에 대한 변경관리를 수행하고 인가된 사용자만이 소스프로그램에 접근할 수 있도록 통제절차를 수립하여 이행해야 한다. 또한 소스프로그램은 운영환경에 보관하지 않는 것을 원칙으로 한다.

15) 업무관련 항목 순서: 개발-15

업무관련 항목	2.8.1.3 (개발 변경 시 보안 요구사항)
업무관련 상세 내용	애플리케이션 변경 시 (개인)정보보호 관련 법적 요구사항, 최신 보안취약점, 안전한 코딩방법 등 보안 요구사항을 정의하고 적용해야 한다.

가) 관련 법률 요구사항: 해당 사항 없음

나) GAP 분석용 질문

① 해당하는 애플리케이션을 자체 개발했는가? 아니면 외주 개발했는가?

② 애플리케이션 변경 시 최초 개발에 적용되는 보안 요구사항에 준하여 변경이 기획 및 테스트 되는가?

③ 미들급 이상의 애플리케이션 변경 시 취약점 진단을 진행하는가?

④ 취약점 진단결과 취약한 상황에 대해 대응완료 후 운영환경으로 이관하는가?

⑤ 만약, 취약점 진단결과 취약한 상황을 대응하지 않고 운영환경으로 이관하고자 할 경우 책임자의 승인을 통해 진행하는가?

다) ISMS:2013과의 차이: 특이사항 없음

라) 해당하는 ISMS-P 인증기준 항목: 2.8.1 (보안 요구사항 정의)

마) 해당하는 ISMS-P 인증기준 상세 내용: 정보시스템의 도입·개발·변경 시 정보보호 및 개인정보보호 관련 법적 요구사항, 최신 보안취약점, 안전한 코딩방법 등 보안 요구사항을 정의하고 적용해야 한다.

바) 해당하는 ISMS:2013 인증기준 통제항목: 8.1.1 (보안 요구사항 정의)

사) 해당하는 ISMS:2013 인증기준 통제내용: 신규 정보시스템 개발 및 기존 시스템 변경 시 정보보호 관련 법적 요구사항, 최신 보안취약점, 정보보호 기본요소(기밀성, 무결성, 가용성) 등을 고려하여 보안 요구사항을 명확히 정의하고 이를 적용해야 한다.

CHAPTER
9

관제 업무관련 분야

- 관제 업무관련 분야에 해당하는 인증기준에는 어떤 것들이 존재하는지 알아보자.
- 관제 업무관련 분야에 해당하는 인증기준을 어떻게 업무관련 항목으로 구체화하는지 알아보자.
- 관제 업무관련 분야에 해당하는 업무관련 항목을 어떤 순서로 변경하는지 알아보자.

1 관제 업무에 해당하는 정보보호 및 개인정보보호 관리체계 인증기준

2.9.2 (성능 및 장애관리), 2.10.9 (악성코드 통제), 2.11.1 (사고예방 및 대응체계 구축), 2.11.3 (이상행위 분석 및 모니터링), 2.11.4 (사고대응훈련 및 개선), 2.11.5 (사고대응 및 복구), 2.12.1 (재해/재난대비 안전조치), 2.12.2 (재해복구 시험 및 개선)

2 관제 업무에 맞게 해당하는 인증기준 순서 변경

2.10.9 (악성코드 통제) → 2.9.2 (성능 및 장애관리) → 2.11.3 (이상행위 분석 및 모니터링) → 2.9.2 (성능 및 장애관리) → 2.11.1 (이상행위 분석 및 모니터링) → 2.11.5 (사고대응 및 복구) → 2.11.1 (사고예방 및 대응체계 구축) → 2.11.5 (사고대응 및 복구) → 2.11.4 (사고대응훈련 및 개선) → 2.12.1 (재해/재난대비 안전조치) → 2.12.2 (재해복구시험 및 개선)

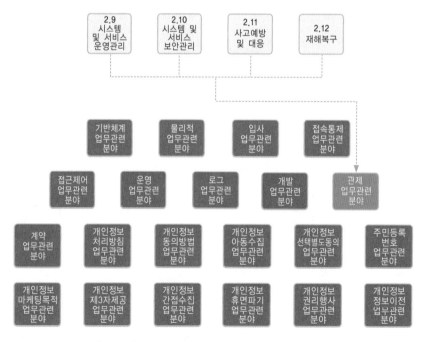

[그림 29] 관제 업무관련 분야와 인증기준 분야 간의 관계

3 관제 업무에 해당하는 업무관련 항목 설명

1) 업무관련 항목 순서: 관제-01

업무관련 항목	2.10.9.1 (정보시스템 악성코드 보호대책)
업무관련 상세 내용	바이러스, 웜, 트로이목마, 랜섬웨어 등의 악성코드로부터 정보시스템과 개인정보처리시스템을 보호하기 위하여 악성코드 예방·탐지·대응 등의 보호대책을 수립·이행해야 한다.

가) 관련 법률 요구사항

① 개인정보보호법 제29조(안전성 확보조치 제9조): (모든 유형) 개인정보처리자는 악성프로그램 등을 방지·치료할 수 있는 백신 소프트웨어 등의 보안 프로그램을 설치 후 보안 프로그램의 자동 업데이트 기능을 사용하거나, 또는 일 1회 이상 업데이트를 실시하여 최신의 상태로 유지·운영하여야 하며, 발견된 악성프로그램 등에 대해서는 삭제 등 대응조치를 해야 한다.

② 정통망법 제28조(보호조치 기준 제7조): 정보통신서비스 제공자등은 악성 프로그램 등을 방지·치료할 수 있는 백신 소프트웨어 등의 보안 프로그램을 설치·운영하여야 하며, 다음의 사항을 준수해야 한다.

- 보안 프로그램의 자동 업데이트 기능을 사용하거나, 또는 일 1회 이상 업데이트를 실시하여 최신의 상태로 유지

- 악성프로그램 관련 정보가 발령된 경우 또는 사용 중인 응용 프로그램이나 운영체제 소프트웨어의 제작업체에서 보안 업데이트 공지가 있는 경우, 즉시 이에 따른 업데이트를 실시

나) GAP 분석용 질문

① 모든 서버에 안티바이러스 프로그램이 설치되어져 있는가?

② 중앙콘솔에서 일괄관리하는 방식인가?

③ 안티바이러스 프로그램이 서버에 설치되어 있지 않다면, 영향분석(투자대비 효과, 서비스 영향도 분석 등) 및 책임자의 승인을 통해 예외처리 하고 있는가?

④ 안티바이러스 프로그램이 서버에 설치되어져 있다면, 정책업데이트 주기(자동, 일별 수동 등)는 어떻게 되는가?

⑤ 안티바이러스 프로그램이 서버에 설치되어져 있다면, 검사주기(실시간, 일별, 주별 등)가 어떻게 되는가?

다) ISMS:2013과의 차이: 특이사항 없음

라) 해당하는 ISMS-P 인증기준 항목: 2.10.9 (악성코드 통제)

마) 해당하는 ISMS-P 인증기준 상세 내용: 바이러스, 웜, 트로이목마, 랜섬웨어 등의 악성코드로부터 정보시스템과 개인정보처리시스템 및 업무용 단말기 등을 보호하기 위하여 악성코드 예방·탐지·대응 등의 보호대책을 수립·이행해야 한다.

바) 해당하는 ISMS:2013 인증기준 통제항목: 11.5.1 (악성코드 통제)

사) 해당하는 ISMS:2013 인증기준 통제내용: 바이러스, 웜, 트로이목마 등의 악성코드로부터 정보시스템을 보호하기 위해 악성코드 예방·탐지·대응 등의 보호대책을 수립해야 한다.

2) 업무관련 항목 순서: 관제-02

업무관련 항목	2.10.9.2 (단말기 악성코드 보호대책)
업무관련 상세 내용	바이러스, 웜, 트로이목마, 랜섬웨어 등의 악성코드로부터 업무용 단말기 등을 보호하기 위하여 악성코드 예방·탐지·대응 등의 보호대책을 수립·이행해야 한다.

가) 관련 법률 요구사항

① 개인정보보호법 제29조(안전성 확보조치 제9조): (모든 유형) 개인정보처리자는 악성프로그램 등을 방지·치료할 수 있는 백신 소프트웨어 등의 보안 프로그램을 설치 후 보안 프로그램의 자동 업데이트 기능을 사용하거나, 또는 일 1회 이상 업데이트를 실시하여 최신의 상태로 유지·운영하여야 하며, 발견된 악성프로그램 등에 대해서는 삭제 등 대응조치를 해야 한다.

② 정통망법 제28조(보호조치 기준 제7조): 정보통신서비스 제공자등은 악성 프로그램 등을 방지·치료할 수 있는 백신 소프트웨어 등의 보안 프로그램을 설치·운영하여야 하며, 다음의 사항을 준수해야 한다.

- 보안 프로그램의 자동 업데이트 기능을 사용하거나, 또는 일 1회 이상 업데이트를 실시하여 최신의 상태로 유지

- 악성프로그램 관련 경보가 발령된 경우 또는 사용 중인 응용 프로그램이나 운영체제 소프트웨어의 제작업체에서 보안 업데이트 공지가 있는 경우, 즉시 이에 따른 업데이트를 실시

나) GAP 분석용 질문

① MAC을 제외한 모든 업무용 단말기(PC, 노트북)에 안티바이러스 프로그램이 설치되어져 있는가?

② 중앙콘솔에서 일괄관리하는 방식인가?

③ 인트라넷/인터넷 등을 사용하기 위해서는 필수적으로 안티바이러스 프로그램이 설치되도록 하는 방식인가?

④ 안티바이러스 프로그램이 단말기에 설치되어 있지 않다면, 영향분석(투자대비 효과, 서비스 영향도 분석 등) 및 책임자의 승인을 통해 예외처리하고 있는가?

⑤ 안티바이러스 프로그램이 단말기에 설치되어져 있다면, 정책업데이트 주기(자동, 일별 수동 등)는 어떻게 되는가?

⑥ 안티바이러스 프로그램이 단말기에 설치되어져 있다면, 검사주기(실시간, 일별, 주별 등)가 어떻게 되는가?

⑦ 안티바이러스 프로그램에 의해 탐지된 악성코드는 즉시 삭제 등 대응을 하는가?

다) ISMS:2013과의 차이: 특이사항 없음

라) 해당하는 ISMS-P 인증기준 항목: 2.10.9 (악성코드 통제)

마) 해당하는 ISMS-P 인증기준 상세 내용: 바이러스, 웜, 트로이목마, 랜섬웨어 등의 악성코드로부터 정보시스템과 개인정보처리시스템 및 업무용 단말기 등을 보호하기 위하여 악성코드 예방·탐지·대응 등의 보호대책을 수립·이행해야 한다.

바) 해당하는 ISMS:2013 인증기준 통제항목: 11.5.1 (악성코드 통제)

사) 해당하는 ISMS:2013 인증기준 통제내용: 바이러스, 웜, 트로이목마 등의 악성코드로부터 정보시스템을 보호하기 위해 악성코드 예방·탐지·대응 등의 보호대책을 수립해야 한다.

3) 업무관련 항목 순서: 관제-03

업무관련 항목	2.9.2.1 (서버의 성능/용량 정의)
업무관련 상세 내용	정보시스템의 가용성 보장을 위하여 성능 및 용량 요구사항을 정의해야 한다.

가) 관련 법률 요구사항: 해당 사항 없음

나) GAP 분석용 질문

① 서버의 CPU, HDD, RAM 사용량/성능에 대한 기준이 어떻게 되는가?

② 스토리지의 HDD 사용량에 대한 기준이 어떻게 되는가?

다) ISMS:2013과의 차이: 특이사항 없음

라) 해당하는 ISMS-P 인증기준 항목: 2.9.2 (성능 및 장애관리)

마) 해당하는 ISMS-P 인증기준 상세 내용: 정보시스템의 가용성 보장을 위하여 성능 및 용량 요구사항을 정의하고 현황을 지속적으로 모니터링하여야 하며, 장애 발생 시 효과적으로 대응하기 위한 탐지·기록·분석·복구·보고 등의 절차를 수립·관리해야 한다.

바) 해당하는 ISMS:2013 인증기준 통제항목: 11.2.3 (성능 및 용량관리)

사) 해당하는 ISMS:2013 인증기준 통제내용: 정보시스템 및 서비스 가용성 보장을 위해 성능 및 용량 요구사항을 정의하고 현황을 지속적으로 모니터링할 수 있는 방법 및 절차를 수립해야 한다.

4) 업무관련 항목 순서: 관제-04

업무관련 항목	2.9.2.2 (서버의 성능/용량 모니터링)
업무관련 상세 내용	정보시스템의 가용성 보장을 위하여 성능 및 용량의 현황을 지속적으로 모니터링해야 한다.

가) 관련 법률 요구사항: 해당 사항 없음

나) GAP 분석용 질문

① 서버의 CPU, HDD, RAM 사용량에 대해 확인하는가?

② 어떤 방법으로 서버의 CPU, HDD, RAM 사용량을 확인하는가?

③ 서버의 CPU, HDD, RAM 사용량에 따른 모니터링 주기(실시간, 주별, 월별 등)는 어떻게 되는가?

④ 서버의 CPU, HDD, RAM 사용량이 기준을 넘어설 경우 증설을 위한 대응을 진행하는가?

⑤ 스토리지의 HDD 사용량에 대해 확인하는가?

⑥ 어떤 방법으로 스토리지의 HDD 사용량을 확인하는가?

⑦ 스토리지의 HDD 사용량에 따른 모니터링 주기(실시간, 주별, 월별 등)는 어떻게 되는가?

⑧ 스토리지의 HDD 사용량이 기준을 넘어설 경우 증설을 위한 대응을 진행하는가?

다) ISMS:2013과의 차이: 특이사항 없음

라) 해당하는 ISMS-P 인증기준 항목: 2.9.2 (성능 및 장애관리)

마) 해당하는 ISMS-P 인증기준 상세 내용: 정보시스템의 가용성 보장을 위하여 성능 및 용량 요구사항을 정의하고 현황을 지속적으로 모니터링하여야 하며, 장애 발생 시 효과적으로 대응하기 위한 탐지·기록·분석·복구·보고 등의 절차를 수립·관리해야 한다.

바) 해당하는 ISMS:2013 인증기준 통제항목: 11.2.3 (성능 및 용량관리)

사) 해당하는 ISMS:2013 인증기준 통제내용: 정보시스템 및 서비스 가용성 보장을 위해 성능 및 용량 요구사항을 정의하고 현황을 지속적으로 모니터링할 수 있는 방법 및 절차를 수립해야 한다.

5) 업무관련 항목 순서: 관제-05

업무관련 항목	2.11.3.1 (네트워크 및 데이터 흐름 수집)
업무관련 상세 내용	내·외부에 의한 침해시도, 개인정보유출 시도, 부정행위 등을 신속하게 탐지·대응할 수 있도록 네트워크 및 데이터 흐름 등을 수집해야 한다.

가) 관련 법률 요구사항: 해당 사항 없음

나) GAP 분석용 질문

① 범위 내 정보시스템에서 발생되는 네트워크 트래픽 및 이벤트로그를 수집하는가?

② 어떤 방법(IDS, IPS, 방화벽 내 기능, PRTG솔루션 등)으로 네트워크 트래픽 및 이벤트로그를 수집하는가?

다) ISMS:2013과의 차이: [확대] 내부 침해시도 탐지/대응을 위한 모니터링으로 확대

라) 해당하는 ISMS-P 인증기준 항목: 2.11.3 (이상행위 분석 및 모니터링)

마) 해당하는 ISMS-P 인증기준 상세 내용: 내·외부에 의한 침해시도, 개인정보유출 시도, 부정행위 등을 신속하게 탐지·대응할 수 있도록 네트워크 및 데이터 흐름 등을 수집하여 분석하며, 모니터링 및 점검 결과에 따른 사후조치는 적시에 이루어져야 한다.

바) 해당하는 ISMS:2013 인증기준 통제항목: 11.6.4 (침해시도 모니터링)

사) 해당하는 ISMS:2013 인증기준 통제내용: 외부로부터의 침해시도를 모니터링 하기 위한 체계 및 절차를 수립해야 한다.

6) 업무관련 항목 순서: 관제-06

업무관련 항목	2.11.3.2 (네트워크 및 데이터 흐름 모니터링)
업무관련 상세 내용	수집된 네트워크 및 데이터 흐름 등을 분석 및 모니터링 해야 한다.

가) 관련 법률 요구사항

① 개인정보보호법 제29조(안전성 확보조치 제6조 제1항 제2호, 제6항): (모든 유형) 개인정보처리자는 정보통신망을 통해 개인정보처리시스템에 접속한 IP(Internet Protocol)주소 등을 분석하여 불법적인 개인정보 유출 시도를 탐지해야 한다. 단, 개인정보처리자가 별도의 개인정보처리시스템을 이용하지 아니하고 업무용 컴퓨터 또는 모바일 기기를 이용하여 개인정보를 처리하는 경우에는 예외로 적용하지 아니할 수 있으며, 이 경우 업무용 컴퓨터 또는 모바일 기기의 운영체제(OS : Operating System)나 보안프로그램 등에서 제공하는 접근통제 기능을 이용할 수 있다.

나) GAP 분석용 질문

① 수집된 네트워크 트래픽 및 이벤트로그를 분석 및 모니터링하는가?

② 어떤 방법(솔루션 사용, 포트정보 활용, 헤더기반 분석방법 등)을 사용하여 트래픽을 분석 및 모니터링하는가?

③ 침해시도 등에 대한 트래픽 기준 또는 임계치가 존재하는가?

④ 침해시도 등에 대한 트래픽 기준 또는 임계치(외부IP에서 특정 동일 내부IP로 10초 기준 30회 이상의 접근요청 등)는 어떻게 되는가?

다) ISMS:2013과의 차이: [추가] 네트워크 및 데이터 흐름 수집/분석 부분 추가

라) 해당하는 ISMS-P 인증기준 항목: 2.11.3 (이상행위 분석 및 모니터링)

마) 해당하는 ISMS-P 인증기준 상세 내용: 내·외부에 의한 침해시도, 개인정보유출 시도, 부정행위 등을 신속하게 탐지·대응할 수 있도록 네트워크 및 데이터 흐름 등을 수집하여 분석하며, 모니터링 및 점검 결과에 따른 사후조치는 적시에 이루어져야 한다.

바) 해당하는 ISMS:2013 인증기준 통제항목: 11.6.4 (침해시도 모니터링)

사) 해당하는 ISMS:2013 인증기준 통제내용: 외부로부터의 침해시도를 모니터링 하기 위한 체계 및 절차를 수립해야 한다.

7) 업무관련 항목 순서: 관제-07

업무관련 항목	2.11.3.3 (네트워크 및 데이터 흐름 모니터링 사후조치)
업무관련 상세 내용	네트워크 및 데이터 흐름 등에 대한 분석 및 모니터링 결과에 따른 사후조치는 적시에 이루어져야 한다.

가) 관련 법률 요구사항: 해당 사항 없음

나) GAP 분석용 질문

① 네트워크 트래픽 및 이벤트로그 분석 결과, 오탐으로 판명된 규칙에 대해서는 조직에 적합하게 정교화 작업을 진행하는가?

② 침해시도 등에 대한 트래픽 기준 또는 임계치(비정상 행위/비정상 프로토콜 탐지 등)를 넘어서는 탐지에 대해서는 오탐이 아닌지 확인 후 해당 트래픽을 차단하는 등의 조치를 진행하는가?

다) ISMS:2013과의 차이: [추가] 침해시도 모니터링 결과에 따른 사후조치 적시대응

라) 해당하는 ISMS-P 인증기준 항목: 2.11.3 (이상행위 분석 및 모니터링)

마) 해당하는 ISMS-P 인증기준 상세 내용: 내·외부에 의한 침해시도, 개인정보유출 시도, 부정행위 등을 신속하게 탐지·대응할 수 있도록 네트워크 및 데이터 흐름 등을 수집하여 분석하며, 모니터링 및 점검 결과에 따른 사후조치는 적시에 이루어져야 한다.

바) 해당하는 ISMS:2013 인증기준 통제항목: 11.6.4 (침해시도 모니터링)

사) 해당하는 ISMS:2013 인증기준 통제내용: 외부로부터의 침해시도를 모니터링 하기 위한 체계 및 절차를 수립해야 한다.

8) 업무관련 항목 순서: 관제-08

업무관련 항목	2.9.2.3 (장애 절차)
업무관련 상세 내용	정보시스템의 장애 발생 시 효과적으로 대응하기 위한 탐지·기록·분석·복구·보고 등의 절차를 수립·관리해야 한다.

가) 관련 법률 요구사항: 해당 사항 없음

나) GAP 분석용 질문

　① 장애에 대한 모니터링을 하는가?

　② 어떤 방법으로 장애 모니터링을 하는가?

　③ 장애 모니터링 기준은 어떻게 되는가?

　④ 장애 모니터링 보고 주기는 어떻게 되는가?

　⑤ 장애발생 시 사용될 유지보수업체 등이 포함된 비상연락망이 존재하는가?

　⑥ 비상연락망에 KISA 등 관련기관이 포함되어져 있는가?

　⑦ 장애처리(발생~완료) 진행경과에 대한 보고서를 작성하는가?

　⑧ 장애처리 진행경과에 대한 보고서에 대해 승인을 받는가?

다) ISMS:2013과의 차이: 특이사항 없음

라) 해당하는 ISMS-P 인증기준 항목: 2.9.2 (성능 및 장애관리)

마) 해당하는 ISMS-P 인증기준 상세 내용: 정보시스템의 가용성 보장을 위하여 성능 및 용량 요구사항을 정의하고 현황을 지속적으로 모니터링하여야 하며, 장애 발생 시 효과적으로 대응하기 위한 탐지·기록·분석·복구·보고 등의 절차를 수립·관리해야 한다.

바) 해당하는 ISMS:2013 인증기준 통제항목: 11.2.4 (장애관리)

사) 해당하는 ISMS:2013 인증기준 통제내용: 정보시스템 장애 발생 시 효과적으로 대응하기 위한 탐지, 기록, 분석, 복구, 보고 등의 절차를 수립해야 한다.

9) 업무관련 항목 순서: 관제-09

업무관련 항목	2.11.1.1 (침해사고 체계/절차 수립)
업무관련 상세 내용	침해사고 및 개인정보 유출 등을 예방하고 사고 발생 시 신속하고 효과적으로 대응할 수 있도록 내부 침해시도의 탐지·대응·분석 및 공유를 위한 체계와 절차를 수립해야 한다.

가) 관련 법률 요구사항: 해당 사항 없음

나) GAP 분석용 질문

① 침해사고 대응 및 개인정보 유출 등을 위한 중앙컨트롤 타워조직(침해사고 대응조직, 정보보호 조직 등)이 존재하는가?

② 중앙컨트롤 타워조직은 어떻게 구성되어져 있는가?

③ 침해사고 대응을 위한 비상연락체계가 존재하는가?

④ 비상연락체계는 가장 최신으로 관리되고 있는가?

⑤ 침해사고 모의훈련을 위한 계획이 수립되어져 있는가?

⑥ 침해사고 및 개인정보 유출 등 침해사고를 탐지할 수 있는 방법(외부 관제서비스, 자체 로그분석, 자체 네트워크 트래픽 모니터링 등)이 존재하는가?

⑦ 어떤 방법으로 침해사고를 탐지할 수 있도록 운영 중인가?

⑧ 침해사고 대응 완료 후 침해사고 원인에 대한 분석을 진행하도록 절차화 되어져 있는가?

⑨ 침해사고 원인에 대한 분석결과 등을 관련자에게 공유하여 재발방지를 진행하도록 절차화 되어져 있는가?

⑩ 어떤 식으로 침해사고 원인에 대한 분석결과 등을 관련자에게 공유하는가?

다) ISMS:2013과의 차이

① [확대] 내부 침해시도에 대한 탐지/대응/분석/공유로 확대

② [축소] 중앙 집중적인 침해사고 대응체계 구축부분 문구 삭제

라) 해당하는 ISMS-P 인증기준 항목: 2.11.1 (사고 예방 및 대응체계 구축)

마) 해당하는 ISMS-P 인증기준 상세 내용: 침해사고 및 개인정보 유출 등을 예방하고 사고 발생 시 신속하고 효과적으로 대응할 수 있도록 내·외부 침해시도의 탐지·대응·분석 및 공유를 위한 체계와 절차를 수립하고, 관련 외부기관 및 전문가들과 협조체계를 구축해야 한다.

바) 해당하는 ISMS:2013 인증기준 통제항목

① 12.1.1 (침해사고 대응절차 수립)

② 12.1.2 (침해사고 대응체계 구축)

사) 해당하는 ISMS:2013 인증기준 통제내용

① DDoS 등 침해사고 유형별 중요도 분류, 유형별 보고 대응·복구 절차, 비상연락체계, 훈련 시나리오 등을 포함한 침해사고 대응 절차를 수립해야 한다.

② 침해사고 대응이 신속하게 이루어질 수 있도록 중앙 집중적인 대응체계를 구축하고 외부기관 및 전문가들과의 협조체계를 수립해야 한다.

10) 업무관련 항목 순서: 관제-10

업무관련 항목	2.11.5.2 (침해사고 대응 및 복구)
업무관련 상세 내용	침해사고 및 개인정보 유출 징후나 발생을 인지한 때에는 사고대응 및 복구 관련절차에 따라 신속하게 대응 및 복구해야 한다.

가) 관련 법률 요구사항

① 개인정보보호법 제34조 제2항: 개인정보처리자는 개인정보가 유출된 경우 그 피해를 최소화하기 위한 대책을 마련하고 필요한 조치를 해야 한다.

② 정통망법 제28조(보호조치 기준 제3조 제1항): 정보통신서비스 제공자등은 개인정보의 분실/도난/유출/위조/변조/훼손 등이 발생한 경우의 대응절차 및 방법에 관한 사항을 정하여 운영해야 한다.

③ 정통망법 제27조의3 제5항: 정보통신서비스 제공자등은 개인정보의 분실/도난/유출 사실을 안 때에는 유출 등에 대한 대책을 마련하여 그 피해를 최소화할 수 있는 조치를 강구해야 한다.

나) GAP 분석용 질문

① 최근 1년 이내 침해사고가 발생된 적이 있는가?

② 침해사고 발생 시 침해사고 유형별 중요도 등급을 구분하는가?

③ 어떤 방식으로 침해사고 중요도 등급을 구분하고 있는가?

④ 침해사고 발생 시 복구단계와 보고단계에 따라 신속하게 대응하는가?

⑤ 침해사고 발생에 따른 복구단계와 보고단계는 어떻게 구성되어져 있는가?

다) ISMS:2013과의 차이: 특이사항 없음

라) 해당하는 ISMS-P 인증기준 항목: 2.11.5 (사고 대응 및 복구)

마) 해당하는 ISMS-P 인증기준 상세 내용: 침해사고 및 개인정보 유출 징후나 발생을 인지한 때에는 법적 통지 및 신고 의무를 준수하여야 하며, 절차에 따라 신속하게 대응 및 복구하고 재발방지 대책을 수립하여 대응체계에 반영해야 한다.

바) 해당하는 ISMS:2013 인증기준 통제항목: 12.2.3 (침해사고 처리 및 복구)

사) 해당하는 ISMS:2013 인증기준 통제내용: 침해사고 대응절차에 따라 처리와 복구를 신속하게 수행해야 한다.

11) 업무관련 항목 순서: 관제-11

업무관련 항목	2.11.5.3 (침해사고 대응 후 재발방지 대책)
업무관련 상세 내용	침해사고 대응 및 복구 관련절차에 따라 대응 및 복구가 완료된 이후에는 재발방지 대책을 수립하여 적용해야 한다.

가) 관련 법률 요구사항: 해당 사항 없음

나) GAP 분석용 질문

　① 침해사고 대응 완료 후, 침해사고 원인에 대한 분석을 진행하였는가?

　② 침해사고 원인에 대한 분석결과 등을 관련자에게 공유하여 재발방지를 진행하였는가?

　③ 어떤 식으로 침해사고 원인에 대한 분석결과 등을 관련자에게 공유하였는가?

　④ 필요시 침해사고 결과보고 이후 정보보호 관련 규정(정책/지침/절차 등)을 개선하였는가?

다) ISMS:2013과의 차이: 특이사항 없음

라) 해당하는 ISMS-P 인증기준 항목: 2.11.5 (사고 대응 및 복구)

마) 해당하는 ISMS-P 인증기준 상세 내용: 침해사고 및 개인정보 유출 징후나 발생을 인지한 때에는 법적 통지 및 신고 의무를 준수하여야 하며, 절차에 따라 신속하게 대응 및 복구하고 재발방지 대책을 수립하여 대응체계에 반영해야 한다.

바) 해당하는 ISMS:2013 인증기준 통제항목

　① 12.3.2 (재발방지)

　② 12.3.1 (침해사고 분석 및 공유)

사) 해당하는 ISMS:2013 인증기준 통제내용

　① 침해사고로부터 얻은 정보를 활용하여, 유사 사고가 반복되지 않도록 재발방지 대책을 수립하고 이를 위해 필요한 경우 정책, 절차, 조직 등의 대응체계를 변경해야 한다.

　② 침해사고가 처리되고 종결된 후 이에 대한 분석을 수행하고 그 결과를 보고해야 한다. 또한 사고에 대한 정보와 발견된 취약점들을 관련 조직 및 임직원들과 공유해야 한다.

12) 업무관련 항목 순서: 관제-12

업무관련 항목	2.11.1.3 (침해사고 비상연락체계)
업무관련 상세 내용	내·외부 침해사고 시 관련 외부기관 및 전문가들과 협조체계를 구축하도록 해야 한다.

가) 관련 법률 요구사항

① 개인정보보호법 제34조 제3항(시행령 제39조, 제40조 제3항): 개인정보처리자는 1천명 이상의 정보주체에 관한 개인정보가 유출된 경우에는 법 제34조 제1항에 따른 통지 및 제2항에 따른 조치 결과를 지체 없이 행정안전부장관 또는 한국인터넷진흥원에 신고하여야 하며, 서면등의 방법과 함께 인터넷 홈페이지에 정보주체가 알아보기 쉽도록 법 제34조 제1항 각 호의 사항을 7일 이상 게재해야 한다. 다만, 인터넷 홈페이지를 운영하지 아니하는 개인정보처리자의 경우에는 서면등의 방법과 함께 사업장 등의 보기 쉬운 장소에 법 제34조 제1항 각 호의 사항을 7일 이상 게시해야 한다.

② 정통망법 제48조의3: 정보통신서비스제공자/IDC에 국한하여 침해사고 발생 시 관계기관(한국인터넷진흥원 또는 과학기술정보통신부장관)에 신고해야 한다.

③ 정통망법 제27조의3 제1항(시행령 제14조의2 제1항, 제2항, 제3항, 제4항): 정보통신서비스 제공자등은 개인정보의 분실/도난/유출 사실을 안 때에는 지체 없이 다음 모든 사항(구체적 내용이 확인되지 않았을 경우에는 확인된 내용만 우선 통지/신고 후 추가로 통지/신고)을 해당 이용자에게 전자우편/서면/모사전송/전화/이와 유사한 방법 중 어느 하나의 방법으로 알리고, 방송통신위원회 또는 한국인터넷 진흥원에 신고하여야 한다. 또한, 정당한 사유 없이 그 사실을 안 때부터 24시간을 경과하여 통지/신고해서는 안 된다. 단, 이용자의 연락처를 알 수 없는 등의 정당한 사유가 있는 경우에는 인터넷 홈페이지에 30일 이상 게시하는 것으로 통지를 갈음할 수 있다. 만약, 천재지변이나 그 밖의 정당한 사유로 홈페이지에 게시를 할 수 없을 경우에는 전국을 보급지역으로 하는 둘 이상의 일반일간신문에 1회 이상 공고하는 것으로 홈페이지 게시를 갈음할 수 있다.

- 유출 등이 된 개인정보 항목
- 유출 등이 발생한 시점
- 이용자가 취할 수 있는 조치
- 정보통신서비스 제공자등의 대응 조치
- 이용자가 상담 등을 접수할 수 있는 부서 및 연락처

나) GAP 분석용 질문

① 침해사고 인지/보고/대응 등에 활용되는 비상연락체계에 서비스 운영과 관련된 위탁/임대/정보시스템 제공 등과 관련된 업체연락처가 포함되어져 있는가?

② 비상연락체계에 KISA 등 협조를 받을 수 있는 외부기관이 포함되어져 있는가?

③ 비상연락체계는 최신으로 관리되고 있는가?

다) ISMS:2013과의 차이: [완화] 침해사고 유형별 중요도 분류, 유형별 보고, 비상연락체계, 훈련 시나리오를 포함하도록 한 구체적인 대응절차 내용 문구 삭제/축소

라) 해당하는 ISMS-P 인증기준 항목: 2.11.1 (사고 예방 및 대응체계 구축)

마) 해당하는 ISMS-P 인증기준 상세 내용: 침해사고 및 개인정보 유출 등을 예방하고 사고 발생 시 신속하고 효과적으로 대응할 수 있도록 내·외부 침해시도의 탐지·대응·분석 및 공유를 위한 체계와 절차를 수립하고, 관련 외부기관 및 전문가들과 협조체계를 구축해야 한다.

바) 해당하는 ISMS:2013 인증기준 통제항목: 12.1.2 (침해사고 대응체계 구축)

사) 해당하는 ISMS:2013 인증기준 통제내용: 침해사고 대응이 신속하게 이루어질 수 있도록 중앙 집중적인 대응체계를 구축하고 외부기관 및 전문가들과의 협조체계를 수립해야 한다.

13) 업무관련 항목 순서: 관제-13

업무관련 항목	2.11.5.1 (침해사고 법적 통지/신고 의무)
업무관련 상세 내용	침해사고 및 개인정보 유출 징후나 발생을 인지한 때에는 법적 통지 및 신고 의무를 준수해야 한다.

가) 관련 법률 요구사항

① 정통망법 제48조의3: 정보통신서비스제공자/IDC에 국한하여 침해사고 발생 시 관계기관(한국인터넷진흥원 또는 과학기술정보통신부장관)에 신고해야 한다.

② 개인정보보호법 제34조 제1항(시행령 제40조 제1항): 개인정보처리자는 개인정보가 유출되었음을 알게 되었을 때에는 서면등의 방법으로 지체 없이 해당 정보주체에게 다음의 사실을 알려야 한다. 다만, 유출된 개인정보의 확산 및 추가 유출을 방지하기 위하여 접속경로의 차단, 취약점 점검·보완, 유출된 개인정보의 삭제 등 긴급한 조치가 필요한 경우에는 그 조치를 한 후 지체 없이 정보주체에게 알릴 수 있다.

– 유출된 개인정보의 항목

– 유출된 시점과 그 경위

– 유출로 인하여 발생할 수 있는 피해를 최소화하기 위하여 정보주체가 할 수 있는 방법 등에 관한 정보

    – 개인정보처리자의 대응조치 및 피해 구제절차

    – 정보주체에게 피해가 발생한 경우 신고 등을 접수할 수 있는 담당부서 및 연락처

③ 개인정보보호법 제34조 제1항(시행령 제40조 제2항): 개인정보가 유출되었음을 알게 되었을 때나 유출사실을 알고 긴급한 조치를 한 후에도 유출된 개인정보의 항목이 유출된 시점과 그 경위를 확인하지 못한 경우에는 먼저 개인정보가 유출된 사실과 유출이 확인된 사항만을 서면등의 방법으로 먼저 알리고 나중에 확인되는 사항을 추가로 알릴 수 있다.

④ 개인정보보호법 제34조 제3항(시행령 제39조, 제40조 제3항): 개인정보처리자는 1천 명 이상의 정보주체에 관한 개인정보가 유출된 경우에는 법 제34조 제1항에 따른 통지 및 제2항에 따른 조치 결과를 지체 없이 행정안전부장관 또는 한국인터넷진흥원에 신고하여야 하며, 서면등의 방법과 함께 인터넷 홈페이지에 정보주체가 알아보기 쉽도록 법 제34조 제1항 각 호의 사항을 7일 이상 게재해야 한다. 다만, 인터넷 홈페이지를 운영하지 아니하는 개인정보처리자의 경우에는 서면등의 방법과 함께 사업장 등의 보기 쉬운 장소에 법 제34조 제1항 각 호의 사항을 7일 이상 게시해야 한다.

⑤ 정통망법 제27조의3 제1항(시행령 제14조의2 제1항, 제2항, 제3항, 제4항): 정보통신서비스 제공자등은 개인정보의 분실/도난/유출 사실을 안 때에는 지체 없이 다음 모든 사항(구체적 내용이 확인되지 않았을 경우에는 확인된 내용만 우선 통지/ 신고 후 추가로 통지/신고)을 해당 이용자에게 전자우편/서면/모사전송/전화/이와 유사한 방법 중 어느 하나의 방법으로 알리고, 방송통신위원회 또는 한국인터넷진흥원에 신고하여야 한다. 또한, 정당한 사유 없이 그 사실을 안 때부터 24시간을 경과하여 통지/신고해서는 안 된다. 단, 이용자의 연락처를 알 수 없는 등의 정당한 사유가 있는 경우에는 인터넷 홈페이지에 30일 이상 게시하는 것으로 통지를 갈음할 수 있다. 만약, 천재지변이나 그 밖의 정당한 사유로 홈페이지에 게시를 할 수 없을 경우에는 전국을 보급지역으로 하는 둘 이상의 일반일간신문에 1회 이상 공고하는 것으로 홈페이지 게시를 갈음할 수 있다.

    – 유출 등이 된 개인정보 항목

    – 유출 등이 발생한 시점

    – 이용자가 취할 수 있는 조치

    – 정보통신서비스 제공자등의 대응 조치

    – 이용자가 상담 등을 접수할 수 있는 부서 및 연락처

나) GAP 분석용 질문

① 침해사고 발생 시에는 관계기간(KISA, 과학기술정보통신부장관 등)에 신고를 하도록 절차화 되어져 있는가?

② 특히, 개인정보 유출에 대한 침해사고 발생 시에는 유출을 인지한 이후 지체 없이(최대 24시간 이내) 유출된 개인정보의 주최자인 이용자에게 통지를 하도록 절차화 되어져 있는가?

③ 특히, 개인정보 유출에 대한 침해사고 발생 시에는 개인정보 침해사고 발생사실을 개인정보의 주최자인 이용자에게 통지한 사실 및 대응결과를 지체 없이(최대 24시간 이내) 유관기관(KISA, 행정안전부장관 등)에 신고를 하도록 절차화 되어져 있는가?

다) ISMS:2013과의 차이: [완화] 침해사고 유형별 보고절차에 따라 보고하는 부분 문구 삭제/축소

라) 해당하는 ISMS-P 인증기준 항목: 2.11.5 (사고 대응 및 복구)

마) 해당하는 ISMS-P 인증기준 상세 내용: 침해사고 및 개인정보 유출 징후나 발생을 인지한 때에는 법적 통지 및 신고 의무를 준수하여야 하며, 절차에 따라 신속하게 대응 및 복구하고 재발방지 대책을 수립하여 대응체계에 반영해야 한다.

바) 해당하는 ISMS:2013 인증기준 통제항목: 12.2.2 (침해사고 보고)

사) 해당하는 ISMS:2013 인증기준 통제내용: 침해사고 징후 또는 사고 발생을 인지한 때에는 침해사고 유형별 보고절차에 따라 신속히 보고하고 법적 통지 및 신고 의무를 준수해야 한다.

14) 업무관련 항목 순서: 관제-14

업무관련 항목	2.11.4.1 (침해사고 모의훈련)
업무관련 상세 내용	침해사고 및 개인정보 유출사고 대응 절차를 임직원과 이해관계자가 숙지하도록 시나리오에 따른 모의훈련을 연 1회 이상 실시해야 한다.

가) 관련 법률 요구사항: 해당 사항 없음

나) GAP 분석용 질문

① 침해사고 모의훈련 계획에 따라 침해사고 모의훈련을 실시하였는가?

② 어떤 시나리오에 따라 침해사고 모의훈련을 진행하였는가?

③ 침해사고 모의훈련은 최소 연 1회 이상 진행하는가?

다) ISMS:2013과의 차이: 특이사항 없음

라) 해당하는 ISMS-P 인증기준 항목: 2.11.4 (사고 대응 훈련 및 개선)

마) 해당하는 ISMS-P 인증기준 상세 내용: 침해사고 및 개인정보 유출사고 대응 절차를 임직원과 이해관계자가 숙지하도록 시나리오에 따른 모의훈련을 연 1회 이상 실시하고 훈련결과를 반영하여 대응체계를 개선해야 한다.

바) 해당하는 ISMS:2013 인증기준 통제항목: 12.2.1 (침해사고 훈련)

사) 해당하는 ISMS:2013 인증기준 통제내용: 침해사고 대응 절차를 임직원들이 숙지할 수 있도록 시나리오에 따른 모의훈련을 실시해야 한다.

15) 업무관련 항목 순서: 관제-15

업무관련 항목	2.11.4.2 (침해사고 대응체계 개선)
업무관련 상세 내용	침해사고 대응 모의훈련 결과를 반영하여 대응체계를 개선해야 한다.

가) 관련 법률 요구사항: 해당 사항 없음

나) GAP 분석용 질문

① 필요시 침해사고 모의훈련 이후 정보보호 관련 규정(정책/지침/절차 등)을 개선하고 있는가?

다) ISMS:2013과의 차이: [확대] 모의훈련 결과를 반영하여 대응체계 개선

라) 해당하는 ISMS-P 인증기준 항목: 2.11.4 (사고 대응 훈련 및 개선)

마) 해당하는 ISMS-P 인증기준 상세 내용: 침해사고 및 개인정보 유출사고 대응 절차를 임직원과 이해관계자가 숙지하도록 시나리오에 따른 모의훈련을 연 1회 이상 실시하고 훈련결과를 반영하여 대응체계를 개선해야 한다.

바) 해당하는 ISMS:2013 인증기준 통제항목: 12.2.1 (침해사고 훈련)

사) 해당하는 ISMS:2013 인증기준 통제내용: 침해사고 대응 절차를 임직원들이 숙지할 수 있도록 시나리오에 따른 모의훈련을 실시해야 한다.

16) 업무관련 항목 순서: 관제-16

업무관련 항목	2.12.1.4 (재해복구 체계구축)
업무관련 상세 내용	재해에 대한 복구 전략 및 대책, 비상시 복구 조직, 비상연락체계, 복구 절차 등 재해 복구체계를 구축해야 한다.

가) 관련 법률 요구사항

① 개인정보보호법 제29조(안전성 확보조치 제12조 제2항): (유형3) 개인정보처리자는 재해·재난 발생 시 개인정보처리시스템 백업 및 복구를 위한 계획을 마련해야 한다.

② 정통망법 제46조(IDC 보호지침 제6조 제2항): [IDC] 해킹, 컴퓨터바이러스 유포 등의 전자적 침해행위와 정전, 화재 기타 각종 재난으로부터 업무기능을 중단 없이 수행하기 위하여 다음 사항을 포함하는 계획(이하 "업무연속성계획"이라고 한다)을 수립·시행해야 한다.

  – 재난대응 및 업무재개, 복원활동 수행을 위한 조직 및 운영에 관한 사항

  – 재난 유형별 긴급대응 및 업무재개, 복원활동을 위한 세부절차 및 활동내용

  – 주기적인 모의훈련 수행을 위한 계획수립, 훈련실시, 사후 평가 및 개선방안 반영

  – 기타 재난대응 및 업무재개 등을 위해 필요한 사항

나) GAP 분석용 질문

  ① 재해복구를 위한 중앙컨트롤 타워조직(재해복구 대응조직, 정보보호 조직 등)이 존재하는가?

  ② 중앙컨트롤 타워조직은 어떻게 구성되어져 있는가?

  ③ 재해복구 대응을 위한 비상연락체계가 존재하는가?

  ④ 비상연락체계는 가장 최신으로 관리되고 있는가?

  ⑤ 재해등급을 구분하고 있는가?

  ⑥ 어떤 방법으로 재해등급을 구분하고 있는가?

  ⑦ 재해등급별 서비스(업무) 및 시스템에 대한 복구전략(클라우드, IDC, 임대서비스, 장비구매 등)이 존재하는가?

  ⑧ 재해등급별 복구전략은 어떻게 되는가?

  ⑨ 재해복구 시험을 위한 계획이 수립되어져 있는가?

다) ISMS:2013과의 차이: 특이사항 없음

라) 해당하는 ISMS-P 인증기준 항목: 2.12.1 (재해/재난 대비 안전조치)

마) 해당하는 ISMS-P 인증기준 상세 내용: 자연재해, 통신·전력 장애, 해킹 등 조직의 핵심 서비스 및 시스템의 운영 연속성을 위협할 수 있는 재해 유형을 식별하고 유형별 예상 피해규모 및 영향을 분석해야 한다. 또한 복구 목표시간, 복구 목표시점을 정의하고 복구 전략 및 대책, 비상시 복구 조직, 비상연락체계, 복구 절차 등 재해 복구체계를 구축해야 한다.

바) 해당하는 ISMS:2013 인증기준 통제항목: 13.1.1 (IT 재해복구 체계구축)

사) 해당하는 ISMS:2013 인증기준 통제내용: 자연재앙, 해킹, 통신장애, 전력중단 등의 요인으로 인해 IT 시스템 중단 또는 파손 등 피해가 발생할 경우를 대비하여 비상시 복구조직, 비상연락체계, 복구절차 등 IT 재해복구 체계를 구축해야 한다.

17) 업무관련 항목 순서: 관제-17

업무관련 항목	2.12.1.1 (재해유형 식별)
업무관련 상세 내용	자연재해, 통신·전력 장애, 해킹 등 조직의 핵심 서비스 및 시스템의 운영 연속성을 위협할 수 있는 재해 유형을 식별해야 한다.

가) 관련 법률 요구사항: 해당 사항 없음

나) GAP 분석용 질문

　① 재해에 대한 유형을 구분(대재해, 중재해, 장애대상 등)하고 있는가?

　② 구분된 재해 유형에 따른 재해상황을 식별하고 있는가?

다) ISMS:2013과의 차이: 특이사항 없음

라) 해당하는 ISMS-P 인증기준 항목: 2.12.1 (재해/재난 대비 안전조치)

마) 해당하는 ISMS-P 인증기준 상세 내용: 자연재해, 통신·전력 장애, 해킹 등 조직의 핵심 서비스 및 시스템의 운영 연속성을 위협할 수 있는 재해 유형을 식별하고 유형별 예상 피해규모 및 영향을 분석해야 한다. 또한 복구 목표시간, 복구 목표시점을 정의하고 복구 전략 및 대책, 비상시 복구 조직, 비상연락체계, 복구 절차 등 재해 복구체계를 구축해야 한다.

바) 해당하는 ISMS:2013 인증기준 통제항목: 13.1.1 (IT 재해복구 체계구축)

사) 해당하는 ISMS:2013 인증기준 통제내용: 자연재앙, 해킹, 통신장애, 전력중단 등의 요인으로 인해 IT 시스템 중단 또는 파손 등 피해가 발생할 경우를 대비하여 비상시 복구조직, 비상연락체계, 복구절차 등 IT 재해복구 체계를 구축해야 한다.

18) 업무관련 항목 순서: 관제-18

업무관련 항목	2.12.1.2 (재해 피해규모 및 영향분석)
업무관련 상세 내용	재해 유형별 예상 피해규모 및 영향을 분석해야 한다.

가) 관련 법률 요구사항: 해당 사항 없음

나) GAP 분석용 질문

　① 재해 유형별(대재해, 중재해 등) 예상되는 피해규모 및 영향을 어떻게(재해용 별도 위험분석(BCP) 실시, ISMS-P 자산평가 시 동시진행 등) 파악하고 있는가?

　② 파악된 피해규모 및 영향에 따른 핵심 서비스(업무) 및 시스템을 어떻게(재해용 별도 위험분석(BCP) 실시, ISMS-P 자산평가 결과활용 등) 식별하고 있는가?

다) ISMS:2013과의 차이: 특이사항 없음

라) 해당하는 ISMS-P 인증기준 항목: 2.12.1 (재해/재난 대비 안전조치)

마) 해당하는 ISMS-P 인증기준 상세 내용: 자연재해, 통신·전력 장애, 해킹 등 조직의 핵심 서비스 및 시스템의 운영 연속성을 위협할 수 있는 재해 유형을 식별하고 유형별 예상 피해규모 및 영향을 분석해야 한다. 또한 복구 목표시간, 복구 목표시점을 정의하고 복구 전략 및 대책, 비상시 복구 조직, 비상연락체계, 복구 절차 등 재해 복구체계를 구축해야 한다.

바) 해당하는 ISMS:2013 인증기준 통제항목: 13.1.1 (IT 재해복구 체계구축)

사) 해당하는 ISMS:2013 인증기준 통제내용: 자연재앙, 해킹, 통신장애, 전력중단 등의 요인으로 인해 IT 시스템 중단 또는 파손 등 피해가 발생할 경우를 대비하여 비상시 복구조직, 비상연락체계, 복구절차 등 IT 재해복구 체계를 구축해야 한다.

19) 업무관련 항목 순서: 관제-19

업무관련 항목	2.12.1.3 (재해복구 목표 시간/시점)
업무관련 상세 내용	재해에 따른 복구 목표시간, 복구 목표시점을 정의해야 한다.

가) 관련 법률 요구사항

① 개인정보보호법 제29조(안전성 확보조치 제12조 제1항): (유형3) 개인정보처리자는 화재, 홍수, 단전 등의 재해·재난 발생 시 개인정보처리시스템 보호를 위한 위기대응 매뉴얼 등 대응절차를 마련하고 정기적으로 점검해야 한다.

② 개인정보보호법 제29조(안전성 확보조치 제12조 제2항): (유형3) 개인정보처리자는 재해·재난 발생 시 개인정보처리시스템 백업 및 복구를 위한 계획을 마련해야 한다.

나) GAP 분석용 질문

① 자연재해 등 재해 발생 시 핵심 서비스(업무) 및 시스템에 대한 복구목표시간(언제까지 복구) 및 복구시점(과거 어느 시점 상태로 복구)이 정의되어 있는가?

② 재해에 따른 복구 목표시간과 복구 목표시점이 어떻게 정의되어져 있는가?

다) ISMS:2013과의 차이: 특이사항 없음

라) 해당하는 ISMS-P 인증기준 항목: 2.12.1 (재해/재난 대비 안전조치)

마) 해당하는 ISMS-P 인증기준 상세 내용: 자연재해, 통신·전력 장애, 해킹 등 조직의 핵심 서비스 및 시스템의 운영 연속성을 위협할 수 있는 재해 유형을 식별하고 유형별 예상 피해규모 및 영향을 분석해야 한다. 또한 복구 목표시간, 복구 목표시점을 정의하고 복구 전략 및 대책, 비상시 복구 조직, 비상연락체계, 복구 절차 등 재해 복구체계를 구축해야 한다.

바) 해당하는 ISMS:2013 인증기준 통제항목: 13.1.1 (IT 재해복구 체계구축)

사) 해당하는 ISMS:2013 인증기준 통제내용: 자연재앙, 해킹, 통신장애, 전력중단 등의 요인으로 인해 IT 시스템 중단 또는 파손 등 피해가 발생할 경우를 대비하여 비상시 복구조직, 비상연락체계, 복구절차 등 IT 재해복구 체계를 구축해야 한다.

20) 업무관련 항목 순서: 관제-20

업무관련 항목	2.12.2.1 (재해복구 시험)
업무관련 상세 내용	재해 복구 전략 및 대책의 적정성을 정기적으로 시험해야 한다.

가) 관련 법률 요구사항: 해당 사항 없음

나) GAP 분석용 질문

　① 재해복구 체계에 대한 시험을 실시하는가?

　② 재해복구 시험계획서에는 어떤 내용들이 포함되어져 있는가?

　③ 재해복구 시험은 최소 연 1회 이상 진행하는가?

다) ISMS:2013과의 차이: [완화] 시나리오, 일정, 방법, 절차 등을 포함한 시험계획 부분 삭제/축소

라) 해당하는 ISMS-P 인증기준 항목: 2.12.2 (재해 복구 시험 및 개선)

마) 해당하는 ISMS-P 인증기준 상세 내용: 재해 복구 전략 및 대책의 적정성을 정기적으로 시험하여 시험결과, 정보시스템 환경변화, 법규 등에 따른 변화를 반영하여 복구전략 및 대책을 보완해야 한다.

바) 해당하는 ISMS:2013 인증기준 통제항목: 13.2.2 (시험 및 유지관리)

사) 해당하는 ISMS:2013 인증기준 통제내용: IT 서비스 복구전략 및 대책에 따라 효과적인 복구가 가능한지 시험을 실시하고 시험계획에는 시나리오, 일정, 방법, 절차 등을 포함해야 한다. 또한 시험결과, IT 환경변화, 법규 등에 따른 변화를 반영하여 복구전략 및 대책을 보완해야 한다.

21) 업무관련 항목 순서: 관제-21

업무관련 항목	2.12.2.2 (재해복구 절차 보완)
업무관련 상세 내용	재해 복구관련 시험결과, 정보시스템 환경변화, 법규 등에 따른 변화를 반영하여 재해 복구전략 및 대책을 보완해야 한다.

가) 관련 법률 요구사항: 해당 사항 없음

나) GAP 분석용 질문

　① 재해복구 시험 결과 및 정보시스템 환경변화/법규 등에 따른 변화 등을 반영하여 재해복구 절차에 대해 보완이 필요한 사항을 확인하는가?

　② 재해복구 절차의 보완사항이 확인될 경우 관련 규정을 개정하는가?

다) ISMS:2013과의 차이: 특이사항 없음

라) 해당하는 ISMS-P 인증기준 항목: 2.12.2 (재해 복구 시험 및 개선)

마) 해당하는 ISMS-P 인증기준 상세 내용: 재해 복구 전략 및 대책의 적정성을 정기적으로 시험하여 시험결과, 정보시스템 환경변화, 법규 등에 따른 변화를 반영하여 복구전략 및 대책을 보완해야 한다.

바) 해당하는 ISMS:2013 인증기준 통제항목: 13.2.2 (시험 및 유지관리)

사) 해당하는 ISMS:2013 인증기준 통제내용: IT 서비스 복구전략 및 대책에 따라 효과적인 복구가 가능한지 시험을 실시하고 시험계획에는 시나리오, 일정, 방법, 절차 등을 포함해야 한다. 또한 시험결과, IT 환경변화, 법규 등에 따른 변화를 반영하여 복구전략 및 대책을 보완해야 한다.

Information Security Managemant System

CHAPTER 10 계약 업무관련 분야

상 중 하

- 계약 업무관련 분야에 해당하는 인증기준에는 어떤 것들이 존재하는지 알아보자.
- 계약 업무관련 분야에 해당하는 인증기준을 어떻게 업무관련 항목으로 구체화하는지 알아보자.
- 계약 업무관련 분야에 해당하는 업무관련 항목을 어떤 순서로 변경하는지 알아보자.

① 계약 업무에 해당하는 정보보호 및 개인정보보호 관리체계 인증기준

2.3.1 (외부자 현황관리), 2.3.2 (외부자 계약 시 보안), 2.3.3 (외부자 보안 이행관리), 2.3.4 (외부자 계약 변경 및 만료 시 보안), 2.10.2 (클라우드 보안), 2.10.5 (정보전송 보안)

② 계약 업무에 맞게 해당하는 인증기준 순서 변경

2.3.1 (외부자 현황관리) → 2.3.2 (외부자 계약 시 보안) → 2.3.4 (외부자 계약 변경 및 만료 시 보안) → 2.3.3 (외부자 보안 이행관리) → 2.3.2 (외부자 계약 시 보안) → 2.10.2 (클라우드 보안) → 2.10.5 (정보전송 보안)

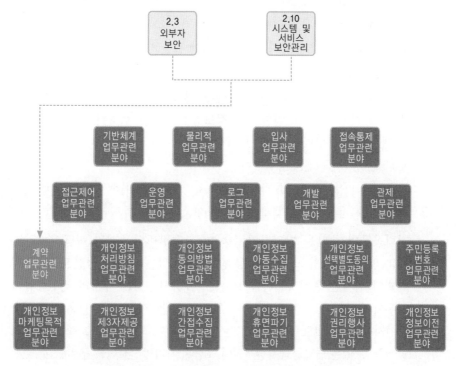

[그림 30] 계약 업무관련 분야와 인증기준 분야 간의 관계

3 계약 업무에 해당하는 업무관련 항목 설명

1) 업무관련 항목 순서: 계약-01

업무관련 항목	2.3.1.2 (외부 위탁/서비스 이용 시 보호대책)
업무관련 상세 내용	업무의 일부(개인정보취급, 정보보호, 정보시스템 운영 또는 개발 등)를 외부에 위탁하거나 외부의 시설 또는 서비스(클라우드 서비스, 애플리케이션 서비스 등)를 이용하는 경우 법적 요구사항 및 외부 조직·서비스로부터 발생되는 위험을 파악하여 적절한 보호대책을 마련해야 한다.

가) 관련 법률 요구사항

① 개인정보보호법 제26조 제1항(시행령 제28조 제1항): 개인정보처리자가 제3자에게 개인정보의 처리 업무를 위탁하는 경우에는 다음의 내용이 모두 포함된 문서(계약서 등)에 의해 진행되어야 한다.

　– 위탁업무 수행 목적 외 개인정보의 처리 금지에 관한 사항

　– 개인정보의 기술적·관리적 보호조치에 관한 사항

　– 위탁업무의 목적 및 범위

　– 재위탁 제한에 관한 사항

　– 개인정보에 대한 접근 제한 등 안전성 확보 조치에 관한 사항

　– 위탁업무와 관련하여 보유하고 있는 개인정보의 관리 현황 점검 등 감독에 관한 사항

　– 개인정보 처리업무를 위탁받아 처리하는 자(이하 "수탁자"라 한다)가 준수하여야 할 의무를 위반한 경우의 손해배상 등 책임에 관한 사항

② 정통망법 제46조(IDC보호조치 제4조 제1항, 제2항, 제3항, 제4항): [IDC] 집적정보통신시설에 안정적으로 전원을 공급, 전원장비 보호, 도난/테러 예방, 지진/수해/화재 등으로 인한 집적정보통신시설을 보호하기 위하여 전력감시실 및 방재센터를 운영하여 다음에 해당하는 조치를 해야 한다. 단, 전력감시실 및 방재센터는 중앙감시실과 통합하여 운영할 수 있다.

　– 전력관련시설(축전지설비, 자가발전설비, 수변전설비)의 상황파악 및 통제를 위한 전력감시실 또는 중앙감시실을 설치할 것

　– 전력공급의 중단을 방지하기 위하여 고객장비의 3개월 평균 순간사용전력의 130%의 전력을 최소 20분 이상 공급할 수 있는 UPS(무정전전원장치)와 폐쇄형 판넬에 위치한 축전지설비를 보유하고, 장시간 외부에서의 전원공급이 중단될 경우에 대비하여 자체 전력공급을 위한 고객장비/항온항습기/유도등의 3개월 평균 순간사용전력의 130%에 해당하는 전력을 추가적인 연료 보충 없이 2시간 이상 발전할 수 있는 연료공급저장시설이 포함된 자가발전설비를 구비할 것

- 수전, 변전 및 배전기능을 갖춘 수변전실을 두어야 하며 배전반에 단락, 지락, 과전류 및 누전을 방지하기 위하여 필요한 장비(계전기, 누전차단기 또는 누전경보기)를 중앙감시실 또는 전력감시실과 연동되도록 설치할 것
- 주요시설에는 기존 조명설비의 작동이 멈추는 경우에 대비하여 비상조명을 설치할 것
- 주요시설의 각종 전원장비에 대한 접지시설을 할 것
- 전산실에 온·습도 측정이 가능하도록 항온항습기를 설치할 것
- 전산실은 천장을 통하여 외부와의 왕래가 불가능하도록 차단하는 조치를 할 것
- 주요시설이 설치된 건물 내부의 창문을 강화유리로 설치하고 개폐가 되지 않도록 할 것
- 건물은 UPS 등 무거운 장비의 하중에 견딜 수 있도록 필요한 내력구조를 갖추어야 하며 필요시 하중분산시설을 설치할 것
- 건물은 물리적 충격 및 화재에 견딜 수 있도록 철골조, 철근 콘크리트 및 내화 건축자재를 사용하고 방화문을 설치할 것
- 누수에 의한 피해를 예방하기 위하여 주요시설의 천장 및 바닥은 방수시공을 할 것
- 화재감지센서의 작동상황이 실시간으로 파악되어야 한다.
- 화재발생 시에 경보신호를 통해 상황을 알 수 있도록 화재감지센서와 연동된 경보장치를 설치할 것
- 주요시설에는 기존 조명설비의 작동이 멈추는 경우에 바닥 또는 작업면의 조도가 최소 10룩스 이상이 유지되도록 비상조명을 설치할 것
- 집적정보통신시설 전 지역에 유도등 및 유도표지를 설치할 것

③ 개인정보보호법 제24조의2 제2항(시행령 제21조의2): 개인정보처리자는 주민등록번호가 분실·도난·유출·위조·변조 또는 훼손되지 아니하도록 암호화 조치를 통하여 안전하게 보관해야 한다. 이 경우 주민등록번호를 전자적인 방법으로 보관하는 개인정보처리자를 암호화 적용 대상으로 본다.

④ 개인정보보호법 제29조(안전성 확보조치 제7조 제4항, 제5항):(모든 유형) 개인정보처리자가 내부망에 고유식별정보(주민등록번호, 운전면허번호, 외국인등록번호, 여권번호)를 저장하는 경우에는 위험도 분석에 따른 결과에 따라 암호화의 적용여부 및 적용범위를 정하여 시행할 수 있다. 암호화 시에는 안전한 암호알고리즘으로 암호화해야 한다.

⑤ 개인정보보호법 제29조(안전성 확보조치 제7조 제4항, 제5항): 개인정보 영향평가의 대상이 되는 공공기관이 내부망에 고유식별정보(주민등록번호, 운전면허번호, 외국인등록번호, 여권번호)를 저장하는 경우에는 개인정보 영향평가 결과에 따라 암호화의 적용여부 및 적용범위를 정하여 시행할 수 있다. 암호화 시에는 안전한 암호알고리즘으로 암호화해야 한다.

⑥ 정통망법 제28조(보호조치 기준 제6조 제1항, 제2항): 정보통신서비스 제공자등은 비밀번호는 복호화 되지 아니하도록 일방향 암호화하여 저장하며, 고유식별정보(주민등록번호, 여권번호, 운전면허번호, 외국인등록번호)/신용카드번호/계좌번호/바이오정보는 안전한 암호 알고리즘으로 암호화하여 저장한다.

⑦ 개인정보보호법 제29조(안전성 확보조치 제7조 제2항, 제5항): (모든 유형) 개인정보처리자는 비밀번호 및 바이오정보는 안전한 암호알고리즘으로 암호화하여 저장해야 한다. 다만, 비밀번호를 저장하는 경우에는 복호화되지 아니하도록 안전한 암호알고리즘으로 일방향 암호화하여 저장해야 한다.

⑧ 개인정보보호법 제29조(안전성 확보조치 제7조 제3항, 제5항): (모든 유형) 개인정보처리자는 인터넷 구간 및 인터넷 구간과 내부망의 중간 지점(DMZ : Demilitarized Zone)에 고유식별정보(주민등록번호, 운전면허번호, 외국인등록번호, 여권번호)를 저장하는 경우에는 이를 안전한 암호알고리즘으로 암호화해야 한다.

⑨ 개인정보보호법 제29조(안전성 확보조치 제7조 제1항, 제5항): (모든 유형) 개인정보처리자는 고유식별정보(주민등록번호, 운전면허번호, 외국인등록번호, 여권번호), 비밀번호 및 바이오정보를 정보통신망을 통하여 송수신하거나 보조저장매체 등을 통하여 전달하는 경우에는 이를 안전한 암호알고리즘으로 암호화해야 한다.

⑩ 정통망법 제32조의3 제1항: 정보통신서비스 제공자등은 주민등록번호, 계좌정보, 신용카드정보 등 이용자의 개인정보가 정보통신망을 통하여 공중에 노출되지 아니하도록 해야 한다.

⑪ 정통망법 제28조(보호조치 기준 제6조 제3항): 정보통신서비스 제공자등은 정보통신망을 통해 이용자의 개인정보 및 인증정보(아이디, 패스워드 등)를 송수신 할 때에는 안전한 보안서버(SSL 또는 암호화 응용프로그램 등) 구축 등의 조치를 통해 이를 암호화해야 한다.

⑫ 개인정보보호법 제29조(안전성 확보조치 제7조 제7항): (모든 유형) 개인정보처리자는 업무용 컴퓨터 또는 모바일 기기에 고유식별정보를 저장하여 관리하는 경우 상용 암호화 소프트웨어 또는 안전한 암호화 알고리즘을 사용하여 암호화한 후 저장해야 한다.

⑬ 정통망법 제28조(보호조치 기준 제6조 제4항): 정보통신서비스 제공자등은 이용자의 개인정보를 컴퓨터, 모바일 기기 및 보조저장매체 등에 저장할 때에는 이를 암호화해야 한다.

⑭ 정통망법 제28조(보호조치 기준 제4조 제6항): ISMS인증대상인 정보통신서비스 제공자등은 개인정보처리시스템에서 개인정보를 다운로드 또는 파기할 수 있거나 개인정보처리시스템에 대한 접근권한을 설정할 수 있는 개인정보취급자의 컴퓨터 등을 물리적 또는 논리적으로 망분리하여 외부 인터넷접속이 불가능하도록 해야 한다.

⑮ 정통망법 제28조의2: 이용자의 개인정보를 처리하고 있거나 처리하였던 자는 직무상 알게 된 개인정보를 훼손·침해 또는 누설하여서는 아니 되며, 누구든지 그 개인정보가 누설된 사성을 알면서도 영리 또는 부정한 목적으로 개인정보를 제공받아서는 아니 된다.

⑯ 개인정보보호법 제26조 제4항(시행령 제28조 제6항): 위탁자는 업무 위탁으로 인하여 정보주체의 개인정보가 분실·도난·유출·위조·변조 또는 훼손되지 아니하도록 수탁자를 교육하고, 위탁자는 수탁자가 개인정보 처리 업무를 수행하는 경우에 개인정보처리자가 준수하여야 할 사항과 다음의 내용 준수여부 및 처리 현황 점검 등 대통령령으로 정하는 바에 따라 수탁자가 개인정보를 안전하게 처리하는지를 감독해야 한다.

 – 위탁업무 수행 목적 외 개인정보의 처리 금지에 관한 사항

 – 개인정보의 기술적·관리적 보호조치에 관한 사항

 – 위탁업무의 목적 및 범위

 – 재위탁 제한에 관한 사항

 – 개인정보에 대한 접근 제한 등 안전성 확보 조치에 관한 사항

 – 위탁업무와 관련하여 보유하고 있는 개인정보의 관리 현황 점검 등 감독에 관한 사항

 – 개인정보 처리업무를 위탁받아 처리하는 자(이하 "수탁자"라 한다)가 준수하여야 할 의무를 위반한 경우의 손해배상 등 책임에 관한 사항

⑰ 개인정보보호법 제26조 제6항: 수탁자가 위탁받은 업무와 관련하여 개인정보를 처리하는 과정에서 개인정보보호법을 위반하여 발생한 손해배상 책임에 대하여는 수탁자를 개인정보처리자의 소속 직원으로 본다.

⑱ 개인정보보호법 제28조 제2항: 개인정보처리자는 개인정보의 적정한 취급을 보장하기 위하여 개인정보취급자에게 정기적으로 필요한 교육을 실시해야 한다.

⑲ 정통망법 제28조(보호조치 기준 제3조 제2항 1/2): 정보통신서비스 제공자등은 개인정보취급자를 대상으로 교육목적/대상, 교육 내용 및 교육 일정/방법의 사항을 정하여 사업규모, 개인정보 보유 수 등을 고려하여 필요한 교육을 정기적으로 실시해야 한다.

 ※ 개인정보 연간 2회 진행하는 것은 사업규모 등을 고려하여 정기적으로 실시하는 것으로 변경된다.

⑳ 정통망법 제28조(보호조치 기준 제3조 제2항 2/2): 개인정보보호교육 대상으로는 개인정보보호책임자 및 개인정보취급자를 모두 포함해야 한다.

㉑ 정통망법 제46조(IDC 보호지침 제4조 제5항): 수립된 안전운영매뉴얼과 관련된 직원을 대상으로 교육을 실시해야 한다.

㉒ 정통망법 제46조(IDC 보호조치 제5조 제3항): 주요시설의 유지/관리를 수행하는 전문 인력과 소속 인력에 대해 교육/훈련을 실시해야 한다.

나) GAP 분석용 질문

① IDC센터를 사용할 경우 물리적 보호설비(온 · 습도 조절장치, 화재감지 장치, 소화설비 장치, 누수감지 장치, UPS, 이중전원선, 비상발전기 등)가 설치되어 운영 중인 곳인가?

② 외부 애플리케이션 서비스를 사용할 경우, SLA 등을 통해 서비스의 가용성을 보장받고 있는가?

③ 외부 애플리케이션 서비스를 사용할 경우, 제공 업체로부터 해당 서비스의 정보시스템에 대한 기술적 취약점 진단/대응 결과를 제공받는가? 또는 기술적 취약점 진단을 수행할 수 있도록 제공 업체가 지원을 해 주는가?

④ 외부 애플리케이션 서비스를 사용할 경우, 암호화 대상(개인정보 전달/저장, 주민번호/ 자동면허번호/여권번호/외국인번호/계좌번호/신용카드번호/바이오정보 저장)에 대해 암호화를 제공하는가?

⑤ 외부 애플리케이션 서비스를 사용할 경우, 망분리 대상(개인정보처리시스템 관리자, 개인정보취급자 중 삭제/다운로드 권한자)에 대해 망분리를 제공하는가?

⑥ 외부 애플리케이션 서비스를 사용할 경우, 해당 외부 애플리케이션 서비스를 위한 정보시스템(WEB, 소프트웨어)을 회사 내 정보시스템 자산리스트에 등록하는가?

⑦ 외부 애플리케이션 서비스를 사용할 경우, 해당 외부 애플리케이션 서비스를 회사 내 소프트웨어(패키지 솔루션 등)와 동급인 보호대책을 적용하는가?

⑧ 정보시스템의 운영을 외부업체에 위탁하는 경우, 정보처리 업무를 진행하는 외부 수탁인에게 보안서약서를 받는가?

⑨ 정보시스템의 운영을 외부업체에 위탁하는 경우, 수탁인에 대한 정보보호 교육을 진행하거나 교육수료 결과를 취합/관리하는가?

⑩ 개인정보를 취급하는 업무를 외부에 위탁하는 경우, 개인정보처리 업무를 진행하는 외부 수탁인에게 보안서약서를 받는가?

⑪ 개인정보를 취급하는 업무를 외부에 위탁하는 경우, 수탁인에 대한 개인정보보호 교육을 진행하거나 교육수료 결과를 취합/관리하는가?

⑫ 개인정보를 취급하는 업무를 외부에 위탁하는 경우, 암호화 대상(개인정보 전달/저장, 주민번호/자동면허번호/여권번호/외국인번호/계좌번호/신용카드번호/바이오정보 저장)에 대해 암호화를 적용하고 있는가?

⑬ 개인정보를 취급하는 업무를 외부에 위탁하는 경우, 망분리 대상(개인정보처리시스템 관리자, 개인정보취급자 중 삭제/다운로드 권한자)에 대해 망분리를 적용하고 있는가?

⑭ 외주개발을 위탁하는 경우, 자체개발 시 기준이 되는 모든 보안 요구사항들을 동일하게 적용시키고 있는가?

⑮ 외주개발을 위탁하는 경우, 결과물 인수 시 보안 요구사항들이 모두 적용되었는지 확인하는가?

⑯ 외주개발을 위탁하는 경우, 결과물을 운영환경으로 이관 시 자체개발에 따른 이관 절차를 따르고 있는가?

다) ISMS:2013과의 차이

    ① [추가] 외부위탁 시 보호대책 마련

    ② [확대] 외부 시설/서비스(클라우드, 애플리케이션 등) 이용 시 보호대책 마련

라) 해당하는 ISMS-P 인증기준 항목: 2.3.1 (외부자 현황관리)

마) 해당하는 ISMS-P 인증기준 상세 내용: 업무의 일부(개인정보취급, 정보보호, 정보시스템 운영 또는 개발 등)를 외부에 위탁하거나 외부의 시설 또는 서비스(집적정보통신시설, 클라우드 서비스, 애플리케이션 서비스 등)를 이용하는 경우 그 현황을 식별하고 법적 요구사항 및 외부 조직·서비스로부터 발생되는 위험을 파악하여 적절한 보호대책을 마련해야 한다.

바) 해당하는 ISMS:2013 인증기준 통제항목: 없음

사) 해당하는 ISMS:2013 인증기준 통제내용: 없음

2) 업무관련 항목 순서: 계약-02

업무관련 항목	2.3.2.2 (외부자 업무위탁 시 협정서 내용)
업무관련 상세 내용	외부자에게 업무(외주개발 포함)를 위탁하는 경우 이에 따른 (개인)정보 보호 요구사항을 계약서 또는 협정서 등에 명시해야 한다.

가) 관련 법률 요구사항

    ① 개인정보보호법 제26조 제1항(시행령 제28조 제1항): 개인정보처리자가 제3자에게 개인정보의 처리 업무를 위탁하는 경우에는 다음의 내용이 모두 포함된 문서(계약서 등)에 의해 진행되어야 한다.

        – 위탁업무 수행 목적 외 개인정보의 처리 금지에 관한 사항

        – 개인정보의 기술적·관리적 보호조치에 관한 사항

        – 위탁업무의 목적 및 범위

        – 재위탁 제한에 관한 사항

- 개인정보에 대한 접근 제한 등 안전성 확보 조치에 관한 사항

- 위탁업무와 관련하여 보유하고 있는 개인정보의 관리 현황 점검 등 감독에 관한 사항

- 개인정보 처리업무를 위탁받아 처리하는 자(이하 "수탁자"라 한다)가 준수하여야 할 의무를 위반한 경우의 손해배상 등 책임에 관한 사항

② 정통망법 제25조 제6항: 정보통신서비스 제공자등이 수탁자에게 개인정보 처리위탁을 할 때에는 문서에 의해야 한다.

③ 정통망법 제63조 제1항: 정보통신서비스 제공자등은 이용자의 개인정보에 관하여 망법을 위반하는 사항을 내용으로 하는 국제계약을 체결하여서는 아니 된다.

④ 정통망법 제50조의3 제1항: 영리목적의 광고성 정보의 전송을 타인에게 위탁한 자는 그 업무를 위탁받은 자가 제50조(영리목적 광고성 정보 전송 시 방법 및 책임 등)를 위반하지 아니하도록 관리·감독하여야 한다

⑤ 정통망법 제50조의3 제2항: 영리목적의 광고성 정보의 전송을 위탁받은 자는 그 업무와 관련한 법을 위반하여 발생한 손해의 배상책임에 있어 정보 전송을 위탁한 자의 소속 직원으로 본다.

나) GAP 분석용 질문

① IDC센터를 사용하고자 할 경우, IDC 물리적 보호설비에 대한 보안 요구사항들을 계약서(또는 협정성 등)에 명시하고 있는가?

② 정보시스템의 운영을 외부업체에 위탁하고자 할 경우, 정보시스템 운영위탁에 대한 보안 요구사항들을 계약서(또는 협정성 등)에 명시하고 있는가?

③ 개인정보를 취급하는 업무를 외부에 위탁하고자 할 경우, 개인정보 처리위탁에 대한 보안 요구사항[1]들을 계약서(또는 협정성 등)에 명시하고 있는가?

④ 외주개발을 위탁하는 경우, 자체개발 시 기준이 되는 모든 보안 요구사항들을 계약서(또는 협정서 등)에 명시하고 있는가?

⑤ 해외법인에 개인정보 처리업무를 위탁하고자 할 경우에는 정통망법의 내용을 모두 따르고 있는가? (즉 정통망법을 위반하는 사항을 내용으로 하는 국제계약을 체결하면 안 된다.)

---

1) 위탁업무 수행 목적 외 개인정보의 처리 금지에 관한 사항, 개인정보의 기술적·관리적 보호조치에 관한 사항, 위탁업무의 목적 및 범위, 재위탁 제한에 관한 사항, 개인정보에 대한 접근 제한 등 안전성 확보 조치에 관한 사항, 위탁업무와 관련하여 보유하고 있는 개인정보의 관리 현황 점검 등 감독에 관한 사항, 개인정보 처리업무를 위탁받아 처리하는 자(수탁자)가 준수하여야 할 의무를 위반한 경우의 손해배상 등 책임에 관한 사항, 특히 영리목적 광고성 정보의 전송을 위탁받아 처리하는 자가 준수하여야 할 사항(영리목적 광고성 정보 전송 시 방법 및 책임 등 망법 제50 내용) 및 의무를 위반한 경우의 손해배상 등 책임에 관한 사항

다) ISMS:2013과의 차이: 특이사항 없음

라) 해당하는 ISMS-P 인증기준 항목: 2.3.2 (외부자 계약 시 보안)

마) 해당하는 ISMS-P 인증기준 상세 내용: 외부 서비스를 이용하거나 외부자에게 업무를 위탁하는 경우 이에 따른 정보보호 및 개인정보보호 요구사항을 식별하고, 관련 내용을 계약서 또는 협정서 등에 명시해야 한다.

바) 해당하는 ISMS:2013 인증기준 통제항목

① 3.1.1 (외부자 계약 시 보안 요구사항)

② 8.3.1 (외주개발보안)

사) 해당하는 ISMS:2013 인증기준 통제내용

① 조직의 정보처리 업무를 외부자에게 위탁하거나 정보자산에 대한 접근을 허용할 경우, 또는 업무를 위해 클라우드 서비스 등 외부 서비스를 이용하는 경우에는 보안 요구사항을 식별하고 관련 내용을 계약서 및 협정서 등에 명시해야 한다.

② 정보시스템 개발을 외주 위탁하는 경우 분석 및 설계단계에서 구현 및 이관까지의 준수해야 할 보안 요구사항을 계약서에 명시하고 이행여부를 관리·감독해야 한다.

3) 업무관련 항목 순서: 계약-03

업무관련 항목	2.3.4.1 (외부자 계약 만료/업무 종료 시 보호대책)
업무관련 상세 내용	외부자 계약 만료, 업무 종료 시에는 제공한 정보자산 반납, 정보시스템 접근계정 삭제, 중요정보 파기, 업무 수행 중 취득정보의 비밀유지 확약서 징구 등의 보호대책을 이행해야 한다.

가) 관련 법률 요구사항: 해당 사항 없음

나) GAP 분석용 질문

① 외부자의 계약 만료(또는 업무 종료) 시, 중요정보는 파기하고 업무 수행 중 취득한 정보는 발설하지 않겠다는 비밀유지 확약서를 징구 받는가?

② 계약된 외부자에게 회사자산(PC, 이동형 저장매체 등)을 지급하는가?

③ 외부자의 계약 만료(또는 업무 종료) 시, 지급한 회사자산을 반납받는가?

④ 외부자의 계약 만료(또는 업무 종료) 시, 지급한 회사자산을 어떤 방식으로 반납받는가?

⑤ 외부자의 계약 만료(또는 업무 종료) 시, 외부자에게 부여된 정보시스템의 접근 계정을 삭제하는가?

⑥ 외부자의 계약 만료(또는 업무 종료) 시, 외부자에게 부여된 정보시스템의 접근 계정을 어떤 방식으로 삭제 확인을 받는가?

다) ISMS:2013과의 차이: 특이사항 없음

라) 해당하는 ISMS-P 인증기준 항목: 2.3.4 (외부자 계약 변경 및 만료 시 보안)

마) 해당하는 ISMS-P 인증기준 상세 내용: 외부자 계약 만료, 업무 종료, 담당자 변경 시에는 제공한 정보자산 반납, 정보시스템 접근계정 삭제, 중요정보 파기, 업무 수행 중 취득정보의 비밀유지 확약서 징구 등의 보호대책을 이행해야 한다.

바) 해당하는 ISMS:2013 인증기준 통제항목: 3.2.2 (외부자 계약 만료 시 보안)

사) 해당하는 ISMS:2013 인증기준 통제내용: 외부자와의 계약 만료, 업무 종료, 담당자 변경 시 조직이 외부자에게 제공한 정보자산의 반납, 정보시스템 접근계정 삭제, 중요정보 파기, 업무 수행 시 알게 된 정보의 비밀유지 확약서 등의 내용을 확인해야 한다.

4) 업무관련 항목 순서: 계약-04

업무관련 항목	2.3.4.2 (업무담당 외부자 변경 시 보호대책)
업무관련 상세 내용	외부자 담당자 변경 시에는 제공한 정보자산 반납, 정보시스템 접근계정 삭제, 중요정보 파기, 업무 수행 중 취득정보의 비밀유지 확약서 징구 등의 보호대책을 이행해야 한다.

가) 관련 법률 요구사항: 해당 사항 없음

나) GAP 분석용 질문

① 업무담당 외부자가 변경될 경우, 기존 외부자로부터 중요정보는 파기하고 업무 수행 중 취득한 정보는 발설하지 않겠다는 비밀유지 확약서를 징구 받는가?

② 업무담당 외부자가 변경될 경우, 기존 외부자에게 지급한 회사자산을 반납받는가?

③ 업무담당 외부자가 변경될 경우, 기존 외부자에게 지급한 회사자산을 어떤 방식으로 반납받는가?

④ 업무담당 외부자가 변경될 경우, 기존 외부자에게 부여된 정보시스템의 접근 계정을 삭제하는가?

⑤ 업무담당 외부자가 변경될 경우, 기존 외부자에게 부여된 정보시스템의 접근 계정을 어떤 방식으로 삭제 확인을 받는가?

다) ISMS:2013과의 차이: 특이사항 없음

라) 해당하는 ISMS-P 인증기준 항목: 2.3.4 (외부자 계약 변경 및 만료 시 보안)

마) 해당하는 ISMS-P 인증기준 상세 내용: 외부자 계약 만료, 업무 종료, 담당자 변경 시에는 제공한 정보자산 반납, 정보시스템 접근계정 삭제, 중요정보 파기, 업무 수행 중

취득정보의 비밀유지 확약서 징구 등의 보호대책을 이행해야 한다.

바) 해당하는 ISMS:2013 인증기준 통제항목: 3.2.2 (외부자 계약 만료 시 보안)

사) 해당하는 ISMS:2013 인증기준 통제내용: 외부자와의 계약 만료, 업무 종료, 담당자 변경 시 조직이 외부자에게 제공한 정보자산의 반납, 정보시스템 접근계정 삭제, 중요정보 파기, 업무 수행 시 알게 된 정보의 비밀유지 확약서 등의 내용을 확인해야 한다.

5) 업무관련 항목 순서: 계약-05

업무관련 항목	2.3.3.1 (외부자 보호대책 점검)
업무관련 상세 내용	외부자 담당자 변경 시에는 제공한 정보자산 반납, 정보시스템 접근계정 삭제, 중요정보 파기, 업무 수행 중 취득정보의 비밀유지 확약서 징구 등의 보호대책을 이행해야 한다.

가) 관련 법률 요구사항

① 개인정보보호법 제26조 제4항(시행령 제28조 제6항): 위탁자는 업무 위탁으로 인하여 정보주체의 개인정보가 분실·도난·유출·위조·변조 또는 훼손되지 아니하도록 수탁자를 교육하고, 위탁자는 수탁자가 개인정보 처리 업무를 수행하는 경우에 개인정보처리자가 준수하여야 할 사항과 다음의 내용 준수여부 및 처리 현황 점검 등 대통령령으로 정하는 바에 따라 수탁자가 개인정보를 안전하게 처리하는지를 감독해야 한다.

  – 위탁업무 수행 목적 외 개인정보의 처리 금지에 관한 사항

  – 개인정보의 기술적·관리적 보호조치에 관한 사항

  – 위탁업무의 목적 및 범위

  – 재위탁 제한에 관한 사항

  – 개인정보에 대한 접근 제한 등 안전성 확보 조치에 관한 사항

  – 위탁업무와 관련하여 보유하고 있는 개인정보의 관리 현황 점검 등 감독에 관한 사항

  – 개인정보 처리업무를 위탁받아 처리하는 자(이하 "수탁자"라 한다)가 준수하여야 할 의무를 위반한 경우의 손해배상 등 책임에 관한 사항

② 개인정보보호법 제26조 제7항: 수탁자에 관하여는 제15조부터 제25조까지, 제27조부터 제31조까지, 제33조부터 제38조까지 및 제59조를 준용한다.

③ 정통망법 제25조 제4항, 제5항: 정보통신서비스 제공자와 그로부터 이용자의 개인정보를 제공받은 자(이하 "정보통신서비스 제공자등"이라 한다)는 수탁자가 개인정보를 목적 외 사용하지 않도록 관리·감독 및 교육해야 한다. 이때 수탁자의 직원은 정보통신서비스 제공자등의 소속 직원으로 본다.

④ 정통망법 제28조(보호조치 기준 제3조 제1항): 정보통신서비스 제공자등은 개인정보 처리업무를 위탁하는 경우 수탁자에 대한 관리 및 감독에 관한 사항을 정하여 운영해야 한다.

⑤ 정통망법 제50조의3 제1항: 영리목적의 광고성 정보의 전송을 타인에게 위탁한 자는 그 업무를 위탁받은 자가 제50조(영리목적 광고성 정보 전송 시 방법 및 책임 등)를 위반하지 아니하도록 관리·감독하여야 한다

⑥ 정통망법 제50조의3 제2항: 영리목적의 광고성 정보의 전송을 위탁받은 자는 그 업무와 관련한 법을 위반하여 발생한 손해의 배상책임에 있어 정보 전송을 위탁한 자의 소속 직원으로 본다.

나) GAP 분석용 질문

① 외부자에게 업무를 위탁(IDC 사용, 정보시스템 위탁운영, 개인정보 처리위탁 등)할 때 작성된 계약서(또는 협정서)상의 보안 요구사항에 대한 정보보호 활동점검 및 조사를 하고 있는가?

② 수탁사에 대한 정보보호 활동점검 및 조사 진행은 가장 최근에 언제, 누가, 어떤 항목으로 어떻게(수탁사 셀프체크, 현장점검 등) 진행하였는가?

③ 수탁사에 대한 정보보호 활동점검 및 조사 주기는 어떻게 되는가?

다) ISMS:2013과의 차이: 특이사항 없음

라) 해당하는 ISMS-P 인증기준 항목: 2.3.3 (외부자 보안 이행관리)

마) 해당하는 ISMS-P 인증기준 상세 내용: 외부자 담당자 변경 시에는 제공한 정보자산 반납, 정보시스템 접근계정 삭제, 중요정보 파기, 업무 수행 중 취득정보의 비밀유지 확약서 징구 등의 보호대책을 이행해야 한다.

바) 해당하는 ISMS:2013 인증기준 통제항목: 3.2.1 (외부자 보안 이행관리)

사) 해당하는 ISMS:2013 인증기준 통제내용: 외부자 담당자 변경 시에는 제공한 정보자산 반납, 정보시스템 접근계정 삭제, 중요정보 파기, 업무 수행 중 취득정보의 비밀유지 확약서 징구 등의 보호대책을 이행해야 한다.

6) 업무관련 항목 순서: 계약-06

업무관련 항목	2.3.2.1 (외부서비스 이용 시 협정서 내용)
업무관련 상세 내용	외부 서비스를 이용하는 경우 이에 따른 (개인)정보보호 요구사항을 계약서 또는 협정서 등에 명시해야 한다.

가) 관련 법률 요구사항

① 정통망법 제63조 제1항: 정보통신서비스 제공자등은 이용자의 개인정보에 관하여 망법을 위반하는 사항을 내용으로 하는 국제계약을 체결하여서는 아니 된다.

나) GAP 분석용 질문

① 외부 애플리케이션 서비스를 사용하고자 할 경우, 외부 애플리케이션 서비스 사용에 대한 보안 요구사항들을 계약서(또는 협정성 등)에 명시하고 있는가?

② 클라우드 서비스를 사용하고자 할 경우, 클라우드 서비스별(IaaS, PaaS, SaaS 등) 관련된 보안 요구사항들을 계약서(또는 협정성 등)에 명시하고 있는가?

③ 해외법인이 제공하는 외부 애플리케이션 서비스 또는 클라우드 서비스를 통해 이용자의 개인정보에 관한 서비스를 사용하고자 할 경우에는 정통망법의 내용을 모두 따르고 있는가? (즉 정통망법을 위반하는 사항을 내용으로 하는 국제계약을 체결하면 안 된다.)

다) ISMS:2013과의 차이: 특이사항 없음

라) 해당하는 ISMS-P 인증기준 항목: 2.3.2 (외부자 계약 시 보안)

마) 해당하는 ISMS-P 인증기준 상세 내용: 외부 서비스를 이용하거나 외부자에게 업무를 위탁하는 경우 이에 따른 정보보호 및 개인정보보호 요구사항을 식별하고, 관련 내용을 계약서 또는 협정서 등에 명시해야 한다.

바) 해당하는 ISMS:2013 인증기준 통제항목: 3.1.1 (외부자 계약 시 보안 요구사항)

사) 해당하는 ISMS:2013 인증기준 통제내용: 조직의 정보처리 업무를 외부자에게 위탁하거나 정보자산에 대한 접근을 허용할 경우, 또는 업무를 위해 클라우드 서비스 등 외부 서비스를 이용하는 경우에는 보안 요구사항을 식별하고 관련 내용을 계약서 및 협정서 등에 명시해야 한다.

7) 업무관련 항목 순서: 계약-07

업무관련 항목	2.10.2.1 (IaaS 클라우드 보호대책)
업무관련 상세 내용	IaaS 클라우드 서비스 이용 시 비인가 접근, 설정 오류 등에 따라 중요 정보와 개인정보가 유·노출되지 않도록 관리자 접근 및 보안 설정 등에 대한 보호대책을 수립·이행해야 한다.

가) 관련 법률 요구사항: 해당 사항 없음

나) GAP 분석용 질문

① 클라우드 서비스 중 IaaS 서비스를 사용할 경우, 클라우드 서비스 제공자와 (개인)정보보호에 대한 책임과 역할을 정의하고 이를 계약서(SLA 등)에 반영하고 있는가?

② 클라우드 서비스 중 IaaS 서비스를 사용할 경우, 해당 클라우드 서비스에 적용되는 정보시스템(서버, DB, WEB)을 회사 내 정보시스템 자산리스트에 등록하는가?

③ 클라우드 서비스 중 IaaS 서비스를 사용할 경우, 해당 클라우드 서비스에 적용되는 정보시스템(서버, DB, WEB)을 회사 내 정보시스템과 동급인 보호대책을 적용하는가?

다) ISMS:2013과의 차이: [확대] 클라우드 서비스 이용 시 보호대책 수립

라) 해당하는 ISMS-P 인증기준 항목: 2.10.2 (클라우드 보안)

마) 해당하는 ISMS-P 인증기준 상세 내용: 클라우드 서비스 이용 시 서비스 유형(SaaS, PaaS, IaaS 등)에 따른 비인가 접근, 설정 오류 등에 따라 중요정보와 개인정보가 유·노출되지 않도록 관리자 접근 및 보안 설정 등에 대한 보호대책을 수립·이행해야 한다.

바) 해당하는 ISMS:2013 인증기준 통제항목: 없음

사) 해당하는 ISMS:2013 인증기준 통제내용: 없음

8) 업무관련 항목 순서: 계약-08

업무관련 항목	2.10.2.2 (PaaS 클라우드 보호대책)
업무관련 상세 내용	PaaS 클라우드 서비스 이용 시 비인가 접근, 설정 오류 등에 따라 중요 정보와 개인정보가 유·노출되지 않도록 관리자 접근 및 보안 설정 등에 대한 보호대책을 수립·이행해야 한다.

가) 관련 법률 요구사항: 해당 사항 없음

나) GAP 분석용 질문

① 클라우드 서비스 중 PaaS 서비스를 사용할 경우, 클라우드 서비스 제공자와 (개인)정보보호에 대한 책임과 역할을 정의하고 이를 계약서(SLA 등)에 반영하고 있는가?

② 클라우드 서비스 중 PaaS 서비스를 사용할 경우, 해당 클라우드 서비스에 적용되는 정보시스템(APP, WEB)을 회사 내 정보시스템 자산리스트에 등록하는가?

③ 클라우드 서비스 중 IaaS 서비스를 사용할 경우, 해당 클라우드 서비스에 적용되는 정보시스템(APP, WEB)을 회사 내 정보시스템과 동급인 보호대책을 적용하는가?

다) ISMS:2013과의 차이: [확대] 클라우드 서비스 이용 시 보호대책 수립

라) 해당하는 ISMS-P 인증기준 항목: 2.10.2 (클라우드 보안)

마) 해당하는 ISMS-P 인증기준 상세 내용: 클라우드 서비스 이용 시 서비스 유형(SaaS, PaaS, IaaS 등)에 따른 비인가 접근, 설정 오류 등에 따라 중요정보와 개인정보가 유·노출되지 않도록 관리자 접근 및 보안 설정 등에 대한 보호대책을 수립·이행해야 한다.

바) 해당하는 ISMS:2013 인증기준 통제항목: 없음

사) 해당하는 ISMS:2013 인증기준 통제내용: 없음

9) 업무관련 항목 순서: 계약-09

업무관련 항목	2.10.2.3 (SaaS 클라우드 보호대책)
업무관련 상세 내용	SaaS 클라우드 서비스 이용 시 비인가 접근, 설정 오류 등에 따라 중요 정보와 개인정보가 유·노출되지 않도록 관리자 접근 및 보안 설정 등에 대한 보호대책을 수립·이행해야 한다.

가) 관련 법률 요구사항: 해당 사항 없음

나) GAP 분석용 질문

　① 클라우드 서비스 중 SaaS 서비스를 사용할 경우, 클라우드 서비스 제공자와 (개인)정보 보호에 대한 책임과 역할을 정의하고 이를 계약서(SLA 등)에 반영하고 있는가?

　② 클라우드 서비스 중 SaaS 서비스를 사용할 경우, 해당 클라우드 서비스에 적용되는 정보시스템(WEB, 소프트웨어)을 회사 내 정보시스템 자산리스트에 등록하는가?

　③ 클라우드 서비스 중 SaaS 서비스를 사용할 경우, 해당 클라우드 서비스에 적용되는 정보시스템(WEB, 소프트웨어)을 회사 내 정보시스템과 동급인 보호대책을 적용하는가?

다) ISMS:2013과의 차이: [확대] 클라우드 서비스 이용 시 보호대책 수립

라) 해당하는 ISMS-P 인증기준 항목: 2.10.2 (클라우드 보안)

마) 해당하는 ISMS-P 인증기준 상세 내용: 클라우드 서비스 이용 시 서비스 유형(SaaS, PaaS, IaaS 등)에 따른 비인가 접근, 설정 오류 등에 따라 중요정보와 개인정보가 유·노출되지 않도록 관리자 접근 및 보안 설정 등에 대한 보호대책을 수립·이행해야 한다.

바) 해당하는 ISMS:2013 인증기준 통제항목: 없음

사) 해당하는 ISMS:2013 인증기준 통제내용: 없음

10) 업무관련 항목 순서: 계약-10

업무관련 항목	2.10.5.2 (타 조직에 정보전송 시 협약 이행)
업무관련 상세 내용	타 조직에 개인정보 및 중요정보를 전송할 경우 조직 간 합의를 통해 관리 책임, 전송방법, 개인정보 및 중요정보 보호를 위한 기술적 보호조치 등을 협약하고 이행해야 한다.

가) 관련 법률 요구사항: 해당 사항 없음

나) GAP 분석용 질문

　① 외부 조직에 개인정보 등 중요정보를 전송/전달하는 경우, 중요정보를 전달 후 관리책임은 누구한테 존재하는가?

　② 외부 조직에 개인정보 등 중요정보를 전송/전달하는 경우, 중요정보를 전달받는 자가 누구인지, 그리고 전달되는 중요정보와 관련된 내용(전달정보, 관리책임, 전송기술 또는 전달방법, 전송/전달 시 암호화, 저장 시 암호화 등)이 포함된 협약서를 통해 진행하는가?

　③ 협약서 내용에는 어떤 내용들이 기술되어져 있는가?

　④ 개인정보 등 중요정보를 외주업체 등 타 조직에 시스템적으로 DB연동하여 전송하는 부분이 존재하는가?

　⑤ 존재한다면, 어떤 용도로 어느 업체들에게 어떤 정보를 각각 전달하는가?

　⑥ 존재한다면, 전송 시 어떤 기술로 어떻게(전송구간 암호화 등) 전달하는가?

　⑦ 존재한다면, 전송구간을 암호화 하는가?

　⑧ 전송구간 암호화를 적용한다면 어떤 방법(HTTPS, 암호화모듈 적용, VPN 등)으로 전송구간을 암호화 하는가?

　⑨ 개인정보 등 중요정보를 외주업체 등 타 조직에 시스템적으로 DB연동하여 전송하는 부분이 존재한다면, 타 조직에 전송된 자료를 타 조직의 DB에 저장 시 암호화 대상에 대해 암호화 하는가?

다) ISMS:2013과의 차이: 특이사항 없음

라) 해당하는 ISMS-P 인증기준 항목: 2.10.5 (정보전송 보안)

마) 해당하는 ISMS-P 인증기준 상세 내용: 타 조직에 개인정보 및 중요정보를 전송할 경우 안전한 전송 정책을 수립하고 조직 간 합의를 통해 관리 책임, 전송방법, 개인정보 및 중요정보 보호를 위한 기술적 보호조치 등을 협약하고 이행해야 한다.

바) 해당하는 ISMS:2013 인증기준 통제항목: 11.3.2 (정보전송 정책 수립 및 협약 체결)

사) 해당하는 ISMS:2013 인증기준 통제내용: 타 조직에 중요정보를 전송할 경우 안전한 전송을 위한 정책을 수립하고 조직 간 정보전송 합의를 통해 관리 책임, 전송 기술 표준, 중요정보의 보호를 위한 기술적 보호조치 등을 포함한 협약서를 작성해야 한다.

개인정보 처리방침 업무관련 분야

● 개인정보 처리방침 업무관련 분야에 해당하는 인증기준에는 어떤 것들이 존재하는지 알아보자.
● 개인정보 처리방침 업무관련 분야에 해당하는 인증기준을 어떻게 업무관련 항목으로 구체화하는지 알아보자.
● 개인정보 처리방침 업무관련 분야에 해당하는 업무관련 항목을 어떤 순서로 변경하는지 알아보자.

1 개인정보 처리방침 업무에 해당하는 정보보호 및 개인정보보호 관리체계 인증기준

3.3.2 (업무 위탁에 따른 정보주체 고지), 3.5.1 (개인정보 처리방침 공개)

2 개인정보 처리방침 업무에 맞게 해당하는 인증기준 순서 변경

3.5.1 (개인정보 처리방침 공개) ➡ 3.3.2 (업무 위탁에 따른 정보주체 고지) ➡ 3.5.1 (개인정보 처리방침 공개)

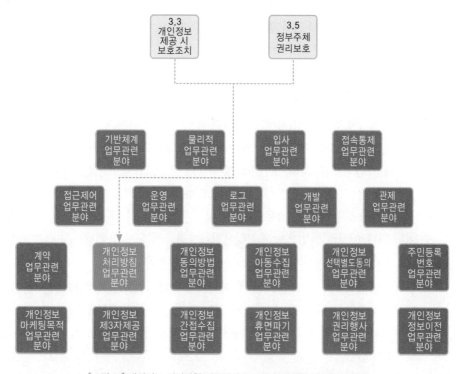

[그림 31] 개인정보 처리방침 업무관련 분야와 인증기준 분야 간의 관계

3 개인정보 처리방침 업무에 해당하는 업무관련 항목 설명

1) 업무관련 항목 순서: 처리방침-01

업무관련 항목	3.5.1.1 (처리방침 공개방법)
업무관련 상세 내용	수립된 개인정보 처리방침에 대해 정보주체(이용자)가 언제든지 쉽게 확인할 수 있도록 적절한 방법에 따라 공개해야 한다.

가) 관련 법률 요구사항

① 개인정보보호법 제30조 제2항(시행령 제31조 제2항, 제3항): 개인정보처리자가 개인정보 처리방침을 수립하거나 변경하는 경우에는 정보주체가 쉽게 확인할 수 있도록 개인정보처리자의 인터넷 홈페이지에 지속적으로 게재하여 공개해야 한다. 다만, 홈페이지에 게재할 수 없는 경우에는 다음의 어느 하나 이상의 방법으로 수립하거나 변경한 개인정보 처리방침을 공개해야 한다.

- 개인정보처리자의 사업장등의 보기 쉬운 장소에 게시하는 방법

- 관보(개인정보처리자가 공공기관인 경우만 해당한다)나 개인정보처리자의 사업장등이 있는 시·도 이상의 지역을 주된 보급지역으로 하는 「신문 등의 진흥에 관한 법률」 제2조 제1호 가목·다목 및 같은 조 제2호에 따른 일반일간신문, 일반주간신문 또는 인터넷신문에 싣는 방법

- 같은 제목으로 연 2회 이상 발행하여 정보주체에게 배포하는 간행물·소식지·홍보지 또는 청구서 등에 지속적으로 싣는 방법

- 재화나 용역을 제공하기 위하여 개인정보처리자와 정보주체가 작성한 계약서 등에 실어 정보주체에게 발급하는 방법

② 정통망법 제27조의2 제1항(시행령 제14조 제1항): 정보통신서비스 제공자와 그로부터 이용자의 개인정보를 제공받은 자(이하 "정보통신서비스 제공자등"이라 한다)가 이용자의 개인정보를 처리(개인정보를 수집, 생성, 연계, 연동, 기록, 저장, 보유, 가공, 편집, 검색, 출력, 정정(訂正), 복구, 이용, 제공, 공개, 파기(破棄), 그 밖에 이와 유사한 행위를 말한다)하는 경우에는 개인정보의 수집 장소와 매체 등을 고려하여 다음 중 어느 하나 이상의 방법으로 개인정보처리방침을 이용자가 언제든지 쉽게 확인할 수 있도록 공개하되, 그 명칭을 "개인정보처리방침"이라고 표시해야 한다.

- 인터넷 홈페이지의 첫 화면 또는 첫 화면과의 연결화면을 통하여 개인정보처리방침의 모든 사항을 이용자가 볼 수 있도록 하는 방법. 이 경우 정보통신서비스 제공자등은 글자 크기, 색상 등을 활용하여 이용자가 개인정보처리방침을 쉽게 확인할 수 있도록 표시해야 한다.

－ 점포 · 사무소 안의 보기 쉬운 장소에 써 붙이거나 비치하여 열람하도록 하는 방법

－ 동일한 제호로 연 2회 이상 계속적으로 발행하여 이용자에게 배포하는 간행물 · 소식지 · 홍보지 · 청구서 등에 지속적으로 게재하는 방법

나) GAP 분석용 질문

① 개인정보처리방침을 정보주체(이용자)가 언제든지 쉽게 확인(메인페이지에 글자 크기 및 색상 등 활용)할 수 있도록 공개하고 있는가?

② 어떤 방식으로 이용자가 쉽게 확인할 수 있도록 공개하고 있는가?

다) ISMS:2013과의 차이: 특이사항 없음

라) 해당하는 ISMS-P 인증기준 항목: 3.5.1 (개인정보처리방침 공개)

마) 해당하는 ISMS-P 인증기준 상세 내용: 개인정보의 처리 목적 등 필요한 사항을 모두 포함하여 개인정보처리방침을 수립하고, 이를 정보주체(이용자)가 언제든지 쉽게 확인할 수 있도록 적절한 방법에 따라 공개하고 지속적으로 현행화해야 한다.

바) 해당하는 PIMS:2016 인증기준 통제항목: 5.1.8 (개인정보처리(취급)방침)

사) 해당하는 PIMS:2016 인증기준 통제내용: 개인정보처리(취급)방침을 수립하여 정보주체(이용자)가 언제든지 확인할 수 있도록 적절한 방법에 따라 공개해야 한다.

2) 업무관련 항목 순서: 처리방침-02

업무관련 항목	3.5.1.3 (처리방침 구성내용)
업무관련 상세 내용	개인정보의 처리 목적 등 필요한 사항을 모두 포함하여 개인정보처리방침을 수립해야 한다.

가) 관련 법률 요구사항

① 개인정보보호법 제26조 제2항(시행령 제28조 제2항, 제3항): 개인정보처리자가 제3자에게 개인정보의 처리 업무를 위탁하는 경우에는, 개인정보의 처리 업무를 위탁하는 개인정보처리자(이하 "위탁자"라 한다)는 위탁하는 업무의 내용과 개인정보 처리 업무를 위탁받아 처리하는 자(이하 "수탁자"라 한다)를 정보주체가 언제든지 쉽게 확인할 수 있도록 위탁자가 위탁자의 인터넷 홈페이지에 위탁하는 업무의 내용과 수탁자를 지속적으로 게재하는 방법을 통해 공개해야 한다. 단, 인터넷 홈페이지에 게재할 수 없는 경우에는 다음의 어느 하나 이상의 방법으로 위탁하는 업무의 내용과 수탁자를 공개해야 한다.

－ 위탁자의 사업장등의 보기 쉬운 장소에 게시하는 방법

- 관보(위탁자가 공공기관인 경우만 해당한다)나 위탁자의 사업장등이 있는 시·도 이상의 지역을 주된 보급지역으로 하는 「신문 등의 진흥에 관한 법률」 제2조 제1호 가목·다목 및 같은 조 제2호에 따른 일반일간신문, 일반주간신문 또는 인터넷신문에 싣는 방법
- 같은 제목으로 연 2회 이상 발행하여 정보주체에게 배포하는 간행물·소식지·홍보지 또는 청구서 등에 지속적으로 싣는 방법
- 재화나 용역을 제공하기 위하여 위탁자와 정보주체가 작성한 계약서 등에 실어 정보주체에게 발급하는 방법

② 개인정보보호법 제30조 제1항(시행령 제31조 제1항, 제30조 제1항, 제3항): 개인정보처리자는 다음의 사항이 포함된 개인정보의 처리 방침(이하 "개인정보 처리방침"이라 한다)을 정해야 한다.
  - 개인정보의 처리 목적
  - 개인정보의 처리 및 보유 기간
  - 개인정보의 제3자 제공에 관한 사항(해당되는 경우에만 정한다)
  - 개인정보처리의 위탁에 관한 사항(해당되는 경우에만 정한다)
  - 정보주체와 법정대리인의 권리·의무 및 그 행사방법에 관한 사항
  - 개인정보보호책임자의 성명 또는 개인정보보호 업무 및 관련 고충사항을 처리하는 부서의 명함과 전화번호 등 연락처
  - 인터넷 접속정보파일 등 개인정보를 수집하는 장치의 설치 운영 및 그 거부에 관한 사항(해당하는 경우에만 정한다)
  - 처리하는 개인정보의 항목
  - 개인정보의 파기에 관한 사항
  - 개인정보의 안전성 확보 조치에 관한 사항

③ 개인정보보호법 제30조 제3항: 개인정보 처리방침의 내용과 개인정보처리자와 정보주체 간에 체결한 계약의 내용이 다른 경우에는 정보주체에게 유리한 것을 적용한다.

④ 정통망법 제27조의2 제2항: 정보통신서비스 제공자와 그로부터 이용자의 개인정보를 제공받은 자(이하 "정보통신서비스 제공자등"이라 한다)가 개인정보처리방침을 공개하고자 할 경우 다음의 사항이 모두 포함되어야 한다.
  - 개인정보의 수집·이용 목적, 수집하는 개인정보의 항목 및 수집방법
  - 개인정보를 제3자에게 제공하는 경우 제공받는 자의 성명(법인인 경우에는 법인의 명칭을 말한다), 제공받는 자의 이용 목적과 제공하는 개인정보의 항목
  - 개인정보의 보유 및 이용 기간, 개인정보의 파기절차 및 파기방법(타 법률에 따라 개인정보를 보존하여야 하는 경우에는 그 보존근거와 보존하는 개인정보 항목을 포함한다)

- 개인정보 처리위탁을 하는 업무의 내용 및 수탁자(해당되는 경우에만 처리방침에 포함한다)

- 이용자 및 법정대리인의 권리와 그 행사방법

- 인터넷 접속정보파일 등 개인정보를 자동으로 수집하는 장치의 설치·운영 및 그 거부에 관한 사항

- 개인정보 보호책임자의 성명 또는 개인정보보호 업무 및 관련 고충사항을 처리하는 부서의 명칭과 그 전화번호 등 연락처

나) GAP 분석용 질문

① 개인정보처리방침에 필수사항(정통망법[1]에만 수집방법이 존재, 개인정보보호법[2]에만 개인정보의 안전성 확보조치에 관한 사항이 존재)을 모두 포함하고 있는가?

② 처리방침에 일부 빠진 필수사항이 존재한다면 어떤 항목이 빠져 있는가?

다) ISMS:2013과의 차이: 특이사항 없음

라) 해당하는 ISMS-P 인증기준 항목: 3.5.1 (개인정보처리방침 공개)

마) 해당하는 ISMS-P 인증기준 상세 내용: 개인정보의 처리 목적 등 필요한 사항을 모두 포함하여 개인정보처리방침을 수립하고, 이를 정보주체(이용자)가 언제든지 쉽게 확인할 수 있도록 적절한 방법에 따라 공개하고 지속적으로 현행화해야 한다.

바) 해당하는 PIMS:2016 인증기준 통제항목: 5.1.8 (개인정보처리(취급)방침)

사) 해당하는 PIMS:2016 인증기준 통제내용: 개인정보처리(취급)방침을 수립하여 정보주체(이용자)가 언제든지 확인할 수 있도록 적절한 방법에 따라 공개해야 한다.

---

1) 정통망법:
- 개인정보의 수집·이용 목적 및 수집하는 개인정보의 항목·수집방법
- 인터넷 접속정보파일 등 개인정보를 자동으로 수집하는 장치의 설치·운영 및 그 거부에 관한 사항
- 개인정보의 보유 및 이용 기간·개인정보의 파기절차 및 파기방법(타 법률에 따라 개인정보를 보존하여야 하는 경우에는 그 보존근거와 보존하는 개인정보 항목을 포함)
- 개인정보를 제3자에게 제공하는 경우 제공받는 자의 성명 및 제공받는 자의 이용 목적과 제공하는 개인정보의 항목
- 개인정보 처리위탁을 하는 업무의 내용 및 수탁자
- 이용자 및 법정대리인의 권리와 그 행사방법
- 개인정보 보호책임자의 성명 또는 개인정보보호 업무 및 관련 고충사항을 처리하는 부서의 명칭과 그 전화번호 등 연락처

2) 개인정보보호법:
- 개인정보의 처리 목적　　　　　　　　　　　- 처리하는 개인정보의 항목
- 인터넷 접속정보파일 등 개인정보를 수집하는 장치의 설치 운영 및 그 거부에 관한 사항
- 개인정보의 처리 및 보유 기간　　　　　　　- 개인정보의 파기에 관한 사항
- 개인정보의 제3자 제공에 관한 사항　　　　　- 개인정보처리의 위탁에 관한 사항
- 정보주체와 법정대리인의 권리·의무 및 그 행사방법에 관한 사항
- 개인정보보호책임자의 성명 또는 개인정보보호 업무 및 관련 고충사항을 처리하는 부서의 명함과 전화번호 등 연락처
- 개인정보의 안전성 확보 조치에 관한 사항

3) 업무관련 항목 순서: 처리방침-03

업무관련 항목	3.3.2.1 (개인정보 처리업무 위탁현황 고지)
업무관련 상세 내용	개인정보 처리업무를 제3자에게 위탁하는 경우 위탁하는 업무의 내용과 수탁자 등 관련사항을 정보주체(이용자)에게 알려야 한다.

가) 관련 법률 요구사항

① 개인정보보호법 제26조 제2항(시행령 제28조 제2항, 제3항): 개인정보처리자가 제3자에게 개인정보의 처리 업무를 위탁하는 경우에는, 개인정보의 처리 업무를 위탁하는 개인정보처리자(이하 "위탁자"라 한다)는 위탁하는 업무의 내용과 개인정보 처리 업무를 위탁받아 처리하는 자(이하 "수탁자"라 한다)를 정보주체가 언제든지 쉽게 확인할 수 있도록 위탁자가 위탁자의 인터넷 홈페이지에 위탁하는 업무의 내용과 수탁자를 지속적으로 게재하는 방법을 통해 공개해야 한다. 단, 인터넷 홈페이지에 게재할 수 없는 경우에는 다음의 어느 하나 이상의 방법으로 위탁하는 업무의 내용과 수탁자를 공개해야 한다.

- 위탁자의 사업장등의 보기 쉬운 장소에 게시하는 방법

- 관보(위탁자가 공공기관인 경우만 해당한다)나 위탁자의 사업장등이 있는 시·도 이상의 지역을 주된 보급지역으로 하는 「신문 등의 진흥에 관한 법률」 제2조 제1호 가목·다목 및 같은 조 제2호에 따른 일반일간신문, 일반주간신문 또는 인터넷신문에 싣는 방법

- 같은 제목으로 연 2회 이상 발행하여 정보주체에게 배포하는 간행물·소식지·홍보지 또는 청구서 등에 지속적으로 싣는 방법

- 재화나 용역을 제공하기 위하여 위탁자와 정보주체가 작성한 계약서 등에 실어 정보주체에게 발급하는 방법

② 정통망법 제27조의2 제2항: 정보통신서비스 제공자와 그로부터 이용자의 개인정보를 제공받은 자(이하 "정보통신서비스 제공자등"이라 한다)가 개인정보처리방침을 공개하고자 할 경우 다음의 사항이 모두 포함되어야 한다.

- 개인정보의 수집·이용 목적, 수집하는 개인정보의 항목 및 수집방법

- 개인정보를 제3자에게 제공하는 경우 제공받는 자의 성명(법인인 경우에는 법인의 명칭을 말한다), 제공받는 자의 이용 목적과 제공하는 개인정보의 항목

- 개인정보의 보유 및 이용 기간, 개인정보의 파기절차 및 파기방법(타 법률에 따라 개인정보를 보존하여야 하는 경우에는 그 보존근거와 보존하는 개인정보 항목을 포함한다)

- 개인정보 처리위탁을 하는 업무의 내용 및 수탁자(해당되는 경우에만 처리방침에 포함한다)
- 이용자 및 법정대리인의 권리와 그 행사방법
- 인터넷 접속정보파일 등 개인정보를 자동으로 수집하는 장치의 설치·운영 및 그 거부에 관한 사항
- 개인정보 보호책임자의 성명 또는 개인정보보호 업무 및 관련 고충사항을 처리하는 부서의 명칭과 그 전화번호 등 연락처

나) GAP 분석용 질문

① 개인정보 처리업무를 외부자에게 위탁하는가?

② 개인정보 처리업무를 외부자에게 위탁할 경우, 위탁하는 내용(위탁하는 업무관련 상세 내용, 수탁업체명)을 모두 개인정보처리방침에 고지하고 있는가?

③ 개인정보 처리업무를 외부자에게 위탁할 경우, 모든 수탁업체에 대해 위탁하는 내용을 고지하는가?

다) ISMS:2013과의 차이: [확대] 개인정보 처리업무 위탁 시 고지하는 부분 추가

라) 해당하는 ISMS-P 인증기준 항목: 3.3.2 (업무 위탁에 따른 정보주체 고지)

마) 해당하는 ISMS-P 인증기준 상세 내용: 개인정보 처리업무를 제3자에게 위탁하는 경우 위탁하는 업무의 내용과 수탁자 등 관련사항을 정보주체(이용자)에게 알려야 하며, 필요한 경우 동의를 받아야 한다.

바) 해당하는 PIMS:2016 인증기준 통제항목: 5.2.1 (개인정보 제3자 제공)

사) 해당하는 PIMS:2016 인증기준 통제내용: 개인정보를 제3자에게 제공 시, 관련내용을 고지하고 동의를 획득한 후 제공하여야 하며, 제3자에게 개인정보의 접근을 허용하는 경우 개인정보를 안전하게 보호하기 위한 보호절차에 따라 통제해야 한다.

4) 업무관련 항목 순서: 처리방침-04

업무관련 항목	3.5.1.2 (처리방침 현행화)
업무관련 상세 내용	수립된 개인정보처리방침은 지속적으로 현행화해야 한다.

가) 관련 법률 요구사항

① 정통망법 제27조의2 제1항(시행령 제14조 제1항): 정보통신서비스 제공자와 그로부터 이용자의 개인정보를 제공받은 자(이하 "정보통신서비스 제공자등"이라 한다)가 이용자의 개인정보를 처리(개인정보를 수집, 생성, 연계, 연동, 기록, 저장, 보유,

가공, 편집, 검색, 출력, 정정(訂正), 복구, 이용, 제공, 공개, 파기(破棄), 그 밖에 이와 유사한 행위를 말한다)하는 경우에는 개인정보의 수집 장소와 매체 등을 고려하여 다음 중 어느 하나 이상의 방법으로 개인정보처리방침을 이용자가 언제든지 쉽게 확인할 수 있도록 공개하되, 그 명칭을 '개인정보처리방침'이라고 표시해야 한다.

- 인터넷 홈페이지의 첫 화면 또는 첫 화면과의 연결화면을 통하여 개인정보처리방침의 모든 사항을 이용자가 볼 수 있도록 하는 방법. 이 경우 정보통신서비스 제공자등은 글자 크기, 색상 등을 활용하여 이용자가 개인정보처리방침을 쉽게 확인할 수 있도록 표시해야 한다.

- 점포·사무소 안의 보기 쉬운 장소에 써 붙이거나 비치하여 열람하도록 하는 방법

- 동일한 제호로 연 2회 이상 계속적으로 발행하여 이용자에게 배포하는 간행물·소식지·홍보지·청구서 등에 지속적으로 게재하는 방법

② 개인정보보호법 제30조 제2항(시행령 제31조 제2항, 제3항): 개인정보처리자가 개인정보 처리방침을 수립하거나 변경하는 경우에는 정보주체가 쉽게 확인할 수 있도록 개인정보처리자의 인터넷 홈페이지에 지속적으로 게재하여 공개해야 한다. 다만, 홈페이지에 게재할 수 없는 경우에는 다음의 어느 하나 이상의 방법으로 수립하거나 변경한 개인정보 처리방침을 공개해야 한다.

- 개인정보처리자의 사업장등의 보기 쉬운 장소에 게시하는 방법

- 관보(개인정보처리자가 공공기관인 경우만 해당한다)나 개인정보처리자의 사업장등이 있는 시·도 이상의 지역을 주된 보급지역으로 하는 「신문 등의 진흥에 관한 법률」 제2조 제1호 가목·다목 및 같은 조 제2호에 따른 일반일간신문, 일반주간신문 또는 인터넷신문에 싣는 방법

- 같은 제목으로 연 2회 이상 발행하여 정보주체에게 배포하는 간행물·소식지·홍보지 또는 청구서 등에 지속적으로 싣는 방법

- 재화나 용역을 제공하기 위하여 개인정보처리자와 정보주체가 작성한 계약서 등에 실어 정보주체에게 발급하는 방법

③ 정통망법 제27조의2 제3항(시행령 제14조 제2항): 개인정보 처리방침을 변경하는 경우에는 그 이유 및 변경내용을 다음의 방법 중 어느 하나 이상의 방법으로 지체 없이 공지하고, 이용자가 언제든지 변경된 사항을 쉽게 알아 볼 수 있도록 조치해야 한다.

- 정보통신서비스 제공자등이 운영하는 인터넷 홈페이지의 첫 화면의 공지사항란 또는 별도의 창을 통하여 공지하는 방법

- 서면·모사전송·전자우편 또는 이와 비슷한 방법으로 이용자에게 공지하는 방법

- 점포·사무소 안의 보기 쉬운 장소에 써 붙이거나 비치하는 방법

나) GAP 분석용 질문

　① 개인정보처리방침 내 용어[1]를 최신화 하고 있는가?

　② 개인정보처리방침을 변경하는 경우에는 그 이유 및 변경(망법 요구사항) 내용을 지정된 방법[2]에 따라 지체 없이 공지하는가?

　③ 어떤 방법으로 처리방침의 변경내용을 공지하는가?

　④ 정보주체(이용자)가 언제든지 처리방침의 변경된 과거 사항을 쉽게 알아 볼 수 있도록 조치하는가?

　⑤ 어떤 방식(과거 버전 히스토리 관리 등)으로 처리방침의 변경된 사항을 쉽게 알아볼 수 있도록 처리하는가?

다) ISMS:2013과의 차이: [추가] 개인정보처리방침 현행화 부분 추가

라) 해당하는 ISMS-P 인증기준 항목: 3.5.1 (개인정보처리방침 공개)

마) 해당하는 ISMS-P 인증기준 상세 내용: 개인정보의 처리 목적 등 필요한 사항을 모두 포함하여 개인정보처리방침을 수립하고, 이를 정보주체(이용자)가 언제든지 쉽게 확인할 수 있도록 적절한 방법에 따라 공개하고 지속적으로 현행화해야 한다.

바) 해당하는 PIMS:2016 인증기준 통제항목: 5.1.8 (개인정보처리(취급)방침)

사) 해당하는 PIMS:2016 인증기준 통제내용: 개인정보처리(취급)방침을 수립하여 정보주체(이용자)가 언제든지 확인할 수 있도록 적절한 방법에 따라 공개해야 한다.

---

1) 개인정보취급방침→개인정보처리방침, 개인정보취급위탁→개인정보처리위탁, 누출→유출, 개인정보관리책임자→개인정보보호담당자

2) 정통망법: 인터넷 홈페이지의 첫 화면의 공지사항란 또는 별도의 창을 통하여 공지, 서면/모사전송/전자우편 또는 이와 비슷한 방법으로 이용자에게 공지, 점포/사무소 안의 보기 쉬운 장소에 써 붙이거나 비치하는 방법

개인정보보호법: 변경된 개인정보처리방침을 인터넷 홈페이지에 지속적으로 게재, 사업장등의 보기 쉬운 장소에 게시, 관보나 사업장등이 있는 시/도 이상의 지역을 주된 보급지역으로 하는 일반일간신문/일반주간신문/인터넷신문에 싣는 방법, 같은 제목으로 연 2회 이상 발행하는 정보주체에게 배포하는 간행물/소식지/홍보지/청구서 등에 지속적으로 싣는 방법, 재화나 용역을 제공하기 위하여 개인정보처리자와 정보주체가 작성한 계약서 등에 실어 정보주체에게 발급하는 방법

CHAPTER 12 개인정보 동의방법 업무관련 분야

● 개인정보 동의방법 업무관련 분야에 해당하는 인증기준에는 어떤 것들이 존재하는지 알아보자.
● 개인정보 동의방법 업무관련 분야에 해당하는 인증기준을 어떻게 업무관련 항목으로 구체화하는지 알아보자.
● 개인정보 동의방법 업무관련 분야에 해당하는 업무관련 항목을 어떤 순서로 변경하는지 알아보자.

1 개인정보 동의방법 업무에 해당하는 정보보호 및 개인정보보호 관리체계 인증기준

3.1.1 (개인정보 수집 제한), 3.1.2 (개인정보의 수집 동의), 3.2.4 (이용자 단말기 접근 보호), 3.2.5 (개인정보 목적 외 이용 및 제공)

2 개인정보 동의방법 업무에 맞게 해당하는 인증기준 순서 변경

3.1.2 (개인정보의 수집 동의) → 3.1.1 (개인정보 수집 제한) → 3.2.5 (개인정보 목적 외 이용 및 제공) → 3.2.4 (이용자 단말기 접근 보호)

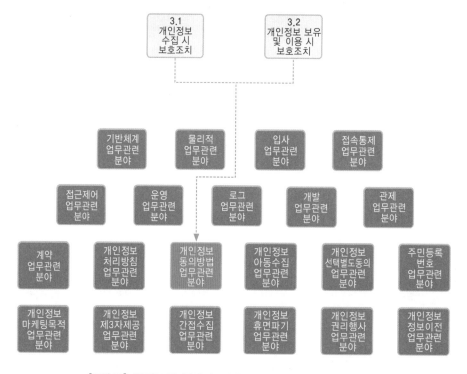

[그림 32] 개인정보 동의방법 업무관련 분야와 인증기준 분야 간의 관계

3 개인정보 동의방법 업무에 해당하는 업무관련 항목 설명

1) 업무관련 항목 순서: 동의방법−01

업무관련 항목	3.1.2.1 (개인정보 수집방법(동의/법령))
업무관련 상세 내용	개인정보는 정보주체(이용자)의 동의를 받거나 관계 법령에 따라 적법하게 수집해야 한다.

가) 관련 법률 요구사항

① 개인정보보호법 제15조 제2항: 개인정보처리자는 개인정보 수집 동의를 받을 때에는 다음의 사항을 정보주체에게 알려야 한다.

- 개인정보의 수집·이용 목적

- 수집하려는 개인정보의 항목

- 개인정보의 보유 및 이용 기간

- 동의를 거부할 권리가 있다는 사실 및 동의 거부에 따른 불이익이 있는 경우에는 그 불이익의 내용

② 개인정보보호법 제22조 제2항(시행령, 시행규칙 제17조 제2항, 제4조): 개인정보의 처리에 대하여 정보주체(법정대리인 포함)의 동의를 서면(전자문서 포함)으로 받을 때에는 다음의 내용을 "글씨의 크기는 최소한 9포인트 이상으로서 다른 내용보다 20퍼센트 이상 크게 하여 알아보기 쉽게", "글씨의 색깔, 굵기 또는 밑줄 등을 통하여 그 내용이 명확히 표시되도록", "동의 사항이 많아 중요한 내용이 명확히 구분되기 어려운 경우에는 중요한 내용이 쉽게 확인될 수 있도록 그 밖의 내용과 별도로 구분하여 명확히 표시"하여 알아보기 쉽게 해야 한다.

- 개인정보의 수집·이용 목적 중 재화나 서비스의 홍보 또는 판매 권유 등을 위하여 해당 개인정보를 이용하여 정보주체에게 연락할 수 있다는 사실

- 처리하려는 개인정보의 항목 중 민감정보/여권번호, 운전면허의 면허번호 및 외국인등록번호

- 개인정보의 보유 및 이용 기간(제공 시에는 제공받는 자의 보유 및 이용 기간을 말한다)

- 개인정보를 제공받는 자 및 개인정보를 제공받는 자의 개인정보 이용 목적

③ 개인정보보호법 제22조 제3항(시행령 제17조 제2항): 개인정보처리자는 다음 사항에 관해 개인정보의 처리에 대하여 정보주체의 동의를 받을 때에는 정보주체와의 계약 체결 등을 위하여 정보주체의 동의 없이 처리할 수 있는 개인정보와 정보주체의 동의가

필요한 개인정보를 구분하여야 하며, 정보주체가 동의 여부를 선택할 수 있다는 사실을 명확하게 확인할 수 있도록 선택적으로 동의할 수 있는 사항 외의 사항과 구분하여 표시해야 한다. 이 경우 동의 없이 처리할 수 있는 개인정보라는 입증책임은 개인정보처리자가 부담한다.

- 개인정보를 수집 및 목적범위 내 이용하기 위해 정보주체의 동의를 받은 경우

- 개인정보를 제3자에게 제공(공유)하기 위해 정보주체의 동의를 받은 경우

- 정보주체에게 민감정보 수집/변경 시 개인정보의 수집·이용목적/수집하려는 개인정보의 항목/개인정보의 보유 및 이용기간/동의를 거부할 권리가 있다는 사실 및 동의거부에 따른 불이익이 있는 경우에는 그 불이익의 내용을 알리고 다른 개인정보의 처리에 대한 동의와 별도로 동의를 받은 경우

- 정보주체의 민감정보를 제3자에게 제공(공유)을 위해 동의/변경 시 개인정보를 제공받는 자/개인정보를 제공받는 자의 개인정보 이용목적/제공하는 개인정보의 항목/개인정보를 제공받는 자의 개인정보 보유 및 이용기간/동의를 거부할 권리가 있다는 사실 및 동의거부에 따른 불이익이 있는 경우에는 그 불이익의 내용을 알리고 다른 개인정보의 처리에 대한 동의와 별도로 동의를 받은 경우

- 정보주체에게 고유식별정보를 수집/변경 시 개인정보의 수집·이용목적/수집하려는 개인정보의 항목/개인정보의 보유 및 이용기간/동의를 거부할 권리가 있다는 사실 및 동의거부에 따른 불이익이 있는 경우에는 그 불이익의 내용을 알리고 다른 개인정보의 처리에 대한 동의와 별도로 동의를 받은 경우

- 정보주체의 고유식별정보를 제3자에게 제공(공유)을 위해 동의/변경 시 개인정보를 제공받는 자/개인정보를 제공받는 자의 개인정보 이용목적/제공하는 개인정보의 항목/개인정보를 제공받는 자의 개인정보 보유 및 이용기간/동의를 거부할 권리가 있다는 사실 및 동의거부에 따른 불이익이 있는 경우에는 그 불이익의 내용을 알리고 다른 개인정보의 처리에 대한 동의와 별도로 동의를 받은 경우

④ 정통망법 제22조: 정보통신서비스 제공자는 이용자의 개인정보를 이용하려고 수집하는 경우에는 다음의 모든 사항을 이용자에게 알리고 동의를 받아야 하며, 다음 어느 하나의 사항을 변경하려는 경우에도 이용자에게 알리고 동의를 받아야 한다. 단, 정보통신서비스의 제공에 관한 계약을 이행하기 위하여 필요한 개인정보로서 경제적·기술적인 사유로 통상적인 동의를 받는 것이 뚜렷하게 곤란한 경우, 정보통신서비스의 제공에 따른 요금정산을 위하여 필요한 경우, 다른 법률에 특별한 규정이 있는 경우에 해당할 경우에는 동의 없이 이용자의 개인정보를 수집·이용할 수 있다.

- 개인정보의 수집·이용 목적   - 수집하는 개인정보의 항목
- 개인정보의 보유·이용 기간

⑤ 정통망법 제28조의2(시행령 제12조): 정보통신서비스 제공자와 그로부터 이용자의 개인정보를 제공받은 자(이하 "정보통신서비스 제공자등"이라 한다)가 개인정보 수집/활용 등의 동의를 얻는 방법은 다음의 어느 하나와 같이 진행되어야 한다. 이 경우 정보통신서비스 제공자등은 동의를 얻어야 할 사항(이하 "동의 내용"이라 한다)을 이용자가 명확하게 인지하고 확인할 수 있도록 표시해야 한다. 단, 정보통신서비스 제공자등은 개인정보 수집 매체의 특성상 동의 내용을 전부 표시하기 어려운 경우 이용자에게 동의 내용을 확인할 수 있는 방법(인터넷주소·사업장 전화번호 등)을 안내하고 동의를 얻을 수 있다.

- 인터넷 사이트에 동의 내용을 게재하고 이용자가 동의 여부를 표시하도록 하는 방법
- 동의 내용이 기재된 서면을 이용자에게 직접 교부하거나, 우편 또는 모사전송을 통하여 전달하고 이용자가 동의 내용에 대하여 서명날인 후 제출하도록 하는 방법
- 동의 내용이 적힌 전자우편을 발송하여 이용자로부터 동의의 의사표시가 적힌 전자우편을 전송받는 방법
- 전화를 통하여 동의 내용을 이용자에게 알리고 동의를 얻거나 인터넷주소 등 동의 내용을 확인할 수 있는 방법을 안내하고 재차 전화 통화를 통하여 동의를 얻는 방법

나) GAP 분석용 질문

① 정보주체(이용자)의 동의를 통해 개인정보를 수집하는 경우, 필수 고지항목(망법[1] 3개, 개인정보보호법[2] 4개)을 모두 알리고 동의를 받고 있는가?

② 다양한 사유[3]로 정보주체(이용자)의 동의를 받아서 개인정보를 수집/처리할 때에는, 정보주체와의 계약 체결 등을 위하여 정보주체의 동의 없이 처리할 수 있는 개인정보와 정보주체의 동의가 필요한 개인정보를 구분하고 있는가? (이 경우 동의 없이 처리할 수 있는 개인정보라는 입증책임은 개인정보처리자가 부담한다.)

③ 수집하고 있는 개인정보 중 정보주체의 동의 없이 법령에 근거하여 수집하는 항목이 존재하는가?

④ 정보주체의 동의 없이 법령에 근거하여 수집하는 개인정보 항목이 존재할 경우, 어떤 개인정보 항목을 어떤 법령에 근거하여 수집하는가?

⑤ 개인정보를 서면(전자문서)으로 동의를 받는가?

---

1) 망법: 수집/이용 목적, 수집항목, 보유/이용 기간
2) 개인정보보호법: 수집/이용 목적, 수집항목, 보유/이용 기간, 거부권 및 불이익
3) 다양한 사유: 개인정보 수집이용, 개인정보 제3자 제공, 민감정보 처리, 고유식별정보 처리

⑥ 개인정보를 서면으로 동의를 받을 경우, 필수 고지항목[4]을 모두 서면에 표시하고 있는가?

⑦ 개인정보를 서면으로 동의를 받을 경우, 알아보기 쉬운 방법[5]으로 표기하고 있는가?

다) ISMS:2013과의 차이: 특이사항 없음

라) 해당하는 ISMS-P 인증기준 항목: 3.1.2 (개인정보의 수집 동의)

마) 해당하는 ISMS-P 인증기준 상세 내용: 개인정보는 정보주체(이용자)의 동의를 받거나 관계 법령에 따라 적법하게 수집하여야 하며, 만 14세 미만 아동의 개인정보를 수집하려는 경우에는 법정대리인의 동의를 받아야 한다.

바) 해당하는 PIMS:2016 인증기준 통제항목: 5.1.2 (정보주체의 동의)

사) 해당하는 PIMS:2016 인증기준 통제내용: 개인정보는 법령에 특별한 규정이 있는 경우를 제외하고는 정보주체(이용자)의 동의를 얻은 후에 수집해야 한다.

2) 업무관련 항목 순서: 동의방법-02

업무관련 항목	3.1.1.1 (개인정보 최소 수집)
업무관련 상세 내용	개인정보는 서비스 제공을 위하여 필요한 최소한의 정보를 적법하고 정당하게 수집해야 한다.

가) 관련 법률 요구사항

① 개인정보보호법 제16조 제1항: 개인정보처리자는 개인정보를 수집하는 경우에는 그 목적에 필요한 최소한의 개인정보를 수집해야 한다. 이 경우 최소한의 개인정보 수집이라는 입증책임은 개인정보처리자가 부담한다.

② 정통망법 제23조 제2항, 제3항: 정보통신서비스 제공자는 이용자의 개인정보를 수집하는 경우에는 정보통신서비스의 제공을 위하여 필요한 범위에서 최소한의 개인정보만 수집해야 한다. 단, 이용자가 필요한 최소한의 개인정보(해당 서비스의 본질적 기능을 수행하기 위하여 반드시 필요한 정보) 이외의 개인정보를 제공하지 아니한다는 이유로 그 서비스의 제공을 거부하여서는 아니 된다.

---

4) 필수 고지항목: 개인정보의 수집·이용 목적 중 재화나 서비스의 홍보 또는 판매 권유 등을 위하여 해당 개인정보를 이용하여 정보주체에게 연락할 수 있다는 사실, 처리하려는 개인정보의 항목 중 민감정보/여권번호, 운전면허의 면허번호 및 외국인 등록번호 유무, 개인정보의 보유 및 이용 기간(제공 시에는 제공받는 자의 보유 및 이용 기간을 말한다), 개인정보를 제공받는 자 및 개인정보를 제공받는 자의 개인정보 이용 목적

5) 알아보기 쉬운 방법: 글씨의 크기는 최소한 9포인트 이상으로서 다른 내용보다 20퍼센트 이상 크게 하여 알아보기 쉽게 표기, 글씨의 색깔/굵기 또는 밑줄 등을 통하여 그 내용이 명확히 표시되도록 표기, 동의 사항이 많아 중요한 내용이 명확히 구분되기 어려운 경우에는 중요한 내용이 쉽게 확인될 수 있도록 그 밖의 내용과 별도로 구분하여 명확히 표시

나) GAP 분석용 질문

① 필수정보 항목은 서비스 제공을 위해 필요한 최소한의 정보만을 수집하는가?

② 최소한의 개인정보수집의 시점은 해당 개인정보가 필요한 상황에만 수집하는가?

다) ISMS:2013과의 차이: 특이사항 없음

라) 해당하는 ISMS-P 인증기준 항목: 3.1.1 (개인정보 수집 제한)

마) 해당하는 ISMS-P 인증기준 상세 내용: 개인정보는 서비스 제공을 위하여 필요한 최소한의 정보를 적법하고 정당하게 수집하여야 하며, 필수정보 이외의 개인정보를 수집하는 경우에는 선택항목으로 구분하여 해당 정보를 제공하지 않는다는 이유로 서비스 제공을 거부하지 않아야 한다.

바) 해당하는 PIMS:2016 인증기준 통제항목: 5.1.1 (개인정보 수집 제한)

사) 해당하는 PIMS:2016 인증기준 통제내용: 서비스 제공을 위해 필요한 최소한의 정보만을 수집해야 한다. 개인정보 수집 시 필수와 선택 사항으로 구분하여 기재할 수 있도록 하여야 하며, 선택 사항의 정보를 제공하지 않는다는 이유로 서비스 제공을 거부하여서는 아니 된다.

3) 업무관련 항목 순서: 동의방법-03

업무관련 항목	3.2.5.1 (개인정보 목적/범위 내 이용)
업무관련 상세 내용	개인정보는 수집 시의 정보주체(이용자)에게 고지·동의를 받은 목적 또는 법령의 근거한 범위 내에서만 이용해야 한다.

가) 관련 법률 요구사항

① 개인정보보호법 제15조 제1항, 제18조 제1항: 개인정보처리자는 다음의 어느 하나에 해당하는 경우에는 개인정보를 수집할 수 있으며 그 수집 목적의 범위에서 이용할 수 있다. 단, 수집 목적의 범위를 초과하여 이용해서는 아니 된다.

– 정보주체의 동의를 받은 경우

– 법률에 특별한 규정이 있거나 법령상 의무를 준수하기 위하여 불가피한 경우

– 공공기관이 법령 등에서 정하는 소관 업무의 수행을 위하여 불가피한 경우

– 정보주체와의 계약 체결 및 이행을 위하여 불가피하게 필요한 경우

– 정보주체 또는 그 법정대리인이 의사표시를 할 수 없는 상태에 있거나 주소불명 등으로 사전 동의를 받을 수 없는 경우로서 명백히 정보주체 또는 제3자의 급박한 생명, 신체, 재산의 이익을 위하여 필요하다고 인정되는 경우

– 개인정보처리자의 정당한 이익을 달성하기 위하여 필요한 경우로서 명백하게 정보주체의 권리보다 우선하는 경우. 이 경우 개인정보처리자의 정당한 이익과 상당한 관련이 있고 합리적인 범위를 초과하지 아니하는 경우에 한한다.

② 정통망법 제24조: 정보통신서비스 제공자는 이용자의 동의를 받아 수집한 개인정보를 이용자로부터 동의받은 목적 이외로 사용할 수 없으며, 동의 없이 개인정보를 수집·이용할 수 있는 상황에 대해서도 해당 목적 이외로는 사용할 수 없다.

나) GAP 분석용 질문

① 법령에 근거하여 개인정보를 수집하는 경우, 수집된 개인정보를 법에서 정한 목적 내에서만 이용하고 있는가?

② 정보주체(이용자)로부터 동의를 받아 개인정보를 수집하는 경우, 동의받은 목적[1] 내에서만 이용하는가?

다) ISMS:2013과의 차이: 특이사항 없음

라) 해당하는 ISMS-P 인증기준 항목: 3.2.5 (개인정보 목적 외 이용 및 제공)

마) 해당하는 ISMS-P 인증기준 상세 내용: 개인정보는 수집 시의 정보주체(이용자)에게 고지·동의를 받은 목적 또는 법령의 근거한 범위 내에서만 이용 또는 제공하여야 하며, 이를 초과하여 이용·제공하려는 때에는 정보주체(이용자)의 추가 동의를 받거나 관계 법령에 따른 적법한 경우인지 확인하고 적절한 보호대책을 수립·이행해야 한다.

바) 해당하는 PIMS:2016 인증기준 통제항목: 5.2.3 (개인정보 목적 외 이용 및 제공)

사) 해당하는 PIMS:2016 인증기준 통제내용: 개인정보를 정보주체(이용자)에게 고지·동의 받은 범위에서 벗어나지 않도록 이용하여야 하며, 만약 동의 범위를 벗어날 경우 정보주체(이용자)로부터 추가 동의를 획득하고, 적절한 보호조치를 해야 한다.

4) 업무관련 항목 순서: 동의방법-04

업무관련 항목	3.2.5.3 (개인정보 초과 이용 시 추가 별도 동의)
업무관련 상세 내용	개인정보는 수집 시의 정보주체(이용자)에게 고지·동의를 받은 목적 또는 법령의 근거한 범위를 초과하여 이용하려는 때에는 정보주체(이용자)의 추가 동의를 받거나 관계 법령에 따른 적법한 경우인지 확인하고 적절한 보호대책을 수립·이행해야 한다.

가) 관련 법률 요구사항

① 개인정보보호법 제15조 제2항: 개인정보처리자가 다음의 어느 하나의 사항을 변경하는 경우에도 이를 정보주체에게 알리고 동의를 받아야 한다.

---

[1] 개인정보의 이용 목적

- 개인정보의 수집·이용 목적

- 수집하려는 개인정보의 항목

- 개인정보의 보유 및 이용 기간

- 동의를 거부할 권리가 있다는 사실 및 동의 거부에 따른 불이익이 있는 경우에는 그 불이익의 내용

② 개인정보보호법 제18조 제3항: 개인정보처리자는 목적 외 사용(이용 및 제공)을 위해 정보주체로부터 별도의 동의를 받을 때에는 다음의 사항을 정보주체에게 알려야 한다. 다음 각 호의 어느 하나의 사항을 변경하는 경우에도 이를 알리고 동의를 받아야 한다.

- 개인정보를 제공받는 자

- 개인정보의 이용 목적(제공 시에는 제공받는 자의 이용 목적을 말한다)

- 이용 또는 제공하는 개인정보의 항목

- 개인정보의 보유 및 이용 기간(제공 시에는 제공받는 자의 보유 및 이용 기간을 말한다)

- 동의를 거부할 권리가 있다는 사실 및 동의 거부에 따른 불이익이 있는 경우에는 그 불이익의 내용

③ 정통망법 제22조: 정보통신서비스 제공자는 이용자의 개인정보를 이용하려고 수집하는 경우에는 다음의 모든 사항을 이용자에게 알리고 동의를 받아야 하며, 다음 어느 하나의 사항을 변경하려는 경우에도 이용자에게 알리고 동의를 받아야 한다. 단, 정보통신서비스의 제공에 관한 계약을 이행하기 위하여 필요한 개인정보로서 경제적·기술적인 사유로 통상적인 동의를 받는 것이 뚜렷하게 곤란한 경우, 정보통신서비스의 제공에 따른 요금정산을 위하여 필요한 경우, 다른 법률에 특별한 규정이 있는 경우에 해당할 경우에는 동의 없이 이용자의 개인정보를 수집·이용할 수 있다.

- 개인정보의 수집·이용 목적   - 수집하는 개인정보의 항목
- 개인정보의 보유·이용 기간

④ 개인정보보호법 제18조 제2항(시행령 제17조 제2항): 개인정보처리자는 다음의 어느 하나에 해당하는 경우에는 정보주체 또는 제3자의 이익을 부당하게 침해할 우려가 있을 때를 제외하고는 개인정보를 목적 외의 용도로 이용하거나 이를 제3자에게 제공(시행규칙 별지 제1호서식)할 수 있다.

- 정보주체로부터 별도의 동의를 받은 경우(단, 정보주체가 동의 여부를 선택할 수 있다는 사실을 명확하게 확인할 수 있도록 선택적으로 동의할 수 있는 사항 외의 사항과 구분하여 표시해야 한다)

- 다른 법률에 특별한 규정이 있는 경우

- 정보주체 또는 그 법정대리인이 의사표시를 할 수 없는 상태에 있거나 주소불명 등으로 사전 동의를 받을 수 없는 경우로서 명백히 정보주체 또는 제3자의 급박한 생명, 신체, 재산의 이익을 위하여 필요하다고 인정되는 경우

- 통계작성 및 학술연구 등의 목적을 위하여 필요한 경우로서 특정 개인을 알아볼 수 없는 형태로 개인정보를 제공하는 경우

⑤ 개인정보보호법 제18조 제2항(시행령 제18조, 제19조): 공공기관은 다음의 어느 하나에 해당하는 경우에는 정보주체 또는 제3자의 이익을 부당하게 침해할 우려가 있을 때를 제외하고는 개인정보를 목적 외의 용도로 이용하거나 이를 제3자에게 제공(시행규칙 별지 제1호서식)할 수 있으며, 유전자검사 등의 결과로 얻어진 유전정보 및 「형의 실효 등에 관한 법률」 제2조 제5호에 따른 범죄경력자료에 해당하는 정보는 민감정보로 보지 않고, 주민등록번호/여권번호/운전면허의 면허번호/외국인 등록번호를 고유식별정보로 보지 않는다.

- 개인정보를 목적 외의 용도로 이용하거나 이를 제3자에게 제공하지 아니하면 다른 법률에서 정하는 소관 업무를 수행할 수 없는 경우로서 보호위원회의 심의·의결을 거친 경우

- 조약, 그 밖의 국제협정의 이행을 위하여 외국정부 또는 국제기구에 제공하기 위하여 필요한 경우

- 범죄의 수사와 공소의 제기 및 유지를 위하여 필요한 경우

- 법원의 재판업무 수행을 위하여 필요한 경우

- 형(刑) 및 감호, 보호처분의 집행을 위하여 필요한 경우

⑥ 개인정보보호법 제18조 제4항(시행규칙 제2조): 공공기관은 다음의 상황에 따라 개인정보를 목적 외의 용도로 이용하거나 이를 제3자에게 제공하는 경우에는 개인정보를 목적 외 이용 등을 한 날부터 30일 이내에 목적 외 이용 등을 한 날짜/목적 외 이용 등의 법적근거/목적 외 이용 등의 목적/목적 외 이용 등을 한 개인정보의 항목사항을 관보 또는 인터넷 홈페이지에 게재하여야 하며, 특히 인터넷 홈페이지에 게재할 때에는 10일 이상 계속 게재하되, 게재를 시작하는 날은 목적 외 이용 등을 한 날부터 30일 이내여야 한다.

- 다른 법률에 특별한 규정이 있는 경우

- 정보주체 또는 그 법정대리인이 의사표시를 할 수 없는 상태에 있거나 주소불명 등으로 사전 동의를 받을 수 없는 경우로서 명백히 정보주체 또는 제3자의 급박한 생명, 신체, 재산의 이익을 위하여 필요하다고 인정되는 경우

- 통계작성 및 학술연구 등의 목적을 위하여 필요한 경우로서 특정 개인을 알아볼 수 없는 형태로 개인정보를 제공하는 경우

– 개인정보를 목적 외의 용도로 이용하거나 이를 제3자에게 제공하지 아니하면 다른 법률에서 정하는 소관 업무를 수행할 수 없는 경우로서 보호위원회의 심의·의결을 거친 경우

– 조약, 그 밖의 국제협정의 이행을 위하여 외국정부 또는 국제기구에 제공하기 위하여 필요한 경우

– 법원의 재판업무 수행을 위하여 필요한 경우

– 형(刑) 및 감호, 보호처분의 집행을 위하여 필요한 경우

⑦ 개인정보보호법 제18조 제2항(시행령 제15조): 공공기관은 개인정보를 목적 외의 용도로 이용하거나 이를 제3자에게 제공하는 경우에는 다음의 사항을 개인정보의 목적 외 이용 및 제3자 제공대장(시행규칙 별지 제1호서식)에 기록하고 관리해야 한다.

– 이용하거나 제공하는 개인정보 또는 개인정보파일의 명칭

– 이용기관 또는 제공받는 기관의 명칭

– 이용 목적 또는 제공받는 목적

– 이용 또는 제공의 법적 근거

– 이용하거나 제공하는 개인정보의 항목

– 이용 또는 제공의 날짜, 주기 또는 기간

– 이용하거나 제공하는 형태

– 법 제18조 제5항에 따라 제한을 하거나 필요한 조치를 마련할 것을 요청한 경우에는 그 내용

나) GAP 분석용 질문

① 업무 여건의 변화 등으로 인하여 개인정보를 당초 수집 시의 목적 또는 범위를 초과하여 이용하는가?

② 개인정보를 당초 수집 시 목적 또는 범위를 초과하여 이용할 경우, 법령의 근거에 의해 진행되는 경우인가?

③ 법령의 근거에 의해 개인정보를 당초 수집 시 목적 또는 범위를 초과하여 이용한 경우일 경우, 법령의 근거가 무엇인가?

④ 법령의 근거가 없는 상황에서 당초 수집 시 목적 또는 범위를 초과하여 이용하는 경우, 해당 정보주체(이용자)에게 관련 내용[1]을 알리고 추가 동의를 받고 있는가?

---

1) 개인정보의 이용 목적, 이용하는 개인정보의 항목, 개인정보의 보유 및 이용 기간, 동의를 거부할 권리가 있다는 사실 및 동의 거부에 따른 불이익이 있는 경우에는 그 불이익의 내용

⑤ 법령의 근거가 없는 상황에서 당초 수집 시 목적 또는 범위를 초과하여 이용하기 위해 추가 동의를 받을 때, 정보주체가 동의여부를 선택할 수 있다는 사실을 명확하게 확인할 수 있도록 선택적으로 동의할 수 있는 사항 외의 사항과 구분하여 표시(별도 동의)하고 있는가?

다) ISMS:2013과의 차이: 특이사항 없음

라) 해당하는 ISMS-P 인증기준 항목: 3.2.5 (개인정보 목적 외 이용 및 제공)

마) 해당하는 ISMS-P 인증기준 상세 내용: 개인정보는 수집 시의 정보주체(이용자)에게 고지·동의를 받은 목적 또는 법령의 근거한 범위 내에서만 이용 또는 제공하여야 하며, 이를 초과하여 이용·제공하려는 때에는 정보주체(이용자)의 추가 동의를 받거나 관계 법령에 따른 적법한 경우인지 확인하고 적절한 보호대책을 수립·이행해야 한다.

바) 해당하는 PIMS:2016 인증기준 통제항목: 5.2.3 (개인정보 목적 외 이용 및 제공)

사) 해당하는 PIMS:2016 인증기준 통제내용: 개인정보를 정보주체(이용자)에게 고지·동의 받은 범위에서 벗어나지 않도록 이용하여야 하며, 만약 동의 범위를 벗어날 경우 정보주체(이용자)로부터 추가 동의를 획득하고, 적절한 보호조치를 해야 한다.

5) 업무관련 항목 순서: 동의방법-05

업무관련 항목	3.2.4.1 (이용자 단말기 접근권한 고지/동의)
업무관련 상세 내용	정보주체(이용자)의 이동통신단말장치 내에 저장되어 있는 정보 및 이동통신단말장치에 설치된 기능에 접근이 필요한 경우, 이를 명확하게 인지할 수 있도록 알리고 정보주체(이용자)의 동의를 받아야 한다.

가) 관련 법률 요구사항

① 정통망법 제22조의2 제1항, 제2항(시행령 제9조의2 제1항): [시행 2016. 9. 23]
정보통신서비스 제공자는 해당 서비스를 제공하기 위하여 이용자의 이동통신단말장치 내에 저장되어 있는 정보 및 이동통신단말장치의 소프트웨어를 통하여 해당하는 정보(연락처/일정/영상/통신내용/바이오정보 등 이용자가 이동통신단말장치에 저장한 정보, 위치정보/통신기록/인증정보/신체활동기록 등 이동통신단말장치의 이용과정에서 자동으로 저장된 정보, 「전기통신사업법」 제60조의2 제1항에 따른 고유한 국제 식별번호 등 이동통신단말장치의 식별을 위하여 부여된 고유정보, 촬영/음성인식/바이오정보 및 건강정보 감지센서 등 입력 및 출력 기능)와 설치된 기능에 대하여 접근할 수 있는 권한(이하 "접근권한"이라 한다)이 필요한 경우 다음의 사항을 이용자가 명확하게 인지할 수 있도록 알리고 이용자의 동의를 받아야 한다. 단, 이동통신단말장치의 제조·공급 과정에서 설치된 소프트웨어가 통신,

촬영, 영상·음악의 재생 등 이동통신단말장치의 본질적인 기능을 수행하기 위하여 접근하는 정보와 기능은 제외한다. 그리고, 정보통신서비스 제공자는 해당 서비스를 제공하기 위하여 반드시 필요하지 아니한 접근권한을 설정하는 데 이용자가 동의하지 아니한다는 이유로 이용자에게 해당 서비스의 제공을 거부하여서는 아니 된다.

- 해당 서비스를 제공하기 위하여 반드시 필요한 접근권한인 경우(접근권한이 필요한 정보 및 기능의 항목, 접근권한이 필요한 이유)
- 해당 서비스를 제공하기 위하여 반드시 필요한 접근권한이 아닌 경우(접근권한이 필요한 정보 및 기능의 항목, 접근권한이 필요한 이유, 접근권한 허용에 대하여 동의하지 아니할 수 있다는 사실)

② 정통망법 제22조의2 제1항(시행령 제9조의2 제2항): 정보통신서비스 제공자는 이동통신단말장치의 소프트웨어를 설치 또는 실행하는 과정에서 소프트웨어 안내정보 화면 또는 별도 화면 등에 표시하는 방법으로 이용자에게 해당 서비스를 제공하기 위해 반드시 필요한 접근권한 유무별 항목/이유 등을 알릴 때, 다음 각 호의 구분에 따라 이용자의 동의를 받아야 한다.

- 이동통신단말장치의 기본 운영체제(이동통신단말장치에서 소프트웨어를 실행할 수 있는 기반 환경을 말하며, 이하 "운영체제"라 한다)가 이용자가 접근권한에 대한 동의 여부를 개별적으로 선택할 수 있는 운영체제인 경우: 해당 서비스를 제공하기 위하여 반드시 필요한 접근권의 유무에 따른 접근권한을 구분하여 알린 후 접근권한이 설정된 정보와 기능에 최초로 접근할 때 이용자가 동의 여부를 선택하도록 하는 방법
- 이동통신단말장치의 운영체제가 이용자가 접근권한에 대한 동의 여부를 개별적으로 선택할 수 없는 운영체제인 경우: 해당 서비스를 제공하기 위하여 반드시 필요한 접근권한인 경우에 따른 접근권한만을 설정하여 알린 후 소프트웨어를 설치할 때 이용자가 동의 여부를 선택하도록 하는 방법
- 개별 선택가능한 운영체계 또는 개별 선택 불가능한 운영체제에 해당함에도 불구하고 해당하는 방법으로 동의 여부 선택방법이 불가능한 경우: 해당 방법과 유사한 방법으로서 이용자에게 동의 내용을 명확하게 인지할 수 있도록 알리고 이용자가 동의 여부를 선택하도록 하는 방법

나) GAP 분석용 질문

① 모바일앱이 실행될 때 정보주체(이용자)의 이동통신단말장치 내에 저장되어 있는 정보(연락처 등) 및 이동통신단말장치에 설치된 기능(사진찍기 등)에 대하여 접근할 수 있는 권한이 필수적으로 필요한가?

② 이동통신단말장치 내에 저장되어 있는 정보(연락처 등) 및 이동통신단말장치에 설치된

기능(사진찍기 등)에 대하여 필수적으로 접근권한이 필요한 경우라면, 해당 법적 요구사항[1]을 모두 알리고 이용자의 동의를 받고 있는가?

③ 이동통신단말장치 내에 저장되어 있는 정보(연락처 등) 및 이동통신단말장치에 설치된 기능(사진찍기 등)에 대하여 선택적으로 접근권한이 필요한 경우라면, 해당 법적 요구사항[2]을 모두 알리고 이용자의 동의를 받고 있는가?

④ 모바일 운영체제에서 이용자의 접근권한에 대한 동의 여부를 개별적으로 선택할 수 있도록 제공하는 경우, 접근권한의 필수/선택 항목을 구분하여 알리고 있는가?

⑤ 모바일 운영체제에서 이용자의 접근권한에 대한 동의 여부를 개별적으로 선택할 수 있도록 제공하는 경우, 접근권한이 설정된 정보와 기능에 최초로 접근할 때 이용자가 동의 여부를 선택하도록 하는가?

⑥ 모바일 운영체제에서 이용자의 접근권한에 대한 동의 여부를 개별적으로 선택할 수 없는 경우, 접근권한의 필수항목만을 알리고 있는가?

⑦ 모바일 운영체제에서 이용자의 접근권한에 대한 동의 여부를 개별적으로 선택할 수 없는 경우, 접근권한이 설정된 정보와 기능에 최초로 접근할 때 이용자가 동의 여부를 선택하도록 하는가?

다) ISMS:2013과의 차이: [추가] 이동통신단말장치 내 기능에 접근이 필요한 경우 알리고 동의를 얻는 부분 추가

라) 해당하는 ISMS-P 인증기준 항목: 3.2.4 (이용자 단말기 접근 보호)

마) 해당하는 ISMS-P 인증기준 상세 내용: 정보주체(이용자)의 이동통신단말장치 내에 저장되어 있는 정보 및 이동통신단말장치에 설치된 기능에 접근이 필요한 경우, 이를 명확하게 인지할 수 있도록 알리고 정보주체(이용자)의 동의를 받아야 한다.

바) 해당하는 PIMS:2016 인증기준 통제항목: 없음

사) 해당하는 PIMS:2016 인증기준 통제내용: 없음

---

1) 접근권한이 필요한 정보 및 기능의 항목, 접근권한이 필요한 이유
2) 접근권한이 필요한 정보 및 기능의 항목, 접근권한이 필요한 이유, 접근권한 허용에 대하여 동의하지 아니할 수 있다는 사실

CHAPTER 13 개인정보 이동수집 업무관련 분야

상 중 하

- 개인정보 이동수집 업무관련 분야에 해당하는 인증기준에는 어떤 것들이 존재하는지 알아보자.
- 개인정보 이동수집 업무관련 분야에 해당하는 인증기준을 어떻게 업무관련 항목으로 구체화하는지 알아보자.
- 개인정보 이동수집 업무관련 분야에 해당하는 업무관련 항목을 어떤 순서로 변경하는지 알아보자.

1 개인정보 이동수집 업무에 해당하는 정보보호 및 개인정보보호 관리체계 인증기준

3.1.2 (개인정보의 수집 동의), 3.2.5 (개인정보 목적 외 이용 및 제공)

2 개인정보 이동수집 업무에 맞게 해당하는 인증기준 순서 변경

3.1.2 (개인정보의 수집 동의) → 3.2.5 (개인정보 목적 외 이용 및 제공)

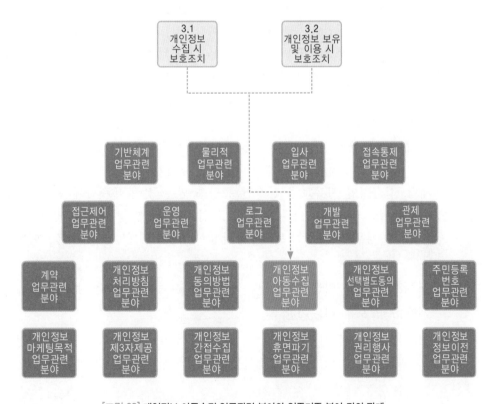

[그림 33] 개인정보 이동수집 업무관련 분야와 인증기준 분야 간의 관계

③ 개인정보 아동수집 업무에 해당하는 업무관련 항목 설명

1) 업무관련 항목 순서: 아동수집-01

업무관련 항목	3.1.2.4 (법정대리인 동의)
업무관련 상세 내용	만 14세 미만 아동의 개인정보를 수집하려는 경우에는 법정대리인의 동의를 받아야 한다.

가) 관련 법률 요구사항

① 개인정보보호법 제15조 제2항: 개인정보처리자는 개인정보 수집 동의를 받을 때에는 다음의 사항을 정보주체에게 알려야 한다.

　– 개인정보의 수집·이용 목적

　– 수집하려는 개인정보의 항목

　– 개인정보의 보유 및 이용 기간

　– 동의를 거부할 권리가 있다는 사실 및 동의 거부에 따른 불이익이 있는 경우에는 그 불이익의 내용

② 개인정보보호법 제22조 제6항(시행령 제17조 제4항): 개인정보처리자는 만 14세 미만 아동의 개인정보를 처리하기 위하여 개인정보보호법에 따른 동의를 받아야 할 때에는 그 법정대리인의 동의를 받아야 한다. 이 경우 법정대리인의 동의를 받기 위하여 필요한 최소한의 정보는 법정대리인의 동의 없이 해당 아동으로부터 직접 법정대리인의 성명·연락처에 관한 정보를 수집할 수 있다.

③ 정통망법 제22조: 정보통신서비스 제공자는 이용자의 개인정보를 이용하려고 수집하는 경우에는 다음의 모든 사항을 이용자에게 알리고 동의를 받아야 하며, 다음 어느 하나의 사항을 변경하려는 경우에도 이용자에게 알리고 동의를 받아야 한다. 단, 정보통신서비스의 제공에 관한 계약을 이행하기 위하여 필요한 개인정보로서 경제적·기술적인 사유로 통상적인 동의를 받는 것이 뚜렷하게 곤란한 경우, 정보통신서비스의 제공에 따른 요금정산을 위하여 필요한 경우, 다른 법률에 특별한 규정이 있는 경우에 해당할 경우에는 동의 없이 이용자의 개인정보를 수집·이용할 수 있다.

　– 개인정보의 수집·이용 목적　　　　– 수집하는 개인정보의 항목

　– 개인정보의 보유·이용 기간

④ 정통망법 제28조의2(시행령 제12조): 정보통신서비스 제공자와 그로부터 이용자의 개인정보를 제공받은 자(이하 "정보통신서비스 제공자등"이라 한다)가 개인정보

수집/활용 등의 동의를 얻는 방법은 다음의 어느 하나와 같이 진행되어야 한다. 이 경우 정보통신서비스 제공자등은 동의를 얻어야 할 사항(이하 "동의 내용"이라 한다)을 이용자가 명확하게 인지하고 확인할 수 있도록 표시해야 한다. 단, 정보통신서비스 제공자등은 개인정보 수집 매체의 특성상 동의 내용을 전부 표시하기 어려운 경우 이용자에게 동의 내용을 확인할 수 있는 방법(인터넷주소·사업장 전화번호 등)을 안내하고 동의를 얻을 수 있다.

- 인터넷 사이트에 동의 내용을 게재하고 이용자가 동의 여부를 표시하도록 하는 방법
- 동의 내용이 기재된 서면을 이용자에게 직접 교부하거나, 우편 또는 모사전송을 통하여 전달하고 이용자가 동의 내용에 대하여 서명날인 후 제출하도록 하는 방법
- 동의 내용이 적힌 전자우편을 발송하여 이용자로부터 동의의 의사표시가 적힌 전자우편을 전송받는 방법
- 전화를 통하여 동의 내용을 이용자에게 알리고 동의를 얻거나 인터넷주소 등 동의 내용을 확인할 수 있는 방법을 안내하고 재차 전화 통화를 통하여 동의를 얻는 방법

⑤ 정통망법 제31조 제1항: 정보통신서비스 제공자와 그로부터 이용자의 개인정보를 제공받은 자(이하 "정보통신서비스 제공자등"이라 한다)가 만 14세 미만의 아동으로부터 개인정보 수집·이용·제공 등의 동의를 받으려면 그 법정대리인의 동의를 받아야 한다. 이 경우 정보통신서비스 제공자는 그 아동에게 법정대리인의 동의를 받기 위하여 필요한 법정대리인의 성명 등 최소한의 정보를 요구할 수 있다.

나) GAP 분석용 질문

① 만14세 미만 아동의 개인정보를 수집하도록 구성되어져 있는가?

② 만 14세 미만 아동의 개인정보를 수집하는 경우, 해당 아동의 법정대리인의 동의를 받도록 구성되어져 있는가?

③ 만 14세 미만 아동의 개인정보를 수집하기 위해 법정대리인의 동의를 받을 때, 법정대리인의 성명/연락처 등 최소한의 정보를 해당 아동으로부터 동의 없이 수집할 수 있도록 구성되어져 있는가?

④ 만14세 미만 아동의 개인정보 수집을 위해 법정대리인의 동의를 받을 때, 필수 고지항목[1]을 모두 고지하는가?

---

1) 망법: 수집/이용 목적, 수집항목, 보유/이용 기간
개인정보보호법: 수집/이용 목적, 수집항목, 보유/이용 기간, 거부권 및 불이익

다) ISMS:2013과의 차이: 특이사항 없음

라) 해당하는 ISMS-P 인증기준 항목: 3.1.2 (개인정보의 수집 동의)

마) 해당하는 ISMS-P 인증기준 상세 내용: 개인정보는 정보주체(이용자)의 동의를 받거나 관계 법령에 따라 적법하게 수집하여야 하며, 만 14세 미만 아동의 개인정보를 수집하려는 경우에는 법정대리인의 동의를 받아야 한다.

바) 해당하는 PIMS:2016 인증기준 통제항목: 5.1.3 (법정대리인 동의 및 고지)

사) 해당하는 PIMS:2016 인증기준 통제내용: 만14세 미만 아동의 개인정보를 수집할 경우 법정대리인에게 필요한 사항을 고지하고, 동의를 획득해야 한다.

2) 업무관련 항목 순서: 아동수집-02

업무관련 항목	3.2.5.5 (법정대리인 동의 목적 내 이용)
업무관련 상세 내용	개인정보는 수집 시의 정보주체(이용자)의 법정대리인에게 고지·동의를 받은 목적 또는 법령에 근거한 범위 내에서만 이용해야 한다.

가) 관련 법률 요구사항

① 개인정보보호법 제15조 제1항, 제18조 제1항: 개인정보처리자는 다음의 어느 하나에 해당하는 경우에는 개인정보를 수집할 수 있으며, 그 수집 목적의 범위에서 이용할 수 있다. 단, 수집 목적의 범위를 초과하여 이용해서는 아니 된다.

- 정보주체의 동의를 받은 경우

- 법률에 특별한 규정이 있거나 법령상 의무를 준수하기 위하여 불가피한 경우

- 공공기관이 법령 등에서 정하는 소관 업무의 수행을 위하여 불가피한 경우

- 정보주체와의 계약 체결 및 이행을 위하여 불가피하게 필요한 경우

- 정보주체 또는 그 법정대리인이 의사표시를 할 수 없는 상태에 있거나 주소불명 등으로 사전 동의를 받을 수 없는 경우로서 명백히 정보주체 또는 제3자의 급박한 생명, 신체, 재산의 이익을 위하여 필요하다고 인정되는 경우

- 개인정보처리자의 정당한 이익을 달성하기 위하여 필요한 경우로서 명백하게 정보주체의 권리보다 우선하는 경우. 이 경우 개인정보처리자의 정당한 이익과 상당한 관련이 있고 합리적인 범위를 초과하지 아니하는 경우에 한한다.

② 정통망법 제24조: 정보통신서비스 제공자는 이용자의 동의를 받아 수집한 개인정보를 이용자로부터 동의받은 목적 이외로 사용할 수 없으며, 동의 없이 개인정보를 수집·이용할 수 있는 상황에 대해서도 해당 목적 이외로는 사용할 수 없다.

나) GAP 분석용 질문

① 정보주체(이용자)의 법정대리인으로부터 동의를 받아 이용자의 개인정보를 수집하는 경우, 동의받은 목적[1] 내에서만 이용자의 개인정보를 이용하는가?

다) ISMS:2013과의 차이: 특이사항 없음

라) 해당하는 ISMS-P 인증기준 항목: 3.2.5 (개인정보 목적 외 이용 및 제공)

마) 해당하는 ISMS-P 인증기준 상세 내용: 개인정보는 수집 시의 정보주체(이용자)에게 고지·동의를 받은 목적 또는 법령에 근거한 범위 내에서만 이용 또는 제공하여야 하며, 이를 초과하여 이용·제공하려는 때에는 정보주체(이용자)의 추가 동의를 받거나 관계 법령에 따른 적법한 경우인지 확인하고 적절한 보호대책을 수립·이행해야 한다.

바) 해당하는 PIMS:2016 인증기준 통제항목: 5.2.3 (개인정보 목적 외 이용 및 제공)

사) 해당하는 PIMS:2016 인증기준 통제내용: 개인정보를 정보주체(이용자)에게 고지·동의 받은 범위에서 벗어나지 않도록 이용하여야 하며, 만약 동의 범위를 벗어날 경우 정보주체(이용자)로부터 추가 동의를 획득하고, 적절한 보호조치를 해야 한다.

---

1) 개인정보의 이용 목적

상 중 하

개인정보 선택/별도 동의 업무관련 분야

- 개인정보 선택/별도 동의 업무관련 분야에 해당하는 인증기준에는 어떤 것들이 존재하는지 알아보자.
- 개인정보 선택/별도 동의 업무관련 분야에 해당하는 인증기준을 어떻게 업무관련 항목으로 구체화하는지 알아보자.
- 개인정보 선택/별도 동의 업무관련 분야에 해당하는 업무관련 항목을 어떤 순서로 변경하는지 알아보자.

1 개인정보 선택/별도 동의 업무에 해당하는 정보보호 및 개인정보보호 관리 체계 인증기준

3.1.1 (개인정보 수집 제한), 3.1.4 (민감정보 및 고유식별정보의 처리 제한), 3.1.7 (홍보 및 마케팅 목적 활용 시 조치), 3.3.1 (개인정보 제3자 제공), 3.3.2 (업무 위탁에 따른 정보주체 고지)

2 개인정보 선택/별도 동의 업무에 맞게 해당하는 인증기준 순서 변경

3.1.1 (개인정보 수집 제한) → 3.1.4 (민감정보 및 고유식별정보의 처리 제한) → 3.3.1 (개인정보 제3자 제공) → 3.1.4 (민감정보 및 고유식별정보의 처리 제한) → 3.3.2 (업무 위탁에 따른 정보주체 고지) → 3.1.7 (홍보 및 마케팅 목적 활용 시 조치)

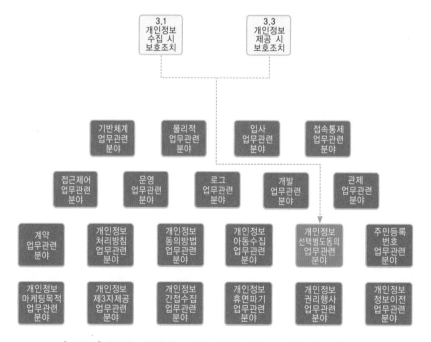

[그림 34] 개인정보 선택/별도 동의 업무관련 분야와 인증기준 분야 간의 관계

3 개인정보 선택/별도 동의 업무에 해당하는 업무관련 항목 설명

1) 업무관련 항목 순서: 선택별도−01

업무관련 항목	3.1.1.2 (선택항목 미선택 가능)
업무관련 상세 내용	개인정보 수집 시 필수정보 이외의 개인정보를 수집하는 경우에는 선택 항목으로 구분하여 해당 정보를 제공하지 않는다는 이유로 서비스 제공을 거부하지 않아야 한다.

가) 관련 법률 요구사항

① 개인정보보호법 제22조 제1항(시행령 제17조 제1항): 개인정보처리자는 개인정보보호법에 따른 개인정보의 처리에 대하여 다음의 어느 하나에 해당하는 방법으로 정보주체(법정대리인을 포함)의 동의를 받을 때에는 각각의 동의 사항을 구분하여 정보주체가 이를 명확하게 인지할 수 있도록 알리고 각각 동의를 받아야 한다.

- 동의 내용이 적힌 서면을 정보주체에게 직접 발급하거나 우편 또는 팩스 등의 방법으로 전달하고, 정보주체가 서명하거나 날인한 동의서를 받는 방법

- 전화를 통하여 동의 내용을 정보주체에게 알리고 동의의 의사표시를 확인하는 방법

- 전화를 통하여 동의 내용을 정보주체에게 알리고 정보주체에게 인터넷주소 등을 통하여 동의 사항을 확인하도록 한 후 다시 전화를 통하여 그 동의 사항에 대한 동의의 의사표시를 확인하는 방법

- 인터넷 홈페이지 등에 동의 내용을 게재하고 정보주체가 동의 여부를 표시하도록 하는 방법

- 동의 내용이 적힌 전자우편을 발송하여 정보주체로부터 동의의 의사표시가 적힌 전자우편을 받는 방법

- 그 밖에 상단에 따른 방법에 준하는 방법으로 동의 내용을 알리고 동의의 의사표시를 확인하는 방법

② 개인정보보호법 제22조 제1항(시행령 제17조 제1항, 제4항): 공공기관의 개인정보처리자는 개인정보보호법에 따른 개인정보의 처리에 대하여 다음의 어느 하나에 해당하는 방법으로 정보주체(법정대리인을 포함)의 동의를 받을 때에는 각각의 동의 사항을 구분하여 정보주체가 이를 명확하게 인지할 수 있도록 알리고 각각 동의를 받아야 한다. 단, 중앙행정기관의 장은 다음의 어느 하나에 해당하는 방법 중 소관 분야의 개인정보처리자별 업무, 업종의 특성 및 정보주체의 수 등을 고려하여 적절한 동의방법에 관한 기준을 개인정보보호지침으로 정하여 그 기준에 따라 동의를 받도록 개인정보처리자에게 권장할 수 있다.

- 동의 내용이 적힌 서면을 정보주체에게 직접 발급하거나 우편 또는 팩스 등의 방법으로 전달하고, 정보주체가 서명하거나 날인한 동의서를 받는 방법
- 전화를 통하여 동의 내용을 정보주체에게 알리고 동의의 의사표시를 확인하는 방법
- 전화를 통하여 동의 내용을 정보주체에게 알리고 정보주체에게 인터넷주소 등을 통하여 동의 사항을 확인하도록 한 후 다시 전화를 통하여 그 동의 사항에 대한 동의의 의사표시를 확인하는 방법
- 인터넷 홈페이지 등에 동의 내용을 게재하고 정보주체가 동의 여부를 표시하도록 하는 방법
- 동의 내용이 적힌 전자우편을 발송하여 정보주체로부터 동의의 의사표시가 적힌 전자우편을 받는 방법
- 그 밖에 상단에 따른 방법에 준하는 방법으로 동의 내용을 알리고 동의의 의사 표시를 확인하는 방법

③ 개인정보보호법 제16조 제2항: 개인정보처리자는 정보주체의 동의를 받아 개인정보를 수집하는 경우 필요한 최소한의 정보 외의 개인정보 수집에는 동의하지 아니할 수 있다는 사실을 구체적으로 알리고 개인정보를 수집해야 한다.

④ 개인정보보호법 제16조 제3항: 개인정보처리자는 정보주체가 필요한 최소한의 정보 외의 개인정보 수집에 동의하지 아니한다는 이유로 정보주체에게 재화 또는 서비스의 제공을 거부하여서는 아니 된다.

⑤ 개인정보보호법 제22조 제4항(시행령 제17조 제3항): 개인정보처리자는 정보주체에게 재화나 서비스를 홍보하거나 판매를 권유하기 위하여 개인정보의 처리에 대한 동의를 받으려는 때에는 정보주체가 이를 명확하게 인지할 수 있도록 알리고 동의를 받아야 하며, 정보주체가 동의 여부를 선택할 수 있다는 사실을 명확하게 확인할 수 있도록 선택적으로 동의할 수 있는 사항 외의 사항과 구분하여 표시해야 한다.

⑥ 개인정보보호법 제22조 제5항: 개인정보처리자는 정보주체가 미동의와 동의 개인정보를 구분하여 동의하도록 하는 선택적 동의 사항을 동의하지 아니하거나 홍보/판매권유를 위한 개인정보 처리 동의 및 목적 외의 용도로 개인정보를 이용하거나 제3자에게 제공하기 위하여 정보주체로부터 별도의 동의를 받는 경우에 따른 동의를 하지 아니한다는 이유로 정보주체에게 재화 또는 서비스의 제공을 거부하여서는 아니 된다.

나) GAP 분석용 질문

① 회원가입 등 개인정보 수집 시 필수정보와 선택 항목을 구분하여 수집 동의할 수 있도록 구성되어져 있는가?

② 개인정보 수집 시 선택항목을 선택하지 않아도 된다는 사실을 알리고 있는가?

③ 개인정보 수집 시 선택항목을 선택하지 않아도 재화 또는 서비스가 제공되도록 구성되어져 있는가?

④ 홍보/판매 권유에 활용하기 위한 정보는 개인정보 수집/이용 등에 관한 선택 동의와 별개로 별도 동의할 수 있도록 구성되어져 있는가?

⑤ 해당 서비스의 본질적 기능을 수행하기 위하여 반드시 필요한 정보 이외의 선택 동의/별도 동의(홍보/판매 권유, 목적 외 용도 이용, 제3자 제공) 정보에 대해 동의를 하지 않고서도 서비스 제공이 가능하도록 구성되어져 있는가?

다) ISMS:2013과의 차이: 특이사항 없음

라) 해당하는 ISMS-P 인증기준 항목: 3.1.1 (개인정보 수집 제한)

마) 해당하는 ISMS-P 인증기준 상세 내용: 개인정보는 서비스 제공을 위하여 필요한 최소한의 정보를 적법하고 정당하게 수집하여야 하며, 필수정보 이외의 개인정보를 수집하는 경우에는 선택항목으로 구분하여 해당 정보를 제공하지 않는다는 이유로 서비스 제공을 거부하지 않아야 한다.

바) 해당하는 PIMS:2016 인증기준 통제항목: 5.1.1 (개인정보 수집 제한)

사) 해당하는 PIMS:2016 인증기준 통제내용: 서비스 제공을 위해 필요한 최소한의 정보만을 수집해야 한다. 개인정보 수집 시 필수와 선택 사항으로 구분하여 기재할 수 있도록 하여야 하며, 선택 사항의 정보를 제공하지 않는다는 이유로 서비스 제공을 거부하여서는 아니 된다

2) 업무관련 항목 순서: 선택별도-02

업무관련 항목	3.1.4.1 (고유식별정보(민증번호 제외) 별도 동의)
업무관련 상세 내용	고유식별정보(주민등록번호 제외)를 처리하기 위해서는 법령에서 구체적으로 처리를 요구하거나 허용하는 경우를 제외하고는 정보주체(이용자)의 별도 동의를 받아야 한다.

가) 관련 법률 요구사항

① 개인정보보호법 제24조 제1항(시행령 제19조): 개인정보처리자는 다음의 경우를 제외하고는 법령에 따라 개인을 고유하게 구별하기 위하여 부여된 고유식별정보(주민등록번호, 여권번호, 운전면허의 면허번호, 외국인등록번호)를 처리할 수 없다.

– 정보주체에게 개인정보 수집/변경 시 개인정보의 수집 · 이용목적/수집하려는 개인정보의 항목/개인정보의 보유 및 이용기간/동의를 거부할 권리가 있다는 사실 및 동의거부에 따른 불이익이 있는 경우에는 그 불이익의 내용 또는 정보주체의 개인정보를 제3자에게 제공(공유)을 위해 동의/변경 시 개인정보를 제공받는

자/개인정보를 제공받는 자의 개인정보 이용목적/제공하는 개인정보의 항목/개인정보를 제공받는 자의 개인정보 보유 및 이용기간/동의를 거부할 권리가 있다는 사실 및 동의거부에 따른 불이익이 있는 경우에는 그 불이익의 내용을 알리고 다른 개인정보의 처리에 대한 동의와 별도로 동의를 받은 경우

– 법령에서 구체적으로 고유식별정보의 처리를 요구하거나 허용하는 경우

나) GAP 분석용 질문

① 주민등록번호를 제외한 고유식별정보(여권번호, 운전면허번호, 외국인등록번호)를 수집하고 있는가?

② 주민등록번호를 제외한 고유식별정보를 수집할 경우, 법령의 근거에 의해 진행되는 경우인가?

③ 법령의 근거에 의해 주민등록번호를 제외한 고유식별정보를 수집하는 경우, 해당 법령의 근거는 무엇인가?

④ 법령의 근거가 없는 상황에서 주민등록번호를 제외한 고유식별정보를 수집하는 경우, 정보주체(이용자)로부터 별도 동의를 받고있는가?

⑤ 법령의 근거가 없는 상황에서 주민등록번호를 제외한 고유식별정보를 수집하기 위해 이용자로부터 별도 동의 받을 시, 필수 고지항목[1]을 고지하는가?

⑥ 만약, 고유식별정보가 변경 시에도 정보주체(이용자)로부터 별도 동의를 받고있는가?

다) ISMS:2013과의 차이: 특이사항 없음

라) 해당하는 ISMS-P 인증기준 항목: 3.1.4 (민감정보 및 고유식별정보의 처리 제한)

마) 해당하는 ISMS-P 인증기준 상세 내용: 민감정보와 고유식별정보(주민등록번호 제외)를 처리하기 위해서는 법령에서 구체적으로 처리를 요구하거나 허용하는 경우를 제외하고는 정보주체(이용자)의 별도 동의를 받아야 한다.

바) 해당하는 PIMS:2016 인증기준 통제항목: 5.1.4 (민감정보 및 고유식별정보의 수집 제한)

사) 해당하는 PIMS:2016 인증기준 통제내용: 고유식별정보와 민감정보는 정보주체(이용자)의 별도 동의를 받거나 다른 법령에서 처리를 요구하여 허용된 경우를 제외하고는 수집할 수 없다.

---

1) 개인정보의 수집/이용 목적, 수집하려는 개인정보의 항목, 개인정보의 보유 및 이용기간, 동의를 거부할 권리가 있다는 사실 및 동의거부에 따른 불이익이 있는 경우에는 그 불이익의 내용

3) 업무관련 항목 순서: 선택별도-03

업무관련 항목	3.1.4.2 (민감정보 별도 동의)
업무관련 상세 내용	민감정보를 처리하기 위해서는 법령에서 구체적으로 처리를 요구하거나 허용하는 경우를 제외하고는 정보주체(이용자)의 별도 동의를 받아야 한다.

가) 관련 법률 요구사항

① 개인정보보호법 제23조 제1항(시행령 제18조): 개인정보처리자는 사상·신념, 노동조합·정당의 가입·탈퇴, 정치적 견해, 건강, 성생활 등에 관한 정보, 그 밖에 정보주체의 사생활을 현저히 침해할 우려가 있는 개인정보로서 민감정보(유전자검사 등의 결과로 얻어진 유전정보, 「형의 실효 등에 관한 법률」 제2조 제5호에 따른 범죄경력자료에 해당하는 정보)를 처리하여서는 아니 된다. 다만, 다음의 어느 하나에 해당하는 경우에는 그러하지 아니하다.

  – 정보주체에게 개인정보 수집/변경 시 개인정보의 수집·이용목적/수집하려는 개인정보의 항목/개인정보의 보유 및 이용기간/동의를 거부할 권리가 있다는 사실 및 동의거부에 따른 불이익이 있는 경우에는 그 불이익의 내용 또는 정보주체의 개인정보를 제3자에게 제공(공유)을 위해 동의/변경 시 개인정보를 제공받는 자/개인정보를 제공받는 자의 개인정보 이용목적/제공하는 개인정보의 항목/개인정보를 제공받는 자의 개인정보 보유 및 이용기간/동의를 거부할 권리가 있다는 사실 및 동의거부에 따른 불이익이 있는 경우에는 그 불이익의 내용을 알리고 다른 개인정보의 처리에 대한 동의와 별도로 동의를 받은 경우

  – 법령에서 민감정보의 처리를 요구하거나 허용하는 경우

② 정통망법 제23조 제1항: 정보통신서비스 제공자는 사상, 신념, 가족 및 친인척관계, 학력(學歷)·병력(病歷), 기타 사회활동 경력 등 개인의 권리·이익이나 사생활을 뚜렷하게 침해할 우려가 있는 개인정보를 수집하여서는 아니 된다. 다만, 이용자의 동의를 받거나 다른 법률에 따라 특별히 수집 대상 개인정보로 허용된 경우에는 필요한 범위에서 최소한으로 그 개인정보를 수집할 수 있다.

나) GAP 분석용 질문

① 질병/상해정보 등 민감정보를 수집하고 있는가?

② 민감정보를 수집할 경우, 법령의 근거에 의해 진행되는 경우인가?

③ 법령의 근거에 의해 민감정보를 수집하는 경우, 해당 법령의 근거는 무엇인가?

④ 법령의 근거가 없는 상황에서 민감정보를 수집하는 경우, 정보주체(이용자)로부터 별도 동의를 받고있는가?

⑤ 법령의 근거가 없는 상황에서 민감정보를 수집하기 위해 이용자로부터 별도 동의 받을 시 필수 고지항목[1]을 고지하는가?

⑥ 만약, 민감정보가 변경 시에도 정보주체(이용자)로부터 별도 동의를 받고있는가?

다) ISMS:2013과의 차이: 특이사항 없음

라) 해당하는 ISMS-P 인증기준 항목: 3.1.4 (민감정보 및 고유식별정보의 처리 제한)

마) 해당하는 ISMS-P 인증기준 상세 내용: 민감정보와 고유식별정보(주민등록번호 제외)를 처리하기 위해서는 법령에서 구체적으로 처리를 요구하거나 허용하는 경우를 제외하고는 정보주체(이용자)의 별도 동의를 받아야 한다.

바) 해당하는 PIMS:2016 인증기준 통제항목: 5.1.4 (민감정보 및 고유식별정보의 수집 제한)

사) 해당하는 PIMS:2016 인증기준 통제내용: 고유식별정보와 민감정보는 정보주체(이용자)의 별도 동의를 받거나 다른 법령에서 처리를 요구하여 허용된 경우를 제외하고는 수집할 수 없다.

4) 업무관련 항목 순서: 선택별도-04

업무관련 항목	3.3.1.1 (개인정보 제3자 제공 시 별도 동의)
업무관련 상세 내용	개인정보를 제3자에게 제공하는 경우 법적 근거에 의하거나 정보주체(이용자)의 동의를 받아야 한다.

가) 관련 법률 요구사항

① 개인정보보호법 제17조 제1항, 제18조 제1항: 개인정보처리자는 다음의 어느 하나에 해당되는 경우에는 정보주체의 개인정보를 제3자에게 제공(공유를 포함한다. 이하 같다)할 수 있다. 단, 수집의 범위를 초과하여 제3자에게 제공해서는 아니 된다.

– 정보주체의 동의를 받은 경우

– 개인정보를 수집한 목적 범위에서 개인정보를 제공하는 경우

② 개인정보보호법 제18조 제2항(시행령 제17조 제2항): 개인정보처리자는 다음의 어느 하나에 해당하는 경우에는 정보주체 또는 제3자의 이익을 부당하게 침해할 우려가 있을 때를 제외하고는 개인정보를 목적 외의 용도로 이용하거나 이를 제3자에게 제공(시행규칙 별지 제1호서식)할 수 있다.

---

1) 개인정보의 수집/이용 목적, 수집하려는 개인정보의 항목, 개인정보의 보유 및 이용기간, 동의를 거부할 권리가 있다는 사실 및 동의거부에 따른 불이익이 있는 경우에는 그 불이익의 내용

- 정보주체로부터 별도의 동의를 받은 경우(단, 정보주체가 동의 여부를 선택할 수 있다는 사실을 명확하게 확인할 수 있도록 선택적으로 동의할 수 있는 사항 외의 사항과 구분하여 표시해야 한다.)

- 다른 법률에 특별한 규정이 있는 경우

- 정보주체 또는 그 법정대리인이 의사표시를 할 수 없는 상태에 있거나 주소불명 등으로 사전 동의를 받을 수 없는 경우로서 명백히 정보주체 또는 제3자의 급박한 생명, 신체, 재산의 이익을 위하여 필요하다고 인정되는 경우

- 통계작성 및 학술연구 등의 목적을 위하여 필요한 경우로서 특정 개인을 알아볼 수 없는 형태로 개인정보를 제공하는 경우

③ 개인정보보호법 제18조 제2항(시행령 제18조, 제19조): 공공기관은 다음의 어느 하나에 해당하는 경우에는 정보주체 또는 제3자의 이익을 부당하게 침해할 우려가 있을 때를 제외하고는 개인정보를 목적 외의 용도로 이용하거나 이를 제3자에게 제공(시행규칙 별지 제1호서식)할 수 있으며, 유전자검사 등의 결과로 얻어진 유전정보 및 「형의실효 등에 관한 법률」 제2조 제5호에 따른 범죄경력자료에 해당하는 정보는 민감정보로 보지 않고, 주민등록번호/여권번호/운전면허의 면허번호/외국인등록번호를 고유식별정보로 보지 않는다.

- 개인정보를 목적 외의 용도로 이용하거나 이를 제3자에게 제공하지 아니하면 다른 법률에서 정하는 소관 업무를 수행할 수 없는 경우로서 보호위원회의 심의·의결을 거친 경우

- 조약, 그 밖의 국제협정의 이행을 위하여 외국정부 또는 국제기구에 제공하기 위하여 필요한 경우

-범죄의 수사와 공소의 제기 및 유지를 위하여 필요한 경우

- 법원의 재판업무 수행을 위하여 필요한 경우

- 형(刑) 및 감호, 보호처분의 집행을 위하여 필요한 경우

④ 정통망법 제24조의2 제3항: 정보통신서비스 제공자와 그로부터 이용자의 개인정보를 제공받은 자(이하 "정보통신서비스 제공자등"이라 한다)가 제3자에게 개인정보를 제공하기 위한 이용자의 동의와 제3자에게 이용자의 개인정보를 수집, 생성, 연계, 연동, 기록, 저장, 보유, 가공, 편집, 검색, 출력, 정정(訂正), 복구, 이용, 제공, 공개, 파기(破棄), 그 밖에 이와 유사한 행위(이하 "처리"라 한다)를 할 수 있도록 업무를 (마케팅 위탁 등 필수업무가 아닌 부분) 위탁(이하 "개인정보 처리위탁"이라 한다)하기 위한 동의를 받을 때에는 최초 정보통신서비스 제공자가 이용자의 개인정보를 수집·이용에 대한 동의와 구분하여 별도로 받아야 하고, 이에 동의하지 아니한다는 이유로 서비스 제공을 거부하여서는 아니 된다.

⑤ 개인정보보호법 제17조 제2항, 제18조 제1항: 개인정보처리자는 정보주체의 개인정보를 제3자에게 제공하기 위해 동의를 받을 때에는 다음의 사항을 정보주체에게 알려야 하며, 수집의 범위를 초과하여 제3자에게 제공해서는 아니 된다. 다음의 어느 하나의 사항을 변경하는 경우에도 이를 알리고 동의를 받아야 한다.

- 개인정보를 제공받는 자
- 개인정보를 제공받는 자의 개인정보 이용 목적
- 제공하는 개인정보의 항목
- 개인정보를 제공받는 자의 개인정보 보유 및 이용 기간
- 동의를 거부할 권리가 있다는 사실 및 동의 거부에 따른 불이익이 있는 경우에는 그 불이익의 내용

⑥ 정통망법 제24조의2 제1항: 정보통신서비스 제공자는 이용자의 개인정보를 제3자에게 제공하려면 다음의 모든 사항을 이용자에게 알리고 동의를 받아야 하며, 다음의 어느 하나의 사항이 변경되는 경우에도 또한 같다. 단, 정보통신서비스의 제공에 따른 요금정산을 위해 필요한 경우 및 다른 법률에 특별한 규정이 있어 개인정보 수집·이용에 동의를 받지 않고 사용하는 경우에는 제3자 제공을 위한 고지 및 동의를 받지 않고 제공할 수 있다.

- 개인정보를 제공받는 자
- 개인정보를 제공받는 자의 개인정보 이용 목적
- 제공하는 개인정보의 항목
- 개인정보를 제공받는 자의 개인정보 보유 및 이용 기간

⑦ 개인정보보호법 제18조 제4항(시행규칙 제2조): 공공기관은 다음의 상황에 따라 개인정보를 목적 외의 용도로 이용하거나 이를 제3자에게 제공하는 경우에는 개인정보를 목적 외 이용 등을 한 날부터 30일 이내에 목적 외 이용 등을 한 날짜/목적 외 이용 등의 법적근거/목적 외 이용 등의 목적/목적 외 이용 등을 한 개인정보의 항목사항을 관보 또는 인터넷 홈페이지에 게재하여야 하며, 특히 인터넷 홈페이지에 게재할 때에는 10일 이상 계속 게재하되, 게재를 시작하는 날은 목적 외 이용 등을 한 날부터 30일 이내여야 한다.

- 다른 법률에 특별한 규정이 있는 경우
- 정보주체 또는 그 법정대리인이 의사표시를 할 수 없는 상태에 있거나 주소불명 등으로 사전 동의를 받을 수 없는 경우로서 명백히 정보주체 또는 제3자의 급박한 생명, 신체, 재산의 이익을 위하여 필요하다고 인정되는 경우
- 통계작성 및 학술연구 등의 목적을 위하여 필요한 경우로서 특정 개인을 알아볼 수 없는 형태로 개인정보를 제공하는 경우

- 개인정보를 목적 외의 용도로 이용하거나 이를 제3자에게 제공하지 아니하면 다른 법률에서 정하는 소관 업무를 수행할 수 없는 경우로서 보호위원회의 심의·의결을 거친 경우

- 조약, 그 밖의 국제협정의 이행을 위하여 외국정부 또는 국제기구에 제공하기 위하여 필요한 경우

- 법원의 재판업무 수행을 위하여 필요한 경우

- 형(刑) 및 감호, 보호처분의 집행을 위하여 필요한 경우

나) GAP 분석용 질문

① 정보주체(이용자)의 개인정보를 제3자에게 제공하는가?

② 개인정보를 제3자에게 제공하는 경우, 정보통신서비스의 제공에 따른 요금정산을 위해 필요한 경우 등 다른 법령의 근거에 의해 제공되는 경우인가?

③ 법령의 근거에 의해 개인정보를 제3자에게 제공하는 경우, 관련 법조항을 구체적으로 명시하고 있으며, 어디에 어떤 항목을 제공하는가?

④ 법령의 근거가 없는 상황에서 개인정보를 제3자에게 제공하는 경우, 정보주체 (이용자)로부터 개인정보 수집/이용에 대한 동의와 구분하여 별도 동의를 받도록 되어져 있는가?

⑤ 법령의 근거가 없는 상황에서 개인정보를 제3자에게 제공하기 위해 이용자로부터 별도 동의 받을 시, 필수 고지항목[1]을 고지하는가?

⑥ 만약, 개인정보를 제공받는 제3자가 변경 시에도 정보주체(이용자)로부터 별도 동의를 받는가?

다) ISMS:2013과의 차이: 특이사항 없음

라) 해당하는 ISMS-P 인증기준 항목: 3.3.1 (개인정보 제3자 제공)

마) 해당하는 ISMS-P 인증기준 상세 내용: 개인정보를 제3자에게 제공하는 경우 법적 근거에 의하거나 정보주체(이용자)의 동의를 받아야 하며, 제3자에게 개인정보의 접근을 허용하는 등 제공 과정에서 개인정보를 안전하게 보호하기 위한 보호대책을 수립·이행해야 한다.

바) 해당하는 PIMS:2016 인증기준 통제항목: 5.2.1 (개인정보 제3자 제공)

---

1) 개인정보를 제공받는 자, 개인정보를 제공받는 자의 개인정보 이용목적, 제공하는 개인정보의 항목, 개인정보를 제공받는 자의 개인정보 보유 및 이용기간, 동의를 거부할 권리가 있다는 사실 및 동의거부에 따른 불이익이 있는 경우에는 그 불이익의 내용

사) 해당하는 PIMS:2016 인증기준 통제내용: 개인정보를 제3자에게 제공 시, 관련내용을 고지하고 동의를 획득한 후 제공하여야 하며, 제3자에게 개인정보의 접근을 허용하는 경우 개인정보를 안전하게 보호하기 위한 보호절차에 따라 통제해야 한다.

5) 업무관련 항목 순서: 선택별도-05

업무관련 항목	3.1.4.3 (고유식별정보(민증번호 제외) 제3자 제공 시 별도 동의)
업무관련 상세 내용	고유식별정보(주민등록번호 제외)를 제3자에게 제공하기 위해서는 법령에서 구체적으로 제3자 제공을 요구하거나 허용하는 경우를 제외하고는 정보주체(이용자)의 별도 동의를 받아야 한다.

가) 관련 법률 요구사항

① 개인정보보호법 제24조 제1항(시행령 제19조): 개인정보처리자는 다음의 경우를 제외하고는 법령에 따라 개인을 고유하게 구별하기 위하여 부여된 고유식별정보 (주민등록번호, 여권번호, 운전면허의 면허번호, 외국인등록번호)를 처리할 수 없다.

- 정보주체에게 개인정보 수집/변경 시 개인정보의 수집·이용목적/수집하려는 개인정보의 항목/개인정보의 보유 및 이용기간/동의를 거부할 권리가 있다는 사실 및 동의거부에 따른 불이익이 있는 경우에는 그 불이익의 내용 또는 정보주체의 개인정보를 제3자에게 제공(공유)을 위해 동의/변경 시 개인정보를 제공받는 자/개인정보를 제공받는 자의 개인정보 이용목적/제공하는 개인정보의 항목/ 개인정보를 제공받는 자의 개인정보 보유 및 이용기간/동의를 거부할 권리가 있다는 사실 및 동의거부에 따른 불이익이 있는 경우에는 그 불이익의 내용을 알리고 다른 개인정보의 처리에 대한 동의와 별도로 동의를 받은 경우

- 법령에서 구체적으로 고유식별정보의 처리를 요구하거나 허용하는 경우

② 개인정보보호법 제17조 제1항, 제18조 제1항: 개인정보처리자는 다음의 어느 하나에 해당되는 경우에는 정보주체의 개인정보를 제3자에게 제공(공유를 포함한다. 이하 같다)할 수 있다. 단, 수집의 범위를 초과하여 제3자에게 제공해서는 아니 된다.

- 정보주체의 동의를 받은 경우

- 개인정보를 수집한 목적 범위에서 개인정보를 제공하는 경우

나) GAP 분석용 질문

① 주민등록번호를 제외한 고유식별정보(여권번호, 운전면허번호, 외국인등록번호)를 제3자에게 제공하는가?

② 주민등록번호를 제외한 고유식별정보를 제3자에게 제공하는 경우, 법령의 근거에 의해 제공되는 경우인가?

③ 법령의 근거에 의해 주민등록번호를 제외한 고유식별정보를 제3자에게 제공하는 경우, 해당 법령의 근거는 무엇이고 어디에 어떤 항목을 제공하는가?

④ 법령의 근거가 없는 상황에서 주민등록번호를 제외한 고유식별정보를 제3자에게 제공하는 경우, 정보주체(이용자)로부터 별도 동의를 받고 있는가?

⑤ 법령의 근거가 없는 상황에서 주민등록번호를 제외한 고유식별정보를 제3자에게 제공하기 위해 이용자로부터 별도 동의 받을 시, 필수 고지항목[1]을 고지하는가?

⑥ 만약, 고유식별정보를 제공받는 제3자가 변경 시에도 정보주체(이용자)로부터 별도 동의를 받는가?

다) ISMS:2013과의 차이: 특이사항 없음

라) 해당하는 ISMS-P 인증기준 항목: 3.1.4 (민감정보 및 고유식별정보의 처리 제한)

마) 해당하는 ISMS-P 인증기준 상세 내용: 민감정보와 고유식별정보(주민등록번호 제외)를 처리하기 위해서는 법령에서 구체적으로 처리를 요구하거나 허용하는 경우를 제외하고는 정보주체(이용자)의 별도 동의를 받아야 한다.

바) 해당하는 PIMS:2016 인증기준 통제항목: 5.1.4 (민감정보 및 고유식별정보의 수집 제한)

사) 해당하는 PIMS:2016 인증기준 통제내용: 고유식별정보와 민감정보는 정보주체(이용자)의 별도 동의를 받거나 다른 법령에서 처리를 요구하여 허용된 경우를 제외하고는 수집할 수 없다.

6) 업무관련 항목 순서: 선택별도-06

업무관련 항목	3.1.4.4 (민감정보 제3자 제공 시 별도 동의)
업무관련 상세 내용	민감정보를 제3자에게 제공하기 위해서는 법령에서 구체적으로 제3자 제공을 요구하거나 허용하는 경우를 제외하고는 정보주체(이용자)의 별도 동의를 받아야 한다.

가) 관련 법률 요구사항

① 개인정보보호법 제23조 제1항(시행령 제18조): 개인정보처리자는 사상·신념, 노동조합·정당의 가입·탈퇴, 정치적 견해, 건강, 성생활 등에 관한 정보, 그 밖에 정보주체의 사생활을 현저히 침해할 우려가 있는 개인정보로서 민감정보(유전자검사 등의 결과로 얻어진 유전정보, 「형의 실효 등에 관한 법률」 제2조 제5호에 따른

---

[1] 개인정보를 제공받는 자, 개인정보를 제공받는 자의 개인정보 이용목적, 제공하는 개인정보의 항목, 개인정보를 제공받는 자의 개인정보 보유 및 이용기간, 동의를 거부할 권리가 있다는 사실 및 동의거부에 따른 불이익이 있는 경우에는 그 불이익의 내용

범죄경력자료에 해당하는 정보)를 처리하여서는 아니 된다. 다만, 다음의 어느 하나에 해당하는 경우에는 그러하지 아니하다.

- 정보주체에게 개인정보 수집/변경 시 개인정보의 수집·이용목적/수집하려는 개인정보의 항목/개인정보의 보유 및 이용기간/동의를 거부할 권리가 있다는 사실 및 동의거부에 따른 불이익이 있는 경우에는 그 불이익의 내용 또는 정보주체의 개인정보를 제3자에게 제공(공유)을 위해 동의/변경 시 개인정보를 제공받는 자/개인정보를 제공받는 자의 개인정보 이용목적/제공하는 개인정보의 항목/개인정보를 제공받는 자의 개인정보 보유 및 이용기간/동의를 거부할 권리가 있다는 사실 및 동의거부에 따른 불이익이 있는 경우에는 그 불이익의 내용을 알리고 다른 개인정보의 처리에 대한 동의와 별도로 동의를 받은 경우
- 법령에서 민감정보의 처리를 요구하거나 허용하는 경우

② 정통망법 제23조 제1항: 정보통신서비스 제공자는 사상, 신념, 가족 및 친인척관계, 학력(學歷)·병력(病歷), 기타 사회활동 경력 등 개인의 권리·이익이나 사생활을 뚜렷하게 침해할 우려가 있는 개인정보를 수집하여서는 아니 된다. 다만, 이용자의 동의를 받거나 다른 법률에 따라 특별히 수집 대상 개인정보로 허용된 경우에는 필요한 범위에서 최소한으로 그 개인정보를 수집할 수 있다.

③ 개인정보보호법 제17조 제1항, 제18조 제1항: 개인정보처리자는 다음의 어느 하나에 해당되는 경우에는 정보주체의 개인정보를 제3자에게 제공(공유를 포함한다. 이하 같다)할 수 있다. 단, 수집의 범위를 초과하여 제3자에게 제공해서는 아니 된다.

- 정보주체의 동의를 받은 경우
- 개인정보를 수집한 목적 범위에서 개인정보를 제공하는 경우

나) GAP 분석용 질문

① 질병/상해정보 등 민감정보를 제3자에게 제공하는가?

② 민감정보를 제3자에게 제공하는 경우, 법령의 근거에 의해 제공되는 경우인가?

③ 법령의 근거에 의해 민감정보를 제3자에게 제공하는 경우, 해당 법령의 근거는 무엇이고 어디에 어떤 항목을 제공하는가?

④ 법령의 근거가 없는 상황에서 민감정보를 제3자에게 제공하는 경우, 정보주체(이용자)로부터 별도 동의를 받고 있는가?

⑤ 법령의 근거가 없는 상황에서 민감정보를 제3자에게 제공하기 위해 이용자로부터 별도 동의 받을 시, 필수 고지항목[1]을 고지하는가?

---

1) 개인정보를 제공받는 자, 개인정보를 제공받는 자의 개인정보 이용목적, 제공하는 개인정보의 항목, 개인정보를 제공받는 자의 개인정보 보유 및 이용기간, 동의를 거부할 권리가 있다는 사실 및 동의거부에 따른 불이익이 있는 경우에는 그 불이익의 내용

⑥ 만약, 민감정보를 제공받는 제3자가 변경 시에도 정보주체(이용자)로부터 별도 동의를 받는가?

다) ISMS:2013과의 차이: 특이사항 없음

라) 해당하는 ISMS-P 인증기준 항목: 3.1.4 (민감정보 및 고유식별정보의 처리 제한)

마) 해당하는 ISMS-P 인증기준 상세 내용: 민감정보와 고유식별정보(주민등록번호 제외)를 처리하기 위해서는 법령에서 구체적으로 처리를 요구하거나 허용하는 경우를 제외하고는 정보주체(이용자)의 별도 동의를 받아야 한다.

바) 해당하는 PIMS:2016 인증기준 통제항목: 5.1.4 (민감정보 및 고유식별정보의 수집 제한)

사) 해당하는 PIMS:2016 인증기준 통제내용: 고유식별정보와 민감정보는 정보주체(이용자)의 별도 동의를 받거나 다른 법령에서 처리를 요구하여 허용된 경우를 제외하고는 수집할 수 없다.

7) 업무관련 항목 순서: 선택별도-07

업무관련 항목	3.3.2.2 (개인정보 처리업무 위탁 시 별도 동의)
업무관련 상세 내용	개인정보 처리업무를 제3자에게 위탁 시 망법대상 기업에 대해서는 동의를 받아야 한다.

가) 관련 법률 요구사항

① 정통망법 제24조의2 제3항: 정보통신서비스 제공자와 그로부터 이용자의 개인정보를 제공받은 자(이하 "정보통신서비스 제공자등"이라 한다)가 제3자에게 개인정보를 제공하기 위한 이용자의 동의와 제3자에게 이용자의 개인정보를 수집, 생성, 연계, 연동, 기록, 저장, 보유, 가공, 편집, 검색, 출력, 정정(訂正), 복구, 이용, 제공, 공개, 파기(破棄), 그 밖에 이와 유사한 행위(이하 "처리"라 한다)를 할 수 있도록 업무를 (마케팅 위탁 등 필수업무가 아닌 부분) 위탁(이하 "개인정보 처리위탁"이라 한다)하기 위한 동의를 받을 때에는 최초 정보통신서비스 제공자가 이용자의 개인정보를 수집·이용에 대한 동의와 구분하여 별도로 받아야 하고, 이에 동의하지 아니한다는 이유로 서비스 제공을 거부하여서는 아니 된다.

② 정통망법 제25조 제1항, 제2항: 정보통신서비스 제공자와 그로부터 이용자의 개인정보를 제공받은 자(이하 "정보통신서비스 제공자등"이라 한다)가 제3자에게 이용자의 개인정보를 수집, 생성, 연계, 연동, 기록, 저장, 보유, 가공, 편집, 검색, 출력, 정정(訂正), 복구, 이용, 제공, 공개, 파기(破棄), 그 밖에 이와 유사한 행위(이하 "처리"라 한다)를 할 수 있도록 업무를 위탁(이하 "개인정보 처리위탁"이라 한다)하는

경우에는 다음의 사항 모두를 이용자에게 알리고 동의를 받아야 한다. 다음 어느 하나의 사항이 변경되는 경우에도 또한 같다. 단, 정보통신서비스의 제공에 관한 계약을 이행하고 이용자 편의 증진 등을 위하여 필요한 경우로서 동의를 받아야 하는 사항을 개인정보취급방침에 공개하거나 전자우편/서면/모사전송/전화 또는 이와 유사한 방법 중 어느 하나의 방법으로 이용자에게 알린 경우에는 예외로 한다.

– 개인정보 처리위탁을 받는 자(이하 "수탁자"라 한다)

– 개인정보 처리위탁을 하는 업무의 내용

③ 정통망법 제25조 제7항: 수탁자는 개인정보 처리위탁을 한 정보통신서비스 제공자등의 동의를 받은 경우에 한하여 개인정보 처리위탁 방법(망법 제25조 제1항, 제2항)을 따라 위탁받은 업무를 제3자에게 재위탁할 수 있다.

④ 정통망법 제25조 제3항: 정보통신서비스 제공자와 그로부터 이용자의 개인정보를 제공받은 자(이하 "정보통신서비스 제공자등"이라 한다)는 개인정보 처리위탁을 하는 경우에는 수탁자가 이용자의 개인정보를 처리할 수 있는 목적을 미리 정하여야 하며, 수탁자는 이 목적을 벗어나서 이용자의 개인정보를 처리하여서는 아니 된다.

나) GAP 분석용 질문

① 망법대상 기업에 한해, 제3자에게 개인정보 처리 위탁 시에는 개인정보 수집/이용에 대한 동의와 구분하여 별도 동의를 받도록 구성되어져 있는가?

② 망법대상 기업에 한해 제3자에게 개인정보 처리 위탁을 위해 이용자로부터 별도 동의를 받을 때, 필수 고지사항(개인정보 처리위탁을 받는 자, 개인정보 처리위탁을 하는 업무의 내용)을 알리고 있는가? (단, 계약이행 및 이용자 편의증진 등을 위해 필요한 경우에는 개인정보취급방침에 해당 내용을 공개하는 것으로 이용자의 동의를 받은 것으로 본다.)

③ 망법대상 기업에 한해 제3자에게 개인정보 처리위탁을 위해 이용자로부터 별도 동의 받은 내용의 변경이 발생한 경우에도 필수 고지사항(개인정보 처리위탁을 받는 자, 개인정보 처리위탁을 하는 업무의 내용)을 알리고 별도 동의를 받는가?

④ 망법대상 기업에 한해 수탁자는 위탁자가 미리 지정한 업무의 내용에 국한하여 개인정보 처리를 진행하는가?

⑤ 수탁자가 위탁받은 업무를 제3자에게 재위탁하려는 경우 위탁자의 사전 동의를 받도록 하고 있는가?

⑥ 수탁자가 위탁받은 업무를 제3자에게 재위탁하기 위해 위탁자의 사전 동의를 받은 상태에서도, 수탁자는 제3자에게 재위탁을 하기 위해 이용자에게 필수 고지사항(개인정보 처리 재위탁을 받는 자, 개인정보 처리 재위탁을 하는 업무의 내용)을 알리고 별도 동의를 받고 있는가?

다) ISMS:2013과의 차이: [확대] 개인정보 처리업무 위탁 시, 필요한 경우 동의받는 부분 추가

라) 해당하는 ISMS-P 인증기준 항목: 3.3.2 (업무 위탁에 따른 정보주체 고지)

마) 해당하는 ISMS-P 인증기준 상세 내용: 개인정보 처리업무를 제3자에게 위탁하는 경우 위탁하는 업무의 내용과 수탁자 등 관련사항을 정보주체(이용자)에게 알려야 하며, 필요한 경우 동의를 받아야 한다.

바) 해당하는 PIMS:2016 인증기준 통제항목: 5.2.1 (개인정보 제3자 제공)

사) 해당하는 PIMS:2016 인증기준 통제내용: 개인정보를 제3자에게 제공 시, 관련내용을 고지하고 동의를 획득한 후 제공하여야 하며, 제3자에게 개인정보의 접근을 허용하는 경우 개인정보를 안전하게 보호하기 위한 보호절차에 따라 통제해야 한다.

8) 업무관련 항목 순서: 선택별도-08

업무관련 항목	3.1.7.4 (마케팅목적 야간전송 시 별도 동의)
업무관련 상세 내용	재화나 서비스의 홍보, 판매 권유, 광고성 정보전송 등 마케팅 목적으로 개인정보를 수집하여 야간에 전송하고자 할 경우에는 사전에 별도 동의를 받아야 한다.

가) 관련 법률 요구사항

① 정통망법 제50조 제3항(시행령 제61조 제2항): 오후 9시부터 그다음 날 오전 8시까지의 시간에 전자적 전송매체를 이용하여 영리목적의 광고성 정보를 전송하려는 자는 제1항에도 불구하고 그 수신자로부터 별도의 사전 동의를 받아야 한다. 다만, 전자우편을 통한 경우에는 그러하지 아니하다.

나) GAP 분석용 질문

① 재화/서비스의 홍보/판매권유 등 마케팅 목적으로 개인정보를 수집하는가?

② 전자우편을 제외한 전자적 전송매체를 이용하여 영리목적의 광고성 정보를 오후 9시부터 그다음날 오전 8시 사이에 전송하고자 할 경우에는 그 수신자로부터 사전에 별도 동의를 받도록 되어져 있는가?

다) ISMS:2013과의 차이: [추가] 마케팅 목적으로 개인정보 수집 시 공지 후 동의

라) 해당하는 ISMS-P 인증기준 항목: 3.1.7 (홍보 및 마케팅목적 활용 시 조치)

마) 해당하는 ISMS-P 인증기준 상세 내용: 재화나 서비스의 홍보, 판매 권유, 광고성 정보전송 등 마케팅 목적으로 개인정보를 수집·이용하는 경우에는 그 목적을 정보주체(이용자)가 명확하게 인지할 수 있도록 고지하고 동의를 받아야 한다.

바) 해당하는 PIMS:2016 인증기준 통제항목: 없음

사) 해당하는 PIMS:2016 인증기준 통제내용: 없음

9) 업무관련 항목 순서: 선택별도-09

업무관련 항목	3.1.7.5 (마케팅목적 업무 위탁 시 별도 동의)
업무관련 상세 내용	재화나 서비스의 홍보, 판매 권유, 광고성 정보전송 등 마케팅 목적의 업무를 위탁하는 경우에는 개인정보를 수집/이용에 대한 동의와 구분하여 별도 동의를 받아야 한다.

가) 관련 법률 요구사항

① 정통망법 제24조의2 제3항: 정보통신서비스 제공자와 그로부터 이용자의 개인정보를 제공받은 자(이하 "정보통신서비스 제공자등"이라 한다)가 제3자에게 개인정보를 제공하기 위한 이용자의 동의와 제3자에게 이용자의 개인정보를 수집, 생성, 연계, 연동, 기록, 저장, 보유, 가공, 편집, 검색, 출력, 정정(訂正), 복구, 이용, 제공, 공개, 파기(破棄), 그 밖에 이와 유사한 행위(이하 "처리"라 한다)를 할 수 있도록 업무를 (마케팅 위탁 등 필수업무가 아닌 부분) 위탁(이하 "개인정보 처리위탁"이라 한다)하기 위한 동의를 받을 때에는 최초 정보통신서비스 제공자가 이용자의 개인정보를 수집·이용에 대한 동의와 구분하여 별도로 받아야 하고, 이에 동의하지 아니한다는 이유로 서비스 제공을 거부하여서는 아니 된다.

② 개인정보보호법 제26조 제3항(시행령 제28조 제4항, 제5항): 위탁자가 재화 또는 서비스를 홍보하거나 판매를 권유하는 업무를 위탁하는 경우에는 서면, 전자우편, 팩스, 전화, 문자전송 또는 이에 상당하는 방법(이하 "서면등의 방법"이라 한다)에 따라 위탁하는 업무의 내용과 수탁자를 정보주체에게 알려야 한다. 위탁하는 업무의 내용이나 수탁자가 변경된 경우에도 또한 같다. 단, 위탁자가 과실 없이 상위방법으로 위탁하는 업무의 내용과 수탁자를 정보주체에게 알릴 수 없는 경우에는 해당 사항을 인터넷 홈페이지에 30일 이상 게재하여야 하는데, 인터넷 홈페이지를 운영하지 아니하는 위탁자의 경우에는 사업장등의 보기 쉬운 장소에 30일 이상 게시해야 한다.

나) GAP 분석용 질문

① 재화/서비스의 홍보/판매권유 등 마케팅 목적의 업무를 위탁하는 경우, 정보주체 (이용자)로부터 개인정보를 수집/이용에 대한 동의와 구분하여 별도 동의를 받도록 되어져 있는가?

② 마케팅 목적의 업무를 위탁하기 위해 이용자로부터 별도 동의 받을 시, 필수 고지항목(위탁하는 업무의 내용, 수탁자 현황)을 고지하는가?

③ 만약, 마케팅 목적의 업무를 위탁받는 수탁자현황 및 위탁하는 업무의 변경 시에도 정보주체(이용자)로부터 별도 동의를 받는가?

④ 마케팅 목적의 업무를 위탁하는 경우, 위탁하는 업무의 내용 및 수탁자변경 시 관련내용을 정보주체에게 알릴 때 어떤 방법[1]으로 알리고 있는가?

다) ISMS:2013과의 차이: [추가] 마케팅 목적으로 개인정보 수집 시 공지 후 동의

라) 해당하는 ISMS-P 인증기준 항목: 3.1.7 (홍보 및 마케팅목적 활용 시 조치)

마) 해당하는 ISMS-P 인증기준 상세 내용: 재화나 서비스의 홍보, 판매 권유, 광고성 정보전송 등 마케팅 목적으로 개인정보를 수집·이용하는 경우에는 그 목적을 정보주체(이용자)가 명확하게 인지할 수 있도록 고지하고 동의를 받아야 한다.

바) 해당하는 PIMS:2016 인증기준 통제항목: 없음

사) 해당하는 PIMS:2016 인증기준 통제내용: 없음

---

1) 서면/전자우편/팩스/전화/문자전송 또는 이에 상당하는 방법(서면등의 방법). 만약, 서면등의 방법으로 정보주체에게 알릴 수 없는 경우에는 해당 사항을 인터넷 홈페이지에 30일 이상 게재하거나, 인터넷 홈페이지를 운영하지 아니하는 위탁자의 경우에는 사업장등의 보기 쉬운 장소에 30일 이상 게시하는 방법

Personal Information & Information Security Management System 상 중 하

CHAPTER 15 주민등록번호 업무관련 분야

- 주민등록번호 업무관련 분야에 해당하는 인증기준에는 어떤 것들이 존재하는지 알아보자.
- 주민등록번호 업무관련 분야에 해당하는 인증기준을 어떻게 업무관련 항목으로 구체화하는지 알아보자.
- 주민등록번호 업무관련 분야에 해당하는 업무관련 항목을 어떤 순서로 변경하는지 알아보자.

1 주민등록번호 업무에 해당하는 정보보호 및 개인정보보호 관리체계 인증기준

3.1.3 (주민등록번호 처리 제한)

2 주민등록번호 업무에 맞게 해당하는 인증기준 순서 변경

3.1.3 (주민등록번호 처리 제한)

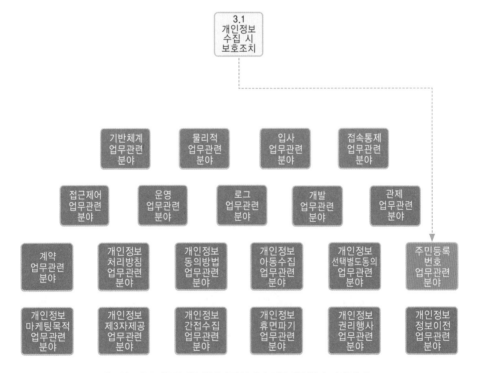

[그림 35] 주민등록번호 업무관련 분야와 인증기준 분야 간의 관계

3 주민등록번호 업무에 해당하는 업무관련 항목 설명

1) 업무관련 항목 순서: 주민번호-01

업무관련 항목	3.1.3.1 (주민등록번호 처리 제한)
업무관련 상세 내용	주민등록번호는 법적 근거가 있는 경우를 제외하고는 수집·이용 등 처리할 수 없어야 한다.

가) 관련 법률 요구사항

① 개인정보보호법 제24조의2 제1항: 제24조 제1항에도 불구하고 개인정보처리자는 다음의 어느 하나에 해당하는 경우를 제외하고는 주민등록번호를 처리할 수 없다.

 - 법률·대통령령·국회규칙·대법원규칙·헌법재판소규칙·중앙선거관리위원회규칙 및 감사원규칙에서 구체적으로 주민등록번호의 처리를 요구하거나 허용한 경우

 - 정보주체 또는 제3자의 급박한 생명, 신체, 재산의 이익을 위하여 명백히 필요하다고 인정되는 경우

 - 제1호 및 제2호에 준하여 주민등록번호 처리가 불가피한 경우로서 안전행정부령으로 정하는 경우

② 정통망법 제23조의2: 정보통신서비스 제공자는 이용자의 주민등록번호를 수집·이용할 수 없다. 단, 영업상 목적을 위하여 이용자의 주민등록번호 수집·이용이 불가피한 기간통신사업자로 이동통신서비스를 도매제공 받아 재판매하는 전기통신사업자는 예외로 하며, 이때에도 주민등록번호를 사용하지 아니하고 본인을 확인하는 방법을 제공해야 한다.

③ 개인정보보호법 제24조 제1항(시행령 제19조): 개인정보처리자는 다음의 경우를 제외하고는 법령에 따라 개인을 고유하게 구별하기 위하여 부여된 고유식별정보(주민 등록번호, 여권번호, 운전면허의 면허번호, 외국인등록번호)를 처리할 수 없다.

 - 정보주체에게 개인정보 수집/변경 시 개인정보의 수집·이용목적/수집하려는 개인정보의 항목/개인정보의 보유 및 이용기간/동의를 거부할 권리가 있다는 사실 및 동의거부에 따른 불이익이 있는 경우에는 그 불이익의 내용 또는 정보주체의 개인정보를 제3자에게 제공(공유)을 위해 동의/변경 시 개인정보를 제공받는 자/개인정보를 제공받는 자의 개인정보 이용목적/제공하는 개인정보의 항목/개인정보를 제공받는 자의 개인정보 보유 및 이용기간/동의를 거부할 권리가 있다는 사실 및 동의거부에 따른 불이익이 있는 경우에는 그 불이익의 내용을 알리고 다른 개인정보의 처리에 대한 동의와 별도로 동의를 받은 경우

 - 법령에서 구체적으로 고유식별정보의 처리를 요구하거나 허용하는 경우

나) GAP 분석용 질문

① 주민등록번호를 수집/처리할 수 없도록 제한하는가?

다) ISMS:2013과의 차이: 특이사항 없음

라) 해당하는 ISMS-P 인증기준 항목: 3.1.3 (주민등록번호 처리 제한)

마) 해당하는 ISMS-P 인증기준 상세 내용: 주민등록번호는 법적 근거가 있는 경우를 제외하고는 수집·이용 등 처리할 수 없으며, 주민등록번호의 처리가 허용된 경우라 하더라도 인터넷 홈페이지 등에서 대체수단을 제공해야 한다.

바) 해당하는 PIMS:2016 인증기준 통제항목: 5.1.5 (주민등록번호 수집/이용 제한)

사) 해당하는 PIMS:2016 인증기준 통제내용: 법령에서 정보주체(이용자)의 주민등록번호 수집·이용을 허용한 경우를 제외하고 주민등록번호를 수집·이용할 수 없다.

2) 업무관련 항목 순서: 주민번호-02

업무관련 항목	3.1.3.2 (주민등록번호 대체수단 제공)
업무관련 상세 내용	주민등록번호의 처리가 허용된 경우라 하더라도 인터넷 홈페이지 등에서 대체수단을 제공해야 한다.

가) 관련 법률 요구사항

① 개인정보보호법 제24조의2 제3항: 개인정보처리자는 제1항 각 호(예외 적용)에 따라 주민등록번호를 처리하는 경우에도 정보주체가 인터넷 홈페이지를 통하여 회원으로 가입하는 단계에서는 주민등록번호를 사용하지 아니하고도 회원으로 가입할 수 있는 방법을 제공해야 한다.

② 개인정보보호법 제24조의2 제4항(시행령 제62조, 제62조의2): 안전행정부장관은 개인정보처리자가 주민등록번호를 사용하지 아니하고도 회원으로 가입할 수 있는 대체가입수단 방법을 제공할 수 있도록 관계 법령의 정비, 계획의 수립, 필요한 시설 및 시스템의 구축 등 제반 조치를 마련·지원할 수 있다.

③ 정통망법 제23조의2: 정보통신서비스 제공자는 이용자의 주민등록번호를 수집·이용할 수 없다. 단, 영업상 목적을 위하여 이용자의 주민등록번호 수집·이용이 불가피한 기간통신사업자로 이동통신서비스를 도매제공 받아 재판매하는 전기통신사업자는 예외로 하며, 이때에도 주민등록번호를 사용하지 아니하고 본인을 확인하는 방법을 제공해야 한다.

나) GAP 분석용 질문

① 법률 근거에 따라 기간통신사업자(이동통신서비스 등) 등 주민등록번호 수집이 가능한 경우인가?

② 법률 근거에 의해 주민등록번호 처리가 가능한 경우, 어떤 법률에 의해 처리가 가능한가?

③ 법률 근거에 의해 주민등록번호 처리가 가능한 경우라도, 주민등록번호를 사용하지 않고서도 회원가입을 할 수 있는 대체수단(아이핀, 휴대폰 인증, 공인인증서 등)을 제공하는가?

다) ISMS:2013과의 차이: 특이사항 없음

라) 해당하는 ISMS-P 인증기준 항목: 3.1.3 (주민등록번호 처리 제한)

마) 해당하는 ISMS-P 인증기준 상세 내용: 주민등록번호는 법적 근거가 있는 경우를 제외하고는 수집·이용 등 처리할 수 없으며, 주민등록번호의 처리가 허용된 경우라 하더라도 인터넷 홈페이지 등에서 대체수단을 제공해야 한다.

바) 해당하는 PIMS:2016 인증기준 통제항목: 5.1.6 (주민등록번호 대체수단)

사) 해당하는 PIMS:2016 인증기준 통제내용: 법령에서 정보주체(이용자)의 주민등록번호 수집·이용을 허용한 경우에도 주민등록번호 대체수단을 제공해야 한다.

CHAPTER
16

상 중 하

개인정보 마케팅목적 업무관련 분야

- 개인정보 마케팅목적 업무관련 분야에 해당하는 인증기준에는 어떤 것들이 존재하는지 알아보자.
- 개인정보 마케팅목적 업무관련 분야에 해당하는 인증기준을 어떻게 업무관련 항목으로 구체화하는 지 알아보자.
- 개인정보 마케팅목적 업무관련 분야에 해당하는 업무관련 항목을 어떤 순서로 변경하는지 알아보자.

1 개인정보 마케팅목적 업무에 해당하는 정보보호 및 개인정보보호 관리체계 인증기준

3.1.7 (홍보 및 마케팅 목적 활용 시 조치)

2 개인정보 마케팅목적 업무에 맞게 해당하는 인증기준 순서 변경

3.1.7 (홍보 및 마케팅 목적 활용 시 조치)

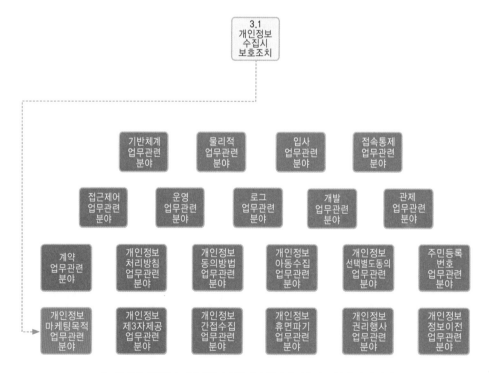

[그림 36] 개인정보 마케팅목적 업무관련 분야와 인증기준 분야 간의 관계

3 개인정보 마케팅목적 업무에 해당하는 업무관련 항목 설명

1) 업무관련 항목 순서: 마케팅목적-01

업무관련 항목	3.1.7.1 (마케팅목적 개인정보 수집 시 동의)
업무관련 상세 내용	재화나 서비스의 홍보, 판매 권유, 광고성 정보전송 등 마케팅 목적으로 개인정보를 수집·이용하는 경우에는 그 목적을 정보주체(이용자)가 명확하게 인지할 수 있도록 고지하고 동의를 받아야 한다.

가) 관련 법률 요구사항

① 정통망법 제50조 제1항(시행령 제61조 제1항): 누구든지 전자적 전송매체를 이용하여 영리목적의 광고성 정보를 전송하려면 그 수신자의 명시적인 사전 동의를 받아야 한다. 다만, 다음 각 호의 어느 하나에 해당하는 경우에는 사전 동의를 받지 아니한다.

- 재화 등의 거래관계를 통하여 수신자로부터 직접 연락처를 수집한 자가 재화 등의 거래가 종료된 날로부터 6개월 이내에 자신이 처리하고 수신자와 거래한 것과 동종의 재화 등에 대한 영리목적의 광고성 정보를 전송하려는 경우

- 「방문판매 등에 관한 법률」에 따른 전화권유 판매자가 육성으로 수신자에게 개인정보의 수집출처를 고지하고 전화권유를 하는 경우

② 정통망법 제50조 제7항(시행령 제62조의2): 전자적 전송매체를 이용하여 영리목적의 광고성 정보를 전송하려는 자는 수신자가 제1항에 따른 사전 동의, 제2항에 따른 수신거부의사 또는 수신동의 철회 의사를 표시할 때에는 해당 수신자에게 의사를 표시한 날부터 14일 이내에 다음 각 호의 사항을 수신동의, 수신거부 또는 수신동의 철회에 대한 처리 결과로 알려야 한다.

- 전송자의 명칭

- 수신자의 수신동의, 수신거부 또는 수신동의 철회 사실과 해당 의사를 표시한 날짜

- 처리 결과

③ 정통망법 제50조 제4항(시행령 제61조 제3항): 전자적 전송매체를 이용하여 영리목적의 광고성 정보를 전송하는 자는 다음 각 호의 사항 등을 광고성 정보에 구체적으로 밝혀야 한다.

- 공통매체: (광고)를 표시하는 경우에는 수신자의 수신거부 또는 수신동의의 철회를 회피하기 위한 목적으로 빈칸/부호/문자 등을 삽입하거나 표시방법을 조작하는 조치를 해서는 안 된다. 수신자가 수신의 거부 또는 수신동의의 철회를 하는 때에 전송에 이용된 수신자의 연락처 외의 정보를 전송자에게 제공하도록 요구하여 수신거부 또는 수신동의의 철회를 어렵게 해서는 안 된다.

- 전자우편: 제목이 시작되는 부분에 (광고)를 표시해야 한다. 본문에는 전송자의 명칭/전자우편주소/전화번호/주소를 표시하고, 수신자가 수신의 거부 또는 수신동의의 철회 의사를 쉽게 표시할 수 있도록 하기 위한 안내문을 명시하고 수신의 거부 또는 수신동의의 철회 여부를 간편하게 선택할 수 있도록 기술적 조치를 해야 한다. 이 경우 그 안내문과 기술적 조치는 한글과 영문으로 명시해야 한다.

- 모사전송: 광고성 정보가 시작되는 부분에 (광고)/전송자의 명칭/전화번호/주소를 표시해야 한다. 수신의 거부 또는 수신동의의 철회용 자동응답전화번호 등의 전화번호 또는 전화를 갈음하여 쉽게 수신의 거부 또는 수신동의의 철회를 할 수 있는 방식을 해당 광고에 표시된 최대 글자의 3분의 1 이상의 크기로 명시하고 그 전화번호나 방식을 이용하여 수신의 거부 또는 수신동의의 철회를 하는 때에 수신자가 비용을 부담하지 않는다는 것을 함께 명시해야 한다.

- 그 밖의 전자적 전송매체: 음성형태로 전송되는 광고의 경우, 광고성 정보가 시작되는 부분에 광고를 의미하는 음성/전송자의 명칭/전화번호 또는 주소/수신의 거부 또는 수신동의의 철회를 할 수 있는 방식을 안내해야 하고, 수신의 거부 또는 수신동의의 철회용 자동응답전화번호 등의 전화번호 또는 전화를 갈음하여 쉽게 수신의 거부 또는 수신동의의 철회를 할 수 있는 방식을 이용하여 수신의 거부 또는 수신동의의 철회를 하는 때에 수신자가 비용을 부담하지 않는다는 것을 함께 안내해야 한다.

- 그 밖의 전자적 전송매체: 음성 외의 형태로 전송되는 광고의 경우, 광고성 정보가 시작되는 부분에 (광고)/전송자의 명칭과 전화번호 또는 주소를 표시해야 하며, 수신의 거부 또는 수신동의의 철회용 자동응답전화번호 등의 전화번호 또는 전화를 갈음하여 쉽게 수신의 거부 또는 수신동의의 철회를 할 수 있는 방식을 정보가 끝나는 부분에 명시하고, 그 전화번호나 방식을 이용하여 수신의 거부 또는 수신동의의 철회를 하는 때에 수신자가 비용을 부담하지 않는다는 것을 함께 명시해야 한다.

나) GAP 분석용 질문

① 재화/서비스의 홍보/판매권유 등 마케팅 목적으로 개인정보를 수집하는가?

② 마케팅 목적의 개인정보를 수집 시 정보주체로부터 동의를 받고 있는가?

③ 마케팅 목적의 개인정보를 수집한 날부터 14일 이내에 수신동의에 필수 고지항목(전송자의 명칭, 수신자의 수신동의 사실과 해당 의사를 표시한 날짜, 처리결과)을 알리고 있는가?

④ 전자적 전송매체를 이용하여 영리목적의 광고성 정보를 전송할 때 매체별 필수 표시항목[1]을 광고성 정보에 구체적으로 밝히고 있는가?

다) ISMS:2013과의 차이: [추가] 마케팅 목적으로 개인정보 수집 시 공지 후 동의

라) 해당하는 ISMS-P 인증기준 항목: 3.1.7 (홍보 및 마케팅목적 활용 시 조치)

마) 해당하는 ISMS-P 인증기준 상세 내용: 재화나 서비스의 홍보, 판매 권유, 광고성 정보전송 등 마케팅 목적으로 개인정보를 수집·이용하는 경우에는 그 목적을 정보주체(이용자)가 명확하게 인지할 수 있도록 고지하고 동의를 받아야 한다.

바) 해당하는 PIMS:2016 인증기준 통제항목: 없음

사) 해당하는 PIMS:2016 인증기준 통제내용: 없음

2) 업무관련 항목 순서: 마케팅목적-02

업무관련 항목	3.1.7.2 (마케팅목적 수신동의 재확인)
업무관련 상세 내용	재화나 서비스의 홍보, 판매 권유, 광고성 정보전송 등 마케팅 목적으로 개인정보를 수집·이용하는 경우에는 2년마다 수신동의를 받아야 한다.

가) 관련 법률 요구사항

① 정통망법 제50조 제8항(시행령 제62조의3): 제1항 또는 제3항에 따라 수신동의를 받은

---

1) 표시항목

- 공통매체: (광고)를 표시하는 경우에는 수신자의 수신거부 또는 수신동의의 철회를 회피하기 위한 목적으로 빈칸/부호/문자 등을 삽입하거나 표시방법을 조작하는 조치를 해서는 안 된다. 수신자가 수신의 거부 또는 수신동의의 철회를 하는 때에 전송에 이용된 수신자의 연락처 외의 정보를 전송자에게 제공하도록 요구하여 수신거부 또는 수신동의의 철회를 어렵게 해서는 안 된다.
- 전자우편: 제목이 시작되는 부분에 (광고)를 표시해야 한다. 본문에는 전송자의 명칭/전자우편주소/전화번호/주소를 표시하고, 수신자가 수신의 거부 또는 수신동의의 철회 의사를 쉽게 표시할 수 있도록 하기 위한 안내문을 명시하고 수신의 거부 또는 는 수신동의의 철회 여부를 간편하게 선택할 수 있도록 기술적 조치를 해야 한다. 이 경우 그 안내문과 기술적 조치는 한글과 영문으로 명시해야 한다.
- 모사전송: 광고성 정보가 시작되는 부분에 (광고)/전송자의 명칭/전화번호/주소를 표시해야 한다. 수신의 거부 또는 수신동의의 철회용 자동응답전화번호 등의 전화번호 또는 전화를 갈음하여 쉽게 수신의 거부 또는 수신동의의 철회를 할 수 있는 방식을 해당 광고에 표시된 최대 글자의 3분의 1 이상의 크기로 명시하고 그 전화번호나 방식을 이용하여 수신의 거부 또는 수신동의의 철회를 하는 때에 수신자가 비용을 부담하지 않는다는 것을 함께 명시해야 한다.
- 그 밖의 전자적 전송매체: 음성형태로 전송되는 광고의 경우, 광고성 정보가 시작되는 부분에 광고를 의미하는 음성/전송자의 명칭/전화번호 또는 주소/수신의 거부 또는 수신동의의 철회를 할 수 있는 방식을 안내해야 하고, 수신의 거부 또는 수신동의의 철회용 자동응답전화번호 등의 전화번호 또는 전화를 갈음하여 쉽게 수신의 거부 또는 수신동의의 철회를 할 수 있는 방식을 이용하여 수신의 거부 또는 수신동의의 철회를 하는 때에 수신자가 비용을 부담하지 않는다는 것을 함께 안내해야 한다.
- 그 밖의 전자적 전송매체: 음성 외의 형태로 전송되는 광고의 경우, 광고성 정보가 시작되는 부분에 (광고)/전송자의 명칭과 전화번호 또는 주소를 표시해야 하며, 수신의 거부 또는 수신동의의 철회용 자동응답전화번호 등의 전화번호 또는 전화를 갈음하여 쉽게 수신의 거부 또는 수신동의의 철회를 할 수 있는 방식을 정보가 끝나는 부분에 명시하고, 그 전화번호나 방식을 이용하여 수신의 거부 또는 수신동의의 철회를 하는 때에 수신자가 비용을 부담하지 않는다는 것을 함께 명시해야 한다.

자는 그 수신동의를 받은 날부터 2년마다(매 2년이 되는 해의 수신동의를 받은 날과 같은 날 전까지를 말한다) 해당 수신자의 수신동의 여부를 확인하여야 하며, 수신동의 여부를 확인하려는 자는 수신자에게 다음 각 호의 사항을 밝혀야 한다.

　– 전송자의 명칭

　– 수신자의 수신동의 사실과 수신에 동의한 날짜

　– 수신동의에 대한 유지 또는 철회의 의사를 표시하는 방법

나) GAP 분석용 질문

　① 마케팅 목적의 개인정보를 수집하기 위해 수신동의를 받은 날부터 2년마다(매 2년이 되는 해의 수신동의를 받은 날과 같은 날 전까지) 해당 수신자의 수신동의 여부를 확인하고 있는가?

　② 2년마다 수신동의 여부를 확인하고자 할 때, 수신자에게 필수 고지항목(전송자의 명칭, 수신자의 수신동의 사실과 수신에 동의한 날짜, 수신동의에 대한 유지 또는 철회의 의사를 표시하는 방법)을 알리고 있는가?

다) ISMS:2013과의 차이: [추가] 마케팅 목적으로 개인정보 수집 시 공지 후 동의

라) 해당하는 ISMS-P 인증기준 항목: 3.1.7 (홍보 및 마케팅목적 활용 시 조치)

마) 해당하는 ISMS-P 인증기준 상세 내용: 재화나 서비스의 홍보, 판매 권유, 광고성 정보전송 등 마케팅 목적으로 개인정보를 수집·이용하는 경우에는 그 목적을 정보주체(이용자)가 명확하게 인지할 수 있도록 고지하고 동의를 받아야 한다.

바) 해당하는 PIMS:2016 인증기준 통제항목: 없음

사) 해당하는 PIMS:2016 인증기준 통제내용: 없음

3) 업무관련 항목 순서: 마케팅목적-03

업무관련 항목	3.1.7.3 (마케팅목적 수신동의 철회)
업무관련 상세 내용	재화나 서비스의 홍보, 판매 권유, 광고성 정보전송 등 마케팅 목적으로 수집된 개인정보의 정보주체(이용자)가 수신거부의사 또는 수신동의 철회 의사를 표시하면 광고성 정보를 전송하면 안 된다.

가) 관련 법률 요구사항

　① 정통망법 제50조 제6항(시행령 제62조): 전자적 전송매체를 이용하여 영리목적의 광고성 정보를 전송하는 자는 수신자가 수신거부나 수신동의의 철회를 할 때 발생하는 전화요금 등의 금전적 비용을 수신자가 부담하지 아니하도록 수신거부 및 수신동의 철회용 무료전화서비스 등을 해당 정보에 명시하여 수신자에게 이를 제공해야 한다.

② 정통망법 제50조 제7항(시행령 제62조의2): 전자적 전송매체를 이용하여 영리목적의 광고성 정보를 전송하려는 자는 수신자가 제1항에 따른 사전 동의, 제2항에 따른 수신거부의사 또는 수신동의 철회 의사를 표시할 때에는 해당 수신자에게 의사를 표시한 날부터 14일 이내에 다음 각 호의 사항을 수신동의, 수신거부 또는 수신동의 철회에 대한 처리 결과로 알려야 한다.

- 전송자의 명칭

- 수신자의 수신동의, 수신거부 또는 수신동의 철회 사실과 해당 의사를 표시한 날짜

- 처리 결과

③ 정통망법 제50조 제2항: 전자적 전송매체를 이용하여 영리목적의 광고성 정보를 전송하려는 자는 제1항에도 불구하고 수신자가 수신거부의사를 표시하거나 사전 동의를 철회한 경우에는 영리목적의 광고성 정보를 전송하여서는 아니 된다.

나) GAP 분석용 질문

① 전자적 전송매체를 이용한 영리목적의 광고성 정보발송에 관해, 수신거부의사 또는 수신동의 철회 의사를 표시하는 방법 구성에 있어서, 수신자에게 금전적 비용을 부담하지 않도록(무료전화서비스 등) 구성되어져 있는가?

② 전자적 전송매체를 이용한 영리목적의 광고성 정보발송에 관해, 수신거부의사 또는 수신동의 철회 의사를 표시한 날부터 14일 이내에 필수 고지항목(전송자의 명칭, 수신자의 수신동의 사실과 해당 의사를 표시한 날짜, 처리결과)을 수신자에게 알리도록 구성되어져 있는가?

③ 전자적 전송매체를 이용한 영리목적의 광고성 정보발송에 관해, 수신자가 수신거부의사를 표시하거나 사전 동의를 처리한 경우, 영리목적의 광고성 정보를 전송하지 않도록 구성되어져 있는가?

다) ISMS:2013과의 차이: [추가] 마케팅 목적으로 개인정보 수집 시 공지 후 동의

라) 해당하는 ISMS-P 인증기준 항목: 3.1.7 (홍보 및 마케팅목적 활용 시 조치)

마) 해당하는 ISMS-P 인증기준 상세 내용: 재화나 서비스의 홍보, 판매 권유, 광고성 정보전송 등 마케팅 목적으로 개인정보를 수집·이용하는 경우에는 그 목적을 정보주체(이용자)가 명확하게 인지할 수 있도록 고지하고 동의를 받아야 한다.

바) 해당하는 PIMS:2016 인증기준 통제항목: 없음

사) 해당하는 PIMS:2016 인증기준 통제내용: 없음

CHAPTER 17 개인정보 제3자 제공 업무관련 분야

상 중 하

- 개인정보 제3자 제공 업무관련 분야에 해당하는 인증기준에는 어떤 것들이 존재하는지 알아보자.
- 개인정보 제3자 제공 업무관련 분야에 해당하는 인증기준을 어떻게 업무관련 항목으로 구체화하는지 알아보자.
- 개인정보 제3자 제공 업무관련 분야에 해당하는 업무관련 항목을 어떤 순서로 변경하는지 알아보자.

1 개인정보 제3자 제공 업무에 해당하는 정보보호 및 개인정보보호 관리체계 인증기준

3.2.5 (개인정보 목적 외 이용 및 제공), 3.3.1 (개인정보 제3자 제공)

2 개인정보 제3자 제공 업무에 맞게 해당하는 인증기준 순서 변경

3.2.5 (개인정보 목적 외 이용 및 제공) → 3.3.1 (개인정보 제3자 제공)

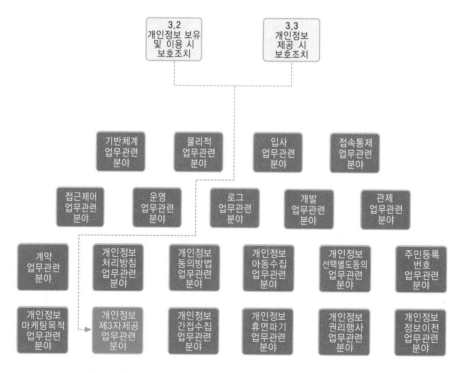

[그림 37] 개인정보 제3자 제공 업무관련 분야와 인증기준 분야 간의 관계

3 개인정보 제3자 제공 업무에 해당하는 업무관련 항목 설명

1) 업무관련 항목 순서: 3자 제공-01

업무관련 항목	3.2.5.2 (동의받은 범위 내 제3자 제공)
업무관련 상세 내용	개인정보는 수집 시의 정보주체(이용자)에게 고지·동의를 받은 목적 또는 법령에 근거한 범위 내에서만 제3자에게 제공해야 한다.

가) 관련 법률 요구사항

① 개인정보보호법 제17조 제2항, 제18조 제1항: 개인정보처리자는 정보주체의 개인정보를 제3자에게 제공하기 위해 동의를 받을 때에는 다음의 사항을 정보주체에게 알려야 하며, 수집의 범위를 초과하여 제3자에게 제공해서는 아니 된다. 다음의 어느 하나의 사항을 변경하는 경우에도 이를 알리고 동의를 받아야 한다.

  - 개인정보를 제공받는 자
  - 개인정보를 제공받는 자의 개인정보 이용 목적
  - 제공하는 개인정보의 항목
  - 개인정보를 제공받는 자의 개인정보 보유 및 이용 기간
  - 동의를 거부할 권리가 있다는 사실 및 동의 거부에 따른 불이익이 있는 경우에는 그 불이익의 내용

② 정통망법 제24조의2 제1항: 정보통신서비스 제공자는 이용자의 개인정보를 제3자에게 제공하려면 다음의 모든 사항을 이용자에게 알리고 동의를 받아야 하며, 다음의 어느 하나의 사항이 변경되는 경우에도 또한 같다. 단, 정보통신서비스의 제공에 따른 요금정산을 위해 필요한 경우 및 다른 법률에 특별한 규정이 있어 개인정보 수집·이용에 동의를 받지 않고 사용하는 경우에는 제3자 제공을 위한 고지 및 동의를 받지 않고 제공할 수 있다.

  - 개인정보를 제공받는 자
  - 개인정보를 제공받는 자의 개인정보 이용 목적
  - 제공하는 개인정보의 항목
  - 개인정보를 제공받는 자의 개인정보 보유 및 이용 기간

나) GAP 분석용 질문

① 개인정보를 법령의 근거에 의해 제3자에게 제공하는 경우, 해당 법조항에 명시된 범위에 국한하여 제공하고 있는가?

② 법령의 근거가 없는 상황에서 개인정보를 제3자에게 제공하는 경우, 정보주체(이용자)로부터 별도 동의를 받을 때 명시된 범위[1]에 국한하여 제공하고 있는가?

다) ISMS:2013과의 차이: [추가] 개인정보 수집 시 동의받은 목적으로만 제공하도록 하는 부분 추가

라) 해당하는 ISMS-P 인증기준 항목: 3.2.5 (개인정보 목적 외 이용 및 제공)

마) 해당하는 ISMS-P 인증기준 상세 내용: 개인정보는 수집 시의 정보주체(이용자)에게 고지·동의를 받은 목적 또는 법령에 근거한 범위 내에서만 이용 또는 제공하여야 하며, 이를 초과하여 이용·제공하려는 때에는 정보주체(이용자)의 추가 동의를 받거나 관계 법령에 따른 적법한 경우인지 확인하고 적절한 보호대책을 수립·이행해야 한다.

바) 해당하는 PIMS:2016 인증기준 통제항목: 5.2.3 (개인정보 목적 외 이용 및 제공)

사) 해당하는 PIMS:2016 인증기준 통제내용: 개인정보를 정보주체(이용자)에게 고지·동의 받은 범위에서 벗어나지 않도록 이용하여야 하며, 만약 동의 범위를 벗어날 경우 정보주체(이용자)로부터 추가 동의를 획득하고, 적절한 보호조치를 해야 한다.

2) 업무관련 항목 순서: 3자 제공-02

업무관련 항목	3.2.5.4 (제3자 범위초과 제공 시 추가 별도 동의)
업무관련 상세 내용	개인정보는 수집 시의 정보주체(이용자)에게 고지·동의를 받은 목적 또는 법령에 근거한 범위를 초과하여 제공하려는 때에는 정보주체(이용자)의 추가 동의를 받거나 관계 법령에 따른 적법한 경우인지 확인하고 적절한 보호대책을 수립·이행해야 한다.

가) 관련 법률 요구사항

① 개인정보보호법 제18조 제3항: 개인정보처리자는 목적 외 사용(이용 및 제공)을 위해 정보주체로부터 별도의 동의를 받을 때에는 다음의 사항을 정보주체에게 알려야 한다. 다음 각 호의 어느 하나의 사항을 변경하는 경우에도 이를 알리고 동의를 받아야 한다.

　－ 개인정보를 제공받는 자

　－ 개인정보의 이용 목적(제공 시에는 제공받는 자의 이용 목적을 말한다)

　－ 이용 또는 제공하는 개인정보의 항목

---

1) 제공받는 자, 제공하는 항목, 제공받는 자의 개인정보 이용목적, 제공받는 자의 개인정보 보유/이용기간

- 개인정보의 보유 및 이용 기간(제공 시에는 제공받는 자의 보유 및 이용 기간을 말한다)

- 동의를 거부할 권리가 있다는 사실 및 동의 거부에 따른 불이익이 있는 경우에는 그 불이익의 내용

② 개인정보보호법 제18조 제2항(시행령 제17조 제2항): 개인정보처리자는 다음의 어느 하나에 해당하는 경우에는 정보주체 또는 제3자의 이익을 부당하게 침해할 우려가 있을 때를 제외하고는 개인정보를 목적 외의 용도로 이용하거나 이를 제3자에게 제공(시행규칙 별지 제1호서식)할 수 있다.

- 정보주체로부터 별도의 동의를 받은 경우(단, 정보주체가 동의 여부를 선택할 수 있다는 사실을 명확하게 확인할 수 있도록 선택적으로 동의할 수 있는 사항 외의 사항과 구분하여 표시해야 한다.)

- 다른 법률에 특별한 규정이 있는 경우

- 정보주체 또는 그 법정대리인이 의사표시를 할 수 없는 상태에 있거나 주소불명 등으로 사전 동의를 받을 수 없는 경우로서 명백히 정보주체 또는 제3자의 급박한 생명, 신체, 재산의 이익을 위하여 필요하다고 인정되는 경우

- 통계작성 및 학술연구 등의 목적을 위하여 필요한 경우로서 특정 개인을 알아볼 수 없는 형태로 개인정보를 제공하는 경우

③ 개인정보보호법 제18조 제2항(시행령 제18조, 제19조): 공공기관은 다음의 어느 하나에 해당하는 경우에는 정보주체 또는 제3자의 이익을 부당하게 침해할 우려가 있을 때를 제외하고는 개인정보를 목적 외의 용도로 이용하거나 이를 제3자에게 제공(시행규칙 별지 제1호서식)할 수 있으며, 유전자검사 등의 결과로 얻어진 유전정보 및 「형의 실효 등에 관한 법률」 제2조 제5호에 따른 범죄경력자료에 해당하는 정보는 민감정보로 보지 않고, 주민등록번호/여권번호/운전면허의 면허번호/외국인등록번호를 고유식별정보로 보지 않는다.

- 개인정보를 목적 외의 용도로 이용하거나 이를 제3자에게 제공하지 아니하면 다른 법률에서 정하는 소관 업무를 수행할 수 없는 경우로서 보호위원회의 심의·의결을 거친 경우

- 조약, 그 밖의 국제협정의 이행을 위하여 외국정부 또는 국제기구에 제공하기 위하여 필요한 경우

- 범죄의 수사와 공소의 제기 및 유지를 위하여 필요한 경우

- 법원의 재판업무 수행을 위하여 필요한 경우

- 형(刑) 및 감호, 보호처분의 집행을 위하여 필요한 경우

④ 개인정보보호법 제18조 제4항(시행규칙 제2조): 공공기관은 다음의 상황에 따라 개인정보를 목적 외의 용도로 이용하거나 이를 제3자에게 제공하는 경우에는 개인정보를 목적 외 이용 등을 한 날부터 30일 이내에 목적 외 이용 등을 한 날짜/목적 외 이용 등의 법적근거/목적 외 이용 등의 목적/목적 외 이용 등을 한 개인정보의 항목사항을 관보 또는 인터넷 홈페이지에 게재하여야 하며, 특히 인터넷 홈페이지에 게재할 때에는 10일 이상 계속 게재하되, 게재를 시작하는 날은 목적 외 이용 등을 한 날부터 30일 이내여야 한다.

  - 다른 법률에 특별한 규정이 있는 경우

  - 정보주체 또는 그 법정대리인이 의사표시를 할 수 없는 상태에 있거나 주소불명 등으로 사전 동의를 받을 수 없는 경우로서 명백히 정보주체 또는 제3자의 급박한 생명, 신체, 재산의 이익을 위하여 필요하다고 인정되는 경우

  - 통계작성 및 학술연구 등의 목적을 위하여 필요한 경우로서 특정 개인을 알아볼 수 없는 형태로 개인정보를 제공하는 경우

  - 개인정보를 목적 외의 용도로 이용하거나 이를 제3자에게 제공하지 아니하면 다른 법률에서 정하는 소관 업무를 수행할 수 없는 경우로서 보호위원회의 심의·의결을 거친 경우

  - 조약, 그 밖의 국제협정의 이행을 위하여 외국정부 또는 국제기구에 제공하기 위하여 필요한 경우

  - 법원의 재판업무 수행을 위하여 필요한 경우

  - 형(刑) 및 감호, 보호처분의 집행을 위하여 필요한 경우

⑤ 개인정보보호법 제18조 제2항(시행령 제15조): 공공기관은 개인정보를 목적 외의 용도로 이용하거나 이를 제3자에게 제공하는 경우에는 다음의 사항을 개인정보의 목적 외 이용 및 제3자 제공대장(시행규칙 별지 제1호서식)에 기록하고 관리해야 한다.

  - 이용하거나 제공하는 개인정보 또는 개인정보파일의 명칭

  - 이용기관 또는 제공받는 기관의 명칭

  - 이용 목적 또는 제공받는 목적

  - 이용 또는 제공의 법적 근거

  - 이용하거나 제공하는 개인정보의 항목

  - 이용 또는 제공의 날짜, 주기 또는 기간

  - 이용하거나 제공하는 형태

  - 법 제18조 제5항에 따라 제한을 하거나 필요한 조치를 마련할 것을 요청한 경우에는 그 내용

⑥ 개인정보보호법 제17조 제2항, 제18조 제1항: 개인정보처리자는 정보주체의 개인정보를 제3자에게 제공하기 위해 동의를 받을 때에는 다음의 사항을 정보주체에게 알려야 하며, 수집의 범위를 초과하여 제3자에게 제공해서는 아니 된다. 다음의 어느 하나의 사항을 변경하는 경우에도 이를 알리고 동의를 받아야 한다.

- 개인정보를 제공받는 자
- 개인정보를 제공받는 자의 개인정보 이용 목적
- 제공하는 개인정보의 항목
- 개인정보를 제공받는 자의 개인정보 보유 및 이용 기간
- 동의를 거부할 권리가 있다는 사실 및 동의 거부에 따른 불이익이 있는 경우에는 그 불이익의 내용

⑦ 정통망법 제24조의2 제1항: 정보통신서비스 제공자는 이용자의 개인정보를 제3자에게 제공하려면 다음의 모든 사항을 이용자에게 알리고 동의를 받아야 하며, 다음의 어느 하나의 사항이 변경되는 경우에도 또한 같다. 단, 정보통신서비스의 제공에 따른 요금정산을 위해 필요한 경우 및 다른 법률에 특별한 규정이 있어 개인정보 수집ㆍ이용에 동의를 받지 않고 사용하는 경우에는 제3자 제공을 위한 고지 및 동의를 받지 않고 제공할 수 있다.

- 개인정보를 제공받는 자
- 개인정보를 제공받는 자의 개인정보 이용 목적
- 제공하는 개인정보의 항목
- 개인정보를 제공받는 자의 개인정보 보유 및 이용 기간

나) GAP 분석용 질문

① 개인정보 제공 항목 등의 변화로 인하여, 당초 수집 시의 목적 또는 범위를 초과하여 개인정보를 제3자에게 제공하는가?

② 개인정보를 당초 수집 시 목적 또는 범위를 초과하여 제3자에게 제공할 경우, 법령의 근거에 의해 진행되는 경우인가?

③ 법령의 근거에 의해 개인정보를 당초 수집 시 목적 또는 범위를 초과하여 제3자에게 제공할 경우, 관련 법조항을 구체적으로 명시하고 있으며, 어디에 어떤 항목을 제공하는가?

④ 법령의 근거가 없는 상황에서 당초 수집 시 목적 또는 범위를 초과하여 제3자에게 제공하는 경우, 해당 정보주체(이용자)에게 관련 내용[1]을 알리고 추가적으로 동의를 받고 있는가?

---

1) 개인정보를 제공받는 자, 제공받는 자의 이용 목적, 이용 또는 제공하는 개인정보의 항목, 제공받는 자의 보유 및 이용 기간, 동의를 거부할 권리가 있다는 사실 및 동의 거부에 따른 불이익이 있는 경우에는 그 불이익의 내용

⑤ 법령의 근거가 없는 상황에서 당초 수집 시 목적 또는 범위를 초과하여 제3자에게 제공하기 위해 추가 동의를 받을 때, 정보주체가 동의여부를 선택할 수 있다는 사실을 명확하게 확인할 수 있도록 선택적으로 동의할 수 있는 사항 외의 사항과 구분하여 표시(별도 동의)하고 있는가?

다) ISMS:2013과의 차이: [추가] 개인정보 수집 시 동의받은 목적을 초과하여 제공 시에는 추가 동의 받도록 하는 부분 추가

라) 해당하는 ISMS-P 인증기준 항목: 3.2.5 (개인정보 목적 외 이용 및 제공)

마) 해당하는 ISMS-P 인증기준 상세 내용: 개인정보는 수집 시의 정보주체(이용자)에게 고지·동의를 받은 목적 또는 법령에 근거한 범위 내에서만 이용 또는 제공하여야 하며, 이를 초과하여 이용·제공하려는 때에는 정보주체(이용자)의 추가 동의를 받거나 관계 법령에 따른 적법한 경우인지 확인하고 적절한 보호대책을 수립·이행해야 한다.

바) 해당하는 PIMS:2016 인증기준 통제항목: 5.2.3 (개인정보 목적 외 이용 및 제공)

사) 해당하는 PIMS:2016 인증기준 통제내용: 개인정보를 정보주체(이용자)에게 고지·동의 받은 범위에서 벗어나지 않도록 이용하여야 하며, 만약 동의 범위를 벗어날 경우 정보주체(이용자)로부터 추가 동의를 획득하고, 적절한 보호조치를 해야 한다.

3) 업무관련 항목 순서: 3자 제공-03

업무관련 항목	3.3.1.2 (제3자 제공 시 보호대책)
업무관련 상세 내용	개인정보를 제3자에게 제공 시, 제3자에게 개인정보의 접근을 허용하는 등 제공 과정에서 개인정보를 안전하게 보호하기 위한 보호대책을 수립·이행해야 한다.

가) 관련 법률 요구사항

① 개인정보보호법 제18조 제2항(시행령 제15조): 공공기관은 개인정보를 목적 외의 용도로 이용하거나 이를 제3자에게 제공하는 경우에는 다음의 사항을 개인정보의 목적 외 이용 및 제3자 제공대장(시행규칙 별지 제1호서식)에 기록하고 관리해야 한다.

– 이용하거나 제공하는 개인정보 또는 개인정보파일의 명칭

– 이용기관 또는 제공받는 기관의 명칭

– 이용 목적 또는 제공받는 목적

– 이용 또는 제공의 법적 근거

– 이용하거나 제공하는 개인정보의 항목

– 이용 또는 제공의 날짜, 주기 또는 기간

– 이용하거나 제공하는 형태

– 법 제18조 제5항에 따라 제한을 하거나 필요한 조치를 마련할 것을 요청한 경우에는 그 내용

나) GAP 분석용 질문

① 개인정보를 제3자에게 제공 시, 제3자에게 제공되는 내역을 기록하여 보관하고 있는가?

② 개인정보를 제3자에게 제공 시, 암호화 등 안전한 전송수단을 적용하여 전달하는가?

③ 어떤 안전한 전송수단 방식을 통해 제3자에게 개인정보를 전달하는가?

④ 제3자에게 개인정보처리시스템의 접근권한을 부여한 경우, 내부 사용자와 동일한 통제수단을 따르도록 계약서(또는 협약서) 등에 명시하고 있는가?

다) ISMS:2013과의 차이: 특이사항 없음

라) 해당하는 ISMS-P 인증기준 항목: 3.3.1 (개인정보 제3자 제공)

마) 해당하는 ISMS-P 인증기준 상세 내용: 개인정보를 제3자에게 제공하는 경우 법적 근거에 의거하거나 정보주체(이용자)의 동의를 받아야 하며, 제3자에게 개인정보의 접근을 허용하는 등 제공 과정에서 개인정보를 안전하게 보호하기 위한 보호대책을 수립·이행해야 한다.

바) 해당하는 PIMS:2016 인증기준 통제항목: 5.2.1 (개인정보 제3자 제공)

사) 해당하는 PIMS:2016 인증기준 통제내용: 개인정보를 제3자에게 제공 시, 관련내용을 고지하고 동의를 획득한 후 제공하여야 하며, 제3자에게 개인정보의 접근을 허용하는 경우 개인정보를 안전하게 보호하기 위한 보호절차에 따라 통제해야 한다.

CHAPTER
18

개인정보 간접수집 업무관련 분야

- 개인정보 간접수집 업무관련 분야에 해당하는 인증기준에는 어떤 것들이 존재하는지 알아보자.
- 개인정보 간접수집 업무관련 분야에 해당하는 인증기준을 어떻게 업무관련 항목으로 구체화하는지 알아보자.
- 개인정보 간접수집 업무관련 분야에 해당하는 업무관련 항목을 어떤 순서로 변경하는지 알아보자.

1 개인정보 간접수집 업무에 해당하는 정보보호 및 개인정보보호 관리체계 인증기준

3.1.5 (간접수집 보호조치)

2 개인정보 간접수집 업무에 맞게 해당하는 인증기준 순서 변경

3.1.5 (간접수집 보호조치)

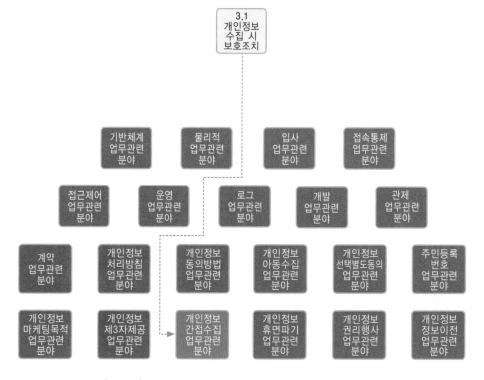

[그림 38] 개인정보 간접수집 업무관련 분야와 인증기준 분야 간의 관계

3 개인정보 간접수집 업무에 해당하는 업무관련 항목 설명

1) 업무관련 항목 순서: 간접수집-01

업무관련 항목	3.1.5.1 (간접수집 시 최소 수집 및 목적 내 이용)
업무관련 상세 내용	정보주체(이용자) 이외로부터 개인정보를 수집하거나 제공받는 경우에는 업무에 필요한 최소한의 개인정보만 수집·이용해야 한다.

가) 관련 법률 요구사항

① 정통망법 제23조 제2항 제3항: 정보통신서비스 제공자는 이용자의 개인정보를 수집하는 경우에는 정보통신서비스의 제공을 위하여 필요한 범위에서 최소한의 개인정보만 수집해야 한다. 단, 이용자가 필요한 최소한의 개인정보(해당 서비스의 본질적 기능을 수행하기 위하여 반드시 필요한 정보) 이외의 개인정보를 제공하지 아니한다는 이유로 그 서비스의 제공을 거부하여서는 아니 된다.

② 개인정보보호법 제16조 제1항: 개인정보처리자는 개인정보를 수집하는 경우에는 그 목적에 필요한 최소한의 개인정보를 수집해야 한다. 이 경우 최소한의 개인정보 수집이라는 입증책임은 개인정보처리자가 부담한다.

③ 개인정보보호법 제19조: 개인정보처리자로부터 개인정보를 제공받은 자는 다음의 어느 하나에 해당하는 경우를 제외하고는 개인정보를 제공받은 목적 외의 용도로 이용하거나 이를 제3자에게 제공하여서는 아니 된다.

  - 정보주체로부터 별도의 동의를 받은 경우

  - 다른 법률에 특별한 규정이 있는 경우

④ 정통망법 제24조의2 제2항: 정보통신서비스 제공자로부터 이용자의 개인정보를 제공받은 자는 개인정보를 제3자에게 제공하거나 제공받은 목적 외의 용도로 이용하여서는 아니 된다. 단, 제공받은 그 이용자의 동의가 있거나 다른 법률에 특별한 규정이 있는 경우는 예외로 한다.

나) GAP 분석용 질문

① 정보주체(이용자)로부터 직접 개인정보를 수집하지 않고 제3자로부터 개인정보를 제공(간접수집)받는가?

② 어떤 방식(공개된 매체/장소에 의한 간접수집, 자동수집장치 등 시스템에 의한 간접수집, 제3자가 정보주체로부터 수집 시 우리회사에 제공해도 된다는 동의를 통한 간접수집 등)으로 간접수집하고 있는가?

③ 자동수집장치 등 시스템에 의한 간접수집이 진행될 경우, 업무에 필요한 최소한의

개인정보만을 수집하고 있는가?

④ 간접수집되는 항목과 목적은 무엇인가?

⑤ 간접수집 된 개인정보를 제공받은 목적 외의 용도로 사용하지 않고 있는가?

다) ISMS:2013과의 차이: 특이사항 없음

라) 해당하는 ISMS-P 인증기준 항목: 3.1.5 (간접수집 보호조치)

마) 해당하는 ISMS-P 인증기준 상세 내용: 정보주체(이용자) 이외로부터 개인정보를 수집하거나 제공받는 경우에는 업무에 필요한 최소한의 개인정보만 수집·이용하여야 하고 법령에 근거하거나 정보주체(이용자)의 요구가 있으면 개인정보의 수집 출처, 처리목적, 처리정지의 요구권리를 알려야 한다.

바) 해당하는 PIMS:2016 인증기준 통제항목: 5.2.2 (제공받은 개인정보의 관리)

사) 해당하는 PIMS:2016 인증기준 통제내용: 개인정보를 제공받은 경우 제공받은 목적 외의 용도로 이용하지 않고 제3자에게 제공하지 않아야 하며, 개인정보를 안전하게 관리해야 한다.

2) 업무관련 항목 순서: 간접수집-02

업무관련 항목	3.1.5.2 (간접수집 통지의무)
업무관련 상세 내용	정보주체(이용자) 이외로부터 개인정보를 수집하거나 제공받는 경우에 대해, 법령에 근거하여 개인정보의 수집 출처, 처리목적, 처리정지의 요구권리를 알려야 한다.

가) 관련 법률 요구사항

① 개인정보보호법 제20조 제2항 제4항, 제32조 제2항(시행령 제15조의2 제1항): 개인정보처리자가 정보주체 이외로부터 수집한 개인정보를 처리하고자 하는 상황에서 정보주체의 요구가 있을 때에만 즉시 관련정보를 정보주체에게 알려야 하나, 5만 명 이상의 정보주체에 관하여 법 제23조에 따른 민감정보(이하 "민감정보"라 한다) 또는 법 제24조 제1항에 따른 고유식별정보(이하 "고유식별정보"라 한다)를 처리하는 개인정보처리자이거나 100만 명 이상의 정보주체에 관하여 개인정보를 처리하는 개인정보처리자가 정보주체의 동의를 통한 정보주체 이외로부터 개인정보를 수집하여 처리하는 때에는 다음의 모든 사항을 정보주체에게 알려야 한다. 다만, 개인정보처리자가 수집한 정보에 연락처 등 정보주체에게 알릴 수 있는 개인정보가 포함되지 아니한 경우에는 그러하지 아니하다.

– 개인정보의 수집 출처

- 개인정보의 처리 목적

- 개인정보 처리의 정지를 요구할 권리가 있다는 사실. 단 다음 각 호의 어느 하나에 해당하는 경우에는 정보주체에게 알리지 않아도 되지만 정보주체의 권리보다 명백히 우선하는 경우에만 한다.

- 고지를 요구하는 대상이 되는 개인정보가 어느 하나(국가 안전, 외교상 비밀, 그 밖에 국가의 중대한 이익에 관한 사항을 기록한 개인정보파일/범죄의 수사, 공소의 제기 및 유지, 형 및 감호의 집행, 교정처분, 보호처분, 보안관찰처분과 출입국관리에 관한 사항을 기록한 개인정보파일/「조세범처벌법」에 따른 범칙행위 조사 및 「관세법」에 따른 범칙행위 조사에 관한 사항을 기록한 개인정보파일/ 공공기관의 내부적 업무처리만을 위하여 사용되는 개인정보파일/다른 법령에 따라 비밀로 분류된 개인정보파일)에 해당하는 개인정보파일에 포함되어 있는 경우

- 고지로 인하여 다른 사람의 생명·신체를 해할 우려가 있거나 다른 사람의 재산과 그 밖의 이익을 부당하게 침해할 우려가 있는 경우

② 개인정보보호법 제20조 제3항(시행령 제15조의2 제2항): 개인정보보호법 제20조 제2항(간접수집한 개인정보에 대한 정보 통지)에 따라 정보주체에 관련정보를 알리고자 할 경우에는, 서면·전화·문자전송·전자우편 등 정보주체가 쉽게 알 수 있는 방법으로 개인정보를 제공받은 날부터 3개월 이내에 정보주체에게 알려야 한다. 다만, 다음 사항에 대하여 정보주체의 동의를 받은 범위에서 연 2회 이상 주기적으로 개인정보를 제공받아 처리하는 경우에는 개인정보를 제공받은 날부터 3개월 이내에 정보주체에게 알리거나 그 동의를 받은 날부터 기산하여 연 1회 이상 정보주체에게 알려야 한다.

나) GAP 분석용 질문

① 5만 명 이상의 정보주체에 대한 민감정보 또는 고유식별정보를 처리하는가?

② 100만 명 이상의 정보주체에 관한 개인정보를 처리하는가?

③ 정보주체(이용자) 이외로부터 개인정보를 제공받을 시 법적 요건[1]에 따라 통지 의무가 부과된 경우에는 해당 사항(개인정보의 수집 출처, 개인정보의 처리 목적, 개인정보 처리의 정지를 요구할 권리가 있다는 사실)을 정보주체(이용자)에게 알리도록 되어져 있는가?

---

[1] 5만 명 이상의 정보주체에 관하여 민감정보 또는 고유식별정보를 처리하는 개인정보처리자이거나 100만 명 이상의 정보주체에 관하여 개인정보를 처리하는 개인정보처리자. 다만, 개인정보처리자가 수집한 정보에 연락처 등 정보주체에게 알릴 수 있는 개인정보가 포함되지 아니한 경우에는 예외로 한다.

④ 간접수집에 따른 법적 요건에 따라 통지 의무가 부과된 경우에 대해, 개인정보를 제공받은 날부터 3개월 이내[2]에 정보주체에게 알리도록 되어져 있는가?

다) ISMS:2013과의 차이: 특이사항 없음

라) 해당하는 ISMS-P 인증기준 항목: 3.1.5 (간접수집 보호조치)

마) 해당하는 ISMS-P 인증기준 상세 내용: 정보주체(이용자) 이외로부터 개인정보를 수집하거나 제공받는 경우에는 업무에 필요한 최소한의 개인정보만 수집·이용하여야 하고 법령에 근거하거나 정보주체(이용자)의 요구가 있으면 개인정보의 수집 출처, 처리목적, 처리정지의 요구권리를 알려야 한다.

바) 해당하는 PIMS:2016 인증기준 통제항목: 5.1.7 (간접수집 보호조치)

사) 해당하는 PIMS:2016 인증기준 통제내용: 시스템에 의한 수집 또는 개인정보 처리를 통해 생성한 간접 수집 개인정보에 대하여 적절한 보호대책을 수립·이행해야 한다.

---

2) 연 2회 이상 주기적으로 개인정보를 제공받아 처리하는 경우에는 개인정보를 제공받은 날부터 3개월 이내에 정보주체에게 알리거나 원 수집자가 정보주체로부터 동의를 받은 날 기준으로 연 1회 이상 정보주체에게 알려야 한다.

CHAPTER 19 개인정보 휴면파기 업무관련 분야

- 개인정보 휴면파기 업무관련 분야에 해당하는 인증기준에는 어떤 것들이 존재하는지 알아보자.
- 개인정보 휴면파기 업무관련 분야에 해당하는 인증기준을 어떻게 업무관련 항목으로 구체화하는지 알아보자.
- 개인정보 휴면파기 업무관련 분야에 해당하는 업무관련 항목을 어떤 순서로 변경하는지 알아보자.

1 개인정보 휴면파기 업무에 해당하는 정보보호 및 개인정보보호 관리체계 인증기준

3.1.5 (간접수집 보호조치), 3.4.1 (개인정보의 파기), 3.4.2 (처리목적 달성 후 보유 시 조치), 3.4.3 (휴면 이용자 관리)

2 개인정보 휴면파기 업무에 맞게 해당하는 인증기준 순서 변경

3.4.3 (휴면 이용자 관리) ➡ 3.4.2 (처리목적 달성 후 보유 시 조치) ➡ 3.4.1 (개인정보의 파기) ➡ 3.1.5 (간접수집 보호조치)

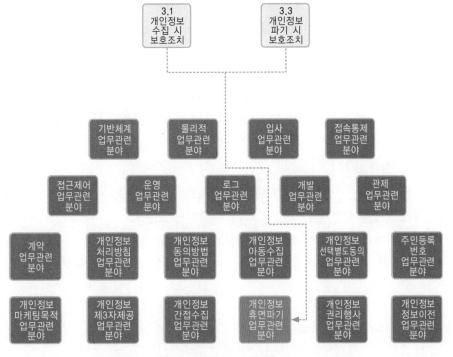

[그림 39] 개인정보 휴면파기 업무관련 분야와 인증기준 분야 간의 관계

3 개인정보 휴면파기 업무에 해당하는 업무관련 항목 설명

1) 업무관련 항목 순서: 휴면파기-01

업무관련 항목	3.4.3.1 (휴면 이용자 통지)
업무관련 상세 내용	서비스를 일정기간 동안 이용하지 않는 휴면 이용자의 개인정보를 보호하기 위하여 관련 사항의 통지를 이행해야 한다.

가) 관련 법률 요구사항

① 정통망법 제29조 제3항(시행령 제16조 제4항, 제5항): 정보통신서비스 제공자와 그로부터 이용자의 개인정보를 제공받은 자(이하 "정보통신서비스 제공자등"이라 한다)는 정보통신서비스를 1년간 이용되지 아니할 이용자에게 기간만료 30일 전까지 개인정보를 파기하는 경우(개인정보가 파기되는 사실, 기간 만료일(실질 파기되는 시점) 및 파기되는 개인정보의 항목)와 다른 이용자의 개인정보와 분리하여 개인정보를 저장/관리하는 경우(개인정보가 분리되어 저장/관리되는 사실, 기간 만료일(실질 파기되는 시점) 및 분리/저장되어 관리되는 개인정보의 항목)에 해당 관련내용을 전자우편·서면·모사전송·전화 또는 이와 유사한 방법 중 어느 하나의 방법으로 이용자에게 알려야 한다.

② 정통망법 제29조 제2항(시행령 제16조 제2항, 제3항): 정보통신서비스 제공자와 그로부터 이용자의 개인정보를 제공받은 자(이하 "정보통신서비스 제공자등"이라 한다)는 이용자가 정보통신서비스를 1년간 이용하지 아니하는 경우에는 이용자의 개인정보를 해당 기간 경과 후 즉시 파기하거나 다른 이용자의 개인정보와 분리하여 별도로 저장·관리해야 한다. 다만, 정보통신서비스를 이용하지 아니한 1년 기간(법 제29조 제2항 단서에 따라 이용자의 요청에 따라 달리 정한 경우에는 그 기간을 말한다)이 경과한 경우로서 다른 법령에 따라 이용자의 개인정보를 보존하여야 하는 경우에는 다른 법령에서 정한 기간이 경과할 때까지 다른 이용자의 개인정보와 분리하여 별도로 저장·관리해야 한다.

나) GAP 분석용 질문

① 1년간 휴면 이용자의 개인정보를 파기하기로 결정된 경우, 파기시점 기준 30일 전까지 이용자에게 해당 내용[1]을 알리도록 구성되어져 있는가?

② 1년간 휴면 이용자의 개인정보를 분리보관하기로 결정된 경우, 분리보관 시점 기준 30일 전까지 이용자에게 해당 내용[2]을 알리도록 구성되어져 있는가?

---

1) 개인정보가 파기되는 사실, 실질 파기되는 시점, 파기되는 개인정보의 항목
2) 개인정보가 분리되어 저장/관리되는 사실, 기간 만료일, 분리/저장되어 관리되는 개인정보의 항목

다) ISMS:2013과의 차이: [추가] 휴면 이용자에 대한 통지내용 추가

라) 해당하는 ISMS-P 인증기준 항목: 3.4.3 (휴면 이용자 관리)

마) 해당하는 ISMS-P 인증기준 상세 내용: 서비스를 일정기간 동안 이용하지 않는 휴면 이용자의 개인정보를 보호하기 위하여 관련 사항의 통지, 개인정보의 파기 또는 분리보관 등 적절한 보호조치를 이행해야 한다.

바) 해당하는 PIMS:2016 인증기준 통제항목: 없음

사) 해당하는 PIMS:2016 인증기준 통제내용: 없음

2) 업무관련 항목 순서: 휴면파기-02

업무관련 항목	3.4.3.2 (휴면 이용자 파기 또는 분리 보관)
업무관련 상세 내용	서비스를 일정기간 동안 이용하지 않는 휴면 이용자의 개인정보를 보호하기 위하여 개인정보의 파기 또는 분리보관 등 적절한 보호조치를 이행해야 한다.

가) 관련 법률 요구사항

① 정통망법 제29조 제2항(시행령 제16조 제2항, 제3항): 정보통신서비스 제공자와 그로부터 이용자의 개인정보를 제공받은 자(이하 "정보통신서비스 제공자등"이라 한다)는 이용자가 정보통신서비스를 1년간 이용하지 아니하는 경우에는 이용자의 개인정보를 해당 기간 경과 후 즉시 파기하거나 다른 이용자의 개인정보와 분리하여 별도로 저장·관리해야 한다. 다만, 정보통신서비스를 이용하지 아니한 1년 기간(법 제29조 제2항 단서에 따라 이용자의 요청에 따라 달리 정한 경우에는 그 기간을 말한다)이 경과한 경우로서 다른 법령에 따라 이용자의 개인정보를 보존하여야 하는 경우에는 다른 법령에서 정한 기간이 경과할 때까지 다른 이용자의 개인정보와 분리하여 별도로 저장·관리해야 한다.

나) GAP 분석용 질문

① 1년간 휴면 이용자의 개인정보를 분리보관하기로 결정된 경우, 분리보관 시점에 다른 이용자의 개인정보와 별도로 분리보관하도록 구성되어져 있는가?

② 1년간 휴면 이용자의 개인정보를 파기하기로 결정된 경우, 파기시점 기준에 해당 개인정보가 삭제처리되도록 구성되어져 있는가?

다) ISMS:2013과의 차이: [추가] 휴면 이용자에 대한 파기 또는 분리보관 부분 추가

라) 해당하는 ISMS-P 인증기준 항목: 3.4.3 (휴면 이용자 관리)

마) 해당하는 ISMS-P 인증기준 상세 내용: 서비스를 일정기간 동안 이용하지 않는 휴면 이용자의 개인정보를 보호하기 위하여 관련 사항의 통지, 개인정보의 파기 또는 분리보관 등 적절한 보호조치를 이행해야 한다.

바) 해당하는 PIMS:2016 인증기준 통제항목: 없음

사) 해당하는 PIMS:2016 인증기준 통제내용: 없음

3) 업무관련 항목 순서: 휴면파기-03

업무관련 항목	3.4.2.2 (파기 예외상황 시 분리보관)
업무관련 상세 내용	개인정보의 보유기간 경과 또는 처리목적 달성 후에도 관련 법령 등에 따라 파기하지 아니하고 보존하는 경우에는 다른 개인정보와 분리하여 저장·관리해야 한다.

가) 관련 법률 요구사항

① 개인정보보호법 제21조(시행령 제16조): 개인정보처리자는 보유기간의 경과, 개인정보의 처리 목적 달성 등 그 개인정보가 불필요하게 되었을 때에는 지체 없이 그 개인정보를 복구 또는 재생되지 아니하도록 다음의 구분에 따른 방법으로 파기해야 한다. 다만, 다른 법령에 따라 보존하여야 하는 경우에는 해당 개인정보 또는 개인정보파일을 다른 개인정보와 분리해서 저장·관리해야 한다.

- 전자적파일 형태인 경우: 복원이 불가능한 방법으로 영구삭제

- 전자적파일 외의 기록물/인쇄물/서면/그 밖의 기록매체인 경우: 파쇄 또는 소각

② 정통망법 제29조 제1항: 정보통신서비스 제공자와 그로부터 이용자의 개인정보를 제공받은 자(이하 "정보통신서비스 제공자등"이라 한다)는 다음의 어느 하나에 해당하는 경우에는 지체 없이 해당 개인정보를 복구·재생할 수 없도록 파기해야 한다. 다만, 다른 법률에 따라 개인정보를 보존하여야 하는 경우에는 그러하지 아니하다.

- 동의를 받은 개인정보의 수집·이용 목적을 달성한 경우

- 동의 없이 이용자의 개인정보를 수집할 수 있는 경우(정보통신서비스의 제공에 관한 계약을 이행하기 위하여 필요한 개인정보로서 경제적·기술적인 사유로 통상적인 동의를 받는 것이 뚜렷하게 곤란한 경우/정보통신서비스의 제공에 따른 요금정산을 위하여 필요한 경우)에서 정한 해당 목적을 달성한 경우

- 동의를 받은 개인정보의 보유 및 이용 기간이 끝난 경우

- 이용자의 동의를 받지 아니하고 수집·이용한 경우에는 개인정보의 보유 및 이용 기간이 끝난 경우

- 사업을 폐업하는 경우

③ 정통망법 제29조 제2항(시행령 제16조 제2항, 제3항): 정보통신서비스 제공자와 그로부터 이용자의 개인정보를 제공받은 자(이하 "정보통신서비스 제공자등"이라 한다)는 이용자가 정보통신서비스를 1년간 이용하지 아니하는 경우에는 이용자의 개인정보를 해당 기간 경과 후 즉시 파기하거나 다른 이용자의 개인정보와 분리하여 별도로 저장·관리해야 한다. 다만, 정보통신서비스를 이용하지 아니한 1년 기간(법 제29조 제2항 단서에 따라 이용자의 요청에 따라 달리 정한 경우에는 그 기간을 말한다)이 경과한 경우로서 다른 법령에 따라 이용자의 개인정보를 보존하여야 하는 경우에는 다른 법령에서 정한 기간이 경과할 때까지 다른 이용자의 개인정보와 분리하여 별도로 저장·관리해야 한다.

나) GAP 분석용 질문

① 개인정보를 파기해야 하는 경우임에도 불구하고 다른 법령에 따라 이용자의 개인정보를 보존하여야 하는 경우에는 다른 법령에서 정한 기간이 경과할 때까지 다른 이용자의 개인정보와 별도로 분리보관하도록 구성되어져 있는가?

② 개인정보를 파기해야 하는 경우임에도 불구하고 다른 법령에 따라 이용자의 개인정보를 보존하여야 하는 경우, 어떤 법령에 의해 어떤 개인정보 항목을 얼마간 별도 분리보관하고 있는가?

다) ISMS:2013과의 차이: [추가] 파기하지 않고 보존할 경우 분리보관 부분 추가

라) 해당하는 ISMS-P 인증기준 항목: 3.4.2 (처리목적 달성 후 보유 시 조치)

마) 해당하는 ISMS-P 인증기준 상세 내용: 개인정보의 보유기간 경과 또는 처리목적 달성 후에도 관련 법령 등에 따라 파기하지 아니하고 보존하는 경우에는 해당 목적에 필요한 최소한의 항목으로 제한하고 다른 개인정보와 분리하여 저장·관리해야 한다.

바) 해당하는 PIMS:2016 인증기준 통제항목: 5.4.2 (개인정보의 파기)

사) 해당하는 PIMS:2016 인증기준 통제내용: 개인정보의 수집 목적이 달성된 경우, 안전한 방법으로 지체 없이 파기하고 관련 사항은 기록 관리해야 한다. 개인정보의 수집목적 달성 후에도 관련 법령 등에 의해 보유가 필요하다면 정보주체(이용자)에게 고지하고 최소한의 항목을 보유해야 한다.

4) 업무관련 항목 순서: 휴면파기-04

업무관련 항목	3.4.2.1 (파기 예외사항 시 최소항목 보관)
업무관련 상세 내용	개인정보의 보유기간 경과 또는 처리목적 달성 후에도 관련 법령 등에 따라 파기하지 아니하고 보존하는 경우에는 해당 목적에 필요한 최소한의 항목으로 제한해야 한다.

가) 관련 법률 요구사항

① 개인정보보호법 제21조(시행령 제16조): 개인정보처리자는 보유기간의 경과, 개인정보의 처리 목적 달성 등 그 개인정보가 불필요하게 되었을 때에는 지체 없이 그 개인정보를 복구 또는 재생되지 아니하도록 다음의 구분에 따른 방법으로 파기해야 한다. 다만, 다른 법령에 따라 보존하여야 하는 경우에는 해당 개인정보 또는 개인정보파일을 다른 개인정보와 분리해서 저장·관리해야 한다.

   – 전자적파일 형태인 경우: 복원이 불가능한 방법으로 영구삭제

   – 전자적파일 외의 기록물/인쇄물/서면/그 밖의 기록매체인 경우: 파쇄 또는 소각

② 정통망법 제29조 제1항: 정보통신서비스 제공자와 그로부터 이용자의 개인정보를 제공받은 자(이하 "정보통신서비스 제공자등"이라 한다)는 다음의 어느 하나에 해당하는 경우에는 지체 없이 해당 개인정보를 복구·재생할 수 없도록 파기해야 한다. 다만, 다른 법률에 따라 개인정보를 보존하여야 하는 경우에는 그러하지 아니하다.

   – 동의를 받은 개인정보의 수집·이용 목적을 달성한 경우

   – 동의 없이 이용자의 개인정보를 수집할 수 있는 경우(정보통신서비스의 제공에 관한 계약을 이행하기 위하여 필요한 개인정보로서 경제적·기술적인 사유로 통상적인 동의를 받는 것이 뚜렷하게 곤란한 경우/정보통신서비스의 제공에 따른 요금정산을 위하여 필요한 경우)에서 정한 해당 목적을 달성한 경우

   – 동의를 받은 개인정보의 보유 및 이용 기간이 끝난 경우

   – 이용자의 동의를 받지 아니하고 수집·이용한 경우에는 개인정보의 보유 및 이용 기간이 끝난 경우

   – 사업을 폐업하는 경우

③ 정통망법 제29조 제2항(시행령 제16조 제2항, 제3항): 정보통신서비스 제공자와 그로부터 이용자의 개인정보를 제공받은 자(이하 "정보통신서비스 제공자등"이라 한다)는 이용자가 정보통신서비스를 1년간 이용하지 아니하는 경우에는 이용자의 개인정보를 해당 기간 경과 후 즉시 파기하거나 다른 이용자의 개인정보와 분리하여 별도로 저장·관리해야 한다. 다만, 정보통신서비스를 이용하지 아니한 1년 기간(법 제29조 제2항 단서에 따라 이용자의 요청에 따라 달리 정한 경우에는 그 기간을 말한다)이 경과한 경우로서 다른 법령에 따라 이용자의 개인정보를 보존하여야 하는 경우에는 다른 법령에서 정한 기간이 경과할 때까지 다른 이용자의 개인정보와 분리하여 별도로 저장·관리해야 한다.

나) GAP 분석용 질문

① 개인정보를 파기해야 하는 경우임에도 불구하고 다른 법령에 따라 이용자의 개인정보를

다른 이용자의 개인정보와 별도로 분리보관 시 거래주체를 식별할 수 있는 최소한의 정보(성명, 주소, 전자우편번호 등)로 국한하고 있는가?

다) ISMS:2013과의 차이: [완화] 파기하지 않고 보존할 경우 이용자에게 고지하는 부분 문구 삭제

라) 해당하는 ISMS-P 인증기준 항목: 3.4.2 (처리목적 달성 후 보유 시 조치)

마) 해당하는 ISMS-P 인증기준 상세 내용: 개인정보의 보유기간 경과 또는 처리목적 달성 후에도 관련 법령 등에 따라 파기하지 아니하고 보존하는 경우에는 해당 목적에 필요한 최소한의 항목으로 제한하고 다른 개인정보와 분리하여 저장·관리해야 한다.

바) 해당하는 PIMS:2016 인증기준 통제항목: 5.4.2 (개인정보의 파기)

사) 해당하는 PIMS:2016 인증기준 통제내용: 개인정보의 수집 목적이 달성된 경우, 안전한 방법으로 지체 없이 파기하고 관련 사항은 기록 관리해야 한다. 개인정보의 수집목적 달성 후에도 관련 법령 등에 의해 보유가 필요하다면 정보주체(이용자)에게 고지하고 최소한의 항목을 보유해야 한다.

5) 업무관련 항목 순서: 휴면파기-05

업무관련 항목	3.4.1.2 (파기시점 시 파기)
업무관련 상세 내용	개인정보의 보유기간 경과, 처리목적 달성 등 파기 시점이 도달한 때에는 파기의 안전성 및 완전성이 보장될 수 있는 방법으로 지체 없이 파기해야 한다.

가) 관련 법률 요구사항

① 정통망법 제30조 제3항: 정보통신서비스 제공자와 그로부터 이용자의 개인정보를 제공받은 자(이하 "정보통신서비스 제공자등"이라 한다)는 이용자가 개인정보 수집·이용·제공 등의 동의를 철회하면 지체 없이 수집된 개인정보를 복구·재생할 수 없도록 파기해야 한다.

② 개인정보보호법 제36조 제3항: 개인정보처리자가 개인정보를 삭제할 때에는 복구 또는 재생되지 아니하도록 조치해야 한다.

③ 개인정보보호법 제37조 제4항: 개인정보처리자는 정보주체의 요구에 따라 처리가 정지된 개인정보에 대하여 지체 없이 해당 개인정보의 파기 등 필요한 조치를 해야 한다.

④ 정통망법 제29조 제1항: 정보통신서비스 제공자와 그로부터 이용자의 개인정보를 제공받은 자(이하 "정보통신서비스 제공자등"이라 한다)는 다음의 어느 하나에 해당하는 경우에는 지체 없이 해당 개인정보를 복구·재생할 수 없도록 파기해야 한다.

다만, 다른 법률에 따라 개인정보를 보존하여야 하는 경우에는 그러하지 아니하다.

- 동의를 받은 개인정보의 수집·이용 목적을 달성한 경우

- 동의 없이 이용자의 개인정보를 수집할 수 있는 경우(정보통신서비스의 제공에 관한 계약을 이행하기 위하여 필요한 개인정보로서 경제적·기술적인 사유로 통상적인 동의를 받는 것이 뚜렷하게 곤란한 경우/정보통신서비스의 제공에 따른 요금정산을 위하여 필요한 경우)에서 정한 해당 목적을 달성한 경우

- 동의를 받은 개인정보의 보유 및 이용 기간이 끝난 경우

- 이용자의 동의를 받지 아니하고 수집·이용한 경우에는 개인정보의 보유 및 이용 기간이 끝난 경우

- 사업을 폐업하는 경우

⑤ 개인정보보호법 제20조 제3항(시행령 제15조의2 제3항): 5만 명 이상의 정보주체에 관하여 법 제23조에 따른 민감정보(이하 "민감정보"라 한다) 또는 법 제24조 제1항에 따른 고유식별정보(이하 "고유식별정보"라 한다)를 처리하는 개인정보처리자이거나 100만 명 이상의 정보주체에 관하여 개인정보를 처리하는 개인정보처리자가 정보주체의 동의를 통한 정보주체 이외로부터 개인정보를 수집하여 처리하는 때에는 해당 사항을 정보주체에게 알려야 한다. 이때 정보주체에게 알린 사실에 대한 다음의 사항을 법 제21조 또는 제37조 제4항에 따라 해당 개인정보를 파기할 때까지 보관·관리해야 한다.

- 정보주체에게 알린 사실   - 알린 시기   - 알린 방법

⑥ 개인정보보호법 제21조(시행령 제16조): 개인정보처리자는 보유기간의 경과, 개인정보의 처리 목적 달성 등 그 개인정보가 불필요하게 되었을 때에는 지체 없이 그 개인정보를 복구 또는 재생되지 아니하도록 다음의 구분에 따른 방법으로 파기해야 한다. 다만, 다른 법령에 따라 보존하여야 하는 경우에는 해당 개인정보 또는 개인정보파일을 다른 개인정보와 분리해서 저장·관리해야 한다.

- 전자적파일 형태인 경우: 복원이 불가능한 방법으로 영구삭제

- 전자적파일 외의 기록물/인쇄물/서면/그 밖의 기록매체인 경우: 파쇄 또는 소각

나) GAP 분석용 질문

① 개인정보를 수집 시 동의받은 내용에 대해 동의 철회 신청이 들어올 경우, 지체 없이 삭제되도록 구성되어져 있는가?

② 개인정보를 처리하기 위해 동의받은 내용에 대해 처리정지 요구가 들어올 경우, 지체 없이 삭제되도록 구성되어져 있는가?

③ 개인정보 수립 시 동의받은 개인정보의 수집/이용 목적을 달성한 경우, 해당 개인정보가 삭제되도록 구성되어져 있는가?

④ 동의 없이 이용자의 개인정보를 수집할 수 있는 경우[1]에서 정한 해당 목적을 달성한 경우, 해당 개인정보가 삭제되도록 구성되어져 있는가?

⑤ 동의를 받은 개인정보의 보유 및 이용 기간이 끝난 경우, 해당 개인정보가 삭제되도록 구성되어져 있는가?

⑥ 이용자의 동의를 받지 아니하고 수집/이용한 경우, 개인정보의 보유 및 이용기간이 끝난 경우 해당 개인정보가 삭제되도록 구성되어져 있는가?

⑦ 정보주체(이용자) 이외로부터 개인정보를 제공받은 사실에 대해 법적요건[2]에 근거하여 통지 의무가 부과된 경우에 한해 정보주체에게 간접수집한 사실(수집출처, 처리목적, 처리정지의 요구권리)을 고지한 정보를 정보주체의 개인정보가 파기될 때 삭제되도록 구성되어져 있는가?

⑧ 개인정보를 파기해야 하는 경우에는 복구/재생할 수 없도록 파기하고 있는가?

다) ISMS:2013과의 차이: 특이사항 없음

라) 해당하는 ISMS-P 인증기준 항목: 3.4.1 (개인정보의 파기)

마) 해당하는 ISMS-P 인증기준 상세 내용: 개인정보의 보유기간 및 파기 관련 내부 정책을 수립하고 개인정보의 보유기간 경과, 처리목적 달성 등 파기 시점이 도달한 때에는 파기의 안전성 및 완전성이 보장될 수 있는 방법으로 지체 없이 파기해야 한다.

바) 해당하는 PIMS:2016 인증기준 통제항목: 5.4.1 (개인정보 파기 규정 및 절차)

사) 해당하는 PIMS:2016 인증기준 통제내용: 개인정보의 보유기간 및 파기와 관련한 내부 규정을 수립하고, 파기 관련 보호조치를 마련해야 한다. 또한, 개인정보 수집 동의 등에 대한 기록은 탈퇴 전까지 안전하게 보관해야 한다.

6) 업무관련 항목 순서: 휴면파기-06

업무관련 항목	3.1.5.3 (간접수집 시 통지사실 파기)
업무관련 상세 내용	정보주체(이용자) 이외로부터 개인정보를 수집하거나 제공받는 경우에 대해, 법령에 근거하여 정보주체(이용자)에게 개인정보의 수집 출처, 처리목적, 처리정지의 요구권리를 알려준 사실을 해당 개인정보 파기 시까지 보관/관리해야 한다.

---

[1] 정보통신서비스의 제공에 관한 계약을 이행하기 위하여 필요한 개인정보로서 경제적·기술적인 사유로 통상적인 동의를 받는 것이 뚜렷하게 곤란한 경우, 정보통신서비스의 제공에 따른 요금정산을 위하여 필요한 경우 등

[2] 5만 명 이상의 정보주체에 관하여 민감정보 또는 고유식별정보를 처리하는 개인정보처리자이거나 100만 명 이상의 정보주체에 관하여 개인정보를 처리하는 개인정보처리자. 다만, 개인정보처리자가 수집한 정보에 연락처 등 정보주체에게 알릴 수 있는 개인정보가 포함되지 아니한 경우에는 예외로 한다.

가) 관련 법률 요구사항

① 개인정보보호법 제20조 제3항(시행령 제15조의2 제3항): 5만 명 이상의 정보주체에 관하여 법 제23조에 따른 민감정보(이하 "민감정보"라 한다) 또는 법 제24조 제1항에 따른 고유식별정보(이하 "고유식별정보"라 한다)를 처리하는 개인정보처리자이거나 100만 명 이상의 정보주체에 관하여 개인정보를 처리하는 개인정보처리자가 정보주체의 동의를 통한 정보주체 이외로부터 개인정보를 수집하여 처리하는 때에는 해당 사항을 정보주체에게 알려야 한다. 이때 정보주체에게 알린 사실에 대한 다음의 사항을 법 제21조 또는 제37조 제4항에 따라 해당 개인정보를 파기할 때까지 보관·관리해야 한다.

– 정보주체에게 알린 사실

– 알린 시기

– 알린 방법

② 개인정보보호법 제21조(시행령 제16조): 개인정보처리자는 보유기간의 경과, 개인정보의 처리 목적 달성 등 그 개인정보가 불필요하게 되었을 때에는 지체 없이 그 개인정보를 복구 또는 재생되지 아니하도록 다음의 구분에 따른 방법으로 파기해야 한다. 다만, 다른 법령에 따라 보존하여야 하는 경우에는 해당 개인정보 또는 개인정보파일을 다른 개인정보와 분리해서 저장·관리해야 한다.

– 전자적파일 형태인 경우: 복원이 불가능한 방법으로 영구삭제

– 전자적파일 외의 기록물/인쇄물/서면/그 밖의 기록매체인 경우: 파쇄 또는 소각

나) GAP 분석용 질문

① 정보주체(이용자) 이외로부터 개인정보를 제공받은 사실에 대해 법적요건[1]에 따라 통지 의무가 부과된 경우에 한해, 정보주체에게 간접수집한 사실을 고지한 정보(정보주체에게 알린 사실, 알린 시기, 알린 방법)를 해당 개인정보가 파기할 때까지 보관하도록 하고 있는가?

② 정보주체(이용자) 이외로부터 개인정보를 제공받은 사실에 대해 법적 요건[2]에 따라 통지 의무가 부과된 경우에 한해, 정보주체에게 간접수집한 사실을 고지한 정보를 정보주체의 개인정보가 파기될 때 삭제되도록 구성되어져 있는가?

---

1), 2) 5만 명 이상의 정보주체에 관하여 민감정보 또는 고유식별정보를 처리하는 개인정보처리자이거나 100만 명 이상의 정보주체에 관하여 개인정보를 처리하는 개인정보처리자. 다만, 개인정보처리자가 수집한 정보에 연락처 등 정보주체에게 알릴 수 있는 개인정보가 포함되지 아니한 경우에는 예외로 한다.

다) ISMS:2013과의 차이: 특이사항 없음

라) 해당하는 ISMS-P 인증기준 항목: 3.1.5 (간접수집 보호조치)

마) 해당하는 ISMS-P 인증기준 상세 내용: 정보주체(이용자) 이외로부터 개인정보를 수집하거나 제공받는 경우에는 업무에 필요한 최소한의 개인정보만 수집·이용하여야 하고, 법령에 근거하거나 정보주체(이용자)의 요구가 있으면 개인정보의 수집 출처, 처리목적, 처리정지의 요구권리를 알려야 한다.

바) 해당하는 PIMS:2016 인증기준 통제항목: 5.1.7 (간접수집 보호조치)

사) 해당하는 PIMS:2016 인증기준 통제내용: 시스템에 의한 수집 또는 개인정보 처리를 통해 생성한 간접 수집 개인정보에 대하여 적절한 보호대책을 수립·이행해야 한다.

상 중 하

개인정보 권리행사 업무관련 분야

- 개인정보 권리행사 업무관련 분야에 해당하는 인증기준에는 어떤 것들이 존재하는지 알아보자.
- 개인정보 권리행사 업무관련 분야에 해당하는 인증기준을 어떻게 업무관련 항목으로 구체화하는지 알아보자.
- 개인정보 권리행사 업무관련 분야에 해당하는 업무관련 항목을 어떤 순서로 변경하는지 알아보자.

1 개인정보 권리행사 업무에 해당하는 정보보호 및 개인정보보호 관리체계 인증기준

3.1.5 (간접수집 보호조치), 3.5.2 (정보주체 권리보장), 3.5.3 (이용내역 통지)

2 개인정보 권리행사 업무에 맞게 해당하는 인증기준 순서 변경

3.5.2 (정보주체 권리보장) → 3.1.5 (간접수집 보호조치) → 3.5.3 (이용내역 통지)

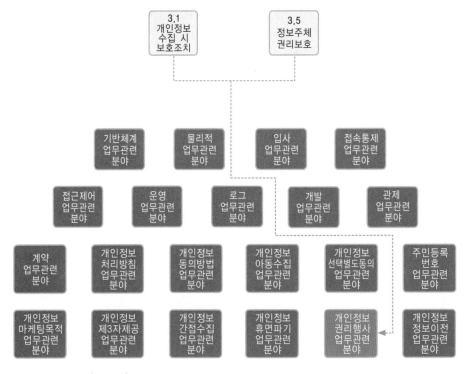

[그림 40] 개인정보 권리행사 업무관련 분야와 인증기준 분야 간의 관계

3 개인정보 권리행사 업무에 해당하는 업무관련 항목 설명

1) 업무관련 항목 순서: 권리행사-01

업무관련 항목	3.5.2.1 (권리행사 방법 및 절차)
업무관련 상세 내용	정보주체(이용자)가 개인정보의 열람, 정정·삭제, 처리정지, 이의제기, 동의철회 요구를 수집 방법·절차보다 쉽게 할 수 있도록 권리행사 방법 및 절차를 수립·이행해야 한다.

가) 관련 법률 요구사항

① 개인정보보호법 제38조 제4항: 개인정보처리자는 정보주체가 열람등요구를 할 수 있는 구체적인 방법과 절차를 마련하고, 이를 정보주체가 알 수 있도록 공개해야 한다.

② 정통망법 제30조 제6항: 정보통신서비스 제공자와 그로부터 이용자의 개인정보를 제공받은 자(이하 "정보통신서비스 제공자등"이라 한다)는 이용자가 개인정보의 열람·제공 또는 오류 정정을 요구하는 방법을 개인정보의 수집방법보다 쉽게 해야 한다.

③ 개인정보보호법 제38조 제5항: 개인정보처리자는 정보주체가 열람등요구에 대한 거절 등 조치에 대하여 불복이 있는 경우 이의를 제기할 수 있도록 필요한 절차를 마련하고 안내해야 한다.

④ 개인정보보호법 제38조 제1항(시행령 제45조): 정보주체는 제35조에 따른 열람, 제36조에 따른 정정·삭제, 제37조에 따른 처리정지 등의 요구(이하 "열람등요구"라 한다)를 문서 등 대통령령으로 정하는 방법·절차에 따라 대리인에게 하게 할 수 있으며, 대리를 할 수 있는 자는 다음과 같고, 이때는 개인정보처리자에게 정보주체의 위임장(시행규칙 별지 제11호 서식)을 제출해야 한다.

　　－ 정보주체의 법정대리인　　　　　　　　－ 정보주체로부터 위임을 받은 자

⑤ 개인정보보호법 제38조 제2항: 만 14세 미만 아동의 법정대리인은 개인정보처리자에게 그 아동의 개인정보 열람등요구(열람/정정/삭제/처리정지)를 할 수 있다.

⑥ 정통망법 제30조 제4항, 제5항: 정보통신서비스 제공자와 그로부터 이용자의 개인정보를 제공받은 자(이하 "정보통신서비스 제공자등"이라 한다)는 다음의 사항에 대한 열람 또는 제공을 요구 받거나, 오류의 정정을 요구 받으면 지체 없이 대응(열람, 제공, 오류를 정정하거나 정정하지 못하는 사유를 이용자에게 알리는 등 필요한 조치)을 하여야 하고, 필요한 조치를 할 때까지는 해당 개인정보를 이용하거나 제공하여서는 아니 된다. 다만, 다른 법률에 따라 개인정보의 제공을 요청받은 경우에는 그 개인정보를 제공하거나 이용할 수 있다.

- 정보통신서비스 제공자등이 가지고 있는 이용자의 개인정보

- 정보통신서비스 제공자등이 이용자의 개인정보를 이용하거나 제3자에게 제공한 현황

- 정보통신서비스 제공자등에게 개인정보 수집·이용·제공 등의 동의를 한 현황

⑦ 개인정보보호법 제35조 제1항(시행령 제41조 제1항, 제5항, 제42조 제1항): 정보주체는 개인정보처리자가 처리하는 자신의 개인정보에 대한 열람을 해당 개인정보처리자에게 요구할 수 있으며, 열람을 요구하려면 다음의 사항 중 열람하려는 사항을 개인정보처리자가 마련한 방법과 절차에 따라 요구해야 한다.

- 개인정보의 항목 및 내용
- 개인정보의 수집·이용의 목적
- 개인정보 보유 및 이용 기간
- 개인정보의 제3자 제공 현황
- 개인정보 처리에 동의한 사실 및 내용

⑧ 개인정보보호법 제35조 제1항(시행령 제41조 제1항, 제5항, 제42조 제1항): 개인정보 열람 요구를 받은 날부터 10일 이내에 정보주체에게 해당 개인정보를 열람할 수 있도록 하는 경우에는 열람할 개인정보와 열람이 가능한 날짜·시간 및 장소 등(제42조 제1항에 따라 열람 요구 사항 중 일부만을 열람하게 하는 경우에는 그 사유와 이의제기방법을 포함한다)을 행정안전부령으로 정하는 열람통지서로 해당 정보주체에게 알려야 한다. 다만, 즉시 열람하게 하는 경우에는 열람통지서 발급을 생략할 수 있다. 다만, 법 제35조 제4항에 따른 예외사항이 포함되어 있는 일부 정보는 열람을 제한할 수 있으며, 열람이 제한되는 사항을 제외한 나머지 부분의 개인정보에 대해서는 열람할 개인정보와 열람이 가능한 날짜/시간/장소 및 열람제한 사유와 이의제기방법 등이 포함된 열람통지서(시행규칙 별지 제9호서식)로 해당 정보주체에게 알려주어야 한다.

⑨ 개인정보보호법 제35조 제4항(시행령 제41조 제5항, 제42조 제2항): 개인정보처리자는 다음의 어느 하나에 해당하는 경우에는 정보주체에게 10일 이내에 거절의 사유 및 이의제기방법을 열람의 거절통지서(시행규칙 별지 제9호서식)로 해당 정보주체에게 알리고 열람을 제한하거나 거절할 수 있다.

- 법률에 따라 열람이 금지되거나 제한되는 경우

- 다른 사람의 생명·신체를 해할 우려가 있거나 다른 사람의 재산과 그 밖의 이익을 부당하게 침해할 우려가 있는 경우

- 공공기관이 다음 각 목의 어느 하나에 해당하는 업무를 수행할 때 중대한 지장을 초래하는 경우(조세의 부과·징수 또는 환급에 관한 업무/「초·중등교육법」 및 「고등교육법」에 따른 각급 학교, 「평생교육법」에 따른 평생교육시설, 그 밖의 다른 법률에 따라 설치된 고등교육기관에서의 성적 평가 또는 입학자 선발에 관한 업무/

학력·기능 및 채용에 관한 시험, 자격 심사에 관한 업무/보상금·급부금 산정 등에 대하여 진행 중인 평가 또는 판단에 관한 업무/다른 법률에 따라 진행 중인 감사 및 조사에 관한 업무)

⑩ 개인정보보호법 제35조 제3항(시행령 제41조 제4항, 제5항, 제42조 제2항): 개인정보처리자는 정보주체에 의해 개인정보 열람을 요구받았을 때에는 10일 내에 해당 열람할 개인정보와 열람이 가능한 날짜, 시간 및 장소 등이 포함된 열람통지서를 정보주체에게 알려주면서 정보주체가 해당 개인정보를 열람할 수 있도록 해야 한다. 이 경우 해당 기간 내에 열람할 수 없는 정당한 사유가 있을 때에는 정보주체에게 10일 이내에 연기사유 및 이의제기방법을 열람의 연기통지서(시행규칙 별지 제9호서식)로 해당 정보주체에게 알리고 열람을 연기할 수 있으며, 그 사유가 소멸하면 지체 없이 열람하게 해야 한다.

⑪ 개인정보보호법 제36조 제1항, 제4항(시행령 제43조 제1항, 제3항): 자신의 개인정보를 열람한 정보주체는 개인정보정정/삭제요구서(시행규칙 별지 제8호서식)를 해당 개인정보처리자에게 제출하여 그 개인정보의 정정 또는 삭제를 요구할 수 있다. 다만, 다른 법령에서 그 개인정보가 수집 대상으로 명시되어 있는 경우에는 그 삭제를 요구할 수 없으며 이에 대한 내용은 10일 이내에 정보주체에게 알려야 한다.

⑫ 개인정보보호법 제36조 제2항, 제5항(시행령 제43조 제3항): 개인정보처리자는 정보주체로부터 개인정보의 정정/삭제 요구를 받았을 때에는 다른 법령에 특별한 절차가 규정되어 있는 경우를 제외하고는 10일 이내에 그 개인정보를 조사하여 정보주체의 요구에 따라 정정·삭제 등 필요한 조치를 한 후 그 결과(조치결과, 다른 법령에 따른 경우에는 해당 사실 및 이유와 이의제기방법)를 통지서(시행규칙 별지 제10호)로 해당 정보주체에게 알려야 한다. 개인정보를 조사할 때 필요하면 해당 정보주체에게 정정/삭제 요구사항의 확인에 필요한 증거자료를 제출하게 할 수 있다.

⑬ 개인정보보호법 제36조 제1항(시행령 제43조 제2항, 제3항): 다른 개인정보 처리자로부터 개인정보를 제공받아 개인정보파일을 처리하는 개인정보 처리자는 법 제36조 제1항에 따른 개인정보의 정정 또는 삭제 요구를 받으면 그 요구에 따라 해당 개인정보를 정정·삭제 후 조치결과를 통지서(시행규칙 별지 제10호)로 해당 정보주체에게 알려주거나 그 개인정보 정정·삭제 요구서를 해당 개인정보를 제공한 기관의 장에게 지체 없이 보내고 그 처리 결과에 따라 필요한 조치를 해야 한다.

⑭ 개인정보보호법 제37조 제1항(시행령 제44조 제1항): 정보주체는 개인정보처리자에 대하여 자신의 개인정보 처리의 정지를 요구할 수 있으며, 이때는 개인정보처리 정지요구서(시행규칙 별지 제8호 서식)를 그 개인정보처리자에게 제출해야 한다.

⑮ 개인정보보호법 제37조 제2항, 제3항(시행령 제44조 제2항): 개인정보처리자는 정보주체로부터 개인정보의 처리 정지요구를 받은 날로부터 10일 이내에 정보주체의

요구에 따라 개인정보 처리의 전부를 정지하거나 일부를 정지한 후 그 조치사실을 개인정보처리정지요구에 대한 결과통지서(시행규칙 별지 제10호 서식)로 해당 정보주체에게 알려야 한다. 다만, 다음의 어느 하나에 해당하는 경우에는 정보주체의 처리정지 요구를 거절할 수 있으며, 이때는 정보주체에게 처리 정지요구를 받은 날로부터 10일 이내에 그 사실 및 이유와 이의제기방법을 개인정보처리정지요구에 대한 결과통지서(시행규칙 별지 제10호 서식)로 해당 정보주체에게 알려야 한다.

- 법률에 특별한 규정이 있거나 법령상 의무를 준수하기 위하여 불가피한 경우

- 다른 사람의 생명·신체를 해할 우려가 있거나 다른 사람의 재산과 그 밖의 이익을 부당하게 침해할 우려가 있는 경우

- 공공기관이 개인정보를 처리하지 아니하면 다른 법률에서 정하는 소관 업무를 수행할 수 없는 경우

- 개인정보를 처리하지 아니하면 정보주체와 약정한 서비스를 제공하지 못하는 등 계약의 이행이 곤란한 경우로서 정보주체가 그 계약의 해지 의사를 명확하게 밝히지 아니한 경우

⑯ 개인정보보호법 제38조 제3항(시행령 제47조): 개인정보처리자는 열람등요구를 하는 자에게 수수료와 우송료(사본의 우송을 청구하는 경우에 한한다)를 청구할 수 있으며, 다음의 구분에 따른 방법으로 낸다. 이때의 수수료와 우송료의 금액은 열람등요구에 필요한 실비의 범위에서 해당 개인정보처리자가 정하는 바에 따른다. 다만, 개인정보처리자가 열람요구를 하게 된 사유가 그 개인정보처리자에게 있는 경우에는 수수료와 우송료를 청구해서는 아니 된다.

- 국가기관인 개인정보처리자에게 내는 경우: 수입인지

- 지방자치단체인 개인정보처리자에게 내는 경우: 수입증지

- 국가기관 및 지방자치단체 외의 개인정보처리자에게 내는 경우: 해당 개인정보 처리자가 정하는 방법

⑰ 개인정보보호법 제37조 제1항(시행령 제44조 제1항): 정보주체는 공공기관에 등록된 개인정보파일 중 자신의 개인정보에 대한 처리의 정지를 요구할 수 있으며, 이때는 개인정보처리정지요구서(시행규칙 별지 제8호 서식)를 그 개인정보처리자에게 제출해야 한다.

⑱ 개인정보보호법 제38조 제3항(시행령 제47조): 공공기관의 개인정보처리자는 열람등요구를 하는 자에게 수수료와 우송료(사본의 우송을 청구하는 경우에 한한다)를 청구할 수 있으며, 다음의 구분에 따른 방법으로 낸다. 다만, 국회/법원/ 헌법재판소/중앙선거관리위원회/중앙행정기관 및 그 소속기관(이하 이 조에서 "국가기관"이라 한다)/지방자치단체인 개인정보처리자는 「전자금융거래법」 제2조

제11호에 따른 전자지급수단 또는「정보통신망 이용촉진 및 정보보호 등에 관한 법률」제2조 제10호에 따른 통신과금서비스를 이용하여 수수료 또는 우송료를 내게 할 수 있다. 이때의 수수료와 우송료의 금액은 열람등요구에 필요한 실비의 범위에서 해당 개인정보처리자가 정하는 바에 따른다. 다만, 개인정보처리자가 지방자치단체인 경우에는 그 지방자치단체의 조례로 정하는 바에 따르고 개인정보처리자가 열람요구를 하게 된 사유가 그 개인정보처리자에게 있는 경우에는 수수료와 우송료를 청구해서는 아니 된다.

- 국가기관인 개인정보처리자에게 내는 경우: 수입인지
- 지방자치단체인 개인정보처리자에게 내는 경우: 수입증지
- 국가기관 및 지방자치단체 외의 개인정보처리자에게 내는 경우: 해당 개인정보처리자가 정하는 방법

나) GAP 분석용 질문

① 정보주체(이용자)의 개인정보에 대한 권리행사(열람, 제공/오류의 정정, 삭제, 처리정지, 이의제기, 동의철회 등)를 대리인이 진행할 수 있도록 구성되어져 있는가?

② 이용자의 개인정보에 대한 권리행사를 대리인이 진행하고자 할 경우, 정보주체(이용자)의 위임장을 받도록 구성되어져 있는가?

③ 정보주체(이용자)의 개인정보에 대한 권리행사(열람, 제공/오류의 정정, 삭제, 처리정지, 이의제기, 동의철회 등) 방법은 이용자의 개인정보를 수집하는 방법보다 쉽게 구성되어져 있는가?

④ 이용자의 개인정보에 대한 권리행사 방법은 어떤 방법으로 쉽게 구성되어져 있는가?

⑤ 이용자의 개인정보에 대한 권리행사 방법을 정보주체가 알 수 있도록 공개하고 있는가?

⑥ 이용자의 개인정보에 대한 권리행사 방법을 어떤 방식으로 정보주체에게 공개하고 있는가?

⑦ 직/간접적으로 수집/처리하는 이용자의 개인정보에 대해, 이용자가 권리행사(열람, 제공/오류의 정정, 삭제, 처리정지, 이의제기, 동의철회 등)를 요구한 이후 필요한 조치가 완료될 때까지는 해당 개인정보를 이용/제공하지 않도록 구성되어져 있는가?

⑧ 권리행사의 사유가 개인정보처리자에게 존재하지 않는 경우로, 정보주체(이용자)의 개인정보에 대한 권리행사(열람, 정정, 삭제, 제공, 처리정지, 이의제기, 동의철회 등) 대응을 위해 실비(수수료 또는 우송료 등)가 적용될 경우에는 해당 실비의 범위에서 권리행사 요구자에게 청구할 수 있도록 구성되어져 있는가?

⑨ 정보주체(이용자)의 개인정보 관련한 열람을 요구할 수 있는 열람요구서[1]를 다운로드 받을 수 있도록 제공하고 있는가?

⑩ 열람요구서[1]를 통하여 정보주체(이용자)의 개인정보 관련[2]한 열람을 요구받았을 때, 즉시 열람이 가능한 경우인가?

⑪ 정보주체(이용자)의 개인정보 관련한 열람을 요구받았을 때 즉시 열람이 불가한 경우에는, 열람통지서[3]를 10일 이내에 정보주체에게 알리도록 구성되어져 있는가?

⑫ 정보주체(이용자)의 개인정보에 대한 열람을 요구받았을 때, 거절사유[4]에 해당하는 개인정보 항목에 대해서는 10일 이내에 열람의 거절통지서[3]로 해당 정보주체에게 알리고 열람을 거절하도록 구성되어져 있는가?

⑬ 정보주체(이용자)의 개인정보에 대한 열람을 요구받았을 때, 10일 이내에 열람할 수 없는 정당한 사유가 존재 시에는 10일 이내에 열람의 연기통지서[3]로 해당 정보주체에 알리도록 구성되어져 있는가?

⑭ 정보주체(이용자)의 개인정보에 대한 열람을 요구받았으나 10일 이내에 열람할 수 없는 정당한 사유가 소멸하는 즉시 바로 열람할 수 있도록 구성되어져 있는가?

⑮ 정보주체(이용자)의 개인정보에 대해 제공(또는 오류)의 정정 또는 삭제를 요청할 수 있는 개인정보정정/삭제요구서[5]를 다운로드 받을 수 있도록 제공하고 있는가?

⑯ 개인정보정정/삭제요구서[5]를 통하여 정보주체(이용자)의 개인정보를 삭제 요청받을 시, 다른 법령에서 그 개인정보가 수집대상으로 명시되어져 있을 경우에는 삭제처리될 수 없음을 10일 이내에 정보주체에게 알리도록 구성되어져 있는가?

⑰ 다른 법령에 의해 개인정보가 수집되고 있을 경우, 어떤 개인정보 항목에 대해 어떤 법령내용에 의해 수집이 되고 있는가?

⑱ 정보주체(이용자)의 개인정보에 대한 제공(또는 오류)의 정정 또는 삭제 요구를 받았을 때, 10일 이내에 조치한 결과를 통지서[6]로 해당 정보주체에게 알리도록 구성되어져 있는가?

---

1) 개인정보보호법 시행규칙 별지 제8호서식

2) 개인정보의 항목 및 내용, 개인정보의 수집·이용의 목적, 개인정보 보유 및 이용 기간, 개인정보의 제3자 제공 현황, 개인정보 처리에 동의한 사실 및 내용

3) 개인정보보호법 시행규칙 별지 제9호서식(열람할 개인정보, 열람이 가능한 날짜, 열람이 가능한 시간, 열람이 가능한 장소, 일부만 열람이 가능한 경우에는 그 사유와 이의제기방법)

4) 법률에 따라 열람이 금지되거나 제한되는 경우, 다른 사람의 생명·신체를 해할 우려가 있거나 다른 사람의 재산과 그 밖의 이익을 부당하게 침해할 우려가 있는 경우, 공공기관이 다음 각 목의 어느 하나에 해당하는 업무를 수행할 때 중대한 지장을 초래하는 경우(조세의 부과·징수 또는 환급에 관한 업무/「초·중등교육법」 및 「고등교육법」에 따른 각급 학교, 「평생교육법」에 따른 평생교육시설, 그 밖의 다른 법률에 따라 설치된 고등교육기관에서의 성적 평가 또는 입학자 선발에 관한 업무/학력·기능 및 채용에 관한 시험, 자격 심사에 관한 업무/보상금·급부금 산정 등에 대하여 진행 중인 평가 또는 판단에 관한 업무/다른 법률에 따라 진행 중인 감사 및 조사에 관한 업무)

5) 개인정보보호법 시행규칙 별지 제8호서식

6) 개인정보보호법 시행규칙 별지 제10호(조치결과, 다른 법령에 따른 경우에는 해당 사실 및 이유와 이의제기방법)

⑲ 정보주체(이용자)의 개인정보에 대한 제공(또는 오류)의 정정 또는 삭제 요구를 받았을 때, 간접수집한 개인정보로 직접 대응을 할 수 없는 경우에는, 그 개인정보정정/삭제요구서를 해당 개인정보를 제공한 기관의 장에게 지체 없이 보내도록 구성되어져 있는가?

⑳ 정보주체(이용자)의 개인정보에 대해 처리의 정지 또는 동의철회를 요구할 수 있는 개인정보처리정지요구서[7]를 다운로드 받을 수 있도록 제공하고 있는가?

㉑ 개인정보처리정지요구서[7]를 통하여 정보주체(이용자)의 개인정보의 처리정지 또는 동의철회 요구를 받을 시, 10일 이내에 처리결과(일부정지 또는 전부정지)를 통지서[8]로 해당 정보주체에게 알리도록 구성되어져 있는가?

㉒ 정보주체(이용자)의 개인정보의 처리정지 또는 동의철회 요구를 받았음에도 거절사유[8]에 해당하는 개인정보 항목에 대해서는 10일 이내에 통지서[9]로 해당 정보주체에게 알리도록 구성되어져 있는가?

㉓ 정보주체(이용자)의 개인정보에 대한 권리행사(열람, 제공/오류의 정정, 삭제, 처리정지, 동의철회 등)를 요청한 조치에 대하여 불복이 있는 경우 이의를 제기할 수 있도록 이의제기방법이 제공되도록 구성되어져 있는가?

㉔ 정보주체(이용자)의 개인정보에 대한 권리행사를 요청한 조치에 대하여 이의제기하는 방법이 어떻게 구성되어 제공되고 있는가?

다) ISMS:2013과의 차이: 특이사항 없음

라) 해당하는 ISMS-P 인증기준 항목: 3.5.2 (정보주체 권리보장)

마) 해당하는 ISMS-P 인증기준 상세 내용: 정보주체(이용자)가 개인정보의 열람, 정정·삭제, 처리정지, 이의제기, 동의철회 요구를 수집 방법·절차보다 쉽게 할 수 있도록 권리행사 방법 및 절차를 수립·이행하고, 정보주체(이용자)의 요구를 받은 경우 지체 없이 처리하고 관련 기록을 남겨야 한다. 또한 정보주체(이용자)의 사생활 침해, 명예훼손 등 타인의 권리를 침해하는 정보가 유통되지 않도록 삭제 요청, 임시조치 등의 기준을 수립·이행해야 한다.

---

[7] 개인정보보호법 시행규칙 별지 제8호서식
[8] 법률에 특별한 규정이 있거나 법령상 의무를 준수하기 위하여 불가피한 경우, 다른 사람의 생명·신체를 해할 우려가 있거나 다른 사람의 재산과 그 밖의 이익을 부당하게 침해할 우려가 있는 경우, 공공기관이 개인정보를 처리하지 아니하면 다른 법률에서 정하는 소관 업무를 수행할 수 없는 경우, 개인정보를 처리하지 아니하면 정보주체와 약정한 서비스를 제공하지 못하는 등 계약의 이행이 곤란한 경우로서 정보주체가 그 계약의 해지 의사를 명확하게 밝히지 아니한 경우
[9] 개인정보보호법 시행규칙 별지 제10호서식

바) 해당하는 PIMS:2016 인증기준 통제항목

① 6.1.1 (개인정보 열람)

② 6.1.2 (개인정보 정정/삭제)

③ 6.1.3 (개인정보 처리 정지)

④ 6.1.4 (권리행사의 방법 및 절차)

사) 해당하는 PIMS:2016 인증기준 통제내용

① 개인정보에 대한 열람·정정·삭제 방법 및 절차를 제공하고, 정보주체(이용자)가 요구 시 열람하게 해야 한다.

② 정보주체(이용자)가 개인정보에 대한 정정·삭제 요구 시 지체 없이 처리하고, 기록을 남겨야 한다. 또한, 개인정보 이용내역을 법령에 따라 주기적으로 통지해야 한다.

③ 정보주체(이용자)에게 개인정보에 대한 처리정지 방법 및 절차를 제공하고, 처리정지 요구 시 지체 없이 처리하고, 기록을 남겨야 한다.

④ 정보주체(이용자)가 열람등요구에 대한 거절 등 조치에 이의를 제기할 수 있도록 상담창구 등 필요한 절차를 마련해야 한다.

2) 업무관련 항목 순서: 권리행사-02

업무관련 항목	3.5.2.2 (권리행사 요구받을 시 처리)
업무관련 상세 내용	정보주체(이용자)로부터 개인정보의 열람, 정정·삭제, 처리정지, 이의 제기, 동의철회 요구를 받은 경우 지체 없이 처리하고 관련 기록을 남겨야 한다.

가) 관련 법률 요구사항

① 개인정보보호법 제35조 제1항(시행령 제41조 제1항, 제5항, 제42조 제1항): 정보주체는 개인정보처리자가 처리하는 자신의 개인정보에 대한 열람을 해당 개인정보처리자에게 요구할 수 있으며, 열람을 요구하려면 다음의 사항 중 열람하려는 사항을 개인정보처리자가 마련한 방법과 절차에 따라 요구해야 한다.

- 개인정보의 항목 및 내용   - 개인정보의 수집·이용의 목적

- 개인정보 보유 및 이용 기간   - 개인정보의 제3자 제공 현황

- 개인정보 처리에 동의한 사실 및 내용

② 개인정보보호법 제35조 제1항(시행령 제41조 제1항, 제5항, 제42조 제1항): 개인정보 열람 요구를 받은 날부터 10일 이내에 정보주체에게 해당 개인정보를 열람할 수 있도록 하는 경우에는 열람할 개인정보와 열람이 가능한 날짜·시간 및 장소

등(제42조 제1항에 따라 열람 요구 사항 중 일부만을 열람하게 하는 경우에는 그 사유와 이의제기방법을 포함한다)을 행정안전부령으로 정하는 열람통지서로 해당 정보주체에게 알려야 한다. 다만, 즉시 열람하게 하는 경우에는 열람통지서 발급을 생략할 수 있다. 다만, 법 제35조 제4항에 따른 예외사항이 포함되어 있는 일부정보는 열람을 제한할 수 있으며, 열람이 제한되는 사항을 제외한 나머지 부분의 개인정보에 대해서는 열람할 개인정보와 열람이 가능한 날짜/시간/장소 및 열람제한 사유와 이의제기방법 등이 포함된 열람통지서(시행규칙 별지 제9호서식)로 해당 정보주체에게 알려주어야 한다.

③ 개인정보보호법 제35조 제4항(시행령 제41조 제5항, 제42조 제2항) : 개인정보처리자는 다음의 어느 하나에 해당하는 경우에는 정보주체에게 10일 이내에 거절의 사유 및 이의제기방법을 열람의 거절통지서(시행규칙 별지 제9호서식)로 해당 정보주체에게 알리고 열람을 제한하거나 거절할 수 있다.

- 법률에 따라 열람이 금지되거나 제한되는 경우
- 다른 사람의 생명·신체를 해할 우려가 있거나 다른 사람의 재산과 그 밖의 이익을 부당하게 침해할 우려가 있는 경우
- 공공기관이 다음 각 목의 어느 하나에 해당하는 업무를 수행할 때 중대한 지장을 초래하는 경우(조세의 부과·징수 또는 환급에 관한 업무/「초·중등교육법」 및 「고등교육법」에 따른 각급 학교, 「평생교육법」에 따른 평생교육시설, 그 밖의 다른 법률에 따라 설치된 고등교육기관에서의 성적 평가 또는 입학자 선발에 관한 업무/학력·기능 및 채용에 관한 시험, 자격 심사에 관한 업무/보상금·급부금 산정 등에 대하여 진행 중인 평가 또는 판단에 관한 업무/다른 법률에 따라 진행 중인 감사 및 조사에 관한 업무)

④ 개인정보보호법 제35조 제3항(시행령 제41조 제4항, 제5항, 제42조 제2항) : 개인정보처리자는 정보주체에 의해 개인정보 열람을 요구받았을 때에는 10일 내에 해당 열람할 개인정보와 열람이 가능한 날짜, 시간 및 장소 등이 포함된 열람통지서를 정보주체에게 알려주면서 정보주체가 해당 개인정보를 열람할 수 있도록 해야 한다. 이 경우 해당 기간 내에 열람할 수 없는 정당한 사유가 있을 때에는 정보주체에게 10일 이내에 연기사유 및 이의제기방법을 열람의 연기통지서(시행규칙 별지 제9호서식)로 해당 정보주체에게 알리고 열람을 연기할 수 있으며, 그 사유가 소멸하면 지체 없이 열람하게 해야 한다.

⑤ 개인정보보호법 제36조 제1항, 제4항(시행령 제43조 제1항, 제3항) : 자신의 개인정보를 열람한 정보주체는 개인정보정정/삭제요구서(시행규칙 별지 제8호서식)를 해당 개인정보처리자에게 제출하여 그 개인정보의 정정 또는 삭제를 요구할 수 있다. 다만, 다른 법령에서 그 개인정보가 수집 대상으로 명시되어 있는 경우에는 그 삭제를 요구할 수 없으며, 이에 대한 내용은 10일 이내에 정보주체에게 알려야 한다.

⑥ 개인정보보호법 제36조 제2항, 제5항(시행령 제43조 제3항): 개인정보처리자는 정보주체로부터 개인정보의 정정/삭제 요구를 받았을 때에는 다른 법령에 특별한 절차가 규정되어 있는 경우를 제외하고는 10일 이내에 그 개인정보를 조사하여 정보주체의 요구에 따라 정정·삭제 등 필요한 조치를 한 후 그 결과(조치결과, 다른 법령에 따른 경우에는 해당 사실 및 이유와 이의제기방법)를 통지서(시행규칙 별지 제10호)로 해당 정보주체에게 알려야 한다. 개인정보를 조사할 때 필요하면 해당 정보주체에게 정정/삭제 요구사항의 확인에 필요한 증거자료를 제출하게 할 수 있다.

⑦ 개인정보보호법 제36조 제1항(시행령 제43조 제2항, 제3항): 다른 개인정보 처리자로부터 개인정보를 제공받아 개인정보파일을 처리하는 개인정보처리자는 법 제36조 제1항에 따른 개인정보의 정정 또는 삭제 요구를 받으면 그 요구에 따라 해당 개인정보를 정정·삭제 후 조치결과를 통지서(시행규칙 별지 제10호)로 해당 정보주체에게 알려주거나 그 개인정보 정정·삭제 요구서를 해당 개인정보를 제공한 기관의 장에게 지체 없이 보내고 그 처리 결과에 따라 필요한 조치를 해야 한다.

⑧ 개인정보보호법 제37조 제1항(시행령 제44조 제1항): 정보주체는 개인정보처리자에 대하여 자신의 개인정보 처리의 정지를 요구할 수 있으며, 이때는 개인정보처리 정지요구서(시행규칙 별지 제8호 서식)를 그 개인정보처리자에게 제출해야 한다.

⑨ 개인정보보호법 제37조 제2항, 제3항(시행령 제44조 제2항): 개인정보처리자는 정보주체로부터 개인정보의 처리 정지요구를 받은 날로부터 10일 이내에 정보주체의 요구에 따라 개인정보 처리의 전부를 정지하거나 일부를 정지한 후 그 조치사실을 개인정보처리정지요구에 대한 결과통지서(시행규칙 별지 제10호서식)로 해당 정보주체에게 알려야 한다. 다만, 다음의 어느 하나에 해당하는 경우에는 정보주체의 처리정지 요구를 거절할 수 있으며, 이때는 정보주체에게 처리정지 요구를 받은 날로부터 10일 이내에 그 사실 및 이유와 이의제기방법을 개인정보처리정지요구에 대한 결과통지서(시행규칙 별지 제10호서식)로 해당 정보주체에게 알려야 한다.

– 법률에 특별한 규정이 있거나 법령상 의무를 준수하기 위하여 불가피한 경우

– 다른 사람의 생명·신체를 해할 우려가 있거나 다른 사람의 재산과 그 밖의 이익을 부당하게 침해할 우려가 있는 경우

– 공공기관이 개인정보를 처리하지 아니하면 다른 법률에서 정하는 소관 업무를 수행할 수 없는 경우

– 개인정보를 처리하지 아니하면 정보주체와 약정한 서비스를 제공하지 못하는 등 계약의 이행이 곤란한 경우로서 정보주체가 그 계약의 해지 의사를 명확하게 밝히지 아니한 경우

⑩ 개인정보보호법 제37조 제1항(시행령 제44조 제1항): 정보주체는 공공기관에 등록된 개인정보파일 중 자신의 개인정보에 대한 처리의 정지를 요구할 수 있으며, 이때는

개인정보처리정지요구서(시행규칙 별지 제8호서식)를 그 개인정보처리자에게 제출해야 한다.

나) GAP 분석용 질문

① 정보주체(이용자)의 개인정보 관련한 열람을 요구받았을 때 즉시 열람이 불가한 경우에는, 열람통지서[1]를 10일 이내에 정보주체에게 알리고 있는가?

② 정보주체(이용자)의 개인정보에 대한 열람을 요구받았을 때, 거절사유[2]에 해당하는 개인정보 항목에 대해서는 10일 이내에 열람의 거절통지서[1]로 해당 정보주체에게 알리고 있는가?

③ 정보주체(이용자)의 개인정보에 대한 열람을 요구받았을 때, 10일 이내에 열람할 수 없는 정당한 사유가 존재 시에는 10일 이내에 열람의 연기통지서[1]로 해당 정보주체에 알리고 있는가?

④ 정보주체(이용자)의 개인정보에 대한 열람 요청/결과에 대한 기록을 관리하고 있는가?

⑤ 어떤 방식으로 정보주체(이용자)의 개인정보에 대한 열람 요청/결과 기록을 보관하는가?

⑥ 개인정보정정/삭제요구서[3]를 통하여 정보주체(이용자)의 개인정보를 삭제 요청받을 시, 다른 법령에서 그 개인정보가 수집대상으로 명시되어져 있을 경우에는 삭제처리될 수 없음을 10일 이내에 정보주체에게 알리고 있는가?

⑦ 정보주체(이용자)의 개인정보에 대한 정정 또는 삭제 요구를 받았을 때, 10일 이내에 조치한 결과를 통지서[4]로 해당 정보주체에게 알리고 있는가?

⑧ 정보주체(이용자)의 개인정보에 대한 정정 또는 삭제 요구를 받았을 때, 간접수집한 개인정보로 직접 대응을 할 수 없는 경우에는, 그 개인정보정정/삭제요구서를 해당 개인정보를 제공한 기관의 장에게 지체 없이 보내고 있는가?

---

1) 개인정보보호법 시행규칙 별지 제9호서식(열람할 개인정보, 열람이 가능한 날짜, 열람이 가능한 시간, 열람이 가능한 장소, 일부만 열람이 가능한 경우에는 그 사유와 이의제기방법)

2) 법률에 따라 열람이 금지되거나 제한되는 경우, 다른 사람의 생명·신체를 해할 우려가 있거나 다른 사람의 재산과 그 밖의 이익을 부당하게 침해할 우려가 있는 경우, 공공기관이 다음 각 목의 어느 하나에 해당하는 업무를 수행할 때 중대한 지장을 초래하는 경우(조세의 부과·징수 또는 환급에 관한 업무/「초·중등교육법」 및 「고등교육법」에 따른 각급 학교, 「평생교육법」에 따른 평생교육시설, 그 밖의 다른 법률에 따라 설치된 고등교육기관에서의 성적 평가 또는 입학자 선발에 관한 업무/학력·기능 및 채용에 관한 시험, 자격 심사에 관한 업무/보상금·급부금 산정 등에 대하여 진행 중인 평가 또는 판단에 관한 업무/다른 법률에 따라 진행 중인 감사 및 조사에 관한 업무)

3) 개인정보보호법 시행규칙 별지 제8호서식

4) 개인정보보호법 시행규칙 별지 제10호(조치결과, 다른 법령에 따른 경우에는 해당 사실 및 이유와 이의제기방법)

⑨ 정보주체(이용자)의 개인정보에 대한 정정/삭제 요청/결과에 대한 기록을 관리하고 있는가?

⑩ 어떤 방식으로 정보주체(이용자)의 개인정보에 대한 정정/삭제 요청/결과 기록을 보관하는가?

⑪ 개인정보처리정지요구서[5]를 통하여 정보주체(이용자)의 개인정보의 처리정지 또는 동의철회 요구를 받을 시, 10일 이내에 처리결과(일부정지 또는 전부정지)를 통지서[6]로 해당 정보주체에게 알리고 있는가?

⑫ 정보주체(이용자)의 개인정보의 처리정지 또는 동의철회 요구를 받았음에도 거절사유[7]에 해당하는 개인정보 항목에 대해서는 10일 이내에 통지서[6]로 해당 정보주체에게 알리고 있는가?

⑬ 정보주체(이용자)의 개인정보에 대한 정지/동의철회 요청/결과에 대한 기록을 관리하고 있는가?

⑭ 어떤 방식으로 정보주체(이용자)의 개인정보에 대한 정지/동의철회 요청/결과 기록을 보관하는가?

다) ISMS:2013과의 차이: 특이사항 없음

라) 해당하는 ISMS-P 인증기준 항목: 3.5.2 (정보주체 권리보장)

마) 해당하는 ISMS-P 인증기준 상세 내용: 정보주체(이용자)가 개인정보의 열람, 정정·삭제, 처리정지, 이의제기, 동의철회 요구를 수집 방법·절차보다 쉽게 할 수 있도록 권리행사 방법 및 절차를 수립·이행하고, 정보주체(이용자)의 요구를 받은 경우 지체 없이 처리하고 관련 기록을 남겨야 한다. 또한 정보주체(이용자)의 사생활 침해, 명예훼손 등 타인의 권리를 침해하는 정보가 유통되지 않도록 삭제 요청, 임시조치 등의 기준을 수립·이행해야 한다.

바) 해당하는 PIMS:2016 인증기준 통제항목

① 6.1.1 (개인정보 열람),

② 6.1.2 (개인정보 정정/삭제),

③ 6.1.3 (개인정보 처리 정지),

④ 6.1.4 (권리행사의 방법 및 절차)

---

5) 개인정보보호법 시행규칙 별지 제8호서식

6) 개인정보보호법 시행규칙 별지 제10호서식

7) 법률에 특별한 규정이 있거나 법령상 의무를 준수하기 위하여 불가피한 경우, 다른 사람의 생명·신체를 해할 우려가 있거나 다른 사람의 재산과 그 밖의 이익을 부당하게 침해할 우려가 있는 경우, 공공기관이 개인정보를 처리하지 아니하면 다른 법률에서 정하는 소관 업무를 수행할 수 없는 경우, 개인정보를 처리하지 아니하면 정보주체와 약정한 서비스를 제공하지 못하는 등 계약의 이행이 곤란한 경우로서 정보주체가 그 계약의 해지 의사를 명확하게 밝히지 아니한 경우

사) 해당하는 PIMS:2016 인증기준 통제내용

① 개인정보에 대한 열람·정정·삭제 방법 및 절차를 제공하고, 정보주체(이용자)가 요구 시 열람하게 해야 한다.

② 정보주체(이용자)가 개인정보에 대한 정정·삭제 요구 시 지체 없이 처리하고, 기록을 남겨야 한다. 또한, 개인정보 이용내역을 법령에 따라 주기적으로 통지해야 한다.

③ 정보주체(이용자)에게 개인정보에 대한 처리정지 방법 및 절차를 제공하고, 처리정지 요구 시 지체 없이 처리하고, 기록을 남겨야 한다.

④ 정보주체(이용자)가 열람등요구에 대한 거절 등 조치에 이의를 제기할 수 있도록 상담창구 등 필요한 절차를 마련해야 한다.

3) 업무관련 항목 순서: 권리행사-03

업무관련 항목	3.5.2.3 (타인권리 침해하는 정보 삭제)
업무관련 상세 내용	정보주체(이용자)의 사생활 침해, 명예훼손 등 타인의 권리를 침해하는 정보가 유통되지 않도록 삭제 요청, 임시조치 등의 기준을 수립·이행해야 한다.

가) 관련 법률 요구사항: 해당 사항 없음

나) GAP 분석용 질문

① 정보주체(이용자)의 정보가 정보통신망에 노출되어 이용자의 사생활 침해 또는 명예훼손 등 이용자의 권리를 침해한 경우가 발생될 경우, 해당 정보통신망 서비스 제공자에게 정보의 삭제요청을 할 수 있는 방법을 제공하도록 구성되어져 있는가?

② 정보주체(이용자)의 정보가 정보통신망에 노출되어 이용자의 사생활 침해 또는 명예훼손 등 이용자의 권리를 침해한 경우가 발생된 경우에 대해 어떤 방식으로 정보의 삭제요청을 할 수 있도록 구성되어져 있는가?

③ 정보주체(이용자)의 정보가 정보통신망에 노출되어 이용자의 사생활 침해 또는 명예훼손 등 이용자의 권리를 침해한 경우에 관해 정보통신망에 노출된 해당 정보의 삭제요구를 받았을 때, 10일 이내에 삭제요구에 대한 대응결과를 정보주체에게 알리고 있는가?

④ 정보통신망에 노출된 해당 정보의 삭제요구를 받은 이후 10일 이내에 삭제를 할 수 없을 경우에는 임시조치한 결과와 예상되는 대응결과 및 대응완료일을 정보주체에게 알리고 있는가?

다) ISMS:2013과의 차이: [추가] 타인권리 침해하는 정보 삭제요청 기준 수집내용 추가

라) 해당하는 ISMS-P 인증기준 항목: 3.5.2 (정보주체 권리보장)

마) 해당하는 ISMS-P 인증기준 상세 내용: 정보주체(이용자)가 개인정보의 열람, 정정·삭제, 처리정지, 이의제기, 동의철회 요구를 수집 방법·절차보다 쉽게 할 수 있도록 권리행사 방법 및 절차를 수립·이행하고, 정보주체(이용자)의 요구를 받은 경우 지체 없이 처리하고 관련 기록을 남겨야 한다. 또한 정보주체(이용자)의 사생활 침해, 명예훼손 등 타인의 권리를 침해하는 정보가 유통되지 않도록 삭제 요청, 임시조치 등의 기준을 수립·이행해야 한다.

바) 해당하는 PIMS:2016 인증기준 통제항목: 없음

사) 해당하는 PIMS:2016 인증기준 통제내용: 없음

4) 업무관련 항목 순서: 권리행사-04

업무관련 항목	3.1.5.4 (간접수집 시 요구에 따른 고지)
업무관련 상세 내용	정보주체(이용자) 이외로부터 개인정보를 수집하거나 제공받는 경우에 대해, 정보주체(이용자)의 요구가 있으면 개인정보의 수집 출처, 처리목적, 처리정지의 요구권리를 알려야 한다.

가) 관련 법률 요구사항

① 개인정보보호법 제20조 제1항, 제4항, 제32조 제2항: 개인정보처리자가 정보주체 이외로부터 수집한 개인정보를 처리하는 때에는 정보주체의 요구가 있으면 즉시 다음의 모든 사항을 정보주체에게 알려야 한다.

 – 개인정보의 수집 출처   – 개인정보의 처리 목적

 – 제37조에 따라 개인정보 처리의 정지를 요구할 권리가 있다는 사실

② 개인정보보호법 제20조 제1항, 제4항, 제32조 제2항: 다음 각 호의 어느 하나에 해당하는 경우에는 정보주체의 요구가 있어도 정보주체에게 알리지 않아도 되지만 정보주체의 권리보다 명백히 우선하는 경우에만 한한다.

 – 고지를 요구하는 대상이 되는 개인정보가 어느 하나(국가 안전, 외교상 비밀, 그 밖에 국가의 중대한 이익에 관한 사항을 기록한 개인정보파일/범죄의 수사, 공소의 제기 및 유지, 형 및 감호의 집행, 교정처분, 보호처분, 보안관찰처분과 출입국관리에 관한 사항을 기록한 개인정보파일/「조세범처벌법」에 따른 범칙행위 조사 및 「관세법」에 따른 범칙행위 조사에 관한 사항을 기록한 개인정보파일/ 공공기관의 내부적 업무처리만을 위하여 사용되는 개인정보파일/다른 법령에 따라 비밀로 분류된 개인정보파일)에 해당하는 개인정보파일에 포함되어 있는 경우

– 고지로 인하여 다른 사람의 생명·신체를 해할 우려가 있거나 다른 사람의 재산과 그 밖의 이익을 부당하게 침해할 우려가 있는 경우

나) GAP 분석용 질문

① 정보주체 이외로부터 수집하는 개인정보(간접수집)에 대해 정보주체의 요구가 있는 경우 즉시 해당 사항(개인정보의 수집 출처, 개인정보의 처리 목적, 개인정보 처리의 정지를 요구할 권리가 있다는 사실)을 정보주체에게 알리고 있는가?

다) ISMS:2013과의 차이: 특이사항 없음

라) 해당하는 ISMS-P 인증기준 항목: 3.1.5 (간접수집 보호조치)

마) 해당하는 ISMS-P 인증기준 상세 내용: 정보주체(이용자) 이외로부터 개인정보를 수집하거나 제공받는 경우에는 업무에 필요한 최소한의 개인정보만 수집·이용하여야 하고 법령에 근거하거나 정보주체(이용자)의 요구가 있으면 개인정보의 수집 출처, 처리목적, 처리정지의 요구권리를 알려야 한다.

바) 해당하는 PIMS:2016 인증기준 통제항목: 5.1.7 (간접수집 보호조치)

사) 해당하는 PIMS:2016 인증기준 통제내용: 시스템에 의한 수집 또는 개인정보 처리를 통해 생성한 간접 수집 개인정보에 대하여 적절한 보호대책을 수립·이행해야 한다.

5) 업무관련 항목 순서: 권리행사-05

업무관련 항목	3.5.3.1 (개인정보 이용내역 통지)
업무관련 상세 내용	개인정보의 이용내역 등 정보주체(이용자)에게 통지하여야 할 사항을 파악하여 그 내용을 주기적으로 통지해야 한다.

가) 관련 법률 요구사항

① 정통망법 제30조의2(시행령 제17조): 정보통신서비스 제공자와 그로부터 이용자의 개인정보를 제공받은 자(이하 "정보통신서비스 제공자등"이라 한다)로서 ISMS 인증대상자는 수집한 이용자 개인정보의 이용내역(개인정보 처리위탁을 포함)을 주기적으로 이용자에게 다음의 내용을 전자우편·서면·모사전송·전화 또는 이와 유사한 방법 중 어느 하나의 방법으로 통지해야 한다. 다만, 연락처 등 이용자에게 통지할 수 있는 개인정보를 수집하지 아니한 경우에는 그러하지 아니하다.

-개인정보의 수집·이용 목적 및 수집한 개인정보의 항목

-개인정보를 제공받은 자와 그 제공 목적 및 제공한 개인정보의 항목

-개인정보 처리위탁을 받은 자 및 그 처리위탁을 하는 업무의 내용

나) GAP 분석용 질문

① 개인정보 이용내역 통지 의무대상자(ISMS인증 의무대상자)에 해당하는가?

② 수집하는 이용자의 개인정보 중에 연락처 등 이용자에게 통지할 수 있는 개인정보를 수집하는가?

③ 개인정보 이용내역 통지 의무대상자이면서 이용자에게 통지할 수 있는 개인정보를 수집할 경우, 직·간접적으로 수집한 이용자 개인정보의 이용내역(개인정보 처리위탁 포함)을 연 1회 이상 이용자에게 통지하는가?

④ 어떤 방법(전자우편, 서면, 전화 등)으로 개인정보 이용내역 통지를 정보주체 (이용자)에게 진행하는가?

⑤ 개인정보 이용내역 통지를 진행할 때, 법률상 모든 항목[1]을 정보주체에게 통지하는가?

다) ISMS:2013과의 차이: 특이사항 없음

라) 해당하는 ISMS-P 인증기준 항목: 3.5.3 (이용내역 통지)

마) 해당하는 ISMS-P 인증기준 상세 내용: 개인정보의 이용내역 등 정보주체(이용자)에게 통지하여야 할 사항을 파악하여 그 내용을 주기적으로 통지해야 한다.

바) 해당하는 PIMS:2016 인증기준 통제항목: 6.1.2 (개인정보 정정/삭제)

사) 해당하는 PIMS:2016 인증기준 통제내용: 정보주체(이용자)가 개인정보에 대한 정정·삭제 요구 시 지체 없이 처리하고, 기록을 남겨야 한다. 또한, 개인정보 이용내역을 법령에 따라 주기적으로 통지해야 한다.

---

1) 개인정보의 수집 이용 목적 및 수집한 개인정보의 항목, 개인정보를 제공받은 자와 그 제공 목적 및 제공한 개인정보의 항목, 개인정보를 처리위탁 받은 자 및 그 처리위탁을 하는 업무의 내용

CHAPTER
21

개인정보 정보이전 업무관련 분야

상 중 하

- 개인정보 정보이전 업무관련 분야에 해당하는 인증기준에는 어떤 것들이 존재하는지 알아보자.
- 개인정보 정보이전 업무관련 분야에 해당하는 인증기준을 어떻게 업무관련 항목으로 구체화하는지 알아보자.
- 개인정보 정보이전 업무관련 분야에 해당하는 업무관련 항목을 어떤 순서로 변경하는지 알아보자.

1 개인정보 정보이전 업무에 해당하는 정보보호 및 개인정보보호 관리체계 인증기준

3.3.3 (영업의 양수 등에 따른 개인정보의 이전), 3.3.4 (개인정보의 국외 이전)

2 개인정보 정보이전 업무에 맞게 해당하는 인증기준 순서 변경

3.3.3 (영업의 양수 등에 따른 개인정보의 이전) ➡ 3.3.4 (개인정보의 국외 이전)

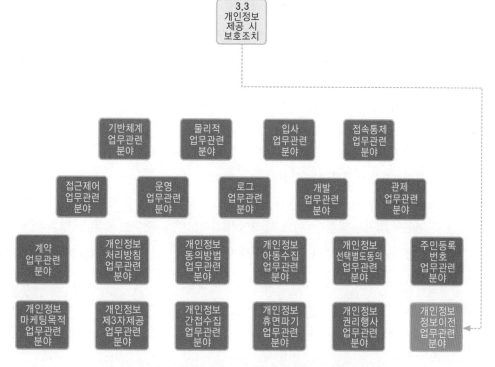

[그림 41] 개인정보 정보이전 업무관련 분야와 인증기준 분야 간의 관계

3 개인정보 정보이전 업무에 해당하는 업무관련 항목 설명

1) 업무관련 항목 순서: 정보이전-01

업무관련 항목	3.3.3.1 (국내 이전하는 경우 보호조치)
업무관련 상세 내용	영업의 양도·합병 등으로 개인정보를 국내에서 이전하는 경우 정보주체(이용자) 통지 등 적절한 보호조치를 수립·이행해야 한다.

가) 관련 법률 요구사항

① 개인정보보호법 제27조 제1항(시행령 제29조 제1항, 제2항): 개인정보처리자는 영업의 전부 또는 일부의 양도·합병 등으로 개인정보를 다른 사람에게 이전하는 경우에는 미리 다음의 사항을 서면등의 방법에 따라 해당 정보주체에게 알려야 한다. 다만, 개인정보를 이전하려는 자(이하 이 항에서 "영업양도자등"이라 한다)가 과실 없이 다음의 사항을 정보주체에게 알릴 수 없는 경우에는 해당 사항을 인터넷 홈페이지에 30일 이상 게재하여야 하며, 인터넷 홈페이지를 운영하지 아니하는 영업양도자등의 경우에는 사업장등의 보기 쉬운 장소에 30일 이상 게시해야 한다.

  – 개인정보를 이전하려는 사실

  – 개인정보를 이전받는 자(이하 "영업양수자등"이라 한다)의 성명(법인의 경우에는 법인의 명칭을 말한다), 주소, 전화번호 및 그 밖의 연락처

  – 정보주체가 개인정보의 이전을 원하지 아니하는 경우 조치할 수 있는 방법 및 절차

② 정통망법 제26조 제1항: 정보통신서비스 제공자와 그로부터 이용자의 개인정보를 제공받은 자(이하 "정보통신서비스 제공자등"이라 한다)가 영업의 전부 또는 일부의 양도·합병 등으로 그 이용자의 개인정보를 타인에게 이전하는 경우에는 미리 다음의 사항 모두를 인터넷 홈페이지 게시, 전자우편/서면/모사전송/전화 또는 이와 유사한 방법 중 어느 하나의 방법에 따라 이용자에게 알려야 한다.

  – 개인정보를 이전하려는 사실

  – 개인정보를 이전받는 자(이하 "영업양수자등"이라 한다)의 성명(법인의 경우에는 법인의 명칭을 말한다. 이하 이 조에서 같다)·주소·전화번호 및 그 밖의 연락처

  – 이용자가 개인정보의 이전을 원하지 아니하는 경우 그 동의를 철회할 수 있는 방법과 절차

나) GAP 분석용 질문

① 영업의 양도/합병 등으로 정보주체(이용자)의 개인정보를 국내에 이전하는 경우가 존재하는가?

② 이용자의 개인정보를 국내에 이전하려는 경우, 법률 요구사항[1]을 모두 해당 정보주체에게 이전 전에 미리 알리고 있는가?

③ 이용자의 개인정보를 국내에 이전하기 위해 해당 정보주체에게 어떤 방식(전자우편/서면/모사전송/전화 등)으로 알리고 있는가?

④ 이용자의 개인정보를 국내에 이전하기 위해 해당 정보주체에게 해당 사실을 알릴 수 없는 경우(이용자의 연락처를 알 수 없는 등의 정당한 사유)에는 인터넷 홈페이지에 30일 이상 게재하고 있는가?

다) ISMS:2013과의 차이: 특이사항 없음

라) 해당하는 ISMS-P 인증기준 항목: 3.3.3 (영업의 양수 등에 따른 개인정보의 이전)

마) 해당하는 ISMS-P 인증기준 상세 내용: 영업의 양도·합병 등으로 개인정보를 이전하거나 이전받는 경우 정보주체(이용자) 통지 등 적절한 보호조치를 수립·이행해야 한다.

바) 해당하는 PIMS:2016 인증기준 통제항목: 5.2.4 (개인정보의 이전)

사) 해당하는 PIMS:2016 인증기준 통제내용: 영업의 양도, 합병 등으로 개인정보를 이전하는 경우 적절한 보호대책을 수립·이행해야 한다. 또한, 개인정보를 해외로 이전하는 경우 개인정보에 대한 적절한 보호대책을 수립·이행해야 한다.

2) 업무관련 항목 순서: 정보이전-02

업무관련 항목	3.3.3.2 (국내 이전받는 경우 보호조치)
업무관련 상세 내용	영업의 양도·합병 등으로 개인정보를 국내에서 이전받는 경우 정보주체(이용자) 통지 등 적절한 보호조치를 수립·이행해야 한다.

가) 관련 법률 요구사항

① 개인정보보호법 제27조 제3항: 영업양수자등은 영업의 양도·합병 등으로 개인정보를 이전받은 경우에는 이전 당시의 본래 목적으로만 개인정보를 이용하거나 제3자에게 제공할 수 있다. 이 경우 영업양수자등은 개인정보처리자로 본다.

---

[1] 개인정보를 이전하려는 사실, 개인정보를 이전받는 자의 성명(또는 법인명), 주소, 전화번호 및 그 밖의 연락처, 정보주체가 개인정보의 이전을 원하지 아니하는 경우 그 동의를 철회할 수 있는 방법과 절차

② 정통망법 제26조 제3항: 개인정보를 이전받는 자(이하 "영업양수자등"이라 한다)는 정보통신서비스 제공자와 그로부터 이용자의 개인정보를 제공받은 자(이하 "정보통신서비스 제공자등"이라 한다)가 이용자의 개인정보를 이용하거나 제공할 수 있는 당초 목적의 범위에서만 개인정보를 이용하거나 제공할 수 있다. 다만, 이용자로부터 별도의 동의를 받은 경우에는 그러하지 아니하다

③ 개인정보보호법 제27조 제2항(시행령 제29조 제1항): 영업양수자등은 개인정보를 이전받았을 때에는 지체 없이 그 사실을 서면등의 방법에 따라 정보주체에게 알려야 한다. 다만, 개인정보처리자가 법 제27조 제1항(이전하려는 자가 이전 전에 알림)에 따라 그 이전 사실을 이미 알린 경우에는 그러하지 아니하다.

④ 정통망법 제26조 제2항: 개인정보를 이전받는 자(이하 "영업양수자등"이라 한다)는 개인정보를 이전받으면 지체 없이 그 사실 및 영업양수자등의 성명·주소·전화번호 및 그 밖의 연락처를 인터넷 홈페이지 게시, 전자우편/서면/모사전송/전화 또는 이와 유사한 방법 중 어느 하나의 방법에 따라 이용자에게 알려야 한다. 단, 이용자의 연락처를 알 수 없는 등의 정당한 사유가 있는 경우에는 인터넷 홈페이지에 30일 이상 게시하는 것으로 통지를 갈음할 수 있다. 만약, 천재지변이나 그 밖의 정당한 사유로 홈페이지에 게시를 할 수 없을 경우에는 전국을 보급지역으로 하는 둘 이상의 일반일간신문에 1회 이상 공고하는 것으로 홈페이지 게시를 갈음할 수 있다.

나) GAP 분석용 질문

① 영업의 양도/합병 등으로 정보주체(이용자)의 개인정보를 국내에 이전받는 경우가 존재하는가?

② 이용자의 개인정보를 국내에 이전받는 경우, 양도자가 이용자의 개인정보를 이용할 수 있는 당초의 목적 범위 내에서만 개인정보를 이용하고 있는가?

③ 이용자의 개인정보를 국내에 이전받는 경우, 양도자가 이용자의 개인정보를 제공할 수 있는 당초의 목적 범위 내에서만 개인정보를 제공하고 있는가?

④ 영업의 양도/합병 등으로 정보주체(이용자)의 개인정보를 국내에 이전받는 업체가 정보통신서비스 제공자로 정보통신망법 적용 업체인가?

⑤ 정보통신망법 적용 업체가 아닌 경우, 양도자가 이전한 사실을 통지하지 않고 이용자의 개인정보를 국내에 이전받았을 경우에는 지체 없이 이전받은 사실을 해당 정보주체에게 통지하고 있는가?

⑥ 정보통신망법 적용 업체인 경우에는 양도자가 이전한 사실의 통지 유무에 상관없이 이전받는 즉시 법률 요구사항[1]을 해당 정보주체에게 알리고 있는가?

⑦ 정보통신망법 적용 업체인 경우에는 양도자가 이전한 사실의 통지 유무에 상관없이 이전받는 즉시 법률 요구사항[1]을 인터넷 홈페이지에 게시하고 있는가?

---

1) 개인정보를 이전받은 사실, 개인정보를 이전받는 자의 성명, 주소, 전화번호 및 그 밖의 연락처

다) ISMS:2013과의 차이: 특이사항 없음

라) 해당하는 ISMS-P 인증기준 항목: 3.3.3 (영업의 양수 등에 따른 개인정보의 이전)

마) 해당하는 ISMS-P 인증기준 상세 내용: 영업의 양도·합병 등으로 개인정보를 이전하거나 이전받는 경우 정보주체(이용자) 통지 등 적절한 보호조치를 수립·이행해야 한다.

바) 해당하는 PIMS:2016 인증기준 통제항목: 5.2.4 (개인정보의 이전)

사) 해당하는 PIMS:2016 인증기준 통제내용: 영업의 양도, 합병 등으로 개인정보를 이전하는 경우 적절한 보호대책을 수립·이행해야 한다. 또한, 개인정보를 해외로 이전하는 경우 개인정보에 대한 적절한 보호대책을 수립·이행해야 한다.

3) 업무관련 항목 순서: 정보이전-03

업무관련 항목	3.3.4.1 (해외 이전하는 경우 동의/공개)
업무관련 상세 내용	개인정보를 국외로 이전하는 경우 국외 이전에 대한 동의, 관련 사항에 대한 공개를 진행해야 한다.

가) 관련 법률 요구사항

① 개인정보보호법 제17조 제3항, 제18조 제1항: 개인정보처리자가 개인정보를 국외의 제3자에게 제공할 때에는 다음의 사항을 정보주체에게 알리고 동의를 받아야 하며, 수집의 범위를 초과하여 제3자에게 제공해서는 아니 된다. 그리고 개인정보보호법을 위반하는 내용으로 개인정보의 국외 이전에 관한 계약을 체결하여서는 아니 된다.

　– 개인정보를 제공받는 자

　– 개인정보를 제공받는 자의 개인정보 이용 목적

　– 제공하는 개인정보의 항목

　– 개인정보를 제공받는 자의 개인정보 보유 및 이용 기간

　– 동의를 거부할 권리가 있다는 사실 및 동의 거부에 따른 불이익이 있는 경우에는 그 불이익의 내용

② 정통망법 제63조 제2항, 제3항: 정보통신서비스 제공자등은 이용자의 개인정보를 국외에 제공(조회되는 경우를 포함한다)·처리위탁·보관(이하 이 조에서 "이전"이라 한다)하려면 이용자의 동의를 받아야 한다. 다만, 정보통신서비스의 제공에 관한 계약을 이행하고 이용자 편의 증진 등을 위하여 필요한 경우로서 다음의 사항 모두를 개인정보처리방침에 공개하거나 전자우편/서면/모사전송/전화 또는 이와 유사한 방법으로 이용자에게 알린 경우에는 개인정보 처리위탁·보관에 따른 동의절차를 거치지 아니할 수 있다.

- 이전되는 개인정보 항목
- 개인정보가 이전되는 국가, 이전일시 및 이전방법
- 개인정보를 이전받는 자의 성명(법인인 경우에는 그 명칭 및 정보관리책임자의 연락처를 말한다)
- 개인정보를 이전받는 자의 개인정보 이용목적 및 보유/이용 기간

나) GAP 분석용 질문

① 정보주체(이용자)의 개인정보를 해외로 이전(국외 업체에서 조회, 국외 업체에 제공, 국외 업체에 처리위탁, 국외 업체에 보관 등)하는 경우가 존재하는가?

② 이용자의 개인정보를 해외로 이전하는 양도자가 정보통신서비스 제공자로 정보통신망법 적용 업체인가?

③ 이용자의 개인정보를 해외로 이전하는 양도자가 정보통신망법 적용 업체인 경우, 이용자의 개인정보를 해외로 이전하기 전에 정보주체로부터 동의를 받고 있는가?

④ 이용자의 개인정보를 해외로 이전하는 양도자가 정보통신망법 적용 업체임에도 불구하고 서비스 제공에 관한 계약이행 또는 이용자 편의증진 등을 위한 경우에는 정보주체의 동의 대신에 법률 요구사항[1]을 개인정보처리방침에 공개(또는 전자우편/서면/모사전송/전화 등으로 알린 경우)하는 것으로 갈음하도록 운영하고 있는가?

⑤ 이용자의 개인정보를 해외로 이전하는 양도자가 정보통신망법 적용 업체임에도 불구하고 서비스 제공에 관한 계약이행 또는 이용자 편의증진 등을 위한 경우에 한해 어떤 방식으로 정보주체에게 알리고 있는가?

⑥ 이용자의 개인정보를 해외로 이전하는 양도자가 정보통신망법 적용 업체가 아닌 경우, 개인정보를 해외로 이전하기 전에 법률 요구사항[2]을 정보주체에 알리고 동의를 받고 있는가?

다) ISMS:2013과의 차이: 특이사항 없음

라) 해당하는 ISMS-P 인증기준 항목: 3.3.4 (개인정보의 국외 이전)

---

1) 이전되는 개인정보 항목, 개인정보가 이전되는 국가/이전일시 및 이전방법, 개인정보를 이전받는 자의 성명(법인인 경우에는 그 명칭 및 정보관리책임자의 연락처), 개인정보를 이전받는 자의 개인정보 이용목적 및 보유/이용 기간

2) 개인정보를 제공받는 자, 개인정보를 제공받는 자의 개인정보 이용 목적, 제공하는 개인정보의 항목, 개인정보를 제공받는 자의 개인정보 보유 및 이용 기간, 동의를 거부할 권리가 있다는 사실 및 동의 거부에 따른 불이익이 있는 경우에는 그 불이익의 내용

마) 해당하는 ISMS-P 인증기준 상세 내용: 개인정보를 국외로 이전하는 경우 국외 이전에 대한 동의, 관련 사항에 대한 공개 등 적절한 보호조치를 수립·이행해야 한다.

바) 해당하는 PIMS:2016 인증기준 통제항목: 5.2.4 (개인정보의 이전)

사) 해당하는 PIMS:2016 인증기준 통제내용: 영업의 양도, 합병 등으로 개인정보를 이전하는 경우 적절한 보호대책을 수립·이행해야 한다. 또한, 개인정보를 해외로 이전하는 경우 개인정보에 대한 적절한 보호대책을 수립·이행해야 한다.

4) 업무관련 항목 순서: 정보이전-04

업무관련 항목	3.3.4.2 (해외 이전하는 경우 보호조치)
업무관련 상세 내용	개인정보를 국외로 이전하는 경우 적절한 보호조치를 수립·이행해야 한다.

가) 관련 법률 요구사항

① 정통망법 제63조 제1항: 정보통신서비스 제공자등은 이용자의 개인정보에 관하여 망법을 위반하는 사항을 내용으로 하는 국제계약을 체결하여서는 아니 된다.

② 정통망법 제63조 제4항(시행령 제67조 제2항, 제3항): 정보통신서비스 제공자등은 개인정보를 국외로 이전하는 경우에 개인정보를 국외에서 이전받는 자와 미리 협의하여 다음의 보호조치를 계약내용 등에 반영 후 조치해야 한다.

  - 개인정보보호를 위한 기술적·관리적 조치(개인정보의 기술적/관리적 보호조치 기준)

  - 개인정보 침해에 대한 고충처리 및 분쟁해결에 관한 사항

  - 그 밖에 이용자의 개인정보 보호를 위하여 필요한 조치

③ 개인정보보호법 제17조 제3항, 제18조 제1항: 개인정보처리자가 개인정보를 국외의 제3자에게 제공할 때에는 다음의 사항을 정보주체에게 알리고 동의를 받아야 하며, 수집의 범위를 초과하여 제3자에게 제공해서는 아니 된다. 그리고 개인정보보호법을 위반하는 내용으로 개인정보의 국외 이전에 관한 계약을 체결하여서는 아니 된다.

  - 개인정보를 제공받는 자

  - 개인정보를 제공받는 자의 개인정보 이용 목적

  - 제공하는 개인정보의 항목

  - 개인정보를 제공받는 자의 개인정보 보유 및 이용 기간

  - 동의를 거부할 권리가 있다는 사실 및 동의 거부에 따른 불이익이 있는 경우에는 그 불이익의 내용

나) GAP 분석용 질문

　① 개인정보의 해외 이전 시 국내법(망법/개인정보보호법)을 만족하는 법률 요구사항[1]이 포함된 공식적인 계약을 체결하였는가?

　② 이용자의 개인정보를 해외 이전(국외 업체에서 조회, 국외 업체에 제공, 국외 업체에 처리위탁, 국외 업체에 보관 등)하는 양도자가 정보통신망법 적용 업체인 경우, 이용자의 개인정보를 해외로 이전하기 전에 정보주체로부터 동의를 받은 범위에 국한하여 해당 개인정보만을 제공하고 있는가?

다) ISMS:2013과의 차이: 특이사항 없음

라) 해당하는 ISMS-P 인증기준 항목: 3.3.4 (개인정보의 국외 이전)

마) 해당하는 ISMS-P 인증기준 상세 내용: 개인정보를 국외로 이전하는 경우 국외 이전에 대한 동의, 관련 사항에 대한 공개 등 적절한 보호조치를 수립·이행해야 한다.

바) 해당하는 PIMS:2016 인증기준 통제항목: 5.2.4 (개인정보의 이전)

사) 해당하는 PIMS:2016 인증기준 통제내용: 영업의 양도, 합병 등으로 개인정보를 이전하는 경우 적절한 보호대책을 수립·이행해야 한다. 또한, 개인정보를 해외로 이전하는 경우 개인정보에 대한 적절한 보호대책을 수립·이행해야 한다.

---

1) 개인정보보호를 위한 기술적·관리적 조치(개인정보의 기술적/관리적 보호조치 기준), 개인정보 침해에 대한 고충처리 및 분쟁해결에 관한 사항, 그 밖에 이용자의 개인정보보호를 위하여 필요한 조치

PART 3 실력 점검 문제

★★

01 정보보호 책임자 또는 개인정보보호 책임자 지정과 관련하여 가장 적합한 것을 고르시오.

① 정보보호 최고책임자는 임원급으로 인사팀에서 지정할 수 있다.

② 모든 기업은 정보보호 최고책임자 지정에 대한 신고를 필수적으로 해야 한다.

③ 개인정보와 관련하여 이용자의 고충처리를 담당하는 부서의 장을 개인정보보호 책임자로 지정할 수 있다.

④ 개인정보 보호책임자를 지정하지 아니하는 경우에는 대외이사를 개인정보보호 책임자로 지정할 수 있다.

> **해설**
>
> 정보보호 최고책임자는 최고경영자가 지정하여야 하며, 정보보호 최고책임자 지정 신고는 모든 기업이 아닌 특정 조건(ISMS 인증 법률 의무사항 업체 등)에 해당하는 기업에 한해 필수적으로 신고해야 한다. 개인정보 보호책임자를 지정하지 아니하는 경우에는 사업주 또는 대표자가 개인정보 보호책임자가 될 수 있다.

★★★

02 인증위원회 또는 경영진으로부터 승인을 필수적으로 받아야 하는 것을 모두 고르시오.

① 정보보호 정책서 개정

② 개인정보 내부관리계획 (이행계획 수립한 문서)

③ DoA 선정

④ 정보보호 절차서 제정

> **해설**
>
> 정보보호 절차서는 정보보호 지침에 기반한 실무적인 업무 프로세스를 정립해 놓은 문서로 경영진으로부터 승인받은 지침서에 의해 진행되는 것이기에 별도로 경영진의 승인을 필수적으로 받을 필요는 없다.

정답 1. ③ 2. ①,②,③

03 암호관리에 대한 설명 중 가장 적합한 것을 고르시오.

① 패스워드는 MD5로 암호화하여 저장한다.

② 패스워드는 양방향 암호알고리즘을 사용하여 저장할 수 있다.

③ 바이오정보는 필수적으로 양방향 암호알고리즘을 사용하여 저장해야 한다.

④ 인증정보는 정보통신망 전송구간에 암호화를 필수적으로 할 필요가 없다.

해설

MD5는 안전하지 않은 암호화 방식으로 더이상 사용하면 안 된다. 패스워드는 무조건 일방향 암호알고리즘으로 암호화를 적용해야 한다. 개인정보 및 인증정보는 정보통신망 전송구간에 암호화하여 전달해야 한다.

04 암호화와 관련된 내용 중 가장 적합하지 않은 것을 고르시오.

① 주민등록번호를 저장할 때는 뒷자리 6자리만 암호화 해도 된다.

② 운전면허번호, 외국인등록번호는 필수적으로 암호화 해야 한다.

③ 출입통제시스템에 저장되는 지문정보는 SHA256으로 암호화 해야 한다.

④ 통장 계좌번호는 안전한 양방향 암호알고리즘으로 암호화 해야 한다.

해설

출입통제시스템에 저장되는 지문정보는 일방향 암호화 방식이 아닌 양방향 암호화 방식을 통해 암호화가 되어야 한다. SHA256은 일방향 암호화 방식이다.

05 정보보호 및 개인정보보호와 관련한 교육 내용 중 가장 적합하지 않은 것을 고르시오.

① 수탁사 직원에 대해서도 정보보호 교육을 진행해야 한다.

② 정보보호 교육과 개인정보보호 교육을 필히 구분하여 진행해야 한다.

③ 개인정보취급자를 대상으로 연간 2회 이상 교육을 진행할 수 있다.

④ 교육을 진행 후 참석자 확인서를 보관해야 한다.

해설

개인정보보호 교육과 정보보호 교육을 묶어서 하나의 교육으로 진행할 수 있다.

06 정보보호 및 개인정보보호 관리체계 인증을 유지하기 위해 필수적으로 최소 연간 1회 이상 진행해야 하는 것들을 모두 고르시오.

① 외부자에 대한 정보보호 및 개인정보보호 교육

② 정보보호 및 개인정보보호 관리체계 점검

③ 법령 요구사항 변경현황

④ 위험분석

모두 최소 연간 1회 이상 진행해야 하는 것들이다.

07 O/X를 선택하시오.

> 단순 이미지를 수정하여 홈페이지에 등록하는 업무를 하는 임시직원에게는 비밀유지 서약서를 받지 않아도 된다. (   )

임시직원이라해도 내부 정보시스템에 접근하고자 할 경우에는 비밀유지 서약서를 받아야 한다.

08 보호구역과 관련한 설명이다. 가장 부적합한 것을 고르시오.

① 통제구역: 출입자격이 최소인원으로 유지되고 출입 시 직원카드 또는 임시 출입증이 필요한 구역

② 접견구역: 외부인이 별다른 출입증 없이 출입이 가능한 구역

③ 제한구역: 비인가 된 접근을 방지하기 위하여 출입통제 장치가 설치된 장소

④ 전산실구역: 특정 권한 있는 사용자만 출입되는 장소로 CCTV가 설치되어 불특정 다수를 대상으로 녹화가 되는 구역

전산실이 존재하는 구역은 통제구역이며, CCTV를 통해 불특정 다수를 대상으로 녹화를 할 수 있는 구역이 아니다.

정답 3. ③   4. ③   5. ②   6. ①,②,③,④   7. ✕   8. ④

09 CCTV를 공개된 장소에 설치할 경우 법령에서 요구하는 사항 중 가장 적합한 것을 고르시오.

① 필요할 경우 녹음기능을 넣을 수 있다.

② 안내판은 CCTV가 설치된 곳에만 부착해야 한다.

③ 안내판에는 CCTV 장비의 관리책임자 연락처를 표시해야 한다.

④ 주민의 동의를 얻을 경우 화장실에 설치할 수 있다.

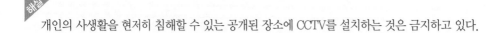

개인의 사생활을 현저히 침해할 수 있는 공개된 장소에 CCTV를 설치하는 것은 금지하고 있다.

10 보호구역 내에서 이루어지는 작업에 대한 설명이다. 가장 부적합한 것을 고르시오.

① 외부자는 통제구역에 접근할 수 없다.

② 개인용 USB 등 이동형 저장매체를 통제구역 내에서 사용하고자 할 경우에는 출입 시 관리대장 등에 관련사항을 등록하여 사용할 수 있다.

③ 회사 자산으로 등록되지 않은 노트북을 통제구역에서 사용하고자 할 경우에는 관리자의 승인을 통해 반입할 수 있다.

④ 제한구역 내 모바일 기기 또는 이동형 저장매체 반출입에 대한 현황을 관리하고 월 1회 이상 주기적으로 검토를 해야 한다.

외부자가 통제구역에 접근하고자 할 경우에는, 내부 담당자가 동행을 하거나 CCTV 등으로 동행과 비슷한 효과를 낼 수 있는 통제를 진행하여야 한다.

11 보안서약서 징구와 관련된 내용 중 가장 적합하지 않은 것을 고르시오.

① 개인정보취급자에 대해서는 비밀유지 서약서를 받아야 한다.

② 아르바이트생이 회사 그룹웨어 접근 시에는 비밀유지 서약서를 받지 않아도 된다.

③ 모든 임직원에 대해서 비밀유지 서약서를 받아야 한다.

④ 수탁사의 직원이 위탁사의 개인정보처리시스템에 접근 시에는 비밀유지 서약서를 별도로 받아야 한다.

단기아르브바이트생 같은 임시직원이 회사 내 정보시스템에 접근 시에도 비밀유지 서약서를 받아야 한다.

12 사무용 단말기 사용과 관련된 내용 중 가장 적합하지 않은 것을 고르시오.

① 잠시 화장실을 가는 경우에는 화면보호기를 실행하고, 책상을 정리할 필요는 없다.

② 퇴근 시에는 중요정보가 포함된 문서는 시건장치가 있는 곳에 시건하여 보관해야 한다.

③ 개인정보가 포함된 자료를 출력 시에는 일련번호, 전달받을 자, 파기일자를 필히 기록/관리해야 한다.

④ 중요문서가 보관되고 있는 공용 캐비닛은 시건하여 관리하고, 캐비닛에 대한 책임자를 필히 지정해야 한다.

잠시 자리를 이석 시에도 책상 위에 존재하는 중요문서 또는 저장매체를 방치하지 않고 시건장치가 존재하는 서랍 등에 정리하여 시건하여야 한다.

13 퇴직/직무 변경 시와 관련된 절차이다. 가장 적합하지 않은 것을 고르시오.

① 임직원이 퇴사 시 부여 받은 모든 정보시스템의 접근권한을 회수해야 한다.

② 인사부서는 퇴직자 및 직무 변경자 발생 시 타 부서에 관련사항을 꼭 공지할 필요는 없다.

③ 동일 부서에서 직무가 변경 시 정보시스템에 대한 접근권한을 검토해야 한다.

④ 동일 부서에서 직무가 변경 시 할당받은 자산을 꼭 재할당할 필요는 없다.

퇴직자 및 직무 변경자 발생 시에는 꼭 관련 부서에 해당 사항을 공지하여 관련 계정 또는 권한의 삭제/조정이 이루어질 수 있도록 해야 한다. 동일 부서 내에서 직무가 변경된 경우에는 부여받은 자산에 대한 재할당 여부를 검토하여 필요시에만 재할당을 하면 된다.

정답 9. ④ 10. ① 11. ② 12. ① 13. ②

14 인터넷 접속과 관련하여 가장 적절하지 않은 것을 고르시오.

① 인터넷 PC와 망분리용 PC 간 자료전송을 통제한다.

② 멀티세션을 차단한다.

③ 업무용 PC에서 유해사이트 접속을 차단한다.

④ 인터넷 접속에 대한 정책을 수립한다.

⑤ 주요 직무자 PC의 인터넷 접속을 제한한다.

멀티세션 차단은 인터넷 접속이 아닌 응용프로그램 접속에 관한 내용이다.

15 계정 신청 및 권한 부여와 관련하여 가장 적합한 것을 고르시오.

① 직급별 최소 권한을 부여하고 타당성 검증은 하지 않는다.

② 계정 최종승인은 모두 정보보호 담당자여야 한다.

③ 1인 1계정을 원칙으로 하되, 불가할 경우 공유 계정을 사용한다.

④ 소스프로그램 접근은 인가된 사용자만 접근하고, 운영환경에 보관한다.

권한부여 현황에 대한 타당성 검증을 주기적으로 진행하여야 하며 계정의 종류별, 권한별로 최종승인 권자는 달라진다. 또한, 소스프로그램은 운영환경에 보관하면 안 된다.

16 DMZ 구간을 짧게 설명하시오.

(   )

17 O/X를 선택하시오.

백업관리에서 검토주기와 보관주기는 대체적으로 일치한다. (   )

일반 정보시스템에 대한 백업 검토주기와 보관주기가 일반적으로 6개월 단위로 일치하나, 개인정보 처리시스템에 대한 백업 검토주기는 월간이고, 보관주기는 일반적으로 6개월 정도이다.

18 O/X를 선택하시오.

> 패치를 정기적으로 작용하고 필요한 경우에만 영향분석을 수행한다. (   )

마이너한 패치에는 영향분석을 진행하지 않을 수 있다.

19 정보시스템 변경 적용 전에 영향분석을 했음에도 불구하고 적용 후 정상적으로 작동하지 않았을 때를 대비하여 준비해야 하는 것을 무엇이라 하는가? (   )

20 백업관리 관련하여 가장 적절하지 않은 것을 고르시오.

① 개인정보처리시스템에서 발행하는 모든 로그는 무결성 확보방법으로 보관해야 한다.

② 계정관리와 결재 관련된 로그유형은 5년 이상 보관해야 한다.

③ 로그 백업 시에는 로그의 시간을 동기화 시키기 위해 외부 인터넷 NTP서비스를 사용할 수 있다.

④ 데이터 백업 보관 시 별도의 백업시스템 혹은 해당 운영 중인 정보시스템 내에 보관한다.

운영 중인 정보시스템 내에 보관하는 것을 백업으로 보지는 않는다.

21 주요직무자의 네트워크 통제/차단과 관련하여 옳게 연결하시오.

> ㄱ. 인터넷 서비스 모두 허용   ㄴ. 인터넷 서비스 일부 허용
>
> ㄷ. 인터넷 서비스 모두 차단

① 개인정보를 다루지 않고 외부유출 위협이 있는 관리자 (   )

② 개인정보를 다루는 관리자 (   )

③ 개인정보를 수정/입력할 수 있는 사용자 (   )

정답
14. ②   15. ③   16. 네트워크의 내부망과 외부망 사이에 존재하는 구간   17. ×   18. ○   19. 롤백   20. ④
21. ①-ㄱ, ②-ㄷ, ③-ㄴ

22 원격지에서 인터넷 등 외부 네트워크를 통해 정보시스템을 관리하는 것이 부득이한 사유로 인해 허용되는 경우 수립해야 할 보호대책을 3개 이상 작성하시오.

(　　　　,　　　　,　　　　)

23 백업 주기에 대해 가장 합당한 것을 고르시오.

① 정보시스템 6개월, 개인정보처리시스템 1개월

② 정보시스템 1개월, 개인정보처리시스템 6개월

③ 정보시스템 3개월, 개인정보처리시스템 3개월

④ 정보시스템 1개월, 개인정보처리시스템 1개월

⑤ 정보시스템 6개월, 개인정보처리시스템 6개월

해설

일반적인 정보시스템의 백업은 6개월 단위로 진행되며, 개인정보처리시스템은 1개월 단위로 진행된다.

24 다음 빈칸에 들어갈 내용을 입력하시오.

> 정보시스템 신규 도입 또는 개선 시 필수 보안 요구사항을 포함한 인수기준을 수립하고 정보시스템을 인수 전에 (　　　　)을 검토해야 한다.

25 다음 빈칸에 들어갈 내용을 입력하시오.

> 저장매체의 폐기 시, (A) 또는 (B)으로 파괴하고 사용 시에는 (C)방식으로 정보를 삭제해야 한다.

26 개인정보보호법에 따라 몇 건의 개인정보가 침해사고 발생했을 때 관계기간에 통지를 해야 하는가?

① 1건 이상
② 100건 미만
③ 100건 이상
④ 1,000건 미만
⑤ 1,000건 이상

> **해설**
>
> 정통망법에는 1건 이상이라도 침해사고 발생 시 통지하도록 되어져 있으나, 개인정보보호법상에는 1천건 이상으로 명시되어져 있다.

27 장애, 침해, 재해에 대해 가장 잘 설명한 것을 찾으시오.

① 장애는 주로 내부 사용자에 의해 일어난다.
② 장애는 주로 외부 사용자의 실수에 의해 일어난다.
③ 침해는 주로 외부 사용자의 실수에 의해 일어난다.
④ 침해는 주로 내부 사용자의 실수에 의해 일어난다.
⑤ 재해는 주로 외부 사용자에 의해 일어난다.

> **해설**
>
> 침해는 주로 내·외부자의 악의적인 공격에 의해 일어나며, 재해는 자연재해 또는 내부인의 실수 등에 의해 주로 일어난다.

28 침해사고에 관련한 내용으로 가장 옳지 않은 것은?

① 침해사고 유형별 대응절차는 상이하다.
② 침해사고 대응 완료 후 발견된 취약점은 관련 조직 및 인력과 공유해야 한다.
③ 침해사고가 발생하면 항상 분석 후 복구를 해야 한다.
④ 중앙 집중적인 대응체계를 구축해야 침해사고 대응이 신속하게 이루어진다.

> **해설**
>
> 침해사고 발생 시 경중에 따라 복구 또는 대응 후 분석을 진행할 수도 있다.

정답 22. 단말인증, 단말보안, 사용자인증, 구간암호화, 책임자 승인 23. ① 24. 기준 적합성
25. A-물리적, B-전자적, C-완전포맷 26. ⑤ 27. ① 28. ③

29 다음 중 침해사고 발생 시 결과보고서에 포함되어야 할 사항으로 가장 부적합한 것은?

① 사고내용

② 침해사고 발생 일시

③ 모니터링 절차

④ 보고자와 보고 일시

⑤ 사고 대응까지의 소요시간

해설

모니터링 절차는 침해사고 발생 전에 관련된 것으로 침해사고 결과보고서와 직접적인 관련이 없다.

30 다음 중 접근통제에 관해 가장 옳지 않은 것은?

① 정보시스템의 사용자 계정 및 접근권한의 삭제는 해당 정보시스템의 관리자가 임의 수행할 수 있다.

② 접근통제란 비인가자 및 인가자의 접근을 통제하는 것이다.

③ 접근통제 권한에도 등급이 존재한다.

④ 아웃소싱 업체에게 접근권한을 부여하는 경우 책임자의 승인을 득해야 한다.

해설

계정 및 권한의 삭제를 해당 정보시스템의 관리자가 임의 수행하면 안 된다.

31 자연재해나 화재, 붕괴 등의 사고발생 시 적시에 복구가 가능하도록 기업의 건물에서 멀리 떨어진 거리에 백업데이터를 보관하는 방법을 무엇이라 하는가? (   )

32 다음 중 아래 내용에 해당되는 것을 고르시오.

비인가 된 접근을 방지하기 위하여 별도의 출입통제 장치 및 감시시스템이 설치된 장소에 출입 시 직원카드와 같은 출입증이 필요한 장소

① 통제구역   ② 접견구역

③ 제한구역   ④ 보호구역

제한구역은 일반적으로 내부 직원이 근무하는 사무공간을 말하며, 사무공간에 외부인이 들어올
수 없도록 통제하여야 하며, 외부인이 제한구역에 출입 시에는 출입증을 발급받거나 이와 유사한
통제수단을 적용해야 한다.

★★★
33 인터넷과 같은 외부 네트워크를 통한 정보시스템 원격운영은 원칙적으로 금지하고 있으나,
부득이하게 허용하는 경우에 이행되어야 할 대책으로 가장 적합하지 않은 것을 고르시오.

① 정보보호 최고책임자 승인

② 접속단말 및 사용자 인증

③ 지속적인 접근권한 부여

④ VPN 등 전송구간 암호화

⑤ 원격운영관련 보안인식 교육

접근권한의 사용기간을 명시하여 일시적으로 사용해야 한다.

★
34 이용자와 사용자의 차이점이 무엇인지 서술하시오.

– 이용자:

– 사용자:

★★
35 인적자원부족 등의 이유로 직무분리가 어려울 경우 별도의 보완통제를 마련해야 하는데, 이때 별도의
보완통제에 가장 적합하지 않은 것을 고르시오.

① 직무자 간 상호검토   ② 로그 검토

③ 직무수행 모니터링   ④ 부서장의 업무대행

부서장도 직무분리의 대상이기에 적합하게 직무분리가 이루어져야 한다.

29. ③   30. ①   31. 소산백업   32. ③   33. ③   34. 이용자는 고객/회원 등 외부에서 서비스를 사용하기 위해 접근
하는 자를 뜻하고, 사용자는 내부직원 등 내부에서 서비스를 제공하기 위해 접근하는 자를 뜻한다.   35. ④

36 ISMS-P 인증기준에서 개발업무에 포함되지 않는 것을 고르시오.

① 보안 요구사항 정의　　　　　② 보안로그 기능

③ 시험 데이터 보완　　　　　　④ 운영환경 이관

⑤ 패치관리

해설

패치관리는 개발업무보다는 운영업무 부분에 더 가깝다.

37 침해사고 발생 시 일반적인 대응체계의 순서로 가장 적합한 것을 고르시오.

① 모니터링 – 사고발생 – 분석 및 공유 – 보고 – 처리 및 복구 – 재발방지 – 훈련

② 모니터링 – 사고발생 – 분석 및 공유 – 처리 및 복구 – 보고 – 재발방지 – 훈련

③ 모니터링 – 사고발생 – 보고 – 분석 및 공유 – 처리 및 복구 – 재발방지 – 훈련

④ 모니터링 – 사고발생 – 처리 및 복구 – 보고 – 분석 및 공유 – 재발방지 – 훈련

⑤ 모니터링 – 사고발생 – 처리 및 복구 – 분석 및 공유 – 보고 – 재발방지 – 훈련

⑥ 모니터링 – 사고발생 – 보고 – 처리 및 복구 – 분석 및 공유 – 재발방지 – 훈련

해설

사고발생 후 일반적으로 선 보고 후 처리를 진행한다.

38 운영에 대한 설명 중 가장 옳지 않은 것을 고르시오.

① 웹사이트에 정보를 공개하는 경우 정보수집, 저장, 공개에 따른 허가 및 게시절차를 수립한다.

② 정보시스템에 존재하는 취약점을 실시간으로 확인하여 대응한다.

③ 조직의 정보보호를 위해 암호화 대상, 암호강도, 키관리, 암호사용에 대한 정책을 수립한다.

④ 보안시스템 유형별로 관리자를 지정, 최신 정책 업데이트, 룰셋변경 등의 운영절차를 수립한다.

⑤ 취약점으로 인해 발생할 수 있는 침해사고를 예방하기 위해 최신 패치를 정기적으로 적용한다.

해설

정보시스템에 대한 취약점을 실시간으로 확인하는 것은 일반적인 기업에 적합하지 않다.

39 방화벽과 VPN(가상사설망)이 어떤 용도인지에 대해 간략히 서술하시오.

- 방화벽:

- VPN:

40 휴대용 저장매체의 보안/관리와 가장 적합하지 않은 것을 고르시오.

① 회사가 소유하고 있는 휴대용 저장매체만을 사용하도록 운영할 수 있다.

② 휴대용 저장매체에는 USB, 외장하드, CD 등이 해당된다.

③ 휴대용 저장매체의 사용현황 등 관리를 위해 대장을 통해 진행할 수 있다.

④ 휴대용 저장매체와 관련된 책임은 모든 사용자에게 동일하게 부여된다.

해설

일반적으로 휴대용 저장매체 사용 등에 대한 책임은 실사용자에게 부여되지만, 모든 사용자에게 동일하게 부여되지는 않는다.

41 직무분리 시 필수적으로 분리해야 하는 것을 고르시오.

① 정보보호 관리와 정보시스템 개발직무 분리

② 정보시스템(DB, 서버 등) 간 운영직무 분리

③ 정보보호 관리자와 정보시스템 운영직무 분리

④ 개발과 운영직무 분리

해설

개발과 운영은 직무가 분리되어야 하나, 상황적으로 어려운 경우에는 별도의 보완통제를 통해 보완할 수도 있다.

정답 36. ⑤ 37. ⑥ 38. ② 39. 방화벽-외부와 내부망을 분리, VPN-외부망을 논리적으로 내부망으로 연결
40. ④ 41. ④

42 주요직무자 중 망분리 대상자에 속하는 자를 모두 고르시오.

① 개인정보를 열람할 수 있는 자

② 일반 정보시스템의 접근권한 설정 가능 자

③ 개인정보 다운로드가 가능한 외부용역 직원

④ 개인정보에 대한 파기가 가능한 자

해설

내·외부 모든 개인정보취급자 중 개인정보를 다운로드 할 수 있거나, 파기할 수 있는 권한을 가진 사용자는 모두 망분리 대상자이다.

43 해당 지문에 빈칸을 채우시오.

> (A)는/은 사이버공격의 원인인 보안약점을 소프트웨어 (B)단계에서 사전에 제거할 수 있는 안전한 소프트웨어 개발기법을 말한다.

44 해당 지문의 빈칸을 채우시오.

> 개인정보처리시스템과 관련된 로그 중 5년간 보관해야 하는 3종류의 로그는 (A), (B), (C)에 대한 부분이며, 그 외 전반적인 로그에 대해서는 최소 (D)간 보관해야 한다.

45 ISMS-P 인증을 법률에 의해 받아야 하는 의무 대상자가 아닌 것을 모두 고르시오.

① 정보통신망 서비스를 제공하는 자

② 지역 정보통신 센터 사업자

③ 집적정보통신시설 사업자

④ 전자전파서비스부문 연간 매출액 100억 이상

⑤ 전기통신사업자 중 연간 매출액 또는 세입이 1,500억 이상인 자 중에서 상급종합병원

해설

지역 정보통신 센터 사업자는 대상이 아니며, 서울특별시 및 모든 광역시에서 정보통신망서비스를 제공하는 자가 대상이다. 전자전파서비스 부문이 아닌 정보통신서비스 부문이다.

46 개인정보 관련 로그를 백업 시 무결성 확보를 위해 어떻게 백업을 해야 하는지 기술하시오.

( )

47 개인정보처리방침에 대한 설명이다. 잘못 기술한 것을 고르시오.

① 개인정보처리방침은 메인페이지에 글자 크기 및 색상 등을 활용하여 쉽게 이용자가 인지할 수 있도록 공개해야 한다.

② 개인정보 처리업무를 진행하는 수탁사가 매우 많아서 처리방침에 모두 표시하기 어려울 경우에는 샘플로 대표되는 수탁업체명만을 개인정보처리방침에 고지할 수 있다.

③ 타 법률에 따라 개인정보를 보존해야 하는 경우에는 그 보존근거와 보존하는 개인정보 항목을 개인정보처리방침에 필수항목으로 고지해야 한다.

④ 인터넷 접속정보파일 등 개인정보를 자동으로 수집하는 장치의 설치/운영 및 그 거부에 관한 사항을 필수항목으로 개인정보처리방침에 고지해야 한다.

해설

아무리 수탁업체가 많아도 모두 정리하여 처리방침에 고지해야 한다. 다만, 처리방침 내에 모두 표시하는 것이 어려울 경우에는 처리방침 내에 하이퍼링크 등을 통해 확인할 수 있도록 고지할 수 있다.

48 개인정보처리방침의 최신 현행화를 위한 내용으로 적합하지 않은 것을 고르시오.

① 개인정보취급위탁 현황이 변경된 경우 최신현황을 고지해야 한다.

② 변경된 개인정보처리방침을 인터넷 홈페이지에 지속적으로 게재해야 한다.

③ 재화나 용역을 제공하기 위하여 개인정보처리자와 정보주체가 작성한 계약서 등에 관련 내용을 실어 정보주체에게 발급하는 방법으로 변경된 내용을 고지할 수 있다.

④ 점포/사무소 안의 보기 쉬운 장소에 써 붙이거나 비치하는 방법으로 변경된 내용을 고지할 수 있다.

해설

개인정보취급위탁이란 용어는 더 이상 사용하지 않고, 개인정보처리위탁으로 변경되었다.

정답 42. ③,④ 43. A-시큐어코딩, B-개발 44. A-접근권한에 대한 생성, B-접근권한에 대한 변경, C-접근권한에 대한 삭제, D-6개월 45. ②,④ 46. 해시값과 함께 백업을 진행하거나, re-writing 할 수 없는 DVD-ROM 등에 백업을 진행 47. ② 48. ①

49 인터넷 쇼핑몰을 운영하는 회사에서 정보주체의 동의를 통해 개인정보를 수집하고자 하는 경우 필수 고지항목으로 틀린 것을 고르시오.

① 수집/이용 목적   ② 수집항목

③ 보유/이용 기간   ④ 거부권 및 불이익

인터넷 쇼핑몰을 운영하는 회사이기에 망법대상이며, 방법에서는 거부권 및 불이익이 필수항목이 아니다. 개인정보보호법에서는 거부권 및 불이익이 필수항목이다.

50 개인정보를 서면으로 동의를 받을 경우에 대한 설명 중 가장 잘못된 것을 고르시오.

① 글씨의 크기는 최소 9포인트 이상이어야 한다.

② 글씨의 크기는 다른 내용보다 20퍼센트 이상 크게 해야 한다.

③ 글씨에 밑줄 등을 통하여 그 내용이 명확히 표시되도록 표기해야 한다.

④ 동의 사항이 많을 경우에는 일괄 동의를 받을 수 있도록 표기할 수 있다.

동의 사항이 많아 중요한 내용이 명확히 구분되기 어려운 경우에는 중요한 내용이 쉽게 확인될 수 있도록 그 밖의 내용과 별도로 구분하여 명확히 표시하여야 한다.

51 개인정보 목적/범위 내 이용에 대한 내용으로 가장 올바르지 않은 것을 고르시오.

① 당초 수집 시 목적을 초과하여 이용하기 위해 동의를 받고자 할 때, 다른 건에 대한 동의를 받을 때 일괄동의를 받을 수 있다.

② 법령에 근거하여 개인정보를 수집하는 경우, 수집된 개인정보를 법에서 정한 목적 내에서만 사용해야 한다.

③ 법령의 근거가 없는 상황에서 당초 수집 시 목적 또는 범위를 초과하여 이용하는 경우 해당 정보주체에게 동의를 거부할 권리가 있다는 사실 및 동의 거부에 따른 불이익이 있는 경우에는 그 불이익의 내용을 알려야 한다.

④ 정보주체로부터 동의를 받아 개인정보를 수집하는 경우 동의받은 목적 내에서만 이용해야 한다.

당초 수집 시 목적 또는 범위를 초과하여 이용하기 위해서는 추가 동의를 받아야 하며, 정보주체가 동의여부를 선택할 수 있다는 사실을 명확하게 확인할 수 있도록 선택적으로 동의할 수 있는 사항 외의 사항과 구분하여 표시하여야 한다.

52 이용자 단말기에 설치되는 앱에 관한 개인정보 관련 내용이다. 가장 적합하지 않은 부분을 찾으시오.

① 이용자의 접근권한에 대한 동의 여부를 개별적으로 선택하지 않을 수 있다.

② 이용자의 접근권한에 대한 동의 여부를 필수/선택 항목으로 구분하여 알려야 한다.

③ 이동통신단말장치에 설치된 기능에 대하여 필수적으로 접근권한이 필요한 경우에는 접근권한이 필요한 정보 및 접근권한이 필요한 시작점을 알리고 동의를 받아야 한다.

④ 접근권한이 설정된 정보와 기능에 최초로 접근할 때 이용자가 동의 여부를 선택하도록 구성해야 한다.

> **해설**
>
> 모바일 운영체제에서 이용자의 접근권한에 대한 동의 여부를 개별적으로 선택할 수 없는 경우에는 동의 여부를 개별적으로 선택하지 않을 수 있다. 이동통신단말장치에 설치된 기능(사진찍기 등)에 대하여 필수적으로 접근권한이 필요한 경우에는 법적 요구사항인 접근권한이 필요한 정보 및 기능의 항목, 접근권한이 필요한 이유를 모두 알리고 이용자의 동의를 받으면 된다. 접근권한이 필요한 시작점에 대해서는 알리고 동의 받지 않아도 된다. 모바일 운영체제에서 이용자의 접근권한에 대한 동의 여부를 개별적으로 선택할 수 없는 경우 접근권한이 설정된 정보와 기능에 최초로 접근할 때 이용자가 동의 여부를 선택하도록 구성되어야 한다.

53 만 14세 미만 아동이 온라인 게임서비스 회원가입과 관련된 내용이다. 가장 적합하지 않은 부분을 찾으시오.

① 아동의 개인정보를 수집하는 경우 해당 아동의 법정대리인의 동의를 받도록 구성되어져야 한다.

② 아동의 개인정보를 수집하기 위한 법정대리인의 동의를 받을 때, 법정대리인의 성명/연락처 등 정보를 해당 아동으로부터 동의 없이 수집할 수 있다.

③ 아동의 개인정보 수집을 위해 법정대리인의 동의를 받을 때, 필수 고지항목인 수집/이용 목적, 수집항목, 보유/이용 기간, 거부권 및 불이익을 모두 고지해야 한다.

④ 아동의 개인정보를 법정대리인으로부터 동의를 받아 아동의 개인정보를 수집하는 경우 동의받은 목적 내에서만 이용자의 개인정보를 이용해야 한다.

> **해설**
>
> 망법 기준에서는 만14세 미만 아동의 개인정보 수집을 위해 법정대리인의 동의를 받을 때에 대한 필수 고지항목으로 거부권 및 불이익 부분은 빠질 수 있다. 이 부분은 개인정보보호법에 대한 부분에만 필수 고지항목이다.

정답 49. ④ 50. ④ 51. ① 52. ③ 53. ③

54 개인정보 선택항목에 관한 내용이다. 가장 적합하지 않은 내용을 고르시오.

① 개인정보 수집 시 필수항목과 선택항목을 구분하여 수집 동의할 수 있도록 구성되어져야 한다.

② 재화 관련한 서비스를 제공하기 위해 개인정보 수집 시, 중요 선택항목을 선택하지 않을 경우 해당 서비스를 제공하지 않아도 된다.

③ 홍보/판매 권유에 활용하기 위한 정보는 개인정보 수집/이용 등에 관한 선택 동의와 별개로 별도 동의 받아야 한다.

④ 제3자 제공에 대한 선택 동의를 하지 않고서도 해당 서비스 제공이 가능해야 한다.

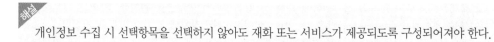

개인정보 수집 시 선택항목을 선택하지 않아도 재화 또는 서비스가 제공되도록 구성되어져야 한다.

55 별도 동의를 받아야 하는 상황과 가장 적합하지 않은 것을 고르시오.

① 여권번호를 수집하는 경우

② 건강검진결과를 수집하는 경우

③ 전화번호를 제3자에게 제공하는 경우

④ 마케팅목적의 광고를 이메일을 통해 오전 9시에 보내고자 하는 경우

⑤ 망법대상 기업에 한해, 제3자에게 개인정보 처리업무를 위탁하는 경우

마케팅목적의 광고성 정보를 전자적 전송매체를 통해 오후 9시부터 그다음날 오전 8시 사이에 전송하고자 할 경우에는 그 수신자로부터 사전에 별도 동의를 받아야 하나, 전자우편은 제외할 수 있다.

56 주민등록번호를 제외한 고유식별정보 수집에 관한 내용으로 가장 적합하지 않은 것은?

① 법령의 근거가 있는 상황에서는 정보주체로부터 동의 없이 운전면허증을 수집할 수 있다.

② 법령의 근거가 없는 상황에서는 정보주체로부터 별도 동의를 통해서 외국인등록번호를 수집할 수 있다.

③ 정보주체로부터 고유식별정보 수집을 위해 별도 동의 받을 때에는 개인정보의 수집/이용 목적, 수집하려는 개인정보의 항목, 개인정보의 파기시점 등에 대해 필수 고지해야 한다.

④ 여권 재발급에 따른 고유식별정보 변경 시에는 정보주체가 직접 해당 정보를 별도 동의 없이 업데이트할 수 있다.

주민등록번호를 제외한 고유식별정보 변경 시에도 정보주체(이용자)로부터 별도 동의를 받아야 한다.

57 개인정보 제3자 제공과 관련된 내용이다. 가장 적합하지 않은 것을 고르시오.

① 법령의 근거가 있는 상황에서 개인정보를 제3자에게 제공하는 경우, 정보주체로부터 개인정보 수집/이용에 대한 동의와 구분하여 별도 동의를 받아야 한다.

② 외국인등록번호를 제3자에게 제공하는 경우 정보주체로부터 별도 동의를 받아야 한다.

③ 개인정보를 제3자에게 제공하기 위한 별도 동의에 대해 정보주체가 거부를 진행할 경우에 대해, 불이익이 존재할 경우 그 불이익의 내용을 고지해야 한다.

④ 개인정보를 제공하고 있는 제3자가 변경된 경우에는 정보주체로부터 별도 동의를 받아야 한다.

법령의 근거가 있는 경우에 개인정보를 제3자에게 제공하는 경우에는 정보주체로부터 동의 또는 별도 동의 받을 필요가 없다.

58 개인정보 처리업무 위탁과 관련된 내용이다. 가장 적합하지 않은 것을 고르시오.

① 제3자에게 개인정보 처리 위탁을 위해 이용자로부터 별도 동의를 받을 때, 필수 고지사항을 알려야 한다.

② 계약이행 및 이용자 편의증진 등을 위해 제3자에게 개인정보 처리 위탁을 하는 경우에는 별도 동의를 받지 않을 수 있다.

③ 오프라인 멤버십 가입 시 개인정보 처리 위탁에 대한 내용에 대해 별도 동의를 받아야 한다.

④ 수탁자가 위탁받은 업무를 제3자에게 재위탁하기 위해 위탁자의 사전 동의를 받은 상태에서도, 수탁자는 제3자에게 재위탁을 하기 위해서는 이용자에게 필수 고지사항을 알리고 별도 동의를 받아야 한다.

계약이행 및 이용자 편의증진 등을 위해 필요한 경우에는 개인정보취급방침에 해당 내용을 공개하는 것으로 이용자의 동의를 받은 것으로 본다. 개인정보 처리 위탁에 대해 별도 동의를 받는 대상기업은 정통망법 대상기업으로 개인정보보호법 대상기업은 해당 사항이 없다.

정답 **54.** ② **55.** ④ **56.** ④ **57.** ① **58.** ③

59 마케팅 목적의 업무를 위탁하는 경우에 대한 설명이다. 가장 적합하지 않은 것을 고르시오.

① 재화/서비스의 홍보/판매권유 등 마케팅 목적의 업무를 위탁하는 경우, 정보주체로부터 개인정보를 수집/이용에 대한 동의와 구분하여 별도 동의를 받아야 한다.

② 마케팅 목적의 업무를 위탁하기 위해 이용자로부터 별도 동의 받을 시 필수 고지항목을 고지해야 한다.

③ 재화의 판매권유 등 마케팅 목적의 업무를 위탁하기 위해 이용자로부터 별도 동의 받을 시 수탁자 현황은 개인정보처리방침에 고지해야 한다.

④ 마케팅 목적의 업무를 위탁받는 수탁자현황 및 위탁하는 업무의 변경 시에도 정보주체로부터 별도 동의를 받아야 한다.

해설

별도 동의 받는 그 순간에 수탁자 현황을 필수로 고지해야 한다. 별도로 개인정보처리방침에만 고지하고 있으면 안 된다.

60 마케팅 목적의 개인정보 수집/이용할 때의 내용으로 가장 적합하지 않은 것을 고르시오.

① 마케팅 목적의 개인정보를 수집 시 정보주체로부터 별도 동의를 받아야 한다.

② 마케팅 목적의 개인정보를 수집한 날부터 14일 이내에 수신동의 현황 및 전송자의 명칭 등을 알려줘야 한다.

③ 전자우편을 통해 영리목적의 광고성 정보를 전송할 때에는 제목이 시작되는 부분에 "(광고)"를 표시해야 하고, 본문에는 전송자의 명칭/전자우편주소/전화번호/주소를 표시해야 한다.

④ 음성형태로 전송되는 광고의 경우, 광고성 정보가 시작되는 부분에 광고를 의미하는 음성/전송자의 명칭/전화번호 또는 주소/수신의 거부 또는 수신동의의 철회를 할 수 있는 방식을 안내해야 한다.

해설

마케팅 목적의 개인정보를 직접 수집 시에는 정보주체로부터 동의를 받으면 되지, 굳이 별도 동의를 받을 필요는 없다. 마케팅 목적의 개인정보를 위탁처리하고자 할 경우에는 별도 동의를 받아야 한다.

★★
61 주민등록번호 처리와 관련된 내용이다. 가장 부적합한 것을 선택하시오.

① 주민등록번호는 정보주체의 별도 동의를 통해 수집할 수 있다.

② 주민등록번호를 처리 가능한 경우라도 주민등록번호를 사용하지 않고서도 회원가입을 할 수 있는 대체수단을 제공해야 한다.

③ 생년월일과 남/여 구분자만을 가지고서는 주민등록번호로 인정하지 않는다.

④ 주민등록번호 뒷자리 6자리만을 암호화하여 보관할 수 있다.

해설
주민등록번호는 수집/처리할 수 없도록 제한하고 있으며, 법률 근거에 의해 처리가 될 수 있을 뿐이다.

★★
62 마케팅 목적 수신동의 철회 등에 대한 설명으로 가장 적합하지 않은 것을 모두 고르시오.

① 마케팅 목적의 개인정보를 수집하기 위해 수신동의를 받은 년부터 2년 차가 되는 12월 31일까지 해당 수신자의 수신동의 여부를 재확인해야 한다.

② 이메일을 통한 영리목적의 광고성 정보발송에 있어, 수신거부의사 또는 수신동의 철회 의사를 위한 채널로 회사 사무실 또는 콜센터 서비스 번호를 사용할 수 있다.

③ 전사적 전송매체를 이용한 영리목적의 광고성 정보발송에 관해 수신거부의사 또는 수신동의 철회 의사를 표시한 날부터 14일 이내에 전송자의 명칭, 수신자의 수신동의 사실과 해당 의사를 표시한 날짜, 처리결과를 수신자에게 알려줘야 한다.

④ 전사적 전송매체를 이용한 영리목적의 광고성 정보발송에 관해 수신자가 수신거부 의사를 표시하거나 사전 동의를 철회한 경우 그 즉시 영리목적의 광고성 정보를 전송하지 말아야 한다.

해설
수신동의 재확인은 만 2년이 되는 기간을 기준으로 진행되어야 한다. 전자적 전송매체를 이용한 영리목적의 광고성 정보발송에 관해 수신거부의사 또는 수신동의 철회 의사를 표시하는 방법 구성에 있어서 수신자에게 금전적 비용을 부담하지 않도록(무료전화서비스 등) 해야 한다.

정답 59. ③ 60. ① 61. ① 62. ①,②

63 개인정보를 제3자에게 제공하고자 한다. 가장 적합하지 않은 내용을 고르시오.

① 개인정보를 법령의 근거에 의하지 않고 제3자에게 제공하는 경우 정보주체로부터 회원가입 시 동의받을 때 진행된 범위에 국한하여 제공해야 한다.

② 법령의 근거에 의해 개인정보를 당초 수집 시 목적 또는 범위를 초과하여 제3자에게 제공하고자 하는 경우에는 관련 법조항을 구체적으로 명시해야 한다.

③ 법령의 근거가 없는 상황에서 당초 수집 시 목적 또는 범위를 초과하여 제3자에게 제공하는 경우 해당 정보주체에게 개인정보를 제공받는 자, 제공받는 자의 이용 목적 등을 알리고 추가적으로 동의를 받아야 한다.

④ 공공기관에서 개인정보를 제3자에게 제공하고자 할 경우에는 제3자에게 제공되는 내역을 기록하여 보관해야 한다.

⑤ 제3자에게 개인정보처리시스템의 접근권한을 부여한 경우, 내부 사용자와 동일한 통제수단을 따르도록 계약서(또는 협약서) 등에 명시해야 한다.

해설

법령의 근거가 없는 상황에서 개인정보를 제3자에게 제공하고자 할 경우에는, 정보주체(이용자)로부터 별도 동의를 받을 때 명시된 범위에 국한하여 제공해야 한다. 일괄 동의가 아닌 별도 동의를 통해 진행해야 한다.

64 이용자로부터 직접 개인정보를 수집하지 않고 간접수집하는 경우에 대한 설명이다. 가장 적합하지 않은 것을 고르시오.

① 자동수집장치 등 시스템에 의한 간접수집이 진행될 경우 시스템에 의해 수집될 수 있는 개인정보 항목을 모두 저장할 수 있다.

② 10만 명 이상의 정보주체에 관하여 여권번호를 간접수집하는 업체에 대해서는 개인정보의 수집 출처, 개인정보 처리의 정지를 요구할 권리가 있다는 사실을 정보주체에게 알려야 한다.

③ 100만 명 이상의 정보주체에 관한 이름, 운전면허번호를 간접수집하는 업체에 대해서는 개인정보의 수집 출처, 개인정보의 처리목적 등을 정보주체에게 알리지 않을 수 있다.

④ 간접수집에 따른 법적 요건에 따라 통지 의무가 부과된 경우에 대해, 개인정보를 제공받은 날부터 3개월 이내에 정보주체에게 알리도록 되어 있다.

자동수집장치 등 시스템에 의한 간접수집이 이루어지는 경우에도 모든 개인정보 항목을 수집하는 것이 아니라 필요한 항목에 국한하여 최소한의 항목에 대해 수집해야 한다. 5만 명 이상의 정보주체에 관하여 민감정보 또는 고유식별정보를 처리하는 개인정보처리자이거나, 100만 명 이상의 정보주체에 관하여 개인정보를 처리하는 개인정보처리자가 간접수집할 경우에는 해당 사항(개인정보의 수집 출처, 개인정보의 처리 목적, 개인정보 처리의 정지를 요구할 권리가 있다는 사실)을 정보주체에게 개인정보를 제공받은 날부터 3개월 이내에 정보주체에 알리도록 되어져 있다. 다만, 개인정보처리자가 수집한 정보에 연락처 등 정보주체에게 알릴 수 있는 개인정보가 포함되지 아니한 경우에는 예외로 처리할 수 있다.

★★

65 휴면이용자 통지에 관한 사항으로 가장 적합하지 않은 것을 고르시오.

① 1년간 서비스에 로그인하지 않은 사용자는 휴면 이용자로 처리할 수 있다.

② 휴면 이용자가 되기 전 30일 전까지 정보주체에게 개인정보가 파기되는 사실, 실질 파기되는 시점, 파기되는 개인정보의 항목을 알려야 한다.

③ 휴면 이용자의 개인정보를 파기하지 않고 분리보관할 수 있다.

④ 휴면 이용자가 되기 전 30일 전까지 정보주체에게 개인정보가 분리되어 저장/관리되는 사실, 기간 만료일, 분리/저장되어 관리되는 개인정보의 항목을 알려야 한다.

휴면 이용자의 대상은 이용자이다. 사용자는 내부 직원을 지칭하는 것이다.

★★★

66 개인정보 파기/분리보관에 관한 사항으로 가장 적합하지 않은 것을 고르시오.

① 1년간 휴면 이용자에 대해서는 다른 정보주체의 개인정보와 별도로 DB 컬럼을 분리하여 보관할 수 있다.

② 휴면 이용자의 휴면기간이 만 1년이 되는 시점에 정보주체의 개인정보를 즉시 삭제해야 한다.

③ 1년간 휴면 이용자의 개인정보를 삭제처리 할 때 과거 결재내역에 관한 정보는 별도 분리보관할 수 있다.

④ 개인정보를 파기해야 하는 경우임에도 불구하고 과거 결재내역에 관한 정보를 분리보관 시 거래주체를 식별하기 위한 정보(성명 또는 주소 등)는 파기하지 않을 수 있다.

분리보관이 필요한 경우 최소 DB의 테이블을 분리하여 보관해야 한다. 컬럼단위로 분리하는 것은 분리보관으로 보지 않는다.

정답 63. ① 64. ① 65. ① 66. ①

67 개인정보 파기시점 시 파기에 관한 사항으로 가장 적합하지 않은 것을 고르시오.

① 개인정보를 수집 시 동의받은 내용에 대해 동의 철회 신청이 들어올 경우 지체 없이 삭제해야 한다.

② 개인정보를 처리하기 위해 동의받은 내용에 대해 처리정지 요구가 들어올 경우 7일 이내 삭제해야 한다.

③ 동의 없이 정보주체의 개인정보를 수집할 수 있는 경우에도 정한 해당 목적을 달성한 경우에는 해당 개인정보를 삭제해야 한다.

④ 간접수집한 개인정보에 관한 사실을 고지한 정보도 정보주체의 개인정보가 파기될 때 삭제해야 한다.

⑤ 개인정보를 파기해야 하는 경우에는 복구/재생할 수 없도록 파기해야 한다.

지체 없이 삭제하는 기간은 통상 5일 이내로 제한되어져 있다.

68 개인정보 권리행사 방법에 관한 내용으로 가장 적합하지 않은 것을 고르시오.

① 정보주체의 개인정보에 대한 권리행사에는 열람, 제공, 오류의 정정, 삭제, 처리정지, 이의제기, 동의철회가 존재한다.

② 정보주체의 개인정보에 대한 권리행사 방법은 이용자의 개인정보를 수집하는 방법과 동일한 수준으로 구성되어져 있으면 된다.

③ 정보주체의 개인정보에 대한 권리행사 완료 기간 동안은 해당 개인정보를 이용/제공하지 말아야 한다.

④ 정보주체의 개인정보에 대한 권리행사를 적용함에 있어 권리행사의 사유가 개인정보 처리자에게 존재하지 않을 경우에는 권리행사 대응을 위한 실비는 정보주체에게 청구할 수 있다.

망법 적용업체에 대한 권리행사 방법은 개인정보 수집방법보다 쉽게 구성되어져 있어야 한다.

69 개인정보 열람 요구와 관련된 내용으로 가장 적합하지 않은 것을 고르시오.

① 정보주체의 개인정보 관련한 열람을 요구할 수 있는 열람요구서를 다운로드 받을 수 있도록 제공해야 한다.

② 정보주체의 개인정보 관련한 열람을 요구받았을 때 즉시 열람이 불가한 경우에는 열람통지서를 30일 이내에 정보주체에게 알려야 한다.

③ 고등교육법에 따른 대학교에서 입학자 선발에 관한 업무를 진행함에 있어서 정보주체로부터 선발이 완료되기 전에 개인정보에 대한 열람을 요구받았을 때에는 열람을 거절할 수 있다.

④ 정보주체의 개인정보에 대한 열람을 요구받았을 때 열람할 수 없는 정당한 사유가 존재 시에는 열람의 연기통지서로 해당 정보주체에 알려야 한다.

해설

정보주체의 개인정보 관련한 열람을 요구받았을 때 즉시 열람이 불가한 경우에는 열람통지서를 10일 이내에 정보주체에게 알려야 한다.

70 타인의 권리를 침해하는 정보를 삭제하는 방법에 관한 설명으로 가장 적합하지 않은 것을 고르시오.

① 정보주체의 정보가 정보통신망에 노출되어 이용자의 사생활 침해가 발생한 경우에는 해당 정보통신망 서비스 제공자에게 정보의 삭제요청을 할 수 있는 방법을 제공해야 한다.

② 정보주체의 정보가 정보통신망에 노출되어 이용자의 명예훼손이 발생한 경우 정보통신망에 노출된 해당 정보의 삭제요구를 받았을 때에는 30일 이내에 삭제요구에 대한 대응결과를 정보주체에게 알려야 한다.

③ 정보주체의 정보가 정보통신망에 노출되어 이용자의 사생활 침해가 발생한 경우에는 해당 정보의 삭제요구를 받은 이후 삭제를 할 수 없을 경우에는 임시조치한 결과를 정보주체에게 알려야 한다.

④ 정보주체의 정보가 정보통신망에 노출되어 이용자의 명예훼손이 발생한 경우에는 해당 정보의 삭제요구를 받은 이후 삭제를 할 수 없을 경우에는 예상되는 대응완료일을 정보주체에게 알려야 한다.

해설

타인권리 침해에 따른 정보 삭제 요청받은 이후에는 10일 이내에 삭제요구에 대한 대응결과를 정보주체에게 알려야 한다.

정답 **67.** ② **68.** ② **69.** ② **70.** ②

71 개인정보 이용내역 통지와 관련된 내용으로 가장 적합하지 않은 것을 고르시오.

① 간접수집한 개인정보에 대해 정보주체의 요구가 있을 경우에는 즉시 해당 사항(개인정보의 수집 출처, 개인정보의 처리 목적, 개인정보 처리의 정지를 요구할 권리가 있다는 사실)을 정보주체에게 알려야 한다.

② ISMS 자율신청 기업이 이용자에게 통지할 수 있는 개인정보를 수집할 경우 간접수집한 이용자 개인정보의 이용내역을 연 1회 이상 이용자에게 통지해야 한다.

③ 개인정보 이용내역 통지를 진행할 때에는 개인정보의 수집 이용 목적 및 수집한 개인정보의 항목, 개인정보를 제공받은 자와 그 제공 목적 및 제공한 개인정보의 항목, 개인정보를 처리위탁 받은 자 및 그 처리위탁을 하는 업무의 내용을 모두 정보주체에게 통지해야 한다.

직·간접적으로 수집한 정보주체의 개인정보에 대해 연 1회 이상 이용자의 개인정보 이용내용을 통지해야 하는 기업은 ISMS 인증 의무 대상자이다.

72 국내에서 개인정보를 이전하는 경우에 대한 보호조치 내용으로 가장 적합하지 않은 것을 고르시오.

① 정보주체의 개인정보를 국내 타 업체로 이전하려는 경우 개인정보를 이전하려는 사실, 개인정보를 이전받는 자의 성명, 주소, 전화번호 등을 모두 해당 정보주체에게 이전 후 5일 이내에 알려야 한다.

② 정보주체의 개인정보를 국내 타 업체로 이전하는 과정에서 해당 정보주체에게 해당 사실을 알릴 수 없는 경우에는 인터넷 홈페이지에 30일 이상 게재하여 대체할 수 있다.

③ 오프라인 서비스를 위해 수집된 정보주체의 개인정보를 국내 타 업체로 이전하는 업체가 이전한 사실을 통지하지 않고 이용자의 개인정보를 이전받은 경우에는 이전받은 업체가 지체 없이 이전받은 사실을 해당 정보주체에게 통지해야 한다.

④ 온라인 서비스를 위해 수집된 정보주체의 개인정보를 국내 타 업체로 이전하는 업체가 이전한 사실의 통지 유무에 상관없이 이전받은 업체가 이전받는 즉시 개인정보를 이전받은 사실, 개인정보를 이전받는 자의 성명, 주소, 전화번호 및 그 밖의 연락처를 인터넷 홈페이지에 게시해야 한다.

정보주체의 개인정보를 국내 타 업체로 이전하려는 경우 법률 요구사항(개인정보를 이전하려는 사실, 개인정보를 이전받는 자의 성명, 주소, 전화번호 및 그 밖의 연락처, 정보주체가 개인정보의 이전을 원하지 아니하는 경우 그 동의를 철회할 수 있는 방법과 절차)을 모두 해당 정보주체에게 이전 전에 미리 알려야 한다.

★★★

73 해외업체로 내국인의 개인정보를 이전하는 경우에 대한 보호조치 내용으로 가장 적합하지 않은 것을 고르시오.

① 온라인 서비스를 위해 수집된 정보주체의 개인정보를 해외로 이전하고자 할 경우 정보주체의 개인정보를 해외로 이전하기 전에 정보주체로부터 동의를 받아야 한다.

② 온라인 서비스를 위해 수집된 정보주체의 개인정보를 해외로 이전하고자 하는 경우임에도 온라인 서비스 제공에 관한 계약이행을 위해 수집된 상황에서는 정보주체의 동의 대신 이전되는 개인정보 항목, 개인정보가 이전되는 국가, 이전일시 및 이전방법, 개인정보를 이전받는 자의 성명, 개인정보를 이전받는 자의 개인정보 이용목적 및 보유, 이용 기간을 모두 개인정보처리방침에 공개하는 것으로 갈음할 수 있다.

③ 오프라인 서비스를 위해 수집된 정보주체의 개인정보를 해외로 이전하고자 할 경우 개인정보를 해외로 이전하기 전에 정보주체에 관련사항을 알리고 동의를 받아야 한다.

④ 개인정보를 해외로 이전 시 해당 이전받는 국가의 개인정보 관련법을 만족할 수 있도록 관련 보호조치가 포함된 공식적인 계약을 체결해야 한다.

개인정보의 해외 이전 시에는 관련 국내법(정통망법/개인정보보호법)을 만족하는 법률 요구사항 (개인정보 보호를 위한 기술적/관리적 조치, 개인정보 침해에 대한 고충처리 및 분쟁해결에 관한 사항, 그 밖에 이용자의 개인정보 보호를 위하여 필요한 조치)이 포함된 공식적인 계약을 체결하여야 한다.

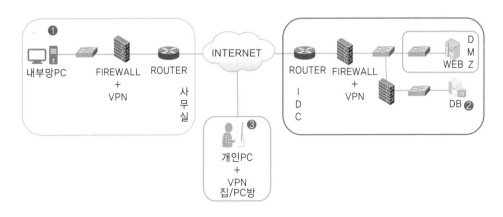

74 [그림42]에서 고객개인정보가 들어가 있는 DB❷의 관리자 DBA가 내부망에서 사용하는 단말기❶을
사용해서 운영을 할 경우, 이와 직접적으로 관련된 ISMS 인증기준을 모두 입력하시오.

[그림 42] **문제용 네트워크 구성도**

(   )

75 [그림 42]에서 고객개인정보가 들어가 있는 DB❷의 관리자 DBA가 외부망에서 사용하는 단말기❸을
사용해서 운영을 할 경우, 이와 직접적으로 관련된 ISMS 인증기준을 모두 입력하시오.

)

정답

74. 2.2.1(주요 직무자 지정 및 관리), 2.5.5(특수 계정 및 권한관리), 2.6.4(데이터베이스 접근), 2.6.7(인터넷 접속통제),
2.10.6(업무용 단말기기 보안)

75. 2.2.1(주요 직무자 지정 및 관리), 2.5.5(특수 계정 및 권한관리), 2.6.4(데이터베이스 접근), 2.6.7(인터넷 접속통제),
2.10.6(업무용 단말기기 보안), 2.6.6(원격접근 통제), 2.7.1(암호정책 적용)

Reference

001) 정보통신망 이용촉진 및 정보보호 등에 관한 법 제76조(과태료), 법률 제11322호, 2012. 2. 17.

002) 정보통신망 이용촉진 및 정보보호 등에 관한 법 시행령 제49조(정보보호 관리체계 인증 대상자의 범위), 대통령령 제27188호, 2016. 5. 31.

003) 정보보호 관리체계 인증 등에 관한 고시 (미래창조과학부고시 제2013-36호, 2013.8.8, 일부개정)

004) isms.kisa.or.kr 〉(구)ISMS자료실(ISMS 인증기준 세부점검항목, 2013.5.15)

005) isms.kisa.or.kr 〉(구)ISMS자료실(ISMS 인증신청 가이드라인, 2015.3.5)

006) 정보통신망 이용촉진 및 정보보호 등에 관한 법 제47조의3(개인정보보호 관리체계 인증), 법률 제11322호, 2012.2.17

007) 개인정보보호 관리체계 인증 등에 관한 고시 (방송통신위원회고시 제2013-17호, 2013.9.11., 제정)

008) 개인정보 보호법 제32조의2(개인정보 보호 인증), 법률 제13423호, 2015.7.24

009) 개인정보보호 관리체계 인증 등에 관한 고시 (행정자치부고시 제2015-52호, 2015.12.31., 전부개정)

010) 정보보호 및 개인정보보호 관리체계 인증 등에 관한 고시 (과학기술정보통신부 제2018-80호, 2018.11.7., 전부개정) / (방송통신위원회고시 제2018-14호, 2018.11.7., 전부개정) / (행정안전부고시 제2018-71호, 2018.11.7., 전부개정)

011) 정보보호 관리체계(ISMS) 인증제도 안내서 (미래창조과학부/한국인터넷진흥원 2017.4.)

012) 정보보호 위험관리 가이드 (한국정보보호진흥원 2004.11)

013) 정보자산 보안관리 지침 (한국사회적기업진흥원 2017.2.15. 지침 제04-094호)

014) isms.kisa.or.kr 〉 ISMS-P자료실(정보보호 및 개인정보보호 관리체계 인증 신청양식, 2018.11.14)

015) isms.kisa.or.kr 〉 ISMS-P자료실(ISMS-P 인증기준 안내서, 2019.1.18)

ISMS-P 인증심사원 실무가이드

2019. 5. 10. 1판 1쇄 인쇄
2019. 5. 16. 1판 1쇄 발행

저자와의
협의하에
검인생략

지은이 | 권성호
펴낸이 | 이종춘
펴낸곳 | BM (주)도서출판 성안당

주소 | 04032 서울시 마포구 양화로 127 첨단빌딩 3층(출판기획 R&D 센터)
| 10881 경기도 파주시 문발로 112 출판문화정보산업단지(제작 및 물류)

전화 | 02) 3142-0036
| 031) 950-6300

팩스 | 031) 955-0510
등록 | 1973. 2. 1. 제406-2005-000046호

출판사 홈페이지 | www.cyber.co.kr
도서 내용 문의 | sekdsk@gmail.com
ISBN | 978-89-315-5505-9 (13000)
정가 | 38,000원

이 책을 만든 사람들

기획 | 최옥현
진행 | 최창동
전산편집 | 인투
표지 디자인 | 박현정
홍보 | 김계향, 정가현
국제부 | 이선민, 조혜란, 김혜숙
마케팅 | 구본철, 차정욱, 나진호, 이동후, 강호묵
제작 | 김유석